DIREITO PENAL ECONÔMICO
— Parte Geral —

Conselho Editorial
André Luís Callegari
Carlos Alberto Molinaro
César Landa Arroyo
Daniel Francisco Mitidiero
Darci Guimarães Ribeiro
Draiton Gonzaga de Souza
Elaine Harzheim Macedo
Eugênio Facchini Neto
Gabrielle Bezerra Sales Sarlet
Giovani Agostini Saavedra
Ingo Wolfgang Sarlet
José Antonio Montilla Martos
Jose Luiz Bolzan de Morais
José Maria Porras Ramirez
José Maria Rosa Tesheiner
Leandro Paulsen
Lenio Luiz Streck
Miguel Àngel Presno Linera
Paulo Antônio Caliendo Velloso da Silveira
Paulo Mota Pinto

Dados Internacionais de Catalogação na Publicação (CIP)

S349d   Schmidt, Andrei Zenkner.
         Direito penal econômico: parte geral / Andrei Zenkner Schmidt. – 2. ed. rev. e ampl. Porto Alegre: Livraria do Advogado Editora, 2018.
         319 p.; 25 cm.
         Inclui bibliografia.
         ISBN 978-85-9590-018-9

         1. Direito penal econômico. 2. Globalização. 3. Lei penal econômica. 4. Delito econômico. 5. Pena (Direito). I. Título.

CDU 343.37
CDD 345.0268

Índice para catálogo sistemático:
1. Direito penal econômico   343.37

(Bibliotecária responsável: Sabrina Leal Araujo – CRB 10/1507)

Andrei Zenkner Schmidt

DIREITO PENAL ECONÔMICO
— PARTE GERAL —

2ª EDIÇÃO
revista e ampliada

livraria
DO ADVOGADO
editora

Porto Alegre, 2018

© Andrei Zenkner Schmidt, 2018

(Edição finalizada em novembro/2017)

Capa, projeto gráfico e diagramação
Livraria do Advogado Editora

Revisão
Rosane Marques Borba

Direitos desta edição reservados por
Livraria do Advogado Editora Ltda.
Rua Riachuelo, 1300
90010-273 Porto Alegre RS
Fone/fax: 0800-51-7522
editora@livrariadoadvogado.com.br
www.doadvogado.com.br

Impresso no Brasil / Printed in Brazil

Agradecimentos

A presente pesquisa remonta ao segundo semestre de 2006. Na ocasião, a partir de outras publicações que subscrevi e da atividade profissional que vinha desenvolvendo, percebi a importância que o diálogo entre direito e economia poderia desempenhar para a escorreita compreensão do direito penal econômico. Após alguns meses de reflexão e vencidos incipientes rabiscos, formulei um plano de investigação a ser submetido ao programa de doutoramento da Universidade de Coimbra. A orientação foi aceita pelo Professor Doutor José Francisco de Faria Costa, que me recebeu com invulgar interesse e cordialidade em agosto de 2007. Após algumas boas conversas acadêmicas com meu prestimoso orientador, a pesquisa teve seu início em Portugal.

Em 2010, concluídos os dois primeiros capítulos do trabalho, a sequência do estudo restou comprometida. Contingências familiares e profissionais me impediam de prosseguir na "ponte aérea" Porto Alegre/Lisboa. Optei por dar seguimento à pesquisa junto ao Programa de Pós-Graduação em Ciências Criminais da PUCRS. A orientação do trabalho foi, então, submetida ao Prof. Fábio Roberto D'Avila, que despendeu igual interesse e cordialidade ao longo do trabalho.

Em julho de 2014, passados quase 8 anos de reflexão, a tese foi submetida à avaliação da banca composta pelos Professores Pedro Caeiro (Universidade de Coimbra), Juarez Tavares (UERJ), Carlos Eduardo Adriano Japiassú (UERJ), Paulo Vinícius Sporleder de Souza (PUCRS) e Fábio Roberto D'Avila (PUCRS). O trabalho foi aprovado com nota máxima. O texto que, agora, se apresenta ao leitor, é, em linhas gerais, o resultado final da tese, já encampadas boa parte das perspicazes críticas feitas pelos integrantes da banca.

Seria impossível enumerar todas as pessoas que, nesse longo período, contribuíram de alguma maneira para o resultado final. Nesse tempo, minhas duas filhas (Tereza e Isabel) nasceram. Não seria piegas registrar que, por serem elas a razão do meu viver, esse trabalho vai a elas dedicado. Cada palavra, cada linha das folhas que seguem tem o sorriso delas como minha inspiração.

Meus pais também merecem ser lembrados: heróis do cotidiano que não mediram esforços para ensinar a todos os filhos o valor da honestidade e da educação.

Agradeço também à Michele, que dedicou incondicional amor a mim e às minhas filhas durante essa jornada.

No viés acadêmico, meu prefacial agradecimento tem de estar direcionado ao Professor Doutor José Francisco de Faria Costa. Exemplo de pessoa, exemplo de professor, exemplo de pesquisador.

A pesquisa, além disso, não seria viável sem o qualificado corpo docente do Programa de Pós-Graduação em Ciências Criminais da PUCRS. Agradeço a todos, mas, em especial, àqueles com quem tive a interlocução mais próxima: Ruth Maria Chittó Gauer (nossa incansável coordenadora), Aury Celso Lima Lopes Júnior, Fabrício Dreyer de Ávila Pozzebon, Giovani Agostini Saavedra, Nereu José Giacomolli e Paulo Vinícius Sporleder de Souza.

Nesse seleto grupo está, ainda, meu querido amigo e orientador Professor Doutor Fábio Roberto D'Avila, com quem, até hoje, aprendo a relevância do rigor acadêmico e o respeito de uma boa amizade.

Prefácio

O Direito, por vezes, parece exigir-nos em demasia. Ao jurista não basta conhecer o fundamento, o método, o sentido e o fim do direito. Isso de nada vale se o objeto da lei nos escapa, se, sobre a matéria de regulação, nada sabemos. À margem dos problemas próprios do direito, é exigido ao jurista debruçar-se, também e inapelavelmente, sobre as mais díspares dimensões do nosso modo-de-ser-no-mundo: da genética à informática, do meio ambiente ao patrimônio, do ser-pessoa ao Estado, e hoje, sobretudo, sobre a complexa, porosa e multiforme noção a que denominamos *economia*.

Sabemos bem que o nosso olhar sobre o mundo é sempre um olhar imperfeito, incompleto, parcial. Conhecer não é mais que vigiar, em seu sentido mais profundo. Incômoda certeza que, em princípio, seria de supor fazer-se desestímulo; mas não. Estamos fadados a tentar compreender o que somos e o mundo em que vivemos. Uma tentativa que, conquanto sabidamente falha e historicamente datada, lança luzes sobre dimensões humanas cujo conhecimento, ainda que precário, é absolutamente indispensável para o *bem ser* e o *bem viver* individual e comunitário.

Os ventos da moda e do "mercado jurídico", contudo, e lamentavelmente, fizeram da economia objeto de predileção de muitos, a resultar, por vezes, em ensaios rápidos, sem qualquer dignidade acadêmica, a poluir as letras jurídicas e a confundir a prática penal. Um desserviço com proporções ainda não suficientemente claras, mas que cresce (e muito) na exata medida em que o denominado direito penal econômico ganha espaço na experiência penal nacional, impulsionado por uma espécie de pretensão de "justiça social"; como se fosse possível fazer justiça (penal) na simples compensação de excessos, "antigos" excessos por novos excessos.

Momento melhor não poderia haver, pois, para obra que ora vem a público.

Andrei Zenkner Schmidt não é um nome desconhecido daqueles que, entre nós, se ocupam do direito penal. Pelo contrário. Autor de inúmeras obras e artigos, com larga experiência e reconhecimento na docência e na advocacia criminal, Andrei Schmidt traz, nas linhas que seguem, o resultado das suas reflexões doutorais, levadas a cabo ao longo de mais de oito anos de pesquisa. Pesquisa inicialmente desenvolvida no seio da *Alma Mater Conimbrigense*, a Faculdade de Direito da Universidade de Coimbra, sob a orientação de José de Faria Costa, mas concluída, em segundo momento, no âmbito Programa de Pós-Graduação em Ciências Criminais da PUCRS.

Trata-se de um trabalho de exuberante maturidade, em que o autor apresenta, sem rodeios, as suas premissas científicas e metodológicas para, só então, ingressar em um profundo estudo acerca do tão complexo ponto de encontro entre economia e direito penal. E fá-lo, sublinha-se, com incomum domínio de ambas as ciências. O primeiro capítulo dá conta da questão econômica e dos conceitos a partir dos quais se torna possível o diálogo – tão desejado pelo autor – entre economia e direito penal. O estado da arte é, assim, delineado com cuidado e rigor, permitindo, mesmo ao leitor pouco habituado à matéria, elementos suficientes para acompanhar o autor em seus próximos passos.

Fortemente influenciado pela Escola de Coimbra, nomeadamente pela linha de reflexão inaugurada por José de Faria Costa, Andrei Schmidt adota a denominada compreensão onto-antropológica do direito penal – e, assim, tudo aquilo que uma tal compreensão implica termos filosóficos e dogmáticos –, bem como a defesa de uma tênue autonomia disciplinar ao direito penal econômico. Neste preciso horizonte compreensivo, propõe-se a identificar e delimitar o bem jurídico tutelado e, a partir daí, deduzir o respectivo conceito material de crime em âmbito econômico.

Em passagem de particular clareza, assim afirma o autor: "o objeto do ilícito (*Unrecht*) fundamenta e legitima o direito penal econômico a partir da exigência de ofensa a bens jurídicos protegidos, entendida, tal ofensa, em sua dimensão externa e fenomenológica que, nesta área específica da criminalização, possui uma significação axiológica de menor densidade. O fundamental é que o adensamento da norma penal econômica tenha seus contornos definidos a partir de um desvalor ético-jurídico compatibilizável com um desvalor ético-social – o núcleo essencial da paz e da segurança a que almeja a proteção – e que encontre sua coerência num sistema político-constitucional capaz de ampará-lo" (cap. 2.3.2).

Iluminado por tais premissas, Andrei Schmidt traça as linhas fundamentais de seu conceito material de crime ao longo do capítulo 2 e leva-o à prova nos capítulos 3, 4 e 5, nos quais a sua ideia de base é cotejada à luz das exigências das teorias da norma, do crime e da pena, respectivamente.

O resultado da presente investigação é, nesta medida, um estudo único, com nítida carga autoral, assumidamente comprometido com elementos teóricos que, ao fundamentar, delimitam por meio de critérios dogmáticos fortes o espaço de atuação legítima do direito penal econômico. É, por isso, ao fim e ao cabo, um elogio ao direito penal como espaço de liberdade irrenunciável e, hoje, acima de tudo, constitucionalmente assegurado.

Mais do que isso, por certo, não pode ser dito, sem que se retire, de forma imperdoável, o prazer do leitor em ser conduzido pelo próprio autor na linhas que perfazem o presente estudo.

Por fim, uma última palavra, não sobre a obra, mas sobre o agora Doutor Andrei Zenkner Schmidt.

Conheci Andrei em meados da década de 90, quando, então, o Instituto Transdisciplinar de Estudos Criminais (ITEC) dava os seus primeiros passos. De lá pra cá, ao longo de quase duas décadas, tenho o privilégio de contar com a sua presença dentre os meus mais estimados amigos. Se por um lado, Andrei Schmidt construiu a sua história acadêmica e profissional fundada seriedade, rigor e dedicação acadêmico-científicos, e, por tudo isso, digno da mais viva admiração, por outro, em âmbito pessoal, mostrou-se cultor dos mais elevados valores. Andrei é, e sempre foi, um penalista na sua forma mais profunda, um humanista na sua vivência mais sincera, um amigo na sua expressão mais plena. É, por tudo, e como não poderia deixar de ser, alguém que agrega sentido ao texto e vida às suas ideias.

Desejo, com estas palavras, votos de muito sucesso ao autor, e, aos demais, uma agradável leitura.

Porto Alegre, verão de 2014, com a chuva a cair.

Prof. Dr. Fabio Roberto D'Avila

Nota à 2ª Edição

Em linhas gerais, o texto original da 1ª edição foi preservado. Além de ajustes meramente formais – fica aqui, desde já, o agradecimento a inúmeros apontamentos enviados pelos leitores – a 2ª edição ganhou dois novos capítulos (4.3.5 e 4.3.6), que dizem respeito a tema mais do que relevante e atual nos dias de hoje. O assunto relacionado à ofensividade no delito de lavagem de dinheiro vem sendo tratado de forma um tanto quanto polêmica pela doutrina e pela jurisprudência. As mais recentes decisões proferidas no âmbito dos casos Mensalão e Lava Jato vêm evidenciando um amplo desapego dos Tribunais ao rigor com que deve ser interpretada a autonomia do bem jurídico protegido pela Lei nº 9.613/98. A imensa gama dos casos julgados em ambas as situações reflete, a rigor, que os tribunais brasileiros deturparam significativamente a particularidade do bem jurídico protegido pela lavagem de dinheiro, fazendo incidir no art. 1º da Lei nº 9.613/98 condutas que, ou estão inseridas na ocultação imanente à execução ou ao exaurimento do crime antecedente, ou então caracterizam condutas que mais propriamente estariam alcançadas por crimes de favorecimento real.

Em face disso, dedicamos dois novos itens do texto a analisar, conquanto que ainda não com o aprodundamento exigido pelo tema, temática tão tormentosa.

Sumário

Abreviaturas..17
Introdução...19
1. Estado e macroeconomia em tempos de globalização...27
   1.1. Considerações metodológicas prévias: Direito Penal Econômico e globalização..........27
   1.2. A tensa relação histórica entre Estado e economia: a tendência contemporânea pela heterorregulação dos fluxos econômicos..33
      1.2.1. Autorregulação da economia: a incapacidade de o mercado corrigir e prevenir, autonomamente, distorções socioeconômicas..33
      1.2.2. Heterorregulação planificada da economia: a incapacidade de o Estado corrigir e prevenir, através de intervenções diretas, distorções socioeconômicas............35
      1.2.3. Heterorregulação autônoma da economia: em busca do equilíbrio entre liberdade e solidariedade..38
      1.2.4. Neoliberalismo e globalização econômica: ponderação crítica do capitalismo contemporâneo entre políticas econômicas e contingências sociais................42
   1.3. A macroeconomia e os elementos conceituais de uma economia de mercado.............46
      1.3.1. Macroeconomia e microeconomia: um saber científico?.............................46
      1.3.2. O monitoramento de "boas" políticas na lógica da economia de mercado..........49
   1.4. Política econômica (*lato sensu*)..52
      1.4.1. Considerações preliminares...52
      1.4.2. Política econômica "stricto sensu"...53
      1.4.3. Política monetária..57
      1.4.4. Política fiscal e financeira..60
      1.4.5. Política cambial..63
      1.4.6. Política de rendas...65
   1.5. Ordem econômica: a tutela jurídica da política econômica *lato sensu*......................68
      1.5.1. Direitos econômicos e ordem econômica: uma distinção necessária...............68
      1.5.2. Tutela jurídica da ordem econômica..70
2. Delimitação conceitual e fundamento do direito penal econômico......................73
   2.1. Considerações preliminares..73
   2.2. Introduzindo um conceito material de delito econômico...74
      2.2.1. Conceitos criminológico, formal e material-vitimológico ("lato sensu" e "stricto sensu"): apreciação crítica..74
      2.2.2. O conceito material-fenomenológico de crime econômico..........................80
   2.3. Delimitando o bem jurídico protegido (ordem econômica)....................................85
      2.3.1. Fundamento e funções do direito penal econômico................................85
      2.3.2. Bem jurídico supraindividual..88

2.3.3. Bem jurídico polissêmico..90
2.3.4. Bem jurídico promocional..93
2.3.5. Bem jurídico mutável..95
2.3.6. Bem jurídico instrumental (a ordem econômica e sua referência constitucional)...95
2.4. Ordem econômica: dimensão dogmático-penal..99
    2.4.1. Crimes contra a ordem econômica "stricto sensu"...................................99
    2.4.2. Crimes contra a ordem tributária e a ordem financeira............................102
    2.4.3. Crimes contra o sistema financeiro...104
    2.4.4. Crimes cambiais..105
2.5. O crime econômico enquanto ofensa a bens jurídicos em sua dimensão constitucional...108
    2.5.1. A ineficácia dos princípios da subsidiariedade e da fragmentariedade segundo o estatuto dogmático e político criminal de fundamentação do direito penal construído a partir de suas consequências jurídicas.................................108
    2.5.2. A eficácia possível dos princípios da subsidiariedade e da fragmentariedade vista a partir do objeto da norma penal..112

3. Teoria da lei penal econômica..119
3.1. Considerações preliminares..119
3.2. A reserva de lei na historicidade do estado democrático de direito.................124
    3.2.1. O princípio da anterioridade da lei penal e seus corolários......................124
    3.2.2. Fundamentos da eficácia intertemporal da lei penal...............................126
    3.2.3. A eficácia temporal da lei penal enquanto ajustamento à dimensão onto-antropológica da relação de cuidado..129
    3.2.4. Direito Penal e estabilidade: o problema das leis penais excepcionais e temporárias..131
3.3. Sucessão de leis penais em delitos econômicos....................................135
    3.3.1. A peculiaridade da norma penal econômica: a abertura formal ao ilícito pressuposto como técnica legislativa de adequação do tipo de ilícito à mutabilidade e à instrumentalidade do objeto da tutela............................135
    3.3.2. Critérios tradicionais para o reconhecimento da aplicação (ir)retroativa de complementos normativos: apreciação crítica.......................................139
    3.3.3. Os princípios da anterioridade e da retroatividade da lei penal benéfica prosseguem hígidos no Direito Penal Econômico. Mas a lei excepcional ou temporária também incide, em caráter muito especial, nos delitos econômicos..144

4. Teoria do delito econômico...151
4.1. Tipo legal de crime econômico (i): técnica legislativa, remissões normativas e taxatividade..151
    4.1.1. Razão iluminista e princípio da taxatividade. A crise da função de garantia do tipo legal de delito..151
    4.1.2. O alcance possível da taxatividade a partir do diálogo entre o saber problemático e o pensamento sistemático. A necessidade de superação do dualismo racionalista para a correta compreensão da função possível de garantia do tipo legal de crime..154
    4.1.3. Função de garantia do tipo legal de delito na contemporaneidade: a taxatividade razoável e a necessidade de conter-se o arbítrio do poder punitivo................157
    4.1.4. Estratégias internas de avaliação da taxatividade: vagueza e polissemia..........163
    4.1.5. Estratégias externas de avaliação da taxatividade: a definição integral do ilícito e o reenvio normativo...168
    4.1.6. Taxatividade e direito penal econômico: remissões normativas como instrumento de redução de vagueza e de polissemia..................................173

4.2. Tipo legal de crime econômico (ii): omissão imprópria, *criminal compliance* e reserva de lei...177
    4.2.1. O "management" como garantidor do resultado 177
    4.2.2. Os deveres de "compliance" e a legislação brasileira....................................181
    4.2.3. Fundamentos dos crimes omissivos e comissivos..185
    4.2.4. A omissão imprópria e o "management" ou o "compliance officer" como garantidor em face dos deveres de "compliance".......................................189
    4.2.5. A inobservância dos deveres de "compliance" não é razão suficiente para a imputação do ilícito-típico comissivo de dano. Direito Penal e "compliance": uma ruptura paradigmática?..194
4.3. O tipo de ilícito econômico...198
    4.3.1. A dimensão fenomenológica do objeto do ilícito nos delitos econômicos...........198
    4.3.2. O redobrado valor instrumental do tipo legal frente ao tipo de ilícito nos delitos econômicos. A coadjuvância das agências penais na definição do objeto do ilícito penal econômico 202
    4.3.3. A intensidade da proteção: ofensividade (dano/violação e perigo/violação) em Direito Penal...210
    4.3.4. A intensidade da proteção no Direito Penal Econômico: em busca de um critério material de racionalidade para a definição legislativa e judicial da ofensividade..217
    4.3.5. Adensando a ofensividade à ordem econômica "stricto sensu" tutelada pelo crime de Lavagem de Dinheiro: transparência e criminal "compliance" como referencial de alcance normativo do tipo de ilícito...225
    4.3.6. Pluriofensividade, favorecimento real, receptação e lavagem de dinheiro: crítica, distinções e ajustes..229

5. Teoria da pena no delito econômico...237
    5.1. Pena, funcionalismo e Direito Penal Econômico: instrumentalização e moralização do *homo oeconomicus*..237
        5.1.1. Funcionalismo, prevenção geral e criminalidade econômica 237
        5.1.2. Funcionalismo, prevenção especial e criminalidade econômica 245
    5.2. Pena, neorretribucionismo e Direito Penal Econômico: a busca pela pena justa a partir da perspectiva onto-antropológica da responsabilidade e da isonomia do *homo oeconomicus* 255
        5.2.1. A relação onto-antropológica do cuidado-de-perigo e o sentido retribucionista da pena..255
        5.2.2. A missão crítica possível à perequetação interna e externa das penas nos delitos econômicos a partir do fundamento neorretribucionista........................263
        5.2.3. A distinção entre retribuição e reparação como critério de delimitação do "non bis in idem" material..270
        5.2.4. Neorretribucionismo, "non bis in idem" processual e sobreposição de instrumentos...280

Conclusão..287

Bibliografia...299

Abreviaturas

ADPCP................Anuario de Derecho Penal y Ciencias Penales
AO......................Abgabenordnung
CCIt....................Código Civil Italiano
CE......................Comunidade Europeia
CMF....................Code Monétaire et Financier
CMN...................Conselho Monetário Nacional
CPBr...................Código Penal Brasileiro
CPEs...................Código Penal Espanhol
CPFr...................Código Penal Francês
CPIt....................Código Penal Italiano
CPPt...................Código Penal Português
CRFB..................Constituição da República Federativa do Brasil
DDDP................Dei Delitti e delle Pene
DPE....................Direito Penal Econômico
EPC....................Estudios Penales y Criminológicos
IP........................L'Indice Penale
KWG..................Gesetz über das Kreditwesen
NPP....................Nuevo Pensamiento Penal
PL.......................Projeto de Lei
RBCC..................Revista Brasileira de Ciências Criminais
RCP....................Revista de Ciencias Penales
RGIT...................Regime Geral das Infracções Tributárias
RIDP...................Revue Internationale de Droit Penal
RIDPP................Rivista Italiana di Diritto e Procedura Penale
RTDPE...............Rivista Trimestrale di Diritto Penale Dell'Economia
RSPI...................Rivista di Studi Politici Internazionali
SBPE..................Sistema Brasileiro de Poupança e Empréstimo
StGB...................Strafgesetzbuch
STJ.....................Superior Tribunal de Justiça
STF....................Supremo Tribunal Federal
TCCE..................Tratado de Constituição da Comunidade Europeia
VV. AA. ....Vários autores

Introdução

Os primeiros anos do século XX, especialmente os que se sucederam à Primeira Guerra Mundial, testemunharam significativas rupturas nas estratégias políticas de relacionamento entre Estado e economia. Países capitalistas e socialistas, cada um à sua maneira e guiados pelas mais diversas razões, ditaram rumos inéditos às relações econômicas entre cidadãos, corporações e Estado. O interessante é que, conquanto tais regimes político-econômicos tenham fundamentos tão distintos, a interferência institucional na economia assumiu uma base principiológica comum. Veja-se, por exemplo, que a Constituição mexicana de 1917, a soviética de 1918 e a alemã (Weimar) de 1919 atribuíram originalmente dimensão constitucional à intervenção do Estado na economia.

Se bem examinarmos os contornos históricos das principais crises políticas e econômicas observadas ao longo do século XX, perceberemos que a interferência do Estado na economia, ainda que sob as mais variadas dimensões, é uma exigência da qual não mais podemos abdicar. O bloco comunista ruiu. O neoliberalismo anglo-americano, também. O legado que nos foi transmitido a partir dessas duas rupturas foi o de que uma *terceira via*, caso pretenda conciliar liberdade individual e justiça social, ainda tenha de perseguir, sob a lógica do capitalismo e da democracia, o diálogo entre *walfare state* e *invisibile hand*. Talvez esse não seja o melhor dos modelos, mas é o que fenomenologicamente se nos apresenta como viável; é sobre ele que nossa crítica deverá repousar.

Abre-se um imenso horizonte cognitivo a partir de tais contingências históricas. Nosso direcionamento metodológico irá circunscrever-se a um dos instrumentos à disposição do Estado para se relacionar com a economia: o ordenamento jurídico. Se é certo pensar no caráter inevitável da mediação institucional que deve recair nas relações entre empregados e empregadores, entre cidadão e propriedade privada, entre o atual *homo oeconomicus* e a produção de bens e serviços, então não menos correto será reconhecer-se que o direito é o mecanismo de que pode lançar mão o Estado para alcançar a expressão máxima dessa mediação. Os ventos da contemporaneidade sopram a favor de um Estado que não é mais expectador dos fluxos econômicos, mas também não é seu protagonista. Os tempos são de regulação econômica, de agenciamento ético de relações outrora exclusivamente privadas. Nesse cenário de capitalismo regrado, o direito assume uma missão de redobrada relevância, funcionando como instrumento legítimo de direcionamento da política econômica do Estado e, sucessivamente, de proteção contra as eventuais violações observadas no respectivo segmento. De modo que não podemos cogitar a existência de uma regulação jurídica da política economia sem igualmente pensarmos, num primeiro momento, na tutela a ser exercida sobre os valores mais elementares que a compõem e, logo após, no sistema de sancionamento que deve incidir sobre os desvios observados.

Mas seria um renomado equívoco imaginarmos que o direito econômico sancionador, no qual se insere o direito penal econômico (eis o nosso objeto de estudo), seja uma novidade do portfólio do capitalismo tardio. Com efeito, o *jus puniendi*, neste segmento de proteção, já era exercido mesmo em tempos de liberalismo econômico (uma concorrência, para ser livre, tinha de ser efetiva), o que nos permite compreender as razões que levaram os Estados Unidos a criminalizar, em pleno século XIX, as práticas de cartelização e de monopólio (*Sherman Act*, de 1890). De outro lado, em regimes comunistas, assumem especial relevância as violações contra as fontes de custeio do Estado para a distribuição da riqueza – lembre-se que o Código Penal Soviético punia com pena de morte a reincidência no delito contra a racionalização de divisas (art. 88, 2). É dizer: ao contrário do que se possa imaginar, a relação entre direito penal e economia não é uma novidade dos tempos de globalização; o que parece ter mudado é a intensidade e o direcionamento dessa relação.

Essa é uma constatação histórica de grande importância. Primeiro, porque supera qualquer pretensão de lançarmos um olhar crítico sobre a globalização para, *ipso facto*, igualmente criticarmos o direito penal econômico. Segundo, porque demonstra que os rumos e a legitimidade do direito penal econômico variam de acordo com as pautas que irão integrar a política econômica do Estado. Terceiro, porque comprova que o adensamento teórico dos valores ético-sociais que influenciam a política econômica contemporânea é o caminho ajustado para bem compreendermos o que, no fim das contas, vai se mostrar digno de proteção e merecedor de pena.

Temos por premissa metodológica, portanto, que o diálogo entre direito e economia nos fornece os exatos limites do horizonte cognitivo que nos guiará para a obtenção de níveis satisfatórios de racionalidade no segmento do direito penal econômico. Pode parecer pouco, mas não é.

Se analisarmos os principais segmentos da doutrina ocidental que se debruça sobre o tema, perceberemos um insuperável paradoxo: ao mesmo tempo em que há um reconhecimento geral quanto à autonomia disciplinar do direito penal econômico, a delimitação satisfatória do seu objeto ora é reputada inviável em razão da volatilidade imanente à economia, ora é ampliada demasiadamente para alcançar todo e qualquer delito que acarrete uma afetação supraindividual da ordem econômica. É como se a propalada autonomia disciplinar tivesse de conviver com propostas pessimistas ou exageradamente otimistas quanto à possibilidade de delimitação conceitual dos delitos econômicos. Ora, se a formulação de um conceito de crime econômico é problemática porque a economia de cada país se apresenta com contornos frequentemente variáveis, ou então porque tudo irá depender se, no fim das contas, um crime de coloração individual (um furto ou um estelionato, *v.g.*), no caso concreto, possa afetar uma imensa gama de pessoas ou de instituições, então já será questionável falar em direito penal econômico. Pela mesma razão que a parte especial dos códigos penais não origina um direito penal da vida ou um direito penal do patrimônio, também não faria sentido uma linha sequer para tratarmos sistematicamente de algo denominado direito penal econômico.

Eis a segunda premissa metodológica que aflora ao interesse de nossa pesquisa: o desapego ao que a ciência econômica pode nos ensinar é uma das principais razões para que a autonomia do direito penal econômico se veja compelida a conviver com uma delimitação conceitual pouco precisa. Em outras palavras, por mais óbvia que a asserção possa parecer, o diálogo entre direito e economia é o caminho a ser percorrido para que possamos obter um satisfatório adensamento do nosso objeto de estudo. Se pretendemos, de fato, comprovar a existência de um delito materialmente econômico que, como tal, apresente características peculiares em comparação com outras modalidades de tutela penal, o caminho certamente será dar-se conta da obviedade acima referida.

Compreende-se, nessa toada, por que sejam raríssimos os livros de direito penal econômico que dediquem algum espaço à compreensão do alcance metajurídico da *ordem econômica* (lembre-se, por exemplo, que a maioria deles tem, como ponto de partida, os contornos constitucionais da *ordem econômica*). Aliás, para muito além disso, hoje são igualmente raros os estudos de direito penal que se propõem a fundamentar o sistema da norma, do delito e das penas a partir de uma lógica externa à objetividade do ordenamento jurídico. Mesmo as atuais tentativas de construção do sistema penal aberto que, buscando uma superação do formalismo jurídico, tentam reconciliar-se com o pensamento problemático, não conseguem obter além das amarras da lógica formal-objetiva do próprio ordenamento jurídico os valores que terão de ser teleologicamente perseguidos. Tudo a demonstrar que segue hígida uma certa teimosia epistemológica em tentar obter a redução da complexidade dos problemas do direito penal contemporâneo a partir da lógica interna do próprio direito penal. Como se fosse possível ignorar que um código penal, assim como a Constituição de um determinado país, são fenômenos historicamente datados que se fundamentam e se legitimam a partir das relações sociais de onde brotaram. Ora, fundamentar-se o direito penal a partir de parâmetros de política criminal é renunciar-se à razão forte que deve orientar a construção de um sistema; é dar as costas à dimensão cultural que todo problema penal representa.

É nesse particular que destoará nossa terceira premissa metodológica: se pretendemos verificar o que de útil se pode extrair de uma leitura interdisciplinar da complexidade que envolve o delito econômico, então teremos de construir um saber sistemático que se disponha a ser efetivamente problemático; um saber que vá ao núcleo mais elementar, mais essencial que circunda a dimensão metajurídica de nosso objeto de estudo. Porque é antes do direito – muito embora também a partir dele – que se situa a densidade ético-social dos valores que devem ser juridicamente protegidos. Longe estamos de falar em valores universais e absolutos vigentes a qualquer tempo. Referimo-nos, isso sim, a valores cuja representação não se oponha ao passado-presente da fragmentariedade dos nossos tempos; valores que não perdem sua existência porque relativos, porque efêmeros, porque regionalizados, porque reconhecidos apenas em determinados segmentos sociais. Temos por correta a visão de que a complexidade do direito penal contemporâneo, notadamente naqueles contextos em que novas formas de tutela são avocadas, tenha de alcançar uma razão forte a partir de um pensamento reflexivo historicamente situado; um conhecimento que não se contente com a sedução da aparência do objeto sobre o qual se debruça; um conhecimento que não se perturbe com o desconforto por vezes insuportável e doloroso que decorre da penetração na porosidade mais imperceptível do seu objeto de estudo; um saber que situe na leitura contemporânea da "natureza das coisas" o mais importante vetor de crítica para o direito penal. Será, portanto, sob as amarras ônticas da relação fenomenológica entre direito e economia que nossa pesquisa será desenvolvida. E assim o é porque, em nossa crença, esse seja o caminho adequado para a crítica e a redução da complexidade que envolve o objeto de estudo.

Sob essa forma especial de ver as coisas, é-nos dada a possibilidade de obtermos, a partir da identidade histórico-cultural do modelo de Estado contemporâneo, o reconhecimento de que o homem segue ocupando um lugar privilegiado na estrutura do ordenamento jurídico. É certo que a dialógica do Estado atual também se direciona para a realização da dignidade humana em condições de igualdade material. Deveras, o que distingue o Estado contemporâneo – pelo menos, na maior parte dos países ocidentais – do Estado liberal é o necessário diálogo que há de permear a eficácia dos direitos fundamentais frente a missão possível de construção de uma sociedade justa e solidária. No entanto, do passado-presente do Estado contemporâneo pode-se obter a densa e traumática experiência dos momentos de crise que atravessamos sempre que o homem restou instrumentalizado por instituições. Aliás, o limite semântico da expressão *humanidade* fala por si só. Isso nos faz compreender que a ontologia dos direitos fundamentais não abre espaço algum para barganha de qualquer natureza no que pertine à prioridade que o homem recebe perante o Estado. Essa é uma promessa da modernidade que, ainda hoje, não temos autorização alguma para abdicar. Ou as coisas funcionam assim, ou estaremos falando de outra coisa que não de um Estado Democrático de Direito.

A contingência que disso decorre é que o ordenamento jurídico penal tem de fundamentar-se em estrito respeito ao homem enquanto pessoa, e não enquanto objeto. Contudo, se esse direcionamento de legitimidade já apresenta graves problemas de compatibilidade com o núcleo rígido do direito penal, as dificuldades serão redobradas se tivermos de prosseguir atentos com essa visão antropocêntrica do direito penal também em novos segmentos de criminalização. Falamos, em específico, naqueles casos em que a dignidade da proteção penal vem sendo reconhecida em relação a interesses que não possuem uma afetação individual tão clara. Se é certo que não podemos mais aguardar a morte de uma pessoa ou a lesão de um patrimônio para que o meio ambiente e o sistema financeiro sejam penalmente protegidos, não menos certo será reconhecer que a legitimidade dessa proteção só poderá ser aventada se a raiz antropológica da tutela prosseguir hígida. Se considerarmos que o meio ambiente ou a economia são valores que se fundamentam em si mesmos, então estaremos aceitando que essas novas formas de tutela caracterizariam uma ruptura paradigmática. É dizer: o homem, nestes segmentos, já não ocuparia o epicentro da proteção.

Eis, no ponto, o problema central de nossa pesquisa: seria possível seguirmos com a proposta de fundamentação antropológica do direito penal também no segmento dos delitos econômicos?

Uma resposta negativa a esse questionamento coloca-nos diante de uma segunda rodada de inúmeros outros problemas. Um dos que nos ocorre imediatamente é se haveria condições de legitimidade para um direito penal econômico que não se fundamente a partir de uma perspectiva antropológica. E se nos aventurarmos em direção a uma resposta afirmativa, então estaremos diante de uma terceira linha de problematização: quais os reflexos que essa fundamentação poderá produzir dogmaticamente nas três grandes dimensões do sistema penal enquanto fenômeno jurídico (a norma, o delito e a pena)?

No entanto, se a primeva indagação aceitar uma resposta positiva, então já nos será dado o conforto de relegarmos a segundo plano uma construção exauriente acerca da legitimidade da intervenção penal, porquanto o caráter humanitário do direito penal, também nos contornos contemporâneos desse segmento de proteção, teria sido respeitado. Sem embargo, haveria, ainda, um longo caminho a percorrer para que consigamos ajustar o conteúdo antropocêntrico dos delitos econômicos à integralidade do sistema dogmático-penal. Quais os reflexos que um conceito material-antropológico de crime econômico irradiam sobre a estrutura da norma, do delito e da pena? Seriam observadas, nesses três segmentos, características peculiares que se compatibilizariam com a base principiológica ordinária do direito penal? Seria possível acomodar as contingências exigidas para a proteção do bem jurídico nos delitos econômicos à eficácia dos princípios gerais do direito penal? Até que ponto, em suma, a autonomia disciplinar do direito penal econômico se ajustaria ao risco de uma ruptura paradigmática?

No início da pesquisa, apresentou-se-nos uma hipótese nuclear para a solução desses problemas: o diálogo fenomenológico entre economia e direito penal é o acertado caminho para construirmos um conceito material de crime econômico compatível com o fundamento antropológico que deve permear todo e qualquer tipo de proteção penal. E era exatamente em atenção a essa premissa que aventávamos, no prefaciar de nosso estudo, que o horizonte cognitivo a que nos propusemos observar seria adequado para descortinar as características peculiares do direito penal econômico que, a despeito de modificarem sensivelmente a estrutura da norma, do delito e da pena, repousariam sob o manto liberal-secularizado da estrutura principiológica do direito penal. Pois nosso objetivo geral, alinhado com a estrutura metodológica a que nos propusemos observar, somente atingirá um resultado satisfatório se, ao fim e ao cabo, aceitarmos que o direito penal econômico seja, e tenha de prosseguir sendo, apenas um recorte específico do direito penal.

Agora, passados quase 8 anos de pesquisa e reflexão (iniciada com a prestimosa orientação do Prof. José Francisco de Faria Costa, em Coimbra, e concluída sob perspicaz batuta do Prof. Fabio Roberto D'Avila, na PUCRS), submetemos a exame aquilo que reputamos pronto e acabado para confirmar – ou infirmar, em nome do rigor acadêmico – a hipótese acima descrita. Para chegarmos à construção final da tese, o caminho percorrido foi longo e espinhoso, a começar pela construção do referencial teórico. À exceção de alguns parcos estudos oriundos especialmente da doutrina italiana, pouco havia sido escrito, em países de língua latina, sobre as vantagens que, por mais paradoxal que possa parecer, podem ser obtidas a partir do útil e necessário diálogo entre ciência penal, filosofia e ciência econômica. Para além disso, algumas categorias tradicionalmente exploradas pela doutrina mostraram-se tão incompatíveis com a fundamentação crítica a que nos propusemos seguir que a amplitude da revisão conceitual teve de assumir dimensões inevitavelmente extensas. A obrigação de criatividade, portanto, foi nossa parceira ao longo da jornada. Bem, esse é o preço, afinal de contas, a ser pago ante a exigência de originalidade que recai sobre uma tese.

A aproximação teórica a que nos propusemos observar irá iniciar-se a partir do exato ponto que a doutrina penal costuma desprezar: se pretendemos delimitar rigorosamente a matéria que compõe o conceito de *ordem econômica*, então teremos de espiolhar o que a ciência econômica pode nos ensinar sobre o assunto. Pois não será o ordenamento jurídico, mesmo que em sua dimensão constitucional, o responsável pelo desvelar ético-social das relações sociais que afloram carentes de proteção. A imensa maioria da doutrina propõe um conceito de crime econômico que leva em conta a ideia de ofensa supraindividual à *ordem econômica* (alguns, afirmando que tal supraindividualidade seria abstratamente exigida enquanto objeto de proteção; outros, admitindo que o caso concreto é que diria quando um bem jurídico pode ser lesado de forma supraindividual). A definição não deixa de estar correta, mas necessita de adensamento teórico. A doutrina caminha a passos largos para esclarecer em que condições um bem jurídico pode legitimamente assumir uma feição supraindividual. Porém, é vagarosa quando o assunto seja observar a dimensão metajurídica do objeto sobre o qual recairá a tutela. O propósito do nosso primeiro capítulo será discorrer sobre o passado-presente do que, hoje, se apresenta como *ordem econômica*.

Logo após, no segundo capítulo, iremos construir um conceito material de crime econômico que leve em conta aquilo que, no capítulo anterior, verificamos como digno de proteção. Nossa proposta é buscarmos uma fundamentação para o direito penal econômico que não leve em conta os fins da pena. Temos por acertado que o crime possui existência fenomenológica independentemente de suas consequências jurídicas. É o ilícito que, em sua representação ôntica, irá nos guiar pela construção de um sistema penal antropologicamente comprometido. Nessa senda, o conceito material de crime econômico ganhará autonomia e fundamentação nos segmentos em que a mediação institucional da vulnerabilidade do homem frente os fluxos financeiros revele-se carente de proteção jurídico-penal. Nossa proposta é construirmos um bem jurídico materialmente singular para o direito penal econômico; um bem jurídico que não se submeta a exigências centrífugas ou centrípetas variáveis segundo a qualidade do autor ou a dimensão de vítimas afetadas pelo ilícito; um bem jurídico próprio e distinto das formas tradicionais de tutela penal do patrimônio individual ou corporativo, que já é desempenhada por crimes que não se inserem no horizonte cognitivo da *ordem econômica*. Para tanto, além de buscarmos o adensamento teórico do exato alcance do objeto da tutela, nossa preocupação também será direcionada ao isolamento analítico daquelas características especiais que podem conferir autonomia disciplinar a um direito penal econômico de fundamentação onto-atropológica. Só assim estaremos em condições de avaliarmos criticamente se o produto final de nossa obra encontra amparo constitucional para a sua configuração.

Passo seguinte será, nos capítulos subsequentes, colocar à prova nosso conceito de delito econômico frente à integralidade do sistema jurídico-penal. Pois não se poderá admitir qualquer serventia a um conceito material de crime econômico caso suas características especiais não se acomodem nos limites dogmático-liberais das teorias da norma, do delito e da pena. Para tanto, iremos selecionar alguns aspectos que reputamos convenientes para ilustrar formas especiais de relacionamento entre o conceito material que iremos propor, assim como as possibilidades dogmáticas por ele assumidas. A seleção é arbitrária e, em momento algum, pretende reduzir a importância de inúmeros outros problemas que também podem ser observados no sistema de direito penal econômico, mas que escapam dos limites de nossa pesquisa (pense-se, por exemplo, na eficácia espacial da norma econômica, na imputação objetiva e subjetiva da ofensa, nos problemas relacionados à culpabilidade nos delitos econômicos, no imenso catálogo de sanções etc.). O objetivo, nessa primeira versão do estudo, não é esgotar tudo o que de especial existe no direito penal econômico. Nossa dedicação a alguns pontos selecionados tem por propósito ir apenas até o que reputamos estritamente necessário para comprovar que a nossa hipótese inicial se confirma enquanto tese.

1. Estado e macroeconomia em tempos de globalização

1.1. Considerações metodológicas prévias: Direito Penal Econômico e globalização

Menos de uma década separa as publicações de *War and Peace in the Global Village* (1968), de MARSHALL MCLUHAN, e *Vitesse et Politique* (1977), de PAUL VIRILIO. Apesar de não terem sido formuladas a partir de matrizes metodológicas semelhantes – o que prejudicaria, sobremaneira, qualquer tentativa de diálogo entre os autores –, ambas as pesquisas merecem ser lembradas por anteciparem, cada qual em seu contexto histórico, dois dos aspectos fundantes das rupturas sociais identificadas ao final do século XX: a influência que o desenvolvimento tecnológico e a difusão dos *mass media* exerceu sobre a desterritorialização das nações,[1] e a velocidade como valor a partir do advento da revolução técnica e sua conexão com a revolução política.[2]

---

[1] Não ao ponto de originar, segundo pensava MCLUHAN, uma *global village*, ou seja, uma consciência coletiva unificada culturalmente no bojo da qual os *mass media* atuariam como prolongamentos tecnológicos do sistema nervoso (MCLUHAN, Marshall. *Guerra e Paz na Aldeia Global*. Rio de Janeiro: Record, 1971). Pelo contrário, vivemos num mundo constituído por diversas identidades que seguem a lógica de *sincretismos culturais*, ou seja, processos e resultados de trocas centrífugas (locais) e centrípetas (globais) de cultura. Daí falar que a globalização é *glocal*: o *local* e o *global* travam uma relação sincrética de mútuo contágio sem perda de suas próprias individualidades (CANEVACCI, Massimo. *Sincretismos. Uma Exploração das Hibridações Culturais*. Trad. por Roberta Barni. São Paulo: Nobel, 1996, pp. 23-25). Uma visão geral do tema pode ser obtida, exemplificativamente, em: CANCLINI, Néstor García. *Culturas Híbridas*. Trad. por Ana Regina Lessa e Heloísa Pezza Cintrão. São Paulo: EDUSP, 1998; FEATHERSTONE, Mike. "Cultura Global: introdução". In: FEATHERSTONE, Mike [org.]. *Cultura Global. Nacionalismo, Globalização e Modernidade*. 2. ed. Trad. por Attílio Brumetta. Petrópolis: Vozes, 1998, p. 11 (pp. 7-21).

[2] VIRILIO teve o mérito de estudar processos sociais não mais a partir da temática da riqueza, senão da velocidade da revolução tecnológica e sua conexão com a revolução política. A conotação marxista de sua tese, contudo, é marcante, principalmente quando apregoa que o progresso *dromológico* estabeleceria a velocidade desterritorializada como valor supremo de dominação dos "proletários-soldados" e dos "proletários-operários", que, por não terem o controle do movimento, tenderiam à privação da identidade, à "morte lenta", à dominação pelas "elites dromocráticas" (VIRILIO, Paul. *Vitesse et Politique*. Mayenne: Galilee, 1991). Conclusões nesses termos não se podem furtar, consequentemente, às críticas comumente impostas à episteme marxista, tais como: há uma relação complexa e *dialógica* entre o objeto (sociedade) e o sujeito (individuo), sendo um equívoco pensar-se que aquele condicionaria a existência deste; a formação de identidades culturais não se submete a manipulações controladas por processos concretos de dominação político-econômica, ou seja, a cultura é relativamente autônoma no que tange às bases materiais de nossa existência; relações sociais de dominação não ocorrem somente em "lutas de classes", senão também em outras relações sociais

Novas rubricas (*pós-modernidade, sociedades pós-industriais, modernidade tardia* etc.), ainda que não de forma uníssona, foram propostas para denotar o processo de intensificação e de interdependência das relações sociais percebido nas sociedades globalizadas, em que uma antiga ordem social produtiva cedeu espaço a uma ordem social reprodutiva, na qual as simulações e modelos cada vez mais constituiriam o mundo, de modo a apagar a distinção entre realidade e aparência[3] e a suprimir, inclusive, a ideia de progresso e de um conhecimento histórico.[4] Para representar um processo de rompimento epistemológico nesse nível, falou-se, inclusive, na completa sucumbência do modelo de Estado-nação frente à força dos mercados financeiros internacionais,[5] e no surgimento de uma nova era (a *global age*) onde os governos nacionais perderiam a importância e a influência.[6]

O tema transborda os limites da presente pesquisa.[7] Sem embargo, não podemos nos furtar a uma reflexão crítica, ainda que breve, de que uma visão "hiperglobalizadora" nesses termos talvez seja precipitada. A globalização não constitui um *topos* argumentativo suficientemente maduro para autorizar o reconhecimento de uma mudança pronta e acabada, pois, na síntese de ROUANET,[8] vivemos apenas uma "consciência de ruptura", ou seja, uma impaciência resultante da não realização das promessas do racionalismo, assim como de todos os males atribuídos ao mundo moderno (duas Guerras Mundiais, ameaças de aniquilação atômica, degradação de ecossistemas, ressurreição de velhos fanatismos religiosos etc.).

Não se pode negar, entretanto, que estejamos vivendo algo substancialmente diverso das práticas políticas, econômicas, sociais e culturais já verifi-

---

não necessariamente associadas ao fluxo do capital. Sobre o tema, v.: MORIN, Edgar. *O Método. 3. O conhecimento do conhecimento*. Trad. por Juremir Machado da Silva. Porto Alegre: Sulina, 1999, pp. 267-268; HALL, Stuart. *A Identidade Cultural na Pós-Modernidade*. Trad. por Tomaz Tadeu da Silva e Guacira Lopes Louro. Rio de Janeiro: DP&A, 1997, pp. 25-39; CASTELLS, Manuel. *A Sociedade em Rede*. 5. ed. Trad. Por Roneide Venancio Majer. São Paulo: Paz e Terra, 2001, p. 505; THOMPSON, John B. *Ideologia e Cultura Moderna*. 5. ed. Trad. por Carmen Grisci *et al*. Petrópolis: Vozes, 2000, pp. 76-79 etc.

[3] FEATHERSTONE, Mike. *Cultura de Consumo e Pós-modernismo*. Trad. por Julio Assis Simões. São Paulo: Nobel, 1995, pp. 17-30.

[4] LYOTARD, Jean-François. *A Condição Pós-moderna*. 3. ed. Trad. por José Bragança de Miranda. Lisboa: Gradiva, 2003; BAUDRILLARD, Jean. *A Ilusão do Fim ou a Greve dos Acontecimentos*. Trad. por Manuela Torres. Lisboa : Terramar, 1992. Em sentido contrário, e a nosso ver acertadamente, pondera BHABHA a aptidão da ideia de um "passado projetivo" para representar uma narrativa histórica de alteridade (BHABHA, Homi K. *O Local da Cultura*. Trad. por Myriam Ávila. Belo Horizonte: UFMG, 2005, p. 347).

[5] OHMAE, Kenichi. *O Fim do Estado-nação*. Trad. por Ivo Korytowski. São Paulo: Publifolha, 1999, *passim*.

[6] ALBROW, Martin. *The Global Age: State and Society Beyond Modernity*. Stanford : Stanford University, 1997, *passim*.

[7] Para uma análise geral das tensões entre as ideias "céticas", "hiperglobalizadoras" e "transformacionalistas" da globalização, v.: GIDDENS, Anthony. *Sociologia*. 4. ed. Trad. por Sandra Regina Netz. Porto Alegre: Artmed, 2005, pp. 66-68; IANNI, Octavio. *Teorias da Globalização*. 12. ed. Rio de Janeiro: Civilização Brasileira, 2004, pp. 13-25.

[8] ROUANET, Paulo Sergio. *As Razões do Iluminismo*. São Paulo: Companhia das Letras, 1992, pp. 229-274. A tese já havia sido aventada por HABERMAS, ao propor que estamos diante de um simples *mal-estar de uma modernidade* que não estaria extinta, e sim *inacabada* (HABERMAS, Jürgen. *O Discurso Filosófico da Modernidade*. Lisboa: Dom Quixote, 1990).

cadas em séculos precedentes,⁹ e nesse sentido é que a proliferação dos *mass media* e a *velocidade* com que ocorrem os contatos sociais contemporâneos revelam-se como fios condutores adequados para verificarmos que as relações sociais consolidadas principalmente no mundo ocidental, a partir dos anos 80 do século passado, apresentam diferenças qualitativas em sua configuração.

São inúmeros os fatores que poderiam, após uma aproximação analítica, confirmar uma hipótese nesses termos. Quer-nos parecer, contudo, que um paralelo histórico, ainda que breve, das relações travadas entre os fluxos econômicos, os processos de produção de bens e serviços e as diretrizes políticas do Estado-nação, caracteriza um campo fenomenológico capaz de confirmar a necessidade de o nosso objeto de estudo submeter-se a uma revisão crítica frente a este algo-de-novo.

A comparação entre as trocas comunicacionais verificadas a partir do século XIX, quando SAMUEL MORSE transmitiu a primeira mensagem através de telégrafo elétrico, e as que se sucederam ao lançamento do primeiro satélite na órbita terrestre, em 1960, atesta que a circulação da informação em ambos os períodos possui consideráveis diferenças, principalmente porque a transmissão de dados em escala global, massiva e instantânea, só veio a operar-se com o desenvolvimento tecnológico iniciado no final do século passado.[10] Mas a mudança não é só quantitativa. O novo modelo tecnológico possibilitou que dispositivos de processamento da informação, e o próprio processamento da informação, constituíssem o objeto dos processos de produção e de competitividade,[11] ou seja, a comunicação deixou de ser *meio* de exploração econômica para se transformar em uma das *finalidades* do mercado internacional.

A evolução dos processos de produção e circulação de bens e serviços, verificada ao longo do século XX, também se presta a confirmar a proposição. O período definido por GRAMSCI[12] como *fordismo* representou não só a adoção de um método de produção industrial em grande escala nas fábricas de HENRI FORD na primeira década do século passado,[13] senão também um modo específico de constituição de relações sociais[14] e econômicas. Assim como um empregado de FORD sabia exatamente que iria iniciar e terminar a sua carreira naquela fábrica, o capital também estava tão arraigado ao solo quanto os trabalhadores que empregava. Outras relações sociais seguiam a mesma lógica: as famílias eram

---

⁹ Relativizando essa conclusão, sob a premissa de a economia mundial ainda se encontrar regionalizada em três grandes grupos (Europa, Ásia-Pacífico e América do Norte): HIRST, Paul. *Globalização em questão: a economia internacional e as possibilidades de governabilidade*. Rio de Janeiro: Vozes, 1998, *passim*.

[10] MATTELART, Armand. *Comunicação-Mundo. História das idéias e das estratégias*. Trad. por Guilherme de Freitas Teixeira. Petrópolis: Vozes, 1994, p. 109; GIDDENS, Anthony. *O Mundo em Descontrole. O que a globalização está fazendo de nós*. Trad. por Maria Luiza de A. Borges. 4. ed. Rio de Janeiro: Record, 2005, p. 21.

[11] CASTELLS, Manuel. *A Sociedade em Rede*, cit., p. 88.

[12] GRAMSCI, Antonio. "Americanismo e fordismo". In *Obras Escolhidas*. Trad. por Manuel Cruz, São Paulo: Martins Fontes, 1978; *Cadernos do cárcere*. Trad. por Carlos Nelson Coutinho. Rio de Janeiro: Civilização Brasileira, 2001, vol. 4, caderno 22.

[13] GIDDENS, Anthony. *Sociologia*, cit., p. 312; HARVEY, David. *Condição Pós-Moderna. Uma pesquisa sobre as Origens da Mudança Cultural*. 15. ed. Trad. por Adail Sobral e Maria Estela Gonçalves. São Paulo: Loyola, 2006, pp. 121-122.

[14] BAUMAN, Zygmunt. *Modernidade Líquida*. Trad. por Plínio Dentzien. Rio de Janeiro: Jorge Zahar, 2001, p. 69.

estruturadas a partir de uma programação e de uma estabilidade;[15] a tradição era um valor relevante na formação de identidades culturais geograficamente determinadas;[16] a rotina burocrática, em seu sentido mais amplo, desnudava-se como a forma ideal de procedimentos serem observados com rigor e previsibilidade;[17] o tempo guardava uma harmonia perfeita e absoluta em relação ao espaço;[18] o indivíduo fordista, em suma, era alguém preocupado em assegurar *meios*, e não *fins*.[19]

Enquanto modelo industrial e econômico, o *fordismo* teve seu declínio anunciado em meados dos anos 60. Na síntese de Harvey,[20] os processos de recuperação econômica do Japão e da Europa Ocidental já tinham se completado a ponto de gerar uma saturação no mercado interno e, consequentemente, uma busca pela exportação de produtos. Ao mesmo tempo em que o sucesso do modelo fordista, na economia americana, levava a um deslocamento cada vez maior de trabalhadores para a manufatura, as grandes corporações começavam a amargar quedas de produtividade e de lucratividade.

A superação desses problemas esbarrava na *rigidez* própria do *fordismo*. Investimentos de capital fixo de larga escala e de longo prazo, em sistemas de produção em massa, impediam a flexibilidade de planejamento e presumiam crescimento estável em mercados de consumo invariantes. Quando isso não ocorria, as tentativas de redução de custos esbarravam nos movimentos trabalhistas e na rigidez dos contratos de trabalho, o que explica as ondas de greve, nos EUA, entre 1968-1972.[21]

O Estado americano também vinha passando por problemas em relação a programas de assistência (seguridade social, direitos de pensão etc.), sobre os quais aumentava a pressão popular para o incremento de benefícios ao mesmo tempo em que a rigidez da produção restringia expansões da base fiscal com gastos públicos. Só restava imprimir moeda para manter a economia estável, opção esta que elevou a inflação, em 1973, a níveis alarmantes.[22]

Nessa mesma época, outros dois importantes fatores levaram a economia americana – e, em certa medida, também a do mundo ocidental – a encarar um período de recessão: a decisão da OPEP de aumentar o preço do petróleo e a decisão árabe de embargar as exportações de petróleo para o Ocidente durante a guerra árabe-israelense de 1973.[23]

Entrementes, países do Terceiro Mundo (da América Latina, em particular) davam início a um processo de substituição de importações pela industriali-

---

[15] Lipovetsky, Gilles. *A Sociedade Pós-Moralista. O crepúsculo do dever e a ética indolor dos novos tempos democráticos*. Trad. por Armando Braio Ara. Barueri: Manole, 2005, pp. 25-59.
[16] Giddens, Anthony. *O Mundo em Descontrole*, cit., pp. 47-60.
[17] Sennett, Richard. *A Cultura do Novo Capitalismo*. Trad. Clóvis Marques, Rio/São Paulo: 2006, pp. 22-79.
[18] Bauman, Zygmunt. *Modernidade Líquida*, cit., pp. 107-149.
[19] Bauman, Zygmunt. *Modernidade Líquida*, cit., pp. 71-75.
[20] Harvey, David. *Condição Pós-Moderna*, cit., pp. 135-137.
[21] Harvey, David. *Condição Pós-Moderna*, cit., pp. 139.
[22] Harvey, David. *Condição Pós-Moderna*, cit., pp. 139.
[23] Harvey, David. *Condição Pós-Moderna*, cit., pp. 139-140.

zação nacionalizada. O Sudeste Asiático iniciou uma política de incentivo à entrada de empresas multinacionais em busca de manufatura barata no estrangeiro. Surgia uma onda de industrialização competitiva em ambientes inteiramente novos, nos quais o contrato social com o trabalho era fracamente respeitado ou inexistente.[24]

Ao mesmo tempo, nos EUA, a capacidade ociosa das grandes corporações teve de ser racionalizada e reestruturada para a redução de custos com mão de obra. Nesse sentido, prossegue HARVEY: "a mudança tecnológica, a automação, a busca de novas linhas de produtos e nichos de mercado, a dispersão geográfica para zonas de controle do trabalho mais fácil, as fusões e medidas para acelerar o tempo de giro do capital passaram ao primeiro plano das estratégias corporativas de sobrevivência em condições gerais de deflação".[25]

A competitividade assumiu proporções internacionais, certamente facilitadas pelo início do processo de massificação dos meios de comunicação e pelo desenvolvimento de meios de transporte mais céleres e seguros. Era o anúncio de uma mudança estrutural nas trocas econômicas capitalistas – que passou a ser denominado, por alguns, de *capitalismo flexível* ou *tardio*[26] – e, consequentemente, na informalização e fluidez das relações de trabalho.

Não é por outra razão que o mercado de prestação de serviços – nele incluída a própria compra e venda de informação – cresceu proporcionalmente à flexibilização das economias: a exploração dessa atividade econômica possibilitou mudanças mais velozes do que as imaginadas na comercialização de produtos. A tendência atual dos mercados de trabalho é reduzir o número de trabalhadores "centrais" e empregar cada vez mais uma força de trabalho que entra facilmente e é demitida sem custos quando a situação financeira da empresa recomenda.[27] A era do *capitalismo flexível*, pois, representa uma antítese das formas rígidas de burocracia e dos males da rotina cega. A exigência do mercado global, hoje, é a de que os trabalhadores sejam ágeis, estejam abertos a mudanças de prazo curto, assumam riscos continuamente, dependam cada vez menos de leis e procedimentos formais.[28]

Esse processo de descontinuidade histórica, a exemplo do ocorrido no *fordismo*, também atingiu o cerne das próprias relações sociais[29] e – o que nos

---

[24] HARVEY, David. *Condição Pós-Moderna*, cit., pp. 139-140.

[25] HARVEY, David. *Condição Pós-Moderna*, cit., pp. 139-140.

[26] JAMESON, Frederic. *Pós-Modernismo: a Lógica Cultural do Capitalismo Tardio*. 2. ed. Trad. por Maria Elisa Cevasco. São Paulo: Ática, 2004.

[27] HARVEY, David. *Condição Pós-Moderna*, cit., pp. 144 e 148.

[28] SENNETT, Richard. *A Corrosão do Caráter: consequências pessoais do trabalho novo capitalismo*. Trad. por Marcos Santarrita. Rio de Janeiro/São Paulo: Record, 2005, pp. 9-33.

[29] Expressões como "sociedade de consumidores" (BAUMAN, Zygmunt. *O Mal-Estar da Pós-Modernidade*. Trad. por Mauro Gama e Cláudia Gama. Rio de Janeiro: Jorge Zahar, 1998, pp. 54 e 57), "a era do vazio" (LIPOVETSKY, Gilles. *A Era do Vazio. Ensaios sobre o individualismo contemporâneo*. Trad. por Therezinha Monteiro Deutsch. Barueri: Manole, 2006), "corrosão do caráter" (SENNETT, Richard. *A Corrosão do Caráter*, cit., p. 27) e "viver a própria vida" (BECK, Ulrich. "Viver a própria vida num mundo em fuga". In HUTTON, Will; GIDDENS, Anthony [org]. *No Limite da Racionalidade*, cit., pp. 238-239 (pp. 235-248) foram todas cunhadas com o objetivo de desenhar um indivíduo movido pela busca do prazer individual e que relega, a um segundo plano, a entrega pessoal a valores coletivos, ao culto pela tradição.

interessa no momento – das pautas econômicas. Com efeito, a economia global está organizada numa rede mundial de fluxos de capital, gerenciamento e informação cujo acesso é fundamental à produtividade e à competitividade – "a desinformação no banco dos réus", disse MATTELART.[30]

A partir das redes financeiras, o capital é investido globalmente e em todos os setores de atividade, gerando ciclos de lucratividade variáveis muitas vezes imprevistos e imprevisíveis. Há quem pense que, seja qual for o lucro, ele novamente ingressaria nesse *cassino global eletrônico* e tenderia ao "resultado zero": os perdedores pagam pelos ganhadores. Ambos, entretanto, mudam de posição a cada ano, a cada mês, dia ou mesmo minuto, gerando uma *economia irreal*, que situa na esfera financeira a realidade fundamental em que o dinheiro é ganho e perdido, investido ou poupado.[31]

Assim, o capital financeiro, direta (por meio de instituições financeiras) ou indiretamente (por meio de mercados de bolsas de valores), influencia o destino das empresas de alta tecnologia que, por sua vez, contigenciam a geração de lucros e a apropriação de fatias de mercado, o que demonstra a interdependência, verificada no capitalismo global, entre capital financeiro, industrial e alta tecnologia. Esse fluxo contínuo é que mantém a rede funcionando.[32]

De outro lado, pela primeira vez na história o planeta inteiro é capitalista ou depende muitíssimo de processos econômicos capitalistas,[33] e este é o desafio a que se submete, atualmente, o Estado-nação: ter de conjugar diretrizes político-econômicas nacionais e internacionais e, ao mesmo tempo, reduzir ao máximo as próprias vulnerabilidades frente os riscos resultantes da liberdade e da velocidade das transações econômicas globais, além de estar obrigado a atingir níveis satisfatórios de prestatividade social.

Veremos, nas linhas que seguem, que a relação entre direito e economia, nesse contexto de elevada complexidade, está mais orientada à responsabilidade na regulação do livre comércio e na gestão pública do que, propriamente, às intervenções diretas na economia. Essa tendência, contudo, decorreu muito mais das crises econômicas que se verificaram nos últimos tempos do que, propriamente, das opções políticas de intervenção do Estado na economia. É dizer: os problemas jurídicos incidentes nessa área só podem ser vistos, efetivamente, sob a lupa da mundialização.

Num segundo momento, falar de intervenção penal sobre a economia – e essa é a aproximação que realizaremos no nosso objeto de estudo –, é falar em limites, legitimidade e eficácia da tutela penal que recai sobre desvios efêmeros

---

[30] MATTELART, Armand. *Comunicação-Mundo*, cit., p. 127.

[31] CASTELLS, Manuel. *A Sociedade em Rede*, cit., pp. 87-172; 497-506.

[32] CASTELLS, Manuel. "Tecnologia da Informação e Capitalismo Global". In HUTTON, Will; GIDDENS, Anthony [org]. *No Limite da Racionalidade*, cit., pp. 81-111.

[33] CASTELLS, Manuel. "Tecnologia da Informação e Capitalismo Global", loc. cit., pp. 81-82. Em detalhes: BERNSTEIN, Peter L. *Desafio aos Deuses e a Fascinante História do Risco*. Trad. por Ivo Koritowski. Rio de Janeiro: Campus, 1997. Não se deve ignorar, entretanto, que essa dependência a processos econômicos capitalistas não possui contornos uniformes. Pelo contrário, cada país, à sua maneira, vem se ajustando a esses referidos processos.

e transitórios, que não raro têm seu desvalor dissolvido brevemente pela fluidez da regulamentação estatal.³⁴

1.2. A tensa relação histórica entre Estado e economia: a tendência contemporânea pela heterorregulação dos fluxos econômicos

1.2.1. Autorregulação da economia: a incapacidade de o mercado corrigir e prevenir, autonomamente, distorções socioeconômicas

O liberalismo econômico tem, na obra de ADAM SMITH, a sua maior expressão. Em 1776, com a publicação de seu famoso *The Wealth of Nations*, ADAM SMITH conferiu valiosa contribuição ao desenvolvimento da ciência econômica contemporânea e, especialmente, para a formulação do capitalismo moderno, porém visto a partir de uma visão naturalista das relações econômicas.

Insurgindo-se principalmente contra o sistema mercantilista que predominava na Europa, ADAM SMITH propôs o deslocamento do epicentro da economia da vida pública para a vida privada. Suas teorias do *egoísmo*, da *divisão do trabalho* e da *regulação autônoma da vida econômica* orientavam-se, todas, para a legitimação da liberdade econômica privada focalizada no desejo do lucro. Ao indivíduo, naturalmente livre (o *homo oeconomicus*), deveria ser conferida a liberdade de buscar a sua própria felicidade a partir de seus próprios ideais, porquanto a realização de seus objetivos – guiada, ainda que não intencionalmente, pela *invisible hand* – produziria, reflexamente, o bem-estar da coletividade. Ao Estado, de seu turno, ficaria reservada a tarefa de respeitar os termos dos contratos privados, prover a defesa do país, a administração da justiça e a manutenção de serviços públicos essenciais.³⁵

O liberalismo econômico proposto por ADAM SMITH foi acolhido enquanto programação estatal apenas no século XIX, quando os obstáculos ao comércio interno, na Grã-Bretanha e nos demais países europeus, foram gradualmente eliminados e, no comércio internacional, prevaleceu um amplo grau de liberdade para a atuação econômica das empresas, pelo menos durante o longo reinado de Vitória.³⁶

A ideia de liberdade econômica também influenciou decisivamente a Revolução Industrial. Mas, além disso, fomentou o surgimento de um novo modelo jurídico de nação – o Estado Liberal –, assentado, no que se refere à relação entre poder e economia, em dois princípios fundamentais: a separação

---

³⁴ Para detalhes sobre a relação entre Direito penal e globalização, v.: FARIA COSTA, José de. "A Globalização e o direito penal (ou o Tributo da Consonância ao Elogio da Incompletude)". In *Globalização e Direito*. Boletim da Faculdade de Direito, Universidade de Coimbra: Coimbra, 2003, pp. 181-190.
³⁵ SMITH, Adam. *An Inquiry into the Nature and Causes of the Wealth of Nations*. 6. ed. London: Methuen, 1950, especialmente vol. 1, pp. 97, 396-462 e vol. 2, pp. 184-185.
³⁶ MARTINS DA SILVA, Américo Luís. *Introdução ao Direito Econômico*. Rio de Janeiro: Forense, 2002, p. 19.

absoluta entre o direito público e o privado, e o predomínio da autonomia da vontade privada na esfera econômica.[37]

O papel do Estado-nação, num contexto tal de liberdade econômica, era eminentemente negativo, ou seja, não intervir na livre escolha das práticas comerciais (regime de *laissez-faire*), que eram regidas pelas normas de direito privado e pela capacidade de autorregulação da economia. Seria impensável, portanto, falar num direito econômico sistematicamente organizado nesse modelo político, porque o *jus imperii* estatal encontrava, no caráter absoluto das relações contratuais individuais, a sua barreira intransponível. A proposta resultava numa primazia da atividade econômica sobre regras jurídicas.

Há que se distinguir, entretanto, o *modelo* e a *praxis* do liberalismo econômico: mesmo os Estados tipicamente burgueses que sobrevieram às revoluções inglesa (1689), americana (1776) e francesa (1789) frequentemente lançavam mão de diretrizes políticas positivas e intervencionistas.[38] Nesse sentido, os limites materiais do liberalismo adotados em cada país não seguiram uma estrutura simétrica, mas sim complexa e frequentemente paradoxal. A despeito disso, a absorção das ideias liberais por boa parte do mundo ocidental ocorreu em momentos semelhantes – basicamente, século XIX e início do século XX –, tendência esta que conferiu certa homogeneidade do movimento.[39]

O liberalismo econômico teve seu declínio anunciado a partir da crise econômica que assolou boa parte da Europa após a Primeira Guerra Mundial (1914-1918), assim como do *Big Crash* da bolsa de Nova Iorque em 1929.[40] A turbulência fora decisivamente influenciada pela incapacidade de o mercado corrigir e prevenir, de forma autônoma, problemas envolvendo desemprego crônico, inflação, flutuação de taxas cambiais, redução drástica do consumo e da produção, crédito escasso, retração de investimentos e má distribuição de renda. Soma-se a isso a circunstância de o liberalismo não ter demonstrado qualquer aptidão para reorganizar a vida social que se sucedeu às grandes guerras – até mesmo porque este sequer seria seu objetivo.

A crise do modelo levou à revisão da política de neutralidade que o Estado deveria desempenhar em relação aos rumos da economia. Ganhavam força, a partir de então, propostas de heterorregulação da economia a cargo do poder público.

---

[37] Cabral de Moncada, Luís S. *Direito Econômico*. 5. ed. Coimbra: Coimbra, 2007, p. 19.

[38] Giannini, Massimo Severo. *Diritto Pubblico Dell'Economia*. Bologna : Il Mulino, 1977, pp. 27-28; Santos, António Carlos dos; Gonçalves, Maria Eduarda; Leitão Marques, Maria Manuel. *Direito Econômico*. 5. ed. Coimbra: Almedina, 2004, p. 33; Grau, Eros Roberto. *A Ordem Econômica na Constituição de 1988*. 5. ed. São Paulo: Malheiros, 2000, p. 15.

[39] Para uma visão geral do liberalismo no constitucionalismo brasileiro: Pimenta Bueno, José Antônio. *Direito Público Brasileiro e a Análise da Constituição do Império*. Brasília: Senado Federal, 1978, p. 395; Leopoldino da Fonseca, João Bosco. *Direito Econômico*. 5. ed. Rio de Janeiro: Forense, 2004, pp. 106-115. Em Portugal: Santos, António Carlos dos; Gonçalves, Maria Eduarda; Leitão Marques, Maria Manuel. *Direito Econômico*. 5. ed. Coimbra: Almedina, 2004, p. 34; Cabral de Moncada, Luís S. *Direito Econômico*, cit., pp. 129-130. Na Itália: Cassese, Sabino. *La Nuova Costituizione Economica*. Roma: Laterza, 2001, pp. 8-12. Na França: Farjat, Gérard. *Droit Économique*. Paris: Presses Universitaires de France, 1971, pp. 275-321.

[40] Sobre o tema: Mauro, Frédéric. *História Econômica Mundial: 1790-1970*. Rio de Janeiro: Zahar, 1973, pp. 208 e segs; Galbraith, John Kennet. *O Colapso da Bolsa, 1929*. Trad. por Oswaldo Chiquetto. São Paulo: Pioneira, 1988.

1.2.2. *Heterorregulação planificada da economia: a incapacidade de o Estado corrigir e prevenir, através de intervenções diretas, distorções socioeconômicas*

A despeito de a intervenção direta na economia (estatização de alguns meios de produção, controle institucional de determinadas práticas comerciais etc.) ser notada mesmo sob a vigência do liberalismo clássico, o diferencial do modelo que se formou no início do século XX estava na conotação constitucional assumida pelo dirigismo econômico – prefaciada, principalmente, pelas Constituições do México, de 1917, e de Weimar, de 1919.[41] Mas a ruptura não se limitava a uma simples questão jurídico-formal: a tônica da Constituição de 1919 era sustentar uma liberdade econômica vinculada por um princípio de socialização, ou seja, uma funcionalização do desenvolvimento econômico visto através de um interesse público.[42]

Além da Constituição de Weimar, o *New Deal*, proposto por FRANKLIN ROOSEVELT, em 1933, constitui outro marco histórico da consolidação do Estado de Bem-Estar. Objetivando superar a depressão e o desemprego incontroláveis que decorreram do *Big Crash*, ROOSEVELT conseguiu aprovar uma drástica mudança na legislação americana, amparada pelos lemas "Assistência, Recuperação e Reforma": políticas destinadas à concessão imediata de ajuda aos desempregados, aos despossuídos, e aos falidos; políticas destinadas a promover a ampliação da renda e do produto nacional e o retorno do pleno emprego; e políticas destinadas a pôr em marcha reformas estruturais – no sistema bancário, nas organizações financeiras e em outros setores – suficientemente profundas e capazes de evitar o retorno da depressão.[43]

A depressão econômica americana foi combatida, assim, através de uma combinação de política monetária (redução das taxas de juros) e despesas públicas (expansão de obras públicas e de medidas assistenciais, tendentes ao incremento do consumo e à geração de empregos), financiadas pela captação internacional de recursos, mas, sobretudo, pelo recrudescimento da política fiscal.[44]

A raiz teórica do *New Deal* estava intimamente relacionada à *General Theory of Employment, Interest and Money*, de JOHN MAYNARD KEYNES – apesar de

---

[41] DI PLINIO, Giampiero. *Diritto Pubblico dell'Economia*. Milano: Giuffrè, 1998, p. 57.

[42] Não se deve cometer o equívoco de imaginar que a ordem econômica estabelecida na Constituição de Weimar fez repercutir, no constitucionalismo da época, a ideia de uma programação econômica com eficácia suficientemente vinculante para a política do Estado. CARL SCHMITT, por exemplo, ao tratar do tema sob a égide daquela Constituição, em escrito datado de 1928, reconhecera a natureza limitada e condicional dos direitos a prestações positivas (SCHMITT, Carl. *Teoría de Constitución*. Trad. por Francisco Ayala. Madrid: Alianza, 1996, p. 174). Sobre o tema: CANARIS, Claus-Wilhelm. *Direitos Fundamentais e Direitos Privado*. Trad. por Ingo Wolfgang Sarlet e Paulo Mota Pinto. Coimbra: Almedina, 2003, pp. 22-23.

[43] DALTON, George. *Sistemas Econômicos e Sociedade: Capitalismo, Comunismo e Terceiro Mundo*. Trad. por José Fernandes Dias. Rio de Janeiro: Jorge Zahar, 1974, p. 93.

[44] HARRY DENT JR. observa que "as alíquotas marginais caíram drasticamente na década de 1920, depois da Primeira Guerra Mundial, e depois sofreram o aumento mais dramático da história, de 1932 a 1944-1946 – de 25% para 94%" (*A Próxima Grande Depressão*. Trad. por Afonso Celso da Cunha. Rio de Janeiro: Campus, 2009, p. 293).

publicada somente em 1936.⁴⁵ Keynes partia da premissa de que os dois principais defeitos da sociedade econômica em que vivemos são a sua incapacidade para proporcionar o pleno emprego e a sua arbitrária e desigual distribuição da riqueza e das rendas.⁴⁶ Isso porque o desenvolvimento industrial só se manteria íntegro, trazendo consigo o aumento dos empregos e de salários, na condição de que a demanda fosse sempre proporcional à produção (*the principle of effective demand*), exigência esta que o liberalismo seria incapaz de satisfazer. O Estado assumiria, em sua visão, a condição de órgão legitimado a intervir na economia para corrigir esses desvios, através do exercício de seus poderes de tributar, gastar e alterar a quantidade de moeda e de taxas de juros de forma a assegurar que a demanda efetiva total para os bens e serviços em processo de produção seja sempre suficiente para manter o nível do pleno emprego e da produção.⁴⁷

O modelo também fora amplamente utilizado em boa parte da Europa como instrumento de gestão da crise econômica que se sucedeu à Segunda Guerra Mundial, principalmente pela via da injeção de capital sob a forma de ampliação de obras e de serviços públicos, custeada pelo aumento da incidência tributária. A estratégia normalmente adotada era a de compensar esse incremento fiscal através de superávits comerciais, estimulando o desenvolvimento da indústria nacional – através da redução de taxas de juros, *v.g.* –, focalizada no comércio interno e no aumento das exportações. Concomitantemente, era comum a utilização de políticas protecionistas tendentes a dificultar sobremaneira a importação de produtos estrangeiros. Aos poucos, o dirigismo econômico deixou de figurar como um programa emergencial para os tempos de crise, assumindo a característica de um modelo político ideal que teve ampla aceitação até as últimas décadas do século XX.⁴⁸

Enquanto programa, diversos são os aspectos que distinguem o dirigismo econômico do liberalismo econômico, a começar pela natureza das relações contratuais, que deixam de ser regidas por regras e princípios imanentes ao direito privado para assumir uma conotação pública guiada pelo bem-estar social.⁴⁹ Assim é que o Estado gestor supervalorizou a hierarquia do direito sobre os fluxos econômicos, gerando uma clara mitigação da autonomia do direito privado – plenamente vigorante à época do capitalismo concorrencial – frente as diretrizes políticas do novo "capitalismo organizado".⁵⁰

---

⁴⁵ Cfe. Galbraith, John Kenneth. *American Capitalism. The Concept of Countervailing Power*. 2. ed. Boston: Houghton Mifflin, 1956, p. 79.

⁴⁶ Keynes, John Maynard. *The General Theory of Employment, Interest and Money*. New York : Harcourt, Brace & World, 1964, p. 372.

⁴⁷ Keynes, John Maynard. *The General Theory of Employment, Interest and Money*, cit., p. 378.

⁴⁸ Blanchard, Olivier. *Macroeconomia*. 5. ed. Trad. por Luciana do Amaral Teixeira. São Paulo: Pearson, 2011, pp. 184-190.

⁴⁹ Farjat, Gérard. *Droit Économique*, cit., p. 180. Para uma visão detalhada dessa mudança ocorrida na fundamentação dos contratos privados, v.: Savatier, René. *Les Métamorphoses Économiques et Sociales du Droit Civil D'Aujourd'Hui*. Paris: Dalloz, 1952, pp. 38-57.

⁵⁰ Santos, António Carlos dos; Gonçalves, Maria Eduarda; Leitão Marques, Maria Manuel. *Direito Económico*, cit., p. 17. Lembra Cabral de Moncada, na mesma linha, que tal modelo jurídico levou ao "esbatimento da distinção entre direito público e direito privado", à "funcionalização crescente da autonomia privada à

No plano institucional, a ruptura também reduziu sobremaneira a importância do Poder Legislativo. A produção normativa abandonou as matrizes das oficinas do Poder Legislativo, tão em evidência no modelo liberal, para apresentar-se sob as vestes de decretos, regulamentos, portarias, resoluções e demais espécies de normas administrativas emanadas do Poder Executivo. Decisões individuais substituíram regras gerais, transformando o Direito numa simples técnica de controle social e num dócil instrumento a serviço do Estado.[51] Tais decisões eram tomadas pelo Poder Executivo de forma centralizada, retirando boa parte da autonomia funcional dos órgãos do Estado com poderes para gerenciar as políticas econômicas *lato sensu*. Consequentemente, seria impensável falar num interesse econômico orientador das decisões políticas senão o resultante da própria estrutura do poder público nacional.

O período posterior à Segunda Guerra esteve marcado por décadas de crescimento nas economias capitalistas da Europa Ocidental, América do Norte e Japão, movido pela plenitude do emprego, pelo crescimento sustentado da renda e pela inovação industrial e tecnológica.[52]

A maré de prosperidade seria interrompida pela primeira crise do petróleo (1970): era o prenúncio de um novo momento de instabilidades econômicas que estava por vir, porém, agora, em escala global. Deveras, o financiamento dos défices públicos dos Estados assistencialistas era comumente alimentado, de forma paradoxal, pelo capital internacional, via emissão de títulos públicos.[53] Com essa opção, as economias nacionais foram indexadas às flutuações bruscas do dólar oriundas da elevação do preço do petróleo – insumo básico de países em fase de industrialização. O resultado foi bastante óbvio: incremento de dívidas externas e inflação generalizada.

A elevação de preços foi combatida, dentre outras medidas, pelo aumento das taxas de juros, tornando o capital mais oneroso e, consequentemente, reduzindo a produção e o consumo. Nos anos que se seguiram, intensificou-se o processo de mundialização econômica, rebocado pelo desenvolvimento tecnológico e pela proliferação dos meios de comunicação. Distúrbios regionais, outrora incapazes de gerar efeitos extracontinentais, repercutiram na imensa maioria das economias desenvolvidas e subdesenvolvidas.

A teoria *keynesiana*, nesse rumo, mostrou-se útil em tempos de crise, mas incapaz de adequar-se à complexidade das relações econômicas a longo prazo e, principalmente, aos rumos da internacionalização das economias.[54] Não

---

vontade dos poderes públicos" e à atribuição de um "papel activo da norma jurídica na conformação da vida económica e social" (CABRAL DE MONCADA, Luís S. *Direito Económico*, cit., pp. 33-34).

[51] GOMES, Orlando; VARELA, Antunes. *Direito Econômico*. São Paulo: Saraiva, 1997, p. 31.

[52] DALTON, George. *Sistemas Econômicos e Sociedade*, cit., p. 141. Para detalhes acerca desse crescimento, inclusive através de comparações com períodos anteriores, v.: KENNEDY, Paul. *Ascensão e Queda das Grandes Potências. Transformação Econômica e Conflito Militar de 1500 a 2000*. 14. ed. Trad. por Waltencir Dutra. Rio de Janeiro: Campus, 1989, pp. 393-415.

[53] DI PLINIO, Giampiero. *Diritto Pubblico dell'Economia*, cit., p. 70.

[54] ROJO, Luís Ángel. *Keynes y el Pensamiento Macroeconómico Actual*. Madrid: Tecnos, 1965, pp. 198-199. É importante registrar, contudo, que a preocupação de KEYNES era com o curto prazo. "No longo prazo, todos estaremos mortos", disse Keynes emblematicamente. A despeito disso, "Keynes acreditava que, depois que

bastasse isso, a superação da crise econômica, segundo as regras de macroeconomia hoje conhecidas, demandava reações rápidas de países que, marcados por uma economia "pesada", estatizada e intervencionista, viam-se impotentes diante das tensões do mercado em escala global.

A comunicação e o transporte globalizados também forneceram um fértil terreno para que a produção industrial contornasse a rigidez das regras trabalhistas e previdenciárias através da descentralização do processo produtivo – focalizada, principalmente, no sudeste asiático, que oferecia mão de obra barata e flexibilização contratual. Consequentemente, a criação de um intangível ambiente de livre concorrência internacional foi determinante para a mitigação da soberania econômica estatal: a retomada do investimento, em países capitalistas, estava a depender de uma revisão no rigor da gestão estatal. A bancarrota do *Welfare* estava anunciada.

Não bastasse isso, como bem lembra ARIÑO ORTIZ, a própria ineficiência do serviço público já se mostrava evidente, porquanto a) os agentes públicos eram remunerados de forma igual, sem levar em consideração a qualidade do serviço, b) o Estado jamais se mostrou benevolente (servia, com frequência, a interesses pessoais, setoriais ou partidários), nem onipresente (mostrou-se incapaz de gerir adequadamente o incremento de serviços sociais), c) a prestação gratuita de serviços fez crescer acentuadamente a demanda e d) a concessão de seguro desemprego desincentivou o trabalho e fomentou a ocorrência de fraudes.[55] Nem mesmo o núcleo fundamental do *Welfare State* – assitencialismo estatal orientado à redução de desigualdades materiais – justificava a manutenção do modelo.

Diante das frustrações empíricas do intervencionismo, iniciou-se, ao final dos anos 70, uma profunda crítica que se cristalizou, politicamente, nos Estados Unidos – com o governo de RONALD REAGAN – e na Inglaterra – com MARGARET THATCHER –, refletindo, posteriormente, nas economias capitalistas europeias e na América do Sul. Veremos, a seguir, que tal revisão vem gradualmente substituindo o Estado gestor pelo modelo do Estado regulador.

1.2.3. Heterorregulação autônoma da economia: em busca do equilíbrio entre liberdade e solidariedade

A reação do mundo capitalista ao esgotamento do keysenianismo ocorreu, de uma maneira geral, através de duas estratégias que, embora distintas

---

a solução dele para a depressão restaurasse o pleno emprego, os problemas de longo prazo da inflação e do lento crescimento econômico retornariam. Além disso, suspeitava que a solução dele para a depressão – maiores gastos do governo – poderia gerar inflação e um lento crescimento de longo prazo. Com uma menor taxa de crescimento no longo prazo, a economia criaria menos empregos. Se esse resultado de fato ocorresse, uma política voltada para a redução do desemprego no curto prazo poderia acabar aumentando-o no longo prazo. No final da década de 1960 e ao longo da década de 1970, as projeções de Keynes de concretizaram" (PARKIN, Michael. *Economia*. 8. ed. Trad. por Cristina Yamagami. São Paulo: Pearson, 2009, p. 458).

[55] ORTIZ, Gaspar Ariño. *Princípios de Derecho Público Económico. Modelo de Estado, Gestión Pública, Regulación Económica*. Granada: Comares, 1999, p. 98.

quanto à função que o Estado deveria desempenhar no controle da economia, tinham em comum a meta da retração nos níveis públicos de prestatividade social: de um lado, o *neoliberalismo* anglo-saxão; de outro, o Estado regulador adotado em boa parte da Europa ocidental e, posteriormente, em alguns países da América latina.

A palavra *neoliberalismo* fora cunhada em 1944 por FRIEDERICK HAYEK,[56] como instrumento de repúdio ao programa do Partido Trabalhista inglês para a eleição geral de 1945. Sua proposta veio a ganhar força somente nos anos que se seguiram à primeira crise do petróleo, notadamente em 1979 durante o governo THATCHER, que tentou resolver os problemas de baixo crescimento/alta inflação através da política de eliminação das forças sindicais, tidas como responsáveis pela corrosão das bases capitalistas com suas reivindicações sobre salários e aumento de gastos sociais.

A proposta do governo THATCHER, ressalta PERRY ANDERSON,[57] era diminuir a emissão de moeda e os impostos sobre altos rendimentos, elevar as taxas de juros, abolir o controle sobre fluxos financeiros, cortar gastos sociais e iniciar um amplo programa de privatizações. Objetivando sufocar a força sindical, o *neoliberalismo* inglês impôs uma severa legislação antissindical e restaurou a "taxa natural" de desemprego.

Já nos Estados Unidos, a política econômica de REAGAN conjugou disciplina monetária, fiscal e trabalhista com o incremento estratégico de gastos militares requeridos pela competição armamentista com o regime comunista da União Soviética. Em se tratando de controle orçamentário, portanto, o *neoliberalismo* norte-americano teve de conviver com um keynesianismo militar disfarçado.[58]

A releitura dessa política autorreguladora da economia, entretanto, não fora absorvida pelo continente europeu, que testemunhou, nas décadas de 70 e de 80, a adoção de uma versão moderada do *neoliberalismo*, matizando disciplina orçamentária e reformas fiscais com gastos sociais focalizados, tolerância sindical e regulamentação econômica.[59]

O peculiar é que, nos anos que se seguiram, a busca de um equilíbrio entre liberdade de mercado e prestatividade social deu-se muito mais em razão da queda do comunismo na Europa oriental e na União Soviética do que, propriamente, por resultados satisfatórios da política econômica que se iniciava. Mesmo partidos de esquerda ou de centro-esquerda curvaram-se à busca de redução de desigualdades sociais no bojo da lógica da economia capitalista.[60]

---

[56] HAYEK, Friedrich August von. *O Caminho da Servidão*. Trad. por Leonel Vallandro. Porto Alegre: Globo, 1977, *passim*.
[57] ANDERSON, Perry. "Balanço do Neoliberalismo". In SADER, Emir; GENTILI, PABLO. *Pós-neoliberalismo: as Políticas Sociais e o Estado Democrático*. 5. ed. Rio de Janeiro: Paz e Terra, 2000, pp. 10-14 (pp. 9-23).
[58] ANDERSON, Perry. "Balanço do Neoliberalismo", cit., p. 13.
[59] ANDERSON, Perry. "Balanço do Neoliberalismo", loc. cit., p. 13-14.
[60] THERBORN, Göran. "A Crise e o Futuro do Capitalismo". In SADER, Emir; GENTILI, PABLO. *Pós-neoliberalismo: as Políticas Sociais e o Estado Democrático*. 5. ed. Rio de Janeiro: Paz e Terra, 2000, pp. 45-47 (pp. 39-50).

Gradualmente, desenhou-se um modelo de Estado regulador que propõe, para fins de ordenação social, o diálogo entre os princípios da subsidiariedade e da solidariedade.[61] A compreensão da regulamentação econômica realizar-se-ia a partir da ideia da dignidade da pessoa humana, do desenvolvimento integral de sua personalidade e da busca por sua felicidade. Economia de mercado e intervenção estatal deixaram de ser diretrizes antagônicas para o fim de, em diálogo, configurarem uma sociedade que proteja e promova a criação, a liberdade e o desenvolvimento pessoal na maior medida possível.

O equilíbrio entre subsidiariedade e solidariedade demandava revisões no modelo econômico. Uma das mais importantes está relacionada ao novo modelo público de gestão de serviços: em vez de ser primordialmente estatal, a prestação do serviço, em busca de eficiência, deslocou-se – não em sua totalidade, mas em setores estratégicos – às mãos da iniciativa privada. A transferência da titularidade do serviço não significou, contudo, uma substituição do interesse público pelo privado – e essa é a tônica que diferencia o modelo contemporâneo do proposto pelo liberalismo clássico. Ao contrário, apenas fora substituída uma intervenção direta do poder público na economia por uma intervenção indireta: empresas privadas assumiram o encargo de prestar serviços públicos, submetidas, porém, a uma regulamentação na concorrência, nos meios e no resultado final da atividade.[62]

Obviamente que, num contexto tal, a administração privada de serviços públicos não poderia ficar à mercê de interesses políticos precários e transitórios próprios de regimes democráticos. A transferência da prestação do serviço estava a depender de a regulamentação da atividade ser levada a efeito por organismos – estatais, semiestatais ou privados – dotados de autonomia funcional, com legitimidade para impor regras que compatibilizassem o interesse público supraeconômico com a lógica técnica e complexa da liberdade de mercado.

O final do século XX testemunhou uma onda de privatizações intimamente associada ao crescimento progressivo de agências de regulação econômica e de organizações não governamentais no exercício de funções públicas, normalmente lubrificadas por financiamentos vinculados à prestação de serviços considerados essenciais.

O Estado, com isso, continuou priorizando o assistencialismo em áreas estratégicas, ora prestando diretamente – ainda que não exclusivamente – o serviço (segurança, saúde, jurisdição etc.), ora transferindo a sua execução a organismos que, tangenciando a burocracia e os vínculos formais do serviço público, poderiam atuar com eficiência e agilidade ante as demandas e variações abruptas de uma economia globalizada marcada pela fluidez, submetidos, contudo, à regulação da atividade. O diferencial é que, na segunda estratégia

---

[61] Ortiz, Gaspar Ariño. *Princípios de Derecho Público Económico. Modelo de Estado, Gestión Pública, Regulación Económica*, cit., pp. 110-125.

[62] Ortiz, Gaspar Ariño. *Princípios de Derecho Público Económico. Modelo de Estado, Gestión Pública, Regulación Económica*, cit., pp. 108-109.

referida acima, o assistencialismo abandonou boa parte da estrutura ordinária do monopólio.

Outro efeito normalmente citado como consequência desse recuo do Estado gestor – e que interessa, sobremaneira, ao nosso objeto de estudo – está relacionado à revisão das fontes normativas da regulação econômica. Com o amadurecimento das políticas econômicas adotadas pelo mundo capitalista, ganhou força a premissa de que a lógica interna do mercado, filtrada por um interesse público, é que possuiria melhores condições de oferecer as estratégias adequadas à solução/prevenção de crises econômicas.

Para cumprir esse programa, o Estado obrigou-se a renunciar também ao monopólio dos mecanismos de regulação em nome da constituição de um sistema normativo misto: ao lado das normas emanadas dos Poderes Legislativo e Executivo, surgiram, principalmente no plano internacional, normas provenientes de negociações entre poderes públicos e privados ou mesmo de entidades privadas desprovidas do clássico *jus imperii*.[63] As características de um sistema jurídico abstrato e geral, com isso, cederam espaço a normas específicas, finalisticamente orientadas a regular situações peculiares, ainda que ao custo de uma quebra nas premissas de sistematicidade e coerência.[64]

O processo de integração econômica trouxe consigo, ademais, um acentuado processo de integração política: a transnacionalidade dos fluxos econômicos recomendou a substituição de decisões centralizadas em relação aos princípios básicos da regulação econômica pela gestão regional das regras a serem observadas pelos Estados e pelos negócios privados.

A União Europeia, a despeito das recentes crises que vêm assolando países como Grécia, Espanha, Portugal e Itália, talvez seja o melhor exemplo da institucionalização de um comunitarismo de elevada densidade, que influenciou sobremaneira a criação de modelos semelhantes nas Américas (Nafta, Alca e Mercosul), porém ainda pendentes de uma delimitação satisfatória.[65]

Em linhas gerais, o comunitarismo econômico, pelo menos na Europa, possui uma característica muito mais procedimental do que ideológica:[66] está assentado no objetivo fundamental de garantir uma união econômica e monetária tendente à promoção do progresso econômico e social[67] sem, com isso, pretender suprimir completamente os objetivos de cada Estado integrante.[68]

---

[63] Santos, António Carlos dos; Gonçalves, Maria Eduarda; Leitão Marques, Maria Manuel. *Direito Econômico*, cit., p. 21.

[64] Faria, José Eduardo; Kuntz, Rolf. *Qual o Futuro dos Direitos? Estado, mercado e justiça na reestruturação capitalista*. São Paulo: Max Limonad, 2002, p. 80.

[65] Uma visão geral das distinções substanciais constatadas no regionalismo europeu e americano (com ênfase para a América Latina) pode ser obtida em: Díaz Barrado, Cástor Miguel [org]. *Perspectivas sobre las relaciones entre la Unión Europea y América Latina*. Madrid: Boletin Oficial del Estado, 2008. No Brasil, v.: Ventura, Deisy de Freitas Lima. *As Assimetrias entre o Mercosul e a União Européia : os Desafios de uma Associação Inter-regional*. Barueri : Manole, 2003.

[66] Di Plinio, Giampiero. *Diritto Pubblico dell'Economia*, cit., p. 85.

[67] O art. 2º do Tratado de Maastricht, de 07.02.1992, determina, dentre os objetivos da União Europeia, "a promoção do progresso econômico e social e de um elevado nível de emprego e a realização de um desenvolvimento equilibrado e sustentável, nomeadamente mediante a criação de um espaço sem fronteiras

O modelo do Estado regulador ainda carece de contornos delimitados para orientar adequadamente a economia global, e parece que essa sequer pode ser a sua missão: uma planificação econômica mundial que menospreze as contingências de cada sociedade pode ser tão autoritária quanto a dos modelos já historicamente revistos.

Quando falamos, portanto, na tendência pela consolidação da intervenção estatal indireta na economia não estamos recusando a possibilidade de adoção de intervenções diretas equalizadas em contextos regionais. Esse debate será aprofundado nas linhas que seguem.

1.2.4. Neoliberalismo e globalização econômica: ponderação crítica do capitalismo contemporâneo entre políticas econômicas e contingências sociais

São muitas as críticas que recaem sobre o atual modelo de Estado regulador capitalista. Afirma-se que a interdependência das economias e dos sistemas monetários num único espaço-tempo submete países desenvolvidos e subdesenvolvidos às mesmas condições, sem que todos estejam aparelhados adequadamente para enfrentar as demandas da economia internacional.[69] O Estado-nação, de outro lado, teria suprimido boa parte de sua soberania diante da transferência da legitimação do poder para agentes econômicos e organismos internacionais com interesses autônomos[70] e, muitas vezes, antagônicos às demandas nacionais por prestatividade social.[71] Isso conduziria à crise da própria democracia: as tensões relacionadas às políticas econômicas seriam superadas à margem de qualquer atuação dos Poderes Legislativo e Judiciário, passando por processos informais de negociação alheios ao conhecimento público e à representação partidária.[72]

Tais problemas, em boa parte, são reais e, efetivamente, caracterizam o grande desafio do capitalismo contemporâneo. Contudo, a já consolidada superação histórica do socialismo realista[73] não dá margem a muitas outras possibilidades que não a busca de alternativas a partir da correção interna da própria economia globalizada.

---

internas, o reforço da coesão econômica e social e o estabelecimento de uma união econômica e monetária, que incluirá, a prazo, a adopção de uma moeda única".

[68] Essa conclusão consta expressamente, por exemplo, no que tange às políticas sociais de cada Estado-membro, no art. 137.4: "4. As disposições adoptadas ao abrigo do presente artigo: – não prejudicam a faculdade de os Estados-Membros definirem os princípios fundamentais dos seus sistemas de segurança social, nem devem afectar substancialmente o equilíbrio financeiro desses sistemas; – não obstam a que os Estados-Membros mantenham ou introduzam medidas de protecção mais estritas compatíveis com o presente Tratado". Sobre o tema: MANZELLA, Andrea; MELOGRANI, Piero; PACIOTTI, Elena; RODOTÀ, Stefano. Riscrivere i Diritti in Europa. Introduzzione alla Carta dei Diritti Fondamentali dell'Unione Europea. Bologna: Il Mulino, 2001.

[69] FARIA, José Eduardo. O Direito na Economia Globalizada. São Paulo: Malheiros, 2004, p. 94.

[70] FERRAJOLI, Luigi. La Sovranità nel Mondo Moderno. Roma-Bari: Laterza, 1997, pp. 39-59.

[71] BAUMAN, Zygmunt. Globalização: as Consequências Humanas. Trad. por Marcus Penchel. Rio de Janeiro: Jorge Zahar, 1999, pp. 63-84.

[72] FARIA, José Edurado. Op. cit., p. 29.

[73] DAHRENDORF, Ralf. Reflexões sobre a Revolução na Europa. Lisboa: Gradiva, 1993, pp. 23 e 30.

Para tanto, devem-se refutar, inicialmente, teses conspiratórias que anteveem a globalização como uma opção política ou ideológica; como um processo de ruptura social programado para assegurar a autoalimentação do acúmulo de riquezas. A mundialização não é uma estratégia política, mas sim uma contingência cultural influenciada, dentre outros fatores, pelas vanguardas tecnológicas e pelo desenvolvimento dos meios de transporte.

O *neoliberalismo*, este sim, é uma superestrutura ideológica e política que acompanhou a transformação histórica do capitalismo moderno, impondo um dogmatismo que, como tal, pode e deve ser submetido à devida crítica.[74] Tal necessidade de revisão não autoriza reconhecer procedente a tese – defendida, dentre outros, por WALLERSTEIN[75] – de que a sobreposição do capitalismo ao socialismo tenha trazido mais prejuízos do que benefícios. Ainda estamos diante de um processo historicamente inacabado e que não pode ser visto a partir de uma lógica linear, senão complexa.

As dificuldades relacionadas à antecipação dos rumos que a relação entre Estado e economia terá nos próximos anos podem ser notadas na própria precariedade dos estudos que se debruçam sobre o tema, que frequentemente soam desatualizados logo após concebidos.

A grande maioria de sociólogos, juristas e economistas que realizaram, no final do século passado e nos primeiros anos deste século, aproximações críticas ao debate, costumava, por exemplo, ressaltar a fragilidade da soberania estatal frente a tendência desregulamentadora da economia. Tal ponderação tinha pertinência em relação ao *neoliberalismo* anglossaxão – que, na década de 1980, se imaginava que iria irradiar seus efeitos também para o resto do mundo –, mas não também ao capitalismo vigorante na Europa continental e na América Latina, que, em parte, mantiveram níveis mínimos de prestatividade associados a intervenções diretas e indiretas na economia.

A crítica sequer poderia ser mantida, hoje, em relação ao modelo americano, pois as crises econômicas de 2001 – relacionada às fraudes contábeis de grandes corporações –, de 2007 – envolvendo os créditos *subprime* – e seus reflexos no sistema financeiro em 2008/2009, foram decisivas para que as premissas liberais daquela economia sucumbissem às demandas mundiais por uma regulamentação garantidora de transparência e de liquidez do sistema financeiro mundial.[76] O mais severo ajuste regulatório da economia americana

---

[74] DAHRENDORF, Ralf. *Quadrare il Cerchio: Benessere Economico, Coesione Sociale e Libertà Politica*. Trad. por Rodolfo Rini. 12. ed. Roma-Bari: Laterza, 2003, p. 19; ASCENSÃO, José de Oliveira. "Sociedade da Informação e Mundo Globalizado". In *Globalização e Direito*. Boletim da Faculdade de Direito, Universidade de Coimbra: Coimbra, 2003, pp. 164-167 (pp. 163-179); RUGGIERO, Renato. "Inventare il futuro: verso un'economia senza frontiere". In *Rivista di Studi Politici Internazionali*. Firenze, vol. 64, n° 4, out/dez-1997, p. 487 (pp. 484-498); THERBORN, Göran. "A Crise e o Futuro do Capitalismo", loc. cit., p. 39.

[75] WALLERSTEIN, Immanuel. *Capitalismo Histórico e Civilização Capitalista*. Trad. por Renato Aguiar. Rio de Janeiro: Contraponto, 2001, pp. 85-86.

[76] Em 2001, o mercado de ações caiu em descrédito a partir da divulgação das fraudes corporativas nas empresas americanas Enron e WorldCom, e na francesa Vivendi, que maquiaram resultados financeiros negativos através de informações falsas prestadas ao mercado. Em essência, tal distúrbio descortinou os problemas que poderiam resultar da ausência de uma regulamentação adequada para assegurar a transparência no mercado financeiro. Mas a confirmação de que a heterorregulação se justificava sobreveio em 2007, com

nas últimas sete décadas, aprovado pelo Congresso dos EUA em 2010, rompeu as próprias bases do *neoliberalismo*: restrição de concessão de crédito por instituições financeiras, regulamentação de produtos financeiros, autorização para que o FED (banco central americano) fiscalize todos os fundos de investimento – especialmente os especulativos fundos de *hedge* e *private equity* –, criação de agências reguladoras de concessão de crédito etc.[77] A primeira década do século XXI, nesse rumo, veio a confirmar a necessidade de revisão de algumas das diretrizes do *Washington consensus*, notadamente as que se relacionam à política de desregulamentação da economia.

Sendo o *neoliberalismo* uma ideologia, podem-se adotar diretrizes políticas diversas a partir do substrato material da globalização, mas não se pode fugir à influência direta ou indireta da mundialização na economia, que segue uma lógica própria e, na maioria das vezes, imprevisível.

PIERRE SALAMA[78] afirma – e, a nosso ver, corretamente –, que o reconhecimento de que a abertura econômica é uma necessidade global não nos obriga a aceitar que a única forma de abertura é a que propõe o neoliberalismo (ausência de intervenção do estado e de proteção social). Isso porque a busca por outras políticas econômicas e sociais deve seguir, necessariamente, uma questão ética: é inaceitável viver num mundo globalizado onde as pautas políticas não tenham de atentar para a necessária redução de desigualdades sociais. O dever de solidariedade social (nele abrangidos educação, pesquisa, saúde, responsabilidade ambiental etc.) é, definitivamente, um parâmetro vinculante para a política econômica nos tempos de globalização.

De outro lado, as críticas ao *neoliberalismo* não podem irradiar seus efeitos, automaticamente, para modelos estatais de heterorregulação econômica que as tomam, justamente, como premissas para a construção de seus programas. Tem-se a impressão de que objeções normalmente formuladas às economias americana e inglesa devem atingir, automaticamente, todos os modelos econômicos construídos a partir de uma liberdade de mercado.[79]

---

a explosão da "bolha" do crédito imobiliário de risco nos Estados Unidos (*subprime*), que gerou efeitos mundiais (p. ex., entre 10 e 12 de agosto de 2007, o Banco Central Europeu teve de injetar 156 bilhões de euros no mercado, buscando possibilitar que os bancos comerciais cumprissem com suas necessidades de liquidez). Ao contrário de 2001 – quando a crise teve origem na economia real, contaminando o mercado financeiro –, o distúrbio de 2007 passou pelo caminho inverso: no mercado financeiro é que se situou o seu foco. Com efeito, os órgãos reguladores permitiram aos bancos americanos assumir riscos incomensuráveis, dissimulados livremente através de produtos financeiros excêntricos que receberam a aprovação das agências de classificação de risco. Esses produtos, de um lado, acabaram nas mãos de pequenos investidores que não sabiam o risco que estavam assumindo, e, de outro, foram dissolvidos pela corresponsabilização de outras empresas do sistema financeiro mundial ("O avalista de 500 bilhões de Euros", *Revista Veja*, São Paulo: ed. Abril, ed. 2055, 09.04.2008. Disponível na internet, em http://veja.abril.com.br/090408/p_080.shtml).

[77] "Entenda a reforma financeira aprovada pelo Senado dos EUA", in <http://www.bbc.co.uk/portuguese/noticias/2010/05/100521_qanda_reforma_senado_rw.shtml>.

[78] SALAMA, Pierre. "Para uma Nova Compreensão da Crise". In SADER, Emir; GENTILI, PABLO. *Pós-neoliberalismo: as Políticas Sociais e o Estado Democrático*. 5. ed. Rio de Janeiro: Paz e Terra, 2000, p. 53 (pp. 51-54).

[79] DAHRENDORF, Ralf. *Reflexões sobre a Revolução na Europa*, cit., pp. 70-71.

A afirmação, por exemplo, de que o Estado-nação contemporâneo não mais possuiria soberania *material*[80] deve ser vista como parâmetro de crítica ao *neoliberalismo* ideal, mas não, obrigatoriamente, à economia globalizada (ou será que se pretende afirmar que o governo brasileiro, ao criar o *bolsa-família*, não se valeu de sua plena autonomia política?). Ainda hoje são notados programas que, conquanto sigam a lógica da economia de mercado, asseguram níveis satisfatórios de soberania estatal relacionada ao *conteúdo* de políticas monetária, fiscal, de rendas etc.

O próprio *World Bank*, em relatório publicado já em 1997, revisara suas premissas mercadológicas para concluir que a economia busca, contemporaneamente, muito mais um Estado "atuante" (promotor e regulador) do que um Estado "mínimo", reforçando a necessidade, por exemplo, de aprimoramento da educação, da segurança no trabalho e de recursos estáveis para o seguro-desemprego como instrumentos globais de competição econômica.[81]

De sua vez, estudos analíticos da economia mundial, realizados pelo *International Labour Office* (ILO), vêm demonstrando que "a redução da pobreza em geral e da pobreza entre os trabalhadores costuma ser, ainda que nem sempre, o reflexo exato da melhora na produtividade. Em regimes com elevado crescimento da produtividade, a pobreza diminuiu; pelo contrário, em regiões onde a produtividade é pequena ou não progride, foi mais persistente a magnitude da pobreza em geral e do trabalho no estado de miséria".[82] Não se quer afirmar, com isso, que a redução de desigualdades sociais possa ser obtida somente por esta via, mas sim que a mundialização econômica pode aproveitar-se do contexto de integração econômica para seguir estratégias positivas tendentes à máxima inserção possível dos países subdesenvolvidos em programas de desenvolvimento comercial, industrial e agrícola.

A política econômica mundial, hoje, mal se acomoda à rubrica do *neoliberalismo*. Investimentos em educação, saúde, infraestrutura e proteção ambiental ingressaram definitivamente nas pautas de discussão dos economistas.[83] Mesmo "nos Estados Unidos da era moderna, os políticos muitas vezes discordam sobre quanta ajuda devem receber as famílias de baixa renda para pagar a

---

[80] Faria, José Eduardo. *O Direito na Economia Globalizada*, cit., p. 23.

[81] The World Bank. *World Development Report 1997: The State in a Changing World*. Oxford University Press, 1997, pp. 2 e 4.

[82] International Labour Office. *Rapport sur l'emploi dans le monde 2004-05. Emploi, productivité et réduction de la pauvreté*. Bureau International du Travail: Genève, 2005, pp. 75-76 [tradução livre].

[83] Apenas para exemplificar, veja-se a seguinte afirmação de Harry Dent Jr.: "a política mais adequada e mais inquestionável para lidar com esse período prolongado e inevitável de alto desemprego e reestruturação de dívidas e de empresas são investimentos em infraestrutura pelos governos nacional, estadual e local, com o objetivo não só de gerar empregos, mas também de preparar para o futuro. Os benefícios serão muito mais amplos que a mitigação do desemprego, que apenas estimula o consumo e cria condições de sobrevivência no curto prazo. (...) Investir em novas tecnologias, que revitalizem a expandam a infraestrutura duradoura, inclusive em termos de energias alternativas, talvez seja a maneira mais eficaz de que dispõe o governo para estimular o investimento e a inovação pelo setor privado, o que, por sua vez, também ajudará a contrabalançar as tendências demográficas menos favoráveis e o envelhecimento da sociedade" (*A Próxima Grande Depressão*, cit., pp. 297 e 298).

assistência médica, moradia, alimentação e outros itens, mas existe um amplo consenso político de que elas devam receber *alguma* ajuda. E elas recebem".[84]

Portanto, a economia de mercado, que outrora se preocupava exclusiva ou primordialmente com geração de riqueza, hoje tem seus rumos ditados por metas de prestatividade social, cidadania e responsabilidade. As respostas do mundo capitalista às recentes crises econômicas apuradas na primeira década deste século, ao mesmo tempo em que infirmam qualquer tentativa de regressão ao liberalismo clássico ou mesmo à programação socialista, tendem a consolidar, gradualmente, a expectativa por uma intervenção estatal eficiente e ética, sem que tal exigência signifique qualquer menosprezo a políticas de bem-estar social. A queda do bloco socialista tem muito mais relação com a busca por uma sociedade aberta, plural e democrática do que, propriamente, por um anseio neoliberal generalizado.

Giddens e Dahrendorf estabeleceram o debate se esta nova realidade poderia, ou não, significar uma nova planificação econômica – uma *terceira via*. Se, ao primeiro, assiste razão em justificar a regulação da economia como forma de tutela econômica e social,[85] ao segundo pode-se atribuir o mérito de objetar que tal conclusão não pode pretender uma programação unificada, que tangencie as peculiaridades multiculturais de cada sociedade.[86]

Essa é a função contemporânea a ser desempenhada pelo Estado-nação e pelas agências internacionais de regulação econômica. As nações estão passando por um momento de reestruturação que responde às novas formas de organização econômica e social desprovidas de base territorial, mas isso não as obriga a renunciar a espaços menores – mas, não por isso, sem importância – de soberania política.[87]

Exatamente nesses espaços é que o instrumento da heterorregulação da economia pode desempenhar um importante papel para o equilíbrio entre subsidiariedade e solidariedade, entre eficiência e equidade, proporcionando um controle indireto suficientemente ágil para acompanhar as constantes variações e especulações próprias da economia globalizada.

1.3. A macroeconomia e os elementos conceituais de uma economia de mercado

1.3.1. Macroeconomia e microeconomia: um saber científico?

O alto preço pago pela humanidade com as grandes crises econômicas que assolaram o mundo durante o século XX influenciou a delimitação teórico-con-

---

[84] Krugman, Paul; Wells, Robin. *Introdução à Economia*. Trad. Helga Hoffmann. Rio de Janeiro: Campus, 2011, p. 415.
[85] Giddens, Anthony. *A Terceira Via e seus Críticos*. Trad. Ryta Vinagre. Rio de Janeiro/São Paulo: Record, 2001; Giddens, Anthony; Hutton, Will. "Uma terceira via global". In: Hutton, Will; Giddens, Anthony [org]. *No Limite da Racionalidade*, cit., p. 306. (pp. 299-313).
[86] Dahrendorf, Ralf. *Reflexões sobre a Revolução na Europa*, cit., p. 70.
[87] Giddens, Anthony. *Sociologia*, cit., p. 68.

ceitual de uma nova área de conhecimento econômico, destinada não mais à análise das decisões de produção e consumo dos consumidores e produtores individuais, mas sim ao estudo do desempenho da economia em seu conjunto.

Até o *big crash* da economia americana, os economistas em geral, levados pela influência dos estudos de ADAM SMITH, acreditavam que a economia se autoajustava através da *invisible hand* do mercado. Nesse contexto, a interferência estatal era vista com maus olhos, reputada ineficaz ou mesmo prejudicial à solução de problemas econômicos pontuais. O governo HERBERT HOOVER, por exemplo, durante a Grande Depressão (1929-1933), adotou uma postura passiva diante da crise, sob a premissa de que, com o passar do tempo, a recessão deveria esgotar-se a si mesma. Não se falava, até então, em uma política econômica estatal para a crise.[88]

Os anos que se sucederam à Grande Depressão foram decisivos para uma mudança de postura. O mercado demonstrou não ter aptidão para, sozinho, dar uma resposta satisfatória à miséria que se iniciava nos Estados Unidos (1/4 da força de trabalho americana estava desempregada) e irradiava seus efeitos para inúmeros outros países. Eclodia uma nova demanda por medidas estatais concretas, o que conduziu parte dos economistas a buscar compreender as recessões econômicas e encontrar mecanismos de prevenção de futuras crises. Foi então que KEYNES ganhou notoriedade sustentando que uma economia deprimida é o resultado de gastos inadequados. Conforme vimos há pouco, suas ideias reforçaram a crença de que a intervenção governamental através de políticas monetária (oferta de moeda e sua relação com taxa de juros) e fiscal (receita tributária e gastos públicos) poderia ser decisiva para a superação da recessão econômica.[89]

Essa nova forma de pensar a economia, focalizada na compreensão dos *ciclos econômicos*,[90] na prevenção de crises econômicas e no desenvolvimento de metas de crescimento econômico de longo prazo,[91] ganhou o nome de

---

[88] KRUGMAN, Paul; WELLS, Robin. *Introdução à Economia*, cit., p. 494.
[89] KRUGMAN, Paul; WELLS, Robin. *Introdução à Economia*, cit., p. 494.
[90] O *ciclo econômico* foi uma categoria criada para representar a alternância entre recessões e expansões. Temos o *pico do ciclo econômico* quando a economia passa da expansão para a recessão. E temos o *piso do ciclo econômico* no momento em que a recessão é sobreposta pela expansão. Pesquisas históricas vêm demonstrando que os ciclos econômicos seguem alguma regularidade, com alternância periódica entre momentos primordialmente expansivos e recessivos. O curioso é que, após os estudos de MILTON FRIEDMAN (FRIEDMAN, Milton. *Inflação: suas causas e consequencias*. Trad. por Lucy Marques. Rio de Janeiro: Expressão e Cultura, 1969), consolidou-se o entendimento de que uma expansão econômica descontrolada pode ser tão prejudicial quanto uma longa recessão. E tal lógica é normalmente válida para qualquer economia de mercado mundializada. Eis o reflexo dessa conclusão macroeconômica na política econômica contemporânea: os países devem tentar, ao máximo, "suavizar" os ciclos econômicos (KRUGMAN, Paul; WELLS, Robin. *Introdução à Economia*, cit., p. 503).
[91] Hoje, previsões relacionadas à capacidade de um país honrar programas governamentais (previdência social, saúde, educação, renda etc.) influenciam decisivamente as tomadas de decisões contemporâneas na política econômica. A adequada compreensão das forças que impulsionam um crescimento de longo prazo é ainda mais importante em se tratando de países menos desenvolvidos: como acelerar o crescimento de longo prazo de modo a atingir um melhor padrão de vida para a população? Diversos são os modelos propostos pelos macroeconomistas para tanto. A despeito da ausência de consenso, existem princípios básicos hoje bem consolidados (KRUGMAN, Paul; WELLS, Robin. *Introdução à Economia*, cit., pp. 500-501).

macroeconomia, em contraposição aos estudos de *microeconomia* que, já no início do século XX, estavam bastante avançados teoricamente.

A *microeconomia* examina principalmente a forma como indivíduos e empresas tomam suas decisões, assim como as consequências dessas decisões. Uma empresa que pretenda se instalar numa determinada região do Brasil normalmente irá realizar pesquisas de mercado para avaliar a viabilidade do negócio, levando em consideração, por exemplo, disponibilidade de mão de obra, salários dos trabalhadores, custos de matéria-prima etc. Questões individuais como esta, ou similares a ela, são objeto de análise *microeconômica*, que contempla um dos temas centrais da obra de Adam Smith: os indivíduos, perseguindo seu interesse próprio, muitas vezes promovem o interesse da sociedade como um todo. A repercussão no interesse geral, contudo, é vista a partir da lupa de decisões individuais.[92]

A *macroeconomia* tem um objeto mais amplo: a forma como o comportamento conjunto das ações de todos os indivíduos e empresas interagem para produzir um nível específico de comportamento da economia como um todo. Não se trata de uma aproximação resultante do somatório de todas as respostas microeconômicas, porquanto a complexidade e a dimensão dos fatores que irão influenciar os rumos de uma economia em larga escala social, e em delimitação temporal prospectiva, demanda o exame de um somatório de instrumentos e um quadro de referência ampliado.[93]

A *microeconomia* e a *macroeconomia* estão intimamente ligadas: como as mudanças na economia resultam das decisões de milhões de pessoas, é impossível entender os desdobramentos macroeconômicos sem considerar as decisões microeconômicas a eles associadas. Apesar de ligados, entretanto, os dois campos são distintos, tratando de questões diferentes, cada qual contando com o seu próprio instrumental teórico.[94]

A distinção é pertinente porquanto nos faz entender que a *macroeconomia* é uma área específica do conhecimento desenvolvida principalmente para a melhor compreensão de crises econômicas e de mecanismos essenciais para que novas crises possam ser previstas e, na medida do possível, evitadas e/ou superadas. Se, num primeiro momento, os primeiros estudos de *macroeconomia* se circunscreveram à lógica interna do mercado num determinado país, agora, em tempos de desenvolvimento tecnológico e velocidade informacional, o horizonte cognitivo teve de ser necessariamente ampliado.

Vivemos um momento histórico em que o mundo todo é capitalista ou depende muito de processos de raiz capitalista. É a primazia de uma economia de mercado mundializada, em que a produção e o consumo são o resultado principalmente de decisões descentralizadas das empresas e dos indivíduos (economia de mercado) que não mais se circunscrevem às fronteiras de uma

---

[92] Pindyck, Robert S. *Microeconomia*. 7. ed. Trad. por Eleutério Prado. São Paulo: Pearson Education do Brasil, 2010, p. 12.
[93] Krugman, Paul; Wells, Robin. *Introdução à Economia*, cit., p. 493.
[94] Mankiw, N. Gregory. *Princípios de Macroeconomia*. Trad. por Allan Vidigal Hastings. São Paulo: Cengage Leraning, 2009, p. 28.

nação. Ainda que, em determinados países, tal resultado seja influenciado por decisões variáveis de autoridades centrais dizendo às pessoas o que, como e quando produzir, e para onde transportar, a verdade é que, gostemos ou não, vivemos um tempo de fluxos econômicos primordialmente autônomos e em escala mundial. E esse contexto fenomenológico em constante consolidação permitiu que os macroeconomistas pudessem estudar economias diversas a partir de premissas teóricas comuns.

De nosso interesse, importa destacar que a *macroeconomia* tem sido responsável pelo mapeamento de uma lógica de mercado aplicável a cada economia nacional e suas relações com o mercado internacional. Ainda assim, economistas frequentemente falham em suas previsões quanto aos rumos do capitalismo global, muitas vezes antevendo crises que não se confirmam ou mesmo deixando de perceber outras que, após eclodidas, pareciam evidentes.

De fato, as variáveis que influenciam a economia mundial e de determinados países são tão complexas que dificilmente conseguimos antever, com exatidão, o início e o fim de determinados distúrbios econômicos, assim como propor o melhor caminho para a superação desses problemas.[95]

Tais contingências, entretanto, não desmerecem os postulados que a *macroeconomia* já desenvolveu para reduzir ao máximo esse ambiente de instabilidade e imprevisão. E, diga-se de passagem, tem historicamente conseguido bons resultados.[96]

Veremos, em seguida, que a política macroeconômica pode, sim, assumir as vestes de um saber científico; com todas as restrições a que, em tempos de complexidade, um saber científico encontra-se submetido. Pela mesma razão que o direito há muito abandonou – ou, no mínimo, deveria ter abandonado – uma pretensão de racionalidade universal e atemporal, também a economia, sem descurar da essência efêmera e volátil de seu objeto, vem assentando bases razoavelmente sólidas para a melhoria das condições de vida da humanidade.

1.3.2. O monitoramento de "boas" políticas na lógica da economia de mercado

Entendemos como *economia de mercado* aquela em que as decisões do planejador central são substituídas pelas decisões de milhões de empresas e de famílias: "as empresas decidem quem contratar e o que produzir. As famílias

---

[95] Conforme assevera MANKIW, existem duas razões principais para que economistas possam divergir tanto acerca das políticas econômicas: "os economistas podem discordar quanto à validade de teorias positivas alternativas sobre o funcionamento do mundo" e "podem ter valores diferentes e, portanto, visões normativas diferentes sobre que políticas devem ser realizadas" (*Princípios de Macroeconomia*, cit., pp. 32-33).

[96] Na economia americana, existem diversos estudos comparando, por exemplo, as recessões de 1929-1933, 1981-1982 e 2001, com a conclusão de que o tempo de duração delas foi descendente: a primeira durou 43 meses; a segunda, 16 meses, e a terceira, 8 meses. É inegável que, dentre os diversos fatores que influenciam a menor duração das crises econômicas recentes, os estudos de *macroeconomia* tem proporcionado um maior controle de problemas que, outrora, seriam imprevistos ou impensáveis (KRUGMAN, Paul; WELLS, Robin. *Introdução à Economia*, cit., p. 499).

decidem em que empresas trabalhar e o que comprar com os seus rendimentos. Essa empresas e famílias interagem no mercado, em que os preços e o interesse próprio guiam suas decisões".[97]

Não pretendemos, com isso, afirmar que as economias de todo o mundo sigam uma lógica nesses termos. A despeito de ainda hoje encontrarmos países em que a autoridade central toma boa parte das decisões sobre produção e consumo (*economia de comando*), tais sistemas econômicos não serão alcançados pelo horizonte cognitivo de nosso estudo, e isso por uma singela razão: níveis mínimos de racionalidade econômica só podem ser obtidos a partir de uma delimitação arbitrária de um modelo político de sustentação. Nossa narrativa se compatibiliza, assim, apenas com Estados de raiz democrática que contemplem, dentre seus objetivos, a garantia da livre iniciativa, como é o caso do Brasil (art. 1°, *caput*, art. 4°, I, e art. 170, *caput*, da Constituição Federal).

No contexto referido, os macroeconomistas normalmente aceitam três variáveis de análise: (i) o *produto*: o nível de produção da economia como um todo e sua taxa de crescimento; (ii) a *taxa de desemprego*: a proporção de trabalhadores que não estão empregados e procuram por uma vaga; (iii) a *taxa de inflação*: a taxa de aumento do preço médio dos bens da economia no decorrer do tempo.[98]

A primeira variável (*produto*) é composta de um cálculo cujo resultado mede o Produto Interno Bruto (PIB), que é o valor dos bens e serviços finais produzidos em uma economia em um dado período, normalmente em um ano. Para tanto, o PIB (Y) é dividido em quatro componentes: consumo (C), investimento (I), aquisições e despesas do governo (G) e exportações líquidas (EL) ($Y = C + I + G + EL$).[99] Seu resultado nos proporciona dimensionar o tamanho de uma economia, fornecendo uma escala capaz de medir o desempenho econômico de outros anos ou comparar o desempenho econômico com o de outros países.

Mas é preciso relativizar o resultado de tais comparações: uma parte do aumento de valor do PIB no tempo representa aumento nos preços dos bens e serviços, e não, necessariamente, aumento no produto. Um país com população maior tem um PIB maior simplesmente porque há mais pessoas trabalhando. Por isso, os economistas costumam dimensionar o PIB a partir do número de habitantes, cujo resultado é o PIB *per capita*. Ainda assim, essa não é uma medida suficiente de bem-estar humano: o crescimento do PIB *per capita* não é a única meta de política econômica.[100]

---

[97] MANKIW, N. Gregory. *Princípios de Macroeconomia*, cit., p. 10.

[98] BLANCHARD, Olivier. *Macroeconomia*, cit., p. 3.

[99] MANKIW, N. Gregory. *Introdução à Economia: Princípios de Micro e Macroeconomia*. 2. ed. Trad. por Maria José Cyhlar Monteiro. Rio de Janeiro: Campus, 2001, pp. 494 e 499.

[100] "Uma maneira de pensar a questão é dizer que um aumento no PIB real *per capita* significa uma expansão da fronteira das possibilidades de produção da economia. Se a economia aumentou sua capacidade produtiva, há mais coisas que a sociedade pode alcançar. Mas saber se a sociedade de fato faz bom uso desse potencial expandido para melhorar seu padrão de vida é uma outra questão. Em palavras um pouco diferentes: sua renda pode ser mais alta este ano do que foi no ano passado, mas se você de fato usa sua renda mais alta para melhorar sua qualidade de vida é uma escolha sua. Vamos repetir: o PIB real *per capita* é uma medida

Outras variáveis são levadas em consideração, dentre elas, a *taxa de desemprego*. Um país com PIB *per capita* elevado e altas taxas de desemprego pode representar um país com grandes desigualdades sociais. Porém, paradoxalmente, baixas taxas de desemprego também podem representar um distúrbio relacionado à sobreutilização de seus recursos humanos e escassez de oferta de trabalho. Assim, a *macroeconomia* também se preocupa com a taxa de desemprego porque, além dos efeitos diretos de um emprego no bem-estar de um empregado, ela sinaliza que a economia pode não estar usando alguns de seus recursos de maneira eficiente.[101]

De nada valeria, ainda, uma população empregada e com uma renda *per capita* satisfatória se o valor de sua moeda não fosse estável. A *inflação* é uma elevação do nível geral de preços da economia; a *deflação*, uma redução neste nível. A saúde de uma economia, conforme veremos em detalhes mais adiante, é aferida também pela sua capacidade de equilíbrio monetário: é normalmente aceito que políticas econômicas que preconizam uma supervalorização da moeda podem ser tão problemáticas quanto economias complacentes com uma superdesvalorização monetária.

Por fim, outra variável que permeia a política econômica contemporânea é obtida a partir da forma como um governo administra seus gastos e seu custeio. Há um *superavit fiscal* quando um país arrecada mais em impostos do que gasta; e há um *deficit* quando gasta mais do que arrecada. A redução de défices é uma meta inquestionável de qualquer economia minimamente responsável, mas isso não quer dizer muita coisa: uma receita exagerada pode significar um estrangulamento econômico através da arrecadação fiscal; e uma despesa exagerada só será vantajosa se os gastos estiverem bem dimensionados. Portanto, a gestão pública entre receitas-despesas faz parte de uma equação cujo êxito só pode ser avaliado numa visão de longo prazo.[102]

O relativo consenso acerca dessas metas tem levado os economistas, de uma maneira geral, a agrupá-las nos cinco atuais desafios de uma política macroeconômica:[103]

- aumentar o crescimento econômico;
- manter a inflação baixa;
- estabilizar o ciclo econômico;
- reduzir o desemprego;
- reduzir o *deficit* do governo e internacional.

---

do produto agregado médio por pessoa da economia e, assim, é uma medida do que ela *pode* fazer. Isso não é uma meta suficiente em si mesma porque não trata de como o país usa o produto para influir sobre o padrão de vida. Um país que tem PIB elevado tem condições de ser saudável, bem educado e, em geral, ter boa qualidade de vida. Mas não há uma correspondência um a um entre PIB e qualidade de vida" (KRUGMAN, Paul; WELLS, Robin. *Introdução à Economia*, cit., p. 518).

[101] BLANCHARD, Olivier. *Macroeconomia*, cit., p. 25.
[102] PARKIN, Michael. *Economia*, cit., p. 470.
[103] PARKIN, Michael. *Economia*, cit., p. 471.

A relação entre elas é de harmonia, e não de primazia: é no equilíbrio da gestão pública que reside, hoje em dia, a capacidade máxima de um Estado gerir a sua economia sem perder de vista a justa medida entre eficácia e equidade.[104] Nas linhas que seguem, veremos as ferramentas de que dispõe o Estado contemporâneo para lidar com esses desafios.

1.4. Política econômica (*lato sensu*)

1.4.1. Considerações preliminares

KEYNES sustentou, já na primeira metade do século XX, que o Estado americano, para contornar a Grande Depressão, deveria valer-se – e assim o fez ROOSEVELT – de estratégias positivas de política monetária e fiscal. Conquanto estivessem focados na economia a curto prazo, os instrumentos keynesianos passaram a ser vistos como diretrizes ótimas para que os governos pudessem garantir o cumprimento de regras e a manutenção das principais instituições da economia.

São raros, hoje, os economistas que não aceitam que os governos possam melhorar os resultados dos mercados através de políticas monetária e fiscal. O debate se situa nos níveis em que essa intervenção pode ocorrer de modo a não prejudicar a livre iniciativa. Interessa-nos, no particular, a delimitação conceitual daquelas diretrizes que já detêm níveis satisfatórios de aceitação enquanto instrumentos de uma *política econômica lato sensu* numa economia de mercado.

Nossa proposta é decompormos o conteúdo dessa *política econômica lato sensu* sem ignoramos o risco que corremos com o isolamento analítico de seus

---

[104] Tomemos como exemplo a dinâmica de três grandes economias contemporâneas: a chinesa, a brasileira e a americana (cfe. "A praga do curto prazo", in: *Revista Exame*, Editora Abril, ed. 1018, 13/06/2012, pp. 44-46). A primeira cresce há três décadas a taxas superiores a 9% ao ano, impulsionada principalmente pelos investimentos, que responderam, em 2011, por nada menos que 48% do PIB. Isso é possível graças a uma elevada taxa de poupança, que chega a 51% do PIB, ou seja, há muito dinheiro para ser gasto em prédios, aeroportos, ferrovias e estradas. Mas um bom investimento necessita de retorno: de que adianta um prédio sem inquilinos, uma ferrovia sem passageiros e um aeroporto sem aviões? Daí por que o governo chinês vem adotando estratégias concretas para aumentar o consumo, forçando empresas a aumentar o salário de seus trabalhadores. Mas corre-se o risco de, com o aumento da mão de obra, o custo das obras e dos produtos aumentar na mesma proporção, afetando, assim, investimentos e exportações. No Brasil, pelo contrário, nossa baixa taxa de poupança (há anos estagnada em 16% do PIB) prejudica os investimentos. À semelhança do que ocorre na economia americana, a economia vem-se mantendo à custa do consumo interno – proporcionado pelo aumento da renda *per capita* e pela facilitação do acesso ao crédito – e de exportações de *commodities*. Nos Estados Unidos, os elevados gastos das famílias (que chegam a 70% do PIB) só se mantiveram (sem esquecermos a crise dos *subprimes* resultante exatamente dessa pujança) em razão de décadas de investimento em educação, inovação e infraestrutura, ou seja, os americanos fizeram antes o dever de casa, criando um ambiente empreendedor. No Brasil, a ausência de investimentos em infraestrutura, pesquisa e educação vem sendo compensada pelo forte aumento das *commodities*, impulsionando nossas exportações, colocando o país numa zona de conforto: superávit comercial, câmbio valorizado e preços estáveis. Não se sabe, contudo, quanto tempo mais a China irá sustentar as exportações brasileiras. E quando isso não for mais significativo, então a ausência de uma visão empreendedora em nosso país poderá revelar a sua faceta mais perversa.

componentes, que se inter-relacionam numa dinâmica de mercado muitas vezes capaz de colocar em dúvida a própria autonomia conceitual de cada um deles.[105] Tal peculiaridade não nos retira a possibilidade de identificarmos as estratégias estatais que, bem ou mal, acabam sendo alocadas em determinada subpolítica, a despeito de o propósito particular estar direcionado para outra(s) subpolítica(s).

Em linhas gerais, a política macroeconômica pode ser assim representada:

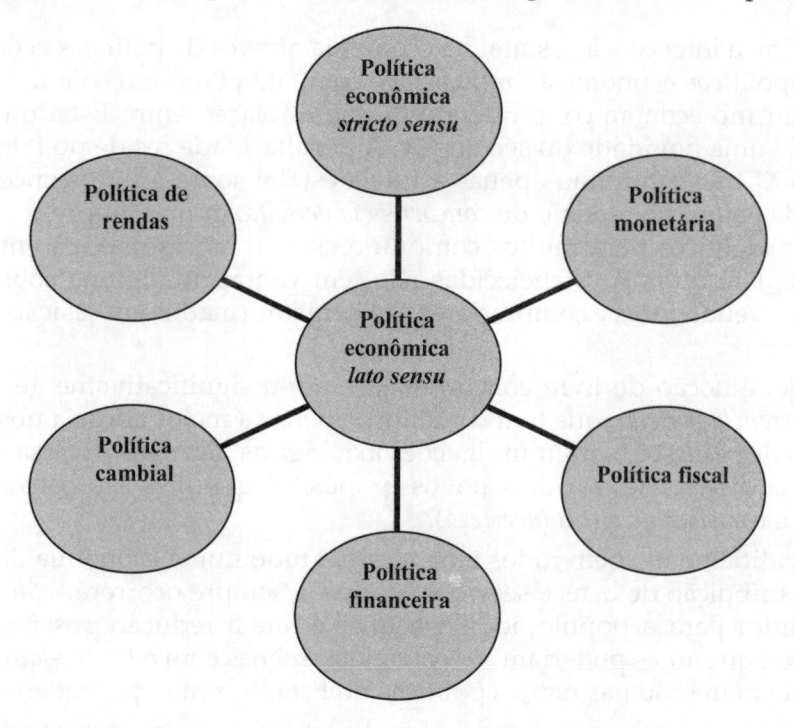

```
                    Política
                   econômica
                  stricto sensu

    Política de                      Política
      rendas                         monetária

                    Política
                   econômica
                   lato sensu

    Política                         Política fiscal
    cambial

                    Política
                   financeira
```

1.4.2. Política econômica "stricto sensu"

O núcleo essencial de uma economia de mercado é constituído pelo binômio livre concorrência/propriedade privada. Mesmo em tempos de liberalismo econômico ao sabor smithiano, seria um equívoco pensarmos que o Estado não possuísse uma política econômica organizada a partir de determinadas diretrizes, inclusive regulatórias. O diferencial é que as intervenções estatais na economia pretendiam tutelar a *invisible hand*, ou seja, ao Estado era dada a missão de evitar que comportamentos lesivos pudessem colocar em risco as regras autônomas do mercado.

Por exemplo, a primeira intervenção estatal americana para o combate de cartéis deu-se em 1890, com a aprovação, pelo Congresso americano, da *Lei Antitruste de Sherman*. Na ocasião, o departamento jurídico da empresa

---

[105] BRANSON, William H. *Macroeconomia: Teoria e Prática*. 2. ed. Trad. Por Helena Patacão. Lisboa: Calouste Gulbenkian, 2001, p. 105, especialmente, para detalhes, pp. 106-140.

Standard Oil Company, de JOHN D. ROCKEFELLER, criou uma operação de *truste* submetendo diversas subsidiárias a um comitê controlador único, o que propiciou a formação de monopólios na exploração de petróleo, açúcar, uísque, chumbo, óleo de algodão e de linhaça. Em 1911, a nova lei foi o instrumento jurídico utilizado para que a livre concorrência no setor fosse restabelecida à custa do desmembramento da Standar Oil Company em duas outras empresas (a Standar Oil de New Jersey, hoje Exxon; e a Standar Oil de New York, hoje Mobil).[106]

Assim, a intervenção estatal na economia através de políticas econômicas (*in casu*; políticas econômicas *antitruste*) é compatível mesmo com um modelo de liberalismo econômico, o que atesta que a relação entre Estado e economia não é uma novidade do século XX. A peculiaridade reside no fato de que o século XIX testemunhou apenas a tutela estatal sobre a livre concorrência, entendida enquanto modelo de *concorrência perfeita*: muitas empresas vendem produtos idênticos para muitos compradores; não há restrições à entrada na indústria; empresas já estabelecidas não têm vantagem alguma sobre novas empresas; vendedores e compradores são bem informados em relação aos preços.[107]

Hoje, a noção de livre concorrência mudou significativamente. O ideal da *concorrência perfeita*, que tem como foco apenas a maior eficácia possível na alocação de recursos, sofreu mitigações axiológicas das mais diversas ordens, todas elas direcionadas a dois novos propósitos que lhes são convergentes: *equidade* e *transparência* (ou *incerteza*).

Decididamente, nem todos têm acesso a tudo numa economia de mercado. A distribuição de bens e serviços ocorre – e sempre ocorrerá – de maneira não idêntica para a população. O peculiar é que a redução possível dessas distorções, que antes poderiam ser corrigidas apenas com o *laissez-faire*, definitivamente ingressou nas pautas políticas do Estado contemporâneo.

Este não é o foro apropriado para discutirmos se um mercado justo é o que distribui um *resultado* justo ou se, pelo contrário, um mercado é justo quando as *regras* são justas e simétricas para todos.[108] Fato é que, seja por critérios éticos, seja por conveniência econômica, o acesso à educação, saúde, infraestrutura e outras exigências de bem-estar social ingressaram definitivamente nas pautas políticas de uma economia de mercado globalizada.[109]

---

[106] KRUGMAN, Paul; WELLS, Robin. *Introdução à Economia*, cit., p. 352.

[107] PARKIN, Michael. *Economia*, cit., p. 234.

[108] Para detalhes, v.: PARKIN, Michael. *Economia*, cit., pp. 107-109.

[109] Veja-se um bom exemplo de como um economista, nos dias de hoje, pode chegar a uma justificativa estritamente econômica (quase amoral) para investimentos estatais em educação, saúde e pesquisa: "A educação – o investimento em capital humano – é pelo menos tão importante quanto o investimento em capital físico para o sucesso de longo prazo de um país. (...) Em países menos desenvolvidos, onde o capital humano é especialmente escasso, o hiato entre os salários dos trabalhadores instruídos e não instruídos é ainda maior. Assim, uma maneira pela qual a política governamental pode elevar o padrão de vida é oferecer boas escolas e incentivar a população a utilizá-las. (...) A expressão *capital humano* geralmente se refere à educação, mas também pode ser usada para descrever outro tipo de investimento nas pessoas: gastos que promovam a saúde da população, pois, demais fatores mantidos constantes, trabalhadores saudáveis produzem mais. Fazer os investimentos certos na saúde da população é uma forma de aumentar a produtividade e melhorar

A isso se acrescem, ainda, as atuais demandas por uma postura ativa do Estado diante de *externalidades*, isto é, o impacto das ações de uma pessoa sobre o bem-estar dos que estão próximos. O uso de pesticidas afeta não só os fabricantes que os produzem e os agricultores que os utilizam, mas também as pessoas que respiram o ar ou bebem a água poluída por eles. Efeitos colaterais desse tipo fazem com que o bem-estar em um mercado dependa de mais coisas do que o valor para os compradores e o custo para os vendedores.[110] *Falhas de mercado* como as produzidas pelas *externalidades* têm conclamado o Estado a regulamentar determinadas atividades em relação às quais o mercado tem-se mostrado incapaz de ajustar-se autonomamente a uma distribuição socialmente adequada dos bens e serviços.

Um segundo axioma que definitivamente ingressou nas pautas políticas da livre concorrência é a *transparência* (ou *incerteza*). Os mercados funcionam bem lidando com o risco que se deve à incerteza. Contudo, tem muito mais dificuldade em situações nas quais algumas pessoas tem acesso assimétrico a uma informação que não é acessível a outras.[111] Lembre-se, no particular, que a informação e o risco, nos dias de hoje, são um produto como qualquer outro (por exemplo, seguros e derivativos financeiros).

Uma relação de consumo ou negocial só se pode reputar livre se o comprador tiver o máximo domínio possível de informações acerca do crédito, direito, produto ou serviço que está sendo por ele negociado ou adquirido. Tal regra é válida seja para a compra de um eletrodoméstico, seja para a aquisição do controle societário de uma empresa de capital aberto. Mais ainda em se tratando dos fluxos econômicos contemporâneos, em que as decisões de consumo dependem não apenas da renda atual do indivíduo, mas também de sua renda futura e da riqueza financeira.[112]

A ideia de que o crescimento econômico de longo prazo de uma dada sociedade é condicionado pela formação e evolução de suas *instituições* rendeu, a Douglass North, o prêmio Nobel em 1993.[113] Em sua concepção, a *incerteza* impede que os agentes (organizações) conheçam todo o rol de possibilidades de escolha *ex ante*, gerando interrupções ou "mau funcionamento" das transações econômicas. Tais incertezas podem dizer respeito ao conhecimento efetivo das qualidades do produto ou do serviço que é objeto da transação (custos de *measurement*) ou à real propriedade do produto ou do serviço a ser transacionado

---

o padrão de vida. (...) Em grande medida, o conhecimento é um *bem público*: uma vez que alguém tenha uma ideia, e esta entra para o conjunto de conhecimentos da sociedade e outras pessoas podem fazer uso dela. Da mesma forma que o governo tem um papel na oferta de bens públicos como a defesa nacional, também tem um papel a desempenhar no incentivo à pesquisa e ao desenvolvimento de tecnologias" (Mankiw, N. Gregory. *Princípios de Macroeconomia*, cit, pp. 246-250).

[110] Mankiw, N. Gregory. *Princípios de Macroeconomia*, cit, pp. 11 e 151.

[111] Krugman, Paul; Wells, Robin. *Introdução à Economia*, cit., p. 484.

[112] Blanchard, Olivier. *Macroeconomia*, cit., p. 302.

[113] A obra que lhe rendeu o Nobel foi *Institutions, Institutional Change and Economic performance*, publicada em 1990 (Cambridge: Cambridge University Press). Tradução brasileira: North, Douglass Cecil. *Custos de transação, instituições e desempenho econômico*. 3. ed. Trad. por Elizabete Hart. Rio de Janeiro: Instituto Liberal/Instituto Millenium, 2006.

(custos de *enforcement*). Para reduzir os custos de transação e coordenar as atividade humanas, as sociedades desenvolvem *instituições*, que são um contínuo de regras formais e informais que regem a estabilidade das trocas econômicas.[114] Uma sociedade, segundo sua concepção, atingirá um ótimo desempenho econômico sempre que suas regras institucionais sejam suficientemente estáveis e claras para as organizações durante trocas econômicas.[115] Ou seja: a redução de *incertezas*, através do conhecimento das *regras do jogo*, é a diretriz máxima de uma política econômica.

Desde então, os macroeconomistas entraram em relativo consenso[116] no sentido de que ao Estado é dada a incumbência de atuar ativamente na tutela (*instituições formais*, segundo o modelo de NORTH) da *transparência* dos fluxos econômicos. Uma concorrência só pode ser considerada livre se fornece a todos os participantes do jogo condições simétricas de possibilidade de acesso a informações que sejam relevantes para a tomada de decisões de mercado.

No mercado de capitais, por exemplo, políticas de *governança corporativa* – práticas adotadas por empresas, principalmente no mercado de capitais, que visam a aumentar a transparência perante o mercado e a confiança de investidores, facilitando o acesso a capital de terceiros – há muito deixaram de figurar dentre as estratégias privadas de eficiência para integrarem a regulamentação institucional do setor.[117] Perceba-se a tônica dos valores de *governança corporativa* que hoje se encontram suficientemente consolidados:[118]

- *fairness*: senso de justiça, equidade no tratamento dos acionistas; respeito aos direitos dos acionistas minoritários, por participação equânime com a dos majoritários, tanto no aumento da riqueza corporativa quanto nos resultados das operações ou na presença ativa em assembleias;
- *disclosure*: transparência das informações, especialmente as de alta relevância, que impactam os negócios e envolvem resultados, oportunidades e riscos;
- *accountability*: prestação responsável de contas, fundamentada nas melhores práticas contábeis e de auditoria;

---

[114] Esclareça-se: as *instituições* são as normas e regras que regem a sociedade, condicionando e dirigindo o marco de relações que nela se verificam. DOUGLASS NORTH distingue entre *instituições formais*, que compreendem as leis, os regulamentos e os procedimentos governamentais, e as *instituições informais*, que são as ideias, as crenças, as atitudes e os valores das pessoas, ou seja, a cultura de uma sociedade determinada (NORTH, Douglass Cecil. *Custos de transação, instituições e desempenho econômico*, cit, pp. 3-5).

[115] Para uma visão geral da teoria de DOUGLASS NORTH, v.: GALA, Paulo. "A teoria institucional de Douglass North". In *Revista de Economia Política*, vol. 23, abril-junho/2003, pp. 89-105; DÍAZ CASERO, J. C.; URBANO PULIDO, D; HERNÁNDEZ MOGOLLÓN, R. "Teoría Económica Institucional y Creación de Empresas". In *Investigaciones Europeas de Dirección y Economía de la Empresa*, vol. 11, n° 3, 2005, pp. 209-230.

[116] BLANCHARD, Olivier. *Macroeconomia*, cit., pp. 546-556.

[117] "Seguramente, governança corporativa não é um modismo a mais. Seu desenvolvimento tem raízes firmes. E sua adoção tem fortes razões para se disseminar. Organizações multilaterais, como as Nações Unidas e a OCDE, veem as boas práticas da governança corporativa como pilares da arquitetura econômica global e um dos instrumentos do desenvolvimento, em suas três dimensões – a econômica, a social e a ambiental" (ANDRADE, Adriana; ROSSETTI, José Paschoal. *Governança Corporativa: Fundamentos, Desenvolvimento e Tendências*. 4. ed. São Paulo: Atlas, 2009, p. 99)

[118] ANDRADE, Adriana; ROSSETTI, José Paschoal. *Governança Corporativa*, cit., pp. 140-141.

- *compliance*: conformidade no cumprimento de normas reguladoras, expressas nos estatutos sociais, nos regimentos internos e nas instituições legais do país.

Exigências de equidade como estas também já alcançaram o sistema financeiro, criando um novo modelo de tutela que impõe deveres de fiscalização (os deveres de *compliance*) aos agentes de instituições captadoras de recursos de terceiros quanto à legalidade dos fluxos que estão sob a sua gestão. O fortalecimento dos sistemas de controle interno das instituições financeiras tem por propósito mitigar os riscos e imprevisões de operações financeiras cada vez mais complexas, de modo a fortalecer a confiança de investidores em determinados segmentos da economia.

Em síntese, quando falamos de política econômica *stricto sensu*, discorremos sobre estratégias adotadas pelo Estado para estimular uma livre concorrência idealmente (i) competitiva, (ii) justa e (iii) transparente.

No Brasil, a tutela institucional da política econômica *stricto sensu* ocorre principalmente pelo Conselho Administrativo de Defesa Econômica (CADE), pelo Conselho de Controle de Atividades Financeiras (COAF), pela Comissão de Valores Mobiliários (CVM), pelos órgãos integrantes do Sistema Nacional de Defesa do Consumidor (SNDC) e pelas agências reguladoras.

1.4.3. Política monetária

A política monetária está relacionada à manipulação do preço (taxa de juros) e da oferta da moeda, de modo a produzir alterações desejadas na economia. As finalidades da política monetária são comuns à política econômica em termos gerais: manutenção do pleno emprego, estabilidade dos preços, taxa de crescimento satisfatória e equilíbrio da balança de pagamentos.

Durante algum tempo, o controle da economia esteve focalizado principalmente nas políticas financeira e orçamentária. Nos dias de hoje, entretanto, a política monetária é que ganhou espaço nessa missão, principalmente através da manipulação das taxas de juros como instrumento de regularização do equilíbrio entre oferta e demanda, repercutindo, reflexamente, sobre a produção, o emprego e os preços.[119]

Num primeiro momento (principalmente na década de 1990), a política monetária concentrou-se no crescimento da moeda nominal. Os bancos centrais escolhiam uma meta de crescimento da moeda nominal para o médio prazo. No curto prazo, pensavam na política monetária em termos de desvios do crescimento da moeda nominal em relação a essa meta. No início do século XXI, entretanto, a formulação evoluiu: a maioria dos bancos centrais adotou uma meta de taxa de inflação em vez de uma meta de taxa de crescimento da moeda nominal. No curto prazo, as metas passaram a estar direcionadas às

---

[119] STANLAKE, George Frederik. *Introdução à Economia*, cit., p. 479.

variações da taxa nominal de juros, e não mais às variações da taxa de crescimento da moeda nominal.[120]

A importância do estabelecimento de metas de política monetária – hoje, focalizadas principalmente em inflação e taxas de juros – deve-se à confiança que pode ser depositada num determinado país. Fala-se tanto em metas de inflação e metas de taxas de juros porque tais previsões fornecem um diagnóstico projetivo da saúde de uma determinada economia, que ganha em confiança e transparência quando tais metas são cumpridas, ou perde, quando descumpridas.[121]

As taxas de inflação são consideradas, hoje, o principal fator de crescimento positivo ou negativo de uma economia. Uma inflação alta vem sendo diagnosticada com quatro custos principais para uma economia, conforme OLIVIER BLANCHARD:[122]

(i) *custo de sola de sapato*: no médio prazo, uma taxa de inflação elevada pressiona o aumento da taxa nominal de juros e, com isso, o aumento do custo de reter moeda. As pessoas diminuem seus saldos monetários ao fazer mais viagens ao banco – daí a expressão *custo de sola de sapato* –, que poderiam ser evitadas se a inflação fosse menor, permitindo que os poupadores pudessem fazer outras coisas, como trabalhar mais ou desfrutar do lazer;

(ii) *distorções tributárias*: quanto maior for a taxa de inflação, maior será o imposto cobrado sobre ganhos de capital. Historicamente, o efeito disso foi que, à medida que as receitas tributárias aumentavam continuamente, menores foram as pressões para o governo controlar seus gastos, ou seja, inflação alta normalmente acarreta o aumento do Estado muito além do desejável. Mas também são observadas repercussões na renda das pessoas: conforme o regime tributário adotado por um país, pode ocorrer de a alíquota de imposto de renda incidir sobre os juros nominais de determinados investimentos, e não sobre os juros reais – que caracterizam o lucro real do ativo financeiro. Isso pode fazer com que um contribuinte seja alçado a uma categoria fiscal superior àquela efetivamente por ele ocupada;

(iii) *ilusão monetária*: muitos cálculos que seriam simples quando os preços estão estáveis tornam-se complexos em tempos de inflação elevada. Estudos de economia e, inclusive, de psicologia têm demonstrado que, nesses cenários, as pessoas tendem a tomar decisões incorretas. Inflação alta e incerteza, portanto, andam juntas;[123]

---

[120] BLANCHARD, Olivier. *Macroeconomia*, cit., p. 481.

[121] "Os defensores das metas de inflação argumentam que elas apresentam duas vantagens, *transparência* e *prestação de contas cujo cumprimento é obrigatório*. Primeiro, a incerteza econômica se reduz porque o público conhece o objetivo de um banco central como meta de inflação. Segundo, o sucesso do banco central pode ser julgado pela verificação de quanto a taxa de inflação efetiva correspondeu à meta, tornando os banqueiros centrais sujeitos a uma prestação de contas de seu trabalho" (KRUGMAN, Paul; WELLS, Robin. *Introdução à Economia*, cit., p. 733).

[122] BLANCHARD, Olivier. *Macroeconomia*, cit., p. 483-484.

[123] No mesmo sentido: PARKIN, Michael. *Economia*, cit., p. 466.

(iv) *variabilidade da inflação*: uma inflação maior normalmente varia significativamente. E uma inflação variável significa que ativos financeiros, como os títulos – que prometem pagamentos nominais fixos no futuro –, passam a ter maior risco.

Não se pense, contudo, que a inflação não tenha benefícios. Três deles podem ser assim sintetizados:[124]

(i) *senhoriagem*: o governo não "cria" moeda para pagar seus gastos, mas sim emite e vende títulos, gastando a renda auferida. Contudo, pode ocorrer de o próprio Banco Central adquirir esses títulos, caso em que a emissão da moeda será necessária. Nesses casos, ainda que o efeito direto da maior oferta de moeda no mercado seja o aumento da inflação, a estratégia pode, dependendo das circunstâncias, se mostrar mais benéfica do que outros mecanismos de custeio dos gatos estatais, tais como aumentar tributos ou tomar empréstimos do público;

(ii) *opção de taxas reais de juros negativas*: uma economia com taxa média de inflação elevada tem mais oportunidades de usar a política monetária para combater uma recessão. O mesmo não ocorre num país em que a taxa média de inflação seja baixa, caso em que uma crise econômica recessiva teria menos condições de ser controlada porquanto o aumento da taxa de juros não teria aptidão suficiente para fazer o produto voltar ao seu nível natural;

(iii) *ilusão monetária revisitada*: há um lado oposto que, paradoxalmente, pode ser favorável à ilusão monetária antes referida. O processo constante de mudança que caracteriza as economias modernas significa que alguns trabalhadores devem às vezes sofrer um corte real no salário. Assim, a presença de inflação permite diminuir o salário real mais facilmente do que se não houvesse inflação.

Se o preço de um produto variasse na exata proporção do salário, a inflação não passaria de um pequeno inconveniente nominal. Contudo, os preços e os salários costumam ser reajustados em proporções diferentes, afetando a distribuição de renda. As variações positivas e negativas na inflação repercutem nos níveis de poupança e de investimento, que podem ser lesivos à economia quando muito baixos e, inclusive, quando muito altos. Daí que a macroeconomia tenha chegado a um consenso no sentido de que a meta desejável é a inflação moderada (não superior a 2 ou 3% ao ano), com mudanças lentas, e não abruptas do nível geral de preços.[125]

Cada país possui os seus próprios instrumentos de política monetária. Tomando-se por premissa que a maior ou menor oferta de moeda e de crédito são hoje decisivas para os rumos do consumo e da produção, os bancos centrais têm instituído regulamentações que funcionam como se fossem uma espécie de válvula para aumentar ou diminuir a liquidez de moeda conforme o momento da economia.

---

[124] BLANCHARD, Olivier. *Macroeconomia*, cit., p. 485-486.
[125] KRUGMAN, Paul; WELLS, Robin. *Introdução à Economia*, cit., p. 503.

A maior parte das economias dispõe, por exemplo, de *requerimentos de reserva*, ou seja, regulamentação variável acerca do montante mínimo de reservas que um banco deve reter em proporção aos depósitos à vista. Diminuindo o percentual, aumenta a oferta de crédito na economia; aumentando o percentual, diminui a mesma oferta. No lado oposto, os bancos centrais podem estimular a liquidez de moeda através de *políticas de redesconto*, ou seja, empréstimos concedidos aos bancos sob condições mais favoráveis em relação às normalmente encontradas no mercado. Por fim, um importante instrumento de política monetária são as *operações de mercado aberto*, através da compra e venda, pelos bancos centrais, de títulos no mercado de títulos, hoje reputadas como as mais convenientes operações para influenciar na oferta de moeda e nas taxas de juros.[126]

Uma relevante premissa de política monetária contemporânea diz respeito à autonomia que deve ser conferida aos bancos centrais de cada país. Com efeito, as trocas governamentais próprias de regimes democráticos não podem contribuir para que mudanças político-ideológicas alterem as metas fixadas para um crescimento econômico de longo prazo.[127]

No plano institucional, a tutela da política monetária é desempenhada, no Brasil, como sói ocorrer no resto do mundo capitalista, pelo Banco Central e por seus respectivos conselhos e comitês.

1.4.4. Política fiscal e financeira

O orçamento de um país é calculado da mesma forma que o orçamento de uma determinada família: o resultado final é obtido a partir do cálculo entre receita e despesa. Em nível institucional, o orçamento tem por propósito financiar as atividades governamentais e atingir objetivos macroeconômicos, como o pleno emprego, o crescimento econômico sustentável e a estabilidade do nível de preços.[128] As opções governamentais relacionadas ao nível de arrecadação e de gastos públicos repercutem diretamente em todas as subpolíticas macroeconômicas.

Iniciemos pelos *efeitos do lado da oferta agregada*. A ausência de impostos é determinante para o pleno emprego: o salário real se ajusta para fazer com que a quantidade demandada de trabalho seja igual à quantidade ofertada. Em cascata, o PIB potencial – que é o PIB real produzido pela quantidade de trabalho num plano ideal de pleno emprego – é afetado diretamente. O imposto sobre a renda do trabalho influencia o PIB potencial e a oferta agregada, alterando a quantidade de trabalho ajustada ao pleno emprego.[129]

---

[126] BLANCHARD, Olivier. *Macroeconomia*, cit., pp. 494-495.
[127] BLANCHARD, Olivier. *Macroeconomia*, cit., p. 495.
[128] STANLAKE, George Frederik. *Introdução à Economia*, cit., p. 650.
[129] "O imposto de renda reduz o incentivo para trabalhar e leva a uma diferença entre o salário que os trabalhadores levam para casa e o custo do trabalho para as empresas. O resultado é uma menor quantidade de trabalho e um menor PIB potencial". (PARKIN, Michael. *Economia*, cit., p. 466).

Os impostos sobre gastos de consumo se somam a esses efeitos: um novo imposto sobre um tipo específico de relação de consumo, ou a elevação de uma dada alíquota, eleva os preços que se pagam por bens e serviços, trazendo consigo uma redução do salário real. Quanto mais altos são os impostos sobre bens e serviços e mais baixo é o salário após os impostos, menor é o incentivo para a oferta de trabalho.

O curioso, sob o ponto de vista orçamentário, é que uma alíquota tributária mais alta nem sempre leva a uma receita tributária maior. Segundo a conhecida *curva de Laffer*, uma alíquota tributária elevada resulta em mais receita por unidade monetária ganha, mas, ao mesmo tempo, também resulta na diminuição do número de unidades monetárias ganhas. É dizer: cortes de impostos, em determinadas economias, podem aumentar a receita tributária.

O tema não é consensual dentre os economistas, havendo aqueles que sustentam que um corte total nas taxas de impostos aumente a receita somente no caso de a arrecadação ser aplicada a contribuintes que se submetem a taxas mais elevadas. A despeito dessas divergências, os economistas convergem na conclusão de que o montante a mais ou a menos arrecadado por um governo por causa de uma mudança nos impostos não pode ser calculado considerando-se apenas as alíquotas: tudo depende também de como a mudança nos impostos afeta o comportamento das pessoas.[130]

A política fiscal igualmente gera *efeitos em investimento, poupança e crescimento*. O investimento é financiado pela poupança nacional e por empréstimos obtidos no mercado mundial. Dentre os fatores que influenciam as decisões de investimento e poupança estão as taxas de juros reais, que se ajustam no mercado de fundos disponíveis para empréstimos a fim de coordenar os planos de poupança, concessão de empréstimos, investimentos e tomadas de empréstimos. O investimento, de seu turno, aumenta o estoque de capital e contribui para o crescimento do PIB real. Quando o setor público tem um superávit fiscal, ele contribui para o financiamento do investimento. Mas, quando possui um déficit fiscal, ele acaba competindo com as empresas pela poupança privada. Assim, a política fiscal influencia o investimento e a poupança de duas maneiras: os impostos afetam o incentivo a poupar e alteram a oferta de fundos disponíveis para empréstimos; a poupança pública (superávit ou déficit fiscal) é um componente da poupança total e da oferta de fundos disponíveis.[131]

Outro aspecto importante estudado pela macroeconomia diz respeito à *contabilidade intergerações*, que resulta de opções de política fiscal deficitárias. Trata-se de um sistema contábil que mede, para cada geração, a carga tributária e os benefícios ao longo da vida dos indivíduos. No âmbito da previdência social, por exemplo, os benefícios são custeados por pessoas que têm empregos, e disponibilizados a pessoas aposentadas. Uma contabilidade ajustada exige a comparação entre o valor dos impostos pagos pelas pessoas durante sua vida produtiva e o valor dos benefícios recebidos durante a sua aposentadoria, de modo que a conta só fechará no futuro se a quantia que foi investida

---

[130] MANKIW, N. Gregory. *Princípios de Macroeconomia*, cit, p. 167.
[131] PARKIN, Michael. *Economia*, cit., pp. 722-723.

hoje crescerá até ser tão grande quanto determinada quantia futura quando os juros forem levados em consideração (*valor presente*). Na maioria dos países – inclusive no Brasil –, tal contabilidade permitiu projetar no futuro os dados para ilustrar no presente o déficit fiscal que, mais cedo ou mais tarde, irá atingir valores inalcançáveis. Assim, o *desequilíbrio intergerações* nos informa quem vai arcar com o pagamento dessa dívida: a atual geração, se tiver de custear a distorções projetadas; ou as futuras, se tiverem menos benefícios à sua disposição para custear a distorção pretérita.[132]

Mas ações de política fiscal que procuram estabilizar ciclos econômicos também produzem efeitos diretos na *demanda agregada*. Os gastos do governo integram os gastos que são calculados para a obtenção do PIB real. Assim, um aumento de gastos governamentais modifica a demanda agregada: o PIB real varia e induz uma variação dos gastos de consumo, o que leva a outra alteração dos gastos agregados, formando-se um processo multiplicador.[133]

Em termos semelhantes, o multiplicador autônomo dos impostos é o efeito amplificador de uma alteração dos impostos autônomos sobre a demanda agregada. Uma *diminuição* dos impostos *aumenta* a renda disponível, o que, por sua vez, aumenta os gastos de consumo. Uma diminuição dos impostos, dessarte, pode ter a mesma eficácia de um aumento dos gastos do governo.[134]

Dito isso, no fim das contas, uma política fiscal e financeira deve estar focalizada num superávit ou num défice orçamentário?

Não há muito consenso entre os economistas quanto a uma resposta única a essa indagação. Ainda assim, o exame conjunto das peculiaridades de uma determinada economia vem se mostrando suficiente para consolidar algumas diretrizes. De uma maneira geral, déficits orçamentários persistentes podem causar problemas tanto para o governo quanto para a economia. A despeito disso, políticos de uma maneira geral têm a tentação de manter défices porque isso lhes permite atender eleitores cortando impostos sem cortar despesas ou aumentando gastos sem aumentar impostos. Esse tipo de gestão orçamentária irresponsável tem levado muitos países – dentre eles, o Brasil – a instituir regulamentação direcionada à administração de um orçamento "equilibrado": receitas e despesas iguais em cada ano fiscal.

---

[132] Parkin, Michael. *Economia*, cit., pp. 724.

[133] Para ilustrar, Parkin fornece o seguinte exemplo: "os ataques terroristas de 11 de setembro de 2011 levaram a uma reavaliação dos requisitos de segurança doméstica dos EUA e a um aumento dos gastos do governo. Esse aumento inicialmente ampliou a renda dos produtores de equipamentos de segurança para aeroportos e fronteiras e dos trabalhadores do setor de segurança. Os trabalhadores do setor de segurança, em melhores condições, aumentaram seus gastos de consumo. Com maiores rendimentos, outras empresas em todas as partes do país começaram a prosperar e expandir sua folha de pagamento. Uma segunda rodada de aumento de gastos de consumo elevou ainda mais a renda. Esse efeito multiplicador ajudou a por fim à recessão de 2001" (Parkin, Michael. *Economia*, cit., p. 728).

[134] Por exemplo: "o Congresso norte-americano promulgou o pacote de corte de impostos de Bush que reduziu os impostos a partir de 2002. Esses cortes de impostos tiveram um efeito multiplicador. Com mais renda disponível, as pessoas aumentaram os gastos de consumo. Esses gastos de consumo aumentaram a renda das outras pessoas, o que impulsionou ainda mais os gastos de consumo. Com o aumento dos gastos em segurança, o corte de impostos e seu efeito multiplicador ajudaram a acabar com a recessão de 2001" (Parkin, Michael. *Economia*, cit., pp. 728-729).

Ainda assim, alguns economistas contestam que um orçamento equilibrado possa ser, em qualquer circunstância, uma meta de política macroeconômica. Tem-se afirmado que o governo deveria equilibrar o orçamento apenas na sua média, ou seja, estaria autorizado a provocar déficit em anos economicamente desfavoráveis compensado por superávit em anos favoráveis. A busca por um orçamento equilibrado *todo* o ano solaparia o papel dos impostos e das transferências como estabilizadores automáticos, pois a tendência de a receita tributária cair e de os gastos aumentarem quando a economia se contrai ajudam a limitar a gravidade das recessões. Em havendo, ainda assim, a imposição por um equilíbrio irrestrito, o governo estaria obrigado a adotar políticas fiscais contracionistas que, no curto prazo, podem aprofundar a recessão. Outros economistas prosseguem afirmando, a despeito disso, que regras rígidas proibindo déficits, ou pelo menos estabelecendo limites, são necessárias.[135]

Conquanto no curto prazo as metas de política fiscal e financeira não sejam uniformes, no longo prazo a macroeconomia encontra-se assentada em raízes mais profundas: todo governo deve evitar défices orçamentários persistentes. Em situações de crise, o endividamento de um país pode atingir níveis tais a ponto de o mercado não mais confiar na viabilidade de os pagamentos serem honrados. Como em qualquer economia doméstica, o efeito disso é a ausência de crédito oferecido ao devedor e, sucessivamente, o *default*: o país para de pagar o que deve. O *default* cria tumulto e destruição nos mercados financeiros de um país e abala a confiança do público tanto no governo quanto na economia. Assim, "as preocupações sobre os efeitos de longo prazo dos déficits não devem excluir o uso da política fiscal para estimular a economia quando ela está em depressão. Contudo, essas preocupações significam que o governo deveria procurar compensar déficits orçamentários em anos difíceis com superávits orçamentários em anos favoráveis. Em outros termos, os governos deveriam ter um orçamento aproximadamente equilibrado ao longo do tempo".[136]

Em termos institucionais, a tutela da política fiscal, no Brasil, fica a cargo da Receita Federal, das Fazendas Estaduais e Municipais. Já o controle sobre a política financeira está submetida aos Tribunais de Conta da União e dos Estados, assim como aos Conselhos/Tribunais de Contas municipais.

1.4.5. Política cambial

O valor real de uma moeda pode ser aferido segundo parâmetros da própria economia onde ela circula, ou pode ser avaliado em relação à moeda de outro país. Os dois problemas, a rigor, dizem respeito à *política monetária*, mas a relevância e as peculiaridades das trocas internacionais recomendam que a taxa de câmbio seja objeto de uma subpolítica à parte: a *política cambial*.

---

[135] KRUGMAN, Paul; WELLS, Robin. *Introdução à Economia*, cit., p. 674.
[136] KRUGMAN, Paul; WELLS, Robin. *Introdução à Economia*, cit., p. 677.

Em linhas gerais, a economia mundial contemporânea mapeou três tipos de políticas cambiais adotadas por países quanto às variações da moeda nacional em seu relacionamento com o mercado monetário internacional:[137]

- *taxa de câmbio flexível*: quando a taxa de câmbio é definida pela demanda e pela oferta sem interferência direta do banco central no mercado. A maior parte dos países capitalistas opera no câmbio a partir da lógica autônoma do mercado. Não se ignora, contudo, que ações dos bancos centrais possam influenciar (principalmente, alterações nas taxas de juros) diretamente a cotação da moeda estrangeira, mas tal circunstância não afasta a flexibilidade da política porquanto a estratégia normalmente almeja atingir outro objetivo de política monetária;

- *taxa de câmbio fixa*: verifica-se quando o valor da moeda estrangeira é ditado administrativamente pelo banco central, à margem do valor da mesma moeda obtido a partir da lógica do mercado. Até a década de 1970, muitos países adotaram tal opção de política cambial. No Brasil, a taxação do câmbio perdurou até a década de 1990. A tendência atual de abandonar esse tipo de estratégia deve-se à artificialidade do mercado, que conduz à ausência de confiança internacional na política econômica. Além disso, uma taxa de câmbio fixa alimenta a criação de um mercado clandestino de câmbio, que fixa o preço da moeda em atenção à sua demanda;

- *crawling peg*: é um regime de política cambial com intervenções diretas dos bancos centrais para provocar minidesvalorizações da moeda, que funcionam como uma taxa de câmbio fixa, exceto pelo fato de que o valor-alvo varia mensal ou mesmo diariamente. O propósito das minidesvalorizações é impedir expectativas flutuantes quando se faz com que a taxa de câmbio flutue e evitar os problemas que podem ocorrer com uma taxa de câmbio fixa caso as reservas se esgotem ou acumulem.

Em economias abertas, a política cambial tende a adotar o sistema de câmbio flutuante.[138] Isso permite que pessoas e empresas escolham entre bens domésticos e bens estrangeiros. No sistema financeiro, investidores podem reter ativos domésticos ou estrangeiros, especulando com o mercado em toda a sua totalidade. Assim, a oferta e a demanda de fundos para investimento e de bens e serviços levam a fluxos de capital internacional. Essa entrada e saída de moeda se submete a uma contabilidade, em que o balanço de pagamentos em conta-corrente de um país e o balanço de pagamentos em conta financeira tem soma igual a zero: um país que recebe entrada líquida de capital tem de incorrer em um déficit em conta-corrente para equiparar aquela entrada, assim como um país que gera uma saída líquida se submete a um superávit em conta-corrente.[139]

---

[137] Parkin, Michael. *Economia*, cit., pp. 619-620.

[138] "Existe amplo consenso entre os economistas de que regimes de taxa de câmbio flexível geralmente dominam os regimes de taxa de câmbio fixa, exceto em dois casos: 1. quando um grupo de países está altamente integrado e forma uma área monetária ótima (...); 2. quando não se pode confiar que um Banco Central seguirá uma política monetária responsável sob taxas flexíveis". (Blanchard, Olivier. *Macroeconomia*, cit., p. 413).

[139] Krugman, Paul; Wells, Robin. *Introdução à Economia*, cit., p. 796.

Assim, a entrada e a saída de capital gera um fluxo na balança de pagamentos principalmente em razão de negócios envolvendo fundos para empréstimo e pagamentos de bens e serviços. Considerando-se que a conta financeira reflete o movimento de capitais e a conta-corrente reflete o movimento de bens e serviços, é a *taxa de câmbio,* que é determinada pelo *mercado de câmbio,* que irá garantir que o balanço de pagamentos se equilibre.[140]

Em termos macroeconômicos, a política cambial repercute diretamente na política monetária e em todas as demais subpolíticas. Uma desvalorização cambial torna os bens domésticos mais baratos em relação à moeda estrangeira, o que conduz à elevação das exportações. Ao mesmo tempo, torna os bens estrangeiros mais caros, reduzindo as importações. Do lado oposto, uma valorização cambial reduz exportações e amplia importações. É dizer: menos importações podem gerar mais empregos na indústria nacional, porém menos concorrência para essa mesma indústria. E menos necessidade de investimento em tecnologia para acompanhar a indústria estrangeira. Mas importações repercutem inversamente na renda e no consumo, portanto.

Em um mercado baseado em câmbio flutuante, os bancos centrais podem interferir indiretamente nas taxas de câmbio, através, por exemplo, de leilões de compra e venda de moeda estrangeira e de modificações nas taxas de juros. Quanto a esta, há um custo adicional a ser aferido: a redução de juros leva a um aumento nos gastos de investimento e de consumo, porém igualmente eleva a demanda agregada pela depreciação da moeda, aumentando exportações e diminuindo importações.[141]

Frequentemente os países também interferem nos rumos na balança de pagamentos através de ações de política fiscal. É o que ocorre, por exemplo, quando um excesso de capital especulativo estrangeiro não desejado ingressa no sistema financeiro nacional. Para impedir um excesso de moeda estrangeira entrando no país – o que levaria a uma valorização da moeda nacional –, os governos comumente usam de aumentos de alíquotas de determinados impostos incidentes sobre tais transações internacionais de moda a afugentar o capital especulativo.

No longo prazo, valorizações ou desvalorizações exageradas nas taxas de câmbio, ainda que possam ser úteis em condições emergenciais, são prejudiciais à economia. De qualquer forma, inexiste um modelo ideal de política cambial alheio às demais metas de política macroeconômica, pois a conveniência de uma taxa de câmbio baixa ou elevada só pode ser aferida de acordo com as condições de poupança, investimento e mercado interno.

1.4.6. Política de rendas

A *política de rendas* está focalizada no nível equilibrado do consumo, tendo por objetivo associar o aumento dos rendimentos ao aumento da produti-

---
[140] KRUGMAN, Paul; WELLS, Robin. *Introdução à Economia,* cit., p. 797.
[141] KRUGMAN, Paul; WELLS, Robin. *Introdução à Economia,* cit., pp. 808-809.

vidade, de forma a evitar os aumentos excessivos dos rendimentos dos fatores que provocam o aumento dos custos e, portanto, o aumento dos preços. Uma política de rendimentos visa também a evitar uma redistribuição dos rendimentos favorável aos grupos mais fortes. Ao prestar atenção às necessidades de aumentar a produtividade para justificar os aumentos salariais, uma política de rendimentos pode ajudar a criar uma consciência mais clara da necessidade de se aumentar a eficiência industrial e comercial. Embora se deva orientar para todos os tipos de rendimento – salários, juros, rendas e lucros –, a política de rendimentos tenderá a concentrar-se sobre os salários, pois estes correspondem a cerca de dois terços do valor do produto final.[142]

A debate acerca da utilização da política de rendas para programas de estabilização econômica é bem sintetizado por BLANCHARD:[143] "Alguns economistas sustentam que a política de rendas (diretrizes ou controles sobre salários ou preços) deveriam ser usadas além das medidas fiscais e monetárias para ajudar a economia a atingir uma nova taxa de inflação menor. Segundo eles, as políticas de rendas ajudariam a coordenar a expectativas em torno de uma nova taxa de inflação menor. Se as empresas souberem que os salários não aumentarão, elas não aumentarão seus preços. Se os trabalhadores souberem que os preços não aumentarão, eles não pedirão aumentos de salários, e a inflação será eliminada com maior facilidade. Outros argumentam que é necessária apenas uma redução do déficit com credibilidade e a independência do Banco Central. Eles argumentam que mudanças apropriadas na política econômica, quando têm credibilidade, podem levar a mudanças drásticas nas expectativas e, assim, proporcionar a eliminação da inflação esperada e da inflação efetiva praticamente da noite para o dia. Eles apontam para os perigos potenciais dos controles de salários e preços. Os governos podem acabar contando com os controles e não tomar as medidas fiscais e de política econômica dolorosas, mas necessárias, para acabar com a hiperinflação. Além disso, se inicialmente a estrutura dos preços relativos estiver distorcida, os controles de preços correrão o risco de manter essas distorções".

A fixação institucional de um valor mínimo para o salário dos trabalhadores é um bom exemplo de uma estratégia de política de rendas. A despeito de amplamente utilizada em diversos países – dentre eles, o Brasil – a interferência estatal não é pacífica: há os que sustentam que a fixação do salário-mínimo é um meio de aumentar-se a renda de trabalhadores pobres; vozes contrárias afirmam que essa não seria a melhor meta de combater a pobreza, porquanto a fixação do piso provocaria desemprego, incentivaria adolescentes a abandonar os estudos e impediria que trabalhadores não qualificados obtivessem treinamento no emprego.[144]

---

[142] STANLAKE, George Frederik. *Introdução à Economia*. Trad. por Paul Maria Ribeiro de Seixas. Lisboa: Calouste Gulbenkian, 1993, p. 693.
[143] BLANCHARD, Olivier. *Macroeconomia*, cit., p. 454.
[144] MANKIW, N. Gregory. *Princípios de Macroeconomia*, cit, p. 120.

O Brasil vem adotando, ultimamente, políticas de renda altamente intervencionistas, com é o caso do Programa Bolsa Família, que distribui dinheiro a famílias que se encontrem em situação de pobreza extrema, sem qualquer contrapartida (Lei nº 10.836/ 04). Ainda em 2012, o governo instituiu o Programa Brasil Carinhoso, beneficiando famílias com crianças de 0 a 6 anos que possuem renda inferior a R$ 70,00 por integrante (a modificação foi introduzida através da Medida Provisória nº 570/2012 na Lei nº 10.836/04). Trata-se de ações que bem ilustram o equívoco das tentativas de aproximação da economia brasileira como um modelo neoliberal.

Essas breves considerações sobre as subpolíticas são suficientes para percebermos que, nos dias de hoje, a política econômica *lato sensu* preponderante nos países de economia aberta longe está de adotar uma postura passiva frente a *invisible hand* do mercado. Pelo contrário, mesmo os governos mais arraigados aos fundamentos do liberalismo econômico – Estados Unidos e Grã-Bretanha, *v.g.* – vêm colocando em prática ações de regulação/intervenção no mercado.[145] Ainda que regulação e intervenção econômicas tenham diferenças substanciais, variando consideravelmente nas pautas políticas de países inseridos na economia global, é possível visualizarmos bases principiológicas comuns que nos fornecem uma identidade conceitual.

Câmbio flutuante, metas de inflação e superávit orçamentário costumam ser lembrados como integrantes do tripé da atual política econômica mundializada. Pode ser que, com o passar do tempo – à semelhança do que ocorreu com a revisão do ideal de desregulamentação do *Washington Consensus* – , tais premissas sejam repensadas, mas os tempos estão mais para confirmá-las do que para infirmá-las. Brasil, Estados Unidos e China, hoje, possuem, cada qual, estratégias peculiares de políticas econômicas (*stricto sensu*), monetária, fiscal, financeira, cambial e de rendas. A variação dessas estratégias em cada país, contudo, não apaga a existência de uma política econômica *lato sensu*.

É importante percebermos que a programação econômica de países inseridos na economia de mercado esteja fragmentada em projetos políticos com características essenciais semelhantes. Isso demonstra que o compromisso estatal pela boa governança de seu próprio mercado não mais se submete apenas as contingências internas da nação – o que não significa dizer, gize-se, que cada país não mais exerça sua própria soberania. Gostemos ou não, a realidade, hoje, é essa. Veremos, a seguir, os reflexos que essa programação econômica mundializada tem produzido na tutela estatal sobre os fluxos econômicos.

---

[145] Além da grande reforma do sistema financeiro americano, vale lembrar a recente reforma do sistema de saúde aprovada pelo Congresso Americano e reputada válida pela Suprema Corte. A polêmica girou ao redor da imposição legal para que todos os cidadãos americanos paguem um seguro-saúde, no propósito de desafogar o sistema público, ou seja, trata-se de uma ação intervencionista de política econômica *stricto sensu* com propósito reducionista do incremento do déficit público com despesas de saúde. V.: <http://noticias.terra.com.br/mundo/noticias/0,,OI5864830-EI8141,00-Em+decisao+do+seculo+Supremo+dos+EUA+aprova+reforma+da+saude.html>.

1.5. Ordem econômica: a tutela jurídica da política econômica *lato sensu*

1.5.1. *Direitos econômicos e ordem econômica: uma distinção necessária*

A história da aproximação entre Estado e economia remonta a crises econômicas e demandas culturais que, no início do século XX, passaram a exigir que a economia de mercado se submetesse a limites éticos. Esse novo cenário compeliu o Estado a desempenhar uma proteção institucional sobre fluxos econômicos. Aqui, nasce o direito econômico, publicizando uma tutela que outrora estava submetida apenas ao direito privado.[146]

As Constituições do México (1917) e de Weimar (1919) inauguraram um movimento de legitimação jurídica estatal em busca de correção de desigualdades *materiais* entre os cidadãos pela via de políticas públicas. A partir de então, programas que conjugavam a intervenção direta ou indireta na economia com espaços de liberdade de mercado viram-se submetidos a uma ordem constitucional não apenas *limitadora* do Estado, mas também *fundamentadora* de sua atuação.[147]

De nosso interesse, sobreleva examinar a diferença entre a tutela jurídica sobre a política econômica *lato sensu* – esta, sim, uma novidade do século XX – e a tutela jurídica sobre direitos individuais, coletivos e sociais que eventualmente tenham expressão econômica.

Iremos nos socorrer, para ilustrar a comparação, de algumas Cartas Constitucionais.

A Constituição portuguesa de 1976 situa, dentre os direitos fundamentais (Parte I), os direitos e deveres sociais, *econômicos* e culturais (Título III, arts. 58-79), contemplando a fórmula de que estes seriam direitos fundamentais de segunda dimensão. No Capítulo I do Título III, são explicitados aqueles direitos e deveres que deveriam ser considerados como "econômicos": direito ao trabalho (art. 58), direitos dos trabalhadores (art. 59), direitos dos consumidores (art. 60), direito à iniciativa privada, cooperativa e autogestionária (art. 61) e direito à propriedade privada (art. 62). Logo em seguida, a Carta portuguesa traz um segmento positivando a "Organização Econômica" (Parte II, arts. 80-107), subdividindo-a em princípios gerais (arts. 80-89), planos (arts. 90-92), políticas agrícola, comercial e industrial (arts. 93-100) e sistema financeiro e fiscal (arts. 101-107).

Também a Constituição italiana de 1948 descreveu *Rapporti economici* dentre os *Diritti e doveri dei cittadini*, fazendo menção ao direito ao trabalho (art. 35) e dos trabalhadores (arts. 36-37, 40), o direito à assistência social (art. 38), à associação sindical e cooperativa (arts. 39 e 45), à iniciativa econômica (art. 41), à propriedade privada (art. 42) e suas limitações (arts. 43-44), garantindo

---

[146] CABRAL DE MONCADA, Luís S. *Direito Econômico*, cit., pp. 15-17.
[147] Para uma visão geral, v: FIORAVANTI, Maurizio. *Los Derechos Fundamentales. Apuntes de Historia de las Constituciones*. 3. ed. Trad. por Manuel Martínez Neira. Madrid: Trotta, 2000, pp. 130-133.

a poupança popular e o direito ao crédito (art. 47). Vale dizer: ambas as Constituições trazem um catálogo de direitos econômicos inseridos, expressa ou implicitamente, no capítulo dos direitos fundamentais.[148]

A Constituição brasileira de 1988, de sua vez, não prevê a rubrica *direitos econômicos* no rol de direitos fundamentais, que abrangem, tão somente, os direitos e deveres individuais e coletivos (art. 5º), direitos sociais (arts. 6º-11), direito à nacionalidade (arts. 12-13) e direitos políticos (arts. 14-16). Entre os arts. 170-192 encontra-se o Título VII, que prevê a "Ordem Econômica e Financeira" e, entre os arts. 193-232 (Título VIII), a "Ordem Social".

Em termos semelhantes, a Constituição espanhola de 1978 não consigna uma categoria de direitos econômicos entre os direitos fundamentais, limitando-se a enunciar os *Principios Rectores de la Política Social y Económica* (arts. 39-52) e, posteriormente, a programação da *Economía y Hacienda* (arts. 128-136).

Portanto, a maioria dos direitos reputados como econômicos pelas Constituições portuguesa e italiana encontra-se dissolvida, nas Constituições brasileira e espanhola, nos direitos individuais e nos direitos sociais.

Uma política econômica estatal, quando passa a ser objeto de tutela jurídica, ganha o nome de *ordem econômica*. É correto pensarmos, portanto, que a proteção jurídica das subpolíticas que integram a política econômica *lato sensu* se insere na categoria *ordem econômica*. Nela está contida, sucessivamente, a regulamentação do sistema financeiro, do mercado de capitais, da livre concorrência, do sistema tributário, do orçamento etc.[149]

Há uma considerável diferença entre a *ordem econômica* e direitos públicos subjetivos que tenham alguma coloração econômica. O direito à propriedade privada, por exemplo, é inegavelmente um dos pilares de uma economia de mercado, mas o estatuto jurídico que envolve o direito à propriedade possui uma eficácia diversa daquela conferida à planificação da economia.

Reputamos um equívoco considerar-se o direito à propriedade como um direito econômico em sentido estrito, porquanto a programação econômica não decorre diretamente da liberdade constitucionalmente assegurada, mas sim dos níveis de restrições a ela impostos. É a planificação econômica que confere roupagem constitucional à economia, e não o direito público subjetivo em si. Do contrário, teríamos de reconhecer que qualquer direito individual

---

[148] Não se ignora, por certo, a submissão dos ordenamentos constitucionais dos Estados-membros ao Tratado da Comunidade Europeia. A mudança atualmente atinge não só o mercado, senão também o sistema jurídico europeu. Embora resguardada a competência de cada Estado, os que vieram a aderir à Comunidade, em relação às diretrizes socioeconômicas, tiveram de adequar suas estruturas jurídicas às quatro liberdades básicas de circulação no mercado único: liberdade de ir e vir, do capital, dos bens e dos serviços. Contudo, o passo mais relevante deu-se em relação aos direitos econômicos e sociais referidos no Tratado, na medida em que não tutelados pela Convenção de Roma. O comunitarismo levou à unificação dos objetivos programáticos econômicos (p. ex., a eliminação de restrições jurídicas à livre circulação da moeda – art. 3º.1, c, do TCE) e sociais (art. 136 do TCE), mas excluiu significativas diretrizes de prestatividade social, confirmando o espaço de soberania resguardado para os Estados-membros (MANZELLA, Andrea. "Dal Mercato ai Diritti", cit., pp. 38-39.

[149] Sobre o tema, v.: GRAU, Eros Roberto. *A Ordem Econômica na Constituição de 1988*. 5. ed. São Paulo: Malheiros, 2000, pp. 43-74.

poderia ser também um direito econômico, sempre que o seu livre exercício gerasse riqueza ao seu titular.[150]

Nem mesmo a circunstância de um direito fundamental se submeter a uma restrição constitucional – função social da propriedade, *v.g.* – nos permitiria reconhecer que esta garantia poderia se transformar, automaticamente, em "liberdades sociais" ou "liberdades econômicas", até mesmo porque a própria noção de Constituição econômica está historicamente ligada à programação de políticas estatais no ordenamento constitucional – Weimar, especialmente.

Assiste razão, nesse rumo, a VIEIRA DE ANDRADE quando refere que alguns dos direitos econômicos descritos na Constituição portuguesa fazem parte do universo de direitos sociais – pois se submetem às mesmas contingências e possuem semelhante conteúdo – e, outros, deveriam integrar o capítulo dos direitos, liberdades e garantias.[151]

O ajuste conceitual ora exposto é essencial para compreendermos que a noção de *política econômica*, em sua dimensão jurídica (*ordem econômica*), diz respeito à programação que um Estado pretende dar a fluxos econômicos (ou: a ordenação constitucional dos fins do Estado), o que é bem diverso de direitos (como é a propriedade, por exemplo) cuja proteção pode ser exigida horizontal ou verticalmente diretamente por seu titular. Foge de nosso objeto de estudo, portanto, a tutela jurídica incidente em direitos públicos subjetivos, direitos sociais e direitos políticos, porquanto esta não se insere diretamente no estatuto jurídico da *ordem econômica*.

1.5.2. Tutela jurídica da ordem econômica

Seria um equívoco pensarmos que a tutela jurídica da *ordem econômica* encontraria, no ordenamento constitucional, uma planificação exauriente. Pelo contrário, as Constituições, de uma maneira geral, tendem a consagrar apenas os princípios gerais que conferem a identidade nacional da relação entre Estado e economia num determinado país, pouco avançando nos pormenores de como essa relação deve ser entabulada em sua dinâmica. É dizer: há um amplo espaço de legitimidade constitucional para que os órgãos (públicos ou privados) encarregados da gestão econômica possam, de forma discricionária, implementar medidas concretas de planificação econômica.

Tal ponderação é pertinente porquanto vai de encontro ao deslumbramento constitucional que contaminou muitos países – inclusive o Brasil – tão logo

---

[150] Assim, por exemplo, poderia ter tal natureza o direito à "livre a expressão da atividade intelectual, artística, científica e de comunicação, independentemente de censura ou licença" (Constituição brasileira, art. 5°, inc. IX), sempre que o seu titular auferisse lucro com a exploração comercial dessa liberdade. Especificamente em relação ao nosso objeto de estudo, o reconhecimento de direitos individuais como direitos econômicos, consoante veremos adiante, levaria à conclusão de termos de reconhecer que a tutela juridicopenal da economia também ocorreria através da criminalização da lesão a este direito. Um furto, em suma, poderia ser considerado um crime econômico.

[151] VIEIRA DE ANDRADE, José Carlos. *Os Direitos Fundamentais na Constituição Portuguesa de 1976*. Coimbra: Almedina, 1998, pp. 195-196.

o modelo de Estado Social de Direito sedimentou-se. Hoje, os tempos são de reconhecimento de que a eficácia do dirigismo proporcionado por uma Constituição econômica é bem menor do que se imaginava.[152] Direitos sociais, direitos econômicos ou mesmo a ordenação econômica, consoante afirma BÖCKENFÖRDE, não fundamentam, em si, pretensões reclamáveis judicialmente – ressalvados casos extremos de desrespeito a um "mínimo existencial" –, pelo menos enquanto não concretizados em lei específica ou em ato administrativo.[153]

A programação econômica constitucionalmente estabelecida, assim, tem um conteúdo flexível que autoriza uma intervenção estatal capaz de corrigir comportamentos (públicos ou privados) ilegítimos na economia de mercado e de estabelecer uma rede de segurança com serviços que não seriam atendidos suficientemente pelo mercado.[154]

O peculiar da *ordem econômica* é que, num Estado que também tenha a função constitucional de garantir a liberdade do mercado,[155] incumbe ao Poder Legislativo a programação genérica e, ao Executivo, a tomada de posição específica acerca dos rumos das políticas econômica e social.

Já referimos que a velocidade e a volatilidade de uma economia inserida num mercado globalizado, assim como as constantes mudanças nas demandas por prestatividade social, exigem respostas rápidas capazes de prevenir/superar crises econômicas e de adequar as contingências da situação às possibilidades de prestatividade social. Consequentemente, o processo legislativo revelar-se-ía demasiadamente moroso para tanto, além de, com frequência,

---

[152] Um bom exemplo dessa mudança de pensamento pode ser notado na obra de CANOTILHO. Em 2001, ao publicar a segunda edição de seu *Constituição Dirigente e Vinculação do Legislador*, CANOTILHO revisou substancialmente o grau da carga normativa do modelo constitucional por ele antevisto em 1982, quando da publicação original de sua tese. Já no famoso prefácio de sua segunda edição era consignada a passagem que, em linhas gerais, demonstrava a revisão de seu pensamento: "Em jeito de conclusão, dir-se-ia que a Constituição dirigente está morta se o dirigismo constitucional for entendido como normativismo constitucional revolucionário capaz de, por si só, operar transformações emancipatórias. Também suportará impulsos fanáticos qualquer texto constitucional dirigente introvertidamente vergado sobre si próprio e alheio aos processos de abertura do direito constitucional ao direito internacional e aos direitos supranacionais. Numa época de cidadanias múltiplas e de múltiplos de cidadanias seria prejudicial aos próprios cidadãos o fecho da Constituição, erguendo-se à categoria de 'linha Maginot' contra invasões agressivas dos direitos fundamentais. Alguma coisa ficou, porém, da programaticidade constitucional. Contra os que ergueram as normas programáticas a 'linha de caminho de ferro' neutralizadora dos caminhos plurais da implantação da cidadania, acreditamos que os textos constitucionais devem estabelecer as premissas fundantes das políticas públicas num Estado e numa sociedade que se pretendem continuar a chamar de direito, democráticas e sociais" (CANOTILHO, José Joaquim Gomes. *Constituição Dirigente e Vinculação do Legislador: contributo para a compreensão das normas constitucionais programáticas*. 2. ed. Coimbra: Coimbra, 2001, pp. XXIX-XXX). No Brasil, a reformulação da teoria constitucional de CANOTILHO fora sentida com certo grau de frustração, principalmente porque, segundo alguns, ainda não teríamos vivido uma transição histórica suficiente para legitimar a retração programática de nosso ordenamento constitucional. Esse debate, travado entre constitucionalistas brasileiros e o próprio CANOTILHO, pode ser bem elucidado em: MIRANDA COUTINHO, Jacinto Nelson de [org]. *Canotilho e a Constituição Dirigente*. 2. ed. Rio de Janeiro: Renovar, 2005.
[153] BÖCKENFÖRDE, Ernst-Wolfgang. *Escritos sobre Derechos Fundamentales*. Trad. por Juan Luis Requejo Pagés y Ignacio Menéndez. Baden-Baden: Nomos Verlagsgesellschaft, 1993, pp. 76-77.
[154] Nesse sentido, em relação à Constituição espanhola: ORTIZ, Gaspar Ariño. *Princípios de Derecho Público Económico. Modelo de Estado, Gestión Pública, Regulación Económica*. Granada: Comares, 1999, pp. 135-136.
[155] Constituição portuguesa (arts. 61 e 80, c); Constituição brasileira (art. 170); Constituição italiana (art. 41); Constituição espanhola (art. 38) etc.

sobrepor interesses políticos nacionais e efêmeros às diretrizes *glocais* do desenvolvimento econômico.

Desse deslocamento da competência regulatória decorre certa mitigação do princípio da legalidade:[156] a *reserva de lei* abandona a fórmula essencialmente garantidora estabelecida pelo Estado liberal para autorizar aprioristicamente, ao poder público, a gestão direta de grandes interesses gerais. O produto da atuação legiferante da administração é substituído por um estatuto negativo: o Poder Executivo está autorizado a agir sempre que a lei não proíba a sua atuação. A felicidade individual não mais é assegurada, em termos amplos, pela garantia da liberdade, que pode ser legitimamente limitada por medidas estatais "conformadoras" de um interesse público determinado, ao ponto de a regra geral ser a proibição da atuação individual. Generalidade e abstração legal cedem espaço a uma pulverização do direito legislado, ocasionada pela multiplicação de leis setoriais e temporais produzidas a partir das tensões de interesses vivenciados numa sociedade pluralista própria de regimes democráticos. Antes de esta instabilidade jurídica caracterizar uma perversão transitória da concepção do direito, configura-se, ao revés, como uma situação estrutural das sociedades democráticas atuais, um custo jurídico de regimes democráticos.[157]

Portanto, a tutela da ordem econômica possui uma peculiaridade que lhe é imanente: o alicerce normativo não advém de uma atividade essencialmente legiferante – como ocorre, por exemplo, com o direito penal –, mas sim do poder regulamentador conferido a órgãos do Poder Executivo (Banco Central, Receita Federal etc.) – dentre eles as agências de regulação (ANATEL, CADE, CVM etc.).[158]

---

[156] Santos, António Carlos dos; Gonçalves, Maria Eduarda; Leitão Marques, Maria Manuel. *Direito Econômico*, cit., pp. 25-26.

[157] Zagrebelsky, Gustavo. *El Derecho Dúctil. Ley, derechos, justicia*. 7. ed. Trad. por Marina Gascón. Madrid: Trotta, 2007, pp. 33-40; Hesse, Konrad. *Elementos de Direito Constitucional da República Federal da Alemanha*. Trad. por Luís Afonso Heck. Porto Alegre: Sergio Fabris, 1998, p. 123 e segs..

[158] Sobre o assunto, v.: Quintas, Fábio Lima. *Direito e Economia – o Poder Normativo de Administração Pública na Gestão da Política Econômica*. Porto Alegre: Fabris, 2007, pp. 141-198.

2. Delimitação conceitual e fundamento do direito penal econômico

2.1. Considerações preliminares

A compreensão de que a ordem econômica, uma vez erigida a programa constitucional, legitima o Estado a regular – ou a intervir em – espaços onde a autorregulação econômica se mostre insuficiente para a solidez e a transparência do mercado, ou mesmo nos casos em que os fluxos econômicos devem orientar-se também a partir de uma programação social, coloca-nos diante do problema relacionado à possível missão que o direito penal pode assumir como instrumento auxiliar dessa tutela. Não são poucas as questões que emergem de uma premissa nesses termos.

A intervenção estatal – direta e/ou indireta – na economia é notadamente fragmentária: somente ocorre naqueles segmentos em que a irrestrita liberdade dos fluxos econômicos pode gerar riscos consideráveis à realização do homem enquanto pessoa. Historicamente, a amplitude dessa intervenção tem variado de acordo com cada sistema político e/ou constitucional. Mas a tônica de um Estado democrático e social de direito é a de que se deva reconhecer, *a priori*, a autonomia da livre mobilidade nos fluxos econômicos. Apenas enquanto excepcionalidade jurídica é que se desenvolve, também de forma fragmentária, a proteção penal sobre políticas econômicas. O que significa reconhecer que a criminalização primária de condutas que afetem a regular execução da ordem econômica submete-se a uma dupla relação de fragmentariedade: nem toda violação observada em relações individuais mediadas pela regulação econômica é passível de tutela jurídica; nesse segmento, nem toda violação juridicamente protegida comporta, só por essa razão, uma configuração penal. Há uma nítida distinção, portanto, entre a consideração da ordem econômica enquanto bem jurídico tutelável e a mesma ordem econômica como bem jurídico *penalmente* tutelável.

A antecipação dessa tese obriga-nos a enfrentar o intrincado problema da delimitação conceitual do objeto do direito penal econômico, assim como a sua conformidade com o sistema jurídico-penal e o ordenamento constitucional. Deveras, se pretendemos aferir a eventual dignidade penal para a proteção a ser conferida em relações econômicas que se desenvolvem sob a batuta regulatória/interventiva do Estado, então teremos de analisar, com redobrado rigor, qual o ilícito que, no fim das contas, pretende-se tutelar. Porque só faz sentido buscarmos uma delimitação para o horizonte cognitivo do direito penal econômico se nos for possível concluir que a intencionalidade dessa formulação é justificável frente as demais modalidades de tutela penal. Se um crime econômico confunde-se com um furto ou com um estelionato, ou se o conceito de crime econômico abrange delitos contra a administração pública, então sequer será necessário, em nosso modo pessoal de ver as coisas, aventarmos uma disciplina com o nome de direito penal econômico. Bastará, em vez disso, a análise dos diversos crimes em espécie à luz da sistematicidade da teoria geral do delito para alcançarmos uma ajustada compreensão acerca da necessidade e dos limites da tutela.

Mas não é essa a hipótese que, em nosso sentir, tende a se confirmar. Há uma razão forte para aceitarmos que a formulação de um conceito material de crime econômico pode nos conduzir ao isolamento de significativas peculiaridades dogmáticas frente a outras formas de criminalidade. De modo que tais características especiais, uma vez confirmadas, autorizem o reconhecimento de uma autonomia disciplinar para o direito penal econômico. Só a partir dessa delimitação conceitual é que a legitimidade da intervenção penal poderá ser avaliada.

O propósito do presente capítulo, nesse rumo, é construir um conceito material, autônomo e legítimo de crime econômico que dialogue com a proteção exigida para os rumos da política econômica contemporânea, nos moldes delimitados pelo capítulo anterior.

2.2. Introduzindo um conceito material de delito econômico

2.2.1. Conceitos criminológico, formal e material-vitimológico ("lato sensu" e "stricto sensu"): apreciação crítica

Quando brasileiros e portugueses referem-se a *crimes económicos*, espanhóis, a *delitos socioeconómicos*, ingleses, a *business crimes*, franceses, a *délits d'affaires*, e alemães, a *Wirtschaftsdelikte*, não estão aludindo ao mesmo tema, porquanto diversos são os critérios utilizados para cada definição. Circunstância esta que dificulta, sobremaneira, o próprio desenvolvimento do pensamento científico, o intercâmbio de experiências e a promoção de reformas penais.[159] Tal contingência não nos impede de delimitarmos arbitrariamente o objeto de estudo em atenção aos limites de nossa pesquisa.

A história da delinquência econômica remonta à sua abordagem criminológica, principalmente a partir da definição do *white-collar crime* por Sutherland, em 1939.[160] Muito embora o relacionamento entre criminalização secundária e

---

[159] Nesse sentido: Tiedemann, Klaus. *Poder Económico y Delito*. Trad. de Amelia Villegas. Barcelona: Ariel, 1985, p. 9; Correia, Eduardo. "Notas Críticas à Penalização de Actividades Económicas", cit., pp. 16-18.
[160] Sutherland, Edwin H. *El Delito de Cuello Blanco*. Trad. por Laura Belloqui. Montevideo/Buenos Aires, 2009.

processos de seletividade social não tenha sido criado originalmente por Sutherland,[161] a ele deve-se o mérito de lançar, através da *teoria da associação diferenciada*, uma crítica ao princípio da culpabilidade enquanto exigência geral do desvalor social da conduta: sob uma perspectiva sociológica, existem normas e valores especificamente reconhecidos apenas por determinados grupos sociais (subculturas criminais).

Através de estatísticas criminais, Sutherland concluiu que pessoas de elevada condição econômica também praticariam crimes – porém normalmente escapariam, de forma desigual, do processo de criminalização secundária –, e não somente integrantes de uma minoria formada por indivíduos socialmente desfavorecidos e desviados. Em termos criminológicos, pouco importaria o ilítico-típico concretamente realizado – até mesmo porque a definição legal da conduta não é premissa necessária da criminologia sociológica –, sendo relevante, tão somente, a especial condição econômica de seu autor.

A "denúncia criminológica" de Sutherland, embora se apresente como um importante instrumento de crítica da dogmática penal clássica estruturada a partir da tutela de direitos individuais[162] –, não detém aptidão suficiente para uma delimitação do objeto do direito penal econômico.[163] Poderemos encontrar crimes efetivamente atentatórios à ordem econômica sem que o seu autor tenha, necessariamente, uma condição socioeconômica privilegiada; ao passo que também são apurados delitos contra a liberdade individual praticados por alguém que ostenta essa mesma condição.[164] É dizer: o direito penal econômico confundir-se-ia com todos os crimes em espécie definidos pelo direito penal.[165]

---

[161] Sobre os antecedentes históricos do pensamento de Sutherland, v.: Santos, Cláudia Maria Cruz. *O Crime de Colarinho Branco (Da origem do conceito e sua relevância criminológica à questão da desigualdade na administração da justiça penal)*. Coimbra: Universidade de Coimbra, 2001, pp. 39-42.

[162] A expressão "denúncia criminológica", no sentido empregado pelo texto, é dada por Faria Costa, José de. *Direito Penal Econômico*. Coimbra: Quarteto, 2003, pp. 81-84. Para mais detalhes desse viés crítico-dogmático da teoria de Sutherland, v.: Raciti, Annamaria. "Il Criminale Economico nella Ricerca Criminologica: dall'Opera di Sutherland alle più Recenti Formulazioni Teoretiche". In: *RTDPE*, Padova: CEDAM, ano XVIII, n. 3, lug-set/2005, pp. 677-699; Bergalli, Roberto. "Criminología del 'White-Collar Crime': forma-estado y processo de concentración económica". In: *EPC*, Santiago de Compostella: USC, 1984, VII, pp. 27-69; "Criminalidad económico-social: una digresión sobre la tropología del discurso jurídico-penal". In *ADPCP*, Madrid, vol. 39, ene./abr., 1986, pp. 59-73; Bajo Fernández, Miguel. "La Delincuencia Económica desde el Punto de Vista Criminológico". In VV. AA. *Nuevas Tendencias del Derecho Penal Económico y de la Empresa*. Lima: Ara, 2005, pp. 21-55.

[163] Tiedemann, Klaus. *Manual de Derecho Penal Económico*. Valencia: Tirand lo Blanch, 2010, p. 57; Buján Perez, Carlos Martínez. *Derecho Penal Económico y de la Empresa. Parte General*. 2. ed. Valencia: Tirand lo Blanch, 2007, pp. 125-126.

[164] Volk, Klaus. "Criminalità Economica: Problemi Criminologici, Politico-criminali e Dommatici". *Sistema Penale e Criminalità Economica. I rapporti tra dommatica, politica criminale e processo*. Napoli: Scientifiche Italiane, 1998, p. 32; Correia, Eduardo. "Notas Críticas à Penalização de Actividades Económicas". In *Direito Penal Económico*. Coimbra: Centro de Estudos Judiciários, 1985, p. 16 (pp. 9-23).

[165] A mesma crítica pode ser feita, por exemplo, à tentativa de definição processual dos crimes econômicos, com base na complexidade da investigação e na previsão de recursos tecnológicos para a instrução probatória. Também aqui teríamos o mesmo problema referido acima, pois mesmo em crimes "clássicos" há a frequente necessidade de um sofisticado aparato judicial para a sua repressão (por exemplo, um furto seria considerado econômico sempre que praticado através da internet) – Tiedemann, Klaus. "El concepto de

Alguns sistemas jurídicos permitem, de outro lado, a definição do crime econômico em termos normativos. Um dos primeiros países a realizar a codificação de infrações econômicas foi Portugal, através da edição do Decreto-Lei nº 41.204, de 1954, que definiu as *infracções contra a saúde pública e das infracções antieconómicas*. Esse diploma normativo foi revogado pelo Decreto-Lei nº 28, de 1984, sendo mantida, entretanto, a estrutura codificada – ainda que não exauriente – dessas modalidades delitivas e do rito processual respectivo.

Na Alemanha, o movimento codificador, apesar de bem menos intenso, é sempre apontado como originário da *Erstes Gesetz zur Bekämpfung der Wirtschaftskriminalität*, que, em outubro 1976, introduziu os §§ 264, 265b e 283-283d no StGB, definindo os crimes de *Subventionsbetrug, Versicherungsmißbrauch* e *Insolvenzstraftaten*, respectivamente. A grande maioria de crimes econômicos, contudo, ainda está prevista em legislação secundária.[166]

Uma codificação mais ampla verificou-se, recentemente, com a entrada em vigor, em 1995, do Código Penal espanhol, que fez a previsão dos *Delitos contra el patrimonio y contra el orden socioeconómico* (arts. 234-304) e dos *De los delitos contra la Hacienda Pública y contra la Seguridad Social* (arts. 304-310).

No Brasil, assim como nas legislações italiana e francesa, os crimes econômicos estão definidos em legislação esparsa e fragmentada.[167]

---

delito económico y de derecho penal económico". In *NPP*, Buenos Aires, vol. 4, 1975, p. 465 (pp. 461-475). Não escapa de uma perspectiva meramente criminológica, no mesmo rumo, a associação do direito penal econômico à ideia de direito penal empresarial, na linha do que propõe Schünemann ("Cuestiones básicas de dogmática jurídico-penal y de política criminal acerca de la criminalidad de empresa". In ADPCP, n. 2, v. 41, 1988, pp. 529-558). Existem crimes praticados no âmbito de empresas que não necessariamente possuem conotação econômica (p. ex., crimes ambientais), assim como o contrário. A delimitação do conceito a partir de estruturas de poder (empresas) utilizadas para a execução de delitos não traz qualquer contribuição para o exame de uma autonomia disciplinar do objeto.

[166] Sobre a evolução histórica do direito penal econômico na Alemanha, assim como o acréscimo dos §§ 152a, 202a, 263a, 264a, 265, 266a, 266b, 269, 270, 303a e 303b no StGB, com a Segunda Lei de luta contra a criminalidade econômica (1986), e a definição fragmentada, em leis secundárias, de outras infrações penais econômicas v.: Achenbach, Hans. "Anotaciones sobre la Evolución del Derecho Penal Económico en Alemania". In Mir Puig, Santiago et al. *Estudios de Derecho Penal Económico*. Caracas: Livrosca, 2002, pp. 27-42 (pp. 23-44); Tiedemann, Klaus. *Derecho Penal y Nuevas Formas de Criminalidad*. Trad. por Manuel Abanto Vásquez. Lima: IDEMSA, 2000, pp. 14-23. Sobre a evolução do movimento codificador dos crimes econômicos na Europa, v.: Faria Costa, José de; Costa Andrade, Manuel. "Sobre a Concepção e os Princípios do Direito Penal Econômico". In *Direito Penal Econômico e Europeu: Problemas Gerais*. Coimbra: Coimbra/IDPEE/FD-UC, 1998, vol. 1, pp. 351-355 (347-364).

[167] A título de exemplificação, podem ser referidas, no Brasil: Lei nº 7.492/86 (Crimes contra o Sistema Financeiro Nacional), Lei nº 8.078/90 (Código de Defesa do Consumidor, que prevê infrações penais relacionadas à matéria), Lei nº 8.137/90 (Crimes contra a Ordem Tributária e Econômica), Lei nº 8.176/91 (Crimes contra a Ordem Econômica), Lei nº 9.613/98 (Lei de Lavagem de Dinheiro) etc. Na Itália, crimes dessa natureza são encontrados no Codice Penale (principalmente no Título VIII – "dei delitti contro l`economia pubblica, l`industria e il commercio"), no Decreto-Legislativo 58/98 ("reati in materia di intermediazione finanziaria"), Decreto-Legislativo nº 74/2000 ("reati in materia di imposte sui redditi e sul valore aggiunto") etc. A França, de sua vez, tipifica "Du blanchiment" no Code Pénal (arts. 324-1/9), delitos relativos "aux produits d'épargne", "à la protection des investisseurs", "aux établissements du secteur bancaire", "aux prestataires de services d'investissement" e "à la lutte contre le blanchiment de capitaux et le financement des activités terroristes" no Code Monétaire et Financier, e delitos "relative à la liberté des prix et de la concurrence" na Ordonnance nº 86-1243 du 1 décembre 1986.

Seja como for, a delimitação do objeto do direito penal econômico a partir da definição legal, se bem representa um avanço orientado à sistematização da matéria, não impede que outros delitos considerados materialmente econômicos sejam definidos fora desse alcance.[168] Com alguma frequência, de outro lado, podem ser observados crimes catalogados legalmente como econômicos que melhor estariam previstos na definição de crimes patrimoniais ou mesmo em outras rubricas próprias da tutela de interesses não necessariamente supraindividuais.[169]

Um terceiro método de determinação do objeto do direito penal econômico diz respeito à matéria especificamente tutelada ou, mais precisamente, à eventual autonomia do bem jurídico protegido. Este é o critério atualmente preferencial na doutrina que se debruça sobre o assunto. Desde que KURT LINDEMANN, em 1930, no estudo *Gibt es ein eigenes Wirstschaftsrecht?*, definiu o direito penal econômico como o ramo jurídico voltado à defesa penal da "economia nacional no seu conjunto ou das suas instituições fundamentais", e EBERHARD SCHMIDT, duas décadas após, em escrito intitulado *Das neue westdeutsche Wirtschaftsstrafrecht*, estabeleceu que o direito penal econômico incidisse no "espaço dos interesses vitais económico-sociais",[170] a doutrina penal europeia passou a aventar a autonomia e a peculiaridade do bem jurídico protegido pela norma penal econômica.

Contemporaneamente, vem-se reconhecendo um conceito *amplo* – abrangendo todas as ofensas à regulação da produção, industrialização e divisão de bens e serviços – e outro *restrito* – tutela de interesses supraindividuais relacionados à ordem da economia instituída e dirigida pelo Estado.[171] Enquanto

---

[168] Exemplo: no Brasil, a obtenção fraudulenta de benefício previdenciário, ante a ausência de norma especial regulando a matéria, é tipificada no art. 171 do CPBr (estelionato – burla, no direito penal português), definido no Título II (Dos Crimes contra o Patrimônio); em Portugal, pode ser referido o crime de Administração Danosa (art. 238 do CPPt), também inserido nos Crimes contra o Património, mas que, consoante veremos adiante, ostenta uma substancial característica econômica. Digno de menção, ademais, o StGB que, na Seção 22ª, ao tratar da *Betrug und Untreue*, define condutas inegavelmente econômicas (p. ex., o já referido § 265b – *Versicherungsmißbrauch*).

[169] É o caso, por exemplo, no Brasil, do art. 3º da Lei nº 8.137/90 que, embora previsto no Capítulo I (dos Crimes contra a Ordem Tributária), prevê conduta de advocacia administrativa no âmbito da Fazenda Pública ("patrocinar, direta ou indiretamente, interesse privado perante a administração fazendária, valendo-se da qualidade de funcionário público. Pena – reclusão, de 1 (um) a 4 (quatro) anos, e multa."), que não passa de uma forma especial de crime contra a Administração Pública.

[170] LINDEMANN, Kurt. *Gibt es ein eigenes Wirstschaftsrecht?* Jena: Gustav Fischer, 1932; SCHMIDT, Eberhard. *Das neue westdeutsche Wirtschaftsstrafrecht*. Tübingen: J.C.Mohr, 1950. Ambas as referências bibliográficas, assim como as transcrições, obtidas em FARIA COSTA, José de; COSTA ANDRADE, Manuel. "Sobre a Concepção e os Princípios do Direito Penal Econômico", cit., pp. 88-89.

[171] TIEDEMANN, Klaus. "El concepto de delito económico y de derecho penal económico", cit., p. 471; *Derecho Penal y Nuevas Formas de Criminalidad*, cit., p. 21; *Poder Económico y Delicto*, cit., pp. 16-17; BAJO FERNÁNDEZ, Miguel. "Concepto y Contenido del Derecho Penal Económico". In MIR PUIG, Santiago *et al*. *Estudios de Derecho Penal Económico*. Caracas: Livrosca, 2002, p. 9 (pp. 3-21); BUJÁN PEREZ, Carlos Martínez. *Derecho Penal Económico y de la Empresa. Parte General*, cit., p. 96. Reconhecendo apenas o conceito restrito: FARIA COSTA, José de. *Direito Penal Econômico*, cit, pp. 39-40. Para uma visão ampla do debate envolvendo a delimitação do conceito de crimes econômicos, v.: CERVINI, Raúl. "Derecho penal económico: concepto y bien jurídico". In *RBCC*, São Paulo: RT, vol. 11, abr./jun., 2003, pp. 81-108; BALDAN, Édson Luís. *Fundamentos do Direito Penal Econômico*. Curitiba: Juruá, 2005, pp. 127-131.

alguns autores valem-se da distinção para propor uma visão centrífuga do direito penal econômico – pugnando pela primazia do conceito *restritivo* –, outros aderem a uma orientação centrípeta do objeto.

O conceito *amplo* não detém condições sistemáticas de delimitação do alcance do horizonte cognitivo dos delitos econômicos, pois confere atenção à qualidade da atividade afetada, independentemente do bem jurídico materialmente selecionado em lei para a proteção. Um crime de ofensa individual (um dano ou um estelionato, p. ex.) poderia ser considerado delito econômico sempre que a execução da conduta alcançasse atividades econômicas reguladas no segmento da produção, industrialização e divisão de bens e serviços. O resultado final disso é que a identidade conceitual do direito penal econômico, no fim das contas, dependeria do status da ofensa concretamente observada, e não da ofensa em si.

Buján Pérez propõe um conceito *amplo* que não esteja contingenciado pelas circunstâncias do caso concreto, mas sim sob uma perspectiva *ex ante* do bem jurídico protegido. Para ele, o direito penal econômico alcança não apenas aquelas infrações definidas no conceito *restrito*, senão também outras figuras delitivas que possuem *mediatamente* uma finalidade de proteção da regulação estatal da economia.[172] Para tanto, distinguir-se-iam os crimes econômicos que *imediatamente* tutelam a ordem socioeconômica sob uma perspectiva *supraindividual* (p. ex., crimes fiscais), dos crimes econômicos em que a proteção *imediata* é *individual*, porém *mediatamente* focalizados também na afetação supraindividual da ordem socioeconômica (p. ex., crimes contra a propriedade industrial, concorrência desleal, crimes falimentares etc.).[173] O conceito *amplo* proposto excluiria do seu alcance (a) todos os delitos patrimoniais clássicos que conceitualmente não incorporam uma afetação sequer *mediata* da ordem econômica (p. ex., estelionato, apropriação indébita, dano etc.), conquanto, no caso concreto, a magnitude do prejuízo até possa, reflexamente, chegar a tanto,[174] e (b) infrações penais que possuem um conteúdo econômico, porém direcionam-se à proteção de outros bens jurídicos (p. ex., crimes contra a administração pública).[175]

A proposta tem o mérito de, metodologicamente, estar focada no objeto da tutela. Mas, em nosso sentir, prejudica sobremaneira uma tentativa de delimitação conceitual do crime econômico por aceitar que bens jurídicos individuais, mesmo que sob algumas circunstâncias, possam ser alcançados pelo objeto. Não nos parece segura a distinção entre bens jurídicos individuais que *mediatamente* afetem a ordem econômica e bens jurídicos individuais que só *reflexamente* possam comportar a referida afetação. Sob uma ótica econômica, a ofensa resultante de um crime de estelionato pode ser muito próxima da ofensa que decorre de um crime falimentar. Objetar-se-á que, neste, seria possível, sob uma perspectiva *ex ante*, isolar a violação *mediata* à ordem econômica, ao passo

---

[172] Buján Perez, Carlos Martínez. *Derecho Penal Económico y de la Empresa. Parte General*, cit., p. 118.

[173] Buján Perez, Carlos Martínez. *Derecho Penal Económico y de la Empresa. Parte General*, cit., pp. 119, 158-164; *Derecho Penal Económico*. Madrid: Iustel, 2012, pp. 101-107.

[174] Buján Perez, Carlos Martínez. *Derecho Penal Económico y de la Empresa. Parte General*, cit., p. 120.

[175] Buján Perez, Carlos Martínez. *Derecho Penal Económico y de la Empresa. Parte General*, cit., pp. 120-121.

que, naquele, esse isolamento só ocorreria *ex post*. Ainda assim, a falência de uma empresa, à semelhança do que ocorre com crimes contra a propriedade industrial, viola relações intersubjetivas horizontais: o patrimônio dos sócios, o patrimônio da empresa, o patrimônio dos lesados etc. O direito penal econômico não deve se ocupar de ofensas com essa coloração individual, pois a relação entre Estado e economia tem a sua identidade direcionada para fluxos econômicos específicos em que os interesses individuais estão contingenciados pela natureza pública da regulamentação das opções possíveis.

O rigor metodológico nos direciona para uma delimitação conceitual efetivamente *restritiva* que não se deixe influenciar pela qualidade do sujeito ativo ou pela extensão do dano no sujeito passivo para obter sua autonomia jurídica. Se pretendemos – e esta é nossa hipótese – obter uma autonomia disciplinar para o direito penal econômico, então estaremos obrigados a buscar a formulação de um conceito diverso das formas ordinárias de tutela de direitos individuais, já exercida pelo núcleo rígido do direito penal. Crimes de furto, dano e estelionato até podem, em algumas circunstâncias, acarretar uma ofensividade reflexa que vá além do titular do patrimônio afetado, mas a proteção penal desempenha seguiria focalizada na natureza individual do bem jurídico protegido: o patrimônio. Daí ser necessário buscar a autonomia do bem jurídico nos crimes econômicos frente à tutela penal de direitos individuais.[176]

A ordem econômica deve ser vista como um bem jurídico autônomo – ainda que tal autonomia, conforme veremos em seguida, não signifique uma renúncia a um núcleo mínimo de raiz antropológica –, e não um simples somatório de interesses individuais coletivizados numa dada prática econômica.[177] O objeto da proteção, nesse rumo, não está relacionado a relações intersubjetivas, mas sim à mediação institucional que recai sobre essas relações.

Também aqui não seriam poucas as dificuldades que decorreriam desse conceito, a começar pela ausência de delimitação acerca do conteúdo jurídico da "ordem econômica". TIEDEMANN, por exemplo, conquanto acertadamente vincule o direito penal econômico à ideia de afetação supraindividual da ordem econômica, atribui um alcance demasiadamente vasto ao conceito, entendendo que todo e qualquer crime, mesmo os clássicos delitos patrimoniais, poderiam ser por ele abrangidos sempre que ofensivos a um "objeto fático supraindividual", ou seja, quando praticados, por exemplo, em detrimento de bancos, seguradoras, sociedades comerciais ou do Estado.[178] É dizer: depen-

---

[176] AFTALIÓN, Enrique. "El bien jurídico tutelado por el derecho penal económico". In *RCP*, Santiado de Chile, vol. 25, mayo/ago, 1966, p. 86 (pp. 79-91); BAJO FERNÁNDEZ, Miguel. "Concepto y Contenido del Derecho Penal Económico", cit., p. 9.

[177] Reconhecendo que os delitos econômicos introduzidos no StGB pelas reformas de 1976 e de 1986 dizem respeito a interesses coletivos, entendidos como a soma dos interesses individuais de todos os intervenientes no mercado: SCHÜNEMANN, Bernd. *Temas Actuales y Permanentes del Derecho Penal Después del Milenio*. Madrid: Tecnos, 2002, pp. 185-202.

[178] TIEDEMANN, Klaus. "El concepto de delito económico y de derecho penal económico", cit., pp. 471 e 469. Sobre a delimitação do conceito no âmbito da CE – sobre o qual recai a mesma crítica lançada acima: TIEDEMANN, Klaus. "Derecho Penal Económico en el Tratado de la Constitución Europea". In VV. AA. *Constitución Europea y Derecho Penal Económico*. Madrid: Ramón Areces, 2006, pp. 173-188.

dendo da vítima do delito, a proteção penal poderia encontrar albergue no direito penal econômico.[179]

Contra essa visão "centrípeta",[180] duas objeções são possíveis: a ordem econômica não se materializa, juridicamente, em direitos individuais, ainda que estes, reflexamente, possam estar inseridos num determinado modelo econômico de Estado;[181] a lesão patrimonial a entes jurídicos ou a uma coletividade não ostenta a natureza da supraindividualidade, pois a afetação apenas patrimonial de um banco, de uma seguradora ou de credores pode ter uma conotação exclusivamente individual, apesar de relacionada a uma pessoa jurídica ou a um grupo determinado de pessoas. Sequer a lesão patrimonial direta ao Estado é, por si só, uma violação supraindividual: fatos dessa natureza podem não ter, imediatamente, qualquer relação com a programação estatal sobre a economia.[182]

2.2.2. O conceito material-fenomenológico de crime econômico

Pela mesma razão que não há espaço para pensarmos em um conceito abstrato de *ordem econômica* que não leve em conta uma estrutura social concreta, igualmente não poderemos cogitar de um conceito atemporal de *crime econômico*.[183] De fato, conforme observa D'ÁVILA,[184] à semelhança do que ocorre

---

[179] Em estudo posterior, KLAUS TIEDEMANN deixou de falar em "objeto fático supraindividual". Porém, complementou a noção de "aspectos supraindividuales de planificación económica y social" com a "protección de instrumentos del tráfico económico, que son utilizados abusivamente em la comisión de delitos económicos" (*Manual de Derecho Penal Económico*, cit., pp. 59 e 60). A proposição segue vulnerável à mesma crítica acima referida, porque submete a delimitação conceitual dos crimes econômicos ao tipo de instrumento utilizado para a ofensa em cada caso concreto, em vez de adensar teoricamente o que consistiria, sob uma perspectiva *ex ante*, o objeto material da proteção.

[180] FARIA COSTA, José de. *Direito Penal Econômico*, cit., p. 37.

[181] CERVINI, Raúl. "Derecho penal económico: concepto y bien jurídico", cit., p. 105.

[182] Sobre a necessidade de distinção entre crimes patrimoniais e crimes econômicos: RODRÍGUEZ, Caty Vidales. "Los Delictos Socioeconómicos en el Código Penal de 1995: la Necesidad de su Delimitación frente a los Delitos Patrimoniales". In *EPC*, Santiago de Compostela, 1998, vol. 21, pp. 305-378; GARCÍA CAVERO, Percy. *Derecho Penal Económico. Parte General*. 2. ed. Lima: Grijley, 2007, pp. 59-60.

[183] CERVINI, Raúl. "Derecho penal económico: concepto y bien jurídico", cit., p. 98.

[184] D'AVILA, Fabio Roberto. "Aproximações à Teoria da Exclusiva Proteção de Bens Jurídicos no Direito Penal Contemporâneo". In *RBCC*, São Paulo: RT, 2009, n° 80, p. 17 (pp. 07-34). Na mesma linha, pondera JUAREZ TAVARES que "el bien jurídico es un elemento de la propia condición del sujeto y de su proyección social; en ese sentido puede ser entendido como un valor que se incorpora a la norma como su objeto de preferencia real y constituir por lo tanto, un elemento primario de la estructura del tipo, al cual se deben referir la acción típica y todos los demás componentes" (TAVARES, Juarez. *Bien Jurídico y Función en Derecho Penal*. Buenos Aires: Hammurabi, 2004, p. 84). "Essa concepção transcendental de tomar o bem jurídico como um objeto fora do direito tem o inconveniente de tornar vaga e incerta sua identificação como bem jurídico, dificultando, assim, a tarefa de determinar as proibições e os comandos que fundamentam as normas incriminadoras. Isto, porém, não constituirá impedimento a uma ordem jurídico-penal garantista, desde que efetivamente o legislador tenha sempre em vista, como parâmetro dessa identificação, a figura real da pessoa humana" (CERVINI, Raúl; TAVARES, Juarez. *Princípios de Cooperação Judicial Penal Internacional no Protocolo do Mercosul.*. São Paulo: RT, 2000, p. 188). Em detalhes: TAVARES, Juarez. "Critérios de Seleção de Crimes e Cominação de Penas". In *RBCC*, São Paulo: RT, vol. 0 (lançamento), 1992, pp. 75-87. Para uma visão geral de teses opostas, que sustentam que a noção de bem jurídico não é autônoma (pré-jurídica) em relação à tipificação de uma

com o núcleo rígido do direito penal, o bem jurídico-penal, mesmo em relação ao direito penal secundário, possui uma expressão fenomênica e pré-jurídica, porquanto nada mais é do que o *reconhecimento* de um fragmento da realidade que se desnuda digna de proteção jurídica.[185] *Reconhecimento* este que, gize-se, não encontra sua legitimidade pressuposta apenas a partir de opções legislativas democraticamente concebidas, mas sim, antes disso, enquanto dimensão axiológica que, em uma comunidade historicamente datada, sinaliza positivamente para uma boa e desejada existência de determinadas realidades sociais que devem ter continuidade.[186]

Há uma inegável tendência doutrinária na aceitação de um conceito material de crime econômico.[187] Conforme destacamos linhas acima, a identidade teórica estaria concentrada em ofensas supraindividuais que lesionem, ou ponham em perigo, a continuidade de uma determinada ordem econômica. Paradoxalmente, entretanto, essa mesma tendência teórica costuma mitigar a importância da delimitação e da aptidão crítica do conceito sob o argumento de que os países possuem concepções diversas de *ordem econômica*.[188] Disso decorreria a conclusão inevitável de relativizar-se sobremaneira uma orientação pré-legislativa do objeto do ilícito: cada ordenamento jurídico poderia modificar decisivamente o alcance normativo do delito econômico.[189]

Esse é o equívoco a que nos propomos superar. Efetivamente, não parece possível avistarmos um horizonte cognitivo comum para crimes econômicos em tempos de guerra em comparação com períodos de normalidade política; tampouco a comparação seria possível entre países capitalistas e socialistas, porquanto estaria a pressupor uma atemporalidade do bem jurídico.

Contudo, exatamente porque estamos tratando de um saber historicamente datado, é-nos dada a condição de atingir um adensamento satisfatório do objeto pré-jurídico de tutela caso o enclausuremos metodologicamente no contexto de economias de mercado de configuração democrática. É sobre tais limites – e somente em relação a eles – que recai a pretensão de racionalidade que aventamos possível.

---

determinada conduta: ZUCCALÀ, Giuseppe. "Due Quetione Attuali sul Bene Giuridico: la Pretesa Dimensione Crítica del Bene e la Pretesa Necessaria Offensa ad um Bene". In *RTDPE*, Padova: CEDAM, lug-dic/2004, pp. 841-853 (pp. 839-883).

[185] Em termos semelhantes, sustentando um modelo fenomenológico de bem jurídico, porém com base no conceito de *reificação* de AXEL HONNETH: SAAVEDRA, Giovani; VASCONCELLOS, Vinícius Gomes de. "Ofensividade em Direito Penal: revisitando o conceito de bem jurídico a partir da Teoria do Reconhecimento de Axel Honneth". In *Direito e Justiça*, Porto Alegre, vol. 38, 2012, pp. 14-21.

[186] D'AVILA, Fabio Roberto. "Aproximações à teoria da exclusiva proteção de bens jurídicos no direito penal contemporâneo", cit., p. 13.

[187] Para uma ampla visão, v.: CAVERO, Percy García. *Derecho Penal Econômico. Parte General*, cit., pp. 273-300.

[188] Nesse sentido: CERVINI, Raúl. "Derecho penal económico: concepto y bien jurídico", cit., p. 97; BALDAN, Édson Luís. *Fundamentos do Direito Penal Econômico*, cit., p. 65. De forma ainda mais expressa, afirma BUJÁN PEREZ que "el concepto de 'orden económico' no sierve para designar, en rigor, un bien jurídico directamente protegido en sentido técnico, ni siquiera en el caso de los delitos económicos en sentido estricto" (BUJÁN PÉREZ, Carlos Martínez. *Derecho Penal Económico*. Valencia: Tirand lo Blanc, 2002, p. 323).

[189] TIEDEMANN, Klaus. *Lecciones de Derecho Penal Económico*. Trad. por Rosario de Vicente Martínez. Barcelona: PPU, 1993, p. 126.

Vimos no capítulo 1 que, neste recorte fenomenológico, a *ordem econômica* assume características metajurídicas comuns que estão muito além dos limites normativos de países determinados. Livre comércio, propriedade privada, controle de inflação e erradicação da pobreza, por exemplo, são valores comunitariamente reconhecidos como relevantes ao desenvolvimento não apenas de instituições, senão também – e principalmente – à máxima realização possível do indivíduo enquanto pessoa.[190] Não sabemos ao certo qual o capitalismo ideal que irá preponderar no século XXI, mas já é identificável uma razão prática capaz de eliminar a hipótese de que a abolição da propriedade privada e o monopólio estatal dos meios de produção sejam uma escolha melhor. Daí ser correta a advertência de D'ÁVILA no sentido de que "nada há de artificial no reconhecimento comunitário, em âmbito econômico, de fragmentos de realidade dotados de uma valoração de signo positivo", ainda que, "em âmbitos de alta especialidade e complexidade", não seja possível "exigir uma sua geral e comum percepção comunitária".[191]

A dificuldade que a dogmática penal enfrenta, mesmo em suas concepções funcionalistas, deve-se muito mais ao fato de não avançar na máxima compreensão possível da especialidade do fenômeno *ordem econômica* – de modo a buscar reduzir a complexidade que lhe é imanente – do que a uma propalada inaptidão conceitual de *ordem econômica*, porquanto variável de país para país. A doutrina penal tem-se demonstrado incapaz de construir um conceito verdadeiramente material de crime econômico porque se recusa a abandonar a clausura de um saber que não vai além de sua própria unidade disciplinar.[192] É, pois, no diálogo entre as ciências penal e econômica que encontraremos as condições ideais para o *reconhecimento* de valores comunitários afeitos à vida econômica que, a despeito de polissêmicos, comportam limites razoáveis de identificação.[193]

O saber econômico não instrumentaliza o direito penal, mas sim ilumina o seu horizonte cognitivo a fim de que o poder punitivo tenha condições de criminalizar somente aquelas práticas que se considerem ofensivas a uma política econômica, na exata medida em que possam subverter o reconhecimento simbólico de valores consagrados como relevantes ao desenvolvimento

---

[190] Sem se referir a práticas econômicas determinadas, porém ressaltando a necessidade de que os bens jurídicos, em todas as suas dimensões, projetem-se como uma condição ou etapa de realização da pessoa individual: TAVARES, Juarez. *Bien Jurídico y Función en Derecho Penal*, cit., p. 84. Para uma visão completa de todas as teorias relacionadas ao conceito de bem jurídico: SOUZA, Paulo Vincícius Sporleder de. *Bem jurídico--penal e engenharia genética humana: contributo para a compreensão dos bens jurídicos supra-individuais*. São Paulo: Editora Revista dos Tribunais, 2004, *passim*.

[191] D'ÁVILA, Fabio Roberto. "Aproximações à teoria da exclusiva proteção de bens jurídicos no direito penal contemporâneo", cit., p. 17.

[192] Tratamos do assunto em: SCHMIDT, Andrei Zenkner. *O Método do Direito Penal sob uma Perspectiva Interdisciplinar*. Rio de Janeiro: Lumen Juris, 2009, *passim*.

[193] MONTANI, Elenora. "*Economic Crimes*. Diritto Penale ed Economia: Prove di Dialogo". In: *RTDPE*. Padova: CEDAM, ano XVIII, n. 4, ott-dic/2005, pp. 934-935 (pp. 909-936). Uma interessante aproximação teórica, atenta ao diálogo acima referido, também pode ser obtida em: SILVA, Ivan Luiz. *Direito Penal Econômico e Teoria da Adequação Econômica da Conduta*. Curitiba: Juruá, 2011.

humano.[194] O livre mercado (política econômica *stricto sensu*), *v.g.*, apresenta-se como um objeto material de proteção penal legítima não enquanto valor-em-si, tampouco porque a maioria dos ordenamentos constitucionais consagra-o positivamente em sua dimensão axiológica, mas sim porque historicamente tem-se mostrado relevante para a consecução menos onerosa possível dos objetivos do homem enquanto pessoa.

---

[194] Por isso, deve ficar claro, desde já, que a metodologia que seguimos muito longe está de acompanhar a *Economic Analysis of Law* (ou AED – Análise Econômica do Direito), definida como uma "teoria do comportamento humano", um "campo do conhecimento humano que tem por objetivo empregar os variados ferramentais teóricos e empíricos econômicos e das ciências afins para expandir a compreensão e o alcance do direito e aperfeiçoar o desenvolvimento, a aplicação e a avaliação de normas jurídicas, principalmente com relação às suas consequências" (Gico Jr., Ivo T. "Metodologia e Epistemologia da Análise Econômica do Direito". In *Economic Analysis of Law Review*. Brasília: ABDE/Universidade Católica de Brasília/Universa, 2010, vol. 1, n. 1, p. 8 (pp. 7-33). A AED seria, assim, "a aplicação do instrumental analítico e empírico da economia, em especial da microeconomia e da economia do bem-estar social, para se tentar compreender, explicar e prever as implicações fáticas do ordenamento jurídico, bem como da lógica (racionalidade) do próprio ordenamento jurídico" (Gico Jr., Ivo T. "Metodologia e Epistemologia da Análise Econômica do Direito", cit., p. 18). O modelo é polêmico e sequer aceita tratamento uníssono entre seus adeptos. Discute-se, por exemplo, se a AED poderia apenas servir de instrumental teórico para a maximização dos resultados de uma política pública determinada – sem questionar se a referida política seria, ou não, legítima –, ou se, pelo contrário, também teria aptidão para conformar o tipo de estratégia política que deveria ter sido adotada. É sempre lembrado, no extremo dessa orientação, a primeira proposição (1977) de Richard Posner em seu *The Economics of Justice*, que vislumbrava na maximização da riqueza social o critério normativo a ser perseguido pelo direito e pela política econômica (Posner, Richard A. *A Economia da Justiça*. Trad. por Evandro Ferreira e Silva. São Paulo: Martins Fontes, 2010). Para uma visão ampla do debate, v.: Cooter, Robert; Ulen, Thomaz. *Direito e Economia*. 5. ed. Trad. por Luis Marcos Sander. Porto Alegre: Bookman, 2010, *passim*. A título ilustrativo, há quem sustente que, no processo penal, a execução provisória da sentença condenatória "é mais aconselhável se: a) as instituições jurídicas forem mais eficientes; b) for maior a probabilidade de reincidência do crime; c) o dano da vítima for considerável; e d) o crime gerar malefícios a uma quantidade maior de pessoas" (Meneguin, Fernando B.; Bugarin, Maurício S. "Execução Provisória da Sentença: uma análise econômica do processo penal". In *Economic Analysis of Law Review*. Brasília: ABDE/Universidade Católica de Brasília/Universa, 2011, vol. 2, n. 2, p. 204 (pp. 204-229). De uma maneira geral, vem-se criticando a AED à vista do pragmatismo econômico exagerado que dela resultaria, capaz de transformar o direito em um mero instrumento de obtenção de resultados econômicos eficientes (Neves, António Castanheira. "Entre o Legislador, a Sociedade e o Juiz ou entre Sistema, Função e Problema – Modelos Actualmente Alternativos da Realização do Direito". In: Silva, Luciano Nascimento [org]. *Estudos Jurídicos de Coimbra*. Curitiba: Juruá, 2007, pp. 253-257 (pp. 229-268). Muito mais ajustado ao nosso modo pessoal de ver as coisas está a *Institutional Economics Theory*, que ganhou espaço entre os juseconomistas no final do século passado. Foi principalmente Douglass North (*Custos de transação, instituições e desempenho econômico*, cit.) quem amadureceu a ideia de que a estabilidade e a transparência das regras formais e informais (definidas por ele como *instituições*) que regem a economia, a cultura e a política de um determinado país constituem o expoente máximo do desenvolvimento econômico de longo prazo. A rigor, não se trata de uma antítese da AED, mas sim de um ajustamento: direito e economia encontrariam na meta da redução da *incerteza* o critério ímpar de legitimidade. O diferencial é que uma ideia de eficiência neutra – segundo propõem alguns adeptos da AED – cede espaço a um parâmetro ético de direcionamento da economia; e, consequentemente, um critério igualmente ético-racional de legitimação da *ordem econômica*. Em nosso sentir (em tudo alinhado às manifestações públicas de Giovani Saavedra acerca do assunto) a *teoria institucional da economia*, de Douglas North, é o caminho para reconhecermos que a noção de *ordem econômica*, muito embora não possa permanecer alheia a metas de eficiência, encontra-se contingenciada a partir de critérios jurídicos de tutela material de fluxos econômicos. A novidade é que, nos dias atuais, não é só no meio jurídico que carência, adequação e necessidade de distintas formas de tutela estatal da economia vêm sendo reconhecidas: de uma maneira geral, economistas, principalmente após a crise dos *subprimes* (2009), admitem não mais haver espaço para uma irrestrita liberdade de mercado. Definitivamente, qualquer afronta à ideia de regulação econômica parece incorrer em ofensa à vedação de retrocesso social.

A par disso, a dimensão *existencial* do crime econômico, a despeito de sua representação enquanto valor transcendente e corporizável, está a exigir um segundo tipo de valoração que decorre exatamente de sua condição jurídica de crime econômico. Assim o é, preconiza D'Ávila,[195] porque sua fenomenologia, hoje, tem de conformar-se com a noção de crime como ofensa a bem jurídico na normatividade de Estados Democráticos de Direito: este modelo político é o que historicamente ganha espaço em termos de reconhecimento comunitário.

Nessa linha, a dignidade de um crime econômico tem de se sujeitar a uma *conformidade* axiológica qualificada, qual seja, a sua compatibilidade com os valores socialmente reconhecidos e também consagrados constitucionalmente. Trata-se de um segundo nível de valoração "no qual se busque resgatar a validade jurídico-penal da proibição/determinação de uma precisa conduta, diante do fim de tutela a que se propõe a norma, *rectius*, da denominada relação de ofensividade".[196]

Ambas as dimensões do conceito material de crime, inteiramente aplicáveis também aos delitos econômicos, serão devidamente aprofundadas nas linhas que seguem. De antemão, as noções gerais ora expostas possibilitam a compreensão de que o bem jurídico *ordem econômica*, com o adensamento e as ramificações que vimos propondo, é um parâmetro excelente de (i) *fundamentação* do direito penal econômico em relação a desvios reconhecidos como dignos de proteção, (ii) *crítica* da definição de tipos-de-ilícito econômicos em relação a práticas econômicas que, sequer em abstrato, detenham aptidão para lesar ou colocar em perigo condições existenciais humanas e (iii) *delimitação* do âmbito de incidência da norma apenas em relação a supostos fáticos ofensivos ao objeto da proteção.[197]

A legitimidade do direito penal econômico, portanto, será tão maior quanto mais próximo e ajustado for o tratamento legislativo e judicial conferido a normas e supostos fáticos materialmente ofensivos à *ordem econômica*. Uma eventual incompatibilidade pode apresentar-se fatal à unidade sistemática do tema: a tutela penal de condutas *realmente* violadoras da *ordem econômica* através de tipos penais que exigem uma ofensa individual para a consumação submete o fato, por força do princípio da legalidade, a pressupostos de adequação típica incompatíveis com a lógica da tutela de um crime econômico.[198]

---

[195] D'Ávila, Fabio Roberto. *Ofensividade em Direito Penal. Escritos sobre a Teoria do Crime como Ofensa a Bens Jurídicos*. Porto Alegre: Livraria do Advogado, 2009, pp. 67-72.

[196] D'Ávila, Fabio Roberto. "Aproximações à teoria da exclusiva proteção de bens jurídicos no direito penal contemporâneo", cit., p. 20.

[197] "O modelo de crime como ofensa a bens jurídicos não se restringe a uma compreensão político-ideológica, o que, se assim fosse, não lhe permitiria aspirar à posição de elemento eficaz de garantia, na conformação e delimitação do direito penal contemporâneo. Consiste, na verdade, em uma exigência material do ilícito que se refrata principalmenge em âmbito constitucional, e que, a partir de tal refração, projeta-se como índice crítico de legitimidade tanto no plano de *jure condendo*, orientando e limitando a produção legislativa em matéria penal, quanto no plano de *jure conditio*, reivindicando uma interpretação da norma, de acordo com as exigências de ofensividade" (D'Ávila, Fabio Roberto. *Ofensividade em Direito Penal*, cit., p. 52).

[198] Faria Costa, José de. *Direito Penal Econômico*, cit., p. 42. Vale, aqui, um exemplo. No Brasil, a Lei n° 7.492/86 prevê, no art. 6°, uma forma especial de estelionato, quanto praticado em detrimento do sistema financeiro nacional: "Induzir ou manter em erro sócio, investidor ou repartição pública competente, relativamente a

Eis a importância do enfoque *crítico*: a antecipação da intervenção penal, imanente aos delitos econômicos, não pode seguir a lógica da proteção individual de bens jurídicos, pela singela razão de não ser este o objeto da tutela.[199] Em países que possuem uma codificação razoavelmente sistematizada, essa distinção passa muitas vezes despercebida. Mas tal contingência jurídica está a demonstrar, exatamente, que um conceito material de crime econômico tem de se submeter a uma definição legal da conduta que com ele tenha convergência.[200]

Daí, em síntese, o acerto da tese de EDUARDO CORREIA quando, a pretexto de delimitar o objeto do direito penal econômico, adota um critério "material-formal-substantivo":[201] um direito penal econômico legítimo é aquele que tutela materialmente ofensas supraindividuais da ordem econômica através de tipos-de-ilícito ajustados a essa forma peculiar de proteção.

2.3. Delimitando o bem jurídico protegido (ordem econômica)

2.3.1. Fundamento e funções do direito penal econômico

A propedêutica penal sói abordar a estrutura teórica do delito a partir do exame de seu *fundamento* e de suas *funções* e/ou *finalidades*. Não são poucas, entretanto, as controvérsias que recaem sobre o tema, a começar quanto ao alcance daquilo que se deva entender como horizonte cognitivo de cada um desses conceitos.[202]

---

operação ou situação financeira, sonegando-lhe informação ou prestando-a falsamente: Penal – reclusão, e 2 (dois) a 6 (seis) anos, e multa". Obviamente que um fato concreto, uma vez alcançado tanto pela norma geral quanto pela norma especial, terá pressupostos de adequação típica distintos num ou noutro caso, especificamente quanto ao momento consumativo (o art. 171 é um crime de violação; o art. 6º, de perigo), quanto ao concurso de crimes (cada afetação patrimonial individual, no art. 171, caracterizaria crime autônomo, ao passo que, no art. 6º, teríamos crime único ainda que diversas pessoas fossem efetivamente lesadas) etc.

[199] Essa crítica foi lançada por SCHÜNEMANN para justificar o equívoco em exigir-se demonstração de dolo de dano para a tipificação de um crime de declaração falsa de requerimento de crédito em instituição bancária (SCHÜNEMANN, Bernd. "O direito penal é a *ultima ratio* da proteção de bens jurídicos – Sobre os limites invioláveis do direito penal em um Estado de Direito liberal". In *RBCC*, São Paulo: RT, 2005, nº 53, p. 31 (pp. 9-37).

[200] Nesse sentido, embora agregando um caráter conceitual secundário à definição do bem jurídico nos crimes econômicos: DONINI, Massimo. "Dolo e Prevenzione Generale nei Reati Economici: un Contributo all'Analisi dei Rapporti fra Errore di Diritto e Analogia nei Reati in Contesto Lecito di Base". In *RTDPE*, Padova: CEDAM, genn-giu/1999, n. 1-2, p. 16 (pp. 1-63).

[201] CORREIA, Eduardo. "Notas Críticas à Penalização de Actividades Económicas", cit., p. 17. Referindo a existência de critérios formais e materiais de distinção entre crimes econômicos e patrimoniais: FARIA COSTA, José de. *Noções Fundamentais de Direito Penal (Fragmenta iuris poenalis). Introdução*. Coimbra: Coimbra, 2007, p. 31 (§ 11).

[202] Em termos metodológicos, parte da doutrina entende que as *finalidades* do direito penal situam-se num nível prescritivo, constituídas pelos objetivos políticos a serem perseguidos pelo sistema penal para que sua intervenção resulte juridicamente legitimada. Já as *funções* estariam num nível descritivo, compostas pelos efeitos fáticos, não necessariamente justificáveis sob um ponto de vista jurídico, que decorrem do sistema penal. Nesse sentido: FERRAJOLI, Luigi. *Derecho y Razón. Teoría del Garantismo Penal*. Trad. por Andrés Ibánez, Alfonso Ruiz Miguel, Juan Carlos Bayón Mohino et al. 3. ed. Madrid: Trotta, 1998, pp. 234 e segs; HASSEMER,

À míngua desse debate – que mal se acomodaria aos limites de nossa pesquisa –, buscaremos o *fundamento* do direito penal, conforme antecipado há pouco, numa dimensão fenomenológica capaz de desnudar o objeto metajurídico sobre o qual deverá recair a sua normatividade.

Referimo-nos, aqui, à relação comunicacional de raiz onto-antropológica de cuidado-de-perigo, de que nos fala FARIA COSTA: o "cuidado" é o núcleo do princípio material de segurança que, através de uma abertura solidária, permite que a "minha" segurança seja obtida com os outros e pelos outros. "O étimo fundante da segurança está, por consequência, em uma ideia de pluralidade, de teia plural, de ramificações dialógicas em que o 'ter' é presença mas em que o 'ser social' é presença redobrada. Redobro consistente, porque o ser-aí-diferente é, a um tempo, manifestação da individualidade que o 'ter' desencadeia, mas também socialidade que esse mesmo 'ter' não pode deixar de pressupor".[203] As relações matriciais de cuidado-de-perigo verificam-se relativamente ao "eu" sobre si mesmo e ainda ao "eu" sobre os outros.[204]

A violação da relação onto-atropológica de cuidado de perigo, resultante do ilícito, torna manifesta a violação do cuidado no relacionamento do "eu" para com os "outros".[205] Em razão disso é que o detentor do *jus puniendi*

Winfried; MUÑOZ CONDE, Francisco. *Introducción a la Criminología y al Derecho Penal*. Valencia: Tirand lo Blanch, 1989, pp. 99-100; SILVA SÁNCHEZ, Jesús María. *Aproximación al Derecho Penal Contemporáneo*. Barcelona: Bosch, 1992, pp. 193-198; GARCÍA-PABLOS DE MOLINA, Antonio García-Pablos de. *Derecho Penal. Introducción*. Madrid: Universidad Complutense de Madrid, 1995, pp. 85-86. Quer-nos parecer, entretanto, que a matriz teórica adotada tem de abandonar a premissa neokantista/weberiana de que os planos do "ser" e do "dever ser" do direito penal configurariam categorias estanques e isoladas, conclusão esta que não sobrevive minimamente a uma teoria do conhecimento em conformidade com o pensamento complexo. Sobre o tema, já tivemos oportunidade de nos manifestar no sentido de que o "ser" e o "dever ser" do direito penal misturam-se numa relação complexa e permanente (o *devir*), gerando uma constante tensão entre os níveis descritivos e prescritivos do poder punitivo. O algo que o direito penal é-em-si não pode ser epistemologicamente isolado do algo que ele pode-ser, muito embora isso não implique uma absoluta renúncia na missão deontológica a ser arcada pelo direito penal. O que se observa, para que não sejamos mal interpretados, é que tal missão tem de levar em conta o objeto enquanto realidade fática dentro de suas contingências históricas, ainda que se pretenda normativamente adaptá-lo a um modelo determinado (SCHMIDT, Andrei Zenkner. *O Método do Direito Penal sob uma Perspectiva Interdisciplinar*, cit., p. 5 e segs). Portanto, a distinção entre *finalidades* e *funções*, pelo menos nos termos em que proposto pela doutrina referida acima, é precária, essencialmente por ignorar a concretude prática e histórica do direito penal. Destacando a importância do diálogo entre "ser" e "dever ser" pela ciência penal: MANTOVANI, Ferrando. "Il Vero 'Diritto Penale Minimo': la Riduzione della Criminalità?". In *RIDPP*, Milano: Giuffrè, ano XLVIII, fasc. 3, lug-set/2005, p. 865 (pp. 864-882).

[203] FARIA COSTA, José de. *O Perigo em Direito Penal*. Coimbra: Coimbra, 1992, pp. 248-249.

[204] FARIA COSTA distingue, quanto a esta segunda modalidade, a dimensão *horizontal* – o cuidado do "eu" para com os outros que se encontram no mesmo segmento – e numa dimensão *vertical* – o cuidado do "eu" para com as instituições fomentadoras do exercício ativo do poder, especialmente o Estado (*O Perigo em Direito Penal*, cit., pp. 363-369 e 449).

[205] "É indiscutível que o 'eu', ao virar-se sobre si, pressupõe a abertura ao 'outro', logo, um desligar originário para com o *ser*. Nervura onto-atropológica que determina que, quando se verificam os actos conducentes à prática jurídica de uma infracção – por exemplo, homicídio –, o cuidado, na sua dupla veste (cuidado para com os outros e para consigo mesmo) é intencionalmente subvertido na sua mais acabada antítese. (...) Em termos de relação onto-antropológica – continuando a servir-nos do exemplo anterior –, é ao matar-se outrem que se destrói não só a relação de cuidado que o agente devia ter para com o vítima ('o outro'), como destruídas ficam para sempre as relações de cuidado dos 'outros' para com a vítima, como também as relações que a partir dela despontariam para com os 'outros'" (FARIA COSTA, José de. *O Perigo em Direito Penal*, pp. 382-383).

(o Estado) assume a relação em termos de poder e desencadeia o fluxo comunicativo jurídico-penalmente relevante: a pena. Sob uma ótica fenomenológica, portanto, o direito penal é uma "ordem relacional" entre as três figuras principais que fomentam e constroem a discursividade penal – a vítima, o delinquente e o Estado.[206] E o direito penal econômico não passa de um recorte normativo que recai sobre uma especificidade dessa ordem relacional em sua dimensão *horizontal*, ainda que antecipada a intervenção a ofensas supraindividuais. Nesse rumo, se o *fundamento* do direito penal situa-se na relação de cuidado-de-perigo de raiz onto-antropológica, o *fundamento* do direito penal econômico não pode constituir senão uma fração menor desse todo.

Diverso é o conteúdo da *função* que deve ser desempenhada pelo direito penal em atenção direta a essa estrutura fenomenológica. Em sendo considerado o "cuidado" como o elemento fundante que faz do homem o ser-homem em sua relação com o outro, o direito passa a desempenhar a função de proteger, em alguns casos, o indivíduo e a comunidade, dos "perigos" que possam advir da oscilação dessa relação de "cuidado". Sempre que a possível frustração de um cuidado-de-perigo assuma uma dimensão de relevância capaz de atrair a tutela jurídica, então este "perigo com" transformar-se-á num bem jurídico passível de "cuidado" institucional. E, quando sua relevância ganha destaque, esta proteção ainda pode dar-se pela via do direito penal. Assim, "a função primeira do direito penal é a de defender ou proteger bens jurídicos que tenham dignidade penal",[207] pois o crime caracteriza a perversão da relação de cuidado-de-perigo do "eu" para com o "eu" e do "eu" para com o "outro".[208] Ao atuar na proteção de bens jurídicos, o direito penal estará buscando o livre desenvolvimento da personalidade humana e a normal concretização dos interesses e valores da comunidade,[209] notadamente pela proteção das subfunções de *garantia* – a possibilidade de o indivíduo conhecer, antecipadamente, os cuidados-de-perigo que não podem licitamente ser violados – de *segurança* – a possibilidade de o indivíduo poder viver socialmente integrado em uma relação de cuidado para consigo – e de *coesão* – a possibilidade de o meio social manter sua própria unidade.[210]

A tarefa de proteção de bens jurídicos com dignidade penal, assim, também deve caracterizar a *função* do direito penal econômico, ainda que, em sua área de incidência, tal missão assuma uma coloração diferenciada em relação às tradicionais formas de intervenção penal.

---

[206] Faria Costa, José de. *O Perigo em Direito Penal*, p. 381, nota 61; *Noções Fundamentais de Direito Penal*, cit., p. 20. Para detalhes acerca da fundamentação ontoatropológica do direito penal, segundo a proposta de Faria Costa: D'Avila, Fábio Roberto. "Ontologismo e Ilícito Penal. Algumas Linhas para uma Fundamentação Onto-Antropológica do Direito Penal". Schmidt, Andrei Zenkner [org]. *Novos Rumos do Direito Penal Contemporâneo*. Rio de Janeiro: Lumen Juris, 2007, pp. 259-267.

[207] Faria Costa, José de. *Noções Fundamentais de Direito Penal*, cit., p. 23.

[208] Faria Costa, José de. *Noções Fundamentais de Direito Penal*, cit., p. 20.

[209] Faria Costa, José de. *Noções Fundamentais de Direito Penal*, cit., p. 24; Figueiredo Dias, Jorge de. "Sobre a Autonomia Dogmática do Direito Penal Econômico. Uma Reflexão à Luz do Novo Direito Penal Econômico Português". In: *EPC*, Santiago de Compostella: USC, 1986, IX, p. 55 (pp. 37-69).

[210] Faria Costa, José de. *Noções Fundamentais de Direito Penal*, cit., pp. 23-25.

Referimo-nos, especificamente, à *estrutura* do bem jurídico-penal que é objeto do tipo de ilícito econômico: em sua significação *positiva*, a dimensão *horizontal* da relação de cuidado-de-perigo encontra, na função de *coesão*, a missão primordial da proteção de bens jurídicos de natureza supraindividual; em sua significação *negativa*, a proteção destes bens jurídicos só deve ocorrer quando ostentarem dignidade penal-econômica e nos estritos casos em que ganhe relevo a carência dessa tutela, como forma de assegurar-se a função de *garantia*.

De uma relação equilibrada entre ambas é que a função de *segurança* poderá alcançar a sua máxima legitimidade. Para além de tudo isso, também urge delimitar racionalmente o *conteúdo* do bem jurídico-penal que constituirá o objeto da norma penal econômica. Obviamente que considerações dessa amplitude merecem esclarecimentos mais detalhados.

2.3.2. Bem jurídico supraindividual

A proteção jurídico-penal de relações econômicas era notada mesmo sob a égide do modelo liberal, ainda que abrangente de uma área bastante restrita: a tutela estatal da livre e justa concorrência.[211] Ao Estado, naquele momento, era dada a atribuição de abster-se na intervenção jurídica sobre práticas econômicas, mas não também em relação aos desvios nelas verificados que colocassem em perigo, exatamente, as bases da economia de mercado.[212] Por essa razão é que, já no século XIX, tínhamos notícia de que os Estados Unidos criminalizavam condutas antieconômicas relacionadas à cartelização ou à deslealdade na concorrência.[213]

Com a assunção da tarefa estatal de intervir e, principalmente, como nos dias de hoje, de regular a livre iniciativa, a proteção jurídico-penal foi chamada a auxiliar no reforço jurídico de proteção às restrições incidentes sobre a economia de mercado. É no condicionamento histórico da livre iniciativa econômica – submetida, agora, ao preenchimento de sua porosidade pela publicização dos interesses relacionais – que o direito penal viu surgir a sua missão de atuar como instrumento de *coesão* social também no seleto espaço das práticas econômicas.

Compreende-se, nessa mudança fenomenológica do cuidado-de-perigo, a razão pela qual o objeto da norma penal não mais se ajustava apenas à proteção jurídica de interesses individualmente lesados. A unidade do sistema social estava a depender de uma proteção jurídica autônoma suficientemente capaz de evitar a perversão da relação de cuidado-de-perigo paralela ao dano possivelmente verificado.

---

[211] GIUNTA, Fausto. *Lineamenti di Diritto Penale dell'Economia*. 2. ed. Torino: G. Giappichelli, 2004, p. 3.
[212] AFTALIÓN, Enrique. "El bien jurídico tutelado por el derecho penal económico", cit., pp. 80-82.
[213] BAJO FERNANDES, Miguel. "Derecho penal economico: desarollo economico, proteccion penal y cuestiones politico-criminales". In *EMF*, Madrid, fascículo 1, 1994, p. 828 (pp. 823-842).

Consequentemente, o bem jurídico a ser protegido, inclusive através do direito penal, foi também deslocado para a tutela de interesses supraindividuais eventualmente afetados pelo perigo resultante de uma conduta antieconômica.[214] Da necessidade de proteção de bens de forma autônoma em relação à violação – em razão do incremento mundializado de novos riscos a tais interesses[215] – é que surgiu a legitimidade de criação de bens "instrumentais" com função de tutela-meio: a proteção não recai sobre as relações econômicas intersubjetivas, mas sim na regulamentação institucional que, focalizada na realização do homem enquanto pessoa, medeia essas relações.

O interessante é que esta proteção, observada em modelos econômicos historicamente situados num ambiente democrático, não pode constituir um fim em si mesmo,[216] senão um meio para a realização material do indivíduo.[217] De modo que seria correto entender que o bem jurídico-penal, em crimes econômicos, tenha a natureza supraindividual – pois parte exatamente da noção de um indivíduo carente de suprainfra ordenação –, e não transindividual – que situaria o bem jurídico além do indivíduo, com ele não se confundindo.[218]

Longe estamos, contudo, de uma inovação originariamente concebida pelo direito penal econômico: a estrutura supraindividual do bem jurídico já era notada mesmo no âmbito dos "crimes clássicos"[219] – pense-se, por exemplo, nos crimes contra a fé pública ou contra a paz pública. Noutro diapasão, também a criminalidade contemporânea, com frequência, lança mão da técnica de tutela supraindividual para a definição do objeto do ilícito, porém fora do contexto da ordenação da economia em seu sentido estrito – é o caso, *v.g.*, da criminalidade genética.

---

[214] SILVA, Luciano Nascimento. *Teoria do Direito Penal Econômico e Fundamentos Constitucionais da Ciência Criminal Secundária*. Curitiba: Juruá, 2010, p. 221.

[215] Sobre o tema: SCHÜNEMANN, Bernd. "El derecho en el proceso de la globalización económica". In: MORENO HERNÁNDEZ [org]. *Orientaciones de la Política Criminal Legislativa*. México: INACIPE, 2005, pp. 3-16; SILVA SÁNCHEZ, Jesús Maria. *Tiempos de Derecho Penal*. Montevideo/Buenos Aires: B de F, 2009, pp. 15-59; SARCEDO, Luciano. *Política Criminal e Crimes Econômicos*. São Paulo: Alameda, 2012, pp. 201-212.

[216] É a noção de "bens jurídicos intermediários", sustentada por KLAUS TIEDEMAN, para quem o direito penal econômico deve proteger não só o patrimônio e a liberdade de disposição, senão também a funcionalidade de distintos subsistemas, tais como o sistema creditício, o mercado de capitais etc. ("El concepto de delito econômico", cit., p. 471), que seriam valores em si.

[217] Nesse sentido, embora partindo de fundamentação diversa: ROXIN, Claus. "Sentido e Limites da Pena Estatal". In *Problemas Fundamentais de Direito Penal*. Trad. por Ana Paula Natscheradetz. 3. ed. Lisboa: Vega, 1998, p. 28 (pp. 15-47); HASSEMER, Winfried; MUÑOZ CONDE, Francisco. *Introducción a la Criminología y al Derecho Penal*, cit., pp. 109-110.

[218] Nesse sentido, FIGUEIREDO DIAS sustenta que o bem jurídico-penal pode assumir uma conotação "coletiva" que, nem sempre, coloca em risco interesses individualmente considerados. A "tutela dos grandes riscos e das gerações futuras" seria capaz, com isso, de legitimar a intervenção penal incidente sobre as "relações de vida como tais" (FIGUEIREDO DIAS, Jorge de. *Direito Penal. Parte Geral*. 2. ed. Coimbra: Coimbra, 2007, pp. 148-154 – §§ 67-75). Em sentido contrário, refutando a ideia de atribuir uma natureza transindividual ao bem jurídico protegido nos crimes econômicos: FARIA COSTA, José de. *Direito Penal Econômico*, cit., pp. 39-40. Uma visão geral do debate geral acerca da distinção entre bens jurídicos coletivos *autênticos* e *aparentes*, v.: GRECO, Luís. "Princípio da ofensividade e crimes de perigo abstrato – Uma introdução ao debate sobre o bem jurídico e as estruturas do delito". In *RBCC*, São Paulo: RT, 2004, n° 49, pp. 89-147.

[219] MARINUCCI, Giorgio; DOLCINI, Emilio. "Diritto Penale Minimo e Nuove Forme di Criminalità". In *RIDPP*, Milano: Giuffrè, ano XLII, fasc. 3, lug-set/1999, p. 813 (pp. 802-820).

À vista disso, se desejarmos verificar a eventual autonomia do direito penal econômico, certamente não poderemos partir exclusivamente da premissa de que essa forma especial de proteção tenha, como elemento identificador, a tutela de bens jurídicos supraindividuais. Pelo contrário, seu isolamento categorial apropria-se dessa estrutura do bem jurídico para, num segundo momento, assumir uma roupagem própria em razão de outras contingências.

2.3.3. Bem jurídico polissêmico

Dentre essas contingências, sobressai a dimensão por vezes *polissêmica*, porém não *artificial*,[220] do bem jurídico: o crime econômico não vem sempre amparado por um desvalor ético-*social* com significação suficientemente delimitada. E também no particular inexiste qualquer novidade nisso.

Com efeito, já em 1903, MAX ERNST MAYER ressaltara, em seu clássico *Rechtsnormen und Kulturnormen*, que a imperatividade das normas jurídicas normalmente pressupõe a conformidade com normas de cultura já reconhecidas em nível social. A "boa lei" é aquela que proíbe condutas antevistas como reprováveis culturalmente (em sua significação histórica dinâmica), circunstância esta que explicaria o porquê de o indivíduo ter condições de reconhecer normas jurídicas sem necessariamente conhecer o texto de lei. Entretanto, MAYER observava a possibilidade de a evolução complexa de ambos os sistemas normativos acarretar uma relação de descontinuidade, de recepção ou mesmo de contradição entre eles. No primeiro caso, as normas jurídicas atingiriam, em algumas hipóteses, elevados graus de especialidade capazes de gerar um reconhecimento cultural somente num pequeno contexto – normalmente profissional – em que teriam incidência. Não obstante, partindo da premissa de que a relação entre direito e cultura é não só de recepção, senão também de produção de valores, MAYER vislumbrava, excepcionalmente, a existência de um "direito de polícia" (regulação envolvendo comercialização de alimentos, *v.g.*.) e de um "direito administrativo" (direito aduaneiro e direito fiscal, *v.g.*) capaz de estabelecer deveres reconhecíveis diretamente apenas em consequência de sua juridicização (quando alcançados pelo direito penal, seriam delitos "culturalmente indiferentes"). Neste caso, se a lei for "boa", acabará sendo recepcionada e adaptada pela cultura, que transmitirá "pacificamente", a partir de um dado momento, o seu conteúdo ao interessado, incorporando-se doravante às normas de cultura. Pelo contrário, se a lei for "má", teremos

---

[220] Sustentando que os crimes econômicos, por não serem necessariamente antecedidos de um desvalor ético-social, tutelam bens jurídicos artificiais: VOLK, Klaus. "Criminalità Economica: Problemi Criminologici, Politico-criminali e Dommatici", loc. cit., pp. 37-38; ZAPATERO, Luis Arroyo. "Derecho Penal Económico y Constitución". In *RP*, Barcelona: Praxis, ene/1998, vol. 1, p. 2 (pp. 1-15). Refutando a característica "artificial" do bem jurídico nos crimes econômicos, embora reconhecendo que, em casos extremos, o legislador possa, notadamente em relação à tutela penal sobre a economia, criminalizar condutas à míngua do reconhecimento social da norma: AFTALIÓN, Enrique. "El bien jurídico tutelado por el derecho penal económico", cit., p. 88. Admitindo a possibilidade de crimes de conteúdo ético neutro: ROXIN, Claus. *Derecho Penal. Parte General*. Trad. por Diego-Manuel Luzón Peña, Miguel Díaz y García Conlledo e Javier de Vicente Remesal. 2. ed. Madrid: Civitas, 1997, § 2, 6.

a sua contradição com as normas de cultura, o que levará à existência de um direito "injusto" que, como tal, obtém imperatividade apenas a partir de sua juridicidade, mas não também da sua aculturação.[221]

Obviamente que os delitos "culturalmente indiferentes", no contexto histórico em que MAYER discorrera sobre o tema, ainda possuíam pouca representação social e diminuta importância política. No entanto, vimos, no Capítulo 1, que os limites éticos das relações econômicas já não são mais tão imprecisos. Nesse contexto, uma releitura histórica da teoria de MAYER em atenção à mudança de rumo na missão a ser desempenhada pelo Estado contemporâneo – especialmente no que se refere à legitimidade de práticas sociais (dentre elas, as práticas econômicas) serem "policiadas" juridicamente pelos mecanismos estatais de controle – autoriza aceitarmos que uma lei poderá ser considerada "boa" (*rectius*: legitimada social e constitucionalmente) sempre que a sua racionalidade jurídica, obtida a partir de um modelo democrático sólido, seja culturalmente reconhecida como vigente nos macro ou microssistemas sociais em que terá incidência. Não é de se estranhar, assim, que MAYER já antecipasse que a aplicação judicial do direito "modifica os costumes, influencia opiniões morais, assinala o caminho ao sentimento jurídico, estigmatiza como improcedente o que, em determinados círculos, constitui algo habitual".[222] Talvez a lição mereça um único reparo epistemológico: essa relação entre direito e cultura é dialógica.

Quer-nos parecer que a busca por um critério qualitativo de definição do objeto do ilícito atinente à matéria é possível, mas não reside, essencialmente, na visão de que o ilícito administrativo-econômico esteja constituído a partir de "condutas axiologicamente neutras" sob o ponto de vista ético-social, ao passo que o ilícito penal-econômico, sobre "condutas axiologicamente relevantes".[223]

A teoria do conteúdo do desvalor ético-social (*sozialethischer Unwertgehalt*) apenas fornece um dos parâmetros – mas não o decisivo, tampouco o condicionante – para a distinção entre o ilícito administrativo e o ilícito penal – pois bem podem ocorrer casos (a) de convergência de ambas as ilicitudes sobre condutas eticamente desviadas e de (b) condutas desvaloradas eticamente que não por isso exijam a intervenção penal.

Portanto, se é correto pensar que a ausência de ofensividade – entendida enquanto desvalor ético-social cognoscível –, ou a prescindibilidade de sua verificação, autorizaria apenas um ilícito administrativo-sancionador, também é igualmente acertado reconhecer que a identificação da ofensividade torna possível a intervenção tanto penal quanto administrativa. Consequentemente, "a forma de intervenção a ser aplicada deverá ser orientada pelos demais prin-

---

[221] MAYER, Max Ernst. *Normas Jurídicas y Normas de Cultura*. Trad. por José Luis G. Dálbora. Buenos Aires: Hammurabi, 2000, pp. 53-68 e pp. 147-166.

[222] MAYER, Max Ernst. *Normas Jurídicas y Normas de Cultura*, cit., p. 63.

[223] FIGUEIREDO DIAS, Jorge de. "Sobre a Autonomia Dogmática do Direito Penal Econômico. Uma Reflexão à Luz do Novo Direito Penal Econômico Português", cit., pp. 48-49. Também exigindo desvalor ético-social como condição material da existência do crime: ZIPF, Heinz. *Introducción a la Política Criminal*. Trad. por Miguel Izquierdo Macías-Picavea. Madrid: EDERSA, 1979, p. 99.

cípios de direito e pelos interesses de política criminal, e no qual viria ponderado o aspecto quantitativo".[224]

É certo que uma relação de identidade entre desvalor ético-social e dignidade penal é mais frequentemente constatada no direito penal nuclear. Mas não se pretende afirmar, com isso, que, nos delitos econômicos, não teríamos a frustração do cuidado-de-perigo de raiz onto-atropológica. Pelo contrário: em tais delitos, tal deturpação possui frequentemente contornos históricos significativos pouco precisos, apesar de, em alguns casos, já terem sido mediatizados minimamente pela comunidade como fato normativo.[225] Sem esquecermos, ademais, que o desvalor social, conquanto possa não ser aferível amplamente pela comunidade, já venha sendo notado por segmentos profissionais específicos que se dedicam a impor limites éticos aos fluxos econômicos.

Exatamente por tal contingência é que, nesta forma concentrada de tutela penal secundária, sobressai o relevo da dignidade penal – entendida como exigência constitucional de ofensividade a bens jurídicos[226] corporificada pelo conteúdo onto-antropológico de cuidado-de-perigo – com a missão primordial de conferir concreção jurídica ainda maior ao mínimo ético que deverá ser protegido pela norma.[227] Mesmo nos casos em que a tutela penal seja legítima pela via do perigo-abstrato (v. 4.3.3, *infra*), o exame da ofensividade não pode ser dispensado.[228] Quanto mais rarefeita for a possibilidade de identificação do valor digno de tutela, maior deve ser a contenção a ser imposta ao poder punitivo; isso nos autoriza reconhecer que a *polissemia* do bem jurídico pode – e deve – também desempenhar uma função *negativa*.

Em suma: o objeto do ilícito (*Unrecht*) fundamenta e legitima o direito penal econômico a partir da exigência de ofensa a bens jurídicos protegidos, entendida, tal ofensa, em sua dimensão externa e fenomenológica[229] que, nesta área específica da criminalização, possui uma significação axiológica de menor densidade.[230] O fundamental é que o adensamento do objeto da norma penal econômica tenha

---

[224] D'ÁVILA, Fabio Roberto. *Ofensividade em Direito Penal*, cit., p. 103.

[225] FARIA COSTA, José de. *O Perigo em Direito Penal*, cit., p. 309.

[226] O âmbito do ilícito penal alcança, pois, "la tutela dei *valori rilevanti* (o, al più, non incompatibili) *costituzionalmente* contro i fatti di *elevata offesa*", ao passo que o ilícito administrativo, "la tutela dei *beni costituzionalmente non incompatibili* oppure la *tutela anticipata* o l'*offesa bagatellare* di beni costituzionali" (MANTOVANI, Ferrando. *Diritto Penale*, cit., p. 197).

[227] D'ÁVILA, Fabio Roberto. *Ofensividade em Direito Penal*, cit., p. 75.

[228] Para uma ampla visão da compatibilidade entre ofensividade e perigo abstrato, v.: D'ÁVILA, Fabio Roberto. *Ofensividade e Crimes Omissivos Próprios – Contributo à Compreensão do Crime como Ofensa ao Bem Jurídico*. Coimbra: Coimbra, 2005, pp. 90-179.

[229] É necessária, aqui, a observação de FARIA COSTA no sentido de que a menção à necessidade de coerência externa do ordenamento jurídico não significa, tão somente, o contrário de sua coerência interna. Com efeito, "a ordem axiológica, onde os valores encontram a sua diferença e a diferença da sua intencionalidade, só tem sentido, e sentido axiológico, quando os homens na sua irresistível e instável concretude comunitária assumem e mediatizam justamente esses valores. De sorte que o 'externo' por nós invocado não seja mais, mas também não seja menos, que a expressão de um posicionamento tópico que se sabe de antemão ser mera forma perifrásica que quer tornar clara a autonomia, in re ipsa, da ordem dos valores, mas que não a vê perene, indestrutível e imutável" (*O Perigo em Direito Penal*, cit., p. 63, nota n. 92).

[230] Mas nem por isso podemos concordar com a afirmação de que o direito penal econômico seja "amoral", conforme preconiza: BALDAN, Édson Luís. *Fundamentos do Direito Penal Econômico*, cit., p. 133.

seus contornos definidos a partir de um desvalor ético-*jurídico*[231] compatibilizável com um desvalor ético-*social* – o núcleo essencial da paz e da segurança a que almeja a proteção – e que encontre sua coerência num sistema político-constitucional capaz de ampará-lo.

2.3.4. Bem jurídico promocional

Outro fator capaz de complementar a ideia de autonomia do direito penal econômico reside em sua eficácia "promocional" ou "propulsiva". A criminalização primária e secundária de condutas antieconômicas, em certa medida, pode sensibilizar ou mesmo densificar a consciência ético-social de uma determinada comunidade em relação à necessidade de proteção jurídica supraindividual de práticas econômicas.[232]

E não haveria falar-se em qualquer contradição dessa característica com a exigência de ofensividade, pois, conforme destaca Mantovani, "la non attualità nella coscienza sociale del valore costituzionale da conseguire non esclude l'attualità dell interesse costituzionale al suo conseguimento e, quindi, della offesa del medesimo. Tuttavia il ricorso al discusso 'diritto penale propulsivo' è accetabile solo se volto a decriminalizzare fatti di offensività opinata (dai consociati), ma non reale, o a criminalizzare fatti di offensività reale, ma non ancora percepiti come tali dai consociati (es.: attentati ai beni ambientali ed urbanistici). Ciò non solo perché il diritto penale è, per natura, strumento più idoneo a garantire valori già acquisiti che da acquisire. Ma anzitutto perché le norme propulsive possano non facilmente conciliarsi col principio di offensività, in quanto la concreta realtà della offesa è necessariamente attenuata dal carattere futuro del valore da conseguire".[233]

Esse é um efeito simbólico – e não "meramente simbólico" – necessário à proteção de bens jurídicos[234] que não pode ser infirmado, ou mesmo criticado, por se tratar de uma singela constatação empírica que, como tal, não poderia integrar o seu horizonte de legitimidade.[235] Se a proteção de um determinado bem jurídico-econômico deve dar-se, em alguns casos, através da promoção de

---

[231] Correia, Eduardo. "Direito Penal e Direito de Mera Ordenação Social". In *Direito Penal Económico e Europeu: Problemas Especiais*. Coimbra: Coimbra/IDPEE/FD-UC, 1998, vol. I, pp. 9-11 (pp. 3-18).

[232] Faria Costa, José de. *Direito Penal Económico*, cit., p. 42.

[233] *Diritto Penale*, cit., p. 197. Na mesma linha, porém examinando o *simbólico* como fator de crítica do poder punitivo: Tavares, Juarez. "Os objetos simbólicos da proibição: o que se desvenda a partir da presunção de evidência" (impresso), *passim*.

[234] Díez Ripollés, José Luis. "Il Diritto Penale Simbolico e gli Effetti della Pena". In Stortoni, Luigi; Foffani, Luigi. *Critica e Giustificazione del Diritto Penale nel Cambio di Secolo*. Milano: Giuffrè, 2004, pp. 149-182.

[235] Nesse sentido, recusando admitir que a ordem jurídico-penal, de forma legítima, possa promover ou criar "processos educativos" relacionados às práticas sociais, embora reconhecendo que este é um efeito fático secundário (função) que pode decorrer da intervenção penal: Silva Sánchez, Jesús María. *Aproximación al Derecho Penal Contemporáneo*, cit., pp. 302-303; García-Pablos de Molina, Antonio García-Pablos de. *Derecho Penal. Introducción*, cit., p. 96. Para uma visão crítica da função simbólica "latente" adotada pela política criminal contemporânea, notadamente através da eleição de "bens jurídicos universais": Hassemer, Winfried. "Derecho Penal Simbólico y Protección de Bienes Jurídicos". In *PE*, Barcelona, fasc. 1, 1991, pp. 23-36.

determinadas pautas de conduta a partir de um desvalor precedente (conquanto polissêmico) já reconhecido como relevante na especialidade do microssistema de economia contemporânea, então seremos obrigados a reconhecer que essa eficácia acaba por inserir-se no próprio *devir* do direito penal econômico, integrando a sua dimensão fundante à míngua do linear isolamento de categorias descritivas ou prescritivas.

Não se está a reconhecer que esta seja a *função* a ser arcada por um delito econômico enquanto mero "dever de obediência", ou mesmo qualquer legitimidade de normas que objetivem a promoção de determinados valores ou mesmo a solidariedade social através da "purificação da alma" ou da formação do "bom *homo oeconomicus*" (v. 5.1.2, *infra*). Busca-se, pelo contrário, autorizar a possibilidade de uma função jurídico-protetiva verificar-se legitimamente em termos constitucionais apesar de uma coesão social materialmente concebida não integrar, de forma plenamente reconhecível ou então cognoscível em apenas alguns segmentos profissionais, o âmbito comunicacional de sua incidência. É inegável, dessarte, que a regulação jurídico-penal também assume "uma dimensão constitutiva do nosso modo-de-ser social, porquanto o seu fundamento se identifica com o próprio fundamento do processo de hominização".[236]

A ruptura desnuda a inconsistência da programação descriminalizadora própria do direito penal de raiz liberal, que vislumbra a função do bem jurídico somente em sua significação negativa. Um direito penal subsidiário não está adstrito a uma visão iluminista do poder punitivo, em que a sua máxima orientação política acompanhava uma tendência de retração possível da intervenção penal.[237] Em vez disso, pode-se reconhecer uma função positiva para o bem jurídico, legitimadora da criminalização de novas condutas que historicamente modifiquem os níveis de carência de proteção de relações de cuidado--de-perigo, ainda que numa dimensão supraindividual.[238]

É característica assente do direito penal econômico o fato de acompanhar uma tendência expansionista, que não necessariamente o incompatibiliza com uma meta fragmentária e de *ultima ratio* para a sua incidência.[239] Não é o caso de encarar-se a economia "comme oggetto non di tutela, ma di disciplina",[240] pois a

---

[236] Faria Costa, José de. *Noções Fundamentais de Direito Penal*, cit., p. 70. Para detalhes acerca da discussão envolvendo os recentes efeitos "promocionais" ou "propulsivos" do direito penal, notadamente em relação às novas técnicas de tipificação penal de condutas: Paliero, Carlos Enrico. *"Minima non Curat Praetor" – Ipertrofia del Diritto Penale e Decriminalizzazione dei Reati Bagatellari*. Padova: CEDAM, 1985, pp. 123-139.

[237] Faria Costa, José de. *O Perigo em Direito Penal*, cit., pp. 311-312.

[238] Mantovani, Ferrando. *Diritto Penale*. 5. ed. Padova: CEDAM, 2007, pp. 184-186; Marinucci, Giorgio; Dolcini, Emilio. "Diritto Penale Minimo e Nuove Forme di Criminalità", cit., pp. 819-820.

[239] Padovani, Tullio. "Diritto Penale della Prevenzione e Mercato Finanziario". In: *RIDPP*, Milano: Giuffrè, ano XXXVIII, fasc. 3, lug-set/1995, p. 642 (pp. 634-647); Marinucci, Giorgio; Dolcini, Emilio. "Diritto Penale Minimo e Nuove Forme di Criminalità", cit., pp. 819-820 (pp. 802-820); Bricola, Otavio. "Il diritto penale del mercato finanziario". In AA.VV., *Mercato Finanziario e Disciplina Penale*. Milano: Giuffrè, 1993, pp. 38-40; Faria Costa, José de. *Direito Penal Econômico*, cit., pp. 33-37; García Cavero, Percy. *Derecho Penal Económico. Parte General*, cit., p. 127.

[240] Pedrazzi, Cesare. "Interessi economici e tutela penale". In AA.VV., *Bene Giuridico e Riforma della Parte Speciale*. Napoli: A.M. Stile, 1985, p. 296 (pp. 285-315).

mesma base principiológica do direito penal clássico, com alguns matizes, continua limitando formal e materialmente o poder punitivo incidente na espécie.[241]

Por fim, de se destacar que a eficácia propulsora de modo algum inviabiliza a função *crítica* do bem jurídico. Pelo contrário: promover simbolicamente a tutela da *ordem econômica*, além de *fundamentar* (portanto, positivamente) a dignidade da proteção, também permite comunicar que o poder punitivo pode incidir apenas no exato contexto em que essa dignidade esteja presente. No particular, o conceito material de crime econômico assumiria uma feição simbólico-negativa, direcionada, desta feita, à representação cognitiva de limites do poder punitivo.[242]

2.3.5. Bem jurídico mutável

O direito penal econômico, destaca Faria Costa, assumiu historicamente especial relevância em períodos de economia de guerra, quando a escassez de bens essenciais predominava. Foi-se o tempo, todavia, em que essa relevância era observada apenas em transitórios momentos de vulnerabilidade. Na globalização, essa volatilidade se verifica ordinariamente nas trocas econômicas. Enquanto os delitos patrimoniais guardam em si uma maior estabilidade no que tange à necessidade de proteção, os crimes econômicos, ao contrário, são fortemente "dependentes das conjunturas económicas e dos grandes ciclos de expansão e de retração".[243]

Ainda assim, conforme veremos adiante (v. n. 3.3.1, *infra*), é possível distinguir a volatilidade, que ordinariamente se observa nos fluxos econômicos em tempos de globalização, da mudança abrupta de paradigmas na política econômica sempre que se observam momentos históricos de crise. Neste contexto, poderíamos falar numa volatilidade *extraordinária*, que exige respostas rápidas da intervenção estatal na economia para que a comunidade seja menos afetada possível pelo momento peculiar.

2.3.6. Bem jurídico instrumental *(a ordem econômica e sua referência constitucional)*

Todas essas características – não exaurientes, gize-se – são capazes de ilustrar que o direito penal econômico apresenta, em relação ao direito penal

---

[241] Giunta, Fausto. *Lineamenti di Diritto Penale dell'Economia*, cit., pp. 5-6 e 10.

[242] Muito embora partindo de uma fundamentação do direito penal a partir dos fins da pena (prevenção geral positiva), Hassemer igualmente admite que a eficácia promocional (simbólica) se compatibiliza com a contenção do poder punitivo, pois o direito penal não se refere apenas a proibições ou ordens dirigidas aos cidadãos, mas também à regulação da forma como os funcionários que exercitam o poder punitivo (policiais, promotores de justiça, juízes e advogados) atuam perante a suspeita da prática de um delito ou do desenvolvimento de um processo: Hassemer, Winfried. *Persona, Mundo y Responsabilidad. Bases para una teoría de la imputación en Derecho Penal*. Trad. por Francisco Muñoz Conde e Maria del Mar Díaz Pita. Valencia: Tirand lo Blanc, 1999, pp. 189-213.

[243] Faria Costa, José de. *Direito Penal Econômico*, cit., pp. 43-44, 65-66. No mesmo sentido: Bajo Fernández, Miguel. "Concepto y Contenido del Derecho Penal Económico", cit., p. 4; Baldan, Édson Luís. *Fundamentos do Direito Penal Econômico*, cit., p. 133.

"comum", uma "tênue" autonomia disciplinar.[244] Autonomia, entretanto, que também possui o direito penal "secundário" como um todo, de que é espécie a tutela penal econômica.

Em relação a esta última similaridade, pensamos, derradeiramente, que só uma densificação razoável do bem jurídico protegido ("ordem econômica") pode satisfatoriamente autorizar e justificar o isolamento da categoria sobre o qual recairá o nosso interesse teórico. Algumas palavras são necessárias quanto a isso.

A definição material do crime econômico está intimamente associada, de um lado, à relação fenomenologicamente estabelecida entre direito penal, política econômica e Constituição, e, de outro, às características próprias dessa forma especial de intervenção.

Desde o momento em que principalmente a doutrina italiana[245] iniciou a reestruturação dogmática do conceito de bem jurídico focalizada na concepção de Estado e em sua valoração constitucional – renunciando, assim, a conteúdos exclusivamente social ou normativo de bem jurídico (v. n. 4.3.3, *infra*) –, o direito penal deixou de ser visto a partir de sua lógica formal-objetiva para se inserir no contexto integral do ordenamento jurídico, do qual faz parte a Constituição.

Conquanto a forma e a eficácia dessa aproximação entre ofensividade e Constituição esteja longe de atingir um consenso doutrinário satisfatório,[246] não se pode negar que a legitimação material da intervenção penal deve dar-se em sua conformidade fenomenológico-constitucional.

Analisaremos, mais adiante, a eficácia dessa relação entre direito penal econômico e Constituição. Podemos antecipar, entretanto, a mesma aproximação, porém no que se refere à *ordem econômica*.

Vimos no Capítulo 1 que as pautas de uma economia globalizada, em países de economia aberta, já se mostraram capazes de influenciar decisivamente

---

[244] Faria Costa, José de. *Noções Fundamentais de Direito Penal*, cit., p. 33.

[245] Bricola, Franco. *La Discrezionalità nel Diritto Penale (Nozione e Aspetti Costituzionali)*. Milano: Giuffrè, 1965, vol. 1, pp. 3-71; "Teoria Generale del Reato". In *Scritti di Diritto Penale*. Milano: Giuffrè, 1997, vol. I, pp. 560-598 (pp. 541-807); "Rapporti tra dommatica e politica criminale". In *RIDPP*, Milano: Giuffrè, 1988, vol. 31, pp. 3-35; Gallo, Marcello. "Consideraciones sobre los delitos de peligro". In VV.AA. *Problemas Actuales de las Ciencias Penales y la Filosofia del Derecho*. Buenos Aires: Pannedille, 1970, p. 653-661; Palazzo, Francesco. *Valores Constitucionais e Direito Penal*. Trad. por Gérson Pereira dos Santos. Porto Alegre: Fabris, 1989, p. 22-40; Fiorella, Antonio. "Reato in Generale". In *ED*, Milano: Giuffrè, vol. XXXVIII, 1987, pp. 793-822; Marinucci, Giorgio; Dolcini, Emilio. "Constituição e Escolha de Bens Jurídicos". In *RPCC*, Coimbra: Coimbra, abr-jun/1994, vol. 4, fsc. 2, pp. 151-198; Mantovani, Ferrando. *Diritto Penale*, cit., pp. 182-188.

[246] Por exemplo, negando o status constitucional da garantia de ofensa a bens jurídicos – ofensividade esta que não passaria de um cânone interpretativo da norma penal –, e reconhecendo a legitimidade da criminalização de condutas de mera desobediência a deveres, desprovidas de ofensa imediata a bens jurídicos: Zuccalà, Giuseppe. "Due Quetione Attuali sul Bene Giuridico: la Pretesa Dimensione Crítica del Bene e la Pretesa Necessaria Offensa ad um Bene", cit., pp. 853-879. Para uma visão detalhada do embate doutrinário: D'Ávila, Fabio Roberto. *Ofensividade e Crimes Omissivos Próprios*, cit., pp. 63-89; *Ofensividade em Direito Penal*, cit., pp. 57-80; "Aproximações à teoria da exclusiva proteção de bens jurídicos no Direito Penal Contemporâneo", cit., *passim*.

a formulação de políticas ("normais" ou constitucionais, conforme o caso[247]) de ordenação econômica e social que, apesar de variáveis, detêm limites mínimos à própria adequação de cada modelo nacional ao capitalismo flexível no bojo de um Estado democrático de direito.

Cremos que só uma "razão prática" seja capaz de nos oferecer instrumentos adequados à formulação material de um conceito de crime econômico,[248] até mesmo porque essas infrações penais estão intimamente influenciadas pela fluidez/velocidade do mercado mundializado. Assim como o direito econômico ostenta uma natureza instrumental em relação à "natureza das coisas" jurídico-econômicas,[249] também a intervenção penal, uma vez inserida no âmbito da política econômica *lato sensu*, não deixa de trazer consigo – ainda que não em termos absolutos, porém preponderantes – uma função que compatibiliza o seu caráter subsidiário e de *ultima ratio* com a mesma instrumentalidade.[250] Não seria possível e aceitável, nesse sentido, que se pretendesse buscar um conteúdo para o bem jurídico protegido que não levasse em conta, exatamente, a relação fenomenológica entre os rumos da economia globalizada, os níveis de regulação/intervenção estatal e a função desempenhada pela Constituição econômica.

Alcançamos, com isso, uma instrumentalidade que é *material* porque racionalmente vinculada ao conteúdo da política econômica, entendida como meio para a conservação, dignidade e desenvolvimento da pessoa humana, em suas dimensões individual e social. Bem assentada, a propósito, a ponde-

---

[247] A distinção entre "política constitucional" e "política normal" foi feita por DAHRENDORF para lançar uma crítica à tese da função do constitucionalismo sustentada por FRIEDERICH VON HAYEK, no livro *Road to Selfdom*. "A política constitucional" – destaca DAHRENDORF – "diz respeito ao contexto da ordem social, ao contrato social, por assim dizer, e às suas formas institucionais; a política normal é sobre as direcções determinadas por interesses e outras preferências nesse contexto (...). Em questões de política constitucional não há dois caminhos, ou, melhor, só há dois caminhos: a sociedade fechada ou a sociedade aberta, ao passo que, na política normal, uma centena de opções pode ser oferecida e três ou quatros geralmente são-no. (...) Não posso criticar Hayek no que respeita à sua política constitucional nem tentaria fazê-lo, mas ele apresenta a infeliz tendência para transformar toda a política, e certamente a maior parte da política econômica, em constitucional" (DAHRENDORF, Ralf. *Reflexões sobre a Revolução na Europa*, cit., pp. 39-41).

[248] FARIA COSTA, José de. *Direito Penal Económico*, cit., p. 75.

[249] De se registrar que, à "natureza das coisas" referida acima, não se atribui um sentido ontológico capaz de condicionar os problemas normativos que dele decorrem. Pelo contrário, "mais do que perceber imposições ontológicas fornecidas pela natureza das coisas devemos é aceitar o real prático-normativo, não como coisa amorfa, mas antes como um *quid* com densidade axiológica e intencionalidade normativa que resiste à conformação jurídica mas, que, conquanto de forma limitada, é também conformável. Na tensão dialéctica entre o jurídico e a praxis – fecundada pelo próprio jurídico mas que dele se distancia – é que devemos perceber os limites de toda a actuação prática juridicamente relevante" (FARIA COSTA, José de. *O Perigo em Direito Penal*, cit., p. 260, nota nº 101).

[250] MANTOVANI, Ferrando. *Diritto Penale*, cit., p. 196. Reconhecendo a natureza instrumental do direito penal econômico: DONINI, Massimo. "Dolo e Prevenzione Generale nei Reati Economici", cit., pp. 9-10; PADOVANI, Tullio. "La Distribuzione di Sanzione Penali e di Sanzioni Amministrative Secondo L'Esperienza Italiana". In *RIDPP*, Milano: Giuffrè, 1989, p. 958 (pp. 952-961); MARINUCCI, Giorgio. "Gestione D'Impresa e Pubblica Amministrazione: Nuovi e Vecchi Profili Penalistici". In *RIDPP*, Milano: Giuffrè, 1988, pp. 425-426 (pp. 424-447); SILVA SÁNCHEZ, Jesús María. *Aproximación al Derecho Penal Contemporáneo*, cit., p. 292. Instrumentalidade esta que, na tutela penal econômica, faz com que a submissão do ilícito-típico econômico ao direito administrativo ou extra-penal seja incrementada em comparação com outras formas de tutela penal (TIEDEMANN, Klaus. "El concepto de delito económico y de derecho penal económico", cit., p. 467).

ração de Castanheira Neves[251] no sentido de que a economia não constitui um fim em si mesmo, senão que deve ser vista como um instrumento à realização da dignidade humana.

Para atingir tal objetivo, as subpolíticas que integram a política econômica *lato sensu* se sujeitam a aproximações variadas com a Constituição econômica positivada em cada país. Algumas Constituições conferem um espaço maior para a implementação de políticas econômicas "normais", ao passo que, em outras, a regulação/intervenção estatal tem sua cogência ampliada ao ponto de potencializar a vinculação dessas políticas econômicas à "política constitucional".

Em que pese essa variação, a economia de mercado, no contexto de um Estado Democrático de Direito, submete a política econômica a limitações jurídicas minimamente delimitadoras de seu campo de atuação. É dizer: a política influencia a Constituição econômica que, por sua vez, repercute nos rumos do direito penal econômico.

Em nosso Estado Democrático de Direito, a *ordem econômica* é composta de políticas conformadoras do desenvolvimento econômico e social, fundamentadas na dignidade da pessoa humana (art. 1º, III, da CF/88) e que objetivam (i) constituir uma sociedade livre, justa e solidária, (ii) garantir o desenvolvimento nacional, (iii) erradicar a pobreza, a marginalização e as desigualdades sociais e (iv) promover o bem de todos (art. 3º da CF/88). Por tais razões, parece razoável delimitar-se a noção de delitos econômicos àqueles desvios extremos que causem dano ou perigo à programação econômica e à liberdade de mercado, sempre focalizada na máxima realização possível da dignidade humana.[252]

Assim, *o bem jurídico nos crimes econômicos, na historicidade de um estado promotor da igualdade e garantidor da livre iniciativa, protege o regular desempenho das políticas de renda, monetária, fiscal, financeira e econômica (stricto sensu), legitimadas apenas no restrito segmento em que se façam necessárias para a realização do homem enquanto pessoa*. Este, pois, é o irrenunciável diálogo que propomos entre direito penal e economia: cada delito econômico tem de concentrar-se na proteção de um recorte específico de cada uma dessas subpolíticas.[253] Nas linhas que seguem, veremos como é possível instrumentalizar concretamente essa tutela.

---

[251] Neves, António Castanheira. "Entre o Legislador, a Sociedade e o Juiz ou entre Sistema, Função e Problema – Modelos Actualmente Alternativos da Realização do Direito", cit., pp. 253-257.

[252] Em termos semelhantes, referindo-se à proteção penal do livre mercado e da regulação estatal econômica – embora alcançando, com tal conceito, delitos que, em nossa visão, seriam de tutela individual (propriedade imaterial, p. ex.) ou coletiva (crimes laborais): García Cavero, Percy. *Derecho Penal Económico. Parte General*, cit., pp. 50-58. Afirmando que o conceito material de delito econômico deve alcançar apenas a lesão ou o perigo à regulação jurídica do "intervencionismo" estatal na economia, em seu sentido constitucionalmente estabelecido: Bajo Fernández, Miguel. "Concepto y Contenido del Derecho Penal Económico", cit., pp. 6-12.

[253] Tratamos do tema em: Schmidt, Andrei Zenkner. "A delimitação conceitual do direito penal econômico a partir do objeto do ilícito". In: Vilardi, Celso Sanchez *et al.* [org]. *Crimes Financeiros e Correlatos*. São Paulo: Saraiva/FGV, 2011, pp. 19-77.

2.4. Ordem econômica: dimensão dogmático-penal

2.4.1. Crimes contra a ordem econômica "stricto sensu"

Trata-se de infrações penais relacionadas à proteção supraindividual da liberdade de iniciativa e da concorrência na economia de mercado, exercida especialmente pela criminalização da formação de cartel, do *dumping*, concorrência desleal etc.[254]

No Brasil, tais crimes encontram-se definidos no art. 4º da Lei nº 8.137/90 e no art. 1º da Lei nº 8.176/91. Nem todos os países da CE, entretanto, conferem dignidade penal à proteção da ordem econômica *stricto sensu*.[255]

Os rumos da economia de mercado assumidos em tempos de contemporaneidade trouxeram novos valores para o conceito de livre iniciativa. Uma economia sólida, hoje, não é apenas aquela que gera empregos e garante a concorrência. É necessário que a livre iniciativa seja exercida em atenção a parâmetros éticos. Um desses novos valores, que definitivamente ingressou nas pautas político-econômicas na contemporaneidade, é o ideal de *transparência*. Essa mudança de rumos repercutiu também no direito penal econômico de alguns países, que foi convocado a reforçar a tutela sobre diversos tipos de fluxos econômicos que, hoje, exigem uma relação simétrica entre os seus protagonistas.

O ideal de *transparência* despertou interesse na proteção institucional de relações de consumo de bens e serviços. Alguns países, como são os casos do Brasil (Lei nº 8.078/90, arts. 61-74) e de Portugal (arts. 23º a 25º do Decreto-Lei nº 28/84), optaram por desempenhar tal proteção também através do direito penal.

A proteção institucional da *transparência* também limita os fluxos econômicos no segmento do mercado mobiliário. Especificamente em relação à "confiança dos investidores no correto funcionamento do mercado" de valores mobiliários e na "decisão econômica individual em igualdade de condições

---

[254] De forma mediata, a tutela jurídica da livre concorrência tem repercussão também na *política de rendas*, pois a regulação de preços e o equilíbrio entre oferta e demanda estão associados à autorregulação econômica decorrente de uma efetiva competição de mercado.

[255] Em Portugal e na Alemanha, a proteção da livre concorrência ocorre apenas através do direito administrativo sancionador. Na França, de sua vez, *les pratiques anticoncurrentielles* são criminalmente reprimidas em estrito relacionamento com o direito administrativo sancionador, precipuamente na Ordonnance n. 86-1243, de 1º de dezembro de 1986 (arts. 17, 24 e 31). Sobre o tema, especialmente focalizado a relação entre o ilícito penal e o ilícito administrativo: RENUCCI, Jean-François. *Droit Pénal Économique*. Paris: Armand Colin, 1995, pp. 14-24; DELMAS-MARTY, Mireille. "I problemi giuridici e pratici posti dalla distinzione tra diritto penale e diritto amministrativo penale". In *RIDPP*, Milano, Giuffré, 1987, vol. 30, pp. 731-776. Na Itália, o controle penal sobre a concorrência efetiva está descrito, em essência, no art. 501 do CPIt (*Rialzo e ribasso fraudolento di prezzi sul pubblico mercato o nelle borse di commercio*). Sobre o tema: FOFFANI, Luigi. "Legislazione *Antitrust* e Disciplina delle Partecipazioni al Capitale di Enti Creditizi: Profili Penalistici". In: *RIDPP*, Milano: Giuffrè, ano XXXIV, 1991, pp. 870-922. A Espanha criminaliza, somente, as "maquinaciones para alterar los precios que habrían de resultar de la libre concurrencia" (art. 284 do CPEs), cujos limites do tipo aproximam-se, em certa medida, do *dumping*. Sobre o tema: BUJAN PÉREZ, Carlos Martínez. *Derecho Penal Económico*, cit., pp. 108-112.

para todos os potenciais intervenientes no mercado",[256] a Lei nº 6.385/76, com a redação dada pela Lei nº 11.303/01, regulou, no Brasil, os crimes dessa natureza, notadamente os de manipulação do mercado (art. 27-C) e de uso indevido de informação privilegiada – *insider trading* (art. 27-D).[257] Na Europa, os reflexos que se fizeram sentir pelo direito penal a partir da constituição da União Europeia na década de 90[258] foram significativos no segmento dos delitos de abuso de informação privilegiada e de manipulação de mercado, que tiveram de ser nacionalmente adaptados aos parâmetros da Diretiva 2003/6/CEE. Em Portugal, tais delitos estão previstos nos arts. 378º e 379º do Código dos Valores Mobiliários (aprovado pelo Decreto-Lei nº 486/99), porém submetidos aos contornos regulamentativos criados pela Lei nº 55/2005, após a vigência da diretiva referida.[259] Na Itália, os crimes de *Abuso di informazioni privilegiate* e de *Manipolazione del mercato* estão previstos nos arts. 184 e 185 do Decreto-Legislativo 24 febbraio 1998 n. 58.[260] Na França, tal delito encontra-se no art.L-465-1

---

[256] Esse é o ensinamento de Faria Costa e de Elisabete Ramos, que afirmam que o bem jurídico tutelado pelo crime de *insider trading* é complexo e heterogêneo, pois protege a igualdade e a confiança dos investidores. De forma apropriada, ambos ressaltam a natureza supraindividual dessa forma de tutela, que não protege imediatamente o direito individual de uma ou outra pessoa a comprar valores mobiliários a um preço justo e não especulativo (Faria Costa, José de; Ramos, Maria Elisabete. *O Crime de Abuso de Informação Privilegiada (Insider Trading). A Informação Enquanto Problema Jurídico-penal*. Coimbra: Coimbra, 2006, pp. 37-39). No mesmo sentido: Barja de Quiroga, Jacobo López. "El Abuso de Información Privilegiada". In Bacigalupo, Enrique [org]. *Curso de Derecho Penal Económico*. 2. ed. Madrid/Barcelona: Marcial Pons, 2005, p. 338 (pp. 335-368). Em sentido contrário, afirmando que o bem jurídico é a estabilidade e a subsistência da atividade econômica: Íñigo Corroza, Elena. "La Relevancia del Fraude en los Delitos de Competencia". In Silva Sánchez, Jesús-María [org]. *¿Libertad Económica o Fraudes Punibles?*. Madrid/Barcelona: Marcial Pons, 2003, p. 290 (pp. 283-305). A questão envolvendo "confiança na ordem econômica", enquanto bem jurídico a ser protegido pelo direito penal, é objetada por Volk: tal definição seria insuficiente porque "in fin dei conti, questa fiducia astratt nella società non è oltro che la genereale fiducia nella validità del diritto. Di conseguenza, alla fine non è quasi più possibile distinguere la fiducia nell'ordinamento giuridico da quella nel sistema economico" (Volk, Klaus. "Criminalità Economica: Problemi Criminologici, Politico-criminali e Dommatici", loc. cit., p. 33).

[257] Sobre o tema: Grandis, Rodrigo de. "Aspectos penais do uso de informação privilegiada (*insider trading*) no direito brasileiro". In: Vilardi, Celso *et al.* [org]. *Crimes Financeiros e Correlatos*. São Paulo: Saraiva/FGV, 2011, pp. 141-179; Corsetti, Michelangelo Cervi. *Insider Trading – Informação Privilegiada – O Uso Indevido no Mercado de Capitais*. Curitiba: Juruá Editora, 2013.

[258] Sobre os procedimentos, matérias e competências dessa uniformização do direito penal europeu, inclusive quanto aos rumos da criação de um Código Penal europeu: Tiedemann, Klaus. "L'Europeizzazione del Diritto Penale". In: *RIDPP*, Milano: Giuffrè, ano XLI, fasc. 1, gen-mar/1998, pp. 3-21; "Exigencias fundamentales de la parte general y propuesta legislativa para un derecho penal europeo". In *RP*, Barcelona, fascículo 3, ene., 1999, pp. 76-86; Maiwald, Manfred. "Profili Problematici del Riciclaggio in Germania e in Italia". In: *RIDPP*, Milano: Giuffrè, ano XLII, fasc. 2, apr-giu/1999, pp. 369-381; Vervale, John A. E. "L'Europeizzazione del Diritto Penale e la Dimenzione Penale dell'Integrazione Europea". In: *RTDPE*. Padova: CEDAM, ano XVIII, n. 1-2, gen-giu/2005, pp. 129-156; Bacigalupo, Enrique. "Hacia un Derecho Penal Economico de la Union Europea". In Bacigalupo, Enrique [org]. *Derecho Penal Económico*. Buenos Aires: Hammurabi, 2005, pp. 503-521.

[259] Sobre o tema: Faria Costa, José de; Ramos, Maria Elisabete. *O Crime de Abuso de Informação Privilegiada (Insider Trading)*, cit., pp. 39-61; Pedrosa Machado, Miguel Nuno. "A Entrada em Vigor das Incriminações de Abuso de Informação e de Manipulação do Mercado do Código do Mercado de Valores Mobiliários". In *RPCC*, Coimbra: Coimbra, vol. 4, 1991, pp. 620-646.

[260] Sobre o tema: Vassali, Giuliano. "La Punizione dell'Insider Trading". In *RIDPP*, Milano: Giuffrè, ano XXXV, 1992, pp. 3-38; Manna, Adelmo. "Tutela del Risparmio, Novità in Tema di *Insider Trading* e Manipolazione del Mercato a Seguito della Legge Comunitaria del 2004". In: *RTDPE*. Padova: CEDAM, ano XVIII,

e L-465-2 do CMF, ao passo que, na Espanha, a tutela encontra-se no art. 284 do Código Penal.

Por fim, a *transparência* também é um valor a ser protegido no amplo segmento dos fluxos financeiros que são regulamentados institucionalmente. O direito penal econômico, no particular, tem dedicado um importante instrumento de tutela: o delito de "lavagem" de dinheiro. Há amplo debate doutrinário acerca do bem jurídico protegido por tal crime, havendo referências, principalmente, à tutela da administração/realização da justiça e/ou à ordem econômica.[261] Retomaremos o assunto logo adiante (v. 4.3.4, *infra*), mas antecipamos, desde já, nosso posicionamento no sentido de que o branqueamento de capitais interfere na transparência dos fluxos econômicos,[262] condição esta necessária à solidez da economia de mercado. Um delito de *lavagem* de dinheiro encontra sua ofensividade justificada na proteção a *política econômica "stricto sensu"*:[263] a inserção de recursos de procedência ilícita na economia for-

---

n. 3, lug-set/2005, pp. 659-676; VIZZARDI, Matteo. "Manipolazione del Mercato: um 'Doppio Binario' da Ripensare". In: *RIDPP*, Milano: Giuffrè, ano XLIX, fasc. 2, apr-giu/2006, pp. 704-731.

[261] No sentido de que o bem jurídico protegido é, por definição legal do StGB (§ 261- *Geldwäsche, Verschleierung unrechtmäßig erlangter Vermögenswerte*), a administração da justiça, mas, também materialmente, a higidez da economia e dos fluxos financeiros: LAMPE, Ernst-Joachim. "El Nuevo Tipo Penal del Blanqueo de Dinero (§ 261 StGB)". In: *EPC*. Santiago de Compostella: USC, 1997, XX, pp. 120-121 (pp. 105-148). Na Espanha, o crime de 'blanqueo de bienes' está previsto no título referente aos crimes socioeconômicos, mas, paradoxalmente, encontra-se definido dentre as modalidades de "receptación y otras conductas afines" (art. 301). Ao tratar da questão envolvendo o bem jurídico protegido, BUJÁN PÉREZ mostra-se bastante reticente quando à sua definição, afirmando, inicialmente, que "en la línea de un verdadero tipo autónomo de encumbrimiento, parece responder a la naturaleza de un auténtico delito contra la Administración de la justicia", embora, em momento posterior, consigne que referido bem jurídico "puede expressarse en la idea de la *licitud de los bienes que circulan en el mercado*", subscrevendo o entendimento de DEL CARPIO quando refere que "la protección de la libertad del tráfico económico contra los productos de origen delictivo es una condición esesncial para el desarrolloo de la economía de mercado" (BUJÁN PÉREZ, Carlos Martínez. *Derecho Penal Económico*, cit., pp. 322-323). Na Itália, a *Riciclaggio* também está arrolada dentre os crimes contra o patrimônio (art. 648bis do CPIt). Sobre o tema: MOCCIA, Sergio. "Impiego di Capitali Illeciti e Riciclaggio: la Risposta del Sistema Penale Italiano". In *RIDPP*, Milano: Giuffrè, ano XXXVIII, fasc. 3, lug-set/1995, pp. 728-749; PECORELLA, Gaetano. "Circolazione del Denaro e Riciclaggio". In: *RIDPP*, Milano: Giuffrè, ano XXXIV, 1991, pp. 1220-1248; FIADINO, Angelo. "La Nuova Normativa Antiriciclaggio". In *IP*, Padova: CEDAM, 1998, pp. 101-143. No Brasil, sustentando que o bem jurídico protegido pelo delito de *lavagem* de dinheiro seja a administração da justiça: BADARÓ, Gustavo Henrique; BOTTINI, Pierpaolo Cruz. *Lavagem de Dinheiro – Aspectos Penais e Processuais Penais*. São Paulo: RT, 2012, pp. 57-61.

[262] Não se deve confundir, contudo, a transparência que deve inspirar a economia como um todo – na medida em que a "limpeza" dos valores não pressupõe, necessariamente, a contrariedade a regulamentações estatais econômicas – e o sistema financeiro (nele abrangido o mercado de capitais) com a sua "afetación a la solidez y la estabilidad" (BLANCO CORDERO, Isidoro. *El Delito de Blanqueo de Capitales*. 2. ed. Pamplona: Aranzadi, 2002, p. 185-186). Com efeito, higidez e transparência são aspectos distintos dos padrões internacionais de desenvolvimento econômico exigidos contemporaneamente. Destacamos no primeiro capítulo que uma economia é sólida não só quando apresenta índices satisfatórios de geração de renda *per capita*, senão também quando cria condições para o mercado internacional conhecer a legítima titularidade da moeda. O valor da transparência econômica reflete na avaliação de riscos de vulnerabilidade, influenciados pela menor ou maior previsibilidade na movimentação dos fluxos financeiros. Tudo de acordo com a *teoria institucional da economia*, explicada anteriormente.

[263] Nesse sentido, conquanto faça menção à tutela da ordem econômica a partir de "un'accezione moderna di patrimonio": MOCCIA, Sergio. "Impiego di Capitali Illeciti e Riciclaggio: la Risposta del Sistema Penale Italiano", cit., p. 740. Em termos semelhantes: PITOMBO, Antônio Sérgio de Moraes. *Lavagem de Dinheiro – A Tipicidade do Crime Antecedente*. São Paulo: RT, 2003, pp. 66-68.

mal mediada pelo Estado, com aparência de licitude (mediante condutas de "ocultação" ou de "dissimulação"), consoante referimos antes sob o viés da *teoria institucional da economia*, é uma prática ofensiva à transparência que deve orientar o livre mercado nos dias de hoje.

No Brasil, tal delito encontra-se no art. 1º da Lei nº 9.613/98.[264] Na CE, sucessivas diretrizes estabeleceram os princípios gerais para a definição legal do crime, incorporados à legislação portuguesa pela Lei 11/2004, que acrescentou o art. 368º-A ao Código Penal, no título dos crimes contra a realização da justiça.[265] O crime também está tipificado na Alemanha (StGB, § 261), na Espanha (art. 301 do Código Penal), na Itália (art. 648bis do Código Penal) e na França (arts. 324-1/324-9 do Código Penal e arts. L574-1/L574-3 do CMF). Dinamarca, Finlândia e Holanda não destinam tutela penal específica para a "lavagem", ao entendimento de que os tipos penais existentes de *encobrimento, impedimento* ou *favorecimento* (semelhantes ao favorecimento real, na legislação brasileira) já alcançam de maneira suficiente a ofensa.[266]

2.4.2. Crimes contra a ordem tributária e a ordem financeira

A tutela penal, neste segmento, focaliza-se no reforço jurídico de proteção das *políticas fiscal* e *financeira*. A primeira alcança as estratégias governamentais relacionadas ao custeio do Estado (receita pública); a segunda, os limites juridicamente estabelecidos para o endividamento do Estado (despesa pública).[267]

No Brasil, os crimes fiscais previdenciários[268] estão descritos nos arts. 168-A e 337-A do CPBr, ao passo que a sonegação fiscal de todos os demais tributos

---

[264] Sobre o tema: GRECO FILHO, Vicente. "Tipicidade, bem jurídico e lavagem de dinheiro". In FARIA COSTA, José Francisco de; SILVA, Marco Antonio Marques da [orgs.]. *Direito Penal Especial, Processo Penal e Direitos Fundamentais*. São Paulo: Quartier Latin, 2006, pp. 147-169; BARROS, Marco Antônio de. *Lavagem de Dinheiro*. São Paulo: Oliveira Mendes, 1998; CALLEGARI, André Luís; WEBER, Ariel Barazzetti. *Lavagem de Dinheiro*. São Paulo: Atlas, 2014; BALTAZAR JÚNIOR, José Paulo. *Crimes Federais*. 3. ed. Porto Alegre: Livraria do Advogado, 2008, pp. 494-533; DE CARLI, Carla Veríssimo. *Lavagem de Dinheiro – Ideologia da criminalização e análise do discurso*. 2. ed. Porto Alegre: Verbo Jurídico, 2012.

[265] Sobre o tema: CANAS, Vitalino. *O Crime de Branqueamento: Regime de Prevenção e de Repressão*. Coimbra: Almedina, 2004; FARIA COSTA, José de. "O Branqueamento de Capitais (Algumas Reflexões à luz do Direito Penal e da Política Criminal)". In: *Boletim da Faculdade de Direito* [Separata], Coimbra, vol. LXVIII, 1999, pp. 59-86.

[266] Para detalhes acerca da legislação de todos esses países, v.: AMBOS, Kai. *Lavagem de Dinheiro e Direito Penal*. Trad. por Pablo Alflen da Silva. Porto Alegre: Sergio Fabris, 2007, pp.. 27 e 33-41, inclusive nota n. 58.

[267] Os rumos dessas políticas também repercutem mediatamente na *política monetária*, haja vista o constante relacionamento entre balança comercial (relação entre exportações e importações) e superávit/déficit público (relação entre receitas e despesas governamentais).

[268] Entendemos que também os delitos previdenciários podem ser caracterizados como crimes fiscais porque a destinação específica dessas contribuições não altera a sua natureza tributária. O regime fiscal das contribuições previdenciária, com alguns matizes estabelecidos à luz de cada ordenamento jurídico, se submete aos mesmos princípios previstos para as demais formas de tributos. No Brasil, o Supremo Tribunal Federal vem reconhecendo, de forma uníssona, a natureza tributária das contribuições previdenciárias [v. RE-AgR 441767/PR, AI-AgR 658576/RS etc.]

remanescentes, nos arts. 1º e 2º da Lei nº 8.137/90[269] e no art. 334 do CP. Em Portugal, os crimes previdenciários estão descritos nos arts. 106º e 107º da Lei nº 15/2001 (RGIT) e, os demais crimes fiscais, nos arts. 87º-91º e 103º-105º da mesma Lei.[270]

Na Alemanha, os crimes fiscais estão previstos na *Abgabenordnung (AO)*: fraude fiscal (§ 370 – *Steuerhinterziehung*), contrabando (§ 372 – *Bannbruch*), contrabando profissional, organizado e com violência (§ 373 *Gewerbsmäßiger, gewaltsamer und bandenmäßiger Schmuggel*) e receptação de mercadorias ou produtos subtraídos à tributação (§ 374 *Steuerhehlerei*). Entretanto, também a *Subventionsbetrug* (§ 264 do StGB) ostenta essa natureza.

Na Itália, os crimes fiscais situam-se no Decreto Legislativo nº 74/2000, que tipifica a *Dichiarazione fraudolenta mediante uso di fatture o altri documenti per operazioni inesistenti* (art. 2º), a *Dichiarazione fraudolenta mediante altri artifici* (art. 3º), a *Dichiarazione infedele* (art. 4º), a *Omessa dichiarazione*, a *Emissione di fatture o altri documenti per operazioni inesistenti* (art. 8º), o *Occultamento o distruzione di documenti contabili* (art. 10) e a *Sottrazione fraudolenta al pagamento di imposte* (art. 11).[271]

Na Espanha, os arts. 305-310 do Código Penal tipificam os delitos tributários e previdenciários.

Bem menos consolidada é a necessidade de intervenção penal sobre o segmento de gastos públicos – Ordem Financeira. O Brasil tipifica, nos arts. 359-A a 359-H do Código Penal, os crimes contra as finanças públicas, relacionados, de uma maneira geral, a ilegalidades e fraudes na execução de políticas orçamentárias. Semelhante proteção penal também é observada em Portugal, no art. 14 da Lei nº 34/87.

A Ordem Financeira também pode ser violada através de desvios nos procedimentos estabelecidos em lei para a aquisição de produtos e de serviços pelo poder público (licitações). O Brasil confere proteção penal a ofensas dessa dimensão através dos arts. 89 e 90 da Lei nº 8.666/93. Na Alemanha, crimes dessa natureza encontram-se no § 298 do StGB.

---

[269] Sobre o tema: Eisele, Andreas. *Crimes contra a Ordem Tributária*. 2. ed. São Paulo: Dialética, 2002; Ferreira, Roberto dos Santos. *Crimes contra a Ordem Tributária*. 2. ed. São Paulo: Malheiros, 2002; Lovato, Alécio Adão. *Crimes tributários: aspectos criminais e processuais*. 3. ed. Porto Alegre: Livraria do Advogado, 2008; Costa, Cláudio. *Crimes de Sonegação Fiscal*. Rio de Janeiro: Revan, 2003; Andrade Filho, Edmar Oliveira. *Direito Penal Tributário*. 3. ed. São Paulo: Atlas, 2001; Kern, Alexandre. *O Controle Penal Administrativo nos Crimes contra a Ordem Tributária*. Porto Alegre: Livraria do Advogado, 2002; Pinto, Emerson de Lima. *A Criminalidade Econômico-Tributária*. Porto Alegre: Livraria do Advogado, 2001; Machado, Hugo de Brito. *Estudos de Direito Penal Tributário*. São Paulo: Atlas, 2002; Harada, Kiyoshi; Musumecci Filho, Leonardo. *Crimes contra a Ordem Tributária*. São Paulo: Atlas, 2012.

[270] Sobre o tema: Sousa, Suzana Aires de. *Os Crimes Fiscais*. Coimbra: Coimbra, 2006; Pombo, Nuno. *A Fraude Fiscal (A norma incriminadora, a simulação e outras reflexões)*. Coimbra: Almedina, 2007. Também podem ser considerados como crimes fiscais, em Portugal, a fraude na obtenção de subsídio ou subvenção e o desvio de subvenção, subsídio ou crédito bonificado (arts. 36 e 37 do Decreto-lei nº 28/84), quando o benefício ostenta natureza tributária.

[271] Sobre o tema: Tarantini, Graziano; Esposito, Giovani. *La Nuova Disciplina dei Reati Tributari*. Padova: CEDAM, 2001; Nannucci, Ubaldo; D'avirro, Antonio. *La Riforma dell Diritto Penale Tributario*. Padova: CEDAM, 2000.

Há que se observar, na espécie, uma importante distinção. Não se pode confundir a formação de cartel que tem por propósito causar prejuízo ao erário (ofensa à Ordem Financeira) com a mesma prática que objetiva impedir a concorrência de preços oferecidos à população (Ordem Econômica *stricto sensu*). Apenas para ilustrar a importância dessa diferença material à luz da legislação brasileira, a ofensa causada pelo cartel, tipificado no art. 4° da Lei n° 8.137/90, verifica-se ainda que o preço oferecido à população seja o de mercado; em se tratando da cartelização definida no art. 90 da Lei n° 8.666/93, a ofensividade está a exigir que o preço do produto ou do serviço contratado esteja em significativo descompasso com o sistema de preços em geral. Perceba-se: aquele delito protege a concorrência em si; este, o erário.

2.4.3. Crimes contra o sistema financeiro

Relacionam-se à proteção jurídico-penal à *política monetária*, especialmente afetada no caso de abusos e fraudes no sistema bancário, creditício e de capitais, além da falta de transparência e de liquidez no sistema financeiro.[272]

Destacam-se, no âmbito desta forma especial de tutela penal – a que a doutrina penal costuma designar "direito penal bancário"[273] –, os crimes envolvendo (a) a operação de instituições ou de atividades financeiras e creditícias sem autorização legal ou em desconformidade com a autorização dada pelo órgão competente,[274] (b) a omissão/falsificação de informação devida ao público ou aos órgãos controladores do sistema bancário/creditício,[275] (c) o desvio ou apropriação de recursos pertencentes a instituições financeiras/bancárias/creditícias,[276] (d) a administração fraudulenta, temerária ou infiel destas instituições,[277]

---

[272] Mediatamente, a tutela jurídica sobre tal matéria guarda relação de proximidade com a *política de rendas*: o grau de investimento, estando condicionado ao sucesso do sistema bancário/financeiro, é um dos importantes fatores que irão ditar os níveis de oferta de emprego.

[273] Sobre o tema, fazendo a distinção entre os delitos a partir do sistema bancário encarado como "autor", "vítima" e "instrumento": Dolcini, Emilio; Paliero, Carlo Enrico. "Il Diritto Penale Bancario: Itinerari di Diritto Comparato (I Parte)". In *RIDPP*, Milano: Giuffrè, 1989, 940-989; "Il Diritto Penale Bancario: Itinerari di Diritto Comparato (II Parte)". In *RIDPP*, Milano: Giuffrè, 1989, 1313-1384. De se registrar, contudo, que boa parte da legislação comparada por ambos os autores já passou por inúmeras alterações em seus países de origem.

[274] Brasil: art. 16 da Lei n° 7.492/86; Portugal: art. 200.° do Decreto-Lei n° 298/92 ; França: art. L571-3, L571-12, L571-13, L572-2, L573-1 etc. do CMF; Alemanha: § 54.2 da KWG; Itália: art. 96 do Decreto-Lei 375/36, com a formulação resultante do art. 29 da Lei n° 55/90; art. 166 do Decreto-Legislativo 58/98 .

[275] Brasil: art. 6° e 9°-12 da Lei n° 7.492/86; Portugal: art. 13 da Lei n° 5/2002; França: arts. L571-4 e L571-7 do CMF; Itália: art. 2638 do CCIt e art. 170-bis do Decreto-Legislativo 58/98 . A Alemanha não possui tipo penal específico relacionado às condutas de falsificação de informação devida aos órgãos controladores/fiscalizadores, considerando-as, tão somente, espécies de infração administrativa (§ 56 da KWG). No StGB, entretanto, encontra-se tipificada a conduta de inversão de capitais (*Kapitalanlagebetrug*), que trata da ocultação/manipulação de informação ao público sobre o verdadeiro estado patrimonial de sociedade (§ 264a).

[276] Brasil: art. 5° da Lei n° 7.492/86; Portugal: art. 234.° do CP; Itália: art. 169 do Decreto-Legislativo 58/98.

[277] Portugal: art. 224.° (infidelidade) e 235 (administração danosa) do CPPt; Alemanha: § 266 (*Untreue*) do StGB; Brasil: art. 4°, caput (gestão fraudulenta) e parágrafo único (gestão temerária), da Lei n° 7.492/86; Itália: art. 2634 do CCIt e art. 167 do Decreto-Legislativo 58/98 .

(e) a usura na concessão de crédito,[278] (g) o uso abusivo de cartão de crédito,[279] (h) a fraude na obtenção de crédito,[280] (i) a falsificação de contabilidade/balancentes[281] etc.

No Brasil, tais delitos encontram-se definidos na Lei n° 7.492/86.[282]

2.4.4. Crimes cambiais

A tutela jurídico-penal sobre operações de câmbio está diretamente relacionada à *política monetária*, porém no que diz respeito às estratégias de definição de preço da moeda nacional em comparação com as moedas estrangeiras. Por força dessa especialidade, reputamos prudente falar em *política cambial*.

Em países cuja economia ainda necessita de controle administrativo sobre operações de câmbio e entrada e saída de moeda, condutas que afetem significativamente o normal funcionamento do mercado de câmbio podem influenciar variações abruptas na (des)valorização da moeda nacional, segundo a maior ou menor oferta de moeda estrangeira.[283]

No Brasil, tais delitos estão descritos nos arts. 21 e 22 da Lei n° 7.492/86.[284]

No âmbito da União Europeia, após a plena eficácia dos art. 56 e 58 do TCCE – conferida pela Diretiva 88/361 –, que proibiram qualquer restrição ao movimento de capitais e aos pagamentos entre Estados-Membros e entre estes e terceiros países – apesar de ressalvar a autonomia nacional relacionada ao controle *fiscal* desses valores –, a intervenção penal sobre a circulação de moeda se deslegitimou. Entendeu-se que, no ambiente comunitário europeu, a solidez e a integração econômica são capazes de, autonomamente, corrigir eventuais desequilíbrios relacionados ao excesso ou à carência de oferta de

---

[278] Brasil: art. 8° da Lei n° 7.492/86 ; Portugal: art. 226 do CPPt ; Itália: art. 644 do CPIt ; Alemanha: § 291 do StGB .

[279] Portugal: art. 225° do CPPt ; Alemanha: § 266b do StGB . No Brasil, tal conduta não constitui crime específico.

[280] Alemanha: § 265b do StGB; Brasil: art. 19 da Lei n° 7.492/86; Portugal: art. 38 do Decreto-Lei n° 28/84.

[281] Itália: arts. 173-bis, 174-bis e 174-ter do Decreto-Legislativo 58/98; França: art. L232-1 do CMF; Brasil: art. 3° da Lei n° 7.492/86 .

[282] Sobre o tema: Tórtima, José Carlos. *Crimes contra o Sistema Financeiro Nacional*. 2. ed., Rio de Janeiro: Lumen Juris, 2002; Paula, Áureo Natal de. *Crimes contra o Sistema Financeiro Nacional e o Mercado de Capitais*. Curitiba: Juruá, 2006; Malan, Diogo Rudge. "Bem jurídico tutelado pela Lei 7.492/86". In *Revista Brasileira de Ciências Criminais*. São Paulo: RT, 2011, v. 91, p. 367-391; Lima, Sebastião de Oliveira; Lima, Carlos Augusto Tosta. *Crimes contra o Sistema Financeiro Nacional*. São Paulo: Atlas, 2003; Bitencourt, Cezar Roberto; Breda, Juliano. *Crimes contra o Sistema Financeiro Nacional & contra o Mercado de Capitais*. Rio de Janeiro: Lumen Juris, 2010.

[283] Tal desvio repercute nas variáveis relacionadas à fixação das taxas de juros, níveis de inflação, oferta de crédito e padrões de oferta e de consumo de bens e de serviços. Obviamente que a renda e a geração de empregos, diretamente associadas ao aumento de investimentos, não escapam imunes a variações nesses termos.

[284] Sobre o tema: Schmidt, Andrei Zenkner; Feldens, Luciano. *O Crime de Evasão de Divisas: a Tutela Penal do Sistema Financeiro Nacional na Perspectiva da Política Cambial Brasileira*. Rio de Janeiro: Lumen Juris, 2007; Wunderlich, Alexandre; Loureiro, Antonio Tovo. In: Vilardi, Celso et al. [org]. *Crimes Financeiros e Correlatos*. São Paulo: Saraiva/FGV, 2011, pp. 117-138.

moeda estrangeira. Em razão disso, na Espanha, a Ley nº 19/2003 revogou, expressamente, a Ley nº 40/79, que tipificava os delitos monetários.[285]

Também no restante dos países-membros da UE, a eficácia de uma criminalização dessa natureza perdeu a razão de ser, sem prejuízo de regulamentações administrativas específicas relacionadas à livre e à transparente circulação do capital. Em matéria penal, a ofensa à identificação dos fluxos econômicos internacionais está sujeita à tutela do crime de *lavagem* de dinheiro. Mas aqui, lembre-se, a *ratio* da proteção não é cambial.

Dessa ampla exemplificação pode-se perceber a possibilidade de individualização de bens jurídicos de característica essencialmente supraindividual relacionados a cada ramificação da política econômica. Entretanto, também se destaca o inter-relacionamento verificado na tutela penal em relação à política econômica *lato sensu*, capaz de comportar o reconhecimento da proteção individualizada pelas subpolíticas somente a partir de critérios de afetação direta. E, reflexamente, mesmo sobre interesses individuais.

Os exemplos demonstram que a função crítica do conceito material de delito econômico pode variar em conformidade com o tratamento diferenciado

---

[285] É interessante notar as peculiaridades dessa transição no direito penal espanhol. A criminalização dos *delitos monetários* ocorrera já em 1938, mas foi em 1979, por meio da edição da Ley nº 40, posteriormente modificada pela Ley Orgánica nº 10/1983, que se delimitou com precisão o rol de condutas típicas capazes de configurar *delitos monetários*. Em 1986, contudo, o TCE considerou inconstitucional o art. 7º da Ley nº 40, sob o argumento de que somente uma *ley ordinaria* poderia instituir penas privativas de liberdade (STC 160/1986). O efeito dessa decisão foi a completa perda de eficácia do *delito monetário* descrito no art. 6º da Ley nº 40 (com a redação dada pela Ley Orgánica nº 10/1983), na medida em que desprovido de sanção penal correspondente. A partir do final dos anos 80, com a adesão espanhola à União Europeia, foi necessário reestruturar-se o Regime Cambial então vigente, o que veio a ocorrer com a edição do Real Decreto nº 1.816/1991, que buscou adequar a legislação às diretivas da CE que tratavam da livre circulação de valores. Foi mantida a exigência de autorização prévia apenas no caso de exportação física da moeda, bilhetes de Banco, cheques ao portador e ouro-metal, quando a operação fosse superior a 5.000.000 de pesetas. Todas as demais transações internacionais, contudo, foram liberadas à míngua de qualquer formalidade prévia, circunstância esta que levou, segundo dito expressamente na exposição de motivos daquele diploma legal, a "la desaparición, salvo en la excepción citada, de uno de los elementos integrantes del tipo penal especificados en el artículo 6 de la Ley 40/1979, modificado por la Ley Orgánica 10/1983" (delito monetário). Em 04/07/2003, foi editada a Ley nº 19, instituindo o novo *régimen jurídico de los movimientos de capitales y de las transacciones económicas con el exterior y sobre determinadas medidas de prevención del blanqueo de capitales*. Para tanto, revogou expressamente a Ley nº 40/1979, mas, paradoxalmente, ressalvou a vigência do cap. II desta lei – que previa exatamente os *delitos monetários* e outras normas relacionadas à responsabilidade penal e ao procedimento. A única conclusão possível, ante a ausência de sanção penal validamente prevista (a partir da STC 160/1986), é a de que as condutas descritas no art. 6º da Ley nº 40/1979, apesar de ainda consideradas formalmente em vigor, poderiam continuar configurando, quando muito, meras infrações administrativas, uma vez satisfeitos os pressupostos jurídicos destas modalidades de ilícitos cambiais. A exposição de motivos da Ley nº 19/2003 – ao manifestar o esvaziamento do interesse político na manutenção da tutela penal cambial – somada à ausência de sanção penal válida para os delitos do art. 6º da Ley nº 40/1979 – após a STC 160/1986 – indicam que o Direito espanhol abdicou do controle penal exercido sobre operações de câmbio. Nesse rumo, o controle administrativo sobre algumas operações que ainda se mantém vigente com a Ley nº 19/2003 – remessa física de moeda metálica, bilhetes e cheques bancários ao portador em valor superior a 5.000.000 de pts, por pessoa e viagem diária –, deve-se à permanência da necessidade de tutela penal apenas sobre fraudes fiscais e outras formas de criminalidade organizada, especialmente a lavagem de dinheiro. Nesse sentido: Nieto Martín, Adán. "Ordenamiento comunitario y derecho penal económico : relaciones en el presente y en el futuro". In *AP*, Madrid: La Ley Actualidad, fascículo 2, 1995, pp. 599-600 (pp. 593-695); Buján Pérez, Carlos Martínez. *Derecho Penal Económico*, cit., pp. 698-707.

do tema em cada país.²⁸⁶ A inserção do ilícito-típico em classificações positivadas em desconformidade com o conceito material ora proposto pode gerar, por vezes, o próprio esvaziamento do conceito material de crime econômico. Por exemplo: a inclusão de muitas fraudes perpetratadas com aptidão de ofensa da ordem econômica (*lato sensu*) na definição de crimes contra o patrimônio, relativiza sobremaneira os efeitos jurídicos, substantivos e adjetivos dessa forma autônoma de tutela.²⁸⁷

---

²⁸⁶ A prova concreta disso é o amplo debate doutrinário relacionado à natureza do bem jurídico nos crimes de fraude fiscal, ou seja, se estaríamos diante da tutela patrimonial-estatal (que deveria se submeter às condições dogmáticas dos crimes patrimoniais) ou se, ao contrário, a proteção estaria orientada à verdade-transparência do tráfico jurídico-fiscal. A análise cuidadosa de cada orientação doutrinária indica que as variações nos posicionamentos estão normalmente relacionadas à forma como o ilícito-típico é descrito em cada legislação, isto é, se a definição legal da conduta exige, como condição para a consumação, uma violação (efetiva obtenção de vantagem fiscal pelo agente) ou se, pelo contrário, contenta-se com a fraude orientada a essa vantagem, que é desnecessária, entretanto, para a realização completa da adequação típica (crime de perigo, pois). Na Alemanha, a grande maioria da doutrina reconhece que o crime fiscal definido no § 370 da AO possui a natureza de crime patrimonial e de violação ao erário, tendo em vista a exigência da obtenção da redução dos impostos ou do benefício fiscal. Nesse sentido, citando outros autores: TIEDEMANN, Klaus. *Poder Económico y Delito*, cit., pp. 91-110; "Empresas Multinacionles y Delincuencia Fiscal". In *ADPCP*. Madrid, vol. 29, fasc. 1, ene-abr/1976, pp. 487-503. No Brasil, em termos semelhantes, o tipo penal do art. 1º da Lei nº 8.137/90 descreve, como condutas típicas, a supressão ou a redução do tributo associada às fraudes descritas em seus incisos, o que levou a doutrina, especialmente influenciada pelo julgamento do habeas corpus nº 81.611 pelo STF – que exigiu, como condição à propositura da ação penal nos crimes fiscais, o encerramento do processo administrativo de apuração do tributo –, a também considerar o crime como de violação do bem jurídico. O art. 305 do Código Penal espanhol segue a mesma lógica da exigência de lesão efetiva ao erário, razão pela qual a doutrina espanhola dominante conclui se tratar de uma modalidade de "estafa" relacionada ao patrimônio público (BAJO FERNÁNDES, Miguel; BACIGALUPO, Silvina. *Delitos Tributarios y Previsionales*. Buenos Aires: Hammurabi, 2000, p. 54). Em Portugal, contudo, a fraude fiscal definida no art. 103 do RGIT condiciona a consumação apenas às condutas que "*visem* a não liquidação, entrega ou pagamento da prestação tributária ou a obtenção indevida de benefícios fiscais, reembolsos ou outras vantagens patrimoniais susceptíveis de causarem diminuição das receitas tributárias". Em termos de política criminal, esta definição incorre numa notória *proteção avançada* (*Vorfeldschutz*) capaz de antecipar a intervenção penal. Obviamente que uma definição legal nesses termos influencia decisivamente na mudança do bem jurídico tutelado. Essa razão é que leva FIGUEIREDO DIAS e COSTA ANDRADE a entenderem que a fraude fiscal assegura "proteção penal tanto aos valores da verdade-transparência" [dada a exigência de fraude documental] quanto os "interesses patrimoniais-fiscais" [em razão do fim especial de agir] (FIGUEIREDO DIAS, Jorge de; COSTA ANDRADE, Manuel da. "O crime de Fraude Fiscal no Novo Direito Penal Tributário Português: Considerações sobre a Factualidade Típica e o Concurso de Infracções". In *Direito Penal Económico e Europeu: Problemas Especiais*. Coimbra: Coimbra/IDPEE/FD-UC, 1999, vol. II, pp. 419-420 (pp. 411-438). À semelhança da definição portuguesa, também o art. 2º do Decreto Legislativo nº 74/2000`, na Itália, exige apenas o "fine di evadere le imposte sui redditi o sul valore aggiunto" (arts. 3.1, 4.1, 5.1 etc.). Sobre a avaliação geral dessa polêmica envolvendo a natureza da ofensividade nos crimes fiscais, v.: D'AVILA, Fabio Roberto. *Ofensividade e Crimes Omissivos Próprios*, cit., pp. 326-328.

²⁸⁷ Isso é constatado na ausência de especialização da tutela penal em dados ordenamentos jurídicos, *v.g.*, quando tipificam ofensas contra a ordem econômica *lato sensu* como espécie de burla. Tal delito, por tutelar direitos individuais, normalmente é definido sob o estatuto dogmático de crimes de violação e de vitimização atomizada. Nosso CP tipifica no crime de estelionato (art. 171) muitas fraudes praticadas em detrimento da seguridade social, compensando o caráter supraindividual da ofensa mediante o aumento da pena previsto no § 3º (A pena aumenta-se de um terço, se o crime é cometido em detrimento de entidade de direito público ou de instituto de economia popular, assistência social ou beneficência). A natureza de *accidentalia delicti* dessa circunstância, contudo, não impede que os elementos essenciais da definição legal sejam aproximados do suposto fático sob a lupa do crime individual, gerando soluções muitas vezes incompatíveis com a proteção jurídica de um interesse quem, em substância, é supraindividual.

De outro lado, não são poucos os casos que se aproximariam sobremaneira do sistema de proteção jurídico-penal da ordem econômica, mas que, em razão de uma ofensividade meramente reflexa à política econômica *lato sensu*,[288] ou mesmo de uma delimitação coletiva – e não supraindividual – dos interesses tutelados,[289] acabam não se adequando completamente ao conceito restritivo ora apresentado.

Nesses casos, mesmo a delimitação arbitrária da definição aqui proposta seria incapaz de, a toda evidência, possibilitar uma solução completamente satisfatória, ainda que tais contradições não sejam capazes de desqualificar a utilidade da sistematização focalizada especificamente em nosso objeto de estudo.[290] Pelo contrário, conforme referimos antes, tais dificuldades estão a comprovar a importância crítica que desempenha o conceito material.

Feitas essas ponderações, vejamos, a seguir, a forma como a delimitação proposta convive com a ordem econômica, agora pelo prisma penal-constitucional.

2.5. O crime econômico enquanto ofensa a bens jurídicos em sua dimensão constitucional

2.5.1. A ineficácia dos princípios da subsidiariedade e da fragmentariedade segundo o estatuto dogmático e político criminal de fundamentação do direito penal construído a partir de suas consequências jurídicas

Também o direito penal secundário deve buscar sua legitimidade a partir de uma intervenção jurídica minimamente necessária. Esse é um legado do direito penal liberal que, mesmo após revista sua base essencialmente individualista, sobrevive ao surgimento de novos interesses jurídicos carentes de

---

[288] Exemplo interessante pode ser encontrado na tutela penal sobre o meio ambiente: apesar de tais crimes também ostentarem a mesma característica de ofensa a interesses supraindividuais no contexto da fluidez e da transitoriedade da proteção jurídica globalizada, somente aceitariam uma definição materialmente econômica em razão de serem praticados, normal e principalmente, no âmbito da atividade empresarial. Nesse sentido: GARCÍA CAVERO, Percy. *Derecho Penal Económico. Parte General*, cit., pp. 61-62. Por essa razão é que entendemos pertinente a separação entre crimes econômicos e crimes empresariais – estes, sim, capazes de alcançar os crimes ambientais. Em sentido contrário, pensando que os crimes ambientais também estão inseridos na especialização do direito penal econômico: FARIA COSTA, José de. *Direito Penal Económico*, cit., p. 37.

[289] É o caso dos crimes contra a organização do trabalho (arts. 197 a 207 do CP brasileiro; art. 222 do CP português, embora descrito dentre os crimes contra o patrimônio) ou contra os direitos dos trabalhadores (arts. 311 a 318 do CP espanhol). Especificamente em relação a lesões patrimoniais que atingem vítimas concretas, podemos lembrar dos crimes falenciais, que, por protegerem interesses individuais – coletivizados, ou não –, escapam de nossa conceitualização de crimes econômicos. Sobre a natureza patrimonial dos crimes falenciais, v.: CAEIRO, Pedro. *Sobre a Natureza dos Crimes Falenciais*. Coimbra: Coimbra, 2003, pp. 44-77.

[290] "Os critérios de distinção têm sempre de ser entendidos como instrumentos provisórios. Mais. Para lá do seu caráter provisório têm ainda eles que ser vistos – em uma linha de retorno crítico – como categorias operacionais que nos fazem só atingir resultados tendenciais" (FARIA COSTA, José de. *Noções Fundamentais de Direito Penal*, cit., p. 31).

proteção. A unanimidade referida, entretanto, longe está de atingir níveis satisfatórios de consenso acerca dos limites e da eficácia dessa matriz axiológica.

A estrutura dogmática do princípio da intervenção penal mínima normalmente é vista a partir de sua dupla abrangência.[291] Num primeiro sentido, reconhece-se que a intervenção penal, exatamente por causar as restrições mais severas na liberdade individual, deve ser *subsidiária*, no sentido de que o direito penal poderia ser chamado a intervir somente quando outros meios de controle social disponíveis – educativos, culturais, políticos, jurídicos etc. – mostrassem-se ineficazes ou insuficientes para a proteção de determinados interesses.[292] Já o princípio da *fragmentariedade* seria um corolário do caráter descontínuo e secundário[293] do ilícito típico de natureza penal: o direito penal seleciona, dentre os diversos supostos fáticos que se revelam contrários ao ordenamento jurídico, somente aquelas ofensas com gravidade suficiente a justificar a necessidade do poder punitivo.

O adensamento dogmático a que se submeteu o princípio da intervenção penal mínima no século XX encontrou, na fórmula de Mayer, contornos ainda hoje relativamente aceitos: a proteção penal de bens jurídicos exige que o interesse *mereça* (*schutzwürdig*), *necessite* (*schutzbedürftig*) e seja *capaz* (*schutzfähig*) de tutela. O *merecimento* de proteção de um bem seria determinado pelo seu significativo reconhecimento cultural; a *necessidade* de proteção estaria associada à exigência de vulnerabilidade do interesse a ser protegido contra ofensas culturalmente reconhecidas; por fim, a *capacidade* da tutela estabeleceria que interesses merecedores e carentes de proteção nem sempre detêm aptidão de prevenção de ofensas pela via do direito penal.[294]

Em termos atuais, vêm-se condensando tais fórmulas a partir das exigências de *dignidade penal* e *carência de tutela penal*: o primeiro limite, essencialmente negativo – relacionado à ideia de *fragmentariedade* –, consiste no "juízo qualificado de intolerabilidade social, assente na valoração ético-social da conduta"; o segundo, capaz de legitimar também *positivamente* a proteção mediante a conjugação das garantias de *subsidiariedade* e da *ultima ratio*, exige um "juízo de necessidade (*Erforderlichkeit*), por ausência de alternativa idónea e eficaz de tutela não penal" e também "um juízo de idoneidade (*Geeignetheit*) do direito penal para assegurar a tutela, e para fazê-lo à margem de custos desmensurados no que toca ao sacrifício de outros bens jurídicos, máxime a liberdade".[295]

---

[291] Mir Puig, Santiago. *Derecho Penal. Parte General*. 5. ed. Barcelona: Reppertor, 1998, pp. 88-90; Schmidt, Andrei Zenkner. *O Princípio da Legalidade no Estado Democrático de Direito*. Porto Alegre: Livraria do Advogado, 2001, n. 4.4.3.

[292] Silva Sánchez, Jesús María. *Aproximación al Derecho Penal Contemporáneo*, cit., p. 247.

[293] Liszt, Franz von. *Tratado de Derecho Penal*. Trad. por Luis Jimenez de Asua. 4. ed. Madrid: Reus, 1999, t. II, pp. 10-11. Digno de registro que Liszt já ressaltava, também, a missão peculiar do direito penal de defender energicamente os interesses especialmente *dignos* e *necessitados* de proteção (*op. cit.*, p. 9).

[294] Mayer, Max Ernst. *Derecho Penal. Parte Geral*. Trad. por Sergio P. Lifschitz. Montevideo/Buenos Aires: B de F, 2007, pp. 28-29. De se referir, ademais, que Mayer, no exame da *schutzfähig*, já ressaltava que também o "preço que se deve pagar" pela tutela penal deve ser levado em consideração no exame de sua necessidade.

[295] Costa Andrade, Manuel da. "A 'Dignidade Penal' e a 'Carência de Tutela Penal' como Referência de uma Doutrina Teleológico-Racional do Crime". In *RPCC*, Coimbra, abr-jun/1992, ano 2, fasc. 2, pp. 185-186

Nesse sentido, o princípio da intervenção penal mínima (fragmentária e subsidiária), contemporaneamente, funcionaria como um instrumento não só de limitação do poder punitivo, senão também de fundamentação da área específica dos conflitos sociais em que o direito penal poderia ter incidência. Em seu estatuto político-criminal, tais garantias conjugam a perspectiva utilitarista-contratual beccariana da busca, através do direito penal, da "máxima felicidade compartilhada pela maioria"[296] com a não menos relevante tarefa de, para tanto, acarretar o menor sofrimento possível da minoria eventualmente atingida pelo poder punitivo ("mínimo de prevenção imprescindível").[297] Ao Estado, pois, incumbiria proteger o cidadão não só *mediante* o direito penal, senão também *do* direito penal.[298]

Não são poucas, entretanto, as dificuldades teóricas que recaem sobre o princípio da intervenção penal mínima, a começar por sua fundamentação. O direito penal liberal, por razões históricas evidentes, delimitou o seu horizonte principiológico a partir de uma construção filosófico-contratualista limitadora do poder punitivo. Além disso, a política criminal incorporou, no âmbito da ciência penal, o objetivo relacionado à proteção fragmentária e subsidiária de bens jurídicos sem ter de socorrer-se, para tanto, de uma fundamentação metajurídica ou, sequer reflexamente, constitucional desses princípios – até mesmo porque essas garantias eram reconhecidas como "direitos naturais" assegurados "através" da lei.[299]

Mesmo no decorrer da segunda metade do século XX, boa parte da doutrina penal, apesar de encontrar amparo constitucional para a racionalidade da intervenção penal mínima e admitir também a sua eficácia legitimadora positiva,[300] continuou a reconhecer que os princípios da subsidiariedade e da

---

(pp. 173-205); "Merecimento de Pena y Necesidad de Tutela Penal como Referencias de una Doctrina Teleológico-Racional del Delito". In Silva Sánchez, Jesús María [org]. *Fundamentos de un Sistema Europeu des Derecho Penal (Libro-Homenaje a Claus Roxin)*. Barcelona: Bosch, 1995, pp. 153-180. Em termos semelhantes, fazendo a diferença, contudo, entre *necessidade* e *merecimento* da proteção penal: Jescheck, Hans-Heinrich. *Tratado de Derecho Penal*. 4. ed. Trad. por José Luis Manzanares Samaniego. Granada: Comares, 1993, p. 38 (§ 7, I); Volk, Klaus. "Decriminalizzazione Mediante Criteri di Meritevolezza di Pena al di là della Struttura del Reato". In Volk, Klaus. *Sistema Penale e Criminalità Economica. I rapporti tra dommatica, politica criminale e processo*. Napoli: Scientifiche Italiane, 1998, pp. 213-266; Silva Sánchez, Jesús María. *Aproximación al Derecho Penal Contemporáneo*, cit., pp. 288-291. Sobrepondo, contudo, o critério da *necessidade* da pena aos demais (abarcando a "meritevolezza", a "proporzionalità", o "bisogno" e a "legalità" da pena), porém chegando a semelhantes conclusões: Mantovani, Ferrando. *Principi di Diritto Penale*. Padova: CEDAM, 2002, p. XXIV.

[296] Beccaria, Cesare. *Dos Delitos e das Penas*. Trad. por Lucia Guidicini e Alessandro Berti Contessa. 2. ed. São Paulo: Martins Fontes, 1997, pp. 39-40.

[297] Ferrajoli, Luigi. *Derecho y Razón*, cit., n. 24; Mir Puig, Santiago. *Derecho Penal*, cit., p. 89.

[298] Roxin, Claus. "Sentido e Limites da Pena Estatal", cit., p. 28.

[299] Como bem observa Castanheira Neves, o contratualismo moderno-iluminista reconhecia "direitos naturais" como pressupostos e pontos de partida fundamentantes do mesmo contratualismo, ou seja, esses direitos se pensavam assegurados *através* da lei – mas não acima dela – contratualisticamente constituída. A "lei iluminista (e revolucionária) se podia identificar com o direito porque nas suas racionalidade e universalidade os valores da liberdade e da igualdade se assimilariam e garantiriam" (Neves, António Castanheira. "Entre o Legislador, a Sociedade e o Juiz ou entre Sistema, Função e Problema – Modelos Actualmente Alternativos da Realização do Direito", cit. pp. 231 e 240).

[300] Basta lembrar que Roxin, já em 1966, sustentava que o Estado moderno tinha por função proteger bens jurídicos "previamente dados" e também assegurar, se necessário através do direito penal, porém de forma

fragmentariedade seriam primordialmente diretrizes de política-criminal deduzidas diretamente do sentido da pena[301] e que teriam como destinatário o legislador.[302] Não seriam, contudo, mandados aptos a produzir-lhe alguma vinculação.[303]

Dessa construção teórica terá de ser deduzido o reconhecimento da diminuta eficácia dessas garantias, incapazes de constituir um rigoroso limite para a atividade legiferante: inexistem marcos delimitados para a distinção entre merecimento ou não de tutela penal, para a definição dos diversos graus de ofensa ou para a identificação da intolerabilidade social do desvio.[304]

Afora estes problemas relacionados à determinação da *necessidade* da proteção, não menos problemático é o exame da *efetividade* da tutela. A história do direito penal, observa Mantovani, é a história paradoxal de sua "perene crise": a missão reducionista do poder punitivo sempre esteve contraditada por uma realidade incapaz de assimilar a sua substituição pelo fortalecimento dos mecanismos de controle sociocultural, jamais observando modelos alternativos sistematicamente implementados em qualquer país. Mas também de sua "perene vitalidade": a pena sempre resistiu a todos os ataques promovidos pela ciência, consolidando-se consensualmente como um expansionista instrumento de resposta proporcional à gravidade do crime. Nesse sentido, a superação da dicotomia entre "ser" e "dever ser" do poder punitivo ser-nos-á adequada para a compreensão de que a efetividade, embora pauta legítima de justificação do direito penal, assume um papel secundário, pois (a) sob o ponto de vista normativo, uma pena efetiva, porém desnecessária, é ilegítima, mas uma pena necessária, ainda que inefetiva, pode ser, apesar disso, legitimada, e (b) sob o ponto de vista empírico, as ciências sociais, além de não terem a capacidade de fornecer um material satisfatoriamente adequado à imensa amplitude e complexidade dos sistemas sociais, fecham os olhos para uma "esperienze umane generalizzate" legítima, apesar de indemonstrável: ao lado de uma minoria de sujeitos que não delinque também sem a pena e uma minoria que delinque apesar da pena, existe uma maioria de sujeitos que não delinque por causa da pena.[305]

Nesse rumo, se buscarmos, de fato, a missão do princípio da intervenção penal mínima a partir dos resultados preventivos concretamente obtidos através da criminalização da conduta – legitimando o direito penal somente nos

---

subsidiária, o cumprimento de prestações públicas necessárias ao livre desenvolvimento da personalidade do cidadão, "que a nossa Constituição considera como pressuposto de uma condição digna" (Roxin, Claus. "Sentido e Limites da Pena Estatal", cit., p. 28).

[301] Roxin, Claus. "Sentido e Limites da Pena Estatal", cit., p. 28.

[302] Maurach, Reinhart. *Tratado de Derecho Penal*. Trad. por Juan Cordoba Roda. Barcelona : Ariel, 1962, t. I, p. 29 (§ 2, III, 13); Zipf, Heinz. *Introducción a la Política Criminal*, cit., p. 43. Na doutrina espanhola, nesse mesmo sentido: García-Pablos de Molina, Antonio García-Pablos. *Derecho Penal. Introducción*. Madrid: UCM, 2000, p. 377 (nota n. 108). Em sentido contrário, observando que a limitação também vincula a aplicação judicial do direito: Mir Puig, Santiago. *Introducción a las Bases del Derecho Penal*. 2. ed. Montevideo/Buenos Aires: B de F, 2003, p. 143.

[303] Roxin, Claus. *Derecho Penal*, cit., § 2, XI, 31.

[304] Mantovani, Ferrando. *Principi di Diritto Penale*, cit., pp. XXIV-XXV.

[305] Mantovani, Ferrando. "Il Vero 'Diritto Penale Minimo'", cit., pp. 866-875.

casos em que este se revele eficaz para o controle social –, então seremos obrigados a reconhecer que tal princípio assume uma função crítica precária, destinada, tão somente, às futuras revisões legislativas no âmbito da tutela penal; de *lege lata*, pouca, senão nenhuma, seria a contribuição.[306] Daí ser válida, pelo menos sob esta perspectiva prevencionista que leva em conta os fins da pena, a objeção de que a subsidiariedade e a fragmentariedade não seriam suficientes para a delimitação do objeto da tutela, porque a conjugação desses princípios com a missão protetiva de bens jurídicos possibilita legitimar qualquer tipo de norma.[307]

2.5.2. A eficácia possível dos princípios da subsidiariedade e da fragmentariedade vista a partir do objeto da norma penal

Caso revisitemos, de forma crítica, os fundamentos do princípio da intervenção penal mínima, poderemos perceber que boa parte desses problemas podem ser compreendidos, quiçá contornados, a partir de ótica diversa. E o abandono do modelo de fundamentação do direito penal a partir das finalidades da sanção criminal é um passo adequado a tanto.

Falamos, em específico, na busca por um modelo alternativo de direito que, sem se apresentar com a autonomia formal do normativismo legalista, ou mesmo com o instrumentalismo dissolvente do funcionalismo jurídico, realize a opção entre *sentido* e *eficácia*, entre *validade* e *utilidade*, através da "perspectiva de imanência microscópica" do homem-pessoa sobre o qual deve recair a normatividade axiologicamente fundada. Temos por correta a visão de que o direito está "a serviço de uma prática pessoalmente titulada e historicamente concreta" que focaliza a sua intencionalidade na realização do homem-pessoa titular de "seu direito" e de "seu dever/responsabilidade",[308] porque há uma convocação problemática do direito pelo homem concreto que vive e comunitariamente convive com os acontecimentos práticos da interação histórico-social. O relevante, portanto, é considerar-se a "axiológica normatividade de uma *validade* como *ius* que intenciona uma sua realização histórico-concreta mediante o *juízo* prático sobre a inter-ação pessoalmente titulada e comunitariamente responsável".[309] Realização esta que obtém a sua racionalidade não a

---

[306] Nesse sentido, reconhecendo que o caráter fragmentário do direito penal "no constituye un pressupuesto normativo, sino que desempeña meramente una función empírico-descriptiva" e, em todo caso, "la cuestión de cómo se distribuirían los fragmentos penales en el ordenamiento jurídico no es un requisito normativo": TIEDEMANN, Klaus. *Manual de Derecho Penal Económico*, cit., p. 70.

[307] VOLK, Klaus. "Diritto Penale ed Economia". In *RTDPE*, Padova: CEDAM, ano XI, n. 2-3, apr-sett/1998, p. 480 (pp. 479-491).

[308] NEVES, António Castanheira. "Entre o Legislador, a Sociedade e o Juiz ou entre Sistema, Função e Problema – Modelos Actualmente Alternativos da Realização do Direito", loc. cit., p. 244. Em detalhes: NEVES, António Castanheira. *Metodologia Jurídica – Problemas Fundamentais*. Coimbra: Boletim da Faculdade de Direito, 1993, pp. 9-81.

[309] NEVES, António Castanheira. "Entre o Legislador, a Sociedade e o Juiz ou entre Sistema, Função e Problema – Modelos Actualmente Alternativos da Realização do Direito", loc. cit., p. 245.

partir de um teórico universal sistemático, mas sim "por uma prática fundamentação normativa material".[310]

A busca pela autonomia de uma validade normativa material realizável numa prática problemática e judicanda nesses termos pode partir de uma base onto-antropológica do homem enquanto pessoa. Um homem que, situado cultural e historicamente, tenha reconhecida a sua dignidade não mais sob uma ótica meramente "individualista" como sujeito de direitos, senão também como alguém que se submete a um compromisso de responsabilidade ética *"perante a pessoa* em todo o universo humano" e *"da pessoa* relativamente a esse universo", isto é, como sujeito de deveres. O ser-aí-diferente do homem contemporâneo – que constrói a sua identidade cultural a partir do preço demasiadamente alto com que teve de arcar sempre que tratado a partir de uma lógica formal-objetiva ou instrumental-funcional – tem a sua peculiaridade exatamente nas relações de cuidado perante si e perante os outros. Um *fundamento* tal expressa uma *ratio*, um *argumentum* de validade que manifesta um sentido normativo que transcende a individualidade das relações intersubjetivas – que deixam de ser vistas apenas a partir de interesses que convêm a um indivíduo frente o seu semelhante, à míngua de qualquer reciprocidade relacional –, através da referência e assunção de um comum integrante no bojo do qual a dignidade e a igualdade têm de atuar como parâmetros de reconhecimento do homem como sujeito, e não como objeto. Um *fundamento* capaz de submeter o direito à "instituição de uma validade", e não a um "mero instrumento social de racionalização e satisfação de interesses ou de objectivos político-sociais".[311]

Exatamente por essa razão é que também o direito penal não pode colher a sua *fundamentação*, de um lado, exclusivamente na lógica formal-objetiva interna ao próprio ordenamento jurídico e, de outro, na busca por uma eficácia vista apenas como um elemento de organização social que considere suas decisões concretas como inseridas no panorama estratégico dessa mesma organização. Uma norma penal pode buscar determinados interesses, mas não são esses interesses que fundamentam a existência, em si, da própria norma.[312]

Algumas relações entre o homem e determinado bem jurídico são elevadas à dignidade penal porque há um juízo valorativamente positivo sobre a aptidão do valor para a satisfação das necessidades humanas. Valoração que é obtida, em sua gênese, sobre os termos externos e objetivos da relação de onde são extraídas as razões do recorte fragmentário sobre determinados cuidados que merecerão a proteção jurídico-penal.[313]

---

[310] Neves, António Castanheira. "Entre o Legislador, a Sociedade e o Juiz ou entre Sistema, Função e Problema – Modelos Actualmente Alternativos da Realização do Direito", loc. cit., p. 259. Trata-se de um sentido axiológico que, antes de ser implícito à norma, é buscado na diferença da intencionalidade que se compreende apenas "quando os homens, na sua irresistível e instável concretude comunitária, assumem e mediatizam justamente esses mesmos valores" (Faria Costa, José de. *O Perigo em Direito Penal*, cit., p. 63, especialmente nota n. 92).

[311] Neves, António Castanheira. "Entre o Legislador, a Sociedade e o Juiz ou entre Sistema, Função e Problema – Modelos Actualmente Alternativos da Realização do Direito", loc. cit., pp. 258-259.

[312] Faria Costa, José de. *O Perigo em Direito Penal*, cit., p. 61.

[313] Faria Costa, José de. *O Perigo em Direito Penal*, cit., pp. 61-62, nota n. 88 e p. 251.

Nesse contexto, o controle sociocultural é normalmente visto como o primeiro instrumento de contenção da deturpação das relações de cuidado do "eu" para com os outros e para comigo mesmo; o controle jurídico, de seu turno, irá delimitar áreas específicas em que tais relações clamem por necessidade de proteção; e o controle jurídico-penal, por fim, selecionará, através do tipo penal, apenas os níveis intoleráveis da subversão relacional fenomenológica, compreendidos enquanto dados históricos previamente pressupostos pela própria norma.[314]

Um determinado valor pode abandonar a sua irrelevância (ou pouca relevância) relacional para, em determinado contexto histórico, assumir a relação de cuidado-de-perigo com dignidade de proteção penal, assim como tal característica, outrora presente, esvaecer-se (absoluta ou relativamente) em sua significação de cuidado. A dignidade penal do interesse a ser protegido, portanto, obtém-se a partir de uma fundamentação metajurídica e que pode, em muitas circunstâncias, ser a "ponte para a correta compreensão de sua mutabilidade".[315]

O direito penal não protege todos os bens, mas sim certos e determinados bens ou valores "que, em uma determinada comunidade e em um determinado momento histórico, constituem o mínimo ético que não pode ser, nem mais, nem menos, do que o núcleo duro dos valores que a comunidade assume como seus e cuja proteção permite que ela e todos os seus membros, de forma individual, encontrem pleno desenvolvimento em paz e tensão de equilíbrio instável".[316]

Da base fenomenológica dessa *fragmentariedade* resulta a compreensão de que a coação penal incidente em determinados contextos de perturbação intolerável (vida e patrimônio, por exemplo) desempenha uma função primária para o exercício do *jus puniendi*, ou seja, o direito penal "representa uma constante histórica da relação onto-antropológica que fundamenta qualquer comunidade".[317]

Esse é o equívoco que, em nosso sentir, incorre parte da doutrina penal ao afirmar que o poder punitivo seria *subsidiário*, no sentido de que o poder punitivo poderia incidir apenas nos casos em que outros instrumentos de contenção social não se revelassem satisfatórios. Em determinadas áreas, o direito

---

[314] Faria Costa, José de. *O Perigo em Direito Penal*, cit., pp. 62-63. Sem referir um fundamento fenomenológico, mas chegando à mesma conclusão: Mantovani, Ferrando. "Il Vero 'Diritto Penale Minimo'", cit., p. 877.

[315] Faria Costa, José de. *Tentativa e Dolo Eventual (ou da Relevância da Negação em Direito Penal)*. Coimbra: Coimbra, 1995, p. 18.

[316] Faria Costa, José de. *O Perigo em Direito Penal*, cit., p. 302. "E é justamente na prejudicial oscilação dessa teia de cuidados", observa D'Ávila avocando a lição de Faria Costa, "que o direito penal, através dos signos que lhe são próprios, irá buscar os elementos informadores de seu núcleo fundamental, o ilícito. O ilícito, em tal horizonte compreensivo, nada mais é que a expressão jurídico-penal da desvaliosa oscilação da tensão originária da relação onto-antropológica de cuidado-de-perigo. Não obviamente qualquer oscilação, mas apenas aquela que, aos olhos da comunidade historicamente situada, é tida por insuportável. O direito penal enquanto ponto forte de convergência dos princípios da segurança e da culpa, é a expressão fragmentária da ordem de valores que a objetivação do cuidado faz emergir, e cuja insuportável violação é denunciada pelo ilícito". (D'Ávila, Fabio. "Ontologismo e Ilícito Penal", cit., pp. 266-267).

[317] Faria Costa, José de. *O Perigo em Direito Penal*, cit., p. 310, nota n. 71.

penal sempre foi utilizado como um mecanismo imediato e direto de controle cuja utilização não poderia resultar condicionada à frustração da eficácia esperada de outros meios.³¹⁸

É certo que, historicamente, a matéria sobre a qual a proteção penal sempre incidiu primariamente é variável, mas o que muda é o conteúdo do bem jurídico, e não o caráter *fragmentário* de um direito penal que nem sempre é *subsidiário*. "Isso demonstra a historicidade da valoração inerente ao sentido fragmentário que envolve o direito penal, mas não demonstra, por certo, uma função secundária para o direito penal".³¹⁹

Longe estamos de apregoar, com essas conclusões, que essa seja a única forma de fundamentar-se o direito penal, pois os objetivos políticos da sanção penal não se podem ignorar como dados históricos do *devir* do poder punitivo. No entanto, deslocar-se para o objeto fenomenológico do ilícito o núcleo mais relevante do fundamento do direito penal é uma decisão epistemológica que colabora para a melhor compreensão do fenômeno "poder punitivo" em toda a sua complexidade. E tal resultado fica claro quando tratamos dessa releitura do princípio da *subsidiariedade* aqui proposta.

Não estamos alegando que o direito penal não esteja proibido de intervir em determinadas áreas específicas. Assim como a historicidade nos foi pródiga em demonstrar que o poder punitivo incide primariamente em determinados bens jurídicos, não menos verdade é que, em outros tantos interesses (que também se submeteram a uma carga axiológica variável), a intervenção penal sempre se mostrou constrita. É dizer: "por mais concentratório e absolutista que o poder de qualquer comunidade se apresente, é impossível não conceber áreas onde não interfere o direito e, de forma mais patente, áreas onde o direito penal não pode penetrar".³²⁰ Tais contextos fenomenológicos de vedação, contudo, não confirmam uma natureza *secundária* do direito penal, pois em relação a outros interesses comunitários, englobados pelo mínimo ético, a coação penal sempre foi utilizada primariamente.³²¹

De mais a mais, a concepção fenomenológica que ora se apresenta também nos autoriza a renunciar a uma visão de *subsidiariedade* sob a ótica da eficácia do direito penal.³²² A frustração do cuidado para com os outros e para consigo mesmo, verificada quando da prática de uma determinada infração, origina

---

³¹⁸ Apesar de partir de uma fundamentação diversa da aqui exposta, Schünemann também pondera não ser "sustentável a tese de que o emprego do direito penal é em princípio subsidiário e posterior ao controle por autoridades da administração", pois "um sistema de controle administrativo não pode substituir a utilização do direito penal, mas apenas complementá-la, e que por vezes se pode dispensar o controle administrativo mais facilmente do que o direito penal" (Schünemann, Bernd. "O direito penal é a *ultima ratio* da proteção de bens jurídicos", cit., pp. 22-23 [pp. 9-37]).

³¹⁹ Faria Costa, José de. *O Perigo em Direito Penal*, cit., p. 310, nota n. 71.

³²⁰ Faria Costa, José de. *O Perigo em Direito Penal*, cit., p. 310, nota n. 71.

³²¹ Até mesmo porque, na síntese de Mantovani, "il vero problema del riduzionismo e del garantismo del diritto penale, il vero problema del 'diritto penale minimo' sta, innanzitutto, nella previa *riduzione della criminalità*. (...) Senza la riduzione delle condotte antisociali e le pur non inopportune depenalizzazioni costituiscono un 'intervento di cosmesi', che muta soltanto la natura giuridica e le competenze processuali dell'illecito" ('Il Vero 'Diritto Penale Minimo'", cit., p. 878).

³²² Faria Costa, José de. *O Perigo em Direito Penal*, cit., p. 313.

uma nova relação, desta feita assumida pelo detentor do *jus puniendi*, que "desencadeia o fluxo comunicativo jurídico-penalmente relevante: a pena".[323]

Conforme veremos adiante em pormenores (n. 5.2.1, *infra*), no âmbito de relações concebidas a partir de uma raiz onto-atropológica, "a pena tem um sentido e uma finalidade ético-jurídicos essencialmente retributivos", no bojo da qual a culpa atua não só como seu limite, senão também como seu fundamento.[324] A incidência do poder punitivo, nos estritos limites da liberdade/culpa e do tipo legal de crime, justifica-se exatamente como forma de restabelecimento comunicacional da relação primária violada, por meio da agressão institucional à esfera personalíssima do "eu" infrator que, sem ser desvirtuado em *res*, deve manter a sua qualidade de ser-aí-diferente responsável para com o cuidado de si e para com o cuidado dos outros.[325] Consequentemente, a *fragmentariedade* do poder punitivo encontra a sua fundamentação "no reforço da eticidade de todo o modo-de-ser da vida comunitária, porque também pressupõe o reencontro, o chamamento ou o alerta para com a relação de cuidado originária".[326]

Uma relação matricial de cuidado, nos termos aqui expostos – e em estrita consonância com o modelo proposto por Faria Costa –, submete-se à intencionalidade normativa estatal através da seleção de tipos de ilícito que, em seu conjunto, constituem uma teia relacional de especiais cuidados-de-perigo.[327]

Intencionalidade esta que, historicamente condicionada, leva em consideração a relevância jurídica do interesse passível de tutela – capaz de identificar o núcleo da dignidade penal do bem jurídico – a partir da relação de cuidado-de-perigo acima descrita.

O essencial é que o exame da dignidade penal do interesse passe por uma noção material de ilícito e de sanção fenomenologicamente fundada: a relevância do bem jurídico deve guardar proporção com a densidade ética da norma e com a severidade da resposta jurídica a ele subjacente.[328] Quando nos referirmos ao núcleo essencial das relações de vida em comunidade, a dignidade penal da tutela emerge imediatamente como instrumento legítimo de proteção jurídica. Contudo, à medida que o objeto da norma vai-se distanciando de bens jurídicos finais, as estratégias institucionais de proteção assumem uma significação

---

[323] Faria Costa, José de. *O Perigo em Direito Penal*, cit., p. 381, nota n. 61

[324] Faria Costa, José de. *O Perigo em Direito Penal*, cit., p. 373.

[325] Faria Costa, José de. *O Perigo em Direito Penal*, cit., pp. 384-385.

[326] Faria Costa, José de. *O Perigo em Direito Penal*, cit., p. 386.

[327] Não se pretende, com isso, incorrer num determinismo ontológico supostamente esclarecedor da dimensão exata de uma perversão historicamente condicionada do cuidado-de-perigo. O que se busca, pelo contrário, é obter, nesse substrato material fenomenologicamente concebido, os valores que terão de ser construídos juridicamente como dignos e carentes de proteção penal, seja sob o ponto de vista da "crise de legalidade-garantia" oriunda dos poderes legislativo e judiciário, seja sob a ótica da "crise de legalidade" resultante da latente inobservância das leis pelos cidadãos (Mantovani, Ferrando. "Il Vero 'Diritto Penale Minimo'", cit., p. 879).

[328] No mesmo sentido, embora sob fundamentação distinta: Silva, Eduardo Sanz de Oliveira. "O princípio da subsidiariedade e a expansão do direito penal econômico". In D'Avila, Fabio Roberto; Souza, Paulo Vinícius Sporleder de [org]. *Direito Penal Secundário*. São Paulo; RT, 2006, pp. 181-213.

rarefeita e multidirecional, incapazes de configurar um sólido sistema dotado de coerência absoluta, mas que, não por isso, possa abandonar aquela mesma fundamentação. Neste contexto – no bojo do qual se insere o direito penal econômico –, podem-se adotar, quando muito, alguns parâmetros pré-jurídicos de legitimação (positiva e negativa) focalizados na *"consciência axiológico-normativa da consciência jurídica geral da comunidade histórico-cultural"*.[329]

Só a partir de uma fundamentação metajurídica é que a compreensão axiológica da *fragmentariedade* pode buscar e encontrar a adequada densificação no quadro de uma Constituição entendia enquanto seu "referente preferencial".[330] Apenas num segundo momento – uma vez bem apreendido o contexto fenomenológico acima exposto – é que a *fragmentariedade* pode socorrer-se de uma legitimidade constitucional.

---

[329] NEVES, António Castanheira. "Entre o Legislador, a Sociedade e o Juiz ou entre Sistema, Função e Problema – Modelos Actualmente Alternativos da Realização do Direito", loc. cit., p. 260.

[330] FARIA COSTA, José de. *Tentativa e Dolo Eventual*, cit., p. 19. A lição referida, se ainda não se nos apresenta suficientemente cristalina, pode ser ainda mais explicitada: "A procura de um sentido fundante de qualquer postulado jurídico tem de se buscar primeiramente nos vários níveis axiológicos que a ordem jurídica transmite e produz. Mas nada há que impeça – a não ser a metodologia veiculada pelo estrito positivismo, cujos primeiros e últimos passos (que não são de procura do direito penal mas de conhecimento do direito), nascem e fenecem na lei positiva – que se pretende ultrapassar o máximo referente normativo positivado (a Lei Fundamental) para se ir procurar a fundamentação na intercorrência axiológica que as várias dimensões do ser e do ser social desvendam" (FARIA COSTA, José de. *Tentativa e Dolo Eventual*, cit., pp. 18-19, nota n° 23).

3. Teoria da lei penal econômica

3.1. Considerações preliminares

Quer-nos parecer que, a essa altura, seja possível observar os contornos gerais da problematização relacionada ao nosso objeto de estudo (delitos econômicos). Se tal premissa não estiver correta, entretanto, podemos revisar as linhas gerais da aproximação teórica que nos permitiu, como uma lupa focada na matéria da observação, pôr à prova as hipóteses que se apresentavam possíveis às inquietações iniciais de nossa pesquisa.

A curiosidade que nos guiou desde o início do trabalho esteve centrada na singela, porém densa, afirmação de Faria Costa: o direito penal econômico possui uma *tênue* autonomia disciplinar.[331] Mas afinal, a singeleza da premissa estaria correta? Sendo correta, em que consistiria essa *tênue* peculiaridade? Quais os efeitos jurídico-penais que poderiam ser observados de modo a amparar essa *tênue* autonomia disciplinar dos delitos econômicos?

Os dois primeiros capítulos responderam parte dos problemas enunciados. Quando nos propusemos a enfrentar a primeira indagação, tomamos consciência de que o rigor de uma intencionalidade metodológica fundante poderia contribuir para a proposição de um horizonte cognitivo que levasse a sério o objeto de estudo, a fim de atestar a segmentação teórica que nos despertou atenção. Falamos em intencionalidade na construção do saber porque a preocupação com a solidez de nossas conclusões não se poderia conformar com um conceito de crime econômico construído apenas a partir de uma raiz normativa. Fosse essa nossa preocupação, ficaríamos circunscritos à precariedade de soluções dogmáticas extraídas da objetividade de um ordenamento jurídico-penal qualquer. Chegaríamos, quando muito, a um saber-sistemático que daria as costas ao saber-problemático. Alcançaríamos, mesmo que acometidos por um otimismo exagerado, uma noção abstrata de crime econômico que se legitimaria apenas em atenção à sua própria positividade. Desprezaríamos – o que, para nós, seria o mais traumático – a compreensão de que o direito, ao fim e ao cabo, como sempre nos ensinou Castanheira Neves, é uma ciência de razão prática; uma ciência que, conquanto pretensamente normativo-sistemática, obtém *sentido* e *validade* a partir da historicidade do homem-pessoa que é o seu objeto; uma ciência que não se constrói a partir de uma autonomia

---

[331] Faria Costa, José de. *Noções Fundamentais de Direito Penal*, cit., p. 33; *Direito Penal Económico*, cit., pp. 28-29.

formalista ou de um instrumentalismo dissolvente, mas sim de uma "prática fundamentação normativa material".[332]

Assim também se passa com a construção do conhecimento focada no direito penal econômico, conquanto a ela se possa agregar, como primeiro pressuposto de sua unidade disciplinar,[333] uma *autonomia metodológica*. Nenhum ordenamento jurídico escapa de sua compreensão fenomenológica, como fato historicamente datado que é. Fenomenologia que encontrará sua racionalidade material na aproximação hermenêutica que nos permite densificar o ente essencial da existência humana: nossa irremediável condição de vulneráveis frente os perigos resultantes das relações do "eu" para com o "outro". É no "cuidado", portanto, segundo a precisa definição de Faria Costa, que situamos o fundamento da relação primeva do homem-social. O ordenamento jurídico, como fenômeno histórico, regula situações determinadas focado na proteção contra as violações que comunitariamente são reconhecidas como deturpadoras da relação onto-antropológica de cuidado-de-perigo.

Homicídios, furtos e estupros violam os núcleos mais elementares dessas relações comunicacionais. Mas da contemporaneidade podemos extrair algo de novo nas relações de cuidado: a mudança quantitativa e qualitativa dos riscos a que todos estamos expostos.[334] Riscos que se desvelam sob o ardil da incerteza e da dissimulação, não raro com potencialidade violadora que só pode ser compreendida em condições especiais de espaço-tempo; riscos que escondem, sob o manto do "progresso" imediato e individualizante, um desvalor perceptível apenas sob um olhar atento à relação dialógica entre sujeito e objeto; um olhar que não mais considera a relatividade e a complexidade como fatores de perturbação do saber. São tempos em que o pensamento universalizante e enciclopédico da modernidade cede espaço à "vertigem da especialização":[335] surge um novo homem que não mais almeja a horizontalidade, mas sim a verticalidade segmentada de um conhecimento que caminha a passos largos em direção à fragmentariedade – até mesmo porque igualmente fragmentário é o meio social sobre o qual se debruça.[336] O desafio da ciência contemporânea é resgatar essa segmentação submetendo o campo operatório a um aprofundamento analítico[337] capaz de permitir a abertura do objeto à complexidade em que ele está inserido.

---

[332] Castanheira Neves, António. "Entre o Legislador, a Sociedade e o Juiz ou entre Sistema, Função e Problema – Modelos Actualmente Alternativos da Realização do Direito", loc. cit., *passim*; *Metodologia Jurídica*, cit., pp. 9-81.

[333] "Na verdade, para que se esteja perante uma (nova disciplina) de direito penal econômico urge que se reúnam os seguintes pressupostos: metodologia própria, objeto diferenciado e autónomo, regras e princípios com particularidades ou especificidades" (Faria Costa, José de. *Direito Penal Económico*, cit., p. 19).

[334] Para uma visão geral: Prittwitz, Cornelius. "Società del rischio e diritto penale". In: Foffani, Luigi; Stortoni, Luigi [org]. *Critica e Giustificazione del Diritto Penale nel Cambio di Secolo*. Milano: Giuffrè, 2004, pp. 371-412.

[335] Faria Costa, José de. *Direito Penal Económico*, cit., p. 21.

[336] Faria Costa, José de. "O Direito, a fragmentariedade e o nosso tempo". In *Linhas de Direito Penal e de Filosofia: Alguns Cruzamentos Reflexivos*. Coimbra: Coimbra, 2005, *passim*.

[337] Faria Costa, José de. *Direito Penal Económico*, cit., p. 22.

O que faz com que essa maneira de ver as coisas assuma uma especialização metodológica no direito penal econômico: é a estratégia peculiar de compreensão das relações comunicacionais que, no segmento dos fluxos econômicos, contribuem para o incremento da vulnerabilidade do homem-social. O objetivo do primeiro capítulo foi proporcionar uma compreensão metajurídica das novas relações de cuidado-de-perigo que podem ser erigidas à condição de dignas de proteção e merecedoras de pena a partir da normatividade penal. Proteção convocada a conhecer a complexidade das relações contemporâneas entre Estado e economia, de modo a bem identificar o objeto do ilícito e a intensidade da tutela. Nesse novo horizonte cognitivo verticalizado, as deturpações já não incidem diretamente nas relações de cuidado do "eu" para com os "outros". A afetação será significativamente observada apenas na mediação institucional-regulatória que o Estado assume para si em tempos de globalização. Ainda assim, há um inegável caráter antropocêntrico tanto na conduta de matar alguém quanto na obtenção de informação privilegiada na bolsa de valores: a condição existencial do homem, afetada diretamente no primeiro caso, porém igualmente colocada em xeque no segundo (porque a violação da política econômica, no exemplo do *insider trading*, impede o homem de realizar-se como pessoa em condições relacionais de igualdade num segmento específico da economia de mercado). Portanto, o que sujeita o direito penal econômico a uma metodologia especial é a necessária percepção de que a violação que lhe interessa encontra sua dimensão fenomenológica na institucional tutela que permite a relação *coesa* entre diversas pessoas numa sociedade guiada pela economia de mercado. Só assim, em suma, o direito penal econômico encontrará um ponto de equilíbrio entre o saber-sistemático e o problemático, entre o passado e o presente da intervenção penal.

No segundo capítulo, confirmarmos outro pressuposto da autonomia disciplinar do direito penal econômico: o objeto diferenciado. Após revisão bibliográfica da delimitação conceitual normalmente proposta para os crimes econômicos, percebemos que a doutrina, de uma maneira geral, por desconhecer – ou, então, por recusar-se a conhecer[338] – a estrutura fenomenológica do objeto da tutela, ancora-se em propostas teóricas que, a despeito de intituladas *restritivas*, revelam-se rigorosamente centrípetas. Delitos essencialmente patrimoniais (furtos, estelionatos etc.), assim como fraudes das mais diversas categorias, poderiam ser consideradas como delitos econômicos apenas na condição de que, no caso concreto, houvesse uma afetação supraindividual da

---

[338] Eis o ponto central do que viemos sustentando: alguns autores descartam o exame aprofundado do real objeto de tutela dos delitos econômicos apenas por se confessarem incapazes de compreender a sua complexidade. Veja-se: "el concepto de 'ordem económico' no sierve para designar, en rigor, un bien jurídico directamente protegido en sentido técnico, ni siquiera en el caso de los delitos económicos en sentido estricto" (MARTÍNEZ-BUJÁN PÉREZ, Carlos. *Derecho Penal Económico*, cit., p. 323). Mas há boas exceções doutrinárias que, propondo um diálogo entre Direito e economia, merecem ser lembradas, tais como: MONTANI, Elenora. "*Economic Crimes*. Diritto Penale ed Economia: Prove di Dialogo". In: *RTDPE*. Padova: CEDAM, ano XVIII, n. 4, ott-dic/2005, pp. 909-936; SILVA, Ivan Luiz. *Direito Penal Econômico e Teoria da Adequação Econômica da Conduta*, cit.

vítima.[339] E mesmo as conceitualizações pretensamente formuladas sob uma perspectiva sistemático-dedutiva costumeiramente insistem na vantagem da leitura das ofensas à ordem econômica no enfoque patrimonial.[340]

Essas delimitações teóricas, em nosso sentir, apresentam dois problemas: isentam-se de uma delimitação conceitual do objeto da tutela sob uma perspectiva *ex ante* e introduzem no alcance dos delitos econômicos infrações penais cuja objetividade jurídica está centrada na proteção de direitos públicos subjetivos. O custo dogmático desses problemas é a atração, para o raio conceitual do direito penal econômico, de uma imensa gama de infrações penais que, em abstrato, não se ajustam às peculiaridades do objeto do ilícito. Dessa opção inevitavelmente decorrerão inúmeras outras consequências dogmáticas que inviabilizam a sistematização do tema: incompreensão da volatilidade imanente ao objeto da tutela; definições legais de crimes materialmente econômicos sob a lógica de uma técnica de tutela patrimonial; ausência de critérios racionais de definição legal do bem jurídico ou do tipo de proteção que lhe é conferida; incapacidade jurisprudencial de delimitação da ofensividade; ampliação da discricionariedade na atuação das agências penais etc. Em suma, uma conceitualização centrípeta pouco contribui para a confirmação da autonomia do objeto da tutela. E aquelas que, num passo além, adequadamente centralizam o foco da especialidade conceitual na *ordem econômica*,[341] deixam de densificá-la a partir dos rumos contemporâneos das relações entre Estado e economia.

O propósito do segundo capítulo foi, portanto, construir um conceito material de crime econômico verdadeiramente restritivo e efetivamente delimitado à margem de outras formas de tutela já desempenhadas pelo núcleo

---

[339] Relembre-se, no particular, a conceitualização proposta por KLAUS TIEDEMAN: "Estas figuras penales se dirigen primordialmente a la protección del patrimonio de los titulares individuales, y sólo en casos particulares importan, de modo incidental y auxiliar, la protección de intereses patrimoniales supraindividuales, las sociedades comerciales, etc. Existen casos que demuestran que la realización de tales figuras penales patrimoniales 'clásicas' del Código Penal al propio tiempo son o pueden convertirse en un delito económico. (…) Ello ocurre, especialmente, en los casos de propaganda desleal, de delitos de balance y demás delitos atinentes a la contabilidad, en los delitos concernientes a documentos de cambio y cheques, en tanto se trata de abuso de instrumentos e instituciones económicas, aun cuando en el caso particular sólo pueden verse afectados los intereses patrimoniales de particulares. Junto a estos supuestos deben colocarse, como delitos económicos, los clásicos delitos patrimoniales, cuando se dirigen a un *objetcto fáctico supraindividual*, esto es, en las hipótesis en que el bien jurídico protegido no es siempre supraindividual, pero si lo es, en el caso concreto, na víctima del delito". (TIEDEMAN, Klaus. "El Concepto de Delito Económico", cit., p. 469).

[340] "También tendrían cabida en la categoría los delitos que, si bien se orientan a la tutela inmediata de algún elemento del patrimonio individual, afectan de forma mediata además al orden económico en el sentido que expondré posteriormente. A este esquema se ajustarían ante todo los delitos societarios (salvo la figura del art. 294), los delitos contra la propiedad industrial e los delitos de insolvencias punibles" (MARTÍNEZ-BUJÁN PEREZ, Carlos. *Derecho Penal Económico y de la Empresa – Parte General*, cit., p. 135).

[341] É o caso de BAJO FERNÁNDEZ: "puede afirmarse a este tenor que el objeto de protección del Derecho penal económico es el orden económico entendido como interés del Estado en la conservación de su capacidad productora para el cumplimiento de su tarea y en la conservación del orden legal de la economía tanto en su conjunto como en sus ordenaciones parciales, y entendido como interés del individuo en participar en los bienes de consumo y en el desarrollo de una actividad adecuada a su voluntad profesional de actuación y lucro. En definitiva, el Derecho penal económico es el conjunto de normas penales que garantizan el orden económico" (BAJO FERNÁNDEZ, Miguel. "El Derecho Penal Económico. Un Estudio de Derecho Positivo Español". In *Anuario de Derecho Penal y Ciencias Penales*. Madrid, vol. 26, fasc. 1, ene-abr/1973, p. 96 (pp. 91-139).

rígido do direito penal. Um conceito obtido a partir de um objeto que não se circunscreva ao tratamento legal conferido por um determinado país. Enfim, uma delimitação que se proponha a buscar na "natureza das coisas" econômicas aquilo que a contemporaneidade pode nos mostrar: em tempos de economia globalizada, as estratégias estatais de regulação econômica já comportam níveis razoáveis de adensamento analítico. Através dos crimes econômicos, o direito penal pode proteger, com dimensão variável em cada ordenamento jurídico, segmentos específicos dessas estratégias (política econômica *stricto sensu*, política monetária, política fiscal, política financeira e política cambial). Sob essa ótica, pudemos certificar que o direito penal econômico possui um objeto de ilícito com características muito especiais (bem jurídico supraindividual, polissêmico, promocional, mutável e instrumental).

É chegada a hora de confirmarmos o terceiro pressuposto de sua autonomia disciplinar, enunciado por FARIA COSTA: "regras e princípios com particularidades ou especificidades". Nos capítulos que seguem, nossa atenção irá direcionar-se para os efeitos dogmáticos que decorrem do conceito material ora formulado nas três grandezas do sistema jurídico-penal: a norma, o delito e as suas consequências jurídicas. Não sem antes reafirmarmos que prossegue hígida a crença de que as particularidades/especificidades das regras e princípios que constituem e orientam o sistema jurídico-penal nos delitos econômicos não chegam ao ponto de romper o significado fundamental do direito penal nuclear. O direito penal econômico é apenas uma segmentação do direito penal; nosso desafio é verificar se as especificidades observadas em seu objeto ajustam-se aos limites da base principiológica do direito penal.[342] É por isso que a hipótese a ser confirmada é apenas de uma *tênue* autonomia disciplinar; algo além disso representará uma ruptura paradigmática, um novo direito penal.

Antes de avançarmos nessa missão, impõe-se, aqui, um derradeiro esclarecimento metodológico. Relembremos a hipótese central de nossa pesquisa que, a essa altura, já se vem confirmando enquanto tese: o conceito material de crime econômico, construído a partir de uma fundamentação onto-antropológica, possibilita que a dignidade penal da proteção e o merecimento da pena se harmonizem com a tutela do homem enquanto epicentro do sistema jurídico. Há uma imensa gama de particularidades observadas no direito penal econômico (enquanto norma, delito e pena) que possuem aptidão para atestar a compatibilidade que buscamos comprovar. A seleção arbitrária de algumas dessas especificidades, nas linhas que seguem, está muito longe de significar que apenas em atenção a elas é que nossa tese poderia ser confirmada. Inúmeros outros problemas relacionados à teoria da norma penal econômica,[343] do

---

[342] Como bem afirma KINDHÄUSER: "El derecho penal es legitimo cuando cumple los critérios de legitimidade del Derecho Penal en general" (KINDHÄUSER, Urs. "Acerca de la legitimidad de los delitos de peligro abstracto en el ámbito del Derecho penal económico". In VV. AA. *Hacia un Derecho Penal Económico Europeo*. Madrid: Boletín Oficial del Estado, 1995, p. 442 (pp. 441-452).

[343] Por exemplo, os problemas contemporâneos relacionados à lei penal econômica *no espaço*, em que pese permanecerem inexplorados na presente pesquisa, mereceriam, por si só, um tratamento à parte. Para uma visão geral do assunto, v.: CAEIRO, Pedro. *Fundamento, Conteúdo e Limites da Jurisdição Penal do Estado – O caso Português*. Wolters/Coimbra: Coimbra, 2010, *passim*; CALDAS, Luís Felipe. "Território e Espaço em Direito Penal

delito econômico[344] e de suas consequências jurídicas[345] poderiam compor um catálogo bem mais amplo de sistematização. No entanto, em atenção àquilo que, em nossa visão, reputamos estritamente necessário para amparar a tese sobredita, selecionaremos apenas alguns aspectos do sistema jurídico-penal econômico: intertemporalidade da norma penal, taxatividade e o tipo legal, omissão imprópria, ofensividade, tipo de ilícito e fundamento das consequências jurídicas da infração penal econômica.

3.2. A reserva de lei na historicidade do estado democrático de direito

3.2.1. O princípio da anterioridade da lei penal e seus corolários

Enquanto *mala prohibita*, o delito é uma abstração normativa definida a partir de um modelo político datado. Conquanto possamos aceitar que boa

---

Económico – Novos temas e Novos Azimutes". In FARIA COSTA, José de [org]. *Temas de Direito Penal Económico*. Coimbra: Coimbra, 2005, pp. 65-145; GARCÍA CAVERO, Percy. *Derecho Penal Económico*, cit., pp. 214-234; ROMANO, Bartolomeo. *Il Rapporto tra Norme Penali. Intertemporalità, Spazialità, Coesistenza*. Milano: Giuffrè, 1996; DONINI, Massimo. "L'Armonizazione del Diritto Penale nel Contesto Globale". In *RTDPE*. Padova: CEDAM, ano XV, n. 3, lug-sett/2002, pp. 477-499); SILVA, Luciano Nascimento. "O Mercosul e o direito penal econômico". In *Revista de Estudos Criminais*. Porto Alegre: Notadez, 2001, nº 2, pp. 92-103; VERVALE, John A. E. "L'Europeizzazione del Diritto Penale e la Dimenzione Penale dell'Integrazione Europea". In: *RTDPE*. Padova: CEDAM, ano XVIII, n. 1-2, gen-giu/2005, pp. 129-156; VOGEL, Joachim. "Frode ai Danni degli Interessi Finanziari delle Comunità Europee". In *RTDPE*. Padova: CEDAM, ano VII, n. 2-3, apr-set/1995, pp. 601-652.

[344] Igualmente receberão um tratamento meramente incidental na presente pesquisa assuntos de grande relevância na estrutura dogmática do delito econômico, tais como a amplitude assumida pelo *dolo* e pelo *erro* nesse segmento de criminalização (sobre o tema, v.: DONINI, Massimo. "Dolo e Prevenzione Generale nei Reati Economici". In *RTDPE*. Padova: CEDAM, ano XII, n. 1-2, gen-giu/1999, pp. 1-63; NUVOLEONE, Pietro. "Profili Soggettivi del Reato Tributario". In *L'Indice Penale*. Padova: CEDAM, 1984, pp. 5-11; CALABRIA, Arianna. "Delitti Naturalli, Delitti Artificiali ed Ignoranza della Legge Penale". In *L'Indice Penale*. Padova: CEDAM, 1991, pp. 35-66; VOLK, Klaus. *Sistema Penale e Criminalità Economica*, cit., pp. 107-126; BELEZA, Teresa Pizarro; COSTA PINTO, Frederico de Lacerda da. *O Regime Legal do Erro e as Normas Penais em Branco*. Coimbra: Almedina, 2001; ANDRADE, João da Costa. "O Erro sobre a proibição e a problemática da legitimação em Direito Penal (Elemento diferenciador entre o Direito Penal Econômico e Direito Penal da Justiça)". In FARIA COSTA, José de [org]. *Temas de Direito Penal Económico*. Coimbra: Coimbra, 2005, pp. 9-64), o concurso de agentes no direito penal econômico (v.: BACIGALUPO, Silvina. "Cuestiones específicas de la participación en derecho penal económico". In *Más Derecho: Revista de Ciencias Jurídicas*. Buenos Aires, fascículo 2, 2001, pp. 145-158; MUÑOZ CONDE, Francisco. "Problemas de Autoría y Participación en el Derecho Penal Económico". In *Revista Penal*. Barcelona, ene/2002, vol. 9, pp. 59-98; PUTINATI, Stefano; LANZI, Alessio. *Istituzioni di Diritto Penale Dell'Economia*. Milano: Giufrè, 2007, pp. 190-216), a responsabilidade penal de pessoas jurídicas (v.: GIAVAZZI, Stefania. "La Responsabilità Penale delle Persone Giuridiche: Dieci Anni di Esperienza Francese". In: *RTDPE*. Padova: CEDAM, ano XVIII, n. 4, ott-dic/2005, pp. 857-907; SÁNCHEZ RÍOS, Rodrigo. "Indagações sobre a Possibilidade da Imputação Penal à Pessoa Jurídica no Âmbito dos Delitos Econômicos". In BONATO, Gilson [org]. *Direito penal e Direito Processual Penal: uma Visão Garantista*. Rio de Janeiro: Lumen Juris, 2001, pp. 193-209), a possibilidade de *excludentes legais e supralegais da ilicitude* incidirem nos crimes econômicos (v.: FARIA COSTA, José de. "O direito penal econômico e as causas implícitas de exclusão da ilicitude". In VV. AA. *Direito Penal Económico*. Centro de Estudos Judiciários: Coimbra, 1985, pp. 43-67; MARTÍNEZ-BUJÁN PEREZ, Carlos. *Derecho Penal Económico y de la Empresa*, cit., pp. 422-444), a função que ainda remaneceria à *culpabilidade* em consideração às particularidades da proteção (v.: GARCÍA CAVERO, Percy. *Derecho Penal Económico*, cit., pp. 619-649; MARTÍNEZ-BUJÁN PEREZ, Carlos. *Derecho Penal Económico y de la Empresa*, cit., p. 445-478) etc.

[345] Especialmente relacionadas à tipologia das sanções penais nos delitos econômicos, cuja amplitude escapa dos limites da presente pesquisa. Para detalhes: VERVAELE, John A.E. *El Derecho Penal Europeo – del Derecho Penal Económico y Financiero a un Derecho Penal Federal*. Lima: ARA, 2006, *passim*.

parte das proibições penais venha antecedida de um desvalor ético-social bem delimitado (o cuidado-de-perigo reconhecido como vigente em um dado contexto social), a condição *política* da existência de um crime está contingenciada pelo respaldo legal de sua definição como ente jurídico. Assim é que a fenomenologia de um desvio só pode assumir uma expressão *política* na medida em que catalogado em lei como delito. O respeito à reserva de lei (art. 5º, XXXIX, da CF/88), portanto, é uma condicionante da identidade cultural do Estado de Direito:[346] ou o princípio da legalidade é observado, ou estaremos falando de outro modelo de Estado.

O respeito ao processo legislativo, entretanto, não é condição única para o reconhecimento legítimo de um delito. Outras exigências hão de ser acolhidas a fim de que o Estado de Direito encontre sua máxima expressão significativa. Uma lei aplicável a qualquer tempo, assim como uma lei indeterminada ou indeterminável, se bem podem satisfazer uma exigência jurídico-procedimental, longe estão de garantir politicamente o cidadão como sujeito de direitos.

Um primeiro corolário da função de garantia assumida pela reserva de lei é a *irretroatividade* da lei de natureza penal que, direta ou indiretamente, repercuta no *status libertatis* do indivíduo (art. 5º, XL, 1ª parte, da CF/88).[347] Enquanto exigência *política*, a liberdade do cidadão não estaria a salvo da ação de um déspota qualquer caso os seus éditos pudessem alcançar fatos anteriores à entrada em vigor de uma lei penal; "il cittadino sarebbe alla mercè dello Stato, che, come il mostro biblico, sarebbe solo um oppressivo Leviatano".[348]

Em sentido oposto, inexistiria necessidade política de salvaguarda da liberdade para os casos de a lei posterior descriminalizar a infração ou reduzir, de qualquer maneira, a carga penal incidente num suposto fático pretérito. Em situações tais, o modelo de Estado de Direito não é incompatível com a aplicabilidade retroativa da *abolitio criminis* ou da *lex mitior* (art. 5º, XL, *in fine*, da CF/88), até mesmo porque a reserva de lei é uma garantia do cidadão apenas contra normas criminalizadoras; a função de garantia à liberdade individual não se justifica em relação a normas permissivas ou benéficas.[349]

---

[346] Mantovani, Ferrando. *Principi di Diritto Penale*, cit., p. 3.

[347] Sobre a relação de contingência entre o princípio da legalidade e o princípio da anterioridade: Marinucci, Giorgio; Dolcini, Emilio. *Corso di Diritto Penal*. 3 d. Milano: Giufrè, 2001, vol. 1, pp. 9-11.

[348] Marinucci, Giorgio; Dolcini, Emilio. *Manuale di Diritto Penale. Parte Generale*. 2. ed. Milano: Giuffrè, 2006, p. 71.

[349] A Escola Clássica, por se basear principalmente na função retributiva da pena, sustentava a inaplicabilidade retroativa da lei penal em qualquer hipótese (mesmo que benéfica): se a pena deve ser imposta "ainda que a sociedade civil viesse a se dissolver com o consentimento de todos os seus membros", a supressão da lei penal criminalizadora em nada eliminaria a vigência do *talião* (Kant, Immanuel. *La Metafísica de las Costumbres*. Trad. por Adela Cortina Orts y Jesús Conill Sancho. 2. ed. Madrid : Tecnos, 1994, p. 168-169). Já a Escola Positiva, pelo contrário, buscando justificar a imposição da sanção penal a partir de uma perspectiva futura, ajustava-se a uma generalizadora aplicação retroativa da lei penal (ainda que prejudicial). Pouco importaria o momento do delito se o seu autor necessitasse de recuperação para o futuro; se, pelo contrário, tal necessidade não mais se verificasse, perderia relevância a condição pretérita do fato. Para uma visão geral: Taipa de Carvalho, Américo. *Sucessão de Leis Penais*. 2. ed. Coimbra: Coimbra, 1997, pp. 98-99. Foi Franz von Liszt quem inovou com seu posicionamento *moderado*, admitindo a aplicação retroativa apenas da lei penal favorável ao *status libertatis*. Isso porque a necessidade de definição legal de um delito é um garantia do cidadão contra o Estado (o Código Penal, em sua visão, era a *magna carta* do delinquente, e não da sociedade),

Por fim, a historicidade do Estado de Direito tem albergado também o reconhecimento de leis penais que trazem consigo uma forma especial de eficácia, porquanto dirigidas a regular situações peculiares ou transitórias (calamidades públicas, guerra, crises econômicas etc.). São leis editadas para vigorar durante um determinado período (leis temporárias) ou enquanto persistirem determinadas condições anômalas (leis excepcionais). A despeito de não previstas em ordenamentos constitucionais, tais leis vêm sendo aceitas com eficácia *ultra-ativa*, ou seja, continuam tendo incidência nos fatos ocorridos durante a situação social anômala, mesmo após verificado o termo final ou a condição resolutiva de sua vigência (art. 3º do CP).

O estatuto jurídico do princípio da legalidade, na forma descrita, prosseguiu prenhe de sentido mesmo após a transição política para o Estado Democrático de Direito.[350] Não obstante, conquanto a doutrina penal ocidental esteja bem sedimentada em reconhecer eficácias temporais diversas para a lei penal – que variam segundo a sua essência criminalizadora, ou não –, ainda há espaço para analisarmos os fundamentos normalmente utilizados para ditar os rumos da aplicação da lei penal no tempo. Afinal de contas, por que a lei penal mais gravosa não retroage, a mais benéfica retroage e a excepcional/temporária ultra-age?

3.2.2. Fundamentos da eficácia intertemporal da lei penal

As variações da eficácia temporal do princípio da legalidade costumam ser justificadas a partir de fundamentos *políticos* e *jurídico-penais*. Os primeiros, também descritos por FIGUEIREDO DIAS[351] como *externos*, seriam os ligados à concepção fundamental do Estado (garantia da liberdade e princípio da separação dos poderes, principalmente); os segundos, definidos como *internos*, teriam relação com a eficácia preventiva que a política criminal impõe à definição legal do delito e da pena.

O princípio da *irretroatividade* da *lex gravior* tem acolhimento doutrinário em ambos os enfoques. Sob a premissa *política*, afirma-se que reserva de lei e anterioridade da lei penal surgiram integradas dentre as garantias jurídico-individuais elementares ao Estado de Direito. O princípio "teve, pois, na sua gênese, uma motivação e uma *ratio* de natureza essencialmente político-jurídica",

---

mas a necessidade da imposição de uma pena, ditada a partir de uma finalidade preventiva híbrida (prevenção geral e prevenção especial), só permanecia hígida na condição de que o Direito Penal ainda tratasse o criminoso como carente de ressocialização (LISZT, Franz von. *Tratado de Derecho Penal*, cit., t. II, pp. 171-172).

[350] Em detalhes: FERRAJOLI, Luigi. *Derecho y Razón*, cit., pp. 373-385. O diferencial, contudo, entre o princípio da legalidade no Estado de Direito e no Estado Democrático de Direito reside nas contemporâneas demandas por uma lei penal com conteúdo ajustado. É dizer: em vez de um princípio da legalidade *formal*, caminhamos a passos largos para a consolidação de um princípio da legalidade *substancial*. Sobre o tema: SCHMIDT, Andrei Zenkner. *O Princípio da Legalidade no Estado Democrático de Direito*. Porto Alegre: Livraria do Advogado, 2002, cit., cap. 4.

[351] *Direito Penal. Parte Geral*, cit., p. 179. Para uma visão ampla: GÓMEZ PAVÓN, Pilar. "Cuestiones Actuales del Derecho Penal Económico: el Principio de Legalidad y las Remissiones Normativas". In *Revista Brasileira de Ciências Criminais*. São Paulo: RT. Mai-jun/2004, nº 48, pp. 109-121 (pp. 108-163).

ou seja, "a segurança individual como garantia político-constitucional".[352] Daí que, para alguns, "il fondamento più profondo della irretroattività sfavorevole risiede in esigenze di garanzia".[353]

Quanto ao fundamento *jurídico-penal*, a referida garantia estaria amparada na ideia de prevenção geral e no princípio da culpa: "não pode esperar-se que a norma cumpra a sua função motivadora do comportamento da generalidade dos cidadãos – seja na sua vertente 'negativa' de intimidade, seja sobretudo na sua vertente positiva de estabilização de expectativas – se aqueles não puderem saber, através da lei anterior, estrita e certa, por onde passa a fronteira que separa os comportamentos criminalmente puníveis dos não puníveis".[354]

O princípio da *retroatividade* da lei penal mais benéfica (*lex mitior*), entretanto, viria normalmente justificado a partir de premissas primordialmente político-criminais.[355] A superveniência da lei penal mais benéfica, em atenção aos fins da sanção penal, eliminaria a necessidade do *jus puniendi*: "de retribuição não se pode falar, visto que deixou de entender-se que a censura fosse devida; de prevenção geral igualmente não é lícito falar-se, pois deixando o facto de ser ilícito não interessa mais que os outros o pratiquem. Igualmente é inútil a necessidade da prevenção especial. É certo que o agente, praticando um certo facto, mostrou-se perigoso. (...) Ora, se o facto que indicava essa perigosidade deixou de ser criminalmente ilícito, automaticamente a perigosidade de quem o pratica deixou de se poder considerar verificada".[356]

A justificativa da retroatividade da *lex mitior* a partir de critérios de prevenção acomoda-se, em alguma medida, ao rumos contemporâneos do princípio da anterioridade. Quer-nos parecer, entretanto, que a proposta se mostre

---

[352] Taipa de Carvalho, Américo. *Sucessão de Leis Penais*, cit., pp. 67 e 72. Sob o mesmo enfoque, Figueiredo Dias sustenta que os princípios *liberal*, *democrático* e da *separação de poderes* confeririram o sustentáculo político ao enunciado da legalidade (*Direito Penal*, cit., p. 179).

[353] Palazzo, Francesco. *Corso di Diritto Penale. Parte Generale*. 3. ed. Torino: Giappichelli, 2008, p. 158.

[354] Figueiredo Dias, Jorge de. *Direito Penal*, cit., p. 180. A mesma tese é amplamente sustentada pela doutrina. Para detalhes, v.: Marinucci, Giorgio; Dolcini, Emilio. *Corso di Diritto Penal*, cit., p. 12; *Manuale di Diritto Penale*, cit., p. 72; Roxin, Claus. *Derecho Penal*, cit., pp. 144-147.

[355] Para Taipa de Carvalho, enquanto a essência da irretroatividade da *lex gravior* reside em sua função de garantia *política* de segurança jurídica do indivíduo diante da possível arbitrariedade legislativa no exercício do *jus puniendi* estatal, a retroatividade da *lex mitior*, ao contrário, tem sua gênse na política criminal: "para além de razões humanitárias, foi a concepção preventiva da pena que determinou a aplicação retroativa da lei nova descriminalizadora ou redutora da pena" (*Sucessão de Leis Penais*, cit., p. 96). Em sentido idêntico: Silva Sánchez, Jesús-María. "Legislación Penal Socio-económica y Retroactividad de Disposiciones Favorables: el Caso de las 'Leyes em Blanco'". In: *Estudios Penales y Criminológicos*. Santiago de Compostella: USC, 1993, XVI, p. 428 (pp. 423-461). É recorrente, na doutrina, a busca por critérios diferenciados de fundamentação para os princípios da irretroatividade da *lex gravior* e da retroatividade da *lex mitior*. "Ma l'uma pone primo piano la esigenza di tutela dell'uomo e del cittadino contro possibili abusi del potere político; l'altra accentua la esigenza di giustizia sostanziale nel caso concreto" (Pagliaro, Antonio. *Principi di Diritto Penale. Parte Generale*. 8. ed. Milano: Giuffrè, 2003, p. 113).

[356] Correia, Eduardo. *Direito Criminal*. Coimbra: Almedina, 2004, vol. I, p. 154. Também é justificado que, em sua significação jurídica, a retroatividade da *lex mitior* encontraria seu fundamento no princípio da igualdade: "la ragione per cui il soggeto, che há commesso il fatto essendo esse previsto come reato, andrà esente da pena in virtù della successiva legge abrogatrice, risiede nell'esigenza di non differenziarne il trattamento rispetto al soggetto che commette lo *stesso* fatto dopo che sai intervenuta *l'abolitio criminis*" (Palazzo, Francesco. *Corso di Diritto Penale*, cit., p. 161).

carente de fundamentação no que se refere a alguns aspectos da eficácia intertemporal da lei penal. Sob uma premissa preventivo-geral, por exemplo, teríamos de aceitar que a carga penal incidente sobre o fato ao tempo de sua comissão justificaria uma aplicação ultra-ativa da lei anterior mais grave, porquanto a expectativa normativa a ser restabelecida poderia também ser ditada pelo desvalor do delito quando de sua realização. Assim, mesmo que uma lei penal posterior venha a descriminalizar uma determinada conduta delitiva, a referida lei não estaria, *ipso factu*, suprimindo a necessidade de restabelecimento comunicacional da desobediência à norma.

Muitos autores tentam contornar essa problemática sustentando que a estabilização normativa não é obtida a partir da expectativa vigente ao tempo do delito, mas sim ao tempo da sentença condenatória incidente sobre o delito.[357] O problema é que tal fundamento nos conduziria, obrigatoriamente, a reconhecer a retroatividade da *lex gravior* e a não ultra-atividade da *lex intermedia* mais benéfica.

Outra parte da doutrina, sem negar a ideia de que o fim *preventivo* da *pena* é que nos conduziria à resposta ajustada, busca solucionar problemas dessa dimensão a partir do critério da *continuidade do injusto*.[358] A proposta revelaria um paradoxo: busca-se um fundamento da aplicação da lei penal no tempo para o conteúdo do injusto e, paralelamente, sustenta-se que a obtenção da lei favorável seria um critério referido pela norma de sanção, e não uma questão relacionada à norma de determinação dirigida aos cidadãos e vinculada à lesão do bem jurídico.[359]

Ora, a violação de um cuidado é reconhecida como tal não porque seja passível de pena, mas sim porque é reconhecida enquanto violação. O problema da solução elaborada a partir da *continuidade do injusto* é que os seus adeptos não se preocupam em buscar a fundamentação da continuidade em si,[360] socorrendo-se de critérios jurídicos (proibição de retrocesso, princípio da culpabilidade etc.) para solucionar as questões mais problemáticas.[361]

---

[357] Jakobs, Günther. *Derecho Penal. Parte General*. 2. ed. Trad. por Joaquin Contreras. Madrid: Marcial Pons, 1997, p. 125.

[358] Para uma visão geral na doutrina italiana, inclusive a partir da influência sofrida pela doutrina alemã: Romano, Bartolomeo. *Il Rapporto tra Norme Penali*, cit., pp. 68-72; Pulitanò, Domenico. "Legalità Discontinua? Paradigmi e Problemi di Diritto Intertemporale". In: *RIDPP*. Milano: Giuffrè, ano XLV, fasc. 4, ott-dic/2002, pp. 1270-1305; Micheletti, Dario. "I Nessi tra Politica Criminale e Diritto Intertemporale nello Specchio della Riforma dei Reati Societari". In *RTDPE*. Padova: CEDAM, ano XVI, n. 4, ott-dic/2003, pp. 1117/1119 (pp. 1113-1148).

[359] Tiedemann, Klaus. "Blankettstrafgesetzen", *apud* Gacía Cavero, Percy. *Derecho Penal Económico. Parte General*. 2. ed. Lima: Grijley, 2007, p. 210.

[360] García Cavero, Percy. *Derecho Penal Económico*, cit., p. 187.

[361] Isso sem falar-se na crítica interna do parâmetro, que substancialmente coloca em xeque sua validade dogmática. Como bem afirma Romano, "In realtà, l'inaccettabilità del criterio in esame si deve soprattutto alla sua intrinseca contraddittorietà. Da un lato, esso si pone come criterio generale fondato su un accertamento astratto; dall'altro, si basa su condizioni non sempre riscontrabili. Quanto al bene giuridico, si pensi all'eventuale abrogazione della norma sull'oltraggio con la sussistenza di quella sull'ingiuria, ed alla diversità conseguente dei beni giuridici. In ordine alle modalità di offesa, si ipotizzi la introduzione di un reato a forma vincolata che si innesti su una preesistente fattispecie a forma libera. Inoltre, il criterio della continuità del tipo di illecito non solo sembra contrastare con ricostruzioni strutturali, ma non comprende

Afinal, estaria correta a asserção de VON LISZT (muito embora direcionada apenas à irretroatividade da *lex gravior*) no sentido de que a discussão não teria uma fundamentação ética, mas sim política, contratual?[362]

3.2.3. *A eficácia temporal da lei penal enquanto ajustamento à dimensão onto-antropológica da relação de cuidado*

A aproximação aos problemas relacionados à aplicação da lei penal no tempo também está a depender da compreensão de que a norma penal encontra seu fundamento no objeto do ilícito; e será exatamente nesse fundamento que encontraremos o horizonte cognitivo para a solução dos intrincados embates que se relacionam à questão.

A lei penal criminalizadora ou agravadora não se deve aplicar retroativamente porque a deturpação de uma relação de cuidado-de-perigo pressupõe que sua significação seja reconhecida ao tempo do desvio; e o cuidado-de-perigo, quando erigido à condição de ilícito penal, merece restabelecimento significativo através da imposição de uma pena somente no caso de a existência do tipo de ilícito integrar a relação comunicacional do agente violador.[363] Um atuar humano não ilícito em seu tempo só pode caracterizar subversão culpável do cuidado-de-perigo a partir da normatividade penal.

A violação do cuidado-de-perigo até pode ser notada *antes* da norma – em segmentos, por exemplo, em que o direito penal não reconheceu a dignidade da tutela, ou tardou a reconhecê-la. Mas é porque a importância do Estado de Direito está inserida culturalmente na própria relação ôntica de cuidado que a culpa, em sua dimensão penal, também encontrará significação fenomenológica na condição de ser uma culpa de ação no tipo de ilícito.[364]

De outra sorte, é inegável que a aplicação retroativa de uma lei criminalizadora ou penalizadora esbarra na salvaguarda jurídica do cidadão contra o arbítrio estatal. No entanto, o referido axioma de viés humanitário não foi *constituído* por um modelo *político* ou pelo *ordenamento constitucional*. O pretenso fundamento político ou jurídico para tal garantia só se tornou vigente porque a

---

neppure che l'unico apprezzamento di valore rilevante in sede di rapporti intertemporali tra norme penali è, semmai, quello incentrato sulla concreta punibilità del fatto" (ROMANO, Bartolomeo. *Il Rapporto tra Norme Penali. Intertemporalità, Spazialità, Coesistenza*, cit., p. 72).

[362] "O problema da irretroatividade não é um problema ético, nem sociológico, nem de direito natural; é só um problema político, contratual. A lei é a fórmula pública de uma obrigação tácita entre o cidadão e o Estado. Uma obrigação não se pode contratar se não é para o futuro" (LISZT, Franz von. *Tratado de Derecho Penal*, cit., t. II, pp. 170-171).

[363] FARIA COSTA, no particular, pondera a injustiça resultante da imposição de uma pena quando "não era – à data da prática dos factos – uma realidade possível na representação do agente" (*Noções Fundamentais de Direito Penal*, cit., p. 85).

[364] Muito embora partindo de fundamentação distinta, JESCHECK bem observa que o princípio da culpa não decorre da lei, mas sim do conteúdo material do injusto. Ao discorrer sobre o princípio da irretroatividade da *lex gravior*, afirmou que seu fundamento não seria o princípio da culpabilidade, "porque del punto de referencia del reproche de culpabilidad no es la ley, sino el contenido material del injusto del hecho, que puede darse aunque éste no se Halle conminado con pena" (JESCHECK, Hans-Heinrich. *Tratado de Derecho Penal*. Trad. por José Luis Samaniego. 4. ed. Granada : Comares, 1993, p. 123).

historicidade do *Ancien Régime* fez surgir o reconhecimento social de que o homem não deve ser prejudicado por uma variação posterior da dimensão onto--antropológica do cuidado-de-perigo. Houve a necessidade de substituição do modelo político por outro que proteja o cidadão contra a subversão do cuidado protagonizada institucionalmente pelo próprio Estado.[365] Ainda que não seja possível compreendermos o cuidado *antes* da norma em completa dissonância com o cuidado *com* a norma,[366] a edição de um dispositivo, mesmo que constitucional, insere-se exatamente no contexto ôntico que o origina.[367]

De fato, uma ação não ilícita ao tempo em que praticada não pode ser erigida à condição de crime, porquanto a história nos desvelou que o Estado contemporâneo se fundamenta a partir do homem enquanto epicentro do sistema social. Da mesma forma, não haveria necessidade da pena para um fato que não era delituoso quando praticada a conduta.[368] Tais conclusões só são possíveis porque o ilícito, ao seu tempo, não detinha um reconhecimento social enquanto relação de cuidado digna de reafirmação institucional. Não é o fundamento ou o fim da pena que densifica o conteúdo ético da irretroatividade da lei penal,[369] mas sim o objeto do ilícito em sua dimensão fenomenológica.

O mesmo pode ser dito quando pensamos na *ratio* da retroatividade da *lex mitior*. A relação matricial do cuidado-de-perigo possui uma historicidade datada: "a acção que vai servir de pressuposto à teoria da infração é enriquecida pela valoração que a história lhe foi concedendo".[370] Não é absoluto, tampouco imutável, o sentido da frustração do cuidado para com os outros e para consi-

---

[365] Vale analisar o exame pormenorizado do gradual acolhimento do princípio da legalidade na Europa e nos Estados Unidos da América, que sobreveio à Revolução Francesa: SINISCALCO, Marco. *Irretroattività delle Leggi in Materia Penale*. Milano: Giuffrè, 1969, pp. 39-56.

[366] "A ação está *antes* da normatividade, mas está também *com* a normatividade, já que esta, enquanto expressão de uma concretização do em si dos valores, está imersa no reino axiológico que a história mostrou e mostra valer a pena ser vivido. De todo modo os dois níveis de percepção em que vemos a acção não se perfilam em camadas ou compartimentos estanques, antes se mostram em um constante fluxo de intermediação; a 'acção' só ganha densidade compreensiva se a percebermos através da mediação anteriormente gizada" (FARIA COSTA, José Francisco de. *O Perigo em Direito Penal*, cit., p. 429).

[367] Por isso, não podemos concordar com a seguinte conclusão de HIRSCH: "También juegan um gran papel sobre los limites del ámbito de regulación jurídica, precisamente las valoraciones de la sociedad sujetas a las transformaciones históricas. Lo que todavia hoy es classificado como exterior a toda regulación jurídica, puede mañana aparecer como necesario de regular, y a la inversa. Las barreras normativas para ello no pueden inferirse de un concepto prejurídico del ámbito libre de regulación jurídica, sino que resultan, o de la Constitución (así para nosotros) o de los standars elementales que las leyes deben respetar para su validez" (HIRSCH, Hans Joachim. "El Derecho Penal y el Ámbito Libre de Regulación Jurídica". In *Doctrina Penal*. Buenos Aires: Depalma, 1987, p. 402 (pp. 397-424).

[368] Para detalhes das diversas teorias para determinação do momento do crime, vale citar o clássico estudo: BATTAGLINI, Giulio. "Il Luogo e il Tempo del Comesso Reato". In *Rivista Italiana di Diritto Penale*. Padova: CEDAM, 1929, pp. 805-810.

[369] Em sentido contrário, FIGUEIREDO DIAS sustenta que não se pode esperar "que a norma cumpra a sua função motivadora do comportamento da generalidade dos cidadãos – seja na sua vertente 'negativa' de intimidade, seja sobretudo na sua vertente positiva de estabilização de expectativas – se aqueles não puderem saber, através da lei anterior, estrita e certa, por onde passa a fronteira que separa os comportamentos criminalmente puníveis dos não puníveis" (*Direito Penal*, cit., p. 180). Para uma visão ampla da doutrina penal que vislumbra no fundamento preventivo da pena o significado da irretroatividade da lei penal, v.: TAIPA DE CARVALHO, Américo. *Sucessão de Leis Penais*, cit., pp. 42-53.

[370] FARIA COSTA, José Francisco de. *O Perigo em Direito Penal*, cit., p. 429.

go mesmo. Alguns retribucionistas clássicos (como é o caso de KANT) possivelmente seriam obrigados a refutar a aplicação retroativa da lei penal benéfica porque admitiam uma significação absolutivizante para o *mala in se* que caracterizava o delito. Um *imperativo categórico* eventualmente violado, exatamente porque assumia uma dimensão metafísica absoluta, necessitaria de resposta penal ainda que dissolvida a sociedade.

Se bem compreendemos, contudo, que a relação matricial do cuidado-de-perigo assume uma representação cultural, poderemos, agora, aceitar que o esvaziamento da dignidade penal de um ilícito ou de uma resposta penal só encontra fundamentação se igualmente acompanhada, ou pelo menos se com ela seja compatível, de uma significativa mitigação da própria relação de cuidado.

É certo que uma mudança da lei penal normalmente venha acompanhada e orientada pela mudança do caráter axiológico do fato. Mas seria um exagerado reducionismo imaginar possível uma compatibilidade sempre absoluta entre os valores seguidos pelo legislador e os valores que orientam relações sociais. Em muitos casos, a mudança do caráter axiológico não é perfeitamente cognoscível e, em outros, a mudança da lei penal vai de encontro ao reconhecimento social de sua legitimidade.

A superação de problemas dessa dimensão pressupõe lembrar que a sociedade contemporânea – pelo menos a maior parte das ocidentais – é uma sociedade inserida na historicidade do Estado Democrático de Direito, de modo a tornar indissolúvel o que, nessa relação, pode ser considerado como fato e aquilo que possa ser tratado como direito. Uma postura institucional contramajoritária, portanto, é também um elemento fundante da sociedade em que vivemos, porquanto segue presente em nossa cultura o alto custo humanitário que pagamos sempre que esse tipo de controle institucional foi suprimido. Daí que preferimos reconhecer que a legitimidade de uma nova lei penal é medida também pela sua não incompatibilidade com uma significativa mitigação da relação de cuidado.

Assim sendo, uma resposta penal não mais se justifica se não é mais manifesta a violação do cuidado. O recuo normativo da intervenção penal normalmente insere-se exatamente na representação ôntica dessa mudança. Desaparece a necessidade da pena (ou do volume da carga penal) porque desaparece o reconhecimento socioinstitucional do ilícito. Nesse caso, sendo mais benéfica a lei, sua aplicação retroativa é o único instrumento apto para reafirmar um perdão, uma ausência de relações sociais carentes (ou não tão carentes) de cuidado-de-perigo; é a forma de corrigir o descompasso atual, ainda que focalizado no passado, da exclusiva dignidade penal de uma proteção que não mais possui reconhecimento fenomenológico.

3.2.4. Direito Penal e estabilidade: o problema das leis penais excepcionais e temporárias

Por fim, o fundamento onto-antropológico do objeto do ilícito também nos permite compreender a razão para que uma lei excepcional ou temporária seja ultra-ativa (art. 3º do CP).

Há quem questione a possibilidade de o princípio da retroatividade da lei penal benéfica (art. 5º, XL, *in fine*, da CF/88) ser excepcionado diante de situações previstas apenas no Código Penal (art. 3º).[371]

Outros sustentam que o regime especial da lei temporária não poderia ser considerado uma exceção ao princípio da retroatividade da lei despenalizadora, sob pena de violação ao sistema de hierarquia entre as normas. Em vez disso, a ultra-atividade dessas normas estaria justificada porque "os factos praticados na situação de anormalidade determinante da lei temporária continuam a ser valorados, político-criminalmente, como merecedores de pena".[372]

Dúvidas quanto à validade constitucional do instituto podem ser solucionadas a partir do contemporâneo delineamento teórico fornecido pela dogmática dos direitos fundamentais.[373] Toda garantia individual pode sofrer restrições desde que observada situação extrema e última que justifique a hegemonia de outro interesse de maior relevância. Ainda que o princípio da proporcionalidade venha sendo aplicado hoje, com alguma frequência, de forma descriteriosa – em alguns casos, desvirtuando-se inclusive a identidade do atual modelo político[374] –, não vemos dificuldade em reconhecer que a garantia constitucional da retroatividade da *lex mitior* pode, em condições muito peculiares, sofrer alguma mitigação.

De mais a mais, mesmo que tangenciemos o debate acerca da função preventiva da pena como elemento determinante da retroatividade da *lex mitior*, quer-nos parecer equivocado sustentar a ultra-atividade da lei excepcional ou temporária com base na persistência do desvalor político-criminal mesmo após cessada a condição social peculiar.

De regra, a *novatio lege in mellius* afeta fatos anteriores independentemente de ainda haver alguma carência de eficácia preventiva (geral ou especial) diante da situação abstrata normatizada ou mesmo de um caso concreto. A extinção da punibilidade com o pagamento do tributo sonegado, se adequadamente integrado numa opção de política econômica, alcança fatos pretéritos,[375] pouco importando que a reintegração comunicacional do delito fiscal prossiga vigente; a condição social de vida familiar monogâmica não infirma a aplicação retroativa do esvaziamento da tutela penal verificado com a revogação do art. 240 do Código Penal brasileiro.

---

[371] Para detalhes, v.: Costa Júnior, Paulo José da. *Comentários ao Código Penal*. São Paulo : Saraiva, 1993, vol. 1, p. 9.

[372] Taipa de Carvalho, Américo. *Sucessão de Leis Penais*, cit., p. 204.

[373] Sobre o tema, v.: Sarlet, Ingo. *A Eficácia dos Direitos Fundamentais*. 2. ed. Porto Alegre: Livraria do Advogado, 2001, pp. 136-140.

[374] Apenas para exemplificar: num Estado de Direito, seria impossível atribuir-se a condição de generalidade à tese de que "o interesse público tem supremacia sobre o privado, pois visa à proteção da comunidade, da propriedade do Estado, do meio ambiente e, no presente caso, da própria integridade física do recorrente". [STJ, REsp 635980/PR, j. em 03/08/2004]. Os direitos individuais, num modelo político tal, assumem exatamente a característica da contra-majoritariedade, de modo a impedir que um entendimento tal assuma um viés principiológico. No Estado de Direito, o interesse público não se sobrepõe ordinariamente ao interesse privado.

[375] Sánchez Ríos, Rodrigo. *Das Causas de Extinção da Punibilidade nos Delitos Econômicos*. São Paulo: RT, 2003, p. 219.

É na distinção epistemológica entre a relação matricial de cuidado-de-perigo que é objeto do ilícito, e o fim da sanção penal, que reside, em nosso sentir, a melhor compreensão da situação social efêmera que poderia legitimar a ultra-atividade de uma lei penal em condições especialíssimas.

A doutrina tradicional aborda a retroatividade ou não de uma *lex mitior* com base na observância, conforme o caso, de uma condição social temporalmente estanque ou efêmera. Contudo, a aplicação de uma lei excepcional ou temporária, mesmo após encerrada a sua vigência, não pode ser justificada a partir do momento histórico transitório em que foi concebida. Esse pensamento tem uma nítida relação com o modelo liberal, que tomava seus postulados a partir da premissa de que o direito seria um instrumento duradouro de regulação de uma sociedade estanque (a lei que valeria para diversos séculos).

Se é que algum dia as relações sociais tiveram essa característica, fato é que, hoje, a realidade é bem diversa. Assim como a sociedade contemporânea vive um constante processo de mudança (a *modernidade líquida*, referida por Bauman),[376] também o direito, como elemento integrante de relações sociais institucionalizadas, tem um *tempo* que não mais se ajusta a uma ideia de estabilidade. As leis atuais, muito antes de inseridas em propostas codificadoras, mudam constantemente sob o viés experimental que é especialmente fomentado em regimes democráticos.[377]

O surgimento do direito penal secundário é uma prova concreta dessa mudança: o legislador deixa de lado a preocupação com a sistematicidade que deve nortear a legislação codificada para, através da edição de leis esparsas e microrreformas, regular situações especiais em atenção a interesses topicamente valorados. É o tempo do "populismo punitivo".[378]

Nessa "nova" contemporaneidade já não se fala mais "de uma 'duração' no seu sentido mais tradicional ou até conservador, mas se voltam os olhos para uma compreensão em que a 'duração' (*la durée*) se deve mostrar como criativa. Ou seja: uma tentativa de mediação metodológica entre aquilo que

---

[376] Bauman, Zygmunt. *Modernidade Líquida*, cit., *passim*.

[377] "Infelizmente, a razão de ser do chamamento desta norma ao filtro vivificante que a vida prática convoca tem muito a ver com uma certa ligeireza – para se empregar um eufemismo – com que o legislador penal reage a mutações da opinião pública e sobretudo aos impulsos quase atávicos da motivação política (de política legislativa penal, evidentemente" (Faria Costa, José de. "O Direito Penal e o Tempo (Algumas Reflexões dentro do nosso Tempo e em Redor da Prescrição)". In: *Revista Xurídica da Universidade de Santiago de Compostela*, vol. 11, nº 1, 2002, p. 119, nota nº 27 (pp. 109-132).

[378] Silva Sánchez, Jesús Maria. *Tiempos de Derecho Penal*. Montevideo/Buenos Aires: B de F, 2009, pp. 18-21. As principais causas dessa popularização da lei penal penal, que colocam em crise a reserva de lei, são bem explicitadas por Dolcini: "nel ruolo sostanzialmente 'autoreferenziale' assunto dai partiti politici, che ostacala il rapporto tra rappresentanti parlamentari e collettività popolare; nel ridimensionamento del ruolo delle minoranze di opposizione nel processo di produzione legislativa; nella crescente concentrazione dei mezzi di comunicazione di massa nelle mani di grupi finanziari policitamente orientati, che distorce il controllo dell'opinione pubblica sull'attività parlamentare di produzione legislativa e ne riduce il tasso di democraticità" (Dolcini, Emilio. "Leggi Penali *Ad Personam*, Riservi di Legge e Principio Costituzionale di Eguaglianza". In: *RIDPP*. Milano: Giuffrè, ano XLVII, fasc. 1, genn-mar/2004, p. 51 (pp. 50-70).

parecem ser as exigências do 'momento' e a presença da serenidade conformadora que leva à justiça e que, de certa maneira, só o 'tempo' pode dar".[379]

A relação entre *tempo* e *direito*, observa FARIA COSTA avocando a lição de OST,[380] "encontra seu equilíbrio em quatro momentos: a) o tempo da memória que liga o direito ao passado; b) o tempo do perdão que o desliga do passado quando isso for necessário; c) o tempo de promessa que o liga ao futuro; e d) o tempo de o questionar para permitir desligá-lo (do passado) quando tal se impuser".[381]

Esses quatro momentos adquirem importante expressão no tema da eficácia temporal da lei penal. O *tempo* do crime é o da lei vigente ao tempo da ação ou omissão (art. 4º do CP), ou seja, é o momento "presente" da conduta, porém enquanto passado no instante em que é avaliado. Esse *local de fala* do suposto fático é a memória que permite o diálogo do direito com o "passado-presente". [382]

De outro lado, enquanto a nova lei criminalizadora ou penalizadora rompe o signo da indiferença do direito penal com o fato para projetar uma ideia de promessa vinculada ao futuro, a nova lei descriminalizadora ou despenalizadora emancipa, através do perdão (parcial ou total), o tempo atual com o tempo passado. Por isso é que a lei nova mais benéfica, em condições normais, retroage.

Haveria, entretanto, a necessidade de distinguirmos o efêmero imanente à contemporaneidade do efêmero que excepciona o atual tempo do direito. Se nos é permitido um linear isolamento categórico, poderíamos cogitar a distinção entre *volatilidade ordinária* e *volatilidade extraordinária* da tutela jurídico-penal.

A singularidade teórica de leis excepcionais ou temporárias está contingenciada por situações sociais que assumem um grau muito especial e robusto de transitoriedade. Uma condição efêmera que modifica rápida e substancialmente os rumos das relações de cuidado em razão de novos (e igualmente efêmeros) perigos para relações entre indivíduos. O que fundamenta a legitimidade da aplicação ultra-ativa dessas leis não é uma eficácia preventiva da pena,[383] mas sim a persistência do reconhecimento do cuidado mesmo após

---

[379] FARIA COSTA, José de. "O Direito Penal e o Tempo", cit., p. 117.

[380] OST, François. *O Tempo do Direito*. Trad. por Maria Fernanda Oliveira. Lisboa: Piaget, 2001.

[381] FARIA COSTA, José de. *Noções Fundamentais de Direito Penal*, cit., pp. 83-84.

[382] "O verdadeiro vector compreensivo deste lado das coisas prende-se, fácil é de ver, com o critério da 'actualidade'. O que se tem de ponderar é o 'presente'. Isto é: o momento 'presente' no qual os factos tem lugar. Mas é evidente, por outro lado, que o presente que aqui se convoca é já sempre passado na altura em que se valora ou avalia. Só que é, e bom será jamais esquece-lo, um passado presente. Por isso, o julgador e o intérprete tem perante os olhos uma realidade que, não obstante já ser passado, vai necessariamente ser vista pela óptica do presente da interpretação-decisão. Todavia, a determinação dos factos tem de ser olhada, repete-se, a luz de um passado presente; de um passado que, para nós, enquanto intérpretes julgadores, se tem de mover pela acutalidade do presente em que os fatos 'foram' levados a cabo" (FARIA COSTA, José de. "O Direito Penal e o Tempo", cit., p. 119, nota nº 28).

[383] Nesse sentido: "Se questa retroagisse [a lei temporária], la certezza di potere contare su un trattamento più favorevole o addirittura sulla impunità priverebbe le leggi temporanee ed eccezionali della loro efficacia intimidatrice, specie nell'imminenza dello scadere del termine o del venir meno della situazione eccezionale" (MANTOVANI, Ferrando. *Diritto Penale*, cit., p. 89).

superada a condição social peculiar; porque o reconhecimento desse cuidado é a forma como uma determinada sociedade se reafirma para manter sua própria identidade ordinária antevendo a possibilidade de situações transitórias tornarem a ocorrer.

Um exemplo, em tudo ajustado à nossa temática, pode ser útil. A volatilidade da oferta e da procura dita os preços num país de economia aberta. Nesse ambiente, haveria comprometimento da higidez do modelo político caso o Estado assumisse a tarefa de regular ordinariamente o preço de produtos e de serviços (em que pese haja espaço, em segmentos muito estratégicos, para a regulação de preços ser cabível em condições de normalidade econômica). Mas não haveria o risco de ruptura se o mesmo Estado, diante de uma crise econômica avassaladora, fosse compelido a intervir energicamente na política de preços, assumindo o controle sobre a oferta e o preço de produtos essenciais durante o momento peculiar, desde que mantido o compromisso de, restabelecida a normalidade, restabelecer-se igualmente a anterior política econômica. Uma vez retomada a volatilidade ordinária, esvaziar-se-ia o reconhecimento do cuidado quanto ao respeito a preços tabelados. A deturpação da relação de cuidado, em hipóteses tais, persiste reconhecida mesmo após superado aquele momento ímpar, porque é necessária a reafirmação de que, em havendo uma nova turbulência, a observância do cuidado seja o fator determinante para que a normalidade torne a imperar.

A aplicação ultra-ativa de uma lei excepcional ou temporária, assim, é a solução que torna possível que o tempo da memória que liga o direito ao passado não seja afetado pelo tempo do perdão que alcança o futuro; porquanto perdão, a rigor, não há.

3.3. Sucessão de leis penais em delitos econômicos

3.3.1. *A peculiaridade da norma penal econômica: a abertura formal ao ilícito pressuposto como técnica legislativa de adequação do tipo de ilícito à mutabilidade e à instrumentalidade do objeto da tutela*

A tênue autonomia disciplinar do direito penal econômico, na verticalidade dos problemas atinentes à sucessão de leis penais no tempo, revela-se de uma forma muito especial na relação entre o tempo e a dignidade da tutela jurídica. Muito embora essa seja uma característica que acompanha boa parte do direito penal secundário, é na intervenção penal incidente em fluxos econômicos que a dignidade penal do ilícito pressuposto varia com frequência amplificada em comparação com o direito penal primário.[384]

Com efeito, a velocidade da política criminal incidente no segmento "pesado" da intervenção penal (crimes contra a pessoa, o patrimônio, a administração pública etc.) parece estar contemporaneamente direcionada, na maior

---
[384] TIEDEMANN, Klaus. "La ley penal en blanco : concepto y cuestiones conexas", cit., p. 82.

parte das vezes, para a carga de resposta penal (*quantum* de pena, medidas cautelares, incidentes na execução penal etc.) prevista para um tipo de ilícito relativamente estável.[385]

Tal fenômeno, é bom que se diga, também é notado em relação a delitos econômicos. Mas o diferencial é que a isso se soma um grau considerável de "liquidez" que igualmente afeta os limites materiais do tipo de ilícito. Esse é um custo dogmático que resulta de duas características próprias do objeto da tutela no direito penal econômico, ressaltadas no capítulo anterior:[386] a mutabilidade e a instrumentalidade do bem jurídico protegido.

A relação de cuidado que envolve fluxos econômicos, além de assumir níveis mais elevados de densidade polissêmica, é bem mais cognoscível em segmentos profissionais e institucionais (poderíamos defini-los como "agências econômicas") que atuam na especialidade do microssistema de economia contemporânea. Um dos efeitos imediatos dessa característica é que a leitura do desvalor de práticas antieconômicas está circunscrita a um número bem menor e mais técnico de personagens que não costuma, para tanto, prescindir de regulamentações estatais conformadoras. E assim o é porque essa é *praxis* contemporânea da relação entre Estado e macroeconomia na historicidade da globalização (cfe. Capítulo 1).

A transferência de poder das instâncias legislativas para as executivas, facilmente identificada em Estados de raiz democrática pautados por uma economia de mercado, conquanto seguidamente criticável, é um instrumento útil para respostas rápidas a demandas variáveis de controle institucional que mal se acomodam à densa estrutura imanente ao processo legislativo.

A referida contingência regulatória tem a inegável consequência de instrumentalizar as "agências penais" (Poder Legislativo, Poder Judiciário, Ministério Público, advocacia etc.) em busca da melhor calibragem possível para a dignidade penal da ofensa. São diversas as dimensões e os limites dessa instrumentalização, mas interessa-nos, de momento, o recorte teórico na particular forma de atuação do Poder Legislativo na definição legal de delitos econômicos.[387]

---

[385] SILVA SÁNCHEZ, Jesús Maria. *Tiempos de Derecho Penal*, cit., p. 19. Para uma ampla visão: PADOVANI, Tullio. "Il Problema 'Tangentopoli' tra Normalità della Normalità". In: *RIDPP*. Milano: Giuffrè, ano XXXIX, fasc. 2-3, apr-set/1996, pp. 448-462.

[386] V. itens 2.3.5 e 2.3.6, *supra*.

[387] A bibliografia sobre o tema é ampla: TIEDEMANN, Klaus. "Tecnica Legislativa nel Diritto Penale Economico". In *RTDPE*. Padova: CEDAM, ano XIX, n. 1-2, genn-giu/2006, pp. 1-15; DI CHIARA, Giuseppe. "Interessi Collettivi e Diffusi e Tecniche di Tutela nell'Orizzonte del Codice del 1988". In *RIDPP*. Milano: Giuffrè, 1991, pp. 426-447; GÓMES PAVÓN, Pilar. "Cuestiones Actuales del Derecho Penal Económico: el Principio de Legalidad y las Remissiones Normativas", cit., pp. 109-163; MARINUCCI, Giorgio; ROMANO, Mario. "Tecniche Normative nella Repressione Penale degli Abusi degli Amministratori di Società per Azioni". In *RIDPP*. Milano: Giuffrè, 1971, pp.681-713; NAVARRO, Pablo E.; MANRIQUE, Laura. "El desafio de la Taxatividad". In: *Anuario de Derecho Penal y Ciencias Penales*. Madrid: Centro de Publicaciones/Ministerio de Justicia, T. LVIII, fasc. III, 2005, pp. 807-836; PAREDES CASTAÑON, José Manuel. "Los Delitos de Peligro como Técnica de Incriminación en el Derecho Penal Económico: Bases Político-Criminales". In *Revista de Derecho Penal y Criminología*. Madrid: Marcial Pons, ene/2003, n° 11, pp. 95-164; DOVAL PAIS, Antonio. *Posibilidades y Límites para la Reformulación de las Normas Penales. El Caso de las Leyes en Blanco*. Valencia: Tirand lo Blanch, 1999, pp. 47-94.Tratando do mesmo tema, porém sob o viés do direito comunitário: BERNASCONI, Costanza. "L'Influenza del Diritto Comunitario sulle Tecniche di Costruzione della Fattispecie Penale". In *L'Indice Penale*. Padova: CEDAM, 1996, pp. 451-473.

O tipo de ilícito econômico é genuinamente predisposto a se abrir para cláusulas de reenvio que repercutem significativamente na noção de tipicidade do crime econômico, de modo a ajustar a estaticidade da norma penal às frequentes variações da política econômica.[388]

São diversas as classificações apresentadas pela doutrina em relação às formas como essa abertura normativa se opera: leis penais em branco próprias (quando o complemento normativo é dado por instância não legislativa) e impróprias (quando o complemento provém da mesma lei ou de lei de igual hierarquia);[389] leis penais em branco em sentido estrito (quando o pressuposto normativo se encontra em instância não legislativa, a quem competiria, em definitivo, exercer a ameaça legal) e elementares normativas de conteúdo jurídico (quando o pressuposto normativo é dado pelo próprio legislador);[390] remissão em bloco (quando a infração da norma administrativa é pressuposto de adequação típica) e remissões interpretativas (quando a norma extrapenal é necessária para interpretar ou integrar um elemento típico);[391] remissão integral em bloco (quando a lei penal se limita a estabelecer a sanção, delegando a integralidade da proibição a outra competência) e remissão parcial em bloco (quando apenas um dos aspectos do tipo sofre o reenvio);[392] remissão expressa (a lei estabelece com clareza o preceito que deverá ser complementado) e remissão tácita (a integração da norma advém de um valoração jurídica não exigida expressamente pelo tipo penal);[393] leis penais em branco *dinâmicas* (o conteúdo da remissão é dado por círculos profissionais competentes) e leis penais em branco *estáticas* (regulação técnica concretamente determinada e com conteúdo vigente no momento da remissão).[394] [395]

Em que pese a utilidade dessas classificações para melhor compreendermos toda a dimensão da técnica legislativa do reenvio, quer-nos parecer que a clássica distinção defendida por MEZGER[396] prossegue válida: a) quando o com-

---

[388] ARROYO ZAPATERO, Luis. "Derecho penal económico y constitución". In *Revista Penal*, Barcelona: Praxis, vol. 1, ene./1998, p. 9 (pp. 1-15); SILVA SÁNCHEZ, Jesús-María. "Legislación Penal Socio-económica y Retroactividad de Disposiciones Favorables: el Caso de las 'Leyes em Blanco'", cit., p. 431.

[389] LUZÓN PEÑA, Diego Manuel. *Curso de Derecho Penal*. Madrid: Universitas, 1997, vol. I, p. 81; ZAFFARONI, Eugenio Raúl; ALAGIA, Alejandro; SLOKAR, Alejandro. *Manual de Derecho Penal. Parte General.* 2. ed. Buenos Aires: Ediar, 2006, p. 102.

[390] SILVA SÁNCHEZ, Jesús-María. "Legislación Penal Socio-económica y Retroactividad de Disposiciones Favorables: el Caso de las 'Leyes em Blanco'", cit., p. 454.

[391] GARCIA ARÁN, Mercedes. "Remissiones Normativas, Leyes Penales em Blanco y Estructura de la Norma Penal". In: *Estudios Penales y Criminológicos*. Santiago de Compostella: USC, 1993, XVI, pp. 71-72 (pp. 63-103).

[392] GÓMEZ PAVÓN, Pilar. "Cuestiones Actuales del Derecho Penal Económico: el Principio de Legalidad y las Remissiones Normativas", cit., p. 148.

[393] MARTÍNEZ-BUJÁN PÉREZ, Carlos. *Derecho Penal Económico y de la Empresa. Parte General.* 2. ed. Valencia: Tirand lo Blanch, 2007, p. 248.

[394] SCHUNEMANN, Bernd. "Las reglas de la técnica en Derecho Penal". In *Obras. Bernd Schunemann*. Buenos Aires: Rubinzal, 2009, t. I, pp. 252-253.

[395] Para uma visão ampla de todas as classificações: ALBANI, Antonio Pecoraro. "Riserva di Legge – Regolamento Norma Penale in Biano". In *RIDPP*. Milano: Giuffrè, 1959, pp. 762-828; DOVAL PAIS, Antonio. *Posibilidades y límites para la formulación de las normas penales*, cit., pp. 114-126.

[396] MEZGER, Edmund. *Tratado de Derecho Penal*. Trad. por José Arturo Rodriguez Muñoz. Madrid : Revista de Derecho Privado, 1955, t. I, p. 196.

plemento de uma norma se encontra na mesma lei; b) quando se encontra em outras leis, porém emanadas da mesma autoridade legislativa; e c) quando o complemento é feito por uma norma de instância legislativa diversa. Só a última categoria configura *leis penais em branco em sentido estrito*.[397]

A relevância da distinção entre elementares normativas (de *interpretação conceitual* – quando o complemento é dado por norma de igual hierarquia[398] – ou de *valoração de conduta* – quando a complementação baseia-se exclusivamente numa valoração judicial[399]) e normas penais em branco[400] assume, especialmente nos delitos econômicos, uma missão meramente classificatória: as técnicas de reenvio *em cascata* seguidamente impossibilitam uma distinção de categorias que, ao fim e ao cabo, se submetem aos mesmos parâmetros de eficácia intertemporal.[401]

Entendemos por *regulamentação em cascata* os casos, muito comuns no direito penal econômico, em que o complemento da elementar normativa tem suas diretrizes gerais definidas por outra instância legislativa que, de seu turno, delega a outras instâncias o poder de melhor explicitar os termos do ilícito.[402]

Nas normas penais em branco em sentido estrito, o complemento normativo proveniente de instância não legislativa pode assumir as mais diversas características: complementação conceitual de uma elementar do tipo de ilícito,[403]

---

[397] No mesmo sentido: Tiedemann, Klaus. "La ley penal en blanco : concepto y cuestiones conexas". In *Revista Brasileira de Ciências Criminais*. São Paulo: RT, vol. 10, jan/mar/2002, p. 74 (pp. 73-97).

[398] Pode ser *interno*, sempre que o complemento esteja contido na mesma lei (exemplos: o conceito de "funcionário público", ditado pelos art. 312/326, é dado pelo art. 327 do CP; o conceito de instituição financeira, para os crimes definidos na Lei nº 7.492/86, é dado pelo art. 1º da mesma lei), ou *externo*, quando norma diversa, porém de igual (ou superior) hierarquia, complementa o tipo de ilícito (exemplos: o conceito de "tributo e contribuição social", definido no art. 1º da Lei nº 8.137/90, é dado pelo art. 3º do Código Tributário Nacional; o conceito de "distribuição disfarçada de lucro", definido no art. 17, p.ú., II, da Lei nº 7.492/86, é dado pelo art. 60 do Decreto-lei nº 1.598/77; o prazo legal de recolhimento de uma contribuição previdenciária, para fins de incidência do art. 168-A do CP, é dado normalmente pela Lei nº 8.212/91).

[399] Exemplos: "motivo torpe" (art. 121, § 2º, do CP), "gestão temerária" (art. 4º, p.ú., da Lei nº 7.492/86), "publicidade enganosa" (art. 67 da Lei nº 8.078/90) etc.

[400] Em detalhes: Arzúa, Enrique Cury. "Contribución al Estudio de las Leyes Penales en Blanco". In *Derecho Penal y Criminologia*, Universidad Externado de Colombia, 1978, nº 4, vol. I, pp. 7-26.

[401] Os conceitos "son prácticamente coincidentes, siempre que se trate de elementos normativos jurídicos que no remitan a simples proposiciones descriptivas (o sea, meras definiciones ibicadas em uma normativa extrapenal), sino a auténticas proposiciones prescriptivas extrapenales (o sea, a mandatos o a prohibiciones)" (Martínez-Buján Pérez, Carlos. *Derecho Penal Económico y de la Empresa*, cit., p. 249). Daí que "el critério essencial para distinguir entre 'ley penal en blanco' y elemento normativo no puede depender de la mera existencia de uma 'remisión' a norma extra-penales (de menor jerarquia que una ley formal)" (Abanto Vásquez, Manuel A. "El principio de certeza en las leyes penales en blanco: especial referencia a los delitos económicos". In *Revista Peruana de Ciencias Penales*, Lima, fascículo 9, 1999, p. 19 (pp. 13-34).

[402] Exemplo: o art. 22 da Lei nº 7.492/86 exige que a operação de câmbio, para constituir delito, tenha de estar em contrariedade com o ordenamento jurídico. O art. 65 da Lei nº 9.069/95 descreve as condições gerais para operações de câmbio no Brasil, ao passo que a regulamentação específica é encontrada no Regulamento de Mercado de Câmbio e Capitais Internacionais (RMCCI), uma consolidação de normas administrativas editadas pelo BACEN.

[403] Exemplos: o conceito de "droga", para fins de incidência do art. 33 da Lei nº 11.343/06, é dado pela Portaria SVS/MS nº 344/98; o conceito de "informação relevante", para incidência do delito de *insider trading* (art. 27-D da Lei nº 6.538/78), é dado pelo art. 2º da Instrução CVM nº 358/02.

autorizações provenientes de agências reguladoras[404] ou de entidades privadas,[405] pressuposição do ilícito administrativo como requisito do tipo de ilícito penal[406] etc.

Por fim, é prudente sobressaltar outra distinção relevante ao nosso objeto de estudo. Existem normas penais em que o reenvio normativo não se verifica de maneira taxativa, porém deve ser exigido como condição dogmática à incidência do tipo de ilícito.[407] A Lei nº 8.137/90, ao definir o crime fiscal (art. 1º), não descreve expressamente que o delito só se perfectibilizará na hipótese de haver descumprimento da regulamentação fiscal incidente na espécie. Da mesma forma, o art. 4º da Lei nº 7.492/86, ao tipificar a conduta de *gestão temerária* de instituição financeira, não reenvia textualmente a conduta típica de temerariedade às normas emanadas do BACEN que tutelam o risco em operações financeiras.

Seria um contrassenso, contudo, aceitarmos que o desrespeito ao ilícito jurídico em toda a sua totalidade[408] fosse um problema a ser examinado em momento posterior da estrutura dogmática do delito (antijuridicidade), como se fosse possível aceitar que uma norma penal incidisse em casos de conduta ajustada ao direito. Esse não é um problema exclusivo do direito penal econômico, e será analisado em pormenores logo adiante (v. n. 4.3.2, *infra*). De momento, interessa-nos antecipar que, em hipóteses tais, o reenvio normativo, se adequadamente utilizado pelas agências legislativas, é medida que se impõe como forma de resgatar o reconhecimento possível do cuidado-de-perigo que o direito penal almeja tutelar.

Vejamos, a partir disso, as dificuldades que tais técnicas legislativas de reenvio podem trazer para a eficácia intertemporal do direito penal econômico.

3.3.2. Critérios tradicionais para o reconhecimento da aplicação (ir)retroativa de complementos normativos: apreciação crítica

Há relativo consenso doutrinário em reconhecer-se que o complemento normativo da norma penal segue a sorte do princípio da irretroatividade da lei

---

[404] Exemplos: "sem autorização", descrita no art. 16 da Lei nº 7.492/86; "sem a devida permissão, licença ou autorização da autoridade competente", referida no art. 29 da Lei nº 9.605/98.

[405] Exemplo: "sem autorização escrita da sociedade emissora", referida no art. 2º da Lei nº 7.492/86.

[406] Exemplos: "com infringência das normas de proteção" (art. 38 da Lei nº 9.605/98); "em desacordo com a legislação" (art. 8º da Lei nº 7.492/86); "não autorizada" e "sem autorização" (art. 22 da Lei nº 7.492/86); "fora das hipóteses previstas em lei" (art. 89 da Lei nº 8.666/93). Em detalhes: PULITANÒ, Domenico. "Illiceita 'Espressa e Illiceita' Speciale". In *RIDPP*. Milano: Giuffrè, 1967, pp. 65-124.

[407] Na Alemanha, reconhecendo tal peculiaridade em alguns dos crimes ambientais introduzidos pela 6ª Lei de Reforma do Direito Penal, em 1988: ESER, Albin. "Sobre a mais Recente Evolução do Direito Penal Económico Alemão". In: *Revista Portuguesa de Ciência Criminal*. Coimbra: Coimbra, out-dez/2002, ano 12, nº 4, p. 543 (pp. 531-547).

[408] Eis a *unidade do injusto*, de que nos fala JUAREZ TAVARES: "La caracteristica de una conducta como injusta no es consecuencia de su antinormatividad, sino de la contradicción entre su cometido y el orden jurídico en su totalidad. En segundo lugar, porque la conducta delictiva, ya sea como acto comisivo u omissivo, debe subordinarse al principio de legalidad, lo cual exige que todos SUS elementos se encuentren definidos legalmente y estén presentes en el caso concreto" (*Teoria del Injusto Penal*, cit., p. 109).

penal.⁴⁰⁹ Eventual ampliação do ilícito ou da punibilidade só se aplica às condutas posteriores à entrada em vigor da norma complementadora,⁴¹⁰ pois "il significato umano e sociale di una condotta deve essere valutato nel momento stesso ni cui la condotta è posta, e non in momenti sucessivi, un eventual modifica del contenuto dell'elemento normativo *dopo* la commissione del fatto rimane priva di rilevanza rispetto alla norma penale che richiama l'elemento normativo".⁴¹¹

Os problemas se intensificam, entretanto, nos casos em que a remissão normativa reduz ou elimina o âmbito de incidência da norma penal. Acerca desse problema, a doutrina penal, que no início do século XX vinha reconhecendo como solução a irretroatividade do complemento normativo mesmo quando benéfico, foi, no pós-guerra, revista para o fim de reconhecer que, em princípio, a sucessão normativa retroagiria. Logo em seguida, surgiram teses diferenciadoras, reconhecendo dois critérios para a solução dos problemas:⁴¹²

(i) a *lex mitior* complementadora retroagiria quando a modificação fosse resultante de uma mudança na *valoração jurídica* do fato; ao passo que a irretroatividade deveria imperar quando o complemento normativo resultasse de uma alteração de *circunstâncias fáticas*;⁴¹³

(ii) a *lex mitior* retroagiria se a modificação repercutisse no *conteúdo do injusto*, quando o preceito em branco tivesse por propósito assegurar a imediata *obediência* à norma complementada; não se operaria a retroatividade do complemento benéfico quando a modificação não afetasse o *núcleo do injusto*, mas sim o seu objeto ou outros elementos fáticos, isto é, quando a complementação se limitasse a assegurar indiretamente um *efeito da regulação* pretendida pela norma complementada.⁴¹⁴

Ambos os critérios são passíveis de críticas.

Fala-se de alteração na *valoração jurídica* do fato quando a superveniência do complemento normativo está a demonstrar que não mais está presente a necessidade político-criminal (preventivo geral e preventivo especial) da pena; ao contrário, a modificação eminentemente *fática* ocorreria quando a prática do delito antes da mudança legal prosseguisse sendo lesiva contra um bem jurídico mesmo após a alteração da norma, sempre que a alteração mantém intacto o fim de proteção e a forma de ataque.⁴¹⁵

---

⁴⁰⁹ TIEDEMANN, Klaus. "La ley penal en blanco : concepto y cuestiones conexas", cit., p. 77.

⁴¹⁰ SILVA SÁNCHEZ, Jesús-María. "Legislación Penal Socio-económica y Retroactividad de Disposiciones Favorables: el Caso de las 'Leyes em Blanco'", cit., p. 433.

⁴¹¹ PAGLIRARO, Atonio. *Principi di Diritto Penale*, cit., p. 134.

⁴¹² Em detalhes: SILVA SÁNCHEZ, Jesús-María. "Legislación Penal Socio-económica y Retroactividad de Disposciones Favorables: el Caso de las 'Leyes em Blanco'", cit., pp. 433-450.

⁴¹³ STRATENWERTH, Günter. *Derecho Penal. Parte General*. Trad. por Gladys Romero. Madrid: Edersa, 1982, pp. 31-32; ROXIN, Claus. *Derecho Penal*, cit., p. 169; TIEDEMANN, Klaus. "La ley penal en blanco : concepto y cuestiones conexas", cit., p. 80; TAIPA DE CARVALHO, Américo. *Sucessão de Leis Penais*, cit., p. 204; SILVA SÁNCHEZ, Jesús-María. "Legislación Penal Socio-económica y Retroactividad de Disposiciones Favorables: el Caso de las 'Leyes em Blanco'", cit., pp. 451-461; ARROYO ZAPATERO, Luis. "Derecho penal económico y constitución", cit., p. 10.

⁴¹⁴ JAKOBS, Günther. *Derecho Penal*, cit., p. 121; GACÍA CAVERO, Percy. *Derecho Penal Económico*, cit., p. 210.

⁴¹⁵ SILVA SÁNCHEZ, Jesús-María. "Legislación Penal Socio-económica y Retroactividad de Disposiciones Favorables: el Caso de las 'Leyes em Blanco'", cit., pp. 458 e 460.

Além de questionável o exame da retroatividade de uma lei em atenção aos fins preventivos da pena, nos termos já referidos, a tese também esbarra em algumas dificuldades metodológicas. Em primeiro lugar, é um reducionismo linear antever alguma diferença entre uma mudança fática e uma mudança valorativa; como se fosse possível afirmar que um suposto fático prescindisse de sua dimensão axiológica.[416] O equívoco tem como resultado a questionável solução apontada por seus defensores quando se debruçam sobre casuística determinada.

Silva Sánchez[417] cita o exemplo da mudança na política cambial que sobreveio à adesão da Espanha à Comunidade Econômica Europeia, haja vista a imposição, aos países-membros, de uma política de progressiva liberalização e eliminação de restrições à livre entrada e saída de moeda na Europa. Em razão disso, foi editado o Real Decreto n° 1.816, de 20/12/1991, que expressamente reconheceu a supressão de um dos elementos integrantes do tipo penal correspondente ao delito monetário (art. 6 da Ley 40/1979),[418] de modo que "lo que antes se entendía como beneficioso resulta ser ahora disfuncional al desarrollo económico".[419] Acerca do tema, sustenta Silva Sánchez que a superveniência do regime jurídico liberalizante do fluxo monetário não poderia retroagir a delitos anteriores porque teria havido apenas uma *mudança meramente fática*; "no, en cambio, un cambio valorativo sobre la relevancia penal de conductas de evasión de capitales en una economía insuficientemente desarrollada". Por tal razão, "tales conductas, en el contexto económico de su realización, se siguen viendo desde la perspectiva actual como algo merecedor de sanción penal".[420]

Convenhamos: a adoção de uma nova política cambial nesses termos longe está de caracterizar uma mudança meramente fática. Pelo contrário, o contexto econômico da União Europeia foi determinante para uma revisão (também jurídica) quanto à necessidade de autorização prévia para entrada e saída de moeda, porquanto os tempos de comunitarismo econômico estavam a indicar que o equilíbrio monetário deve ser atingido pela solidez da economia, e não pela imposição de limites estatais às trocas internacionais. Não se trata de um ajustamento momentâneo oriundo de uma crise econômica qualquer; em vez disso, essa é uma revisão de política cambial que se ajusta aos rumos

---

[416] "Una separación de los aspectos fácticos y los jurídicos resulta muy difícil de materializar, ya que el cambio de las situaciones fácticas lleva consigo también una modificación en el objeto de referencia de la valoración jurídica. En este sentido, pretender que haya cambios solamente fácticos, sin cambios valorativos, resulta ingenuo" (Gacía Cavero, Percy. *Derecho Penal Económico*, cit., p. 203).

[417] Silva Sánchez, Jesús-María. "Legislación Penal Socio-económica y Retroactividad de Disposciones Favorables: el Caso de las 'Leyes en Blanco'", cit., p. 453.

[418] Sobre o antigo regime cambial espanhol: Bajo Fernandes, Miguel. "El Derecho Penal Económico. Un Estudio de Derecho Positivo Español", cit., pp. 110-112. Para mais detalhes da mudança legislativa verificada na Espanha: Gómez Guillamón, Rogelio. "Delitos Monetarios. La Sentencia del TJCEE de 23 de Febrero de 1995". In *Revista del Ministerio Fiscal*. Madrid, jul-dec/1995, n° 2, pp. 287-299; Schmidt, Andrei Zenkner; Feldens, Luciano. *O Crime de Evasão de Divisas*. Rio de Janeiro: Lumen Juris, 2006, pp. 143-145;

[419] Arroyo Zapatero, Luis. "Derecho penal económico y constitución", cit., p. 3.

[420] Silva Sánchez, Jesús-María. "Legislación Penal Socio-económica y Retroactividad de Disposciones Favorables: el Caso de las 'Leyes em Blanco'", cit., pp. 453-454.

da macroeconomia contemporânea.⁴²¹ Uma ruptura dessa dimensão (fática e axiológica) só pode, por uma questão de coerência, conduzir à retroatividade do complemento normativo benéfico. Se o Brasil, hoje, viesse a modificar substancialmente a política cambial em termos semelhantes, seria inegável que o esvaziamento do ilícito contido no art. 22 da Lei nº 7.492/86 teria de contar com incidência pretérita.

Ademais, sequer uma mudança da *valoração jurídica* do fato, tomada a partir dos fins da pena, parece ter relevância para ditar a melhor solução política dos problemas de direito penal intertemporal. Com alguma frequência, deparamo-nos com casos de *abolitio criminis* provocados pelo legislador sem muita razoabilidade jurídica, em situações em que o caráter preventivo geral e especial da pena permanece hígido apesar de a nova lei eliminar a relevância penal do fato.⁴²² Não seria constitucionalmente sustentável que uma lei penal benéfica não retroagisse porque a necessidade da pena seguiria vigente, até mesmo porque a aparente irracionalidade da solução resgata seu ajustamento político no custo da representatividade legislativa própria de democracias. Ressalvadas hipóteses peculiares de inconstitucionalidade formal ou material da nova lei, também é um valor consagrado em regimes democráticos o fato de nem sempre as mudanças legislativas serem convergentes com um reconhecimento social ou com uma carência política de tutela.

A precariedade da distinção se reflete, ademais, nas questionáveis soluções apontadas pela doutrina tradicional aos intrincados problemas de sucessão de complementos normativos benéficos em se tratando de delitos fiscais. É constitucionalmente inaceitável, de início, a tese de que "el Derecho Penal tributário es mayoritariamente considerado, no sin dificuldades, ley temporal".⁴²³ Isso seria razão suficiente, se correta fosse a premissa, para reputarmos inconstitucional a existência de delitos fiscais, pois impensável que uma cate-

---

⁴²¹ Nesse sentido, destacando a deslegitimidade da tutela penal sobre operações de câmbio no Brasil: LIRA, Rafael. "O crime de evasão de divisas: análise crítica sobre a atuação da mídia nos processos pré e pós-legislativo. Comentários sobre a (des)legitimidade da tutela penal". In SILVA FRANCO, Alberto; LIRA, Rafael. *Direito Penal Econômico – Questões Atuais*. São Paulo: RT, 2011, pp. 397-426.

⁴²² Em 1983, o *cloreto de etila* (princípio ativo do popular "lança-perfume") foi excluído do rol de substâncias entorpecentes pela Portaria/DIMED de 04/04/1984, sendo incluído, novamente, pela Portaria/DIMED de 13/03/1985. Assim, entre 04/04/1984 e 13/03/1985 houve verdadeiro hiato na ilicitude penal relacionada ao fato, ou seja, o uso e o tráfico de lança-perfume não poderiam ser reprimidos na seara penal à vista da ausência do complemento requerido pelo tipo. O efeito disso é que também os mesmos fatos, anteriores a 04/04/1984, restaram descriminalizados, dada a incidência do art. 2º, *caput*, do CPB. A reinclusão posterior, em 1985, caracteriza nova lei criminalizadora, somente alcançando condutas praticada posteriormente à sua publicação (art. 4º). Nesse sentido: STF, HC 68.904/SP, 2ª Turma, rel. Min. Carlos Velloso, j. em 17/12/1991, DJ de 03/04/1992, p. 4.290. Para um exame detalhado da ampla problemática da sucessão de leis penais no tempo, em específico quanto a mudanças normativas que ensejam discussão acerca das variações temporais na técnica de tutela, v.: ROMANO, Bartolomeo. *Il Rapporto tra Norme Penali. Intertemporalità, Spazialità, Coesistenza*, cit., pp. 53-123.

⁴²³ TIEDEMANN, Klaus. "La ley penal en blanco : concepto y cuestiones conexas", cit., p. 85. No mesmo sentido: PIÑA GARRIDO, Maria Dolores. "La retroactividad de la ley penal más favorable en los delictos contra la Hacienda Publica". In MIREXTXU, Corcoy Bidasolo [org]. *Derecho Penal de la Empresa*. Pamplona: Universidad Pública de Navarra, 2002, p. 280 (pp. 259-294).

goria abstrata de delitos com vigência estável se submeta, como regra geral, à irretroatividade da *lex mitior*.[424]

Tem-se afirmado – normalmente avocando-se o exemplo da sazonalidade da legislação que trata do imposto de renda – que a fixação, pelo legislador, de um prazo determinado de vigência da norma, seria razão suficiente para se lhe atribuir uma natureza excepcional. Apenas no caso de uma mudança da identidade da sociedade em determinado setor da arrecadação tributária (por exemplo, com a derrogação de um tributo) é que poderíamos pensar em retroatividade do novo complemento.[425]

Contudo, modificações produzidas em alíquotas, em incentivos fiscais, em fatos geradores ou mesmo na tipologia dos tributos terão sua incidência retroativa sempre que inseridas na *volatividade ordinária* da economia. É verdade que, em alguns casos, tal consideração possa levar a soluções anômalas,[426] mas esse é o custo a ser arcado pela intervenção penal que pretenda reforçar a tutela em segmentos sociais essencialmente variáveis.

Tampouco a distinção entre *obediência à norma* e *efeito da regulação* mostra-se como critério razoável de determinação da (i)retroatividade dos complementos normativos. Conquanto possamos aceitar como válido que, em muitos casos, modificações meramente procedimentais imanentes ao efeito da regulação não possam assumir uma eficácia descriminalizadora ou despenalizadora, fato é que, em outros, o efeito é inverso. Por exemplo, a ampliação do prazo para a apresentação de uma declaração de rendimentos pode beneficiar alguém que inicialmente, sob o ponto de vista formal, havia cometido delito fiscal por não cumprir com a obrigação acessória; se a modificação da lei for efetivamente utilizada pelo contribuinte, é inegável que, a despeito de caracterizar um efeito da regulação, a *novatio lege in mellius* irá retroagir. De mais a mais, a persistência de necessidade de *obediência à norma* muitas vezes não tem o condão de impedir a retroatividade da lei benéfica: há *abolitio criminis* ainda que a estabilização de expectativas sociais possa permanecer hígida.

---

[424] Interessante que, na Itália, o art. 20 da Lei n. 4, de 07/01/1929, previa expressamente a ultra-atividade da lei penal financeira incidente em delitos fiscais. Após diversas críticas doutrinárias e decisões judiciais anômalas (v. Vassali, Giuliano. "Successione di più Leggi Eccezionali". In *Rivista Italiana di Diritto Penale*. Padova: CEDAM, 1943, pp. 413-414 (pp. 207-238); Zaniolo, Daniele. "Brevi Considerazioni in Merito al Principio di Ultrattività in Materia di Reati Finanziari". In *RIDPP*. Milano: Giuffrè, anoXXXIX, 1996, pp. 874-879), tal dispositivo foi revogado pelo art. 24, § 1, do Decreto-lei 507, de 31/12/1999, conduzindo ao reconhecimento doutrinário e jurisprudencial, de uma maneira geral, da retroatividade do complemento normativo fiscal benéfico. Sobre a evolução histórica do tema: Donà, Bagriele; Wilma, Viscardini. *La tutela penale e amministrativa degli operatori economici e gli interessi finanziari dell'Unione Europea*. Padova: CEDAM, 2000, pp. 98-105.

[425] García Cavero, Percy. *Derecho Penal Económico*, cit., p. 213. Na mesma linha, observando que, na Itália, a modificação do tributo cujo recolhimento era tutelado pelo delito de contrabando, ao ser modificado, revogou (com eficácia retroativa) a disciplina do delito, erigindo-o à condição de ilícito administrativo: Irollo, Domenico. "Considerazioni A Caldo sulla Recente Parziale Depenalizzazione del Reato di Contrabbando Doganale". In *RTDPE*. Padova: CEDAM, ano XIII, n. 1-2, gen-giu/2000, pp. 273-287.

[426] Em detalhes, v.: Gacía Cavero, Percy. *Derecho Penal Económico*, cit., pp. 210-214. Sobre as polêmicas relacionadas à eficácia intertemporal das leis tributárias e sua repercussão nos delitos fiscais na Itália: Cerqua, Luigi Domenico. "L'Abolizione del Principio di *Ultrattività* delle Disposizioni Penali Finanziarie e l'Eredità dei *Vecchi* Reati Tributari". In *RTDPE*. Padova: CEDAM, ano XIII, n. 4, ott-dic/2000, pp. 809-870.

3.3.3. Os princípios da anterioridade e da retroatividade da lei penal benéfica prosseguem hígidos no Direito Penal Econômico. Mas a lei excepcional ou temporária também incide, em caráter muito especial, nos delitos econômicos

Deve ser sumariamente rechaçada a tentação de considerar-se a norma penal econômica (inclusive seu complemento normativo), porque volúvel em sua ofensividade, como ordinariamente uma lei penal excepcional ou temporária. Razões fenomenológicas, políticas e constitucionais impedem-nos de chegar a uma conclusão nesses termos.

Em tempos de globalização, economia e velocidade são irmãs siamesas. Fluxos econômicos se movimentam em pacotes eletrônicos de *bytes*, mudando constantemente de rumo, de titularidade, de geografia. A volatilidade, portanto, é um risco imanente à política econômica, às trocas patrimoniais entabuladas entre pessoas e instituições.

Há segmentos muito específicos do mercado, mas não por isso menos variáveis, em que os riscos podem se transformar em perigos às relações individuais. Por figurarem carecedores de proteção em hipóteses tais, esses riscos, que potencialmente podem se materializar em perigos, são autorizados, observados, controlados ou mesmo monopolizados pelo Estado sob as mais diversas formas de regulamentação e de tutela.

O que importa é reconhecer que a transitoriedade normal de uma política econômica em tempos de globalização não a faz excepcional, em sua significação dogmático-penal. Pelo contrário, exatamente porque o efêmero é a condição existencial da economia é que o direito penal, incidindo numa área que não lhe é das mais familiares, deve se submeter a um controle ainda mais rigoroso em sua aplicação intertemporal.[427]

Assim, "é um dado da experiência que, vista *ex post*, a generalidade destas leis acabam por ter vida efémera. Mas tal deve imputar-se, acima de tudo, às transformações registradas na realidade econômica e na mundovisão dos que, sucessivamente, vão acedendo ao poder. Por isso é que o triunfo de uma nova ideologia é sistematicamente acompanhado da revogação das normas de direito penal econômico preexistentes, invariavelmente proclamadas com uma certa ambição de perenidade. Ao contrário do que sucede com as autênticas leis temporárias, as vicissitudes verificadas no domínio do direito penal econômico são fundamentalmente dívidas às viragens de azimute ideológico. Não faria, por isso, sentido continuar a assegurar eficácia póstuma a leis que foram instrumentos privilegiados de uma ordenação econômica anterior

---

[427] Até mesmop porque, conforme destaca Tiedemann, "hace ya tiempo que el Derecho Penal económico se ha libertado de sua histórico papel de Derecho Penal para épocas de crisis, temporalmente limitado y cambiante, y, por regla general, comparte con el Derecho de la Economia (Derecho de la Empresa) una cierta estabilidad en la regulación" (Tiedemann, Klaus. "La ley penal en blanco : concepto y cuestiones conexas", cit., p. 82).

– divergente ou mesmo conflituante com a vigente – e que, por essa razão, foram revogadas".[428]

É dizer: o custo político de a tutela penal econômica assumir uma característica efêmera é exatamente o custo político que deve ser arcado caso venham a se operar mudanças na política econômica incidentes na espécie. A aplicação do estatuto jurídico tradicional da lei penal no tempo aos problemas quanto à eficácia da norma penal econômica é a forma de garantir-se que a tutela penal, também neste recorte específico, escape da ordinariedade do princípio da reserva de lei. Até mesmo porque, sob o ponto de vista constitucional, seria insustentável que a regra incidente fosse a da ultra-atividade das leis excepcionais ou temporárias. Pela mesma razão é que, quanto mais aberta a norma penal e mais ampla a remissão normativa, maior deve ser o cuidado em interpretar-se restritivamente o tipo penal.[429]

A apreciação crítica de um antigo aresto do STF pode ser útil. Na ocasião, muito embora o debate não estivesse relacionado a uma infração penal, estava em julgamento a possibilidade de aplicação retroativa de resolução que revogava ilícito tributário, à vista de nova política de abastecimento de carne bovina. No que pertine ao ilícito fiscal, a Corte Suprema aplicou por analogia o art. 3º do CP, entendendo que a normativa anterior, que previa o ilícito, prosseguia vigente aos fatos praticados durante a sua vigência.[430] Ora, a solução é condenável: se houve a revisão da política de abastecimento em condições econômicas normais, a supressão do ilícito tributário teria de retroagir a ilícitos antecedentes, e isso mesmo que na hipótese *sub judice* estivesse em discussão um delito fiscal.

Outro exemplo de transitoriedade imanente a uma política estatal determinada – conquanto relacionada a diretrizes de biossegurança – diz respeito ao plantio ou à comercialização e venda de soja transgênica. Durante algum tempo, a prática atraíra a incidência do delito descrito no art. 13, inciso V, da Lei nº 8.974/95. Contudo, a Lei nº 10.688/03 expressamente excluiu "a comercialização da safra de soja de 2003" do disposto na Lei nº 8.974/95. O que era para ser transitório à safra de 2003, tornou-se definitivo a contar das Leis nº 10.814/03 e 11.105/05: a política econômica do nosso país aceitou o plantio e comercialização de soja geneticamente modificada. Tal liberação, por não se considerar efêmera na transitoriedade imanente ao tema, originou um novo estatuto jurídico, em tudo aplicável à lei penal (retroatividade da *abolitio criminis*).[431]

---

[428] Figueiredo Dias, Jorge de; Costa Andrade, Manuel da. "Problemas de Especulação e Sucessão de Leis no Contexto dos Regimes de Preços Controlados e Declarados". In *Revista de Direito e Economia*. Coimbra, 1980/1981, nº 6-7, p. 325 (pp. 303-329).

[429] Tiedemann, Klaus. "La ley penal en blanco : concepto y cuestiones conexas", cit., p. 77; *Manual de Derecho Penal Económico*, cit., p. 111.

[430] STF, RE 71947/GB, 1ª Turma, rel. Min. Luiz Gallotti, j. em 14/03/1971, DJ de 19/11/1971, p. 6482.

[431] Nesse sentido: TRF da 4ª Região, ACR 2000.71.04.000334-0, 7ª Turma, rel. Des. Fed. Tadaaqui Hirose, j. em 10/10/2006, DJ de 18/10/2006, p. 695.

Os exemplos referidos, é bom que se diga, não infirmam a possibilidade de incidência do art. 3º do CP aos delitos econômicos.[432] Poderão existir casos que, justificados pela excepcionalidade do momento político de um determinado país, uma norma penal, ou mesmo uma norma complementadora, seja editada com inequívoco propósito de vigência precária e, como tal, *ultra-ativa*.[433]

Exemplo de condição resolutiva implícita é encontrado no delito de "transgredir tabelas oficiais de gêneros e mercadorias, ou de serviços essenciais" (art. 2º, VI, da Lei nº 1.521/51), de vigência é plena apenas em momentos econômicos transitórios (perceba-se a situação econômica peculiar tácita ao dispositivo: a lógica do tabelamento de preços excepciona o normal funcionamento da liberdade de mercado – art. 170, IV, CF/88). Nesses casos, "a revogação ou alteração da tabela, ou ainda a liberação do preço, posteriores à infringência da regra penal, não afeta a punibilidade do fato típico anterior".[434] Mas acrescentamos: a excepcionalidade normativa não pode ser presumida abstratamente a partir do mecanismo econômico de tabelamento, mas sim de uma situação econômica peculiar.

Com efeito, modificações na política de preços não necessariamente inserem-se no contexto normativo das leis excepcionais. Bem observam FIGUEIREDO DIAS e COSTA ANDRADE que a política monetária portuguesa instituída pelo Decreto-Lei nº 329-A/1974 (regime de preços controlados, quando as modificações tinham de ser solicitadas ao Estado), ao ser substancialmente modificada pelo regime de preços declarados previsto no Decreto-Lei nº 75-Q/1977 (as variações de preços passaram a se sujeitar apenas a comunicações ao Estado), caracterizou uma ruptura no modelo econômico vigente, que abandonou uma postura intervencionista para outra regulatória. O efeito disso no delito de especulação foi a solução de continuidade do tipo-de-ilícito. A ruptura, antes de ser momentânea, estava inserida em um novo modelo econômico. Consequentemente, a nova lei, porquanto complementadora da norma penal, teria o efeito de *abolitio criminis*, alcançando fatos pretéritos.[435]

Com frequência, complementos *heterogêneos* se sujeitam a um tempo determinado de incidência. Por si só, isso não os torna, para fins penais, um complemento temporário (art. 3º do CP), porquanto a vigência efêmera da norma pode se inserir na normalidade da política econômica.[436] Uma normativa com prazo certo de vigência, ou que regula determinadas situações durante um período determinado, só atrai a incidência do art. 3º do CP nos casos em que a

---

[432] No mesmo sentido: TAIPA DE CARVALHO, Américo. *Sucessão de Leis Penais*, cit., p. 205.

[433] Fora do direito penal econômico, é sempre lembrado o exemplo do Livro II do Código Penal Militar, que prevê delitos cuja vigência está restrita a situações de guerra declarada (arts. 355 a 397).

[434] STF, HC 58614/MG, 2ª Turma, rel. Min. Djaci Falcão, j. em 06/02/1981, DJ de 03/04/1981, p. 2853.

[435] Irretocável a conclusão: "é a própria mutabilidade do Direito Penal Econômico que, em princípio, retirará às suas normas o caráter de *leis de emergência*" (FIGUEIREDO DIAS, Jorge de; COSTA ANDRADE, Manuel da. "Problemas de Especulação e Sucessão de Leis no Contexto dos Regimes de Preços Controlados e Declarados", cit., p. 325).

[436] Em sentido contrário, afirmando que a previsão de tempo certo de duração da norma é razão suficiente para considerá-la uma lei temporária: JAKOBS, Günther. *Derecho Penal*, cit., p. 119; GARCÍA CAVERO, Percy. *Derecho Penal Econômico*, cit., p. 211.

transitoriedade da regulamentação se insira num contexto político anormal (o efêmero do efêmero); se, pelo contrário, o termo final insere-se num contexto de *volatilidade ordinária*, eventual modificação, se mais benéfica àquele que infringe a norma, irá retroagir seus efeitos, como *lex mitior* que é.

Exemplo: o art. 22, parágrafo único, *in fine*, da Lei nº 7.492/86 prevê como delitiva a conduta de deixar de declarar, à autoridade competente (Banco Central do Brasil), depósito mantido no exterior. A norma é penal em branco, ou seja, os limites da declaração são ditados por complemento administrativo.[437] A partir de 2001, a política financeira brasileira deu início ao mapeamento de ativos mantidos por brasileiros no exterior. Naquele ano, foi editada a Circular nº 3071, exigindo a declaração, no ano seguinte, de ativos superiores ao equivalente a R$ 10 mil (art. 4º). O limite da declaração foi elevado para R$ 300 mil a partir da Circular nº 3.181/03 (art. 3º), convertido tal limite no ano seguinte, mantido até os dias de hoje, em US$ 100 mil. Consequentemente, um depósito de R$ 250 mil, mantido no exterior à míngua de declaração, típico em 2002, poderia ser atípico em 2003. Perceba-se que a revisão do limite da declaração pela autoridade cambial não se justificou em questão transitória de 2001, mas sim à vista da revisão da necessidade de o BACEN mapear valores de pequena monta.[438] Tanto que até hoje é assim. A hipótese é de retroatividade do complemento normativo benéfico, sem incidência do disposto no art. 3º do CP.[439]

Outro bom exemplo de *volatilidade ordinária* – em tudo sujeita aos princípios da irretroatividade da *lex gravior* / retroatividade da *lex mitior* –, em comparação com casos de *volatilidade extraordinária* – submetida ao regime do art. 3º do CP – pode ser encontrado na questão que envolve o depósito compulsório de instituições financeiras, um importante mecanismo de controle de liquidez da oferta de moeda no Sistema Financeiro Nacional.[440] Um dirigente qualquer, caso efetue alguma fraude contábil a fim de ver-se obrigado a recolher menos numerário ao Banco Central – ampliando, com isso, a possibilidade de concessão de crédito a seus clientes –, estaria praticando o delito de gestão fraudulenta (art. 4º, *caput*, da Lei nº 7.492/86). Norma do BACEN que

---

[437] TRF da 4ª Região, ACR 0023634-72.2007.404.7100, 7ª Turma, rel. Juíza Federal Salise Monteiro Sanchotene, j. em 23/01/2013, D.E. de 25/02/2013.

[438] Veja-se que o Relatório de Capitais Brasileiros no Exterior (2001-2006) referiu que o aumento do limite se deu em razão da pouca significância do mapeamento quanto a disponibilidades inferiores a US$ 100 mil. Sobre o tema: <http://www4.bcb.gov.br/rex/CBE/Port/ResultadoCBE2006.pdf>.

[439] Necessário registro, contudo, que já sustentamos o contrário: SCHMIDT, Andrei Zenkner; FELDENS, Luciano. *O Crime de Evasão de Divisas*, cit., p. 186. E também há jurisprudência reputando, na espécie, incidente o art. 3º do CP: TRF da 4ª Região, EI 2004.70.00.002027-4, 4ª Seção, rel. Des. Fed. Paulo Afonso Brum Vaz, j. em 20/08/2009, D.E. 31/08/2009.

[440] Segundo explicação do próprio BACEN, "os depósitos compulsórios são recolhimentos obrigatórios de recursos que as instituições financeiras fazem ao Banco Central. No passado foram considerados como instrumento de política monetária, mas paulatinamente passaram a ser vistos como instrumento de preservação da estabilidade financeira. Os depósitos compulsórios produzem os seguintes efeitos sobre as condições monetárias: influenciam o multiplicador monetário, ampliando ou reduzindo o volume de recursos que os bancos podem transformar em crédito para a economia e, dessa forma, controlar a expansão dos agregados monetários; criam demanda previsível por reservas bancárias, o que assegura maior eficiência ao Banco Central em sua atuação no mercado monetário". <http://www4.bcb.gov.br/pec/gci/port/focus/FAQ%2012-Dep%C3%B3sitos%20Compuls%C3%B3rios.pdf>.

eventualmente reduza, p. ex., de 75% para 45% o recolhimento obrigatório, poderia ter aplicação retroativa?

A resposta pressupõe a análise do momento econômico em que se verificou a modificação da alíquota do depósito compulsório. De junho de 2000 até 2013, as alíquotas para recursos à vista têm variado entre 42 e 45%; entre março de 1999 e outubro de 1999, contudo, o percentual chegou a alarmantes 75%.[441] A explicação para essa diferença foi o grande avanço da inflação no primeiro semestre de 1999, influenciado principalmente pela crise russa de 1998. Tal situação peculiar, verificada durante curto espaço de tempo, nos permite reconhecer que eventual delito de gestão fraudulenta praticado no interregno de *volatilidade excepcional* (entre março e outubro de 1999) prosseguiria punível (art. 3º do CP) após outubro de 1999, mesmo na hipótese de a fraude, com a normativa posterior, deixar de superar a alíquota definida em lei. Pelo contrário, o complemento benéfico poderá retroagir na hipótese de a variação inserir-se nos limites gerais das variações de alíquota estáveis ocorridas há 14 anos. Assim, ao contrário da doutrina que afirma que obrigações de depósito à vista seriam, por si só, consideradas *leis excepcionais*,[442] a melhor solução está a depender da análise da conjuntura econômica incidente na hipótese.

Os exemplos acima referidos são suficientes para confirmar nossa hipótese: a transitoriedade que justifica a incidência do art. 3º do CP não advém de uma presunção legal abstrata, mas sim de uma circunstância econômica concretamente reputada anômala e transitória. O que fundamenta a possibilidade de, nestes casos, a lei excepcional ou temporária ser ultra-ativa – excepcionando, com isso, o princípio da retroatividade da *lex mitior* – é que o reconhecimento do ilícito prossegue hígido após o término de vigência da norma apenas nos casos de a identidade cultural de uma determinada sociedade necessitar exatamente desse tratamento diferenciado momentâneo para reafirmar a sua historicidade ordinária. Um Estado democrático pautado politicamente por uma economia aberta dispõe, em situações excepcionais de crise, de mecanismos céleres de tutela cuja vigência está em tudo submetida à transitoriedade do momento, de modo que sua condição existencial está umbilicalmente ligada à necessidade de proteção em situações extremas.

Nesse rumo, a ultra-atividade da lei incidente em tempos de *volatilidade extraordinária* é a reafirmação do compromisso social com o restabelecimento da *volatilidade ordinária*. Na hipótese, entretanto, de a tutela jurídica se modificar no contexto de transitoriedade normal, a retroatividade da nova lei (ou do complemento), se benéfica, é a reafirmação de que a sociedade, exatamente por estar se modificando, perdoa a violação da relação de perigo ocorrida preteritamente.

Tal fundamentação nos permite, agora, concluir – uma vez superada a visão de que os fins da pena possam embasar os problemas de sucessão de leis penais no tempo –, que não é a continuidade do ilícito ou do injusto que

---

[441] V. <http://www4.bcb.gov.br/pec/gci/port/focus/FAQ%2012-Dep%C3%B3sitos%20Compuls%C3%B3rios.pdf>.

[442] TIEDEMANN, Klaus. "La ley penal en blanco : concepto y cuestiones conexas", cit., p. 86.

irá ditar a eficácia temporal da lei penal econômica (pois, como vimos, casos existem em que a *abolitio criminis* ou a *lex mitior* não se compatibiliza com a persistência do cuidado-de-perigo), mas sim o *significado* da continuidade, ou não, do tipo-de-ilícito, num contexto social de transitoriedade imanente ou de volatilidade extraordinária.

4. Teoria do delito econômico

4.1. Tipo legal de crime econômico (i): técnica legislativa, remissões normativas e taxatividade

4.1.1. Razão iluminista e princípio da taxatividade. A crise da função de garantia do tipo legal de delito

Se nos debruçarmos sobre a historicidade do Iluminismo, resultar-nos-á clara a compreensão da demanda social que, à época, eclodia contra decisões políticas estatais que não se submetiam a um processo institucional cognitivo possível para os cidadãos, guiado por regras suficientemente claras. A fenomenologia da razão iluminista está arraigada a um ideal de proteção do indivíduo contra o Estado e de submissão do Estado ao Direito.[443] Proteção esta que, segundo a fórmula de distribuição de poder elaborada por MONTESQUIEU, haveria de desempenhar-se através da lei: quem a formula, não a aplica; quem governa, a ela está sujeito.

Para além de um ideal político, a razão iluminista também era produto da euforia epistemológica própria da modernidade. Eram tempos de separação entre sujeito e objeto; o homem entrava-no-mundo como epicentro do conhecimento, apresentando-se como alguém que, dotado de razão, poderia modificar o meio em busca de sua felicidade.[444]

Compreende-se que, nesse cenário histórico, prevalecesse a ideia de que a lei desempenhasse uma função motivacional binária: o indivíduo deveria conhecê-la para proteger-se contra as interferências do Estado em sua liberdade;[445] o juiz deveria observá-la rigorosamente, sem mesmo interpretá-la, para

---

[443] Em detalhes: BAUMER, Franklin. *O Pensamento Europeu Moderno*. Trad. por Maria Alberty. Lisboa: Edições 70, 1977, vol. I (séculos XVII e XVIII), pp. 245-264.

[444] Para detalhes sobre a influência que o pensamento moderno ainda desempenha na ciência jurídica: GAUER, Ruth Maria Chittó. "Modernidade, Direito Penal e Conservadorismo Judicial". In SCHMIDT, Andrei Zenkner [org]. *Novos Rumos do Direito Penal Contemporâneo*. Rio de Janeiro: Lumen Juris, 2006, pp. 597-609. Tratamos também do assunto em: SCHMIDT, Andrei Zenkner. *O Método do Direito Penal sob uma Perspectiva Interdisciplinar*, cit., pp. 8-14.

[445] "Se não forem conhecidas, as leis não obrigam, e nem são propriamente leis" (HOBBES, Thomas. *De Cive*. Trad. por Ingeborg Soler. Petrópolis: Vozes, 1993, p. 79).

ditar os casos em que o cidadão, por infringi-la, deveria ser punido.[446] Se a finalidade da lei, dizia BENTHAM, é dirigir a conduta dos cidadãos, duas coisas serão necessárias para tanto: primeiro, que a lei seja clara, isto é, que faça nascer na mente do indivíduo a representação exata da vontade do legislador; e, segundo, que a lei seja concisa, de modo a se fixar facilmente na memória. Clareza e brevidade seriam, pois, as qualidades essenciais de toda lei.[447]

É na necessária convergência entre segurança jurídica e separação dos poderes que o princípio da *taxatividade* foi concebido como um corolário da reserva de lei. E isso só foi possível porque se acreditava na existência de um indivíduo (o sujeito) capaz de conhecer os exatos limites do que dispõe a lei (o objeto).

Do Iluminismo até hoje muita coisa mudou. Conquanto impensável, nos limites da presente pesquisa, uma síntese da ruptura epistemológica já observada,[448] tal contingência não nos impede de diagnosticar que a função de garantia do tipo legal de crime, nos contornos do princípio da *taxatividade*, prossegue, ainda hoje, sendo abordada a partir do mesmo dualismo que a contemporaneidade já se encarregou de superar.

A exigência de *lex certa* ainda vem sendo justificada a partir de uma perspectiva *motivacional*: uma técnica legislativa acurada é a exigência máxima para que o indivíduo tenha o melhor conhecimento possível do conteúdo da norma penal, de modo a pautar suas relações sociais de forma lícita.[449] Conforme leciona FIGUEIREDO DIAS, "importa que a descrição da matéria proibida e de todos os outros requisitos de que dependa em concreto uma punição seja levada até a um ponto em que se tornem objetivamente determináveis os comportamentos proibidos e sancionados e, consequentemente, se torne objectivamente motivável e dirigível a conduta dos cidadãos".[450]

Para tanto, a formulação legal dos tipos penais deve preferir, sempre que possível, construções casuísticas em vez de cláusulas gerais. Os elementos descritivos proporcionariam uma melhor cognição da abrangência da norma, muito embora seja impensável a construção de tipos penais sem elementares normativas. Quanto a estas, a taxatividade melhor se acomodaria em face de complementos jurídicos, sucumbindo nos casos em que a norma descreva elementares de conteúdo ético-social.[451]

---

[446] "Os juízes da nação são apenas, como já dissemos, a boca que pronuncia as palavras da lei; são seres inanimados que não podem moderar sem sua força, nem seu rigor" (MONTESQUIEU. *O Espírito das Leis*. Trad. por Cristina Murachco. 2. ed. São Paulo: Martins Fontes, 1996, p. 175). "Nem mesmo a autoridade de interpretar as leis penais pode caber aos juízes criminais, pela própria razão de não serem eles os legisladores" (BECCARIA, Cesare. *Dos Delitos e das Penas*. Trad. por Lucia Guidicini e Alessandro Berti Contessa. 2. ed. São Paulo: Martins Fontes, 1997, p. 45).

[447] BENTHAM, Jeremy. *Uma Introdução aos Princípios da Moral e da Legislação*. [s.t.] São Paulo: Abril Cultural, 1974, pp. 147-148.

[448] Para tanto, v.: BAUMER, Franklin. *O Pensamento Europeu Moderno*. Trad. por Maria Alberty. Lisboa: Edições 70, 1977, vol. II (séculos XIX e XX), *passim*.

[449] Em detalhes: SILVA SÁNCHEZ, Jesús Maria. *Aproximación al Derecho Penal Contemporáneo*, cit., pp. 353-360.

[450] *Direito Penal*, cit., p. 186.

[451] Discorrendo analiticamente sobre os melhores critérios de técnica legislativa para a adequação ao princípio da taxatividade: MARINUCCI, Giorgio; DOLCINI, Emilio. *Corso di Diritto Penale*, cit., pp. 149 ss; COBO DEL ROSAL, M.; VIVES ANTON, T. S.. *Derecho Penal. Parte General*. 4. ed. Valencia : Tirant to Blanch, 1996, pp. 74-75.

Em atenção ao aspecto motivacional da norma, o parâmetro determinante do exame de constitucionalidade do tipo de ilícito residiria na *maior precisão possível do conceito*.[452] A norma penal seria tão mais ofensiva ao princípio da taxatividade quanto mais desidiosa tenha sido a atividade do legislador diante de situações em que o preceito tivesse condições plenas de ser melhor definido.

Aceitas essas premissas, não nos acudirá muito esforço para compreendermos por que a função de garantia desempenhada pelo princípio da taxatividade venha sendo gradualmente mitigada, tanto em nível doutrinário quanto jurisprudencial.[453] Diante da essência polissêmica imanente à linguagem, vem-se afirmando que algum grau de incerteza na adoção da técnica legislativa é inevitável.[454] A despeito de elementos descritivos serem mais precisos, a utilização de elementos normativos é irrenunciável no processo legislativo,[455] haja vista que tais cláusulas possibilitam uma solução mais justa ao caso individual.[456]

A eficácia apenas relativa da exigência de *lex certa*[457] sobressai em níveis mais alarmantes se deslocarmos o horizonte cognitivo para as novas formas de criminalidade. O legislador, convocado a regular segmentos de alta complexidade e volatilidade, vem renunciando a decisões prévias de política criminal, outorgando tal missão, através de cláusulas legais de elevado grau de abstração, ao juiz no exame do caso concreto.[458]

Vivemos, e isso é inegável, um recrudescimento do judicialismo punitivo: o legislador parece não estar mais compromissado com uma definição sintética e rigorosa de tipos de delito; as Cortes constitucionais não mais (ou muito pouco) se preocupam em controlar a validade de leis nos casos de transferência ilegítima do poder legiferante;[459] e os juízes vêm aceitando, sem maiores questionamentos, o papel de *constituir* a normatividade do caso penal a partir

---

[452] Nesse sentido: HASSEMER, Winfried. *Crítica al derecho penal de hoy*. Trad. por Patricia S. Ziffer. Bogotá: Universidad Externado de Colombia, 1998, p. 21; JESCHECK, Hans-Heinrich. *Tratado de Derecho Penal*, cit., p. 115; MAURACH, Reinhart; ZIPF, Heinz. *Derecho Penal. Parte General*. Trad. por Jorge Bofill Genzsch y Enrique Aimone Gibson. 7. ed. Buenos Aires: Astrea, 1994, vol. 1, p. 158; MANTOVANI, Ferrando. *Diritto Penale*, cit., p. 63.

[453] Conquanto em nível doutrinário a apreciação crítica, em alguma medida, ainda seja destoante em comparação com a abordagem jurisprudencial. Sobre o tema, v.: PALAZZO, Francesco. "Orientamenti dottrinali ed effettività giurisprudenziale del principio di determinatezza-tassatività in materia penale". In *RIDPP*. Milano: Giuffrè, 1991, pp. 327-355.

[454] ROXIN, Claus. *Derecho Penal*, cit., p. 170.

[455] PAGLIARO, Antonio. *Principi di Diritto Penale*, cit., p. 56.

[456] ROXIN, Claus. *Derecho Penal*, cit., p. 170.

[457] JAKOBS, Günther. *Derecho Penal*, cit., pp. 89-90.

[458] MARINUCCI, Giorgio; DOLCINI, Emilio. *Corso di Diritto Penal*, cit., p. 151. O curioso é que, ponderam ambos os penalistas italianos, os sistemas jurídicos americano e inglês, que historicamente conviveram com uma construção judicial do direito penal, vem passando por um movimento inverso de gradual incremento de definições legais de delitos (pp. 151-152).

[459] No Brasil, o Supremo Tribunal Federal jamais decretou a inconstitucionalidade de um tipo penal à vista da ofensa ao princípio da taxatividade (com a ressalva do julgamento proferido no HC n. 96.007, conforme veremos adiante). Para uma visão geral dessa tendência, ressalvadas algumas decisões isoladas, na Alemanha e na Itália, v.: ROXIN, Claus. *Derecho Penal*, cit., p. 170-171; MARINUCCI, Giorgio; DOLCINI, Emilio. *Corso di Diritto Penal*, cit., pp. 143-145. Na Espanha: BACIGALUPO, Enrique. *Derecho Penal. Parte General*. 2. ed. Buenos Aires: Hammurabi, 1999, pp. 127-128.

de decisões concretas.⁴⁶⁰ Tudo a contribuir para a formação e desenvolvimento de um sistema penal de alta discricionariedade e baixa previsibilidade.⁴⁶¹

Diante desse cenário, seria possível reconhecermos que a razão iluminista não mais se ajustaria aos novos rumos do direito penal na contemporaneidade? Se a resposta for afirmativa, como conjugar-se, então, a noção de Estado de Direito – e o Estado contemporâneo prossegue assim definido – com a pouca, senão nenhuma, eficácia do princípio da taxatividade? Afinal de contas, a convergência iluminista entre os princípios da separação dos poderes e da segurança jurídica não têm a importância imaginada para o sistema penal?

4.1.2. O alcance possível da taxatividade a partir do diálogo entre o saber problemático e o pensamento sistemático. A necessidade de superação do dualismo racionalista para a correta compreensão da função possível de garantia do tipo legal de crime

Quer-nos parecer que boa parte da desilusão teórica quanto à função de garantia desempenhada pelo tipo legal de crime está influenciada pela percepção do não cumprimento das promessas da modernidade (e a taxatividade da lei penal era uma delas) a partir de uma episteme desajustada à própria obtenção dessa compreensão. É como se o direito penal houvesse sido notificado acerca da complexidade do seu objeto sem possuir um instrumental teórico capaz de (re)conhecer a existência da ruptura em si. Eis o resultado da tentativa infrutífera de obtenção de uma "razão forte" a partir de um pensamento teórico sistemático em tudo divorciado de um saber problemático.⁴⁶²

---

⁴⁶⁰ Crítico, no particular: FERRAJOLI, Luigi. *Derecho y Razón*, cit., pp. 502-509.

⁴⁶¹ Paradigmática, no particular, a obra de BRICOLA, Franco. *La Discrizionalità nel Diritto Penale – Nozione e Aspetti Costituzionali* (volume I). Milano: Giuffrè, 1965, especialmente pp. 157-226.

⁴⁶² FARIA COSTA tem observado que a modernidade trouxe a noção de progresso linear, arrastando consigo um fardo de contraditória clausura que poucos se libertaram. Progresso linear este que veio a enclausurar não só o pensamento diretamente ligado a uma raiz sociológica, mas à própria visão axiológica. Se observarmos os homens do século XVIII até à pós-modernidade, veremos uma grande predileção pelo pensamento global e totalizante. E esse sentido se percebia nas concepções daquilo que constitui a matriz de uma época. Foi um tempo em que predominaram as grandes verdades, os grandes e acabados sistemas filosóficos. A uma compreensão tal, "proveniente de vários lados e revestida de diferentes cambiantes ou postulados científicos, a que se somava a sustentá-la uma linha metódica que levava directamente à noção de sistema, respondia o mundo da juridicidade com uma visão igualmente sistemática" (FARIA COSTA, José de. "O Direito, a fragmentariedade e o nosso tempo", cit., p. 11). Compelidos a aceitar a ideia de sistema como uma realidade *a se*, indiferente à história e à própria mobilidade interna inerente à funcionalidade sistemática, o pensamento jurídico reproduziu-se metastaticamente gerando, por dentro, a sua anunciada destruição. "Querer que o inteligir jurídico se feche, de forma exclusiva e única, em um sistema, mesmo que aberto, ou sequer em plúrimos sistemas de contacto, ao jeito luhmanniano, é pretender amarrar com fios de seda uma entidade movente que, se bem vemos, nunca ninguém consegue suster". Isso tudo não escapa a uma evidente fragilidade, "na medida em que representa total cegueira às informações, aos chamamentos e às irredutíveis complexidades que o pré-jurídico engendra para determinar, sem apelo nem agravo, o jurídico" (ob. cit., p. 12). O retorno ao pré-jurídico, o chamamento da esquecida razão prática, conclama o agir teórico a dialogar com o problemático. Mas tudo isso sem qualquer pretensão de renúncia ao saber sistemático: "efetivamente, se o agir teoricamente – no seio do horizonte que o problemático rasga – fosse rejeição pura e simples das nervuras bem desenhadas que o sistema consolida, cedo se cairia no mais inconsequente e sincrético dos discernimentos jurídicos, na mais caótica casuística" (ob. cit., p. 14). Ademais, o perceber jurídico susten-

Para superar esse estrabismo teórico, uma problematização inicial se nos impõe: se o Estado contemporâneo também é um Estado de Direito, poderíamos aceitar, como pano de fundo interrogativo, que o tipo penal não desempenhe (ou então só secundariamente desempenhe) uma função de garantia?

O passado-presente do Estado de Direito tem suas raízes. E uma delas, cujo reconhecimento não se pode sujeitar a qualquer negociação, é que a identidade do referido modelo político só se mantém na higidez do princípio da separação dos poderes. É bem verdade que os problemas atuais do Direito, e especialmente do direito penal, têm desmitificado a ingenuidade iluminista quanto à exclusividade legislativa do processo de criação das leis e ao monopólio da prestação jurisdicional a cargo do Estado-juiz. Mas o fato de as coisas não funcionarem exatamente daquela maneira de forma alguma infirma o dado fundante da raiz liberal, senão confirma a solidez e a ruptura que a intencionalidade ainda pode, em alguma medida, desempenhar.[463]

Sejamos rigorosos, em definitivo: a decisão política de limitar direitos individuais através da definição legal de delitos é, ainda, uma tarefa a ser desempenhada pelo Poder Legislativo; e assim o é porque tal instância legislativa se mostrou historicamente como o adequado instrumento de salvaguarda individual contra o arbítrio do Estado. É certo que os tempos mudaram. Mas se a contemporaneidade vem nos dando mostras de que os dias atuais são de deslocamentos das competências tradicionais de poder, de fragmentação de decisões políticas, então essa será a razão melhor para, notadamente em segmentos onde a liberdade individual assume a sua máxima expressão (falamos do direito penal), o rigor ser redobrado quanto à legitimidade do poder em limitar essa mesma liberdade individual.

O tempo é de crise, mas não de uma catástrofe apocalíptica.[464] "O horizonte é de incerteza. Sopram aí ventos contraditórios e cruzados. Mas todavia um

---

tado na relação hermenêutica do problemático para o sistemático tem sempre de estar envolvido por uma ideia de justiça historicamente compreendida. O tempo é de reconhecimento, portanto, que o sistemático não tem necessariamente de gerar uma homogeneidade. Pelo contrário, os tempos são de heterogeneidade e multipolaridade de centros de poder, neocorporativismos, de interesses difusos, de novas consequências coletivas e de disseminação de discursos de "razão fraca", repleto de fragmentariedades.

[463] Conforme nos ensina FARIA COSTA, "se hoje nos é permitido ter alguma desapiedade na valoração do que fazemos quanto ao grau de ingenuidade sobre certos pressupostos de entendimento do mundo jurídico que os homens das Luzes assumiam, é absolutamente fundamental não esquecer duas coisas: a primeira é que, se o fazemos, isso mostra à saciedade que as bases de que se partiu são suficientemente consistentes e sólidas, isto é, mostra que os pressupostos teóricos são capazes de aguentar a qualificação de seu próprio juízo de ingenuidade; a segunda é que, naquele tempo, as formulações ou as proposições tidas como ingênuas ou simplistas representaram saltos qualitativos e de ruptura de que só a contextualização temporal de então pode dar uma pálida imagem. Logo, proposições de largo espectro que revolucionam o direito e sobretudo a sua percepção" (FARIA COSTA, José de. "Construção e Interpretação do Tipo Legal de Crime à Luz do Princípio da Legalidade: Duas Questões ou um só Problema?" In: *Revista de Legislação e de Jurisprudência*, Coimbra, ano 134º, nº 3933, 2002, p. 356 (pp. 354-366).

[464] "A multiplicidade de argumentos sociais, a diversidade de distintas formas de se dar razão ao nosso existir colectivo, a irradiação de pequenos mas importantes centros de poder, a assunção plural de nos assumirmos iguais e diferentes são sinais reveladores de uma dinâmica própria que, se é indicadora, em alguns aspectos, de um tempo de cries, não é, do mesmo modo e em caso algum, prenunciadora de catástrofe apocalíptica. Mais do que fazer profissão de fé na recondução e aceitar o fim da história, como querem

horizonte onde se defende – por isso de intencionalidade – que o nosso tempo, em vez de ser de abandono, deve antes ser de resistência para continuar a propugnar que o Parlamento é ainda, nesta matéria, um referente – entre tantos outros, dos quais se deve destacar, *ratione materiae*, o Tribunal Constitucional – de segurança para os cidadãos".[465]

A superação do dualismo iluminista, no recorte específico de nosso objeto, tem de ser prefaciada pela crítica quanto ao real destinatário do princípio da taxatividade. Com frequência temos visto a menção de que a exigência de *lex certa* seria um comando destinado ao legislador.[466] Parte da doutrina vai mais longe, ressaltando que uma maior imprecisão da lei contribui decisivamente para o recrudescimento do judicialismo,[467] ou seja, "tanto maggiore è la certezza, tanto minore è lo spazio per i soggettivismi, ideologici o caratteriali, del giudice".[468]

De fato, "a construção ('fabricação') e a interpretação, em tantos e tantos aspectos, sobretudo nos fundamentais, não são duas questões diversas mas antes convergem em um só problema. O que ora se quer salientar liga-se, essencialmente, à ideia de que o momento da feitura da lei penal incriminadora e o momento da sua interpretação – enquanto interpretação que visa à solução de um determinado caso concreto e é, por isso, por ele suscitada – correspondem a um mesmo conjunto de preocupações metódicas".[469]

Esse não é um registro de pouca importância, porquanto a incerteza da lei proporciona um nefasto efeito em cascata em todas as agências penais, comprometendo não somente as atividades legislativa e judicial, senão também a atividade da polícia judiciária, do Ministério Público e, principalmente, o exercício do direito de defesa.[470] Uma norma penal tem de ser construída a partir de critérios de rigorosa técnica (não é aleatória, por exemplo, nos delitos econômicos, a opção legislativa pela definição de um crime de dano ou de perigo), observando-se, ao mesmo tempo, o seu ajustamento ao objeto da tutela e o resguardo de que, ao fim e ao cabo, o trabalho legislativo resultou em um tipo

---

alguns, urgente é acreditar, com a lúcida limpidez do cristal, que a temporalidade não nos foge nem nós dela podemos escapar". (Faria Costa, José de. "O Direito, a fragmentariedade e o nosso tempo", cit., p. 25).

[465] Faria Costa, José de. "Construção e Interpretação do Tipo Legal de Crime à Luz do Princípio da Legalidade: Duas Questões ou um só Problema?", cit., p. 357.

[466] "La exigencia de la determinación del tipo se dirige al legislador y constituye um hilo conductor para la técnica legislativa" (Maurach, Reinhart; Zipf, Heinz. *Derecho Penal. Parte General*, cit., p. 158).

[467] Hassemer, Winfried. *Crítica al derecho penal de hoy*, cit., p. 22.

[468] Mantovani, Ferrando. *Diritto Penale*, cit., p. 60.

[469] Faria Costa, José de. "Construção e Interpretação do Tipo Legal de Crime à Luz do Princípio da Legalidade: Duas Questões ou um só Problema?", cit., pp. 354-355. Por essa razão é que reputamos prejudicial a distinção entre *determinação* (vinculação do legislador a definir um conteúdo preciso para o tipo penal) e *taxatividade* (vinculação ao juiz, impedindo-o de aplicar analogicamente a norma) apresentada por segmentos principalmente da doutrina italiana (v. Padovani, Tullio. *Diritto Penale*. 9. ed. Milano: Giuffrè, 2008, p. 26). De fato, sob o ponto de vista analítico, os efeitos da reserva de lei são diversos quando focalizados no legislador ou no juiz. Mas o isolamento categorial dá a entender que a *determinação* da lei penal possa ser avaliada independentemente do necessário exame, pelo legislador, do resultado maior ou menor que sua obra poderá permitir ao uso judicial da analogia.

[470] Marinucci, Giorgio; Dolcini, Emilio. *Corso di Diritto Penal*, cit., p. 122.

legal que efetivamente tenha sido definido pelo legislador, não dando margem a um modelo justicialista de distribuição do poder punitivo.

É correto pensar que o maior risco à reserva de lei não reside na aplicação analógica no direito penal, e sim na inobservância do mandado de taxatividade.[471] Mas é paradoxal que, apesar do alerta, a jurisdição constitucional não venha desempenhando, com todo o rigor possível, o controle sobre os desmandos do Poder Legislativo. E essa é a denúncia que pretendemos ecoar: o resgate da dimensão histórica da razão iluminista em que foi concebido o princípio da taxatividade, em sua (re)leitura contemporânea, é o meio ajustado para nos darmos conta de que a temporalidade do Estado de Direito é colocada em xeque sempre que normas restritivas (direta ou indiretamente) da liberdade individual tragam consigo um alto grau de vagueza ou de polissemia. A separação de poderes sucumbe; a segurança jurídica é prejudicada; as agências penais recebem limites de atuação muito mais discricionários; a defesa resta impossibilitada de ser exercida. Em suma: o resultado do processo legislativo de um determinado país é o cartão de visita do próprio Estado.[472]

Não são poucos os problemas que sucedem desse necessário resgate da temporalidade do Estado de Direito. Reconhecemos ser impossível a construção de tipos penais rigorosamente precisos, assim como seria impensável abrirmos mão das mais variadas formas de elementares normativas durante o processo legislativo. Quer-nos parecer, contudo, que a própria problematização está deslocada. E o saber fundante nos obriga a um regresso hermenêutico à essência do debate: *taxatividade* seria, efetivamente, uma exigência de precisão? *Taxatividade* seria, de fato, tão mais inobservada quanto mais amplos fossem os juízos de valor requeridos para a interpretação do tipo legal? Quais os parâmetros de que ainda dispomos para resgatar a função de garantia para os tipos penais? Em suma, qual o sentido que o *princípio da legalidade*, na representação do tipo legal de crime, pode, hoje, assumir?

4.1.3. Função de garantia do tipo legal de delito na contemporaneidade: a taxatividade razoável e a necessidade de conter-se o arbítrio do poder punitivo

A definição legal de condutas delituosas tem de assumir elevados níveis de abstração de modo a possibilitar que a moldura legal abranja uma imensa gama de casos específicos que o legislador não poderia – e nem deveria – prever com antecipação. É por isso que a conduta de matar alguém não teve de ser redefinida a partir da invenção da pólvora, assim como a subtração de coisa

---

[471] Welzel, Hans. *Derecho Penal Aleman*. Trad. por Juan Busto Ramírez y Sergio Yánez Pérez. 4. ed. Santiago: Juridica de Chile, 1997, p. 27; Roxin, Claus. *Derecho Penal*, cit., p. 170; Figueiredo Dias, Jorge de. *Derecho Penal*, cit., p. 186.

[472] Na síntese de Ferrajoli, onde aumenta a incerteza, aumenta o poder, o decisionismo. Por isso é que o princípio da legalidade estrita é uma garantia de contenção do poder punitivo que tem por propósito fundamentar e manter um sistema penal cognoscitivo, amparando, na mesma medida, um modelo de estrita jurisdicionalidade (*Derecho y Razón*, cit., pp. 34-37).

alheia móvel segue hígida em tempos de lesões patrimoniais cibernéticas. Se avançarmos ainda mais – especialmente nos delitos que escapam do núcleo rígido do direito penal –, perceberemos que condutas concretas dificilmente podem ser motivadas a partir de normas gerais. Pense-se, por exemplo, no disposto no art. 1º da Lei nº 8.137/90: o conhecimento exato dos limites semânticos do referido tipo penal nos permite, em pormenores, conhecer exatamente todas as práticas fiscais que podem ser praticadas, por exemplo, na contabilidade de uma empresa?

Conforme ressalta PERCY CAVERO – avocando a lição de TIEDEMANN – "la ley penal no puede motivar al ciudadano a emprender o no una determinada conducta, en tanto por sí misma no dice qué hacer o no hacer en una situación específica. Se requiere siempre de un labor de concreción de la norma por parte del particular en la situación específica. La ley penal constituye, en todo caso, un elemento de juicio que, junto con otros aspectos adicionales y un proceso particular de valoración por parte del sujeto individual, forma parte de un proceso de toma de decisión".[473] Daí ser inviável aceitar que o princípio da *taxatividade* esteja relacionado a uma ideia de prevenção geral.[474]

Em lado oposto, há os que sustentam que a missão da *taxatividade* seria *judicial*: a garantia de objetividade nas decisões de casos penais.[475] O problema teórico da determinação da lei penal não residiria na possibilidade de o cidadão saber com antecedência a lei que irá pautar a sua conduta, mas sim no uso, pelo legislador, de disposições penais que reduzam ao máximo a arbitrariedade judicial.[476] Ao contrário de análises tradicionais, que baseiam a *taxatividade* na ideia de que entre autoridades e cidadãos haveria uma relação comunicativa, em que o cidadão será reconhecido como tal sempre que tenha acesso claro à ação da autoridade, essa outra perspectiva baseia-se na maior *revisabilidade* das decisões judiciais: "las leyes se redactan de una manera tal que se hace necesaria la intermediación de especialistas que puedan desentrañar el sentido de esos textos. Esta especialización de la información normativa, en general, no es percibida como un defecto sino como una garantía de objetividad e imparcialidad ya que se asume que únicamente a través de esta especificidad de la información es posible limitar la arbitrariedad de los órganos de aplicación de normas".[477]

Sob este enfoque, a *taxatividade* não estaria direcionada aos cidadãos, mas sim ao Poder Judiciário: "la exigencia del mandato de determinación en Derecho penal constituye simplemente un límite a la decisión judicial en el caso

---

[473] *Derecho Penal Económico*, cit., pp. 139-140.

[474] Sustentando que a prevenção geral também fundamente o princípio da taxatividade: ROXIN, Claus. *Derecho Penal*, cit., p. 169; MARINUCCI/DOLCINI. *Corso de Diritto Penale*, cit., pp. 120-121; MANTOVANI, Ferrando. *Principi*, cit., p. 19.

[475] Conforme JAKOBS, "si – como aquí – se entiende el principio de legalidade ante todo como garantía de objetividad, hay que tratarlo con más rigor cuanto más propenso a las valoraciones sea el campo de regulación, valoraciones que hayan de adoptarse para la decisión del caso en cuestión y que no sean generalizables". (*Derecho Penal*, cit., p. 89).

[476] FULGENCIO, Madrid Conesa. *La Legalidad del delito*. Valencia: Universidad de Valencia, 1983, p. 158-159.

[477] NAVARRO, Pablo E.; MANRIQUE, Laura. "El desafio de la Taxatividad", cit., p. 829.

concreto, en el sentido de sometimiento a determinadas pautas objetivas establecidas previamente por la ley".[478] Assim, o fundamento da *revisabilidade* das decisões judiciais traz consigo um deslocamento da problemática que envolve a função de garantia do tipo legal: em vez de pretendermos limitar a atuação do legislador com vistas à atuação dos cidadãos, temos, isso sim, de buscar essa limitação a partir da maior determinabilidade possível das decisões do juiz.

A tese, contudo, não está imune a críticas. Tem-se afirmado[479] que o legislador só poderia cumprir com suas funções institucionais de modo a proporcionar uma decisão não arbitrária na condição de o resultado do trabalho legislativo oferecer uma única resposta correta ao caso particular; e isso seria irrealizável. De outro lado, mesmo em "casos claros", a estratégia da *revisabilidade* não ofereceria um critério seguro que permitisse criticar as decisões que são tomadas pelo legislador, pois ainda assim poderíamos encontrar hipóteses em que o controle judicial não é tão possível. Por fim, se normas vagas podem gerar decisões discricionárias pelas autoridades judiciais, não se pode ignorar que normas que reduzem ao máximo a discricionariedade judicial também pagam o preço da irrazoabilidade: "el precio de disminuir la arbitrariedad de la discreción es aumentar la arbitrariedad de la irrazoabilidad. La conclusión de este análisis es que el desplazamento desde la certeza hacia la revisabilidad no permite resolver los problemas conceptuales que genera la vaguedad. En el mejor de los casos es solo evitar e dilema de la certeza para caer en la paradoja de la arbitrariedad. La estrategia de la revisabilidad no ofrece ningún criterio para rechazar una norma por la amplitud del conjunto de interpretaciones posibles".[480]

Quer-nos parecer que, a despeito das referidas críticas, a compreensão de que a determinação do tipo legal de crime tem por "razão forte" a necessidade de conter-se o arbítrio judicial nos oferece, com algumas ponderações, um ajustamento onto-antropológico fundante da reserva de lei.

Uma primeira correção necessária, entretanto, está a exigir a superação de uma visão dicotômica de destinatários da *taxatividade*. A resposta que o Estado confere à violação do cuidado verifica-se através da incidência do poder punitivo como um todo, e não apenas através da norma. O modo como ocorrem os processos de criminalização primária e secundária pelas agências penais (legislador, juiz, polícia judiciária, ministério público, advocacia etc.) em um determinado país é, no fim das contas, a representação daquilo que uma determinada sociedade é.[481] O reconhecimento do desvio – este, sim, capaz de, em

---

[478] Cavero, Percy García. *Derecho Penal Económico*, cit., p. 140.
[479] Navarro, Pablo E.; Manrique, Laura. "El desafio de la Taxatividad", pp. 829-834.
[480] Navarro, Pablo E.; Manrique, Laura. "El desafio de la Taxatividad", pp. 834-835.
[481] Uma conclusão tal só é possível porque, conforme sustentamos alhures (Schmidt, Andrei Zenkner. *O Método do Direito Penal*, cit., *passim*), é irrecusável uma leitura interdisciplinar do direito penal proporcionada, principalmente, por uma ideia de ciência penal conjunta que não ignore o valor que a *criminologia* pode desempenhar na aproximação entre o pensamento sistemático e o problemático. Naquele estudo, discorremos que o deslumbramento que a doutrina penal contemporânea vem dispensando à função da *política criminal* no conceito de ciência penal tem ofuscado a relevância que a *criminologia* há de receber. E essa é a principal razão para que o direito penal contemporâneo venha assumindo elevados graus de abstração, ao mesmo tempo em que parece não mais possuir instrumental teórico para compreender a complexidade dos problemas da sociedade atual. Quando falamos em *processo de criminalização*, estamos nos referindo à ampliação do

alguma medida, *motivar* condutas – pode ser influenciado pela maneira como o poder punitivo incide ou deixa de incidir; a norma penal e a sentença são, nesse rumo, apenas dois momentos – quiçá, os de menor importância[482] – de todo o processo criminalizador.[483]

Eis nossa inarredável premissa: a *taxatividade* é uma garantia que vincula todas as agências penais, porquanto é a ação ou omissão delas que, no recorte institucional, detém a potencialidade de negar o reconhecimento do homem como epicentro do direito penal.[484] Não se está a sustentar que o tipo legal não tenha de possuir níveis razoáveis de clareza, mas sim que esse propósito é apenas um dos momentos a ser desempenhado pela função de garantia. Portanto, o debate tradicional acerca do destinatário da ordem de determinação do tipo legal (o legislador ou o juiz?) é um reducionismo linear que não se acomoda à complexidade do problema.

O passo seguinte está a exigir a revisarmos a compreensão cultural da *reserva de lei*. Se o Iluminismo fez surgir a consciência de que o crime deve ter previsão legal, e se a Segunda Guerra Mundial ainda ecoa o alto custo humanitário que teve de ser pago quando tal consciência dissolveu-se momentaneamente,[485] é porque a exigência de *lei determinada* está ontologicamente

---

horizonte cognitivo do direito penal que nos foi proporcionado pela teoria do *labeling approach*: o objeto do direito penal deixa de recair sobre o criminoso para centrar o foco no processo formal e informal de seleção da criminalidade. Consoante ressaltam FIGUEIREDO DIAS e COSTA ANDRADE, tal concepção problematiza não o que o homem faz e por que faz, mas sim o modo como a sociedade responde ao crime e por que o faz. Assim é que o objeto da criminologia não se pode limitar, apenas, à definição legal de delitos, mas sim ao processo de criminalização primária (definição legal de delitos) e ao processo de criminalização secundária (seleção dos crimes pelas agências penais) (FIGUEIREDO DIAS, Jorge de; COSTA ANDRADE, Manuel da. *Criminologia: o Homem Delinqüente e a Sociedade Criminógena*. 2 reimp. Coimbra: Coimbra, 1997, p. 366). No particular, observa VERA ANDRADE, inicia-se a terceira grande fase do pensamento criminológico, resultante da inversão paradigmática em que a investigação das causas da criminalidade cede espaço à investigação das condições da criminalização. A abordagem ganha uma roupagem dinâmica e contínua que a obriga a redefinir o próprio objeto da criminologia: em vez de investigarmos o crime juridicamente concebido, investigamos o processo social de criminalização (ANDRADE, Vera Regina. *A Ilusão da Segurança Jurídica*. Porto Alegre: Livraria do Advogado, 1997, p. 212). Não se ignoram as críticas a que o referido modelo está sujeito, notadamente por sua compreensão marxista do poder punitivo. Ainda assim, é inegável que o pensamento problemático tem de ir além do direito penal enquanto norma, de modo a proporcionar uma ajustada compreensão do sistema penal a partir da dinâmica real do poder punitivo.

[482] Basta lembrar que a criminologia tem demonstrado que as *cifras negras* da criminalidade normalmente se sobrepõem aos casos penais que efetivamente se submetem ao poder punitivo.

[483] Por tal razão é que, ao longo do presente capítulo, direcionamos o foco de nosso estudo não apenas para a resposta judicial ao delito, pois este é apenas um momento de atuação do *sistema penal*. Falamos, pois, em *agências penais* no sentido preconizado por ZAFFARONI, quando aborda o conceito de *poder punitivo* que deve nortear o objeto da ciência penal (ZAFFARONI, Eugenio Raúl; ALAGIA, Alejandro; SLOKAR, Alejandro. *Manual de Derecho Penal*, cit., pp. 9-17).

[484] Só essa observação nos parece suficiente para deixar claro que o posicionamento aqui sustentado longe está de justificar que o restabelecimento comunicacional do cuidado-de-perigo tenha por propósito reafirmar expectativas normativas, na orientação sistêmico-luhmanniana que tanto vem sendo utilizada para amparar recentes posicionamentos, como o de GÜNTHER JAKOBS. É o sentido existencial do homem (ontologismo), e não expectativas normativas (normativismo), que fundamenta o direito penal.

[485] A revisão da posição hierárquica do Direito, a partir da construção da teoria geral dos *direitos humanos*, tem sua gênese histórica vinculada exatamente à segunda metade do século XX. Sem pretendermos uma abordagem suficiente sobre o tema – em tudo incompatível com a delimitação da presente pesquisa –, é paradigmático lembrar a ruptura do pensamento neokantista de GUSTAV RADBRUCH no pós-guerra. Num

relacionada à tutela do indivíduo contra o arbítrio do Estado. Ainda hoje permanece hígida a representação de que a violação de uma relação de cuidado do "eu" para consigo mesmo e para com o "outro" pode ocorrer não somente com a prática de um delito, senão também com a restrição da liberdade individual (em qualquer momento de realização do poder punitivo) não controlável através da lei. E a reserva de lei tem sua gênese histórica na segunda demanda, e não tanto na primeira. Não é por outra razão que a norma incriminadora deve ser interpretada restritivamente.[486]

Só esse deslocamento já é suficiente para superarmos a visão de que o princípio da *taxatividade* é observado na condição de que o legislador tenha respeitado a *melhor precisão possível para o tipo legal*. O que faz uma frase ser mais precisa que a outra não é a ausência de esclarecimento legislativo quando possível fazê-lo,[487] até mesmo porque casos existem em que o esclarecimento ocorre e, ainda assim, um significativo grau de incerteza permanece. Ou será que se pretende afirmar inexistir qualquer dúvida quanto ao conceito de funcionário público a partir da descrição feita pelo art. 327 do CP? O empregado de uma concessionária de pedágio que desvia o dinheiro desembolsado por um motorista enquadra-se no § 2° do art. 327? É inegável que a *definição conceitual* é uma boa estratégia de mitigação de vagueza, mas isso não significa que a *possibilidade* de *definição conceitual* seja o termômetro da garantia. Daí assistir razão a Roxin quando afirma que nem toda redação legal que possa ser melhor explicitada seria, só por tal razão, inconstitucional.[488]

---

primeiro momento, sua filosofia jurídica tinha por base a ideia de que o direito encontrava o seu limite no ideal máximo da *justiça*, que seria, justamente, a *segurança jurídica*. Nesse ideal é que se estabeleceria a barreira intransponível entre a validade e a invalidade. Em nome da *segurança jurídica*, seria preferível reconhecer-se como válida uma decisão *injusta*, pois nada haveria de mais injusto do que a insegurança acerca da manutenção ou não dessa decisão (v. Radbruch, Gustav. *Filosofia do Direito*. Trad. por L. Cabral de Moncada. 6. ed. Coimbra: Arménio Amado, 1997, pp. 164-165). Em 1945, após a trágica experiência da Segunda Guerra, Radbruch, já reintegrado à cátedra de Heidelberg, escreveu o texto *Cinco Minutos de Filosofia*, revendo seu posicionamento anterior acerca da validade do direito e sustentando uma fundamentação cultural para os direitos humanos: "Há também princípios fundamentais de direito que são mais fortes do que todo e qualquer preceito jurídico positivo, de tal modo que toda a lei que os contrarie não poderá de deixar de ser privada de validade. Há quem lhes chame direito natural e quem lhes chame direito racional. Sem dúvida, tais princípios acham-se, no seu pormenor, envoltos em graves dúvidas. Contudo o esforço de séculos conseguiu extrair deles um núcleo seguro e fixo, que reuniu nas chamadas declarações dos direitos do homem e do cidadão, e fê-lo com um consentimento de tal modo universal que, em relação a muitos deles, só um sistemático cepticismo poderá ainda levantar quaisquer dúvidas" (Cinco Minutos de Filosofia. In: Radbruch, Gustav. *Filosofia do Direito*. Trad. por L. Cabral de Moncada. 6. ed. Coimbra : Arménio Amado, 1997, pp. 415-418).

[486] Faria Costa, José de. "Construção e Interpretação do Tipo Legal de Crime à Luz do Princípio da Legalidade: Duas Questões ou um só Problema?", cit., p. 361.

[487] "La búsqueda de máxima taxatividad parece confundir dos tesis: la posibilidad de reducir la vaguedad y la posibilidad de formular nuestros conceptos de la manera más precisa posible. El razonamiento, entonces, parece ser el siguiente: si es posible disminuir la imprecisión, entonces puede disminuirse en todo lo que sea posible. Sin enbargo, ambas tesis son diferentes y aunque la vaguedad pueda reducirse, de allí no se sigue que podamos formular nuestros conceptos con la mayor precisión posible" (Navarro, Pablo E.; Manrique, Laura. "El desafio de la Taxatividad", cit., p. 822).

[488] *Derecho Penal*, cit., p. 171.

Uma lei é *taxativa* não quando ela é *suficientemente* precisa, mas sim quando ela atinge um nível de precisão *razoável* a ponto de evitar ao máximo uma incidência justicialista ou policialesca do poder punitivo.[489]

Critica-se tal conclusão ao argumento de que não existiram convenções suficientes para determinar quando a norma é precisa, e quando não é. SCHÜNEMANN, pretendendo superar objeções dessa natureza, chega ao ponto de sustentar que o princípio da *taxatividade* é respeitado sempre que o percentual de casos que podem ser determinados a partir de um elemento do tipo seja superior a 50%, ou seja, quando os casos determinados superam os indeterminados.[490]

Ora, a precisão *razoável* não é um critério *descritivo* de avaliação da garantia, mas sim *estipulativo*.[491] Não é possível quantificar exatamente o nível de precisão pela singela razão de que não é possível catalogar todos os casos possíveis que teriam de ser considerados determinados, ao passo que outros, quando indeterminados. Estamos, em vez disso, diante de um juízo de valor, obtido a partir da intencionalidade hermenêutica que viemos sustentando, que nos permitirá identificar algumas estratégias teóricas (que veremos logo em seguida) que funcionam como parâmetros de avaliação da razoável taxatividade. Ao fim e ao cabo, tais estratégias não nos fornecem condições ótimas de proposição de casos em que a garantia foi observada, mas, sim, principalmente, os casos em que ela *não* foi *minimamente* observada.

Interessa-nos recordar que podemos falar em "minimamente" porque faz parte do horizonte do saber complexo aceitar que a incerteza não é a antítese da sistematicidade. O adensamento cultural do processo de reconhecimento de deturpações das relações de cuidado é obtido de maneira dinâmica, à medida que o passado-presente do poder punitivo vai conformando sua identidade. A definição geral de condutas é, em si, imprecisa. Tal imprecisão só assume uma roupagem diversa nos casos em que inviabilizada razoavelmente a contenção do arbítrio do poder punitivo.

"Coisa alheia móvel" é uma expressão bastante vaga, mas que, hoje, encontra níveis satisfatórios de delimitação conceitual a partir da representação social do significado – inclusive pelas agências penais. O mesmo não se pode afirmar, contudo, em relação a "motivo torpe": afirmar-se que a qualificadora

---

[489] CRUZ, Flávio Antônio da. "Provocações sobre a interpretação das fontes do Direito Penal Econômico". In SILVA FRANCO, Alberto; LIRA, Rafael. *Direito Penal Econômico – Questões Atuais*. São Paulo: RT, 2011, p. 120.
[490] SCHÜNEMANN, Bernd. "Nulla poena sine lege?" *Apud* NAVARRO, Pablo E.; MANRIQUE, Laura. "El desafio de la Taxatividad", cit., p. 824.
[491] "Es importante subrayar la diferencia entre la afirmación de que un concepto es impreciso y la afirmación de que un concepto no es suficientemente preciso. El primer enunciado es descritivo y su verdad se basa tanto en los desacuerdos clasificatorios que genera su aplicación a casos concretos como así también a la imposibilidad de encontrar en las prácticas lingüísticas límites específicos para su aplicación. Por el contrario, la afirmación de que un concepto no es suficientemente preciso involucra un juicio de valor y, por ello, abre dudas acerca del carácter objetivo de reproche al legislador" (NAVARRO, Pablo E.; MANRIQUE, Laura. "El desafio de la Taxatividad", cit., p. 825).

do homicídio está circunscrita aos casos de repulsa social[492] é o mesmo que nada dizer; afinal, qual morte não causa ojeriza?

A tarefa do legislador, na espécie, não foi satisfatoriamente cumprida por valer-se de uma definição legal que não nos permite obter um controle possível do poder punitivo. O exercício do direito de defesa é realizável diante da definição de "coisa alheia móvel", pois verificável e refutável; mas resta inviabilizado sempre que imputada a qualificadora do "motivo torpe".

Poder-se-ia objetar que a distinção entre taxatividade *possível* e *razoável* seria incapaz de fornecer um catálogo fechado de análise de imprecisão normativa. Ora, isso não faz parte da proposição, porquanto se trata de uma meta irrealizável – bem característica da não percepção de que o pensamento dualista do racionalismo ainda segue presente. Só se pode avançar no tema se aceitarmos que a precisão de um conceito é sempre relativa, e que existem dimensões diversas de precisão e de verificabilidade jurídica.[493] O que sobreleva reconhecer é que o pouco que se logra obter com a tese já é muito frente o que, hoje, vem sendo dito sobre o tema.

4.1.4. Estratégias internas de avaliação da taxatividade: vagueza e polissemia

Nossa perplexidade não é menor se avançarmos nos critérios que doutrina e jurisprudência tradicionais vêm propondo para conter a incerteza de determinados enunciados legais.

Uma primeira estratégia lembrada é a de que a atividade jurisprudencial é a responsável por desenvolver o processo criativo do Direito e, de maneira dinâmica, estabelecer critérios de determinação que serão tão mais rigorosos quanto mais graves forem as consequências penais da infração.[494] A solução, contudo, nega a própria identidade da reserva de lei: a garantia se aplica a todos os delitos, independentemente da gravidade abstrata; uma atividade judicial *ex post* não pode, sob pena de violação ao princípio da separação de poderes, ter a função de faxinar a indeterminação legal.

Em semelhante linha, LENCKNER sustenta que os conceitos que necessitam de complementação valorativa serão admissíveis se os interesses de uma justa solução do caso concreto são preponderantes em relação ao interesse da segurança jurídica protegido.[495] A solução apontada choca-se, contudo, com a própria noção de Estado de Direito. O princípio da legalidade funciona como limitador da preponderância de qualquer interesse, por mais relevante que

---

[492] "Torpe é o motivo abjeto, indigno e desprezível, que repugna ao mais elementar sentimento ético. O motivo torpe provoca acentuada repulsão, sobretudo pela ausência de sensibilidade moral do executor" (PRADO, Luiz Régis. *Curso de Direito Penal Brasileiro*. 7. ed. São Paulo: RT, 2008, vol. 2, p. 72).

[493] FERRAJOLI, Luigi. *Derecho y Razón*, cit., p. 122.

[494] Nesse sentido: FERRERES, Víctor. *El principio de taxatividad en materia penal y el valor normativo de la jurisprudencia: una perspectiva constitucional*. Madrid: Civitas, 2002, pp. 99-103.

[495] "Wertausfüllungsbedürftige Begriffe im Strafrecht und der Satz", in *Juristische Schulung*, 1968, p. 305, *apud* ROXIN, Claus. *Derecho Penal*, cit., p. 171.

seja. Trata-se de uma garantia contramajoritária que tutela o cidadão contra a vingança privada e desregrada.

Alguns adeptos do *funcionalismo* penal, por sua vez, costumam buscar a redução da indeterminação legal a partir do fim de proteção da norma. FIGUEIREDO DIAS, por exemplo, afirma que "o critério decisivo para aferir o respeito pelo princípio da legalidade (e da respectiva constitucionalidade da regulamentação) residirá sempre em saber se, apesar da indeterminação inevitável resultante da utilização destes elementos, do conjunto da regulamentação típica deriva ou não uma área e um fim de proteção da norma claramente determinados".[496] Ou seja, a obra do legislador pode ser reconhecida como razoável caso compreensível, a partir de critérios de prevenção geral e especial, o sentido do seu labor.

Perceba-se que a estratégia desloca a verificação do problema da teoria da linguagem para os métodos de interpretação do direito penal, como se fosse possível reconhecer que uma expressão legal de baixa verificabilidade tornar-se-ia, com um breve toque da "varinha-mágica" da política criminal, em um dado cognoscível e verificável empiricamente. Novamente, aqui, a "boa" doutrina e a "boa" jurisprudência seriam as condições resolutivas da indeterminação legal; novamente, aqui, a separação de poderes resultaria vulnerável na mesma dimensão em que o indivíduo poderia ser instrumentalizado para a construção de um sistema decisionista de taxatividade legal constituída *ex post*.

Essas soluções podem ser agrupadas, conforme a síntese proposta por NAVARRO e MANRIQUE, como *estratégias externas* de problematização da taxatividade, ou seja, soluções obtidas a partir de critérios que não examinam o conceito de precisão, tampouco pretendem dialogar com as teorias da linguagem. O resultado disso é que "los teóricos del derecho penal no parecen tomar este problema en serio. La actitud que prevalece en este tema es el producto más de una visión común acerca del lenguage que de elaboradas doctrinas filosóficas".[497]

Não se pretende afirmar que algumas estratégias *externas* não sejam relevantes ao resgate da função de garantia do tipo legal de crime. São relevantes, porém complementares: somente após bem compreendermos o conceito de *precisão linguística* (*estratégias internas*) é que alcançaremos uma "razão forte" capaz de fundamentar outras conclusões obtidas, nesse segundo momento, a partir da sistematização do direito penal. A "verdade" de um juízo de taxatividade é tomado a partir de um *fato semântico*, isto é, depende dos traços específicos do significado de uma expressão.[498] As *estratégias internas*, por aceitarem a

---

[496] *Direito Penal*, cit., p. 186. Essa é a tese igualmente sustentada por CLAUS ROXIN: "La solución correcta habrá que buscarla por la vía que prefiguran los principios de la interpretación de Derecho penal (nm. 26 ss.). Según los mismos, un precepto penal será suficientemente preciso y determinado si y en la medida en que del mismo se pueda deducir un claro fin de protección del legislador y que de todos modos el tenor literal siga marcando límites a una extensión arbitraria de la interpretación" (*Derecho Penal*, cit., p. 172).

[497] NAVARRO, Pablo E.; MANRIQUE, Laura. "El desafio de la Taxatividad", cit., p. 816.

[498] NAVARRO, Pablo E.; MANRIQUE, Laura. "El desafio de la Taxatividad", cit., pp. 808-809.

natureza deficiente da linguagem, podem-nos fornecer critérios em tudo ajustados à redução da complexidade do tema.

Definir um tipo legal de delito é um processo de definição linguística da *verdade fática* que o legislador pretende alcançar com os contornos gerais da norma. Em tal processo, o legislador pode antecipar a *verificabilidade* (ou *refutabilidade*) do enunciado – que diz respeito à possibilidade maior ou menor de a precisão semântica do enunciado propiciar, ao poder punitivo, aferir a "verdade" ou a "falsidade" do fato em relação ao tipo legal –, assim como a *verificação* (ou *refutação*) do mesmo enunciado – as condições de comprovabilidade processual do enunciado de acordo com o fato que será apreciado judicialmente. Significa dizer, na síntese de Ferrajoli,[499] que a garantia penal da taxatividade está contingenciada por uma *teoria do significado*.

O uso de elementares descritivas na formulação de tipos penais sempre foi visto como a expressão máxima da função de garantia. E vai aqui algum acerto na tese, pois estaremos diante de expressões legais que, conquanto não escapem de um juízo de valor durante o processo de *verificação*,[500] são refutáveis ao descreverem fatos ou situações determinadas a partir do ponto de vista da observação. O depoimento de uma testemunha poderia ter relevância para a identificação de uma lesão corporal ou de um arrombamento, mas seria de menor importância para o diagnóstico de uma "violenta emoção".

Um *significado* – prossegue Ferrajoli avocando a teoria referencial de Gottlob Frege –, possui duas acepções: a *extensão* ou *denotação*, que é o conjunto de objetos aos quais o signo se aplica ou se refere; e a *intenção* ou *conotação*, que consiste no conjunto de propriedades identificáveis nos objetos concretos que são alcançados pela extensão do signo. A *extensão* de um predicado é a classe dos objetos por ele *denotados* em proposições aceitas como verdadeiras

---

[499] Ferrajoli, Luigi. *Derecho y Razón*, cit., p. 118.

[500] É fundamental termos em mente que o conceito tradicional de elementares objetivas ou descritivas, proposto pelas primeiras formulações teóricas do direito penal, são amplamente criticáveis, haja vista a solução linear do problema de subsunção típica. É incorreto pensarmos que a verificação de uma elementar objetiva escape de um juízo de valor, porquanto o processo hermenêutico de avaliação de tipicidade, em qualquer caso, está impregnado pelo contexto axiomático tanto do fato analisado quando do próprio juízo de análise. Mas seria um demasiado equívoco que, a partir dessa conclusão, estivéssemos autorizados a pensar que todas as elementares seriam normativas. Todas elas pressupõem um juízo de valor, mas o que varia é o objeto sobre o qual há de recair esse mesmo juízo: nas elementares objetivas, é um suposto fático *verificável* e *refutável*; nas elementares normativas, um suposto especulativo. Irrefutável, nesse rumo, a crítica de Faria Costa sobre a linearidade do pensamento iluminista e sobre a generalidade do pensamento pan-normativista que se relacionam ao tema: "Ora, é precisamente neste ponto que entram como elementos que devemos privilegiar na construção ou 'fabricação' do tipo legal de crime os chamados elementos descritivos. E fazê-lo sem medo da argumentação pan-normativista (de raiz neo-kantista, se bem que distorcida) de todos os que defendem que na norma incriminadora o que existe são única e exclusivamente elementos normativos. A idade, o homem, a noite, o dia, a morte, são tudo categorias normativas. São insusceptíveis de serem apreendidas por mero juízo de existência. Podem sê-lo ou não, mas é isso que é aqui relevante, sendo certo que, acrescente-se, *em passant*, está longe de ser essa a visão mais consistente para a apreensão e compreensão da realidade. Agora o que não tem sentido, pelo menos a nossos olhos, e tendo em consideração as finalidades da norma incriminadora, é tentar reduzir a margem de inequivocidade, de certeza, de apreensão imediata do sentido normativo dos elementos do tipo legal de crime, através do lançamento de formulações que mais pertencem à pura especulação – a que não falta, não poucas vezes, um certo toque de diletantismo – do que ao vivo e real interesse das coisas simples e verdadeiras do quotidiano da vida" ("Construção e interpretação do tipo legal de crime", cit., p. 360).

("homem" é um predicado que abrange todas as pessoas); a *intenção* de um predicado, pelo contrário, abrange a soma de suas características essenciais ("homem" é um animal dotado de inteligência, de postura ereta etc.). "Conforme a ello, diremos que un término es *vago* o *indeterminado* si su intensión no permite determinar su extensión con relativa certidumbre, es decir, si existen objetos que no están excluidos ni incluidos claramente en su extensión".[501]

As *redefinições* têm por propósito tornar mais precisa essa extensão: mediante conotações convencionais de intenções de termos vagos, a sua extensão resulta mais clara. "Pequeno valor" é uma expressão *vaga* que comporta um processo de *redefinição* capaz de serem conotadas as características essenciais que devem ser observadas pelo significado (até um salário mínimo, por exemplo). Porém, existem termos *vagos* e *valorativos* que, além de indeterminados, são também indetermináveis mediante um processo de redefinição, "dado que no connotan propiedades o características objetivas sino que expresan más bien las actitudes y las valoraciones subjetivas de quien las pronuncia. Las proposiciones en las que aparecen no son por eso verificables ni refutables, al no tener ningún valor de verdad (o denotación) y al ser todo lo más argumentables con referencia a otros valores".[502]

Diante disso, conclui Ferrajoli, a construção de um sistema de verificabilidade jurídica pressupõe que "las definiciones legales que establecen las connotaciones de las figuras abstractas de delito, y más en general de los conceptos penales, sean lo suficientemente precisas como para permitir, en el ámbito de la aplicación de la ley, la *denotación jurídica* (o calificación, clasificación o subsunción judicial) de hechos empíricos exactamente determinados". Isso seria possível mediante "una *regla semántica metalegal* que prescribe al legislador penal: a) que los términos usados por la ley para designar las figuras de delito sean dotados de extensión determinada, por onde sea posible su uso como predicados 'verdaderos de los' hechos empíricos por ellos denotados; b) que con tal fin sea connotada su intención con palabras no vagas ni valorativas, sino lo más claras y precisas posible; c) que, en fin, sean excluidas de la lengua legal las antinomias semánticas o cuando menos que sean predispuestas normas para su solución".[503]

As conclusões de Ferrajoli pecariam pelo vício da linearidade não fosse o seu reconhecimento quanto à relativização dos enunciados propostos. Com efeito, o ideal da taxatividade "nunca es plenamente alcanzable al existir siempre una margen insuprimible de incertidumbre y, por tanto, de discrecionalidad en la interpretación de la ley".[504] É a *zona de penumbra*, de que nos fala Herbert Hart: "a incerteza na linha de fronteira é o preço que deve ser pago pelo uso de termos classificatórios gerais em qualquer forma de comunicação que respeite a questões de facto".[505]

---

[501] *Derecho y Razón*, cit., p. 120.
[502] Ferrajoli, Luigi. *Derecho y Razón*, cit., p. 120.
[503] *Derecho y Razón*, cit., p. 121.
[504] *Derecho y Razón*, cit., p. 122.
[505] Hart, Herbert. *O Conceito de Direito*. 2. ed. Trad. por Ribeiro Mendes. Lisboa: Calouste Gulbenkian, 1994, p. 141.

Reconhecer-se a eficácia apenas relativa do ideal de taxatividade leva-nos certamente à admissão de que existem graus de determinação dos enunciados. E também que os enunciados serão tão mais amplos quanto menores forem as suas condições de conotação jurídica quanto aos fatos que poderiam ser alcançados por eles. Quer-nos parecer que o caminho ideal para que essas condições alcancem uma melhor aproximação com o passado-presente do princípio da *taxatividade* passa pela distinção entre *vagueza* e *polissemia*, de que nos fala WARAT.[506] Na primeira, o signo, conquanto não apresente todas as características consideradas como relevantes para os casos paradigmáticos, comporta um processo de definição explicativa (é dizer: *ex ante*) do significado; na segunda, as características relevantes do significado não são delimitáveis para a identificação do signo através de um processo de definição explicativa, mas sim, quando muito, mediante uma definição persuasiva (*ex post*). "Coisa alheia móvel" é um caso de *vagueza*, pois admite definições iniciais explicativas segundo a intencionalidade do tipo legal do art. 155 do CP (são bens corpóreos; são bens mobilizáveis; são bens de valor patrimonial; etc.); "ato obsceno" é um bom exemplo de *polissemia*, porquanto não existem condições (ou estas são pouco controláveis) de identificação das características essenciais de conduta que estariam alcançadas pelo enunciado.

A distinção é importante, mas novamente apresenta o risco do dualismo se não atentarmos para a circunstância de que toda *vagueza* possui algum grau de *polissemia*; e vice-versa. E também que todo processo de definição explicativa não escapa, quando exigida a aproximação com um fato concreto, de um processo de definição judicial persuasiva. De modo que a distinção só nos será útil se, uma vez aceita a relativização das categorias, detenhamo-nos na primazia de uma ou outra condição para, ao final, melhor nos aproximarmos de um juízo possível de (in)tolerância à determinação. Não seria correto aceitarmos a *vagueza* como um significado indeterminado, porém determinável, ao passo que a *polissemia*, indeterminado e indeterminável. A opção por um processo conotativo de definição (ainda que persuasivo) pode reduzir sensivelmente a indeterminação da *polissemia* de um signo.

Daí o acerto da tese de FARIA COSTA, antes referida, ao destacar que o sentido possível do princípio da *taxatividade*, em tempos de complexidade, está contingenciado pela compreensão de que a definição legal de um delito não pode ser dissociada da interpretação a que as possíveis condutas são antecipadas pelo legislador e também seguirão sendo interpretadas judicialmente. E a determinação é um compromisso assumido pela intencionalidade do passado-presente da reserva de lei que deve circunscrever o processo final de concreção do direito penal em atenção ao máximo reconhecimento possível de que é do legislador que deve advir a maior parte dos enunciados que comporão o processo de classificação das principais características do signo.

O respeito ao princípio da *taxatividade* ocorrerá na medida em que os limites de incidência do poder punitivo possam ser obtidos razoavelmente a partir do sistema jurídico de um determinado país, de modo a impedir que um

---

[506] WARAT, Luiz Alberto. *Introdução Geral ao Direito*. Porto Alegre: Fabris, 1994, pp. 32-49.

sistema penal possa conformar-se em termos seletivos e discricionários pelas agências penais. Nos casos em que a incerteza decorre de uma preponderante *vagueza*, o controle das agências deve ser exigido em atenção a definições jurídicas – dadas pelo legislador na mesma sistemática em que inserida a norma restritiva da liberdade ou, quando isso não for possível, na totalidade do ordenamento jurídico; se resultar de uma preponderante *polissemia*, então esse processo de densificação do estatuto jurídico que deve recair sobre o fato ganha redobrado rigor, de modo que a norma tenha de ser reputada inconstitucional sempre que impossível obter uma solução *a partir* do direito.

Vejamos um exemplo: a utilização de "arma" na prática do crime de roubo acarreta o aumento de pena definido no art. 157, § 2º, I, do CP. A referida palavra passa a ser intoleravelmente ampla caso venhamos a aceitar que é o Poder Judiciário que, no exame do caso concreto, analisa quais os tipos de instrumentos poderiam ser considerados como "arma" (faca? garrafa quebrada? animal feroz? etc.). Mas essa *zona de penumbra* pode ser consideravelmente reduzida se antevermos que o ordenamento jurídico fornece definições legais capazes de limitar a incidência do poder punitivo (Lei nº 10.826/03). Essa premissa poderia levar a conclusões aparentemente anômalas (por exemplo, uma faca não ser considerada "arma"), mas a antinomia é superada quando antevemos que, no fim das contas, esse é o preço que se paga por um mínimo de controle jurídico de atuação do Estado.

Retomemos, contudo, o conceito de "motivo torpe" (art. 121, § 2º, II, do CP): o enunciado não permite que o ordenamento jurídico nos forneça instrumental capaz de conotar características essenciais ao conceito, ou seja, de tornar possível o controle jurídico do poder punitivo. No particular, o elevado grau de carga preponderantemente *polissêmica* do enunciado contraria o princípio da *taxatividade* porque a obra do legislador avaliza um modelo justicialista incidente na espécie.

A *taxatividade*, portanto, está ligada a estratégias *internas* que só serão reconhecidas na medida em que percebida a própria intencionalidade da garantia: a busca pelo controle do poder punitivo. A higidez cultural do Estado de Direito está pressuposta pelo reconhecimento de que é o legislador quem deve nos fornecer os melhores critérios de *conotação* dos signos legais, evitando-se, dentro do possível, que o decisionismo das agências penais assumam essa competência.

4.1.5. Estratégias externas de avaliação da taxatividade: a definição integral do ilícito e o reenvio normativo

A intencionalidade da função de garantia do tipo legal relaciona o êxito da estratégia à busca por critérios de *definição integral do ilícito*.[507] Trata-se de

---

[507] Adaptamos a expressão utilizada por Faria Costa, que nos fala em *"conhecimento* integral do ilícito" (Faria Costa, José de. *Direito Penal Especial. Contributo a uma sistematização dos problemas "especiais" da Parte Especial*. Coimbra: Coimbra, 2004, p. 69). A expressão é assim definida por ele haja vista a sua visão de que a função de garantia do tipo legal tenha por norte "o conhecimento, pelo cidadão, antecipadamente, das

um processo complexo e de resultado final irrealizável, mas nem por isso impersequível.

Em sua condicionante política, o fenômeno "ilícito penal" tem de contar com uma seleção prévia a partir da definição legal de condutas típicas. Esse é o resultado que advém da *reserva de lei*: o direito penal é fragmentário, porquanto o ilícito penal só incide nos casos selecionados pelo ordenamento jurídico.

Já sabemos que o legislador vale-se de cláusulas gerais para definir condutas que, num momento persecutório posterior e em atenção à especialidade do fato, terão suas características essenciais avaliadas a partir de um processo hermenêutico de comparação entre o que a norma dispõe e o que o fato apresenta. Para reduzir ao máximo a discricionariedade institucional durante esse processo, as cláusulas gerais devem ser claras. Mas, como vimos, a clareza de um enunciado, enquanto fenômeno linguístico, comporta graus diversos, nem sempre satisfatórios.

Quando o ilícito possui uma expressão fenomenológica razoável, a tarefa do legislador é mais simples, pois acessível, ao processo de definição do tipo legal, a obtenção de signos que contam, em conjunto, com uma significação cultural já densificada, o que reduz consideravelmente a amplitude da discricionariedade. Por isso não é tão complexa a tarefa de tipificar delitos como homicídio, furto, lesões corporais e estupro.

Contudo, nos casos em que o ilícito a que se almeja tutelar não dispõe de uma representação social tão clara, ou quando tal representação é acessível apenas a alguns segmentos muito específicos da sociedade, o processo legislativo tem de lançar mão de tipos penais abertos, ou seja, normas que exigem uma valoração adicional incapaz de ser definida em termos descritivos. As dificuldades aumentam sobremaneira nos casos em que a norma deve selecionar condutas cuja ofensividade é efêmera e volátil, como é o caso dos crimes econômicos (v. n. 2.3, *supra*).

O que importa notar é que, em hipóteses tais, a *taxatividade* será tão mais observada quanto maior for a capacidade de o direito (como obra final em que o legislador é o inegável protagonista) prevenir a incidência discricionária do poder punitivo. A dignidade da proteção penal sobre o cuidado de perigo em relações sociais de elevada complexidade encontrará sua maior legitimidade na busca por instrumentos capazes de conter o arbítrio punitivo.

Uma das estratégias que, em hipóteses tais, colabora para o ajustamento da função de garantia é a técnica do *reenvio normativo* (homogêneo ou heterogêneo). Por mais paradoxal que essa conclusão possa parecer, o uso de elementares normativas de interpretação conceitual e/ou de normas penais em branco são estratégias razoáveis de compatibilização da *taxatividade* com as novas formas de criminalidade, em que os espaços de reconhecimento cultural

---

condutas que lhe estão penalmente vedadas praticar, o que lhe permite, em inteleccção inversa, conhecer o universo dos comportamentos irrelevantes para o direito penal" (ob. cit., p. p. 68). Optamos por utilizá-la como *definição* integral do ilícito porque, conforme acima explicado, nossa visão é a de que a função de garantia vai além de um processo de comunicação entre legislador e cidadão.

do ilícito são rarefeitos.[508] A complexidade, ademais, nos faz compreender por que o *locus* normativo ajustado para o direito penal econômico seja peculiar: "o tratamento dogmático das categorias que animam o chamado direito penal secundário faz-se ou pode fazer-se com um maior espaço de manobra se esse campo normativo não estiver inserido no *código penal*".[509]

Esclareça-se, desde já, o horizonte que se abre para o *reenvio normativo*: convém que a norma penal, por via direta ou delegada, de maneira expressa ou implícita, corrija a imprecisão conceitual intolerável através (i) da definição de elementares do tipo legal e/ou (ii) da unificação jurídica do ilícito. Sob pena de inconstitucionalidade, em momento algum o reenvio normativo poderá definir os limites do tipo de ilícito penal, ou seja, a matéria da proibição penal.[510]

No primeiro caso, a obrigação de *taxatividade* será tão maior quanto mais evidente seja a imprecisão do enunciado legal. No particular, o *reenvio normativo* é uma técnica à disposição do legislador para o resgate da função de garantia através da especificação prévia das características gerais da elementar normativa complementada. Em alguns casos, o *reenvio* é expresso, como ocorre no art. 327 do Código Penal, que define o conceito de "funcionário público" para a ajustada tutela do bem jurídico protegido pelos crimes contra a Administração Pública; ou também o conceito de "pesca" descrito em diversos delitos ambientais, definido expressamente no art. 36 da Lei nº 9.605/98. Em outros, o *reenvio* é apenas implícito, tendo o seu reconhecimento a partir da intencionalidade da função de garantia, como é o caso do conceito de "criança" descrito como agravante no art. 61, II, *h*, do CP, a ser obtido nos termos do que dispõe a Lei nº 8.069/90. Poderá ocorrer, também, de o *reenvio* ser heterogêneo, nos casos em que a definição do enunciado é delegada pelo legislador a outra agência penal (o conceito de "substância entorpecente", para fins de incidência da Lei nº 11.343/06).

Esses são exemplos de *vagueza* preponderante dos enunciados, em que o signo comporta condições linguísticas razoáveis de definição legal. A par disso, o rigor da definição deve ser redobrado nos casos em que o enunciado apresente-se com uma maior carga *polissêmica*, evidenciando uma aptidão conotativa precária. O curioso é que, nesses casos, quando a imprecisão do enunciado impossibilita a obtenção prévia de uma significação mínima, a ofensa ao princípio da *taxatividade* deveria ser impreterivelmente reconhecida, o que sói não ocorrer.

Um interessante exemplo desse fenômeno pode ser notado a partir da redação original da Lei nº 9.613/98, que descrevia, como crime antecedente da "lavagem" de dinheiro, a existência de uma "organização criminosa". Os esforços iniciais de recuperação da *taxatividade* dessa disposição legal direcionaram-se para a Convenção de Palermo (promulgada no Brasil pelo Decreto presidencial nº 5.015/04). Mas é inegável que uma solução como essa foi inca-

---

[508] Em termos semelhantes, conquanto sob fundamentação diversa: SILVA, Luciano Nascimento. *Teoria do Direito Penal Econômico*, cit., pp. 222-227.

[509] FARIA COSTA, José Francisco de. *O Perigo em Direito Penal*, cit., p. 450.

[510] ALFLEN, Pablo Rodrigo. *Leis Penais em Branco e o Direito Penal do Risco*. Rio de Janeiro: Lumen Juris, 2004, pp. 137-143.

paz de prevenir decisões altamente discricionárias das agências judiciais, que se viam obrigadas a justificar a aplicação do preceito a partir de soluções tomadas com base em normas internacionais que se incompatibilizavam com o sistema penal brasileiro.[511] A imprecisão do conceito levou parte da jurisprudência a reputar inconstitucional a aplicação do art. 1º, VII, da Lei nº 9.613/98.[512] Em agosto de 2013, foi editada a Lei nº 12.850, definindo em lei o crime de "organizações criminosas", preenchendo (ao menos sob o ponto de vista formal) a flagrante lacuna legislativa que até então existia.

Perceba-se que todos esses exemplos têm em comum a circunstância de a definição legislativa, mesmo quando exercida por competência delegada a órgãos não legislativos, apresentar-se como um importante instrumento de resgate da função de garantia do tipo legal de crime. O passo seguinte é reconhecer que ao legislador não é conferida uma singela opção pelo exercício de sua competência definitória, senão que há de recair sobre ele a obrigação de exercê-la, sob pena de inconstitucionalidade do tipo legal, nos casos de intolerável imprecisão do enunciado. E quando o enunciado não comporta qualquer tentativa de definição, então a inconstitucionalidade decorrerá não de uma omissão legislativa, mas sim de uma definição legal indeterminada e indeterminável.

Ainda mais intrincado é o problema quanto ao resgate jurídico da *taxatividade* a ser proporcionado através da aproximação entre os conceitos de tipo legal e de tipo de ilícito. Conquanto seja dogmaticamente possível reconhecer, conforme detalharemos em seguida (v. n. 4.3, *infra*), que a noção do ilícito penal seja inseparável da definição legal da conduta, é nos casos de elevada complexidade que essa relação assume importância ímpar. Em hipóteses tais, o uso de cláusulas legais expressas de unificação jurídica do ilícito (os "elementos especiais de antijuridicidade") é um instrumento de contenção da abrangência do poder punitivo, que conclama as agências penais ao respeito a contornos institucionais prévios atribuídos aos pressupostos normativos de ofensividade que devem acompanhar o delito.

No direito penal secundário, o uso de cláusulas legais de unificação jurídica do ilícito assume uma distinção que, para além de quantitativa em comparação com o "núcleo rígido", é justificável enquanto instrumento de contenção do poder punitivo. A maioria das condutas tipificadas como crimes ambientais (Lei nº 9.605/98) pressupõe uma atuação do agente "sem permissão da autoridade competente" (arts. 30, 33 [II], 39, 50-A), "sem a devida permissão, licença ou autorização competente" (art. 29, 55, 60), "sem prévia autorização" (art. 44), "sem autorização da autoridade competente ou em desacordo com a concedida" (arts. 63, 64) etc. Perceba-se que, nesses casos, a consequência da utilização dessa técnica legislativa é condicionar a atuação das agências penais aos

---

[511] Principalmente porque o art. 1º da Lei nº 9.613/98 descrevia que os ativos deveriam ser procedentes de "crimes" antecedentes, sendo que as "organizações criminosas", mesmo com a definição conferida pela Convenção de Palermo, não receberam o reconhecimento jurídico de delito autônomo. Para uma visão ampla do tema, v.: ESTELLITA, Heloisa. *Criminalidade de Empresa, Quadrilha e Organização Criminosa*. Porto Alegre: Livraria do Advogado, 2009, *passim*.
[512] V. STF, HC 96.007, 1ª Turma, j. em 12/06/2012.

casos em que a conduta esteja em desconformidade com o ilícito administrativo precedente (conquanto não suficiente[513]), evitando que o cidadão possa ficar à mercê de interpretações diversas acerca de uma mesma prática ambiental.[514] Não se trata de uma pretensa inferiorização hierárquica do Poder Judiciário frente às instâncias administrativas, mas sim uma consequência jurídica normal dessa forma especial de tutela. Por tal razão é que, no particular, o direito penal possui um inegável aspecto instrumental (v. n. 2.3.6, *supra*).

O decisivo, entretanto, é compreendermos que a *definição integral do ilícito*, proporcionada por cláusulas legais dessa natureza, também deve permear a atuação das agências penais mesmo nos casos em que o ilícito não figure dentre as elementares do tipo. Na mesma Lei dos Crimes Ambientais (Lei n° 9.605/98), observamos quiçá o delito mais representativo dessa forma especial de tutela: "Causar poluição de qualquer natureza em níveis tais que resultem ou possam resultar em danos à saúde humana, ou que provoquem a mortandade de animais ou a destruição significativa da flora". É inegável que muitas atividades industriais são potencialmente poluidoras, mas o decisivo, para fins penais, é que a exploração econômica ocorra além dos limites permitidos pelo direito ambiental. Conquanto o tipo legal não preveja, dentre as elementares, a condicionante da desconformidade normativa da conduta, somente poderemos conceber alguma compatibilidade do delito com o princípio da *taxatividade* caso a ofensa ao meio ambiente possa ser aferida não a partir da discricionariedade de um juiz ou de uma autoridade policial qualquer, mas sim das normas legais que dispõem tecnicamente sobre os níveis toleráveis de poluição.

Em suma: a *definição integral do ilícito* exige níveis razoáveis de controle da discricionariedade das agências penais, seja em relação à atividade de conotação (especialmente) judicial dos elementos constitutivos do tipo legal do delito, seja em relação ao exame da ofensividade que se pretende tutelar através da fragmentariedade penal. Uma das estratégias *externas* de grande valia para tanto é o uso inteligente do *reenvio normativo* como instrumento de correção da indeterminação do tipo de ilícito penal, principalmente nos casos de elevada complexidade e de precariedade da tutela jurídica. A referida estratégia há de ser observada tanto para a obtenção do sentido jurídico das cláusulas legais que constituem o delito, como para a definição do ilícito que se pretende reprimir. O mais importante é reconhecer que a sorte da referida estratégia não

---

[513] É bom antecipar o que logo em seguida será melhor esclarecido: uma remissão normativa será legítima ao pressupor o ilícito administrativo apenas na condição de que o referido ilícito não guarde uma convergência absoluta com o tipo de ilícito penal. O ilícito penal é qualificado frente ao ilícito administrativo. Seria impensável, nesse rumo, que uma remissão normativa pudesse permitir que às instâncias extrapenais fosse conferida a tarefa de definir o alcance do injusto penal. Nesse sentido, destacando que as normas penais em branco não podem delegar a matéria da proibição: SILVA, Pablo Rodrigo Aflen. *Leis Penais em Branco e Direito Penal do Risco*. Rio de Janeiro: Lumen Juris, 2004, p. 193.

[514] É importante que se diga que a visão apresentada de unificação do ilícito não se confunde com a exigência de uma decisão administrativa prévia à incidência da persecução penal. O que sustentamos é uma condicionante dogmática de direito material, e não de direito processual. Pela mesma razão que a Súmula Vinculante n° 24 do STF é amplamente criticável – ao condicionar a incidência do direito penal ao lançamento definitivo do crédito tributário pelas agências administrativas –, também o seria qualquer tentativa de pressuposição de uma sentença em processo administrativo para a intercorrência do poder punitivo.

pressupõe previsão legal expressa, podendo ser observada mesmo nos casos em que o legislador não a descreva como elementar do tipo legal.

A *definição integral do ilícito* nos fornece, ainda, um excelente horizonte teórico para que outras estratégias *externas* obtenham a sua máxima eficácia. O tema será aprofundado em seguida, mas aqui já se pode antecipar a importância que o conceito de *ofensividade* assume no direito penal contemporâneo, notadamente como exigência de dano ou de perigo ao bem jurídico protegido enquanto condicionante fenomenológica do tipo de ilícito penal. É nesse particular que o direito penal encontrará sua identidade frente o ilícito extrapenal que lhe é pressuposto. Antes de analisarmos o tema (v. n. 4.3, *infra*), convém aproximarmos a tese da *definição integral do ilícito* com o nosso objeto de estudo: os crimes econômicos.

4.1.6. Taxatividade e direito penal econômico: remissões normativas como instrumento de redução de vagueza e de polissemia

O delito de *insider trading* está previsto no art. 27-D da Lei n° 6.385/76: "Utilizar *informação relevante* ainda não divulgada ao mercado, de que tenha conhecimento e da qual deva manter sigilo, capaz de propiciar, para si ou para outrem, *vantagem indevida*, mediante negociação, em nome próprio ou de terceiro, com *valores mobiliários*". Percebem-se, na referida norma penal, três elementares do tipo dotadas de elevado grau de imprecisão: "informação relevante", "valores mobiliários" (ambas, primordialmente *vagas*) e "vantagem indevida" (*polissêmica*).

A redação conferida pelo legislador não é das melhores. Mas é inegável que a intervenção penal sobre práticas potencialmente lesivas ao mercado de valores mobiliários não pode prescindir da utilização de expressões que gravitem ao redor da ofensa difusa que se pode verificar quando alguém dispõe de uma informação que é privilegiada porque não disponível, em pé de igualdade, a todos os investidores.[515] O resultado disso é que a técnica legislativa, no particular, está contingenciada pelo uso de expressões que, a par de cognoscíveis apenas em segmentos restritos, têm de ser amplas de modo a acomodar a proteção possível contra práticas violadoras do cuidado. É dizer: o tipo legal traz consigo uma pressuposta indeterminação, porquanto o uso de cláusulas abertas é a única forma de que dispõe o direito penal para tutelar condutas essencialmente complexas.

Essa é uma característica que, para além do tipo legal acima referido, é uma constante nos delitos econômicos. O problema desloca-se, diante disso, para a busca de instrumentos jurídicos capazes de reduzir ao máximo a indeterminação legal, evitando-se, com isso, uma aplicação judicialista do direito penal econômico. Com efeito, não parecem existir dúvidas acerca da inconstitucionalidade abstrata do art. 27-D da Lei n° 6.385/76 caso reconhecêssemos

---

[515] FARIA COSTA, José de; RAMOS, Maria Elisabete. *O Crime de Abuso de Informação Privilegiada (Insider Trading)*, cit., pp. 37-39.

que incumbiria ao juiz examinar, no caso concreto, o que apenas sua convicção pessoal venha a entender como "informação relevante", "valores mobiliários" e "vantagem indevida". Se assim o é, então outra saída inexistirá que não o reconhecimento da inconstitucionalidade do tipo legal; e a mesma solução permeará boa parte dos demais delitos econômicos.

Entretanto, quando analisamos de perto as relações de cuidado que já se consolidaram nos segmentos sociais que rotineiramente estão envolvidos com o mercado de valores mobiliários, poderemos perceber que a significação da ofensa já encontra graus razoáveis de adensamento. Não estamos nos referindo a uma significação cujos limites e rumos seriam ditados apenas pelo próprio segmento do mercado mobiliário, mas sim pela dignidade de tutela jurídica que a historicidade já se encarregou de delimitar. Hoje, os arts. 4° e 21-A da Lei n° 6.385/76 conferem à Comissão de Valores Mobiliários a competência para definir e tutelar o uso de informação relevante não divulgada ao mercado de valores mobiliários; no exercício da delegação, a CVM editou a Instrução n° 358/02, descrevendo, em seu art. 2°, o que se pode considerar "fato relevante". De outro lado, colhe-se da própria Lei n° 6.385/76 o que se pode considerar "valores mobiliários" (art. 2°).

Ora, a única forma de resgatarmos um mínimo de vinculação jurídica das decisões das agências penais acerca dos limites de incidência do tipo legal definido no art. 27-A da Lei n° 6.385/76 é reconhecendo-se que a significação desses enunciados *vagos* deve ser obtida a partir do estatuto jurídico que o legislador, com o auxílio das agências regulatórias, já se encarregou de definir.

Diverso é o recorte do horizonte cognitivo no que tange à elementar "vantagem indevida", descrita no art. 27-A da Lei n° 6.385/76. Não há problema algum da cláusula frente a exigência de *taxatividade* porque ela não confere abertura preponderantemente *polissêmica* para a definição de uma elementar do tipo legal, mas sim para o ilícito pressuposto. O que importa reconhecer é que, na espécie, estamos diante não de um *reenvio legal* do enunciado, senão de um *reenvio jurídico* da conduta em sua conformidade com a *definição integral do ilícito*. As agências penais, notadamente o Poder Judiciário, devem buscar no sistema jurídico os casos em que a vantagem pode ser considerada ajustada à disciplina do mercado mobiliário. Pode parecer pouco, mas não é: é no direito que regula a prática do mercado mobiliário, e não na "consciência do juiz",[516] que se situa a fonte de onde poderá ser obtida a verificação concreta da adjetivação "indevida" para a vantagem econômica.

Diversa é a situação em que a *polissemia* do enunciado não diz respeito ao ilícito – que, em essência, não pode ser definido em termos descritivos porque integrado pela unidade do sistema jurídico –, mas sim a uma elementar de delimitação típica da conduta. É o que ocorre com a previsão de "temeriedade" na gestão de instituição financeira como elementar do art. 4°, parágrafo único, da Lei n° 7.492/86. O gerente relapso de um banco que se recusa a cum-

---

[516] Para uma visão crítica da ideia do julgamento de acordo com a "consciência do julgador": STRECK, Lenio Luiz. *O que é isto – decido conforme minha consciência*. 2. ed. Porto Alegre: Livraria do Advogado, 2010, *passim*.

prir uma jornada de trabalho regular, e o diretor de outro banco que concede empréstimo milionário a uma empresa em situação falimentar, estão, cada um à sua maneira, gerindo *temerariamente* uma instituição financeira. Perceba-se que a norma não prevê qualquer condicionante jurídica para distinguir uma conduta da outra. As normas que regulamentam o gerenciamento de risco de instituições financeiras devem contribuir para uma significativa redução do âmbito de incidência do tipo legal de delito.[517] Mas veja-se que, ainda assim, a indeterminabilidade da elementar normativa não produz vinculação jurídica entre a temerariedade e a gestão financeira do risco juridicamente tolerado, podendo alcançar uma imensa gama de condutas que não se inserem no alcance objetivo da proteção. É dizer: este é um bom exemplo de norma penal que não detém aptidão razoável de contenção do decisionismo judicial, o que a conduz à inconstitucionalidade por ofensa ao princípio da *taxatividade*.[518]

A superação da referida inconstitucionalidade poderia ocorrer através da especificação de outros elementos conceituais do tipo, de modo a reduzir o âmbito da imputação. É o que ocorre, por exemplo, no art. 4°, I, da Lei n° 8.137/90. Se o tipo legal definisse como criminosa apenas a conduta de "abusar do poder econômico" (perceba-se a semelhança polissêmica entre aquilo que é *abusivo* e o que é *temerário*), estaríamos inegavelmente diante de outra norma inconstitucional. Porém, veja-se que o tipo legal conferiu especificação determinada para a vinculação da conduta, exigindo que o abuso do poder econômico ocorra através de (i) ajuste ou acordo entre empresas (ii) para dominar o mercado ou (iii) eliminar, total ou parcialmente, a concorrência. Se considerarmos, ademais, que o conceito de "dominar o mercado" ou de "eliminar a concorrência" está a exigir, ainda, um adensamento do *tipo integral do ilícito* (através, por exemplo, da necessária infringência das normas que regulamentam o Sistema Brasileiro de Defesa da Concorrência – Lei n° 12.529/11), poderemos obter níveis razoáveis de conotação jurídica dos enunciados.

Semelhante estratégia foi levada em conta na definição do delito de sonegação fiscal (art. 1° da Lei n° 8.137/90). O tipo legal adotou a técnica da *vinculação legal* da conduta: o legislador fez a previsão de que o delito pressupõe que a supressão ou redução do tributo (ou contribuição social/previdenciária e qualquer acessório) ocorra através das condutas enunciadas nos incisos do art. 1°. É dizer, apenas nos casos legalmente conotados de falsidade ideológica ou material é que as agências penais poderão reconhecer verificada a supressão ou redução do tributo.

Ainda sobre o art. 1° da Lei n° 8.137/90, é interessante notar que, conquanto o tipo legal não preveja, dentre suas elementares, uma remissão normativa (i) do conceito jurídico de tributo, contribuição social e acessórios,

---

[517] Nesse sentido: FELDENS, Luciano. "Gestão fraudulenta e temerária de instituição financeira: contornos identificadores do tipo". In: VILARDI, Celso *et al.* [org]. *Crimes Financeiros e Correlatos*. São Paulo: Saraiva/FGV, 2011, p. 103. Tratando do delito de administração desleal, definido no § 266 do CP alemão, KLAUS TIEDEMANN destaca que a figura típica pressupõe uma *infração de dever* (*Manual de Derecho Penal Econômico*, cit., p. 112).

[518] No mesmo sentido: CRUZ, Flávio Antônio da. "Provocações sobre a interpretação das fontes do Direito Penal Econômico", cit., p. 129.

assim como (ii) do ilícito fiscal pressuposto à incidência da norma, é inegável que o tipo de ilícito, exatamente porque encontra na violação do perigo a sua máxima representação de ofensividade ao bem jurídico, só pode materializar-se no caso de condutas violadoras do ilícito pressuposto da definição legal.[519] Alguém que não recolhe um tributo – ainda que mediante a omissão do fato gerador do imposto em sua escrituração contábil pessoal – porque possui um direito de crédito fiscal legalmente compensável com tributos vincendos, até poderá estar formalmente realizando o tipo legal, mas certamente não colocará em perigo (dano/violação) o objeto da tutela. Não se trata, conforme veremos adiante em detalhes (v. n. 5.2.3, *infra*), de condicionar-se a existência do crime ao reconhecimento administrativo do crédito tributário (que caracteriza um problema de direito processual), mas sim vincular-se a atuação das agências penais – especialmente o Poder Judiciário – à *definição integral do ilícito* (no caso, um tema de direito material). O resultado da atuação das agências fiscais é um importante elemento a ser ponderado na atividade judicial, porém apenas enquanto meio de prova capaz de justificar sempre fundamentação razoável para os casos em que a decisão administrativa não seja albergada em seus efeitos pelo Poder Judiciário.

Podemos referir, ainda, outros exemplos em que a *definição integral do ilícito* – obtida através de remissões normativas e/ou de unificação do ilícito – contribui decisivamente para o controle jurídico das decisões judiciais. Escrevemos alhures[520] que o delito de evasão de divisas (art. 22 da Lei nº 7.492/86) tem de ver sua taxatividade resgatada a partir do reenvio polinormativo do tipo legal: a norma é complementada inicialmente pelo art. 65 da Lei nº 9.069/95 que, de seu turno, é complementado pelo RMCCI (Regulamento de Mercado de Câmbio e de Capitais Internacionais) e pelas demais Circulares/Resoluções incidentes no segmento específico da economia. Na mesma linha, o crime contra as Finanças Públicas descrito no art. 359-B do Código Penal: encontra-se na Lei de Responsabilidade Fiscal[521] (LC nº 101/00) e nos atos administrativos dos Tribunais de Conta o conceito de "restos a pagar", os casos em que a inscrição dos "restos a pagar" possa ser autorizada ou ordenada, assim como as hipóteses e os limites de valor em que se exige o empenho da despesa. Perceba-se: a única maneira de prevenirmos uma aplicação amplamente discricionária do art. 22 da Lei nº 7.492/86 e do art. 359-D do CP é retirando-se, do Poder Judiciário, a competência para esclarecer o conteúdo de elementares que definem o tipo legal e o tipo de ilícito em atenção a um bem jurídico que possui, em substância, uma dignidade penal instrumental.

É importante perceber, com o que discorremos até aqui, que a *definição integral do ilícito* é uma estratégia multifacetada de resgate da noção de crime enquanto ofensa a bens jurídicos. Ofensividade esta que deve ser observada tanto no processo legislativo de definição do tipo legal, quanto no processo

---

[519] "A dinâmica da ofensividade está obrigatoriamente circunscrita pelo ilícito-típico e é indispensável à lógica que sustenta e explica a noção jurídico-penal de crime" (D`AVILA, Fabio Roberto. *Ofensividade e Crimes Omissivos Próprios*, cit., p. 85).

[520] SCHMIDT, Andrei Zenkner; FELDENS, Luciano. *O Delito de Evasão de Divisas*, cit., pp. 147-156.

[521] Em verdade, a denominação técnica escorreita deveria ser "Lei de Responsabilidade Financeira".

hermenêutico de aplicação do direito penal pelas agências estatais. Pois, na lição de D'Ávila, "uma produção legislativa desatenta com os seus próprios princípios ou impelida por situações especiais que impedem a construção de tipos de ilícito em perfeita harmonia com a concepção de necessária ofensa exige do Judiciário – como não poderia ser diferente – uma adequação hermenêutica, de forma a 'corrigir' ou, na segunda hipótese – simplesmente aplicar a norma penal, ou, ainda, deixar de aplicá-la, quando essa adequação não se torne possível".[522]

Quando o legislador define o conceito de instituição financeira para fins de incidência da Lei n° 7.492/86 (art. 1°), quando descreve as condutas que devem perfazer o delito de suprimir ou reduzir tributo (incisos I a V do art. 1° da Lei n° 8.137/90), assim como nos casos de conotação legal das características de "fato relevante" para fins de incidência do art. 27-A da Lei n° 6.385/76, está colocando em prática uma missão constitucional de esclarecimento de possíveis violações de cuidado *em atenção ao objeto que pretende tutelar através da norma*. Porém, quando a intencionalidade da tutela não encontra na lei o seu referencial de delimitação, a *definição integral do ilícito* é uma meta que deve ser observada pelas agências penais como solução única para a contenção do arbítrio judicial.

4.2. Tipo legal de crime econômico (ii): omissão imprópria, *criminal compliance* e reserva de lei

4.2.1. O "management" como garantidor do resultado

Dentre os atuais problemas que vimos destacando, ganha espaço a proposição de novos contornos dogmáticos de atribuição de responsabilidade penal em delitos econômicos. Um aspecto dessa realidade pode ser notado na gradual adoção de modelos jurídico-penais de responsabilização de pessoas jurídicas pela prática de delitos empresariais. Conquanto percebido em menor intensidade no Brasil – à vista da previsão legal apenas para delitos ambientais –, o movimento ruma a passos largos para a definição de uma autônoma dogmática penal de responsabilidade corporativa em relação aos tradicionais critérios de imputação para as pessoas físicas.[523]

---

[522] *Ofensividade e Crimes Omissivos Próprios*, cit., p. 86.
[523] Para uma visão atual das novas tendências dogmáticas, v.: Martínez-Buján Pérez, Carlos. *Derecho Penal Económico y de la Empresa*, cit., pp. 533-552; Melo Bandeira, Gonçalo N. C. Sopas de. *Responsabilidade Penal Económica e Fiscal dos Entes Colectivos*. Coimbra: Almedina, 2004, pp. 259-261; Gómez-Jara Díez, Carlos. *A Responsabilidade da Pessoa Jurídica e o Dano Ambiental*. Trad. por Cristina da Motta. Porto Alegre: Livraria do Advogado, 2013; Díez Ropollés, José Luis. "La responsabilidad penal de las personas jurídicas. Regulación española". In *Revista para el Análisis del Derecho* (InDret), disponível em www.indret.com. Quanto ao debate da responsabilidade no âmbito da União Europeia, v.: Schünemann, Bernd. "La responsabilidad de las empresas y sus órganos directivos em la Unión Europea". In Bajo Fernández, Miguel [org]. *Constitución Europea y Derecho Penal Económico – Mesas Redondas Derecho y Economía*. Madrid: Ramón Areces, 2006, pp. 143-157; Gómez-Jara Díez, Carlos. "Teoría de sistemas, ciudadanía corporativa y responsabilidad penal de las em-

Em paralelo, segue-se a isso uma mudança nos parâmetros dogmáticos de definição do sujeito ativo do delito no recorte das pessoas físicas. Para exemplificar, lembre-se do debate acerca da viabilidade, ou não, da aplicação da teoria do domínio de um aparato organizado de poder – formulada por Roxin[524] – aos delitos empresariais.[525]

Interessa-nos, de momento, no enfoque da imputação objetiva, outra mudança de rumo que vem sendo observada na atribuição de responsabilidade em delitos econômicos e empresariais: o empresário como *garantidor* de ofensas tuteladas pelo direito penal econômico.[526]

Nas grandes corporações, a descentralização estatutária do poder de decisão frequentemente colabora para que o autor do ato perigoso não se dê conta das consequências lesivas de sua atuação, coordenada e determinada a partir de outros órgãos que, por sua vez, agem por delegação das instâncias mais superiores. Em outras situações, o atuar perigoso até é notado pelo executor, que atua, porém, apenas como personagem fungível de um ato pensado em termos organizacionais. De modo que, observadas as normas administrativas que regulamentam a atividade, assim como os critérios tradicionais de responsabilidade penal, teríamos uma imputação *de baixo para cima* (*bottom up*), o que poderia dificultar a atribuição de responsabilidade aos entes superiores.

---

presas". In Bajo Fernández, Miguel [org]. *Constitución Europea y Derecho Penal Económico – Mesas Redondas Derecho y Economía*. Madrid: Ramón Areces, 2006, pp. 158-169;

[524] Roxin, Claus. "Voluntad de domínio de la acción mediante aparatos de poder organizados". In *Doctrina Penal*. Buenos Aires: Depalma, 1985, v. 8, pp. 399-411. Em termos semelhantes: Tiedemann, Klaus. "La Regulación de la Autoría y de la Participación en el Derecho Penal Europeo". In *Revista Penal*. Barcelona, ene/2000, vol. 5, pp. 90-98. Criticamente: Muñoz Conde, Francisco. "Problemas de Autoría y Participación en el Derecho Penal Económico", cit.; Bacigalupo, Silvina. "Cuestiones específicas de la participación en derecho penal económico". In *Más Derecho: Revista de Ciencias Jurídicas*. Buenos Aires, fascículo 2, 2001, pp. 145-158.

[525] Importante observar, conforme ressaltam Greco e Leite, que o conceito de *domínio da organização*, nos termos propostos por Roxin, é apenas uma forma de deslocar-se alguém que, segundo as regras de imputação clássicas, seria tratado como partícipe *stricto sensu*, para ocupar a condição de *autor* ou de *coautor*. Assim, a referida concepção não detém aptidão para tornar típica uma conduta que seria atípica, tampouco poderá ser aplicada genericamente a todos os delitos (não se aplica, por exemplo, a crimes culposos, crimes de mão própria e crimes de infração de dever) (Greco, Luís; Leite, Alaor. "O que é e o que não é a teoria do domínio do fato sobre a distinção entre autor e partícipe no Direito Penal". In *Revista dos Tribunais*. São Paulo: RT, nº 933, p. 61 e segs.). Em detalhes: Souza, Artur de Brito Gueiros de; Japiassú, Carlos Eduardo Adriano. *Curso de Direito Penal*. Rio de Janeiro: Elsevier, 2012, pp. 294-295; Alflen, Pablo Rodrigo. *Teoria do Domínio do Fato*. São Paulo: Saraiva, 2014, *passim*. Sustentando que a teoria do domínio da organização não se compatibiliza com a realidade empresarial, razão pela qual "a regra deve ser a sua não aplicação a delitos corporativos": Scalcon, Raquel Lima. "Problemas especiais de autoria e de participação no âmbito do direito penal secundário: exame da compatibilidade entre 'domínio da organização' (*organisationsherrschaft*) e criminalidade corporativa". In *Revista de Estudos Criminais*. Porto Alegre: Síntese, nº 54, jul-set/2014, p. 203.

[526] "No combate à criminalidade econômica via de regra está em jogo a punição de uma omissão: uma lesão aos deveres de fiscalização, organização, informação e vigilância frequentemente ocorre porque não são cumpridos de maneira suficiente. Com isso, se a omissão se converte em categoria primária de responsabilidade penal colocam-se no direito penal econômico questões absolutamente novas sobre o conteúdo do conceito de ação e sobre a relação entre o fazer e o omitir" (Rotsch, Thomas. "Tempos modernos: ortodoxia e heterodoxia no Direito Penal". In D'Avila, Fabio Roberto [org]. *Direito Penal e Política Criminal no Terceiro Milênio: Perspectivas e Tendências*. Porto Alegre: PUCRS, 2011, p. 76 (pp. 68-81).

Isso tem levado parcela significativa da doutrina a propor uma imputação *de cima para baixo* (*top down*): os órgãos de direção da empresa passam a ser tratados como *garantidores* dos desvios executados por agentes subordinados.[527]

A tese é sustentada, dentre outros, por SCHÜNEMANN, para quem o *dever de garantia* surge "del dominio del garante sobre la causa del resultado", o que, aplicado aos delitos empresariais, autorizaria reconhecer a equiparação da omissão com a ação, fundamentada no "dominio del director de la empresa, o bien, hablando en general, del superior en la empresa, puede resultar, pues, tanto de su *dominio fáctico sobre los elementos peligrosos del establecimiento* como também de su *poder de mando sobre los trabajadores fundamentado legalmente*; con ello, estas subdivisiones de la posición de garante muestran un alcance diferente según su muy divergente estructura material; esto es: según las condiciones respectivas para la existencia y la extinción del dominio".[528] A construção teórica coaduna-se com a orientação de SCHÜNEMANN em conceber a omissão imprópria como aquela conduta que pode ser equiparada a um agir positivo, ou seja, não haveria, em essência, distinção fática, tampouco normativa, entre ação e omissão imprópria. Atrás de todo tipo comissivo haveria também um tipo omissivo que poderia ser valorado judicialmente.[529]

Afora os graves problemas da proposição em sua dimensão fenomenológica,[530] além de suas implicações quanto ao gradual avanço para a responsabilização empresarial objetiva,[531] ainda teríamos de vencer a barreira da *reserva de lei* para que a legitimidade de uma proposta nesses termos seja cogitável, notadamente em países – como é o caso do Brasil – em que as fontes da omissão

---

[527] SOUZA, Artur de Brito Gueiros. "Atribuição de Responsabilidade na criminalidade empresarial: das teorias tradicionais aos modernos programas de *compliance*". In *Revista de Estudos Criminais*. Porto Alegre: Síntese, n° 54, jul-set/2004, p. 120.

[528] SCHÜNEMANN, Bernd. *Delincuencia Empresarial: Cuestiones Dogmaticas y de Politica Criminal*. Buenos Aires: Di Palácio, 2004, p. 31. Do mesmo autor, aplicando a lição aos eurodelitos: SCHÜNEMANN, Bernd. "Sobre la regulación de los delitos de omisión impropia en los eurodelitos". In TIEDEMANN, Klaus. *Eurodelitos. El Derecho Penal en la Unión Europea*. Cuenca: Universidad de Castilla – La Mancha, 2004, pp. 35-39.

[529] Para uma visão geral do debate doutrinário quanto à equiparação entre ação e omissão, v.: TAVARES, Juarez. *Teoria dos Crimes Omissivos*. Madrid/Barcelona/Buenos Aires/São Paulo: Marcial Pons, 2012, pp. 97-123.

[530] Considerar-se o empresário como garantidor é o mesmo que considerar-se a ação como o "não evitar evitável", em tudo condizente com a proposta dogmática oferecida pelo conceito negativo de ação. No particular, contudo, é de se referir a crítica FARIA COSTA: "para além disso, saliente-se, uma vez mais, que a relação de cuidado-de-perigo não desencadeia uma posição de garante. É claro que se poderia conceber que a manifestação de uma relação de cuidado-de-perigo do 'eu' para com o 'outro' seria expressa e inequívoca manifestação de uma relação de garante do 'eu' para com o 'outro'. E, evidentemente, se se rompesse essa relação estaríamos perante um acto que não foi evitado, quando o podia ter sido. Sucede, porém, que a nossa compreensão de cuidado-de-perigo não é, nem de perto nem de longe, a que a chamada doutrina negativa (da acção) configura. Há, desde logo, que assinalar, que a manifestação do cuidado, na sua dimensão mais densa e primitiva, é expressão ontológica do modo-de-ser pessoa; é expressão ontológica de ser-aí-diferente. De jeito que a relação de cuidado primeva é condição e pressuposto do ser pensado e reconhecido dentro da comunidade. Aí o 'eu' não garante nada, porque antes de garantir ele tem que se afirmar como ser pessoa e, para o fazer, tem de se abrir à relação de cuidado-de-perigo" (*O Perigo em Direito Penal*, cit., p. 443).

[531] Por exemplo, a (im)possibilidade de imputação de um tipo objetivo levando em conta uma participação culposa em crime doloso de outrem, v.: FEIJOO SANCHEZ, Bernardo. *Resultado Lesivo e Imprudencia: Estudios sobre los Límites de la Responsabilidad Penal por Imprudencia y el Criterio del Fin de Protección de la Norma de Cuidado*. Barcelona: Bosch, 2001, pp. 118-127.

imprópria estão exigidas em lei: o art. 13, § 2°, do Código Penal condiciona a existência do *dever de garantia* às hipóteses em que a lei (al. *a*), um contrato ou quase-contrato (al. *b*) ou uma ingerência (al. *c*) originem a obrigação jurídica de o omitente evitar o resultado.[532]

É dizer: o *dever de garantidor* não escapa dos limites do princípio da *taxatividade*.[533] Ressalvado o caso de a obrigação jurídica resultar de uma ingerência anterior – em que o dever de agir decorre de um prévio ato ilícito (p. ex., a fabricação de um produto com defeito) [534]-, um diretor ou um administrador do ente corporativo, sem expressa previsão legal, não poderia responder pelo resultado causado materialmente por seu inferior apenas porque não evitou, ou não fez nada para evitar, a ofensa ao bem jurídico.[535]

Examinando-se a questão apenas sob o ponto de vista da *reserva de lei*, a imputação pessoal da ofensa, em delitos empresariais, não pode ser presumida a partir de uma condição de *garantidor* aferida objetivamente de estruturas organizacionais e/ou estatutárias de uma empresa.

A solução ajusta-se à consideração de que a responsabilidade penal, em qualquer crime, não comporta presunções normativas.[536] Por tal razão é que cláusulas genéricas de definição de sujeitos imputáveis em crimes econômicos (exemplos: art. 25 da Lei n° 7.492/86 e art. 75 da Lei n° 8.078/90) vêm sendo interpretadas em atenção aos limites do art. 29 do Código Penal.[537] É dizer: não importa se o suposto autor é, ou não, diretor ou administrador da empresa;

---

[532] O dever de garantidor tem de ser normativamente construído porque não integra uma condição fenomenológica matricial do comportamento humano. "É totalmente insustentável querer pressupor a garantia como expressão de uma relação primitiva. Repetindo intencionalmente o que já atrás aflorávamos, é evidente que a relação de cuidado-de-perigo por nós sustentada e defendida em nada se assemelha à posição de garante. Aquela é relação onto-antropologicamente fundante, matricial, capaz de gerar em outros níveis do modo-de-ser-individual e comunitário, nomeadamente no seio do ordenamento penal, relações outras que, por certo, se pode conceber a relação de garante. Esta, a relação de garante, é, sem dúvida alguma, relação construída 'norma de norma', cuja análise atenta e cuidadosa é outrossim demonstrativa da sua total desnecessidade" (FARIA COSTA, José Francisco de. *O Perigo em Direito Penal*, cit., p. 446).

[533] TAVARES, Juarez. *Teoria dos Crimes Omissivos*, cit., p. 319.

[534] Tratando da possibilidade de o *management* responder como garantidor na hipótese de obrigação de agir resultante de uma ingerência: TIEDEMANN, Klaus. *Manual de Derecho Penal Econômico*, cit., pp. 135-137.

[535] Nesse sentido: CERVINI, Raúl; ADRIASOLA, Gabriel. *El Derecho Penal de la Empresa*. Buenos Aires/Montevideo: B de F, 2005, pp. 215-219. Para uma visão crítica mais aprofundada: LANZI, Alessio; PUTINATI, Stefano. *Istituzioni di Diritto Penale Dell'Economia*. Milano: Giuffrè, 2007, pp. 54-60, 84-86; MARTÍNEZ-BUJÁN PÉREZ, Carlos. *Derecho Penal Económico y de la Empresa*, cit., pp. 296-301; REQUENA JULIANI, Jaime. "La posición de garante del empresario". In BACIGALUPO, Enrique [org]. *Curso de Derecho Penal Econômico*. 2. ed. Madrid: Marcial Pons, 2005, pp. 157-176; CAVERO, Percy García. *Derecho Penal Econômico*, cit., pp. 695-703; BACIGALUPO, Enrique. "La posición de garante en el ejercicio de funciones de vigilancia en el ámbito empresarial". In BACIGALUPO, Enrique [org]. *Curso de Derecho Penal Econômico*. 2. ed. Madrid: Marcial Pons, 2005, pp. 177-201. Importante registrar que obrigações genéricas de cuidado patrimonial de corporações privadas, tais como os definidos no art. 155, II, da Lei n° 6.404/76 e no art. 1.011 do Código Civil, conquanto estabeleçam formalmente deveres de proteção aos administradores, não se inserem no alcance *material* da obrigação de evitar-se o resultado, definido no art. 13, § 2°, *a*, do CP. O tema será retomado logo em seguida (v. 4.2.3., *infra*).

[536] Em sentido contrário: ROTSCH, Thomas. "Tempos modernos: ortodoxia e heterodoxia no Direito Penal", cit., p. 75.

[537] Nesse sentido, inclusive com referência ao debate jurisprudencial sobre o tema: v.: MAIA, Rodolfo Tigre. *Crimes contra o Sistema Financeiro Nacional*. São Paulo: Malheiros, 1999, pp. 143-145.

é relevante, em vez disso, examinar se a sua colaboração (organizacional, ou não) por ação, omissão própria ou omissão imprópria (neste caso, apenas em sendo preenchidas as condições do art. 13, § 2º, do CP), foi direcionada de maneira relevante à ofensa ao bem jurídico.

4.2.2. Os deveres de "compliance" e a legislação brasileira

O referido óbice normativo, entretanto, vem, hoje, ganhando contornos diversos. A economia contemporânea tem exigido novos mecanismos legais de proteção que poderiam ser cogitados como *deveres de garante*, nos termos do art. 13, § 2º, do CP.

Vimos que a mudança de rumos da *política econômica stricto sensu*, vivenciada especialmente nas últimas décadas do século passado, fez surgir a ideia de que o funcionamento razoável de uma economia de mercado deve observar inúmeros outros valores capazes de garantir *equidade* e *transparência* nas trocas econômicas (v. 1.4.2, *supra*). É nesse contexto que empresas que pretendam acompanhar as atuais diretrizes de uma economia global têm sido compelidas a implementar uma *autorregulação* de prevenção de desvios de conduta por seus próprios agentes. O conceito de *corporate governance* foi desenvolvido de modo a albergar todas as práticas empresariais tendentes a assegurar um funcionamento ético autorregulado da própria corporação, tais como *compliance* (conformidade legal), *accountability* (prestação responsável de contas), *disclosure* (mais transparência) e *fairness* (senso de justiça).[538]

Paralelamente a este fenômeno – de fundamentação primordialmente econômica –, inaugurou-se, quiçá por ele influenciado, uma gradual percepção de que o Estado não mais dispunha de mecanismos eficazes para a repressão de desvios (penais e extrapenais) observados nas práticas econômicas. A mudança inaugura-se com a seletiva transferência da competência de fiscalização – outrora monopolizada por organismos estatais – a corporações privadas que participam das trocas econômicas em relação às práticas adotadas por seus próprios agentes e, em alguns casos, mesmo por terceiros.

É como se o Estado, por reconhecer-se incapaz de fiscalizar desvios, terceirizasse a competência que, antes, era institucionalmente exercida por ele com exclusividade.[539] A prevenção de desvios em segmentos da economia passou a ser tutelada não apenas através da proibição de determinadas condutas, senão também pela transferência do dever corporativo de fiscalização e de comunicação dessas mesmas condutas que, só num segundo momento, são avaliados pelo Estado.[540] A tendência contemporânea é o Estado *incentivar* as corporações

---

[538] Em detalhes: ANDRADE, Adriana; ROSSETTI, José Paschoal. *Governança Corporativa: Fundamentos, Desenvolvimento e Tendências*. 4. ed. São Paulo: Atlas, 2009, pp. 183-186.

[539] NIETO MARTÍN, Adán. "La privatización de la lucha contra la corrupción". In ARROYO ZAPATERO, Luis; NIETO MARTÍN, Adán [org]. *El Derecho Penal Económico en la era Compliance*. Valencia: Tirand lo Blanch, 2013, pp. 191-210.

[540] "La autorregulación se há convertido em uma dinâmica característica de lo que se há denominado 'sociedad del riesgo'. Ante la incapacidad de controlar la gestión de riesgos mediante las estrategias tradicionales,

à implementação de programas de autofiscalização e, em alguns segmentos mais sensíveis, *impor* a criação desses programas: no primeiro grupo, o incentivo verifica-se normalmente pela previsão de cláusulas legais de redução ou de exclusão de responsabilidade para empresas que possuam um programa de *compliance* eficiente; no segundo, a legislação impõe sanções quando o programa não é implementado ou é inobservado.[541] Esse modelo, notadamente no primeiro caso, vem se denominando *autorregulação regulada*.[542]

No direito empresarial, o *compliance* é entendido como a gestão corporativa da observância dos regulamentos internos e externos da atividade da empresa.[543] Não é novidade alguma que empresas devem observar a lei; o diferencial é que, hoje, tanto a economia quanto o ordenamento jurídico vêm exigindo cada vez mais o gerenciamento excelente do cumprimento dos deveres de *compliance*. Há quem sustente que essa nova tendência produz significativas rupturas em todas as áreas jurídicas que regulamentam uma atividade empresarial.[544]

O direito penal não escapa dessa nova sistemática, apresentando problemas diversos que abrangem (i) o papel que os deveres de *compliance* desempenham no conceito de culpabilidade de pessoas jurídicas penalmente imputáveis,[545] (ii) os limites da responsabilidade penal resultante da negligência na gestão dos deveres de fiscalização pelos sujeitos competentes para tanto (os *compliance officers*),[546] (iii) o efeito que o estatuto interno de uma empresa

---

el Estado deja la gestión primaria de los nuevos riesgos em manos particulares, especialmente de las empresas, y pasa a controlar en un segundo plano dicha gestión primaria" (Feijoo Sánchez, Bernardo. *Cuestiones de Derecho Penal Económico*. Buenos Aires/Montevideo: B de F, 2009, p. 53).

[541] García Cavero, Percy. *Criminal Compliance*. Lima: Palestra, 2014, pp. 14-22.

[542] Em detalhes: Kuhlen, Lothar. "Cuestiones fundamentales de *compliance* y de derecho penal". In Kuhlen, Lothar *et al.* [org]. *Compliance y Teoría del Derecho Penal*. Madrid: Marcial Pons, 2013, pp. 51-78.

[543] "*Compliance*: conformidade no cumprimento de normas regulamentadoras, expressas nos estatutos sociais, nos regimentos internos e nas instituições legais do país. Esses valores estão presentes, explícita ou implicitamente, nos conceitos usuais de governança corporativa. Mais do que nos conceitos, esses valores estão expressos nos códigos de boas práticas, que estabelecem critérios fundamentais na conduta ética que deve estar presente no exercício das funções e das responsabilidades dos órgãos que exercem a governança das companhias" (Andrade, Adriana; Rossetti, José Paschoal. *Governança Corporativa: Fundamentos, Desenvolvimento e Tendências*, pp. 141-142).

[544] Em detalhes: Ribeiro, Milton Nassau. *Aspectos Jurídicos da Governança Corporativa*. São Paulo: Quartier Latin, 2009. Para uma visão geral no Direito do Trabalho: De Leon, Maurício Pepe. "Condução das Investigações Internas sob o Ponto de Vista Trabalhista". In Del Debbio, Alessandra [org], *et al.* *Temas de Anticorrupção e Compliance*. Rio de Janeiro: Elsevier, 2013, pp. 303-316.

[545] Heine, Günther. "La responsabilidad penal de las empresas: evolución y consecuencias nacionales". In Hurtado Pozo, José [org]. *La Responsabilidad Criminal de las Personas Jurídicas: una Perspectiva Comparada*. Valencia: Tirand lo Blanch, 2001, pp. 49-72; Gómez-Jara Díez, Carlos. "Autoorganización empresarial y autorresponsabilidad empresarial: hacia una verdadera responsabilidad penal de las empresas". In *Revista de Estudos Criminais*. Porto Alegre: Notadez, out-dez/2005, n° 20, pp. 57-82; Nieto Martín, Adán. "La responsabilidad penal de las personas jurídicas: esquema de un modelo de responsabilidad penal". In *Nueva Doctrina Penal*. Buenos Aires: Del Puerto, 2008, pp. 125-159; García Cavero, Percy. *Criminal Compliance*, cit., pp. 89-99; Sieber, Ulrich. "Programas de *compliance* en el derecho penal de la empresa. Una nueva concepión para controlar la criminalidad económica". In Arroyo Zapatero, Luis; Nieto Martín, Adán [org]. *El Derecho Penal Económico en la era Compliance*. Valencia: Tirand lo Blanch, 2013, pp. 63-110.

[546] Robles Planas, Ricardo. "El responsable de cumplimiento (*compliance officer*) ante el derecho penal". In Silva Sánchez, Jesús-María [org]. *Criminalidad de Empresa y Compliance – Prevención y Reacciones Corporativas*.

pode desempenhar na exclusão/imputação da responsabilidade penal de órgãos/agentes em razão da inobservância do dever de *compliance* pelo agente encarregado,⁵⁴⁷ (iv) as consequências jurídicas que a delegação de um dever de *compliance* pode gerar na responsabilidade penal do delegante⁵⁴⁸ etc. Interessa-nos, por ora, o exame da legitimidade e das condições para que regulamentos (públicos e/ou privados) possam servir de *dever de garante* como fonte jurídica de omissão imprópria individual do *compliance officer*⁵⁴⁹ ou do *management*.⁵⁵⁰

A importância do tema sobressai, desde já, a partir do paradoxo apontado por Saavedra:⁵⁵¹ "o objetivo do *compliance* é claro: a partir de uma série de controles internos, pretende-se prevenir a responsabilização penal. A sua concretização, porém, ao invés de diminuir as chances de responsabilização, cria as condições para que, dentro da empresa ou instituição financeira, se forme uma cadeia de responsabilização penal". Nesse caso, o tema assume relevância diante de situações concretas de *non-compliance*, ou seja, quando o programa não é criado, quando um programa inadequado é criado ou, quando o programa é adequado, mas não é cumprido.⁵⁵²

No Brasil, os deveres de *compliance* assumiram relevância jurídica principalmente a partir da edição da Lei nº 9.613/98 e da Resolução nº 2.554/98 do Conselho Monetário Nacional. "Desde então, as instituições financeiras e as empresas de capital aberto passaram a ter o dever de, respectivamente, colaborar com as investigações de lavagem de dinheiro (os chamados 'deveres de compliance') e de criar sistemas de controles internos que previnam as práticas

---

Barcelona: Atelier, 2013, pp. 319-331; Nieto Martín, Adán. "El régimen penal de los auditores de cuentas". In *Homenaje al Dr. Marino Barbero Santos (in memorian)*. Cuenca: Ediciones de la Universidad de Castilla-La Mancha: Universidad Salamanca, 2001, vol. II, pp. 407-431; Feijoo Sánchez, Bernardo. *Cuestiones de Derecho Penal Econômico*, cit., pp. 114-121; Prittwitz, Cornelius. "La posición jurídica (en especial, posición de garante) de los *compliance officers*". In Kuhlen, Lothar *et al.* [org]. *Compliance y Teoría del Derecho Penal*. Madrid: Marcial Pons, 2013, pp. 207-220; Rotsch, Thomas. "Criminal Compliance". In *Revista para el Análisis del Derecho (InDret)*, Barcelona, jan/2012, nº 1, p. 8, disponível em www.indret.com; Saavedra, Giovani. "Compliance na nova Lei de Lavagem de Dinheiro". In *Revista Síntese – Direito Penal e Processual Penal*. São Paulo: IOB, 2012, nº 75, ago-set/2012, p. 24 (pp. 22-30).

⁵⁴⁷ Montiel, Juan Pablo. "Autolimpieza empresarial: *compliance programs*, investigaciones internas y neutralización de riesgos penales". In Kuhlen, Lothar *et al.* [org]. *Compliance y Teoría del Derecho Penal*. Madrid: Marcial Pons, 2013, pp. 221-244; Caprasecca, Valentina. "La responsabilità dei vertici del gruppo per i reati comessi nelle società controllate". In Siracusano, Plácido [org]. *Scritti di Diritto Penale Dell'Economia*. Torino: Giappichelli, 2007, pp. 117-124; Zannotti, Roberto. *Il Nouvo Diritto Penale Dell'Economia*. 2. ed. Milano: Giuffrè, 2008, pp. 30-44; Feijoo Sánchez, Bernardo. *Cuestiones de Derecho Penal Econômico*, cit., pp. 114-121; Giunta, Fausto. *Lineamenti di Diritto Penale Dell'Economia*, cit., pp. 171-174.

⁵⁴⁸ Marinucci, Giorgio; Dolcini, Emilio. *Manuale di Diritto Penale. Parte Generale*, cit., pp. 181-182.

⁵⁴⁹ Para exame amplo da problematização, v.: Gómez-Aller, Jacobo Dopico. "Posición de garante del *compliance officer* por infracción del 'deber de control': una aproximación tópica". In Arroyo Zapatero, Luis; Nieto Martín, Adán [org]. *El Derecho Penal Econômico en la era Compliance*. Valencia: Tirand lo Blanch, 2013, pp. 165-189; Volk, Klaus. *Sistema Penale e Criminalità Econômica*, cit., pp. 188-192; Feijoo Sánchez, Bernardo. *Cuestiones de Derecho Penal Econômico*, cit., 49-122; Prittwitz, Cornelius. "La posición jurídica (en especial, posición de garante) de los *compliance officers*", cit.; Robles Planas, Ricardo. "El responsable de cumplimiento (*compliance officer*) ante el derecho penal", cit.

⁵⁵⁰ García Cavero, Percy. *Criminal Compliance*, cit., pp. 99-114.

⁵⁵¹ Saavedra, Giovani. "Reflexões Iniciais sobre *Criminal Compliance*". In *Boletim IBCCrim*, jan/2011, nº 218, p. 11 (pp. 11-12).

⁵⁵² García Cavero, Percy. *Criminal Compliance*, cit., p. 89.

de corrupção, de lavagem de dinheiro e de outras condutas que possam colocar em risco a integridade do sistema financeiro".[553]

Gradativamente, novas leis foram sendo editadas no propósito de ampliar objetiva e subjetivamente os *deveres de compliance*. Em 2012, foi editada a Lei nº 12.683, que modificou a Lei nº 9.613/98 e, dentre outras alterações, ampliou significativamente (i) os deveres e obrigações de *compliance* e (ii) os sujeitos afetados pelo dever de controle e de comunicação. Doravante, os deveres de *compliance*, em relação a práticas suspeitas de *lavagem* de dinheiro, afetam sujeitos muito além do Sistema Financeiro Nacional, alcançando seguradoras, corretoras, empresas de arrendamento mercantil, pessoas físicas ou jurídicas que laborem com compra e venda de imóveis, objetos de arte e antiguidades, bens de luxo, assim como aqueles que prestem assessoria, consultoria, contadoria, auditoria, aconselhamento ou assistência em relação a estas e outras operações etc.[554]

Seguindo a mesma tendência autorregulativa empresarial – conquanto em tema alheio ao conceito restritivo de delitos econômicos ora proposto –, o Brasil editou, em 2013, a Lei nº 12.846, prevendo responsabilidade administrativa e civil para pessoas jurídicas que se vejam envolvidas em práticas de corrupção com agentes do poder público, sem prejuízo da responsabilidade individual de seus dirigentes ou administradores ou de qualquer pessoa natural, autora, coautora ou partícipe do ato ilícito.

No particular, a criação de programas de *compliance* não foi imposta pela legislação, mas sim estimulada: ao dispor sobre os parâmetros de aplicação das sanções, o diploma legal referiu "a existência de mecanismos e procedimentos internos de integridade, auditoria e incentivo à denúncia de irregularidades e a aplicação efetiva de códigos de ética e de conduta no âmbito da pessoa jurídica". É dizer: empresas alcançadas pela Lei nº 12.846/13 podem ter benefícios sancionatórios caso reste comprovado que o *non-compliance* decorreu de um ato individual em desconformidade com um adequado programa de controle.[555]

Interessa-nos enfrentar a possibilidade de normas (institucionais e/ou privadas) dessa natureza serem erigidas à condição de fonte jurídica do *dever de garantia*, para fins de incidência do art. 13, § 2º, do CP.

Os problemas resultantes podem ser agrupados em quatro enfoques distintos: (i) as leis federais acima descritas poderiam, por si só, satisfazer a exigência do art. 13, § 2º, *a*, do CP? (ii) a regulamentação advinda de órgãos estatais (BACEN, p. ex.) ou profissionais (conselhos federais, *v.g.*) pode assumir a natureza de norma penal conformadora da imputação objetiva do tipo

---

[553] SAAVEDRA, Giovani A. "Reflexões iniciais sobre o controle penal dos deveres de compliance". In *Boletim IBCCrim*, set/2011, nº 226, p. 13 (pp. 13-14).

[554] Sobre o tema: LIMA, Carlos Fernando dos Santos. "O sistema nacional antilavagem de dinheiro: as obrigações de *compliance*". In DE CARLI, Carla Veríssimo [org]. *Lavagem de Dinheiro – Prevenção e Controle Penal*. 2. ed. Porto Alegre: Verbo Jurídico, 2013, pp. 51-124.

[555] Para uma visão geral de igual tendência, porém no âmbito da Comunidade Europeia, v.: NIETO MARTÍN, Adán. "Conflicto de intereses y transparencia". In ARROYO ZAPATERO, Luiz [org]. *Fraude y Corrupción en el Derecho Penal Económico Europeo – Eurodelitos de Corrupción y Fraude*. Cuenca: Universidad de Castilla – La Mancha, 2006, pp. 103-116;

de delito omissivo impróprio? (iii) a autorregulação de uma empresa é, por si só, fonte legítima de um *dever de compliance* para fins de omissão imprópria? (iv) os *deveres de compliance* se submetem a um filtro de legitimidade material prévio à imputação penal?

4.2.3. Fundamentos dos crimes omissivos e comissivos

A solução desses questionamentos obriga-nos, ainda que nos estreitos limites da presente pesquisa, ao exame dos fundamentos do crime omissivo e, logo após, ao exame das hipóteses de crimes comissivos que se mostrem compatíveis com os *deveres de garante*.

D'Avila sintetizou adequadamente os principais critérios de distinção entre os crimes omissivos próprios e os impróprios,[556] para, após, arvorando-se na lição de Armin Kaufmann, reconhecer que o *critério do tipo penal (formal)* se sobrepõe, em fundamentação e em utilidade prática, ao *critério do resultado*: "os crimes omissivos próprios consistem em crimes cuja existência decorre de expressa previsão legal na qual a omissão está diretamente tipificada, enquanto os crimes omissivos impróprios não têm um tipo específico, mas são normalmente o resultado da combinação de uma cláusula geral com o tipo penal de um crime comissivo".[557]

De fato, não é a exigência, ou não, de um resultado que distinguirá as duas dimensões de omissão jurídico-penal. Existem crimes omissivos próprios que, a despeito de se consumarem com o não fazer desvalorado, podem tipificar ofensa direcionada a um resultado – que, no entanto, por opção legislativa, pode não ser necessário para a consumação.[558]

De outro lado, para atestar definitivamente a primazia do critério formal, existem tipos legais omissivos próprios que exigem uma condição especial do sujeito ativo, em tudo equiparada à figura de um garantidor; a peculiaridade da escolha legislativa é que, conquanto o sujeito ativo apresente-se como portador de um dever diferenciado de agir, sua omissão consumará, por si só, o delito, independentemente da verificação de um resultado.[559]

---

[556] D'Avila, Fábio Roberto. *Ofensividade e Crimes Omissivos Próprios*, cit., pp. 215-225.

[557] D'Avila, Fábio Roberto. *Ofensividade e Crimes Omissivos Próprios*, cit., p. 221.

[558] É o que ocorre, por exemplo, no art. 135 do CP: por se tratar de delito de mera atividade, a consumação opera-se já no instante em que o agente deixa de prestar o socorro, podendo fazê-lo sem risco pessoal. No entanto, pode ocorrer de o omitente pretender o resultado morte da vítima, o que atrairia, tão somente, a majorante descrita no parágrafo unido do art. 135 do CP (na condição, por óbvio, de não figurar na posição de garante deste resultado). É dizer: o ilícito-típico imputado prosseguiria sendo omissivo próprio ainda que a atuação do agente fosse direcionada ao dano. O diferencial está em que o legislador, na espécie, definiu tal conduta como um crime omissivo próprio.

[559] Tal peculiaridade ocorre, *v.g.*, no crime de abandono de incapaz (art. 133 do CP), que exige uma condição especial do sujeito ativo (estar, o incapaz, sob seu cuidado, guarda, vigilância ou autoridade) que bem poderia se acomodar ao dever de garantia, nos termos do art. 13, § 2°, do CP. Por uma opção legislativa, a omissão do *garantidor* submeteu-se a uma antecipação da intervenção penal sob a forma de um delito omissivo próprio (princípio da especialidade), de modo que o delito estará consumado apenas com o não-fazer-ilícito-típico. Se dessa omissão sobrevier lesão corporal grave ou morte, então serão aplicáveis as

Não há distinção ôntica entre ação e omissão. É o esquema normativo conferido à tutela do objeto do ilícito que delimita a fronteira entre um crime *comissivo* e outro *omissivo*. Isso porque, destaca D'Avila, "a distinção entre ação e omissão encontra-se centrada na *natureza da norma violadora*, ou seja, enquanto nos crimes comissivos o agente viola uma norma *proibitiva*, nos crimes omissivos, a norma violada é *preceptiva*. E é a partir desta proposição que deverão desenvolver-se as tentativas de solução dos casos complexos ou de difícil solução".[560] A omissão é o "descumprimento de um mandamento que, recepcionado em âmbito jurídico-penal, obrigava o sujeito a atuar".[561] Assim, não há uma noção pré-jurídica de omissão. Bastaria ao legislador substituir a conduta típica "fazer algo" por "deixar de fazer algo" para que a ofensa se transforme, no segundo caso, em uma não evitação do resultado, sujeita, com isso, a pressupostos de imputação diversos.[562]

Isso não significa que condições fáticas não tenham relevância para a identificação da imputação penal, mas sim que tais contingências materiais, se concebidas à margem de um juízo axiológico quanto à natureza da norma (se proibitiva ou se preceptiva), não detêm aptidão suficiente para fornecer respostas satisfatórias,[563] notadamente naqueles casos em que a construção do ilícito-típico ganha contornos mais *polissêmicos* – como é o caso do direito penal econômico.

Para solucionar todos os casos, inclusive os mais problemáticos, D'Avila propõe – a nosso ver, acertadamente – o critério do "ponto de gravidade" em

---

qualificadoras dos §§ 1º e 2º do art. 133 do CP; mas, ainda assim, o delito prosseguiria omissivo próprio. Diversa será a solução, contudo, para o caso de o omitente, na espécie, desejar o resultado. Como as penas previstas nas qualificadoras do art. 133 só se compatibilizam com resultados culposos (*preterdolo*, pois), o *garantidor* tornará a submeter-se à regra geral do art. 13, § 2º, do CP caso tenha omitido a conduta com o dolo de causar lesões corporais ou morte, imputando-se-lhe, então, os resultados típicos por equiparação: lesões corporais (art. 129, §§ 1º ou 2º) ou homicídio (art. 121, *caput* ou §§ 1º/2º). O interessante é notar-se que é o tipo penal que, ao fim e ao cabo, define se o delito é omissivo próprio ou impróprio.

[560] D'Avila, Fábio Roberto. *Ofensividade e Crimes Omissivos Próprios*, cit., p. 202. No mesmo sentido: Figueiredo Dias, Jorge de. *Direito Penal*, cit., p. 906; Zaffaroni, Eugenio Raúl; Alagia, Alejandro; Slokar, Alejandro. *Manual de Derecho Penal. Parte General*, cit., pp. 444-445.

[561] D'Avila, Fábio Roberto. *Ofensividade e Crimes Omissivos Próprios*, cit., p. 189.

[562] Contudo, por questões de linguagem, existem ilícitos-típicos que podem recomendar uma tutela através da comissão, ao passo que outros, por omissão. De modo que eventual modificação da estrutura da conduta típica recomendável pode gerar uma demasiada incerteza no tipo legal. É o que nos ensina Zaffaroni: "Esto no significa que puedan trasvasare libremente los enunciados, pues cuando uma norma enunciada prohibitivamente se transforma em um enunciado imperativo, cobra uma amplitude mayor y a veces inusitada que, sin duda, expande el alcance prohibitivo (*no matarás* no es idéntico a *cuidarás la vida del prójimo*) que no puede ignorarse frente al principio de reserva o de clausura" (Zaffaroni, Eugenio Raúl; Alagia, Alejandro; Slokar, Alejandro. *Manual de Derecho Penal. Parte General*, cit., p. 443).

[563] Como bem destaca D'Avila, após criticar os critérios naturalísticos tradicionalmente utilizados pela doutrina, "normalmente a distinção entre crimes comissivos e crimes omissivos é facilmente perceptível e, neste plano, todos os critérios apresentam-se, sob uma ótica meramente utilitária, suficientemente válidos, ou seja, de forma geral, as hipóteses de comissão liberam energia e são causais, e as hipóteses de omissão, não liberam energia e não são causais. Diferentemente, entretanto, seria afirmar que características como essas possam ser tomadas de tal forma que a sua presença ou ausência indique, necessariamente, uma comissão ou omissão, e é exatamente quando esta 'constância' se tornaria útil, ou seja, nas hipóteses limites, é que podemos perceber tanto a omissão quanto a comissão podem apresentar dúvidas acerca desses elementos" (*Ofensividade e Crimes Omissivos Próprios*, cit., p. 209).

sua acepção exclusivamente *normativa*, ou seja, uma distinção entre fazer e omitir fundada na natureza preponderante da norma jurídica (proibitiva ou preceptiva). O que significa dizer que "não há que se falar em omissão, se não houver um dever jurídico de agir. O trabalho de distinção torna-se, por conseguinte, uma operação de aproximação do fato com a norma, mediante a interpretação jurídica do sucesso em sua feição natural".[564] Nos crimes omissivos próprios, o dever de agir está inscrito no próprio tipo legal; mas nos crimes omissivos impróprios, o dever de agir pressupõe a conformação de uma norma de ajustamento de tipicidade[565] (no Brasil, o art. 13, § 2°, do CP), porquanto os limites semânticos do verbo nuclear de uma norma *proibitiva* não permitiriam, por si só, a equiparação jurídica entre o fazer e o descumprir uma norma *preceptiva*.

Os efeitos dessa distinção são os mais variados. Interessa-nos, aqui, as suas consequências sob o enfoque da *reserva de lei*: em se tratando de crimes comissivos, a imputação do resultado a título de omissão está condicionada à satisfação da fonte do dever de agir nos termos do art. 13, § 2°, do CP.[566] Para além disso, a exigência de *taxatividade* também impõe que o dever de agir seja previsto expressamente em lei ou em outro meio jurídico válido. Mas é necessário que a fonte do dever de garantia refira claramente os limites em que o agente está juridicamente obrigado a evitar o dano ou o perigo, não podendo ser suprida por analogias, interpretações extensivas ou entendimentos jurisprudenciais. Isso porque, conforme destacamos antes, uma regra de imputação do tipo deve encontrar, no ordenamento jurídico, as condições básicas para que a delimitação do ilícito-típico não fique sujeita a uma decisão discricionária das agências penais.[567]

---

[564] D'AVILA, Fábio Roberto. *Ofensividade e Crimes Omissivos Próprios*, cit., p. 189. Na mesma linha, citado pelo autor: TAVARES, Juarez. "Alguns aspectos da estrutura dos crimes omissivos". In *Revista Brasileira de Ciências Criminais*. São Paulo: RT, 1996, n° 15, pp. 125-157.

[565] "Tudo considerado, deve concluir-se que o critério fundamental de distinção entre crimes de omissão puros e impuros passa pela circunstância decisiva de os impuros, diferentemente dos puros, não se encontrarem descritos em um tipo legal de crime, tornando-se por isso indispensável o recurso à cláusula de equiparação contida no art. 10°, para resolver correcta e seguramente os problemas do círculo dos autores idóneos e da caracterização do seu dever de garantia" (FIGUEIREDO DIAS, Jorge de. *Direito Penal*, cit., p. 916).

[566] TAVARES, Juarez. *Teoria dos Crimes Omissivos*, cit., p. 313. Consequentemente, a tese sustentada por SCHÜNEMANN, no sentido de que a omissão *imprópria* é imputável independentemente de a legislação prever a cláusula geral de garantia, só é por ele cogitável à vista de sua premissa no sentido da ausência de distinção entre o fazer e o não fazer (o *domínio* da causa é que seria decisivo): "Según mi propia concepción del delito impropio de omisión, ampliamente desarrollada en otro lugar, el deber penal de garante surge del *dominio del garante sobre la causa del resultado*; hecho que justifica decisivamente le equiparación de la omisión impropia con el comportamiento activo" (SCHÜNEMANN, Bernd. *Delincuencia Empresarial*, cit., p. 30). Em detalhes: SCHÜNEMANN, Bernd. "Sobre el estado actual de la dogmática de los delitos de omisión en Alemania". In *Obras*, cit., t. I, pp. 539-561.

[567] Consequência dogmática imediata da noção de crime omissivo ora sustentada é que os fundamentos e os limites da omissão imprópria poderão variar de país para país. Naqueles em que o legislador não fez a previsão da equiparação, em termos semelhantes ao nosso art. 13, § 2°, do CP, seria impossível, sob pena e ofensa ao princípio da legalidade, admitir-se a imputação de um delito comissivo à omissão praticada por alguém, pois ausente o dever jurídico de evitar a ofensa. É o que ocorre, por exemplo, na Argentina, em que o Código Penal não contempla dispositivo regulamentando o dever de evitar o resultado. Tal omissão legislativa tem levado alguns doutrinadores a entenderem que, naquele país, é inviável a imputação de crimes comissivos por omissão. Nesse sentido: ZAFFARONI, Eugenio Raúl; ALAGIA, Alejandro; SLOKAR, Alejandro. *Manual de*

A especial posição de defesa de certos bens jurídicos, assim como a responsabilidade pelas fontes produtoras de perigo, só assumem axiologicamente uma dimensão penal de *dever de garantidor* no pressuposto de que tais formas muito peculiares de obrigação de agir tenham sido contempladas como deveres jurídico-penais de agir, na forma do art. 13, § 2°, do CP. Contudo, sob a premissa inversa, a mera satisfação da premissa jurídico-formal da norma preceptiva não presume, por si só, o conteúdo material da posição de garantidor.[568]

Vejamos: o art. 4° da Lei n° 8.069/90 prevê que a efetivação dos direitos das crianças e dos adolescentes (vida, saúde, alimentação etc.) seja um "dever da família, da comunidade, da sociedade em geral e do poder público"; semelhante obrigação genérica está prevista em relação ao idoso, no art. 3° da Lei n° 10.741/03; na Lei n° 11.340/06, a sociedade também foi compelida a criar condições necessárias para coibir e prevenir a violência doméstica e familiar contra a mulher (art. 3°, § 2°); na Constituição Federal, há previsão expressa de que a sociedade está obrigada a tutelar o meio ambiente (art. 225, *caput*), o idoso (art. 230, *caput*), a seguridade social (art. 194, *caput*) etc.

Esse imenso rol de deveres não transforma todos os cidadãos em garantidores de ofensas contra os interesses neles descritos. O crime omissivo impróprio encontra seu fundamento na exigência de *solidariedade* do homem para com os outros dentro da comunidade, mas toda manifestação imposta de solidariedade tem de se apoiar em um claro vínculo jurídico.[569] O ordenamento jurídico só está legitimado a impor deveres de proteção, cuidado e vigilância a determinadas pessoas nos casos em que *materialmente* verifique-se a violação da relação onto-atropológica de cuidado de perigo do "eu" para com os "outros". É necessário que o dever de garantidor assuma uma dimensão axiológica capaz de vincular o omitente ao bem jurídico tutelado.[570] O neto, em princípio, não é garantidor do avô que é idoso, porquanto lhe falta a condição jurídica de proteção penal do bem jurídico vida. O pai, em que pese figure como garantidor do filho menor, não responde por sua omissão quando o incapaz sofra um dano resultante de um risco normal do desenvolvimento humano (andar de bicicleta, p. ex.).

Longe estamos, com tais considerações, de sustentar que o dever de garantidor só tenha incidência em relação a delitos contra a vida, a integridade

---

Derecho Penal. Parte General, cit., pp. 448-454. O Código Penal uruguayo, em seu art. 3°, prevê o dever de *garante*, porém sem esclarecer a fonte de onde pode ser obtida tal obrigação ("No impedir un resultado que se tiene la obligación de evitar, equivale a producirlo"). Tal abertura semântica tem suscitado críticas da doutrina face a ofensa ao princípio da taxatividade. Nesse sentido, v.: CERVINI, Raúl; ADRIASOLA, Gabriel. *El Derecho Penal de la Empresa*, cit., pp. 205-224. Semelhante ambiguidade é encontrada no Código Penal alemão, que prevê o dever de *garante* à margem da especificação da fonte (§ 13.1).

[568] TAVARES, Juarez. *Teoria dos Crimes Omissivos*, cit., pp. 316-319.

[569] FIGUEIREDO DIAS, Jorge de. *Direito Penal*, cit., p. 938.

[570] Avocando as lições de STRATENWERTH e KUHLEN, bem observa TAVARES que "as obrigações de proteção ou vigilância decorrentes da lei, ainda que de forma direta, não fundam, por si sós, um dever de garantidor, o qual depende dos pressupostos conferidos à forma e ao modo da relação entre o omitente e o bem jurídico, bem como entre aquele e as fontes produtoras de perigo. Com isso se procede a uma delimitação dos deveres legais, à medida que passem a depender de suas fontes materiais não apenas dos meros enunciados normativos" (*Teoria dos Crimes Omissivos*, cit., p. 320).

corporal e a liberdade.[571] Poderão ocorrer situações excepcionais que, satisfeito o pressuposto jurídico-formal, a realização do homem enquanto pessoa necessite de tutela também através de um dever de solidariedade peculiar, incidente em relações onto-antropológicas de menor dimensão axiológica. Esse é um horizonte cognitivo que se nos apresenta a partir da complexidade das relações sociais contemporâneas. Se novos bens jurídicos vêm sendo reconhecidos como dignos de proteção penal, não faria sentido que essa tutela não fosse realizada também através da omissão imprópria, desde que satisfeitas as condições formais e materiais de ofensividade que lhe são oponíveis. É nesse particular que os *deveres de compliance*, quando axiologicamente direcionados à defesa de – ou à responsabilidade pelas fontes de perigos para – bens jurídico-penais, devem ser examinados como fonte formal-material de dever de garantidor.

4.2.4. A omissão imprópria e o "management" ou o "compliance officer" como garantidor em face dos deveres de "compliance"

Os problemas relacionados ao *non-compliance* e sua relação com a omissão imprópria em nada interferem nos tradicionais critérios de imputação penal de responsabilidade individual para os casos em que o *management* ou o *compliance officer* põe em prática, isolada ou coletivamente, a atividade definida no tipo legal. A prática de ações que se materializam no alcance do tipo não necessita de qualquer complementação normativa por programas de *compliance* porque os personagens envolvidos no delito econômico realizam diretamente (por delegação, ou não) a conduta típica.[572] Assim, um programa de *compliance* terá uma importância secundária no caso de um diretor de uma instituição financeira determinar a realização de uma movimentação financeira a fim de possibilitar a conversão dissimulada de um ativo ilícito em ativo lícito. Questões como esta se resolvem de acordo com os critérios tradicionais de imputação pessoal do tipo no âmbito de corporações, especialmente a *autoria mediata*.[573]

Dificuldades de natureza diversa emergem nos casos em que uma conduta ilícita praticada por algum agente da corporação, ou mesmo por um terceiro em detrimento dela, pudesse ter sido evitada pelo *management* ou pelo *compliance officer*, caso implementado ou observado o programa de *criminal compliance*. Seriam hipóteses que, se resolvidas através do clássico conceito de *conivência* (participação por omissão em crime comissivo), escapariam do alcance pessoal

---

[571] Essa parece ser, muito embora com ressalvas bastante restritas (por nós grifadas na citação), a orientação de JUAREZ TAVARES: "Assim, *afora os casos de responsabilidade expressa, ou de deveres legais*, só terá sentido uma incriminação da omissão imprópria, quando se tratar de delitos contra a vida, a integridade corporal e a liberdade (incluída a liberdade sexual), cujos objetos jurídicos, por sua natureza e pelas consequências, necessitam de uma imediata e oportuna intervenção protetiva por parte do sujeito, que não pode ser postergada para não se tornar inócua" (*Teoria dos Crimes Omissivos*, cit., p. 346).

[572] GARCÍA CAVERO, Percy. *Criminal Compliance*, cit., p. 99.

[573] BACIGALUPO, Enrique. *Compliance y Derecho Penal*. Navarra: Arazandi, 2011, p. 41.

de imputação do tipo, principalmente porque a *conivência*, em regra, só é punível em relação a quem figure materialmente como *garantidor*.[574]

Hoje, contudo, nos casos em que há um dever legal de *compliance* em relação a algumas atividades (como é o caso da Lei nº 9.63/98), a omissão do *management* ou do *compliance officer* vê-se dogmaticamente revista no propósito de aferir-se a possibilidade de incidência do art. 13, § 2º, do CP; bem como se, em sendo positiva a resposta, o omitente prosseguiria ostentando uma singela condição de *partícipe stricto sensu* ou se, a ele, poder ser atribuída a autoria final do fato. Esses são problemas que se colocam em relação a países, como é caso do Brasil, que não possuem tipo legal de omissão *própria* definindo o *non-compliance* como um delito autônomo.

Com esses esclarecimentos, podemos retomar, agora, as quatro indagações antes sugeridas para o esclarecimento da relação entre omissão imprópria e os *deveres de compliance* nos delitos econômicos.

Quanto à primeira: a Lei nº 9.613/98 (com a modificação introduzida pela Lei nº 12.683/12) criou deveres de controle cadastral e de informação de operações suspeitas que podem satisfazer, sob um inicial ponto de vista jurídico-formal e respeitadas algumas contingências dogmáticas, a fonte de *garantidor* (obrigação *legal* de "proteção, cuidado e vigilância", cfe. art. 13, § 2º, *a*, do CP), mas com uma ressalva: são obrigações não imediatamente aplicáveis.

Isso porque o art. 9º, após descrever as pessoas físicas e jurídicas submetidas aos deveres de *compliance*, condicionou as referidas obrigações, nos arts. 10 e 11, à regulamentação pelos órgãos de controle de cada atividade.[575] Assim, não se poderia cogitar o dever de garante em relação a atividades que não contem, ainda, com a regulamentação legalmente exigida.

Quanto à segunda: a exigência formal primeira estaria satisfeita quando a condicionante regulatória já houvesse sido implementada. A título de exemplificação, podem ser lembradas (i) a Carta-Circular/BACEN nº 3.461/09, que ditou as "regras sobre os procedimentos a serem adotados na prevenção e combate às atividades relacionadas com os crimes previstos na Lei nº 9.613" no âmbito de instituições financeiras, disciplinando políticas, procedimentos e controles internos tendentes à prevenção e à comunicação de práticas suspeitas (as "operações atípicas") de *lavagem* de dinheiro; (ii) a Resolução nº 1.445/13, do Conselho Federal de Contabilidade, que dispôs "sobre os procedimentos a serem observados pelos profissionais e Organizações Contábeis, quando no

---

[574] Queiroz, Paulo. *Direito Penal – Parte Geral*. 4. ed. Rio de Janeiro: Lumen Juris, 2008, p. 258.

[575] Quanto à obrigação de "identificação de clientes e manutenção de registros", os incisos do art. 10, sem exceção, conclamam uma atividade regulamentadora complementar: "nos termos de instruções emanadas das autoridades competentes" (inc. I), "limite fixado pela autoridade competente e nos termos de instruções por esta expedidas" (inc. II), "na forma disciplinada pelos órgãos competentes" (inc. III), "na forma e condições por eles estabelecidas" (inc. IV), "na periodicidade, forma e condições por ele estabelecidas" (inc. V). O dever de "comunicação de operações financeiras" (art. 11) igualmente viu-se contingenciado legalmente por exigências de complementação normativa: "nos termos de instruções emanadas das autoridades competentes" (inc. I), "na periodicidade, forma e condições por eles estabelecidas" (inc. III). Em que pese o inciso II não tenha feito semelhante previsão expressa, a necessidade de regulamentação ainda assim depreende-se da remissão normativa a dispositivos que a ela se refere (incisos I e II do art. 10 e inciso I do art. 11).

exercício de suas funções, para cumprimento das obrigações previstas na Lei n° 9.613/1998 e alterações posteriores;" (iii) a Circular SUSEP n° 445/12, que, em relação a entidades seguradoras, "dispõe sobre os controles internos específicos para a prevenção e combate dos crimes de 'lavagem' ou ocultação de bens, direitos e valores, ou os crimes que com eles possam relacionar-se, o acompanhamento das operações realizadas e as propostas de operações com pessoas politicamente expostas, bem como a prevenção e coibição do financiamento ao terrorismo" etc.[576]

JUAREZ TAVARES sustenta que decretos, regulamentos, resoluções, instruções normativas e outras normas advindas de órgãos alheios ao Poder Legislativos não poderiam ser equiparadas à "lei" para fins de incidência do art. 13, § 2°, do CP.[577] Pensamos que a objeção seja inaplicável às hipóteses acima referidas, que possuem a dimensão axiológica expressamente voltada à proteção do bem jurídico a partir de cláusula legal delegatória oriunda de processo legislativo legítimo (arts. 9°, 10 e 11 da Lei n° 9.613/98).

É dizer: quanto ao requisito jurídico-formal, instituições financeiras, profissionais do segmento da contabilidade e de seguros, possuem o dever de praticar condutas necessárias à prevenção de delitos de *lavagem* de dinheiro, perfazendo o inicial (porém não suficiente) ponto de partida (art. 13, § 2°, *a*, do CP) para a imputação da omissão imprópria.[578] Outras pessoas físicas, cujas atividades não estejam regulamentadas em termos semelhantes, não poderão, sob pena de ofensa ao princípio da *reserva legal*, ser tratadas como *garantidores*.[579]

Três objeções já se nos apresentam cogitáveis: os *deveres de compliance* estariam axiologicamente direcionados apenas para o direito administrativo, e não também ao direito penal; resultaria, ainda, em ofensa ao *nemo tenetur se*

---

[576] Sobre o tema: SAAVEDRA, Giovani. "*Compliance* e prevenção à Lavagem de Dinheiro: sobre os reflexos da Lei n° 12.683/2012 no mercado de seguros". In *Revista de Estudos Criminais*. Porto Alegre: Síntese, n° 54, jul-set/2014, pp. 165-180.

[577] *Teoria dos Crimes Omissivos Próprios*, cit., p. 320.

[578] Em sentido contrário: SAAVEDRA, Giovani. "Compliance na nova Lei de Lavagem de Dinheiro", cit., p. 30.

[579] Em que pese o delito de corrupção escape dos limites da presente pesquisa, vale, aqui, a referência que a Lei n° 12.846/13, a partir da lógica jurídico-formal ora sustentada, não se ajusta ao art. 13, § 2°, do CP. Da leitura de todos os dispositivos definidos naquela lei, depreende-se que o legislador não criou um *dever legal* de adoção de procedimentos e práticas tendentes à prevenção de condutas de corrupção pelos *managements*. Tanto isso é verdade que a existência de "mecanismos e procedimentos internos de integridade, auditoria e incentivo à denúncia de irregularidades e a aplicação efetiva de códigos de ética e de conduta no âmbito da pessoa jurídica" (art. 7°, VIII) é uma causa de dimensionamento sancionatório – que, além de tudo, está sujeita à regulamentação, na forma do parágrafo único do art. 7° –, e não de exclusão da responsabilidade. Não havendo dever de *compliance*, impossível falar-se na satisfação da exigência contida na alínea *a* do § 2° do art. 13 do CP. As dificuldades se nos apresentam, entretanto, no caso de a empresa implementar o programa de *compliance*, porém não o observá-lo na fiscalização de atos de seus agentes. Em hipóteses tais, o que se poderia cogitar, quando muito, seria a incidência da alínea *b* do § 2° do art. 13 do CP. Contudo, acerca de problemas dessa ordem, mais especificamente em relação aos *compliance officers*, GÓMEZ-ALLER sustenta que "no existe un deber de denunciar los indícios a las autoridades. El deber del responsable de cumplimiento es un deber empresarial, no un deber jurídico penal" ("Posición de garante del *compliance officer* por infracción del 'deber de control': una aproximación tópica", cit., p. 183).

detegere;[580] a figura do *garantidor* estaria contingenciada pela imposição de uma obrigação expressa de evitar o resultado típico, o que não se perfectibilizaria – no caso da Lei n° 9.613/98 – apenas com a criação de deveres administrativos de registros cadastrais e de comunicação de operações.[581]

Todas elas, entretanto, podem ser superadas. Quanto à primeira, não é de hoje que deveres de controle e de proteção *extrapenais* sejam aceitos como fonte legítima da omissão imprópria (art. 13, § 2°, do CP). A obrigação de cuidado, proteção e vigilância dos pais em relação aos filhos é de natureza cível (art. 1.634 do Código Civil) e, ainda assim, pode justificar a responsabilidade penal a título de omissão imprópria; o mesmo ocorre com os deveres de probidade do servidor público federal (art. 116 da Lei n° 8.112/90), conquanto estejam atrelados a sanções de natureza administrativa. Ou seja, não é novidade alguma que obrigações de natureza extrapenal, a despeito de direcionadas a segmentos de proteção cível ou administrativa, projetem sua eficácia para a atribuição de responsabilidade penal. E se assim ocorre para, *v.g.*, crimes de homicídio, não vemos razão para que delitos econômicos escapem de semelhante proteção.

No caso da *lavagem* de dinheiro, a situação é ainda mais clara. A Carta-Circular/BACEN n° 3.461/09, a Resolução/CFC n° 1.445/13 e a Circular/SUSEP n° 445/12 são expressas em reconhecer que os deveres nelas previstos estão relacionados à prevenção de prática dos delitos previstos da Lei n° 9.613/98, o que nos permite concluir haver um similar direcionamento axiológico de tutela do bem jurídico-penal, tanto no art. 1° da Lei n° 9.613/98, quanto nas referidas normas administrativas (cuja legitimidade jurídica, lembre-se, encontra-se albergada pelos arts. 9°, 10 e 11 da Lei n° 9.613/98). E assim o é porque tal proteção encontra amparo na dimensão onto-antropológica do cuidado: a historicidade da economia de mercado contemporânea confere significação ao perigo que emerge de práticas econômicas que não ocorram de forma transparente.

Quanto à segunda objeção, seria incorreto pensar que o dever de comunicação de operações ou mesmo um código de ética esteja impondo um dever de confessar um delito. Pelo contrário, a autorregulação determina a adoção de procedimentos tendentes à prevenção do crime, não obrigando o *management* a confessar sua eventual prática. O *dever de compliance*, assim como ocorre com outros deveres alcançados pelo art. 13, § 2°, *a*, do CP, caracteriza obrigação jurídica de cuidado; o descumprimento desse dever não se confunde com – tampouco impõe – qualquer obrigação de confissão.

Quanto à terceira objeção, a omissão imprópria também pode alcançar a fase anterior perigosa que antecede o *dano-violação* tutelado pelo tipo legal comissivo. A alínea *a* do § 2° do art. 13 fala em obrigação de "proteção, cuidado e vigilância", ao passo que a alínea *b*, em obrigação de "evitar o resultado".

---

[580] SAAVEDRA, Giovani. "Compliance na nova Lei de Lavagem de Dinheiro", cit., p. 30.

[581] "A lei obriga a criação de estruturas de *compliance* para atender ao disposto no art. 10 (registro e transmissão de informações) e no art. 11 (comunicação de atividades suspeitas), sem qualquer referência expressa à evitação de *atos de lavagem de dinheiro*. Por isso, não parece que o descumprimento de qualquer das normas administrativas da Lei n° 9.603/1998 atraia o *dever de garantia* e seja suficiente para a *omissão imprópria*" (BADARÓ, Gustavo Henrique; BOTTINI, Pierpaolo Cruz. *Lavagem de Dinheiro*, cit., pp. 145-146).

Ambas as obrigações se equivalem, até mesmo porque o "resultado" referido no dispositivo não está condicionado à noção de "resultado naturalístico", senão à *ofensa* tutelada pelo tipo penal comissivo. Não é diverso o sentido que também se pode obter a partir da expressão "de outra forma" contida na alínea *b* do § 2º do art. 13: o que distingue as obrigações referidas nas duas alíneas é a fonte do dever de *garante*, e não a sua amplitude; o fundamento do *cuidado* que há de recair sobre especiais categorias de omitentes não pode variar segundo a sua origem jurídica. O dever de cuidado que recai sobre a professora em relação aos seus alunos é o mesmo, seja ela celetista, seja estatutária.[582]

Assim, é inteiramente aplicável, no Brasil, a lição de MANTOVANI, ao afirmar que o *garante* também possui a "obbligo di sorveglianza", "che è l'obbligo *giuridico*, gravante su *specifiche categoria* di soggeti, *privi* di poteri giuridici impeditivi, di *vigilare* su altrui attività per conoscere della eventuale commissione di fatti offensivi e di *informare* il titolare o il garante del bene"[583]

Nessa mesma linha, MARINUCCI e DOLCINI, após esclarecerem a diferença entre "obblighi di protezione"[584] e "obblighi di controllo",[585] ressaltam que ambas podem ter incidência para a imputação de omissões impróprias no âmbito de sociedades comerciais: "in propósito si lasciano individuare due fondamentali categorie di doveri di garanzia: (a) quelli relativi alla *amministrazione* dell'impresa, finalizzati alla protezione del *patriomonio sociale* (obblighi di protezione), nonché (b) quelli relativi alla *gestione tecnica, operativa e commerciale* dell'impresa sociale, finalizzati al controlo delle fonti di pericolo immanenti all'esercizio dell'attività di impresa (obblighi di controllo)".[586]

---

[582] Ninguém contestaria a ideia de que um médico pode figurar, em algumas hipóteses, como garantidor da saúde das pessoas por ele atendidas. Perceba-se, porém, que, dentre as proibições impostas aos médicos, está a de "deixar de atender em setores de urgência e emergência, quando for de sua obrigação fazê-lo, expondo a risco a vida de pacientes" (Art. 7º, Capítulo III – Responsabilidade Profissional: Código de Ética Medida – Resolução/CFM 1931/2009). O dispositivo não impõe o dever de evitar a morte, mas sim o de agir para protegê-la contra o perigo. O mesmo ocorre com a babá de uma criança que firma um contrato de trabalho orientado a cuidar do incapaz: sua posição de *garante* mantém-se hígida ainda que o contrato de trabalho não preveja cláusula expressa obrigando-a a evitar a morte da criança.

[583] MANTOVANI, Ferrando. *Diritto Penale*, cit., p. 158. É importante referir, entretanto, a crítica lançada por MANTOVANI (op. cit., p. 158) à possibilidade da "obbligo di sorveglianza" caracterizar fonte do dever de *garante*, na forma do que dispõe o Código Penal italiano. Isso porque o art. 40, 2ª parte, daquela legislação, não esclarece, à semelhança do art. 13, § 2º, do Código Penal brasileiro, as fontes do dever de agir ("Non impedire un evento, che si ha l'obbligo giuridico di impedire, equivale a cagionarlo"). Por tal contingência da lei italiana, MANTOVANI sugere que, *de jure condendo*, deveria ser introduzida norma geral capaz de albergar a referida obrigação dentre os deveres de *garante*. A referida objeção, portanto, não seria aplicável à lei brasileira.

[584] "Si parla di obblighi di protezione quando l'obbligo giuridico riguarda la tutela di *uno o piú beni* che fanno capo a *singoli soggetti* (un bambino, un anziano, un malato, etc.) o a una *determinada classe di soggetti* (coloro che fanno il bagno in uno stabilimento balneare) nei confronti di una *gamma più o meno ampia di pericoli*" (MARINUCCI, Giorgio; DOLCINI, Emilio. *Manuale di Diritto Penale. Parte Generale*, cit., p. 179).

[585] "Obblighi di controllo sono quelli aventi per oggetto la neutralizzazione dei pericoli derivanti da una *determinata fonte*, in funzione di tuttela di chiunque possa essere messo a repentaglio da quella fonte di pericolo. Vengono qui in evidenza sia pericoli creati da *forze della natura*, sia pericoli connessi aalo svolgimento di *attività umane*" (MARINUCCI, Giorgio; DOLCINI, Emilio. *Manuale di Diritto Penale. Parte Generale*, cit., pp. 179-180).

[586] MARINUCCI, Giorgio; DOLCINI, Emilio. *Manuale di Diritto Penale. Parte Generale*, cit., p. 181. No mesmo sentido: FIANDACA, Giovanni; MUSCO, Enzo. *Diritto Penale. Parte Generale*. 3. ed. Bologna: Zanichelli, 1995, p. 602. Acerca disso, GRASSO pondera que a *obblighi di controllo* também alcança o dever de impedir o delito praticado por terceiro (GRASSO, Giovanni. *Il Reato Omissivo Improprio*, cit., p. 293-294).

Portanto, os *deveres de garante* não têm de estar, necessariamente, atrelados a uma obrigação de impedir um resultado (naturalístico ou jurídico), senão também de *vigiar* a sua verificação, até mesmo porque os referidos deveres "não visam impedir resultados, visam exatamente diminuir a probabilidade da ocorrência do resultado".[587] Como bem pondera PRITTWITZ, "los *compliance officers* no son garantes de *protección*, sino de *vigilância*".[588] Uma norma que estabelece o dever de comunicação de uma operação financeira suspeita (*obblighi di controllo*) também está impondo um dever de cuidado numa etapa inicial do *iter criminis* em relação à violação ao bem jurídico – que, no caso da *lavagem* de dinheiro, é tutelada através de *dano-violação* (art. 1º da Lei nº 9.613/98). Descumprida a obrigação, estará preenchida a *condição primeira* para a imputação objetiva do tipo comissivo por omissão.[589] Mas repita-se: condição *primeira*, pois todas as demais condicionantes dogmáticas de imputação objetiva e subjetiva não podem ser presumidas tão somente em razão do *non-compliance*. Esse é o tema da próxima seção.

4.2.5. A inobservância dos deveres de "compliance" não é razão suficiente para a imputação do ilícito-típico comissivo de dano. Direito Penal e "compliance": uma ruptura paradigmática?

A satisfação da exigência contida no art. 13, § 2º, do Código Penal, longe está de, *ipso facto*, permitir a imputação do resultado ao *management* ou ao *compliance officer*. "El Derecho penal económico", observa KINDHÄUSER, "sólo es legítimo cuando reacciona ante infracciones que no son simplemente contrarias a reglas de ordenación política del modo de ejercer una profesión".[590]

A omissão imprópria exige *possibilidade fática* e *funcional de agir em conformidade com o dever* (*ultra posse nemo obligatur* – art. 13, § 2º, 1ª parte),[591] de modo a ser afastada a imputação objetiva do resultado sempre que observada a impossibilidade de o *dever de compliance* ter sido satisfeito. É o que ocorre, p. ex., quando o *compliance officer* deixou de contar com o amparo estrutural necessário à continuidade da fiscalização na forma estabelecida pelo programa.

Da mesma forma, o *management* ou o *compliance officer* não responde por omissão se omissão não houve: se o programa de *compliance* foi implementado

---

[587] CUNHA, José Manuel Damião da. "Algumas reflexões críticas sobre a omissão imprópria no sistema penal português". In: ANDRADE, Manuel da Costa. *Liber discipulorum para Jorge de Figueiredo Dias*. Coimbra: Coimbra, 2003, p. 499 (pp. 481-539).

[588] PRITTWITZ, Cornelius. "La posición jurídica (en especial, posición de garante) de los *compliance officers*", cit., p. 215.

[589] Por tais razões, discordamos da posição sustentada por BADARÓ e BOTTINI no sentido de que a omissão imprópria só é imputável a quem tenha o "dever de evitar atos de lavagem de dinheiro" (op. cit., p. 144 e 146).

[590] KINDHÄUSER, Urs. "Acerca de la legitimidad de los delitos de peligro abstracto en el ámbito del Derecho penal económico", cit., p. 443.

[591] Em detalhes: TAVARES, Juarez. *Teoria dos Crimes Omissivos*, cit., pp. 351-354; ZAFFARONI, Eugenio Raúl; ALAGIA, Alejandro; SLOKAR, Alejandro. *Manual de Derecho Penal. Parte General*, cit., p. 446.

de maneira diligente e eficaz, somente responderá pelo delito o terceiro que o praticou.[592]

Ademais, a omissão do *dever de compliance* só sujeita o omitente ao resultado que poderia ter sido evitado na condição de que o não fazer caracterize materialmente uma etapa relevante do *iter criminis* executado por terceiro, ou então a própria execução da ofensa ao bem jurídico.[593] Não é qualquer dever de agir que, apenas em razão do preenchimento de sua condição de existência jurídico-formal, irá assumir a roupagem de um dever de *garante*, nos termos do art. 13, § 2º, do CP. O tema será aprofundado em seção própria (v. 4.3, *infra*), mas podemos antecipar, desde já, um exemplo para ilustrar a hipótese no recorte dos delitos econômicos: dentre os deveres instituídos pela Carta-Circular/BACEN nº 3.461/09, está a obrigação de registro e de comunicação ao COAF de determinadas operações normativamente selecionadas como de "especial atenção" (p. ex., movimentações em espécie em valor superior a R$ 100 mil). O descumprimento do referido dever, conquanto possa justificar a imposição da sanção administrativa definida no art. 12 da Lei nº 9.613/98, é apenas um inicial ponto de partida para o exame *ex post* da ofensividade penal tutelada pelo art. 1º da Lei nº 9.613/98. Isso porque a violação ao bem jurídico-penal, no delito de *lavagem* de dinheiro, não pode ser presumida a partir da (tampouco condicionada pela) singela inobservância de deveres administrativos que recaem sobre instituições financeiras. Uma "operação atípica" não comunicada ao COAF, ou a não realização de um registro cadastral legalmente exigido, pode ser razão suficiente para a imposição de uma sanção administrativa, mas, por si só, não legitima a imposição de uma sanção penal. O *non-compliance* não materializa, por si só, a ofensa ao bem jurídico tutelado pelo ilícito-típico de dano,[594] que está sujeita a todas as demais condicionantes dogmáticas de imputação objetiva e subjetiva do tipo.

Dentre elas, é importante reconhecer que as regulamentações profissionais quanto aos *deveres de compliance* devem se sujeitar a um filtro de legalidade/constitucionalidade.[595] A Resolução nº 1.445/13, do Conselho Federal de

---

[592] García Cavero, Percy. *Criminal Compliance*, cit., p. 105.

[593] "El carácter defectuoso de un sistema de cumplimiento normativo no se prueba con la sola realización de un delito en el marco de la actividad empresarial. Tal situación sólo se podrá afirmar a partir de un análisis concreto de las medidas implementadas en el *criminal compliance*" (García Cavero, Percy. *Criminal Compliance*, cit., pp. 102-103).

[594] "Por lo tanto, no cabe establecer una relación forzosa entre la ausencia de un programa de cumplimiento normativo y la infracción del deber de fidelidad patrimonial o de control de los riesgos derivados de la actividad empresarial. No obstante, no hay duda que a esta situación de *non-compliance* le corresponderá una función indiciaria de la infracción de los deberes antes mencionados" (García Cavero, Percy. *Criminal Compliance*, cit., p. 101).

[595] Conforme leciona Mantovani – discorrendo sobre a substancial ideia de *função* do *garante* sem referência constitucional – o dever correspondente à omissão imprópria tem uma "concezione mista, formale-sostanziale: la selezione degli obblighi impeditivi va effettuata sulla duplice base della *previsione in una fonte formale* dell'obbligo di agire e della sua corrispondenza alla *funzione di garanzia*. Suoi *meriti*: la ribadita imprescindibilità del *fondamento giuridico-formale* dell'obbligo di garanzia e la recepita necessità della *posizione qualificata* rivestita dal garante, che lo vincoli alla tutela del bene giuridico. Suoi *limiti*: la incompiuta sintesi suddetta, perché, rimettendo la selezione degli obblighi di garanzia ai due distinti criteri sopraindicati, cumula in qualche misura la genericità della previsione formale dell'obbligo di agire (propria della vecchia concezione

Contabilidade, em seu art. 9º, criou a obrigação de o contador comunicar ao COAF, por exemplo, a "operação [de seu cliente] cuja origem ou fundamentação econômica ou legal não sejam claramente aferíveis". Até que ponto a referida norma pode impor essa irrestrita obrigação diante do inegável dever de sigilo[596] que recai sobre a profissão? Seria válida, em outra exemplificação, uma hipotética norma emanada da Ordem dos Advogados do Brasil impondo aos advogados a obrigação de fiscalizar a origem dos honorários por ele recebidos de seus clientes e, num segundo momento, comunicar ao COAF sempre que uma movimentação financeira anômala seja observada?[597] A distinção comumente feita entre advocacia contenciosa e advocacia de consultoria – para sustentar que apenas esta se sujeite aos deveres de *compliance*[598] – resolveria todos os problemas daí resultantes?

A solução satisfatória destas questões escapa dos limites de nossa pesquisa, mas a referência a elas é relevante para confirmarmos a hipótese de que os *deveres de compliance*, mesmo quando regulamentados, só assumem relevância jurídico-penal após ultrapassarem o filtro de ofensividade exigida pelo ilícito-típico, inclusive em sua dimensão constitucional. De momento, basta-nos reconhecer que um *dever de compliance*, ainda que expressamente reconhecido em lei ou em regulamento, não vem dotado de uma legitimidade imanente, tampouco de uma incidência generalizante capaz de presumir a ofensa ao bem jurídico.[599]

Por fim, em se tratando de crimes dolosos, a omissão do *dever de compliance* só permite a imputação do resultado na condição de que o *management* ou o *compliance officer*, com sua omissão, atue subjetivamente orientado à ofensa e quando o descumprimento do dever ocorra no momento do fato, ou seja, entre o início da sua execução e a conclusão material do fato punível.[600] A omissão de

---

formale) e le incertezze del criterio sostanzialistico della funzione di garanzia (proprie della concezione sostanzialistica)" (MANTOVANI, Ferrando. *Diritto Penale*, cit., p. 156).

[596] Lembre-se que o profissional da contabilidade trabalha com dados alheios garantidos constitucionalmente por sigilo legal (art. 5º, X, da CF/88). Por isso é que o Código de Ética Profissional do Contador (Resolução CFC nº 803/96) prevê, em seu art. 2º, II, o dever de "guardar sigilo sobre o que souber em razão do exercício profissional lícito, inclusive no âmbito do serviço público, ressalvados os casos previstos em lei ou quando solicitado por autoridades competentes, entre estas os Conselhos Regionais de Contabilidade".

[597] Para uma visão ampla desse debate, v.: SÁNCHEZ RÍOS, Rodrigo. *Advocacia e Lavagem de Dinheiro*. São Paulo: Saraiva/FGV, 2010; GRANDIS, Rodrigo de. "O exercício da advocacia e o crime de *lavagem* de dinheiro". In DE CARLI, Carla Veríssimo [org]. *Lavagem de Dinheiro – Prevenção e Controle Penal*. 2. ed. Porto Alegre: Verbo Jurídico, 2013, pp. 153-186.

[598] Nesse sentido: GÓMEZ-JARA DÍEZ, Carlos. "El criterio de los honorarios profisionales *bona fides* como barrera del abogado defensor frente al delito blanqueo de capitales: un apunte introductorio". In BAJO FERNÁNDES, Miguel; BACIGALUPO, Silvina [org]. *Politica Criminal y Blanqueo de Capitales*. Madrid: Marcial Pons, 2009, pp. 207-224.

[599] Quanto ao exercício da atividade profissional de advocacia, estamos de acordo com a conclusão de COCA VILA quando observa que, seja no âmbito de assessoria, seja no exercício de atividade contenciosa, inexiste legitimidade jurídica para compelir-se o advogado, quando atua nos limites da profissão, a quebrar o dever de sigilo frente o cliente para o fim de comunicar atividades ilícitas que lhe são confiadas profissionalmente: COCA VILA, Ivo. "La posición jurídica del abogado: entre la confidencialidad y los deberes positivos". In SILVA SÁNCHEZ, Jesús-María [org]. *Criminalidad de Empresa y Compliance – Prevención y Reacciones Corporativas*. Barcelona: Atelier, 2013, pp. 287-318.

[600] PRITTWITZ, Cornelius. "La posición jurídica (en especial, posición de garante) de los *compliance officers*", cit., p. 215.

um dado cadastral exigido em lei, assim como a não comunicação de uma operação suspeita ao COAF, ainda que conscientes, só faz do *garantidor* um sujeito penalmente responsável na hipótese de a sua atuação ocorrer após o início da execução da conduta alheia e quando direcionado dolosamente à ofensa penalmente tutelada.[601] Isso porque o *dever de compliance* é um critério útil de definição prefacial de imputação *objetiva* do ilícito-típico, que não substitui, tampouco torna prescindíveis, as demais exigências de imputação *subjetiva* do tipo.[602]

Não podemos concordar, portanto, com a afirmação de que "a verificação da responsabilidade no direito penal econômico desde o princípio só se pode efetuar com métodos normativos";[603] tampouco com a tese de que "o fim da imputação da responsabilidade penal é sempre o responsável *encontrado*, não o *verdadeiro* responsável".[604] Os crimes econômicos – e também os empresariais – são, e prosseguem sendo, uma representação particular do direito penal. Sob pena de quebrarmos a unidade do sistema, é impossível cogitarmos que a negligência de um sujeito (conquanto ocupe o posto de *garante*) possa sujeitá-lo às penas de um crime doloso. Isso é válido para furtos e homicídios; e também para crimes econômicos.[605]

Essas considerações são suficientes para compreendermos que os novos *deveres de compliance* longe, muito longe estão de amparar a ideia de uma ruptura paradigmática que definitivamente estaria atestando a inviabilidade de um direito penal unitário e homogêneo ser capaz de solucionar todos os problemas da sociedade moderna.[606] Pensamos, em vez disso, que o tema insere-se em um horizonte cognitivo próprio da complexidade das relações sociais contemporâneas, mas que alberga um objeto normativo que, conquanto desvele-se como algo novo, é, e continuará sendo, apenas mais um caso em que o homem, por contingências fenomenológicas, assume um compromisso jurídico de cuidado para com as demais pessoas. Vale novamente lembrar, nesse rumo, a lição de Faria Costa: o direito penal econômico possui apenas

---

[601] Perceba-se a sutil, porém necessária, distinção: o *compliance officer* que não observa voluntariamente uma prática de governança a que está juridicamente obrigado em relação a diversos clientes não estará, só por isso, realizando o tipo subjetivo do ilícito descrito no art. 1º da Lei nº 9.613/98. Porém, o mesmo agente que, a pretexto de cumprir suas metas institucionais, descumpre o dever de informação ao COAF a fim de permitir que um vultoso depósito em dinheiro seja realizado na conta-corrente de um "laranja" de um traficante, para posterior investimento em produtos financeiros, estará perfazendo a exigência subjetiva da imputação.

[602] "Las personas que asumen la labor de conformar el programa de cumplimiento en la empresa serán las penalmente competentes por los delitos cometidos que se habrían impedido con un programa de cumplimiento idóneo, siempre que, ciertamente, la imputación subjetiva lo permita" (García Cavero, Percy. *Criminal Compliance*, cit., pp. 104-105).

[603] Rotsch, Thomas. "Tempos modernos: ortodoxia e heterodoxia no Direito Penal", cit., p. 75.

[604] Rotsch, Thomas. "Tempos modernos: ortodoxia e heterodoxia no Direito Penal", cit., p. 76. Para um exame geral da tendência da jurisprudência alemã em *normativizar* o conceito de autor: Tiedemann, Klaus. *Manual de Derecho Penal Económico*, cit., pp. 173-174.

[605] Cabe ressalvar que, em se tratando de delitos culposos, a negligência relacionada aos deveres de *compliance*, poderia, porquanto inerente à natureza do ilícito-típico, caracterizar a inobservância do dever objetivo de cuidado exigida para a imputação da ofensa a todos os coautores.

[606] Rotsch, Thomas. "Criminal Compliance", cit., p. 9; "Tempos modernos: ortodoxia e heterodoxia no Direito Penal", cit., p. 75.

uma *tênue* autonomia disciplinar. E assim o é porque um crime econômico, a despeito de possuir peculiaridades que lhe são imanentes, prossegue sendo uma representação específica do direito penal.[607] O *Criminal Compliance* origina novos segmentos profissionais – principalmente na advocacia e em outras profissões que igualmente atuam na gestão da *transparência* empresarial[608] –, mas longe está de representar um novo direito penal.[609]

Os *deveres de compliance* até podem justificar uma imputação *normativa* de responsabilidade em se tratando de pessoas jurídicas, mas a dignidade da pessoa humana impede idêntica solução em se tratando de responsabilidade de pessoas físicas. Para estas, os *deveres de compliance*, quando inobservados, só podem sujeitar-se – ainda que mediante alguns ajustes – aos parâmetros existentes para o direito penal nuclear (art. 13, § 2º, *v.g.*).[610] Ou as coisas tomam esse rumo, ou então estaremos falando de outra coisa, que não do direito penal.

4.3. O tipo de ilícito econômico

4.3.1. A dimensão fenomenológica do objeto do ilícito nos delitos econômicos

Do que até aqui foi exposto, já se pode perceber que a releitura do direito penal econômico a partir de uma fundamentação onto-antropológica é o caminho ajustado para confirmarmos que a autonomia disciplinar dessa

---

[607] Interessante, na mesma linha, a crítica lançada por Faria Costa à tendência pela flexibilização do direito penal em nome do combate ao terrorismo: "A narrativa, a que se alia uma semântica e uma gramática próprias, do terror e do seu legítimo combate não pode servir de espelho para se fazerem constrições insuportáveis à liberdade" (Faria Costa, José de. "O direito penal, a linguagem e o mundo globalizado. Babel ou esperanto universal?" In D'Avila, Fabio Roberto [org]. *Direito Penal e Polícia Criminal no Terceiro Milênio: Perspectivas e Tendências*. Porto Alegre: PUCRS, 2011, p. 24 (pp. 11-24).

[608] Como bem explica Saavedra, "a primeira característica atribuída ao termo *Criminal Compliance* é a prevenção. Diferentemente do direito penal tradicional que trabalha na análise *ex post* de crimes, ou seja, apenas na análise de condutas comissivas ou omissivas que já violaram, de forma direta ou indireta, algum bem jurídico digno de tutela penal, o *Criminal Compliance* trata o mesmo fenômeno a partir de uma análise *ex ante*, ou seja, de uma análise de controles internos e das medidas que podem prevenir a persecução penal da empresa ou instituição financeira. Exatamente por isso o objetivo do *Criminal Compliance* tem sido descrito como a 'diminuição ou prevenção de riscos de compliance'. Segundo posição dominante, portanto, as empresas de capital aberto e as instituições financeiras deveriam criar os chamados *Compliance Officers* que teriam a responsabilidade de avaliar os riscos *compliance* e criar controles internos com o objetivo de evitar ou diminuir os riscos de sua responsabilização penal" (Saavedra, Giovani. "Compliance na nova Lei de Lavagem de Dinheiro", cit., p. 24)

[609] É comum observarmos tentativas de legitimação para as supostas mudanças paradigmáticas ou estruturais no direito penal "moderno" ao argumento de que a complexidade das corporações, em tempos de economia globalizada, dificulte sobremaneira a capacidade investigativa do Estado. A constatação é verdadeira, porém oculta uma realidade reflexa: o Estado vem gradualmente ampliando os meios de investigação à disposição da persecução penal para a localização do "verdadeiro responsável", como forma de acompanhar os novos tempos da criminalidade. No âmbito do direito substantivo, novas formas de imputação até encontram legitimidade sempre que um direito de liberdade não esteja em jogo, como é o caso da responsabilidade penal das pessoas jurídicas. Não obstante, o homem é, e prosseguirá sendo, o epicentro do sistema penal; em se tratando de punições que recaiam sobre a sua liberdade, a responsabilidade subjetiva ainda permanece hígida.

[610] Nesse sentido: Bermejo, Mateo G.; Palermo, Omar. "La intervención delictiva del *compliance officer*". In Kuhlen, Lothar *et al.* [org]. *Compliance y Teoría del Derecho Penal*. Madrid: Marcial Pons, 2013, p. 180.

específica forma de tutela longe está de amparar uma ruptura paradigmática ou mesmo uma nova velocidade para o direito penal.[611] E assim o é porque a raiz iluminista (ou, se se preferir, o "essencialmente moderno"[612]) do direito penal nuclear não se incompatibiliza com a tutela de novos bens jurídicos que vêm se mostrando dignos de proteção. Tudo a confirmar que o horizonte fenomenológico dos crimes econômicos exige ajustes em categorias dogmáticas tradicionais de modo a possibilitar o restabelecimento da relação comunicacional do "eu" para com os "outros" em segmentos sociais de elevada complexidade. Ao fim e ao cabo, o que importa é reconhecer que nosso conceito material de delito econômico segue fundamentando-se na *coesão* social que mantém sua unidade sempre que exigido o reconhecimento do homem enquanto pessoa: os problemas de direito intertemporal, de técnica legislativa e de imputação de responsabilidade em delitos econômicos, acima referidos, são exemplos de um aprimoramento técnico que preserva o caráter antropocêntrico do diálogo entre o moderno e o contemporâneo, entre o passado e o presente.

Contudo, um conceito de crime enquanto ofensa a bens jurídicos está a exigir atenção teórica à razão fundante das relações de cuidado-de-perigo que também podem ser violadas através dos delitos econômicos.[613] Já ressaltamos antes que a nossa condição de seres irremediavelmente vulneráveis é o que gera matricialmente os cuidados-de-perigo dos "outros" para com o "eu".[614] Mas é exatamente "o cuidado para com o 'outro' que nos responsabiliza, porque só também por esse acto o 'meu' cuidado tem sentido quando se vira sobre si mesmo", na medida em que "o 'eu', ao virar-se sobre si, pressupõe a abertura ao 'outro', logo, um desligar originário para com o *ser*".[615]

---

[611] No mesmo sentido, refutando a ideia de HASSEMER de criar-se um *direito de intervenção* para tutelar infrações econômicas, assim como a proposta de SILVA-SÁNCHEZ de um direito penal de *duas velocidades*, em que os crimes econômicos seriam alcançados pelo direito penal, porém sem punição com penas privativas de liberdade: MARTÍNEZ-BUJÁN PÉREZ, Carlos Martínez. *Derecho Penal Económico y de la Empresa. Parte General*, cit., pp. 85-94.

[612] "Acreditar na necessidade de substituir o atual modelo de direito penal ou, simplesmente, de criar um modelo paralelo é pensar, assim acreditamos, em termos acentuadamente modernos. É pressupor uma história e um tempo lineares que se realizam em uma contínua sobreposição de paradigmas ultrapassados, por modelos dotados de maior eficiência e, portanto, também em um progresso que se faz linear. É, pois, negar o próprio tempo em que vivemos, a própria contemporaneidade. Por isso, a necessidade de admitir a diversidade, a complexidade e contingência como categorias operacionais também em âmbito jurídico-penal, porém tendo a mais lúcida consciência de que o direito penal é – e deve continuar a ser – *essencialmente* moderno. Significa dizer que o rumo a ser tomado pelo direito penal passa por um aprimoramento de categorias, conformado necessariamente pela sua própria identidade, uma identidade moderna" (D'AVILA, Fabio Roberto. *Ofensividade e Crimes Omissivos*, cit., p. 34).

[613] "A relação de cuidado-de-perigo que detectámos no direito penal comum e que é susceptível de uma fundamentação material está também por detrás do chamado direito penal secundário, mesmo quando este se afasta do real verdadeiro e entra inconscientemente no mundo do real construído" (FARIA COSTA, José Francisco de. *O Perigo em Direito Penal*, cit., p. 454). No mesmo sentido: D'AVILA, Fabio Roberto. *Ofensividade em Direito Penal*, cit., pp. 72-79.

[614] Igualmente reconhecendo uma estrutura ontológica do ilícito – concebido a partir de uma relação social –, conquanto não construído a partir da noção de "cuidado" ora exposta: LAMPE, Ernst Joachim. "Sobre la estructura ontológica del injusto punible". In *Revista de Estudos Criminais*. Porto Alegre: Notadez, nº 16, 2004, pp. 31-47.

[615] FARIA COSTA, José Francisco de. *O Perigo em Direito Penal*, cit., pp. 381-382. Igualmente centrando no objeto do ilícito, e não nos fins da pena, o fundamento do direito penal, conquanto não a partir da noção de "cuidado" aqui exposta:

O crime econômico encontrará significação onto-antropológica naqueles casos em que a conduta viole, em alguma medida, a essa relação comunicativa de cuidado que confere identidade ao ser-social. Essa é uma premissa de notável importância, porque nos conduz a reconhecer que as *políticas econômicas* que integram o conceito material proposto no capítulo 2 só assumem dignidade penal na exata condição de que sejam vistas não como valores em si ou como "bens jurídicos intermediários",[616] mas sim como axiomas instrumentais para a realização do homem enquanto pessoa que vive em uma comunidade *coesa* (v. n. 2.3.2, *supra*). O mal uso de uma informação privilegiada no mercado de capitais, por exemplo, caracteriza uma deturpação da relação de cuidado apenas porque o acesso isonômico aos fatores determinantes do mercado é um valor do homem que se realiza contemporaneamente enquanto *homo oeconomicus*. É por tal contingência que o mero descumprimento de normas ou de regulamentações está muito aquém de perfazer o fundamento suficiente para a deturpação de uma relação comunicacional de cuidado.

O ilícito é a negação de "específicos valores jurídico-criminais", ponderou EDUARDO CORREIA.[617] Negação que, em nosso sentir, se verifica quando deturpada a dimensão onto-antropológica desses valores a que o direito penal conferiu dignidade, erigindo-os à categoria de bens jurídicos.[618] A compreensão material do que se deve entender por "específicos valores jurídico-criminais", no recorte dos delitos econômicos, já foi suficientemente densificada (v. 2.3 e 2.4, *supra*). Importa-nos, agora, examinar de que modo, segundo quais circunstâncias e debaixo de que racionalidade é que se pode operar a *negação* dos valores jurídico-penais eventualmente selecionados pelo direito penal econômico.[619]

Vimos que os crimes econômicos tutelam bens jurídicos materialmente *supraindividuais*. A dimensão normativa de tais bens jurídicos possui uma densidade axiológica enquanto valor (onto-antropológico) em si, e também numa outra, consistente na especial relação entre o bem jurídico e a comunidade que pode ser concretamente violada. A violação do cuidado-de-perigo, em sua expressão *supraindividual*, não destrói o bem jurídico – que continua protegido porque a relação do "eu" para com a comunidade mantém-se no âmbito das relações com dignidade penal –, mas pode *negá-lo*. A qualidade do comportamento violador pode representar dimensões diversas de *negação* ao bem jurídico, mas é na constante que liga o bem jurídico à trama da normatividade jurídico-penal que a referida qualidade será classificada dogmaticamente

---

[616] Tal tese é sustentada por KLAUS TIEDEMANN, para quem o direito penal econômico deve proteger não só o patrimônio e a liberdade de disposição, senão também a funcionalidade de distintos subsistemas, tais como o sistema creditício, o mercado de capitais etc. ("El concepto de delito económico", cit., p. 471). No particular, criticamente: KINDHÄUSER, Urs. "Acerca de la legitimidad de los delitos de peligro abstracto en el ámbito del Derecho penal económico", cit., p. 446.

[617] *Direito Criminal*, vol. I, cit., p. 273.

[618] Seguimos a conceitualização teórica de *negação* conferida por FARIA COSTA: "a noção jurídico-penal de negação (noção indiscutivelmente normativa) se não confunde, minimamente que seja, com a destruição empírica do bem jurídico materialisticamente apercebido" (*O Perigo em Direito Penal*, cit., p. 403).

[619] Adotamos, pois, idêntica aproximação teórica proposta por FARIA COSTA, muito embora centrada no crime de homicídio (FARIA COSTA, José Francisco de. *O Perigo em Direito Penal*, cit., p. 403).

(dano/violação ou perigo/violação) no que se refere às circunstâncias e ao exato momento a partir do qual a proteção penal será desempenhada.[620]

O importante é aceitar que essa qualidade da conduta só é passível de análise se confrontada em seu aspecto relacional fenomênico, é dizer, o *perigo para com* o específico valor que é tutelado. Nem todos os perigos são penalmente tutelados, senão apenas aqueles casos que o legislador selecionou como dignos de proteção e merecedores de pena. Quando o *perigo para com* ingressa na teia da normatividade jurídico-penal – e esse momento igualmente integra a dimensão fenomênica do cuidado-de-perigo –, opções políticas manipulam o "real verdadeiro", atribuindo-lhe uma coloração de "real construído" para a definição do *objeto* da proteção e do *tipo* de proteção. O interessante é notar que se situam no âmbito do bem jurídico-penal todas as possibilidades de dimensionamento da proteção dos específicos valores jurídico-penais que podem ser *negados*.

O bem jurídico é uma entidade que comporta diversas zonas periféricas suscetíveis de proteção: há um núcleo central – o chamado "núcleo duro do bem jurídico" – e também uma zona intrínseca, de modo que "qualquer ataque de violação a essa zona antecipada de proteção, a esse *Vorfeld* protetivo, constituiria uma violação de perigo, enquanto que, se o ataque atingisse o cerne do próprio bem jurídico, estaríamos diante de uma violação de dano".[621] Consequentemente, sendo a estrutura do bem jurídico responsável pela distinção entre dano e perigo, será a zona atingida do bem jurídico que contaminará retroativamente a conduta, a ponto de permitir a qualificação do próprio comportamento. Antes da valoração jurídico-penal, todo e qualquer ato, mesmo o mais singelo ato preparatório ou mesmo a mais inconsequente tentativa, são comportamentos consumados; o que os torna ato preparatório ou execução inacabada é a valoração que sobre eles recai a partir do esquema normativo a eles conferido.[622] Essa visão "poliédrica" do bem jurídico – estruturado a partir de diferentes campos de proteção ou envolvido em um campo protetor cuja intensidade varia proporcionalmente da periferia para o centro – evidencia que não é apenas relevante delimitar a *ratio* que conduziu à seleção de um determinado valor como digno de proteção penal, senão também a própria categoria da *proteção*, ou seja, a estratégia concreta de que se valeu um determinado ordenamento jurídico-penal para a tutela do objeto do ilícito.

Conquanto esse seja um problema comum a todo o direito penal, cremos que é no recorte dos delitos econômicos que a sua relevância destoa: nesse segmento, a relação comunicacional verificada a partir do ilícito tem sua representação muito mais contingenciada pelo esquema normativo que delimita a proteção. A significação cultural pouco cognoscível, ou então reconhecida satisfatoriamente apenas em segmentos técnicos muito específicos, faz do crime econômico um "real-muito-mais-construído", cuja negação da relação comunicacional do "eu" para com a comunidade tem normalmente uma dimensão fe-

---

[620] FARIA COSTA, José Francisco de. *O Perigo em Direito Penal*, cit., p. 404 [nota 95].
[621] FARIA COSTA, José Francisco de. *O Perigo em Direito Penal*, cit., p. 410.
[622] FARIA COSTA, José Francisco de. *O Perigo em Direito Penal*, cit., pp. 411-412.

nomenológica metajurídica de baixa densidade – mas nem por isso inexistente. Tal caraterística irrompe no cenário da normatividade jurídico-penal a partir de uma categoria de proteção muito peculiar. Vimos há pouco que a técnica legislativa, na espécie, ajusta-se a isso através da predominância do reenvio normativo. Mas é importante notar que o tipo legal só assume essa característica porque o objeto do ilícito condiciona-o a tanto; e por isso é que, num segundo momento, teremos de examinar o modo como a *negação* do bem jurídico, nos delitos econômicos, deve ocorrer para ser erigida à condição jurídico-penal de violação. É dizer: é o ilícito típico que está a recomendar uma textura especial ao tipo legal, e essa é uma relação que, conquanto imanente a todo o direito penal, merece ser examinada com acentuada atenção nos delitos econômicos.

4.3.2. O redobrado valor instrumental do tipo legal frente ao tipo de ilícito nos delitos econômicos. A coadjuvância das agências penais na definição do objeto do ilícito penal econômico

Situarmos no objeto do ilícito o fundamento do direito penal – e também do direito penal econômico – torna mais desvelada a nossa opção teórica em considerar-se a indissociável relação entre o ilícito em sua dimensão metajurídica e a seleção do mesmo ilícito pelo ordenamento jurídico-penal, na medida em que ambos os momentos representam o passado-presente do direito penal. De fato, o juízo de valor resultante da opção legislativa na definição do tipo legal traz consigo o juízo de valor precedente que se materializa na significação social das deturpações do cuidado-de-perigo (o ilícito).[623]

Muito embora sob fundamentação distinta da aqui sustentada, FIGUEIREDO DIAS corretamente destaca a inadequação do esquema dogmático tradicional – principalmente aceito pela doutrina alemã – em considerar o tipo e o ilícito como momentos distintos do crime concebido sob uma visão tripartida (fato típico, ilícito e culpável). Isso porque, tomando por premissa um conceito material de delito construído a partir da função da pena, "a 'prioridade' não pode deixar de caber à categoria material do *ilícito*, concebido como ilícito-típico ou (o que é o mesmo, na nossa visão das coisas) como tipo de ilícito".[624] Residiria, portanto, na determinação funcional do *ilícito* – e não no *tipo legal* – o núcleo a partir do qual poderia ser obtida a função do direito penal (proteção subsidiária de bens jurídicos) e a justificação da intervenção penal (estabilização das expectativas comunitárias na validade na norma violada).

---

[623] Daí ser ainda aceitável, conquanto sob fundamentação deslocada, a conceitualização de antijuridicidade proposta por MAYER: "antijurídica es aquella conducta que está en contraste con las normas de cultura reconocidas por el Estado" (MAYER, Max Ernst. *Derecho Penal. Parte General*. Trad. por Sergio Politoff Lifschitz. Montevideo/Buenos Aires: B de F, 2007, p. 225). Considerar-se o crime enquanto ofensa a bens jurídicos implica superar o clássico debate entre ilicitude formal e ilicitude material: o ilícito deve circunscrever-se necessariamente aos limites do ordenamento jurídico, porém não estará dispensado de, nesses limites jurídicos, tal ilícito ser adensado a partir da noção de ofensividade. Assim: D'AVILA, Fabio Roberto. *Ofensividade e Crimes Omissivos Próprios*, cit., p. 46.; PAGLIARO, Antonio. *Principi di Diritto Penale*, cit., pp. 243-244;

[624] FIGUEIREDO DIAS, Jorge de. *Direito Penal*, cit., p. 265.

De fato, "com a categoria do ilícito, se quer traduzir o específico sentido do desvalor jurídico-penal que atinge um concreto comportamento humano numa concreta situação, atentas portanto todas as condições reais de que ele se reveste ou em que tem lugar".[625] A seleção legislativa de condutas com dignidade penal através da tipificação do delito traz consigo um juízo também concreto, real, fenomenológico de qualificação desvalorada da perspectiva objetiva e subjetiva de determinadas condutas. Por isso, a "ilicitude se apresenta como o verdadeiro fundamento do tipo", a ponto de ser-nos possível afirmar que "sem ilícito não há tipo; ou, de outro modo, todo o tipo é tipo de ilícito".[626]

Assim, falar-se em tipo de ilícito é reconhecer-se que o tipo legal constitui um valor instrumental do ilícito, porquanto seleciona aqueles comportamentos sobre os quais já recaiu a relação comunicacional desvalorada que é central na estrutura do delito. O tipo é a *ratio relevans* do ilícito: apresenta-se como "a condição *sine qua non* para que a ilicitude se possa expressar, isto é, condição para que o ilícito entre no discurso jurídico-penal relevante"; "a manifestação comunicacional entre homens, cientemente destruidora de uma valorada relação de cuidado-de-perigo, constitui uma ação de ilícito-típico".[627]

Essa visão, gize-se, não desloca o tipo legal para uma função de somenos importância, pois sobre ele prossegue recaindo a primordial tarefa de tutela da liberdade: o tipo é a representação máxima do tipo de garantia, assegurando que um comportamento só possa ser considerado delituoso – ainda que materialmente seja percebido enquanto espúria relação comunicacional de raiz onto-antropológica – após selecionado como digno de proteção e merecedor de pena. O que sobreleva ressaltar é que a dignidade e o merecimento, no fim das contas, são pressupostos pela significação social da violação do cuidado--de-perigo.[628] Daí ser correto pensar que somente incidirá o tipo legal em fatos que guardem sintonia axiológica com o juízo de desvalor legislativamente an-

---

[625] FIGUEIREDO DIAS, Jorge de. *Direito Penal*, cit., p. 268.

[626] FIGUEIREDO DIAS, Jorge de. *Direito Penal*, cit., p. 268. No mesmo sentido: D'AVILA, Fabio Roberto. *Ofensividade e Crimes Omissivos Próprios*, cit., p. 41.

[627] FARIA COSTA, José Francisco de. *O Perigo em Direito Penal*, cit., pp. 428-429 e 430. Nessa linha: D'AVILA, Fabio Roberto. *Ofensividade em Direito Penal*, cit., p. 76.

[628] Eis, no particular, o ponto que distancia o fundamento do ilícito na concepção de FARIA COSTA (a que aderimos) e de FIGUEIREDO DIAS: este nega um conteúdo metajurídico do ilícito, que "parcial mas decisivamente se determina já a partir da consequência, no caso da norma penal, a partir da especificidade da pena e da medida de segurança" (*Direito Penal*, cit., pp. 388-389); para aquele, a distinção entre o ilícito penal e o ilícito extrapenal não decorre da intensidade da sanção – porquanto existem sanções administrativas e cíveis que são materialmente mais gravosas que a criminal –, e sim da forma mais *adequada* como se verifica a proteção através do direito penal (FARIA COSTA, José Francisco de. *O Perigo em Direito Penal*, cit., p. 415). Em muitos casos, tal *adequação* assume uma textura jurídico-penal através de recortes normativos apenas a casos mais graves de desvalor da ação (p. ex., só o dano patrimonial doloso pode ser um ilícito penal) ou do resultado (o "racha" em via pública é uma infração de trânsito, mas só poderá caracterizar delito se acarretar "dano potencial à incolumidade pública ou privada" – art. 308 da Lei nº 9.503/97); em outros, a seletividade da violação exigida pelo caráter subsidiário do direito penal não é reconhecida pelo tipo legal, ficando relegada ao exame da *ofensividade* concreta da conduta (p. ex., a potencialidade poluidora exigida pelo delito definido no art. 54 da Lei nº 9.605/98 é idêntica à previsão legal do ilícito administrativo correspondente (art. 61 do Decreto nº 6.514/08).

tecipado, porém agora focado no resultado do comportamento humano concreto.[629]

Sob outro enfoque, o tipo de ilícito é a representação penal da aceitação de que *ordem* e *sistematicidade* são elementos transcendentais do Direito, que direciona sua intencionalidade para a realização da justiça. Uma ordem "é sempre um sistema (unitária e congruente pluralidade) – posto que manifesta uma qualquer forma de racionalidade, que exclui o arbítrio, e logra um qualquer todo, susceptível de realizar uma consciente integração".[630] E assim o é porque o Direito há de ser compreendido naquilo que ele é em nossa vida prática: "uma intenção axiológica de validade normativa e de cumprimento histórico-problemático que o pensamento jurídico é chamado a assumir como tal, naquela sua intenção e em ordem a este seu cumprimento".[631]

Nesse rumo, o tipo de ilícito é a resposta ajustada para que a proteção penal ocorra sem contradições perante a unidade do sistema jurídico, o que torna válida, ainda hoje, a conclusão de MERKEL no sentido de que "siempre que una acción está mandada por virtud de preceptos jurídicos vigentes, ó siempre que se halla considerada como lícita por las leyes, resulta desde luego imposible estimarla al mismo tiempo como antijurídica y punible en atención a una ley penal".[632]

---

[629] "O direito penal encontra a sua razão de ser e o seu fundamento, em nosso juízo, na dimensão onto-antropológica de uma relação de cuidado-de-perigo. O que faz com que a ilicitude penal material se manifeste na perversão ou ruptura daquela precisa relação de cuidado-de-perigo. Ora, este quadro dá-nos a indicação de que a comunidade politicamente organizada só se sente na necessidade de intervir penalmente quando a repercussão socialmente relevante – que varia, é óbvio, conforme aos momentos históricos – do rompimento da relação de cuidado-de-perigo é tido como insuportável. Para além de que aquele desvalor só é apreendido socialmente, em linha máxima, se se reflectir ou consubstanciar em um desvalor de resultado" (FARIA COSTA, José Francisco de. "Ilícito-típico, resultado e hermenêutica (ou o retorno à limpidez do essencial)". In *RPCC*. Coimbra: Coimbra, 2002, ano 12, p. 13 (pp. 7-23).

[630] CASTANHEIRA NEVES, António. "A unidade do sistema jurídico: o seu problema e o seu sentido". In *Estudos em Homenagem ao Prof. Dr. J. J. Teixeira Ribeiro*. Coimbra: Coimbra, 1979, p. 99 (pp. 73-184).

[631] CASTANHEIRA NEVES, António. "A unidade do sistema jurídico: o seu problema e o seu sentido", cit., p. 83. Uma *ordem* que só se mantém quanto atenta a dois valores diferentes: a *estabilidade*, entendida como "a dimensão estrutural de institucionalização que logra superar em sociabilidade e insociabilidade humana (Kant), através de uma integração comunitária que tem, ou visa ter, o resultado *paz*", e a *continuidade*, que se mostra "como a dimensão intencional que impõe uma constância à mudança e ao movimento, através de uma subsistente racionalização da contingência conatural à dinâmica histórica, e tem por objetivo, e obterá como resulta, a *segurança*". (id., pp. 100-101). A *ordem* consiste exatamente na complexa relação dialógica entre *estabilidade* e *continuidade*, porquanto "a ordem do direito, como qualquer ordem, estiola-se se a sua estabilidade não for compatível com a variação, se não admitir a renovação ou o *input* assimilador do novo (como forma adaptativa à mutação do seu 'exterior'), assim como ruirá se a aquisição e o novo, enquanto coordenadas da continuidade, romperem a consistência estrutural da institucionalização que é firmada pela estabilidade" (id., p. 102). Ora, se o elemento fundante da *ordem* é a *unidade*, então poderemos pensar "que a forma mais elementar que pode oferecer a unidade da ordem ou sistemática é a ausência de contradição e que a ausência de contradição, com a coerência e a consequência nela implicadas, é para o direito uma exigência não só lógica e assim de possibilidade em geral, mas ainda normativa, pois que vai imediatamente postulada pelo *princípio da igualdade*" (id., p. 104). Eis a importância prática – e não teorética – da unidade do sistema jurídico: "Sem justiça, possibilitada pela unidade, não haverá continuidade que garanta a segurança e sem segurança não haverá estabilidade que logre a paz". (id., p. 109).

[632] MERKEL, Adolf. *Derecho Penal – Parte General*. Trad. por P. Dorado. Madrid: La España Moderna, [s.a.], t. I, pp. 223-224.

Há que se registrar, entretanto, que falarmos em *tipo de ilícito integral*, ou em *unidade da ilicitude*, não nos impede de reconhecer que existem excludentes da ilicitude e casos de ausência material de antijuridicidade que irradiam efeitos exclusivamente para o direito penal. Isso porque a ilicitude penal é inegavelmente qualificada em relação às demais modalidades de ilícito. Agrega pressupostos materiais mais rigorosos para o reconhecimento da deturpação da relação de cuidado-de-perigo. Efeito disso é que hipóteses legais de justificação do ilícito penal,[633] ou mesmo situações concretas que sejam avaliadas materialmente à margem do tipo de ilícito,[634] podem não trazer consigo o imediato efeito justificante global. Demais disso, quando o ilícito genérico extrapenal – menos rigoroso – determina que o comportamento seja praticado, ou então fomenta ou mesmo permite a sua realização, o afastamento do tipo de ilícito penal é uma consequência inarredável:[635] essa é a única resposta capaz de adequar-se à *ordem* e à *continuidade* no ordenamento jurídico. O ilícito é integral, mas a exclusão ou ausência material do ilícito penal, não necessariamente.

Poderá haver níveis maiores ou menores de convergência entre o ilícito penal e o extrapenal, mas não seria aceitável cogitar que a *negação* de um específico valor pudesse variar perante o ilícito penal e o extrapenal. Poderão ocorrer casos em que o ordenamento jurídico não confere proteção – ou então deixa de conferir proteção – a um determinado valor, por não reconhecê-lo como potencialmente violador de uma relação de cuidado-de-perigo. A prote-

---

[633] Uma situação concreta de estado de necessidade, que perfaça todos os requisitos do art. 24 do Código Penal, pode afastar a antijuridicidade do delito, mas, ainda assim, persistir a obrigação de indenizar. Por exemplo: o estado de necessidade exclui a ilicitude do crime de dano patrimonial a terceiro quando a lesão seja condição necessária para a superação de um perigo à vida do ofensor. Contudo, o art. 929 do Código Civil determina que, caso o titular do patrimônio não seja o causador culpável do perigo, assistir-lhe-á direito à indenização. Há quem sustente, entretanto, que tal modalidade de estado de necessidade *agressivo* caracterizaria uma excludente da culpabilidade, razão pela qual o exemplo não poderia ser referido a fim de demonstrar caso de excludente da ilicitude especialmente penal. Para detalhes: MARINUCCI, Giogio; DOLCINI, Emilio. *Corso di Diritto Penale*, cit., p. 636.

[634] Por exemplo, quando uma conduta é reconhecida não alcançada pelo tipo de ilícito de perigo concreto, porquanto não verificado o risco efetivo, porém a mesma conduta satisfaz as exigências do ilícito administrativo.

[635] Em linhas gerais, muito embora sob fundamentação distinta, igualmente chegam a essa conclusão: MARINUCCI, Giogio; DOLCINI, Emilio. *Corso di Diritto Penale*, cit., pp. 633-634; FIANDACA, Giovani; MUSCO, Enzo. *Diritto Penale. Parte Generale*, cit., p. 181; CORREIA, Eduardo. *Direito Criminal*, cit., t. II, pp. 6-7; FIGUEIREDO DIAS, Jorge de. *Direito Penal*, cit., pp. 388-389. Conclusão semelhante também é extraída por ZAFFARONI/PIERANGELI, muito embora construída a partir da distinção entre *antinormatividade* e *antijuridicidade*: os casos em que o direito *ordena* ou *fomenta* determinadas condutas tornariam as condutas atípicas, mas não também os demais em que o direito *permite* um dado comportamento. Assim, uma ação formalmente típica praticada em estrito cumprimento de dever legal não seria *antinormativa* ("não podemos admitir que na ordem normativa uma norma ordene o que a outra proíbe"), ou seja, realizaria a tipicidade legal, mas não a tipicidade penal (por eles denominada *conglobante*). A diferença entre tipicidade *conglobante* (que abrange a *antinormatividade*) e *antijuridicidade*, assim, ficaria circunscrita a hipóteses de legítima defesa, estado de necessidade e exercício regular do direito (ZAFFARONI, Eugenio Raúl; PIERANGELI, José Henrique. *Manual de Direito Penal Brasileiro – Parte Geral*. São Paulo: RT, 1997, pp. 458-463). A tese se diferencia da visão de FIGUEIREDO DIAS, e também da aqui sustentada, porquanto não destaca, ou pelo menos não refere, a possibilidade de causas de justificação (normas *permissivas*) de incidência exclusivamente penal. Para uma visão ampla acerca do debate conceitual entre *antinormatividade* e *antijuridicidade*: MIR PUIG, Santiago. "Antijuridicidad objetiva y antinormatividad en derecho penal". *In Anuario de Derecho Penal y Ciencias Penales*, Madrid, t. 47, n.1 (Enero-Abr.1994), pp. 5-28.

ção jurídica da vida humana, por exemplo, não mais se justifica quando diagnosticada a morte cerebral, pois a remoção de órgãos e tecidos é uma prática cuja valoração já assumiu uma dimensão cultural e jurídica (Lei nº 9.434/97). O alcance do ilícito penal, diante disso, não poderia seguir lógica diversa: a violação dolosa à vida alheia tem de considerar-se consumada sempre que diagnosticada a morte cerebral.[636]

No direito penal nuclear, é consideravelmente significativo o reconhecimento cultural da violação do cuidado-de-perigo que se opera quando *negado* um valor jurídico-penal. Daí que a necessidade de percorrer-se a integralidade do ordenamento jurídico, de modo a aferir-se a ofensa ao bem jurídico, é muitas vezes prescindível – ou só secundariamente relevante – para a obtenção da racionalidade prática da proteção. Nesses casos, há uma inegável influência do significado *forte* do desvalor do resultado em sua dimensão onto-antropológica. Por isso é que, no mais das vezes, o reconhecimento integral do ilícito passe despercebido nas modalidades delitivas tradicionais.[637]

Vimos antes, contudo, que a ofensividade no direito penal econômico possui um reconhecimento cultural bem mais rarefeito em comparação com o núcleo rígido do direito penal, conferindo uma característica *polissêmica* ao objeto do ilícito.[638] Essa polissemia, repise-se, não se incompatibiliza com um fundamento antropocêntrico da tutela. Mas traz consigo a exigência de que a textura normativa do objeto do ilícito tenha de ganhar alto relevo a fim de proporcionar socialmente um razoável reconhecimento para a deturpação do cuidado. À primeira vista, poderia parecer, *v.g.*, que a venda de eletrodomésticos a preço abaixo do custo fosse socialmente benéfica, mas a história já se encarregou de atestar que um benefício imediato tal, quando capaz de sufocar a concorrência (*dumping*), traz consigo, num segundo momento, o abuso do poder econômico a que será submetida essa mesma sociedade. Por isso é que a proteção do bem jurídico, em casos tais, também assume uma característica *promocional* – desde que bem compreendido o sentido aqui proposto (v. n. 2.3.5, *supra*).

A repercussão dogmática dessas peculiaridades do bem jurídico-penal nos delitos econômicos, levando em conta a conceitualização material ora proposta, além de afetar a técnica legislativa de definição do tipo legal (através do frequente uso do reenvio normativo), também deve alcançar a racionalidade do objeto do ilícito a fim de proteger o homem enquanto pessoa, porém, desta feita, contra a aplicação discricionária e imprevisível do direito penal. O tipo

---

[636] É bom registrar que não estamos nos referindo à impossibilidade de o ilícito penal estar delimitado a partir de elementos constitutivos cuja conceitualização seja variável em diversos segmentos do ordenamento jurídico. O conceito de "coisa alheia móvel" e de "funcionário público", para fins penais, pode ser diverso do sentido jurídico que lhes é conferido pelo Direito Civil ou pelo Direito Administrativo. É necessário distinguir, portanto, o objeto do ilícito com os dados que o particularizam.

[637] O que não significa afirmar que tal reconhecimento não esteja presente, ainda que de forma latente. Sempre bom lembrar, a título de exemplificação, que a violação do patrimônio resultante do furto de um veículo automotor, muito embora seja sentida primeiramente enquanto ofensa a um bem jurídico-penal, tem sua ilicitude fundada na ofensa ao direito público subjetivo ao patrimônio, cuja juridicidade encontra-se no estatuto jurídico conferido pelo Direito Civil à referida garantia individual.

[638] Em linha semelhante, porém adjetivando tal característica de *artificialidade*: TIEDEMAN, Klaus. "Tecnica Legislativa nel Diritto Penale Economico", cit., p. 2.

legal nos delitos econômicos assume um redobrado valor instrumental em relação ao objeto do ilícito: há uma relevância ainda maior para que o tipo de ilícito reconheça seu inicial ponto de partida somente nos limites em que reconhecido o ilícito extrapenal,[639] pois essa é uma intencionalidade que melhor acomoda a proteção do "eu" para com o "outro" e do "eu" para com o Estado num segmento de proteção de baixa densidade.

O tipo de ilícito econômico, portanto, desempenhará de forma mais adequada a proteção do bem jurídico na condição de que seja observado com redobrado rigor o diálogo do tipo legal com a discursividade normativa do ilícito extrapenal. Essa é uma consequência prática que afeta a forma como o tipo de ilícito econômico poderá, no caso concreto, ser avaliado: não faria sentido a razoabilidade do reenvio normativo no tipo legal econômico sem que, ao mesmo tempo, as agências penais estivessem dispensadas de exercer sua competência apenas nos limites da integralidade jurídica do tipo de ilícito econômico. Nos crimes econômicos também vale a máxima de que o Estado deve proteger o indivíduo não só *mediante* o direito penal, senão também *do* direito penal.[640] E assim o é porque o Estado de Direito contemporâneo, ao mesmo tempo em que legitimamente vem definindo novos valores dignos de proteção jurídico-penal, igualmente terá de arcar com o custo político de exercer essa mesma proteção em contextos fenomenológicos de elevada complexidade.

Não estamos sustentando que a unidade da ilicitude seja uma novidade do direito penal econômico. No núcleo rígido do direito penal essa visão particular das coisas também é notada. Contudo, uma vez bem compreendida a contemporânea relação entre Estado e economia (v. Capítulo 1), poderemos perceber uma *tênue* distinção que se verifica de forma muito mais evidente no recorte dos delitos econômicos: o considerável deslocamento da competência para a delimitação da *estrutura nuclear do objeto do ilícito*.[641]

Se, em crimes como homicídio, furtos e estupros, o Poder Judiciário protagoniza a atividade de delimitar, a partir do material que lhe foi concedido pelo Poder Legislativo, os casos em que a vida, o patrimônio ou a liberdade sexual foram violados por um comportamento humano, em crimes contra o mercado de capitais, o sistema financeiro ou a ordem econômica *stricto sensu*, o diálogo entre o juiz e o ordenamento jurídico necessita da intermediação das agências regulatórias.[642] As deliberações do Conselho Federal de Medicina possuem importância secundária na avaliação da *negação* ao valor jurídico-penal tutelado

---

[639] Com acerto, afirma TIEDEMANN que *"la interpretación penal no debe ir más allá del ámbito de aplicación de la regulación del Derecho económico"* (*Manual de Derecho Penal Económico*, cit., p. 115).

[640] ROXIN, Claus. *Derecho Penal*, cit., p. 137.

[641] Falamos em *estrutura nuclear do objeto do ilícito* porque pressupor a proibição do comportamento perante as normas extrapenais é apenas o ponto de partida para que o direito penal, logo em seguida, faça recair sobre tal ilícito as condições dogmáticas que materialmente permitem reconhecer a adequação da proteção do bem jurídico e a necessidade da pena.

[642] Daí por que, nesses casos, a estrutura da norma tenha de apelar para o reenvio normativo: "La riflessione che giustifica l'esistenza delle norme penali in biano parte dal presupposto che *l'esecutivo* sia in grado di tener conto più celermente dei mutamenti delle circostanze di fatto" (TIEDEMAN, Klaus. "Tecnica Legislativa nel Diritto Penale Economico", cit., p. 4).

através dos crimes de homicídio ou de aborto, mas uma nova regulamentação do Banco Central, que eventualmente revogue o monopólio do câmbio em nosso País, modificará sobremaneira a continuidade dos tipos de ilícito cambiais (arts. 21 e 22 da Lei n° 7.492/86). É dizer: nos delitos econômicos, as agências penais (especialmente o Poder Judiciário) atuam como coadjuvantes na definição do núcleo rígido do objeto do ilícito – a cargo, principalmente, das agências regulatórias. Ao mesmo tempo em que essa coadjuvância seria impensável no direito penal nuclear, nos delitos econômicos, por paradoxal que seja, é uma importante estratégia de adensamento racional da proteção.

A temática está intimamente relacionada à eficácia possível que há de ser conferida aos sentidos material e processual da garantia fundamental do *non bis in idem*. O assunto será retomado em pormenores logo adiante (v. 5.2.3 e 5.2.4, *infra*), mas já se pode antecipar o alcance prático da tese aqui sustentada: a relevância da integralidade do ilícito em delitos econômicos é uma consequência dogmática de natureza substantiva, com efeitos processuais apenas de direito probatório. A iniciativa das agências penais não está hierarquicamente submetida às decisões concretas – de caráter não normativo – das agências regulatórias. Assim é que reputamos um equívoco o que dispõe a Súmula Vinculante n° 24 do STF:[643] a proteção penal a ser desempenhada em delitos fiscais não pode estar contingenciada por um ato administrativo de uma agência fiscal. A apuração de uma fraude licitatória, de uma formação de cartel ou de uma gestão fraudulenta de instituição financeira não está sujeita a uma prévia autorização ou decisão do TCU, do CADE ou do BACEN. Tais atos podem caracterizar, sob o ponto de vista processual-probatório, um relevantíssimo elemento de definição da justa causa à (e de ônus probatório da) persecução penal. Mas seu conteúdo pode ser infirmado sempre que sólida fundamentação, amparada em relevantes razões fáticas e/ou jurídicas diversas, desmereça sua densidade.[644]

---

[643] "Não se tipifica crime material contra a ordem tributária, previsto no art. 1°, incisos I a IV, da Lei n° 8.137/90, antes do lançamento definitivo do tributo". Seria recomendável que a legislação brasileira adotasse providência semelhante à prevista no art. 180 da Ley General Tributária espanhola (Ley 58/2003), que prevê que a autoridade administrativa, se verificar que o fato também constitui crime fiscal, suspenderá a atuação até solucionado o caso jurisdicionalmente: "1. Si la Administración tributaria estimase que la infracción pudiera ser constitutiva de delito contra la Hacienda Pública, pasará el tanto de culpa a la jurisdicción competente, o remitirá el expediente al Ministerio Fiscal y se abstendrá de seguir el procedimiento administrativo, que quedará suspendido mientras la autoridad judicial no dicte sentencia firme, tenga lugar el sobreseimiento o el archivo de las actuaciones o se produzca la devolución del expediente por el Ministerio Fiscal". Em detalhes, inclusive sobre os efeitos da sentença penal condenatória e absolutória no ilícito fiscal: BAJO FERNÁNDEZ, Miguel; BACIGALUPO, Silvina. *Delitos Tributarios y Previsionales*. Buenos Aires: Hammurabi, 2001, pp. 24-45. Para uma visão crítica da Súmula Vinculante n° 24: TAFFARELLO, Rogério Fernando. "Impropriedades da Súmula Vinculante 24 do Supremo Tribunal Federal e Insegurança Jurídica em Matéria de Crimes Tributários". In SILVA FRANCO, Alberto; LIRA, Rafael. *Direito Penal Econômico – Questões Atuais*. São Paulo: RT, 2011, pp. 299-338.

[644] NUNO POMBO, discorrendo sobre o tema sob a ótica do delito fiscal no sistema português, sustenta que a decisão administrativa que reconhece uma simulação tributária ou algum outro tipo de fraude capaz de caracterizar crime não possui qualquer influência no processo penal instaurado para a apuração do mesmo ilícito. No entanto, segundo o mesmo autor, em sendo acolhida a defesa administrativa perante um Tribunal Tributário, o trânsito em julgado da decisão impede a existência do crime, porquanto "a efetiva pretensão tributária, ainda que em termos de mera susceptibilidade, é parte integrante do elemento objetivo do tipo

Para além disso, entendemos que as agências penais estão compelidas a reconhecer o ilícito penal econômico apenas naqueles casos em que o comportamento tido como desvalorado esteja inserido no limite *jurídico* do ilícito. Um ato *normativo* editado por uma agência regulatória, se legítimo dentro da delegação de competência legislativa que o ampara, faz parte da integralidade do direito que irá delimitar o alcance do núcleo rígido do ilícito e, como tal, vincula a atuação das agências penais. Essa é uma condicionante dogmática que não se confunde com um ato *não normativo* (uma decisão administrativa, por exemplo) adotado em um caso concreto: na espécie, estamos diante de um juízo de valor emitido pela agência regulatória sobre o mesmo ilícito integral que também será avaliado pelas agências penais, ou seja, a unidade e a continuidade do ordenamento jurídico há de nortear ambas as decisões. A inexistência de contradição entre elas, quando baseadas no mesmo suposto fático e em idêntica dimensão de ilícito, deve ser observada na intencionalidade da proteção. Mas isso não impede que a atuação das agências penais e regulatórias possa assumir caminhos opostos, principalmente quando a razão para tanto seja a maior qualificação do ilícito penal ou diante de flagrante ilegalidade do ato administrativo.

Poder-se-ía afirmar que o efeito prático dessa solução seja diminuto, na medida em que apenas sobrecarregaria as agências penais com o ônus da fundamentação a partir do ilícito extrapenal pressuposto. Conquanto pouco, isso já é muito: afinal de contas, como tutelar o homem contra a atuação desregrada do Estado senão a partir da exigência de que todos os atos sejam formal e substancialmente fundamentados de maneira válida?[645] Essa aparente timidez da solução, na verdade, coaduna-se com a real (in)capacidade que o direito penal possui de prevenir ofensas a bens jurídicos (violados com o delito e com a atuação discricionária e arbitrária do poder punitivo). Conforme ressaltamos

---

penal". Contudo, se a decisão do Tribunal Tributário reconhecer a existência da simulação ou da fraude, ainda assim "estará aberta a possibilidade de ser discutida, em sede criminal, a censura típica do referido comportamento" (POMBO, Nuno. *A Fraude Fiscal*. Coimbra: Almedina, 2007, pp. 174-176). O sistema processual português possui uma peculiaridade que não pode ser desprezada: a impugnação da decisão administrativa que reconhece uma simulação fiscal é processada judicialmente (art. 39, n. 2, da Lei Geral Tributária – DL 398/98), ao contrário do que ocorre no Brasil, em que o recurso é apreciado por um colegiado administrativo. Ainda assim, a solução apontada pelo autor bem representa a confusão normalmente feita pela doutrina e jurisprudência entre a unidade do ilícito e a vinculação de instâncias. A decisão *administrativa* que reconhece o ilícito fiscal, de fato, não pode vincular a jurisdição criminal, mas disso não decorre que o reconhecimento do ilícito fiscal não figure como um importante elemento de convicção judicial. No Brasil, de outro lado, seria mais simples reconhecer que eventual decisão final reputando válida a operação fiscalizada caracteriza um forte elemento a afastar, porém apenas em caráter relativo, a justa causa da persecução penal. O que é elemento constitutivo do delito fiscal é o ilícito fiscal, e não a decisão administrativa que o reconhece. Contudo, no modelo português, por estarmos diante de um modelo *judicializado* de exame da impugnação, eventual decisão judicial que acolha a defesa do contribuinte terá de, em algumas circunstâncias, vincular outra decisão judicial, sob pena de colidência jurídica no âmbito do Poder Judiciário. Mesmo tal conclusão, contudo, é relativa: se a decisão judicial extinguir a responsabilidade fiscal por prescrição do tributo, por exemplo, ainda assim poderia persistir o crime fiscal. Sobre o tema, na legislação argentina, v.: BORINSKY, Mariano. *Derecho Penal Económico y de la Empresa*. Buenos Aires: Ad Hoc, 2004, pp. 97-126.

[645] "Só a fundamentação permite avaliar", explica AURY LOPES JR., "se a racionalidade da decisão predominou sobre o poder, premissa fundante de um processo penal democrático" (LOPES JR., Aury. *Direito Processual Penal*. 10. ed. São Paulo: Saraiva, 2013, p. 1072).

antes (v. 2.5.1 e 2.5.2, *supra*), essa eficácia precária não deslegitima a higidez da intencionalidade da proteção penal.

4.3.3. A intensidade da proteção: ofensividade (dano/violação e perigo/violação) em Direito Penal

Propormos um conceito material de crime econômico, visto sob a função protetiva de bens jurídicos de fundamentação onto-antropológica, é um significativo passo em busca da racionalidade do poder punitivo incidente em fluxos econômicos. Contudo, se a tutela de bens jurídicos está associada à dimensão penal do princípio da *ofensividade*, a máxima expressão dessa racionalidade dependerá muito do conteúdo e do alcance que possamos atribuir ao referido princípio.

A problemática é ampla e muito longe está de se acomodar aos limites do nosso estudo. De modo a prosseguirmos concentrados metodologicamente no nosso objeto, iremos acompanhar, quanto ao ponto, as aproximações teóricas propostas por Faria Costa[646] e Fabio D'Avila,[647] igualmente aquiescendo à ampla abordagem crítica por ambos desenvolvida às mais diversas concepções dogmáticas sobre o tema, para o fim de também aceitarmos que "a pedra angular do ilícito típico" situa-se no desvalor do resultado (dano/violação e perigo/violação).[648]

O *cuidado*, em toda a sua dimensão onto-antropológica, confere dimensão existencial ao homem. Um homem, relembre-se, que só se confirma enquanto ser-no-mundo. Cuidado, pois, é cuidado para com os outros; é cuidado contra a ausência de cuidado; é cuidado contra o perigo para com os outros; é cuidado-de-perigo. A proteção jurídico-penal encontra seu fundamento nessa relação matricial do cuidado-de-perigo, raiz mais profunda do objeto de ilícito que busca tutelar. Efeito imediato disso é que o desvalor do resultado, após incursionar na normatividade penal sob as formas de dano/violação ou perigo/violação, guiará o legislador e as agências penais no exame dos casos em que a violação do cuidado-de-perigo torne necessária a proteção (*nullum crimen sine iniuria*).

---

[646] Faria Costa, José de. *O Perigo em Direito Penal*, cit., pp. 273-359; 567-651; "Ilícito-típico, resultado e hermenêutica", cit., pp. 7-23.

[647] D'Avila, Fabio Roberto. *Ofensividade e Crimes Omissivos Próprios*, cit., pp. 9-179; *Ofensividade em Direito Penal*, cit., pp. 45-55, 67-79, 108-127.

[648] Faria Costa, José de. "Ilícito-típico, resultado e hermenêutica", cit., p. 12. Sem, com isso, desmerecer a importância que o desvalor da ação desempenha no direito penal: "Um tal modelo de crime (...) se opõe, é verdade, a reconhecer uma efetiva autonomia ao *desvalor as ação*, capaz de, sem mais, justificar a existência do ilícito penal, o que, contudo, não significa excluí-lo de uma convivência não só profícua, mas verdadeiramente necessária. Ao desvalor da ação – aqui entendido não só nos estritos limites de uma *desvalor subjetivo* (*täterbezogener* (*personal*) *Handlungsunwert*), mas, salienta-se, também no *desvalor objetivo da conduta em si* (*tatbezonger Handlungsunwert*) – corresponde um papel irrenunciável na formação do ilícito penal, o que, inclusive, parece-nos incontestável à luz do estado atual da teoria do crime. Afinal, somente através da união de ambos, desvalor da ação e desvalor do resultado, é que o ilícito pode ser apreendido em toda a sua complexidade" (D'Avila, Fabio Roberto. *Ofensividade e Crimes Omissivos Próprios*, cit., pp. 43-44).

Perfilando-nos ao que preconiza principalmente a doutrina italiana,[649] o horizonte cognitivo do bem jurídico, muito além de uma concepção – tão comum na doutrina alemã – sociológico-cultural desapegada aos limites do ordenamento jurídico,[650] encontra adensamento teórico sob uma visão constitucional.[651] Superando a ideia de *danosidade* social,[652] a noção material de crime enquanto *ofensa* a bens jurídicos tem o efeito de condicionar, sob pena de desapego aos princípios da liberdade e da dignidade da pessoa humana, o reconhecimento do ilícito aos casos de *dano* ou de *perigo* ao objeto da tutela. Ao incorporar uma leitura constitucional,[653] a eficácia do princípio da *ofensividade* assume uma dimensão axiológico-normativa de dupla dimensão: limitar as atividades legiferante e judicante.[654]

---

[649] A bibliografia é vasta: PAGLIARO, Antonio, *Principi di Diritto Penale*, cit., pp. 234-238; PALAZZO, Francesco. "Offensività e Ragionevolezza nel Controllo di Costituzionalità sul Contenuto delle Leggi Penale". In: *RIDPP*. Milano: Giuffrè, ano XLI, fasc. 2, apr-giu/1998, pp. 350-384; "Direito Penal e Constituição na Experiência Italiana". In: *RPCC*. Coimbra: Coimbra, jan-mar/1999, ano 9, fasc. 1, pp. 31-45; MANTOVANI, Ferrando. "Il Principio di Offensività nello Schema di Delega Legislativa per un Nuovo Codice Penale". In: *RIDPP*. Milano: Giuffrè, ano XL, fasc. 2, apr-giu/1997, pp. 313-337; *Dirito Penale*, cit., pp. 179-222; MARINUCCI, Giorgio; DOLCINI, Emilio. *Corso di Diritto Penale*, cit., pp. 449-486; FIANDACA, Giovanni; MUSCO, Enzo. *Diritto Penale*, cit., pp. 148-152; FIORE, Carlo. "Il Principio di Offensività". In *L'Indice Penale*. Padova: CEDAM, 1995, pp. 275-288; PULITANÒ, Domenico. *Diritto Penale*. 2. ed. Torino: Giappichelli, 2007, pp. 187-190. No âmbito do Direito Penal Econômico: DEMURO, Gian Paolo. 'Tipicità e Offensa del Bene Giuridico nelle Fattispecie Proprie del Diritto Penale dell'Economia". In *RTDPE*. Padova: CEDAM, ano XI, n. 4, ott-dic/1998, pp. 815-850. Mesmo na doutrina italiana, contudo, há quem questione a eficácia normativa ou mesmo a dimensão constitucional do princípio da ofensividade: ZUCCALÀ, Giuseppe. "Due Questioni Attuali sul Bene Giuridico: la Pretesa Dimensione Critica del Bene e la Pretesa Necessaria Offesa ad un Bene". In *RTDPE*. Padova: CEDAM, ano XVII, n. 3-4, lug-dic/2004, pp. 839-883. Para uma visão geral do tema na doutrina italiana: D'AVILA, Fabio Roberto. *Ofensividade e Crimes Omissivos Próprios*, cit., pp. 39-87.

[650] O que traz como consequência, na síntese de D'AVILA – citando PALAZZO – que "o bem jurídico opera como critério essencialmente político-criminal, colocando-se, muito raramente, em uma perspectiva de operatividade no plano aplicativo da norma" (*Ofensividade e Crimes Omissivos Próprios*, cit., p. 46, nota n° 19).

[651] Com a ressalva, contudo, de que a relação entre direito penal e Constituição, especialmente no que diz respeito à seleção de bens jurídicos, não é de convergência absoluta. Bem pondera FARIA COSTA, no particular, que "o direito penal não tem de ficar adstrito ou acorrentado, de um modo positivo, à ordem de valores jurídico-constitucionalmente protegida, *ainda que esta deva ser encarada como uma orientação importante (essencial, mas já não exclusiva)* para o legislador penal. O que tem repercussões, se bem se veem as coisas, em dois patamares: o da justificação e o da sistematização. Por um lado, se o direito penal não sancionar um determinado comportamento que viole um certo bem jurídico-constitucionalmente protegido, essa omissão, *primo conspectu*, nada tem de inconstitucional. O que equivale a rejeitar, como regra, os imperativos constitucionais de criminalização. Por outro lado, são pensáveis, ainda que a título excepcional, situações de tutela pena de bens jurídicos outros que não os constitucionalmente protegidos" (FARIA COSTA, José de. *Direito Penal Especial*, cit., pp. 33-34).

[652] Para uma visão geral da maior amplitude do princípio da *ofensividade* em comparação com o conceito de *danosidade social*: PALAZZO, Francesco. *Corso di Diritto Penale*, cit., pp. 59-61.

[653] Em detalhes, inclusive sob a ótica da Constituição brasileira e da legislação infraconstitucional pátria: D'AVILA, Fabio Roberto. *Ofensividade em Direito Penal*, cit., pp. 67-72; *Ofensividade e Crimes Omissivos Próprios*, cit., pp. 63-76.

[654] "Non solo, cioè, come canone di legislazione, rivolto dunque al legislatore nel momento di formulazione della fattispecie, per costringerlo alla costruzione di fattispecie criminose dotate di un real contenuto offensivo di beni giuridici socialmente apprezzabili; ma anche come canone di interpretazione, rivolto dunque al giudice e all'interprete, per esortarlo ad accertare in concreto l'esistenza del fatto storico della sua 'necessaria lesività' del bene giuridico" (PALAZZO, Francesco. "Offensività e Ragionevolezza nel Controllo di Costituzionalità sul Contenuto delle Leggi Penale", cit., p. 355). Ou seja, falar-se em *ofensividade*, é falar-se em limites materiais que vinculam o legislador – ao selecionar bens jurídicos e ao estabelecer o esquema normativo

Haveria, ainda, antes de aproximarmos nosso objeto de estudo desse referencial teórico, duas tomadas de posição que se fazem necessárias. A primeira, no sentido da *inderrogabilidade* do princípio da *ofensividade*: como bem ressalta D'Avila,[655] é inadmissível, sequer em hipóteses excepcionais, que uma necessidade de prevenção geral possa legitimar o poder punitivo à margem dessa garantia.[656] Supor-se que existam crimes sem ofensa "seria o mesmo que propor, absurdamente, a leitura de princípios constitucionais orientadores de legitimação normativa a partir das próprias normas infraconstitucionais".[657] Demais disso, a vantagem da perspectiva onto-antropológica de crime enquanto ofensa a bens jurídicos reside na aceitação de que as mudanças históricas nas relações comunicacionais entre os indivíduos têm produzido novos perigos e, consequentemente, novos bens jurídicos dignos de proteção.[658] "Negar-se entrada [do princípio da *ofensividade*] justamente nos espaços em que é posta a questão é negar-lhe sua principal utilidade, é relegá-la a mera condição de critério de interpretação do tipo, com muito pouco a dizer sobre o direito penal secundário. De forma breve: o motivo que Mantovani apresenta para justificar o afastamento da ofensividade é o exato motivo que nos leva a acreditar que ela deve ter sua aplicação intensificada".[659]

A segunda, consequência imediata da anterior, compele-nos a condicionar a legitimidade de todo e qualquer crime de perigo, mesmo aqueles classificados dogmaticamente como de *perigo abstrato*, também ao esquema teórico de crime enquanto ofensa a bens jurídicos. Certamente uma premissa tal seria incogitável se aceitássemos a clássica visão de que, nos crime de perigo abstrato, o legislador antecipou normativamente a ofensividade mediante uma presunção absoluta do perigo (*juris et de jure*) que se observaria sempre que ajustada

---

como ocorrerá a proteção – e a atividade hermenêutica das agências penais – que somente poderão atuar diante de casos concretos de dano/violação ou de perigo/violação ao bem jurídico protegido. No primeiro caso, o desrespeito à *ofensividade* conduzirá à inconstitucionalidade da proteção; no segundo caso, ao reconhecimento da inexistência do tipo de ilícito no caso concreto.

[655] *Ofensividade e Crimes Omissivos Próprios*, cit., pp. 68-69. Com amparo no posicionamento de Marinucci, Giorgio; Dolcini, Emilio. *Corso di Diritto Penale*, cit., pp. 559.

[656] Tal tese é sustentada por Mantovani, para quem, em alguns casos extremos, poder-se-ía reconhecer a legitimidade de crimes desprovidos de bens jurídicos e desprovidos de ofensas a bens jurídicos. V. Mantovani, Ferrando. *Diritto Penale*, cit., pp. 211-217.

[657] D'Avila, Fabio Roberto. *Ofensividade em Direito Penal*, cit., p. 73.

[658] "Los bienes no están em um museo, sino que son parte de la vida social" (Kindhäuser, Urs. "Acerca de la legitimidad de los delitos de peligro abstracto en el ámbito del Derecho penal económico", cit., p. 448). Essencial, no particular, ainda que sem adentrar no embasamento fenomenológico ora proposto, o estudo de Marinucci, Giorgio; Dolcini, Emilio. "Diritto Penale Minimo e Nuove Forme di Criminalità", cit., pp. 802-820.

[659] D'Avila, Fabio Roberto. *Ofensividade em Direito Penal*, cit., p. 74. Daí ser possível concluir que será principalmente no contexto de novos bens jurídicos dignos de proteção e merecedores de pena que o princípio da *ofensividade* deve ser aplicado com rigor técnico redobrado, porque são exatamente nesses contextos de elevada complexidade de proteção que a busca pela racionalidade da intervenção penal deve ser ainda mais intransigente. É nesse "ambiente hostil, de difícil afirmação e continuidade, muito embora, em um aparente paradoxo, também um dos períodos em que [o princípio da *ofensividade*] mais tem a oferecer". (D'Avila. Fabio Roberto. *Ofensividade em Direito Penal*, cit., p. 57).

formalmente a conduta ao tipo legal.⁶⁶⁰ Essa seria uma solução inconstitucional frente ao horizonte teórico que viemos sedimentando.

Nos crimes de *dano/violação*, o esquema normativo conferido pelo legislador⁶⁶¹ condiciona a ofensa a uma *lesão* ao objeto da tutela, assim compreendida a *destruição*, a *diminuição* ou a *perda* do bem jurídico.⁶⁶² Trata-se da forma mais intensa de proteção ao núcleo rígido do bem jurídico.

Quanto aos crimes de *perigo/violação*, poderia parecer, à primeira vista, que uma diversa técnica legislativa pudesse ser adotada a fim de que a intervenção penal fosse antecipada apenas no intuito de prevenir um futuro dano. Ora, fosse isso correto, a proteção da vida humana através de um crime de dano/violação (art. 121 do CP) seria um manifesto contrassenso normativo, porquanto ao legislador era dada a possibilidade de antecipar-se na tutela já contra o perigo causado ao mais valioso bem jurídico. Não é o aumento da prevenção que diferencia um crime de dano de outro de perigo, mas sim a intensidade da proteção jurídica: uma eficácia preventiva só pode ser alcançada a partir do momento em que efetivamente praticado o delito; antes disso, temos apenas um esquema normativo que pode aumentar (através da definição do crime de perigo) a punibilidade de uma conduta que, fosse tipificada como dano, poderia, quando muito, ser erigida à condição de tentativa.⁶⁶³

Significa reconhecer que "o desvalor do resultado não se encontra deslocado em um ponto futuro, consistente em um provável dano/violação cuja elaboração da norma de perigo intencionaria evitar, mas em uma situação atual, já em si mesma dotada de desvalor". Os delitos de perigo "são possuidores de um autêntico desvalor de resultado e, por isso, traduzem fatos em si mesmo ofensivos a bens jurídicos".⁶⁶⁴ É a aceitação de que o perigo, enquanto representação normativa da relação comunicacional de cuidado-de-perigo, é

---

⁶⁶⁰ O que mais surpreende é que a doutrina penal brasileira, com frequência, ainda hoje prossiga aceitando como válida essa clássica presunção absoluta que se opera nos crimes de perigo abstrato. Nesse sentido: Bitencourt, Cezar Roberto. *Tratado de Direito Penal*. 11. ed. São Paulo: Saraiva, 2007, vol. 1, p. 213; Jesus, Damásio E. de. *Direito Penal – Parte Geral*. 28. ed. São Paulo: Saraiva, 2005, vol. 1, p. 189. Há que se ponderar, entretanto, alguns escritos críticos que vêm surgindo ultimamente. Examinando a possibilidade intermediária de delitos entre o perigo concreto e o abstrato, denominados de crimes de perigo abstrato-concreto: Busato, Paulo César. *Direito Penal*. Atlas: São Paulo, 2013, pp. 318-319. Admitindo, em crime de perigo abstrato, o exame da lesividade diante do caso concreto: Queiroz, Paulo. *Direito Penal*, cit., pp. 166-167. Aceitando, no direito penal econômico, a tutela penal através do perigo abstrato, porém não em sua visão clássica: Silveira, Renato de Mello Jorge. *Direito Penal Econômico como Direito Penal de Perigo*. São Paulo: RT, 2006, p. 158.

⁶⁶¹ "I reati incriminati in questo modo possono indicarsi come *reati di danno astratto*: dove l'astratezza à da intendere nel senso che è direttamente il legislatore a stabilire che cosa egli considera dannoso e che cosa no. L'interprete si deve limitare a esaminare se veramente il fatto commesso ha il significato incriminato dal legislatore, oppure lo possiede solo in apparenza" (Pagliaro, Antonio. *Principi di Diritto Penale*, cit., p. 244).

⁶⁶² Mantovani, Ferrando. *Diritto Penale*, cit., p. 201.

⁶⁶³ Faria Costa, José Francisco de. *O Perigo em Direito Penal*, cit., p. 575. Como bem destaca D'Avila, "em realidade, a previsão de um crime de perigo apenas fixa um novo ponto de tutela, agora representado pelo desvalor que expressa a respectiva ofensa (concreto pôr-em-perigo ou cuidado de perigo) e não mais o dano/violação que, como elemento necessário à sua conformação relacional, está sempre presente na sua origem. E, se isso é correto, apenas em relação a essa específica ofensa, e nos estritos limites da sua proibição, é que podemos falar em prevenção criminal" (D'Avila, Fabio Roberto. *Ofensividade e Crimes Omissivos Próprios*, cit., p. 95 e nota n° 24).

⁶⁶⁴ D'Avila, Fabio Roberto. *Ofensividade e Crimes Omissivos Próprios*, cit., p. 96.

um autônomo objeto real, um "real construído" dotado de unidade jurídica peculiar que não necessita do dano/violação para justificar seu caráter ofensivo. Representa "um estádio relativamente ao qual é legítimo prever como *possível* o desencadear de um dano/violação para com um bem jurídico";[665] *possibilidade* esta que, detendo um desvalor em si, permite identificar uma ofensividade que lhe é peculiar.[666]

Há que se avançar, entretanto, na diferente intensidade que pode ser conferida pelo legislador à tutela do desvalor do resultado que caracteriza o perigo. Em algumas hipóteses, o esquema normativo de proteção pode antecipar, já no tipo legal, o perigo concreto sobre o qual recai a proteção. De modo que a ofensividade exige um concreto-pôr-em-perigo o bem jurídico, "quando sua normativa intencionalidade é perturbada por força de uma ação humana responsável", mas "perturbada de um jeito que implique objectiva *comoção da certeza do ser*".[667] Ou seja: "somente haverá perigo, caso o fato tenha atingido de tal forma o bem jurídico, que, embora não lhe tenha causado uma lesão em termos estritos, tenha efetivamente gerado uma perturbação na certeza de sua íntegra continuidade existencial".[668] Esses são os crimes de *perigo concreto*.

Em lado oposto, haveria um segundo grau mínimo de violação que igualmente se compatibiliza com a exigência de *ofensividade*. Falamos em *crimes de perigo abstrato* que, muito antes de se contentarem com uma presunção absoluta de risco, são construídos "a partir da normal perigosidade do fato que representa", ou seja, "o ilícito-típico de perigo abstrato distingue-se verdadeiramente do ilícito-típico de perigo concreto pela não exigência de *um bem jurídico concretamente exposto a risco* ou, de forma ainda mais clara, pela *não exigência de um bem jurídico no raio de ação do perigo*" em uma perspectiva *ex post*.[669]

O ajuste de ofensividade a que uma conceitualização tal se propõe desloca o desvalor do resultado para uma significativa *possibilidade* de afetação: "o ilícito-típico de perigo abstrato se satisfaz com a *mera interferência na esfera de manifestação do bem jurídico* – aqui, não mais concretamente presente na relação de perigo –, de forma a retirar deste a *tranquilidade de sua expressão*".[670] Mas é importante referir que, à luz de um caso concreto, essa *possibilidade* de violação expresse *minimamente* o conteúdo do desvalor que perfaz a noção do cuidado-de-perigo. O juízo de valor, portanto, é duplo: "deve-se inicialmente (1) realizar um juízo *ex ante* de objetiva e real possibilidade de dano ao bem jurídico e, posteriormente, (2) um juízo negativo de significação dessa possibilidade,

---

[665] Faria Costa, José Francisco de. *O Perigo em Direito Penal*, cit., p. 583.

[666] "O perigo em direito penal é constituído por dois elementos: a probabilidade de um acontecer e o caráter danoso do mesmo" (Faria Costa, José Francisco de. *O Perigo em Direito Penal*, cit., p. 583). "O perigo é, em si mesmo, desvalioso e, por isso, quando se pune um fato perigoso, o ilícito-típico não está centrado em um dano futuro e incerto, mas no singular pôr-em-perigo, que o tipo representa" (D'Avila, Fabio Roberto. *Ofensividade e Crimes Omissivos Próprios*, cit., p. 101).

[667] Faria Costa, José Francisco de. *O Perigo em Direito Penal*, cit., p. 630.

[668] D'Avila, Fabio Roberto. *Ofensividade e Crimes Omissivos Próprios*, cit., p. 103.

[669] D'Avila, Fabio Roberto. *Ofensividade e Crimes Omissivos Próprios*, cit., pp. 107-108.

[670] D'Avila, Fabio Roberto. *Ofensividade e Crimes Omissivos Próprios*, cit., p. 161.

sob o âmbito normativo do tipo".⁶⁷¹ Recairá sobre as agências penais aferir se a significação do comportamento humano, mesmo que formalmente se ajuste aos contornos semânticos do tipo legal, representa uma tensão primitiva da relação de cuidado-de-perigo, ou seja, detenha uma *possibilidade não insignificante* de lesão ao bem jurídico.

Exemplo interessante para ilustrar esses diversos graus de proteção pode ser obtido a partir da condução de veículo automotor sob influência de substância alcoólica. Em sua redação original, o art. 304 do CTB antecipava, no âmbito do tipo legal, o perigo que se deveria somar à conduta para a imputação ao tipo,⁶⁷² perfazendo um genuíno caso de delito de perigo concreto. Em 2012, entretanto, a referida potencialidade de dano foi suprimida do tipo legal,⁶⁷³ conduzindo, agora, à definição de um crime de perigo abstrato. Se, antes, o delito pressupunha que o agente praticasse manobras efetivamente arriscadas (alta velocidade, condução na contramão etc.), agora, o delito contentar-se-á com a constatação positiva do uso da substância referida no tipo legal. Não obstante, a partir da conceitualização ora proposta, conquanto não mais se exija o diagnóstico de uma real perigosidade ao bem jurídico, não haveria espaço para uma presunção absoluta do perigo em sendo comprovada a ingestão da substância alcoólica ou similar. Para além do diagnóstico da conduta, a ofensividade exigirá uma *possibilidade não insignificante* de lesão do bem jurídico em uma perspectiva *ex post*. O ilícito-típico não se perfectibilizará caso, por exemplo, o motorista esteja trafegando em local não frequentado publicamente (no interior de uma fazenda, *v.g.*); ou então quando a constatação do teor alcoólico decorreu da ingestão de um bombom de licor. Perceba-se: nestes casos, a ofensividade estaria ausente porque não produzida uma relevante possibilidade de afetação do objeto da tutela.

Do aqui exposto, resulta manifesta nossa aceitação de que o princípio da *ofensividade* bem se acomoda a técnicas legislativas de proteção de bens jurídicos através da definição do dano/violação ou do perigo/violação, seja quando exigido no tipo legal um concreto pôr-em-perigo o bem jurídico (crimes de perigo concreto), seja mediante o filtro hermenêutico de imputação do tipo somente diante de fatos causadores de uma violação possível e não insignificante do objeto do ilícito (crimes de perigo abstrato). Conforme bem ressalta D'Avila, entre o perigo concreto e o abstrato, outras categorias dogmáticas até poderão ser identificadas, mas é no perigo abstrato que o direito penal encontrará os confins máximos de proteção jurídico-penal ainda compatível com o princípio da ofensividade.⁶⁷⁴

---

⁶⁷¹ D'Avila, Fabio Roberto. *Ofensividade e Crimes Omissivos Próprios*, cit., p. 172.

⁶⁷² "Conduzir veículo automotor, na via pública, sob a influência de álcool ou substância de efeitos análogos, *expondo a dano potencial a incolumidade de outrem*" (grifamos).

⁶⁷³ "Conduzir veículo automotor com capacidade psicomotora alterada em razão da influência de álcool ou de outra substância psicoativa que determine dependência".

⁶⁷⁴ "Não afastamos, por consequência, a possibilidade de obterem-se categorias intermédias de perigo a transitar nos espaços teórico-dogmáticos da noção de perigo abstrato, para as quais seja necessários outros requisitos além daqueles já propostos – veja-se, por exemplo, os próprios crimes de perigo concreto de consumação antecipada -. O que não é admissível, por outro lado, é a existência de subespécies de perigo

Tais formas de conferirem-se diferentes intensidades de tutela também podem legitimamente ser observadas no âmbito dos crimes econômicos.[675] Mas a polissemia do bem jurídico traz frequentes dificuldades na identificação segura da zona que deve ser considerada como o núcleo mais rígido da proteção, e também das zonas periféricas que poderiam autorizar a opção legislativa pela tutela do perigo.

É pouco provável que um ordenamento jurídico deixe de tipificar violações à vida, à integridade corporal ou ao patrimônio concentrando-se primordialmente no dano/violação ao "núcleo duro" desses bens jurídicos.[676] Mas certamente não é sustentável uma idêntica *razão forte* para a forma como um sistema jurídico-penal poderá proteger a ordem econômica *lato sensu*. Basta lembrar, por exemplo, que a legislação brasileira, entre 1965 e 1990, durante a vigência da Lei nº 4.729, antecipara a proteção da ordem tributária já no instante do perigo-de-dano,[677] ao passo que, a contar da edição da Lei nº 8.137/90, o núcleo central do bem jurídico é que passou a ser tutelado contra o dano/violação.[678] À vista de exemplos como este, seria absolutamente livre a opção legislativa por uma ou outra forma de tutela? Haveria, nesse segmento específico da intervenção penal, uma racionalidade a ser observada no instante legislativo do exame da ofensividade?

Outro problema que envolve os crimes econômicos deve-se ao fato de que, com frequência, sequer se sabe precisamente se a supraindividualidade do bem jurídico estaria sendo protegida através de um esquema de tipo legal concentrado no dano/violação ou se, pelo contrário, estaríamos diante de um

---

abstrato que sequer sejam detentoras de uma ofensividade de cuidado-de-perigo. A ofensividade na forma de cuidado-de-perigo é, enfim, a fronteira intransponível de uma noção jurídico-penal de perigo, constitucionalmente válida" (D'Avila, Fabio Roberto. *Ofensividade e Crimes Omissivos Próprios*, cit., pp. 174-175).

[675] Em detalhes: Martínez-Bujan Pérez, Carlos. *Derecho Penal Económico y de la Empresa*, cit., pp. 210-213.

[676] Nesse sentido, especificamente em relação ao crime de homicídio: Faria Costa, José Francisco de. "Ilícito-típico, resultado e hermenêutica", cit., p. 15.

[677] "Art 1º Constitui crime de sonegação fiscal: I – prestar declaração falsa ou omitir, total ou parcialmente, informação que deva ser produzida a agentes das pessoas jurídicas de direito público interno, com a intenção de eximir-se, total ou parcialmente, do pagamento de tributos, taxas e quaisquer adicionais devidos por lei; II – inserir elementos inexatos ou omitir, rendimentos ou operações de qualquer natureza em documentos ou livros exigidos pelas leis fiscais, com a intenção de exonerar-se do pagamento de tributos devidos à Fazenda Pública; III – alterar faturas e quaisquer documentos relativos a operações mercantis com o propósito de fraudar a Fazenda Pública; IV – fornecer ou emitir documentos graciosos ou alterar despesas, majorando-as, com o objetivo de obter dedução de tributos devidos à Fazenda Pública, sem prejuízo das sanções administrativas cabíveis; V – Exigir, pagar ou receber, para si ou para o contribuinte beneficiário da paga, qualquer percentagem sôbre a parcela dedutível ou deduzida do impôsto sôbre a renda como incentivo fiscal. Pena: Detenção, de seis meses a dois anos, e multa de duas a cinco vêzes o valor do tributo".

[678] "Art. 1º Constitui crime contra a ordem tributária suprimir ou reduzir tributo, ou contribuição social e qualquer acessório, mediante as seguintes condutas: I – omitir informação, ou prestar declaração falsa às autoridades fazendárias; II – fraudar a fiscalização tributária, inserindo elementos inexatos, ou omitindo operação de qualquer natureza, em documento ou livro exigido pela lei fiscal; III – falsificar ou alterar nota fiscal, fatura, duplicata, nota de venda, ou qualquer outro documento relativo à operação tributável; IV – elaborar, distribuir, fornecer, emitir ou utilizar documento que saiba ou deva saber falso ou inexato; V – negar ou deixar de fornecer, quando obrigatório, nota fiscal ou documento equivalente, relativa a venda de mercadoria ou prestação de serviço, efetivamente realizada, ou fornecê-la em desacordo com a legislação. Pena – reclusão de 2 (dois) a 5 (cinco) anos, e multa".

perigo/violação. O art. 5° da Lei n° 7.492/86 tipifica como delituosa a apropriação indébita praticada por gestores de instituições financeiras.[679] O fato de o tipo legal exigir a efetiva lesão patrimonial da instituição financeira nos autorizaria a reconhecer estarmos diante de um crime de dano/violação?

Em mais uma exemplificação, podemos lembrar o art. 6° da mesma lei, que define uma modalidade de estelionato financeiro, cuja consumação se verifica quando induzido ou mantido em erro "sócio, investidor ou repartição pública competente, relativamente a operação ou situação financeira, sonegando-lhe informação ou prestando-a falsamente". A circunstância de o tipo legal não exigir um efetivo prejuízo da vítima permitiria a conclusão de estarmos em face de um crime de perigo?

Esses e outros questionamentos estão a ilustrar a importância que a definição legal do ilícito representa para a boa eficácia do princípio da *ofensividade*. A esse exame dedicaremos as linhas que seguem.

4.3.4. A intensidade da proteção no Direito Penal Econômico: em busca de um critério material de racionalidade para a definição legislativa e judicial da ofensividade

No primeiro capítulo da presente pesquisa, discorremos sobre as estratégias políticas que o Estado contemporâneo tem colocado em prática para relacionar-se com a liberdade dos fluxos econômicos em tempos de globalização. Vimos, na ocasião, que estes são tempos de atuação estatal intermediária: o livre mercado prossegue um valor hígido a ser tutelado, mas a novidade é que essa liberdade não está imune a padrões éticos; nos mais diversos segmentos em que se operam as trocas econômicas, é percebida uma gradual substituição do modelo econômico de intervenção pelo modelo de regulação estatal; ainda assim, segmentos de intervenção direta do Estado são exigidos, a par de igualmente manterem-se firmes algumas políticas públicas de promoção de igualdade material. Em países de regime democrático pautados por uma economia de mercado, todas essas estratégias políticas são observadas. O que irá variar é a primazia e a intensidade conferidas a cada uma delas.

Logo em seguida, tomando por horizonte cognitivo uma noção de ordem econômica que – muito além da noção de direitos públicos subjetivos – encontre sua juridicidade na tensa relação institucional entre livre mercado e justiça material, propusemos um adensamento teórico-analítico das categorias que integram uma política econômica *lato sensu* no contexto da mundialização. O propósito desse direcionamento teórico, agora, parece-nos cada vez mais claro e justificável: falarmos em ordem econômica é falarmos em proteção institucional da política econômica, sempre focada na realização do homem enquanto

---

[679] "Art. 5° Apropriar-se, quaisquer das pessoas mencionadas no art. 25 desta lei, de dinheiro, título, valor ou qualquer outro bem móvel de que tem a posse, ou desviá-lo em proveito próprio ou alheio: Pena – Reclusão, de 2 (dois) a 6 (seis) anos, e multa. Parágrafo único. Incorre na mesma pena qualquer das pessoas mencionadas no art. 25 desta lei, que negociar direito, título ou qualquer outro bem móvel ou imóvel de que tem a posse, sem autorização de quem de direito".

pessoa; e o direito penal é um dos instrumentos estratégicos de que se tem valido o Estado contemporâneo para essa proteção. Daí ser impensável compreendermos adequadamente essa forma especial de tutela sem conhecermos o objeto sobre o qual ela recairá. Um conceito material de crime econômico só é capaz de desempenhar uma função fundamentadora e crítica excelente se, ao fim e ao cabo, identificarmos a substância do que estamos protegendo e do tipo de proteção que é necessária. Essa é a falha teórica que, em nosso sentir, a doutrina penal tem incorrido: ignorar que o ponto de partida do adensamento do conteúdo material do bem jurídico nos crimes econômicos situa-se no funcionamento da economia contemporânea.[680]

Esse enclausuramento dogmático, esse desprezo doutrinário pelo conhecimento do objeto real da proteção sobre o qual recairá a normatividade penal, como não poderia ser diferente, influencia decisivamente a ainda maior inaptidão teórica dos segmentos institucionais que atuam nos processos de criminalização primária e secundária nos delitos econômicos. A começar pelos diversos exemplos que temos percebido de uma atuação legislativa despreocupada em compreender o objeto sobre o qual recairá a tutela e o dimensionamento adequado da intensidade da proteção.

Alguns países vêm colocando em prática movimentos codificadores dos crimes econômicos, o que manifesta um certo desconforto político-criminal com a localização desses delitos no direito penal secundário. O interessante é que esse ajuste normativo tem dado mostras de que as agências legislativas vêm buscando obter uma racionalidade para o direito penal econômico a partir de um tratamento simétrico com delitos clássicos, cujo objeto do ilícito é predominantemente um direito individual. Em vez de obter essa racionalidade, segundo nossa visão, submetendo os delitos econômicos à base principiológica da Parte Geral do direito penal,[681] o foco da preocupação desloca-se, em vez disso, para uma adequação estética desses delitos à Parte Especial dos códigos penais, historicamente direcionada à proteção de bens jurídicos substancialmente diversos. Tudo em conformidade com a visão de Tiedemann, no sentido de que "no existe una primacía de la parte general sobre la parte especial", pois os tipos penais "deben ser interpretados, en primer lugar, a partir de ellos mismos y según sus objetivos; no deben ser construidos como figuras de la parte general".[682]

Essa é uma visão que nos parece equivocada, repercutindo diretamente na especial maneira como se opera a *ofensividade* no direito penal econômico. Tomemos como exemplo duas modalidades de ofensa a que a maior parte dos

---

[680] Basta relembrar o que ressaltamos antes: a doutrina penal costuma propor um conceito restritivo de crime econômico, falando frequentemente em ofensa supraindividual à ordem econômica, sem esclarecer, em momento algum, qual o objeto real da ordem econômica. Para uma visão geral, com ampla revisão bibliográfica acerca de diferentes conceitualizações que, em comum, apresentam o mesmo vício apontado: Cervini, Raúl. "Derecho penal econômico: concepto y bien jurídico", cit; Tiedemann, Klaus. "El Concepto de Derecho Econômico, de Derecho Penal Econômico y de Delito Econômico", cit.; Martínez-Buján Perez, Carlos. *Derecho Penal Econômico y de la Empresa*, cit., pp. 71-150.

[681] Gullo, Roberto Santiago Ferreira. *Direito Penal Econômico*. Rio de Janeiro: Lumen Juris, 2005, p. 17.

[682] Tiedemann, Klaus. *Manual de Derecho Penal Econômico*, cit., p. 101.

países ocidentais confere proteção penal: a *lavagem* de dinheiro e a sonegação fiscal. Na Espanha, ambos os delitos foram codificados em 1995. A *lavagem* de dinheiro está tipificada no art. 301, no capítulo XIV (*De la recepatión y el blanqueo de capitales*), que integra o Título XIII do Código Penal (*Delitos contra el patrimonio y contra el orden socioeconomico*). A sonegação fiscal, de sua vez, está definida no Título XIV: *De los delitos contra la Hacienda Pública y contra la Seguridad Social*, arts. 305 a 310. A localização topológica de um delito na Parte Especial de um determinado Código Penal é o resultado final de uma opção valorativa antecipada pelo legislador. É sabido que essa opção legal não tem a eficácia de delimitar, em termos absolutos, o bem jurídico protegido, seja porque a atividade legislativa não é materialmente livre, seja porque a escolha pode muito bem desempenhar uma proteção jurídico-objetiva diversa daquela almejada pelo legislador. Ainda assim, é inegável o importante papel que a organização legislativa desempenha na identificação e no dimensionamento da tutela que fora pretendida abstratamente.[683]

Nos exemplos acima referidos, manifestam-se, na topologia da proteção, algumas opções, em nosso sentir, equivocadas. A primeira reside no tratamento simétrico entre crimes econômicos e crimes de tutela individual (patrimônio): é um erro pensar-se que a dimensão material da ofensa tutelada pelo delito de receptação seja equiparável ao conceito material de *lavagem* de dinheiro. Uma proximidade legislativa tal – igualmente identificada, p. ex., nos Códigos Penais alemão[684] e italiano[685] –, por deixar transparecer que o objeto da tutela seja similar em ambos os crimes, influenciando distorções dogmáticas insuperáveis, especialmente no que se refere à imputação do tipo a casos em que a ofensa não se materializa.[686]

A definição dos delitos fiscais no Título XIV do Código Penal espanhol representa uma opção legislativa que situa a ordem tributária fora do conceito

---

[683] Como bem pondera Faria Costa, a Parte Especial (PE) "tem uma projecção que se revela, de forma aparentemente contraditória, em dois segmentos: enquanto aglutinação dos sentimentos e das representações que a comunidade estabelece ou produz acerca do próprio CP (*função aglutinadora das representações e valorações colectivas*) e ainda enquanto expressão da enunciação dos valores essenciais da comunidade (*função descritiva das representações e valorações colectivas*). (...) A PE é muito mais do que uma sequência sem sentido ou anómala de tipos legais de crime, não podendo nunca o legislador limitar-se a 'derramar' as normas incriminadoras sobre um espaço ali em branco. As opções atinentes à estrutura e organização da PE são já profundamente sintomáticas até da hierarquia, enquanto expressão da densidade e importância relativa, dos valores penalmente relevantes" (Faria Costa, José de. *Direito Penal Especial*, cit., p. 14).
[684] A *lavagem* de dinheiro, tipificada no § 261, está definida no mesmo capítulo dos delitos de favorecimento (§ 257) e receptação (§§ 259, 260, 260a).
[685] A receptação está prevista no art. 648, ao passo que a *Riciclaggio*, no 648bis. Ambas, no Capítulo II, *Dei delitti contro il patrimonio mediante frode*.
[686] Nesse sentido: Vidales Rodríguez, Caty. "Los delitos socioeconómicos en el código penal de 1995: la necesidad de su delimitación frente a los delitos patrimoniales". In *Estudios Penales y Criminológicos*, Santiago de Compostela, fascículo 21, 1998, pp. 305-378; Giunta, Fausto. *Lineamenti di Diritto Penale Dell'Economia*, cit., pp. 58-61. Em sentido contrário, antevendo que o tratamento legal próximo entre delitos patrimoniais e econômicos seja um fator de restabelecimento da coerência do sistema: Moccia, Sergio. *El Derecho Penal entre Ser y Valor – Función de la Pena y Sistemática Teleológica*, cit., pp. 286-294.

de ordem "socioeconômica" (Título XIII).[687] Não se trata de um equívoco classificatório de somenos importância. A ordem tributária, conforme tratamos ao longo do segundo capítulo, é um dos segmentos da política econômica *lato sensu* – ou, se se preferir, a ordem econômica *lato sensu*. O legislador espanhol, ao despojá-la de sua real significação fenomenológica e jurídica, dá mostras de que concebeu o objeto do ilícito a partir de uma lógica não material. Tanto isso é verdade que, no mesmo Código Penal espanhol, os crimes contra o mercado financeiro, o mercado de capitais e as relações de consumo (arts. 278/286) também receberam tratamento legal à margem da ordem socioeconômica.

Semelhante vício, quiçá em dimensão ainda mais preocupante, incorreu o legislador brasileiro em relação aos delitos fiscais. Há muito que o Direito Tributário vem reconhecendo que as contribuições previdenciárias são uma modalidade de tributo.[688] Por isso, no alcance da proteção da *ordem tributária*, inserem-se tanto as fraudes que afetam o recolhimento de impostos quanto as que produzam resultado idêntico em relação a contribuições previdenciárias. Em sendo assim, a *ofensividade* do delito fiscal recomendaria tratamento isonômico de todas as suas modalidades em um mesmo tipo legal (arts. 1° e 2° da Lei n° 8.137/90), até mesmo porque a destinação específica de uma contribuição previdenciária não a torna mais relevante que outras contribuições sociais ou outros tipos de impostos. Alheio a isso, nosso legislador tratou um delito previdenciário no capítulo dos crimes contra o patrimônio (art. 168-A) e outro no capítulo dos crimes contra a administração pública (art. 337-A), incorrendo em manifesto descompasso entre o bem jurídico protegido e a classificação normativa ideal. Apenas para ilustrar as consequências dessa opção legislativa equivocada, lembre-se do interminável debate jurisprudencial acerca da exigência, ou não, do *animus rebus sibi habendi*,[689] parâmetro dogmático de imputação especialmente direcionado ao crime patrimonial de apropriação indébita (art. 168) cuja aplicabilidade é igualmente questionada na "apropriação indébita" previdenciária (art. 168-A). Sem falar-se, ademais, na imposição de penas distintas para a apropriação indébita de contribuição previdenciária (2 a 5 anos) e de PIS/COFINS (6 meses a 2 anos – art. 2°, II, da Lei n° 8.137/90), que também possuem destinação específica.[690]

---

[687] Criticamente: BUJÁN PEREZ, Carlos Martínez. *Derecho Penal Económico y de la Empresa. Parte General*, cit., pp. 116-117.

[688] V. STJ, REsp 192391, 1ª Turma, rel. Min. Garcia Vieira, j. em 15/12/1998, DJ de 15/03/1999, p. 137.

[689] V. STF, HC 113418, 1ª Turma, rel. Min. Luiz Fux, j. em 24/09/2013, DJe de 16/10/2013.

[690] Essas observações são importantes para enfrentarmos o problema da necessidade, ou não, de codificação dos delitos econômicos. Enfrentando o tema, SERGIO MOCCIA observa que "la inserción en el Código Penal de una reformulada normativa de derecho penal económico permitiría perseguir una duplicidad de objetivos, que pueden parecer contrapuestos, aunque sólo en superficie: eficiencia en el control y defensa de las garantías individuales" (MOCCIA, Sergio. *El Derecho Penal entre Ser y Valor*, cit., p. 288). Em nosso sentir, não há razão alguma para acreditarmos que ambas as missões possam ser obtidas, ou mesmo facilitadas, pela codificação do direito penal econômico – o Código Penal espanhol é um bom exemplo. É certo que, caso tenhamos um legislador atento ao conceito material de crime, a definição topológica de tais delitos em estrita conformidade com o objeto da tutela poderia contribuir sensivelmente para a sistematização e a racionalidade do modelo jurídico-penal. Poderíamos pensar, por exemplo, em atenção à amplitude, de *lege lata*, da tutela penal brasileira conferida aos crimes econômicos –, no deslocamento de tais delitos para um título específico do Código Penal, denominado "Dos Crimes contra Ordem Econômica *Lato Sensu*", subdividido

Portanto, o rigor da atividade legislativa na seleção e na classificação dos bens jurídicos deve-se ao fato de que o âmbito de incidência do tipo legal varia conforme o objeto da tutela: uma mesma ofensa pode caracterizar tanto um dano quanto um perigo, dependendo do bem jurídico protegido.[691]

Com efeito, os delitos econômicos possuem uma ofensividade genuinamente supraindividual; os crimes patrimoniais, individual. Essa distinção repercute em técnicas legislativas distintas: os delitos econômicos tendem a ser crimes de perigo/violação, ao passo que os delitos patrimoniais, crimes de dano/violação.[692] Ainda assim, poderão ocorrer – e não vai nenhuma irrazoabilidade nisso – crimes econômicos que exigem o dano/violação[693] e crimes patrimoniais de consumação antecipada para o momento do perigo ao patrimônio.[694]

Imaginemos, agora, que a legislação de um determinado país tipifique genericamente fraudes patrimoniais sob o mesmo esquema normativo do delito de estelionato, pouco importando se a real ofensividade da conduta esteja focada no patrimônio de uma pessoa física, de uma pessoa jurídica de capital fechado, de um investidor do mercado financeiro ou de uma instituição financeira. Em qualquer caso, a comprovação da ausência de dano patrimonial

---

em capítulos que albergassem (i) os crimes contra a Ordem Econômica *Stricto Sensu* (cartelização, *dumping*, relações de consumo, *lavagem* de dinheiro, mercado de capitais), (ii) os crimes contra a Ordem Tributária, (iii) os crimes contra as Finanças Públicas (fraudes licitatórias e orçamentárias), (iv) os crimes contra o Sistema Financeiro Nacional e (v) os crimes Cambiais (sem prejuízo quanto à necessidade/adequação de esta tutela ainda hoje justificar-se). Contudo, quer-nos parecer que um diálogo entre a base principiológica do direito penal e os delitos econômicos não está contingenciada por um movimento codificador, não sendo impedida, tampouco prejudicada, pela definição legal dos tipos de ilícito na legislação secundária. De outro lado, o tratamento não codificado dos delitos econômicos possui a vantagem de facilitar a construção de um ilícito penal pensado em conjunto com o ilícito extrapenal que o pressupõe. Conquanto esse resultado possa também ser obtido a partir de uma opção codificadora, é especialmente através do tratamento legislativo secundário que as chances são maiores de coerência entre o ilícito penal e o extrapenal, facilitando sobremaneira a obtenção de um *tipo de ilícito integral*.

[691] Grasso, Giovanni. "L'Anticipazione della Tutela Penale: I Reati di Pericolo e I Reati di Attentato". In *RIDPP*. Milano: Giuffrè, 1986, p. 691 (pp. 689-728); Faria Costa, José de. *Direito Penal Especial*, cit., p. 20.

[692] Faria Costa, José Francisco de. *Direito Penal Econômico*, cit., p. 42.

[693] Isso ocorre com o crime fiscal definido no art. 1° da Lei n° 8.137/90, que expressamente exige, para a consumação, a efetiva supressão ou redução do tributo mediante algum tipo de fraude selecionada em seus incisos. Ao que parece, o tratamento do delito fiscal, no Brasil, como crime de dano/violação deve-se muito mais à política fiscal do que à política criminal. Aceitar-se que o pagamento do tributo sonegado extinga a punibilidade do delito (art. 83 da Lei n° 9.430/96, com a redação dada pelo art. 6° da Lei n° 12.382/11) harmoniza-se com o tratamento legal conferido ao art. 1° da Lei n° 8.137/90. Da mesma forma, o intrincado debate acerca dos efeitos da (des)constituição do crédito tributário no ilícito penal perderia consideravelmente o sentido caso o delito fiscal assumisse as vestes de um crime de perigo, de forma semelhante ao que ocorria sob a égide da Lei n° 4.729/65.

[694] É o caso, por exemplo da defraudação de penhor (art. 171, p.ú., III), que se verifica quando o agente "defrauda, mediante alienação não consentida pelo credor ou por outro modo, a garantia pignoratícia, quando tem a posse do objeto empenhado". Veja-se que a consumação opera-se, segundo o esquema normativo selecionado, já no instante em que alienado o bem móvel dado em garantia da dívida. E o delito não desaparecerá caso a dívida seja adimplida corretamente. O mesmo ocorre com os crimes de extorsão (art. 158) e de extorsão mediante sequestro (art. 159), cujos momentos consumativos não exigem efetiva lesão patrimonial.

efetivo da pessoa física ou jurídica afastaria o âmbito de incidência do ilícito-típico.

Esse tratamento legislativo uniforme, contudo, está em flagrante descompasso com o conceito material de crime econômico aqui exposto. Um crime de estelionato, da mesma forma que um crime falimentar, não perfazem ofensas materialmente econômicas porque atingem patrimônios individuais (de uma ou mais pessoas físicas; ou dos sócios de uma pessoa jurídica).[695] É certo que outras pessoas poderão arcar com prejuízos reflexos. Ainda assim, a proteção jurídica, nesses delitos, está direcionada apenas ao patrimônio da vítima do estelionato ou dos sócios da empresa.

Haveria, contudo, uma *razão forte* para um tratamento legal distinto aos casos em que a fraude ou a falência afetem um investidor ou uma instituição financeira. Isso porque a "natureza das coisas" do mercado financeiro segue uma lógica diversa do direito público subjetivo ao patrimônio: as operações são custeadas principalmente com recursos de terceiros. Consequência disso é que a falência de uma instituição financeira, ou então a fraude na obtenção de um financiamento bancário, pode afetar o patrimônio de alguém que sequer figura como sócio ou acionista da instituição financeira. É por essa razão que o Banco Central necessita regulamentar a concessão de crédito por instituições bancárias, mas não lhe interessam mútuos entre pessoas físicas. E também será por essa mesma razão que o legislador deverá conferir um tratamento diferenciado à proteção jurídica sobre essas formas especiais de fraude, ou seja, deverá definir um novo bem jurídico, em tudo ajustado ao esquema digno de proteção.

No Brasil, o estelionato financeiro está definido no art. 6º da Lei nº 7.492/86; a provocação fraudulenta da falência de uma instituição financeira escapará da proteção conferida pelos arts. 68 a 178 da Lei nº 11.101/05 (Lei de Falências) para ajustar-se, em vez disso, ao art. 4º, *caput*, da Lei nº 7.492/86. Ambas as ofensas, contudo, foram adequadamente tuteladas através de crimes de perigo, porquanto seria impensável que somente a *destruição*, a *diminuição* ou a *perda* do Sistema Financeiro Nacional é que detivessem dignidade penal em casos tais. Perceba-se a diferença que o bem jurídico proporciona, se comparado a violações ao patrimônio: mesmo na hipótese de todos os correntistas da instituição financeira virem a ser efetivamente garantidos pelo *depósito compulsório* exigido pelo Banco Central, o delito correspondente à provocação fraudulenta da falência da instituição financeira seguirá hígido.

Em outro exemplo que bem ilustra a importância da compreensão do bem jurídico para a tomada de posição quanto à intensidade da proteção, podemos lembrar do necessário tratamento diferenciado às fraudes e aos abusos na administração de sociedade por ações, caso tal sociedade seja de capital aberto ou fechado, financeira ou não financeira. Sociedades por ações, quando de capital fechado e não financeiras, sujeitam-se à tutela ordinária dos crimes patrimoniais

---

[695] Discorrendo sobre a natureza patrimonial dos crimes falimentares e a ressonância dogmática dessa tomada de decisão no âmbito do alcance do ilícito-típico, v.: CAEIRO, Pedro. *Sobre a Natureza dos Crimes Falimentares (O patrimônio, a falência, a sua incriminação e a reforma dela)*. Coimbra: Coimbra, 2003, pp. 229 e segs.

(no Brasil: art. 177 do CP); porém, quando de capital aberto e/ou financeiras, requerem tratamento diferenciado (no Brasil: especialmente art. 4° da Lei n° 7.492/86 e art. 27-C da Lei n° 6.385/76), porquanto potencialmente violadoras da confiança depositada no Sistema Financeiro e no Mercado de Capitais.

Todos esses exemplos evidenciam, como bem lembra CERVINI,[696] o erro metodológico de conceitualizações *lato sensu* de crimes econômicos e da almejada definição "restritiva" sustentada por diversos segmentos da doutrina, alinhados à definição proposta por TIEDEMAN – que admite que um crime econômico não pressuponha um bem jurídico normativamente adequado às suas peculiaridades, bastando que, num caso concreto, tenhamos um alcance fático supraindividual da ofensa à ordem econômica.[697] Sob essa premissa, um homicídio doloso praticado contra alguém que desempenha um importante papel no mercado de capitais, porquanto apto a gerar desequilíbrio econômico imensurável, poderia ser erigido à condição de crime econômico. Ora, fosse isso correto, sequer poderíamos aventar uma autonomia disciplinar para o direito penal econômico.

Há que se observar, ademais, que delitos materialmente econômicos também necessitem de acurado rigor na definição interna do objeto do ilícito, ou seja, o tipo de política econômica que está sendo tutelada para a definição do alcance do tipo. O art. 22, parágrafo único, parte final, da Lei n° 7.492/86, protege o Sistema Financeiro Nacional (política monetária), e não a Ordem Tributária (política fiscal), razão pela qual a declaração exigida pelo tipo legal é a endereçada ao Banco Central do Brasil, e não à Receita Federal.[698] Em outro

---

[696] CERVINI, Raúl. "Derecho penal económico: concepto y bien jurídico", cit. Estamos alinhados com a proposição restritiva sugerida por ele. Pensamos, contudo, que sua reflexão teórica tenha pecado apenas em relação ao adensamento que deve ser conferido ao conceito de *ordem econômica* para fins penais.

[697] "Estas figuras penales se dirigen primordialmente a la protección del patrimonio de los titulares individuales, y sólo en casos particulares importan, de modo incidental y auxiliar, la protección de intereses patrimoniales supraindividuales, las sociedades comerciales, etc. Existen casos que demuestran que la realización de tales figuras penales patrimoniales 'clásicas' del Código Penal al propio tiempo son o pueden convertirse en un delito económico. (...) Ello ocurre, especialmente, en los casos de propaganda desleal, de delitos de balance y demás delitos atinentes a la contabilidad, en los delitos concernientes a documentos de cambio y cheques, en tanto se trata de abuso de instrumentos e instituciones económicas, aun cuando en el caso particular sólo pueden verse afectados los intereses patrimoniales de particulares. Junto a estos supuestos deben colocarse, como delitos económicos, los clásicos delitos patrimoniales, cuando se dirigen a un *objetcto fáctico supraindividual*, esto es, en las hipótesis en que el bien jurídico protegido no es siempre supraindividual, pero si lo es, en el caso concreto, na víctima del delito". (TIEDEMAN, Klaus. "El Concepto de Delito Económico", cit., p. 469).

[698] *Habeas Corpus* de nossa autoria, impetrado originariamente no TRF da 4ª Região (HC n° 2006.04.00.013111-0, rel. Des. Fed. Luiz Fernando Wowk Penteado, j. em 12/07/2006), foi o primeiro precedente jurisprudencial que reconheceu a necessidade de ajustamento da ofensividade, ao reconhecer inepta denúncia oferecida pelo Ministério Público Federal que imputava a alguém a prática do delito descrito no art. 22, parágrafo único, *in fine*, da Lei n° 7.492/86. A exordial acusatória referia que o paciente teria deixado de incluir em sua declaração de Imposto de Renda de Pessoa Física valores por ele mantidos no exterior. O colegiado, apreciando o mérito do *writ*, trancou a ação penal por reconhecer que a declaração, devida ao Banco Central do Brasil, deveria observar norma respectiva que exigia comprovação do saldo em 31 de dezembro do ano respectivo. É dizer: o acórdão reconheceu expressamente que a ofensa tinha natureza monetária, e não fiscal.

exemplo, o delito tipificado no art. 90 da Lei n° 8.666/93[699] direciona-se à proteção da política financeira (despesas estatais), e não à ordem econômica *stricto sensu* (livre mercado). Consequentemente, o intuito de obter "vantagem decorrente da adjudicação do objeto da licitação" não se confirma pela cartelização, mas sim pelo preço final praticado. Eventual combinação de preços entre os concorrentes não afetará o bem jurídico (sequer colocando-o em perigo concreto) caso, a partir de uma estimativa *ex post*, possa-se afirmar que o preço final da contratação seria o mesmo ainda que uma efetiva concorrência houvesse sido praticada.

Ainda no que se refere ao momento *ex post* do princípio da *ofensividade*, calha referir, à vista da baixa densidade significativa do bem jurídico nos delitos econômicos, o redobrado cuidado com que deve ser examinada a *possibilidade não insignificante* de ofensa nos casos de delitos de perigo abstrato. No art. 16 da Lei n° 7.492/86[700] e no art. 27-E da Lei n° 6.385/76[701] encontramos dois delitos que se inserem nessa categoria. Em ambos, a proteção tem sua autonomia situada no *perigo/violação* ao Sistema Financeiro Nacional e ao Mercado de Valores Mobiliários, mas a *ofensividade* não exige que tais bens jurídicos estejam no "raio de ação do perigo" sob uma perspectiva *ex post*.[702] A operação desautorizada de uma agência de câmbio ou de uma distribuidora de valores mobiliários caracteriza crime mesmo nos casos em que a gestão seja excelente. Contudo, tal solução não afasta a possibilidade de reconhecermos a ausência de *ofensividade* em esporádicas trocas de moeda estrangeira no mercado informal ou na intermediação de compra de ações no âmbito familiar, haja vista a *possibilidade insignificante* de afetação ao bem jurídico. Perceba-se que, nos exemplos referidos, conquanto o tipo legal não descreva uma exigência de pe-

---

[699] Art. 90. Frustrar ou fraudar, mediante ajuste, combinação ou qualquer outro expediente, o caráter competitivo do procedimento licitatório, com o intuito de obter, para si ou para outrem, vantagem decorrente da adjudicação do objeto da licitação: Pena – detenção, de 2 (dois) a 4 (quatro) anos, e multa.

[700] Art. 16. Fazer operar, sem a devida autorização, ou com autorização obtida mediante declaração falsa, instituição financeira, inclusive de distribuição de valores mobiliários ou de câmbio: Pena – Reclusão, de 1 (um) a 4 (quatro) anos, e multa.

[701] Art. 27-E. Atuar, ainda que a título gratuito, no mercado de valores mobiliários, como instituição integrante do sistema de distribuição, administrador de carteira coletiva ou individual, agente autônomo de investimento, auditor independente, analista de valores mobiliários, agente fiduciário ou exercer qualquer cargo, profissão, atividade ou função, sem estar, para esse fim, autorizado ou registrado junto à autoridade administrativa competente, quando exigido por lei ou regulamento: Pena – detenção de 6 (seis) meses a 2 (dois) anos, e multa.

[702] Perceba-se a manifesta falha legislativa que se observa com a edição da Lei n° 10.303/01, que introduziu o tipo legal do art. 27-E na Lei n° 6.385/76. Tal conduta, ao menos em parte, já estava situada no âmbito do alcance do art. 16 da Lei n° 7.492/86, que tratava expressamente da ilegal exploração de atividade no segmento do mercado de valores mobiliários. À medida que a legislação do Sistema Financeiro Nacional foi-se distanciando da regulamentação do Mercado de Capitais, surgiu a tendência de conduzir-se, para lei à parte (Lei n° 6.385/76), os delitos violadores deste segmento da economia. A nova lei, contudo, editada sem qualquer preocupação quanto à harmônica coerência endonormativa que deve guardar a pena – notadamente porque ambos os bens jurídicos, muito embora diversos, possuem inegável semelhança axiológica – reduziu a sanção imposta pela metade (baixou de 1 a 4 anos para 6 meses a 2 anos). Certamente que o efeito de *novatio lege in mellius* muito longe esteve de racionalmente ter sido assim concebido durante a sua concepção legislativa.

rigo efetivo, o exame *ex post* do perigo relevante, como categoria autônoma, é não só possível, senão também necessário.

Percebe-se, portanto, que um rigoroso conceito material de crime econômico repercute na seleção adequada do bem jurídico, além de ser decisivo para a definição legal da intensidade da proteção que a ele será conferida. Quanto mais abstrato e vazio se revelar o bem jurídico, maior será a tendência pelo uso indiscriminado e abusivo dos crimes de perigo abstrato; quanto mais densificado encontrar-se o objeto da tutela, maior será a possibilidade legislativa de definir o perigo real ou o dano que será protegido.[703] Por trás de toda escolha legislativa, há uma *razão forte* que pode e deve ser observada para que a exata compreensão dos limites possíveis do direito penal econômico. A excelência de uma atividade legislativa será tão maior quanto melhor compreendida seja essa *razão forte*.

4.3.5. Adensando a ofensividade à ordem econômica "stricto sensu" tutelada pelo crime de Lavagem de Dinheiro: transparência e criminal "compliance" como referencial de alcance normativo do tipo de ilícito

Uma noção de *lavagem* de dinheiro aproximada dos delitos de receptação ou de favorecimento real reforça a ideia, por exemplo, de que o responsável pelo *branqueamento* não possa ser o autor do crime antecedente – como ocorre com a receptação e o favorecimento. Além disso, essa leitura de ofensividade simétrica entre os delitos (especialmente com o favorecimento real), conforme veremos em seguida, pode ampliar perigosamente o alcance do tipo de ilícito, permitindo que qualquer conduta que tenha por propósito evitar a incidência do poder punitivo sobre o proveito dissimulado de um crime anterior possa caracterizar *lavagem* de dinheiro (exemplo: o autor do furto de um veículo que afixa placa falsa para poder usufruí-lo clandestinamente). A *lavagem* não se contenta apenas com a vantagem patrimonial do delito anterior (art. 180 do CP) ou com a conduta de ocultar, do alcance do poder punitivo, o proveito delituoso de outrem (art. 349 do CP), exatamente porque exige uma *ofensividade* autônoma em relação ao ilícito antecedente: a inserção não transparente de ativos no livre mercado regulado (ordem econômica *stricto sensu*). Assim entendida a ofensa, iremos melhor compreender que o autor do delito antecedente pode, mediante uma segunda conduta *ofensiva* (violadora da ordem econômica *stricto sensu*), responder também por *lavagem* de dinheiro; poderemos compreender que a autonomia da ofensa desloca sempre a competência para a Justiça Federal (art. 109, VI, da CF/88), pouco importando qual a competência da infração penal antecedente (cfe. determina o art. 2º, III, da Lei nº 9.613/98); poderemos, o que é mais importante, excluir do âmbito da incidência do ilícito-típico aquelas ocultações/dissimulações em que o propósito de subtrair-se do

---

[703] GRASSO, Giovanni. "L'Antecipazione della Tutela Penale: I Reati di Pericolo e I Reati di Attentato", cit., p. 691.

poder punitivo seja imanente à prática delitiva. Haveria, contudo, muito a ser dito para uma correta compreensão dessas premissas.

Há quem sustente que o objeto da proteção realizada pelo delito de lavagem de dinheiro seja a *ordem econômica* em sua configuração concorrencial. ARÁNGUEZ SÁNCHEZ, por exemplo, afirma que condutas de lavagem de dinheiro podem caracterizar uma grave afetação nas regras de concorrência, porque o autor dispõe de uma vantagem econômica privilegiada (ativos provenientes de atividades delituosas) em comparação com as demais pessoas que atuam licitamente no mercado.[704]

A proteção penal de uma concorrência livre e simétrica não é novidade. Sequer pode-se cogitá-la como uma tônica da globalização ou de um Estado regulador. O liberalismo econômico, em sua forma mais pura, ajusta-se a essa forma de proteção, porquanto uma concorrência, para ser livre, tem de ser efetiva. Isso nos permite compreender as razões que levaram os Estados Unidos a criminalizar, em pleno século XIX, as práticas de cartelização e de monopólio (*Sherman Act*, de 1890). No Brasil, essa leitura concorrencial é objeto da proteção conferida pelo art. 4º da Lei nº 8.137/90.

Sem embargo, essa não parece ser a melhor justificativa para a criminalização de práticas de lavagem de dinheiro. De imediato, resulta manifesto que a ofensividade proposta não teria a capacidade de justificar a intervenção penal naquelas condutas em que o sujeito ativo se limita a simplesmente ocultar o ativo que provém de um crime (art. 1º, *caput*, da Lei nº 9.613/98), sem reintegrá-lo à economia (art. 1º, § 1º, I, da Lei nº 9.613/98), pois, assim agindo, não estará concorrendo com ninguém.

Demais disso, tampouco parece aceitável que eventual ofensividade poderia ocorrer em condutas reintegrativas de ativos de procedência criminosa na economia formal sob a aparência de licitude (art. 1º, § 1º, I, da Lei nº 9.613/98). Pela mesma razão que parece um tanto paradoxal que os crimes de favorecimento real (art. 349 do CP) e de lavagem de dinheiro (Lei nº 9.613/98) tutelem o mesmo bem jurídico, semelhante antinomia poderia ser observada caso desejássemos afirmar que a formação de um cartel econômico (art. 4º da Lei nº 8.137/90) pudesse gerar uma ofensividade semelhante à da lavagem de dinheiro (Lei nº 9.613/90). A concorrência em desigualdade de condições, conquanto seja um valor legítimo a ser penalmente tutelado, estaria exposta a uma sobrecarga de proteção jurídica caso tivéssemos dois delitos que, em alguns casos, ocasionassem ofensas concêntricas.

O equívoco reside no fato de essa leitura da ordem econômica *stricto sensu* não levar em consideração o horizonte cognitivo da livre iniciativa na contemporaneidade. Se o liberalismo econômico, ao sabor smithiano, contentava-se com uma proteção meramente formal da concorrência, os tempos de Estado regulador indicam a necessidade de observância de *padrões éticos* para o livre mercado. Seria impensável, na economia americana do século XIX, que uma relação de consumo estivesse vinculada pela transparência no fornecimento

---

[704] ARÁNGUEZ SÁNCHEZ, Carlos. *El delito de blanqueo de capitales*. Madrid: Marcial Pons, 2000, pp. 97-99.

de bens e serviços, assim como até bem pouco tempo atrás era incogitável a existência de uma deturpação de cuidado de perigo sempre que dinheiro ilícito fosse aportado num produto financeiro ou na aquisição de um imóvel. A obrigatória informação nutricional de um produto alimentício, assim como a observância de deveres cadastrais para a aquisição de bens de valor vultoso, caracteriza cuidados de perigo que só recentemente passaram a ser reconhecidos culturalmente. Hoje em dia, há uma imensa gama de fluxos econômicos que se submetem a proteções contra práticas antitransparência que outrora circulavam livremente. A exigência de programas de *know your client*, que condicionavam segmentos muito restritos da economia formal (setor financeiro, principalmente), tem atualmente seu alcance direcionado para inúmeras atividades profissionais e comerciais. Há 30 anos, qualquer pessoa poderia adquirir uma valiosa tela de Picasso apenas na condição de que dispusesse dos milhares de dólares necessários para tanto. Hoje, a disponibilidade monetária já não basta para a perfectibilização do negócio. São tempos, em suma, de novos padrões éticos a que se submete a livre concorrência, todos eles albergados em regulamentações de *transparência*.

Um traficante, quando adquire um imóvel em nome de terceiro com recursos provenientes do tráfico, não estará praticando o delito de *lavagem* de dinheiro simplesmente porque adquiriu patrimônio de forma anti-isonômica. A aquisição do imóvel, por si só, situa-se numa relação intersubjetiva entre duas pessoas que, em princípio, escapa de qualquer regulamentação estatal. Sequer poderíamos cogitar presente uma necessária violação de cuidado de perigo anticoncorrencial no exemplo acima referido. A aquisição do bem, pelo traficante, pode inclusive estimular a concorrência. Pode repercutir numa redução do valor dos imóveis. Ou mesmo num aumento. Mas essas variações não são relevantes. Fato é que a aquisição do bem não se estabelece necessariamente numa relação de concorrência entre diversas pessoas ou mesmo na definição dos preços de mercado.[705]

A referida compra só se insere no âmbito de proteção da ordem econômica naqueles segmentos regulamentados da economia em que a *transparência* seja exigida para o negócio (p. ex.: art. 9º, XI, da Lei nº 9.613/98). A ordem econômica, aos poucos, vem impondo deveres de *compliance* em segmentos da economia que se apresentam vulneráveis a trocas econômicas não transparentes. Assim o é porque a ordenação da higidez da economia não se contenta apenas com geração de empregos ou de riqueza, senão também com o respeito institucional pelas regras do jogo.

O bem jurídico a ser protegido pela lavagem de dinheiro surge exatamente nessa recente contingência ética de fluxos econômicos. O alcance dos tipos

---

[705] Daí ser possível contornar a crítica de alguns autores no sentido de que a *ordem econômica* não seria afetada quando um bem é adquirido pelo preço de mercado (BADARÓ, Gustavo Henrique; BOTTINI, Pierpaolo. *Lavagem de Dinheiro – Aspectos Penais e Processuais Penais*, cit., p. 58). Os dias de hoje vêm conferindo novos limites ao livre mercado, não havendo mais espaço para pensar-se que a ordem econômica estaria preservada sempre que inexistente interferência direta ou reflexa nas condições da concorrência. O que está em jogo na violação, consoante veremos em seguida, não é a concorrência em desigualdade de condições, mas sim a concorrência *não transparente*.

de ilícito descritos no art. 1º da Lei nº 9.613/98 deve estar direcionado para aqueles casos em que, *como ponto de partida da imputação objetiva*, o agente infrinja algum dever de *compliance* que, numa etapa posterior, se ajuste materialmente aos limites do tipo legal. Não se trata, a rigor, de erigirem-se, os crimes definidos no art. 1º da Lei nº 9.613/98, à condição de normas penais em branco, mas sim reconhecer-se que, a partir da noção *integral de ilícito* antes descrita, o tipo de ilícito somente terá incidência material naqueles casos em que a conduta selecionada pelo tipo legal seja perfectibilizada no alcance da teia normativa que regulamenta as transparências de determinados fluxos financeiros.

Quando falamos, portanto, que o bem jurídico protegido pela Lei nº 9.613/98 é a ordem econômica *stricto sensu*, não estamos direcionando a proteção formal para a livre concorrência (já tutelada pelo art. 4º da Lei nº 8.137/90), mas sim para a roupagem *ética* de uma livre concorrência que exige *transparência* nos segmentos da economia que se submetam a deveres de *criminal compliance*. Em termos práticos, significa afirmar que o delito de lavagem de dinheiro tem a necessidade de a conduta situar-se no âmbito do descumprimento dos deveres contidos nos arts. 10 e 11 da Lei nº 9.613/98.

Não são poucos os esclarecimentos que ainda se impõem a partir dessa delimitação. Em primeiro lugar, o referido descumprimento é apenas o ponto de partida da imputação objetiva do tipo. Significa afirmar que o tipo de ilícito pressupõe a inobservância do dever de *compliance*, mas a incidência típica está a exigir que essa inobservância se materialize como etapa de realização da conduta típica. A prática de uma "operação atípica" (ou a omissão de comunicação legalmente exigida), assim definida na regulamentação do setor, não caracteriza, necessariamente, uma conduta de ocultar ou dissimular a procedência ilícita de um ativo. Somente no caso de a referida operação estar alcançada pelos limites formais do tipo legal é que a conduta poderá, em tese, se submeter ao inaugural juízo de subsunção típica.

Além disso, os deveres de *compliance* incidem em diversos momentos de fluxos financeiros, inclusive em alguns segmentos em que a sua violação já caracteriza a execução ou o exaurimento da infração penal que origina o ativo. Em sendo esta a hipótese, o descumprimento do dever de *compliance* será o meio de execução do delito que proporciona uma vantagem patrimonial, não se podendo confundir com a execução do próprio delito de lavagem de dinheiro. Quem, a pretexto de sacar o proveito de uma corrupção passiva, simula um negócio jurídico inexistente ou então se vale de interposta pessoa para tanto, poderá estar descumprindo deveres descritos nos arts. 10 e 11 da Lei nº 9.613/98, mas essa seria uma conduta ilícita que se insere no raio de proteção do ilícito projetado pela infração penal antecedente que gera o ativo. No entanto, se a vantagem patrimonial obtida com a corrupção contar com uma dissimulação cadastral legalmente exigida mediante a compra de imóvel em nome de terceiro que não é o real proprietário, ou então se o valor for utilizado para a aquisição de cotas de um fundo de investimento em nome de pessoa jurídica fictícia, aí, então, estaremos diante de uma ofensividade que legitima a existência de um novo delito, juridicamente diverso da infração penal antecedente.

Há que se aferir, ademais, se a conduta perfaz uma exigência mínima de tipicidade material do tipo de ilícito, ou seja, se estamos diante de uma significativa possibilidade de afetação do bem jurídico. O delito de lavagem de dinheiro situa-se no âmbito da violação de cuidado-de-perigo com o objeto da proteção, ou seja, não estamos tratando de delito de dano-violação. Ainda assim, haveria um grau mínimo de ofensividade ao bem jurídico (perigo concreto) a ponto de justificar a incidência de um tipo de ilícito que traz consigo uma consequência penal bastante severa (reclusão de 3 a 10 anos e multa). A supressão do catálogo fechado de crimes antecedentes pela Lei nº 12.683/12 ampliou sensivelmente o alcance formal do tipo legal, a ponto, inclusive, de atrair as contravenções penais para o rol de infrações penais antecedentes. Essa ampliação tem de ser corrigida por rigorosos mecanismos de recorte material da incidência típica. Por exemplo, as recomendações do GAFI vêm aconselhando os países que participam do referido órgão à adoção de diretrizes previstas nas Convenções de Viena e de Palermo. A atual Recomendação nº 3 refere que os países "deverão considerar crime de lavagem de dinheiro todos os crimes graves, de maneira a incluir a maior quantidade possível de crimes antecedentes".[706] A Convenção de Palermo, por sua vez, submeteu os países signatários, nos termos do art. 6º, 2.b, ao compromisso de serem criminalizadas *lavagens* de dinheiro provenientes de (i) infrações graves – assim considerado o "ato que constitua infração punível com uma pena de privação de liberdade, cujo máximo não seja inferior a quatro anos ou com pena superior" (art. 2º, b), (ii) participação em um grupo criminoso organizado (art. 5º), (iii) corrupção (art. 8º) e (iv) obstrução da justiça (art. 23). Tal normativa parece ser útil para estabelecermos uma linha de corte mínima para as infrações penais antecedentes que poderão ser avaliadas para fins de lavagem de dinheiro. E isso sem falar-se, num segundo momento, no exame *ex post* da relevância jurídica da conduta, mesmo nessa limitação de recorte, de ofensividade mínima.

Por fim, haja vista estarmos tratando, no Brasil, de um crime punido apenas na forma dolosa, a infração de um dever de *compliance* não pode presumir a imputação subjetiva do tipo. A par de óbvia, a observação é relevante para lembrarmos que não haverá autoria, coautoria ou participação (comissiva ou omissiva) que não esteja dolosamente direcionada à ofensa. Eventual dever de *compliance* descumprido culposamente - ou mesmo dolosamente, porém não direcionado subjetivamente à prática de um crime de lavagem de dinheiro -, escapa do alcance do tipo de ilícito.

4.3.6. *Pluriofensividade, favorecimento real, receptação e lavagem de dinheiro: crítica, distinções e ajustes*

Há um amplo reconhecimento doutrinário e jurisprudencial apontando para uma noção de pluriofensividade tutelada pelo delito de lavagem de

---

[706] Disponível em: <http://www.dgpj.mj.pt/sections/noticias/gafi-recomendacoes-de/downloadFile/attachedFile_f0/Recomendacoes_GAFI_2012.pdf?nocache=1344353148.98>.

dinheiro, ou então um reconhecimento, com primazia, da proteção da Administração da Justiça. Cremos que ambas as noções são criticáveis.

Um delito pode trazer efeitos fáticos muito amplos, como ocorre, por exemplo, com o prejuízo sentimental e patrimonial dos familiares da vítima de um homicídio. A doutrina penal bem observa que esses são casos "in cui la plurioffensività dipende soltanto dal particolare atteggiarsi di uma situazione concreta", o que não se confundiria com casos em que "l'offensa a più beni è uma caratteristica necessária del reato".[707] Nossa objeção direciona-se inclusive à possibilidade de, *ex ante*, aceitarmos que um delito possa proteger mais de um bem jurídico. O respeito pelo princípio da ofensividade está a exigir que, mesmo nos casos em que juridicamente possamos aventar uma afetação múltipla, o âmbito da imputação do tipo alcance precisamente apenas um objeto de tutela, sem considerarmos efeitos fáticos e/ou jurídicos meramente reflexos como critérios decisivos de imputação.[708] Considerar-se o delito de *lavagem* de dinheiro um crime pluriofensivo[709] é o caminho aberto para a ampliação desmedida do alcance do tipo; é pouco a dizer sobre o muito que representa o princípio da ofensividade em termos de garantia à liberdade individual; é pretender-se muito tutelar sem, de fato, algo proteger.

De outro lado, não se ignora que a lavagem de dinheiro possa prejudicar a efetividade da persecução penal sobre os ativos provenientes da infração. Ainda assim, discordamos da opinião de que a proteção penal, na espécie, encontre-se na necessidade de o Estado impedir que os agentes usufruam as vantagens auferidas ilegalmente[710]. O direito penal já confere, em parte, proteção ao encobrimento de ativos provenientes de crimes através de delitos contra a Administração da Justiça, definidos no Código Penal. E na parte não alcançada por essa proteção já existente, o tipo legal da lavagem de dinheiro resultaria

---

[707] Em detalhes: PAGLIARO, Antonio. *Principi di Diritto Penale*, cit., pp. 237-238.

[708] Perceba-se, por exemplo, o que ocorre com o delito de latrocínio (art. 157, § 3°, do CP): o tipo de ilícito aplica-se aos casos em que o agente provoca um resultado morte em condição vinculada à subtração patrimonial. Tanto a vida quanto o patrimônio são bens jurídicos selecionados pelo Código Penal. No entanto, ainda que a morte associada à subtração caracterize uma inegável ofensa à vida humana, o âmbito de incidência do tipo será conduzido a partir da ofensividade imanente ao objeto a que o legislador conferiu proteção: o patrimônio. Afora os reflexos dessa determinação do bem jurídico quanto à competência processual para apurar-se a infração penal, teremos, ainda, consequências materiais no âmbito do alcance do tipo, que será guiado (por exemplo, para o exame do concurso de crimes e da tentativa) não pelo evento morte, mas sim pela lesão patrimonial. Daí podermos considerar um flagrante equívoco o que dispõe a Súmula n° 610 do STF, ao deslocar o objeto da proteção para a vida humana a fim de determinar o momento consumativo de um crime patrimonial de dano.

[709] No sentido, afirmando que o bem jurídico protegido é a administração da justiça e a higidez da economia e dos fluxos financeiros: LAMPE, Ernst-Joachim. "El Nuevo Tipo Penal del Blanqueo de Dinero" (§ 261 StGB), cit., pp. 120-121. A mesma ambiguidade é observada na obra de BUJÁN PÉREZ, quando afirma que "en la línea de un verdadero tipo autónomo de encumbrimiento, parece responder a la naturaleza de un auténtico delito contra la Administración de la justicia", embora, em momento posterior, consigne que referido bem jurídico "puede expressarse en la idea de la *licitud de los bienes que circulan en el mercado*" (BUJÁN PÉREZ, Carlos Martínez. *Derecho Penal Económico*, cit., pp. 322-323).

[710] BADARÓ, Gustavo Henrique; BOTTINI, Pierpaolo. *Lavagem de Dinheiro – Aspectos Penais e Processuais Penais*, cit., pp. 57-60; DE GRANDIS, Rodrigo. "O exercício da advocacia e o crime de lavagem de dinheiro". In DE CARLI, Carla Veríssimo [org.]. *Lavagem de Dinheiro – Prevenção e Proteção Penal*. 2. ed. Porto Alegre: Verbo Jurídico, 2013, p. 153.

com um alcance demasiado amplo, além de não estar atento aos novos rumos de proteção que a economia requer.

O *branqueamento* de capitais possui uma próxima relação com os crimes de receptação (art. 180 do CP) e de favorecimento real (art. 349 do CP). Todos têm em comum a circunstância de serem "crimes parasitários",[711] ou seja, crimes cuja consumação encontra-se contingenciada pela prática de um delito anterior.

Se, ao tempo da redação original da Lei n° 9.613/98, a proximidade entre os três delitos já era evidente,[712] agora, com a adoção de uma lei de terceira geração, teremos um recrudescimento dos problemas dogmáticos relacionados ao concurso aparente de normas e à ofensividade entre os três delitos.

Um dos pontos a ser enfrentado diz respeito à relação de contingência (des)necessária com o crime antecedente. Das três formas delitivas, apenas o favorecimento real contou com cláusula legal expressa de exclusão de responsabilidade do sujeito ativo com o crime antecedente ("fora dos casos de coautoria ou de receptação"). É dizer: só responde pelo crime de prestar auxílio destinado a tornar seguro o proveito do crime (i) aquele que não seja coautor ou partícipe do delito que gerou o referido proveito ou (ii) quando o favorecimento não se ajusta aos limites do tipo objetivo de receptação.

De sua vez, a relação entre receptação e favorecimento real é de norma geral/norma especial, em que o elemento especializador seria o *lucri faciente causa* (interesse econômico do sujeito ativo, presente apenas na receptação).[713] Quem pratica conduta que objetivamente viola a possibilidade de o poder punitivo alcançar o proveito do crime estará incorrendo no art. 349 do CP; quem,

---

[711] Hungria, Nélson. *Comentários ao Código Penal*. Rio: Forense, 1967, vol. VII, p. 303.

[712] Esse é um tema que, no particular, a doutrina dedicou pouca atenção. Alguns autores apenas ressaltaram a proximidade da objetividade jurídica dos delitos de receptação e de *lavagem* de dinheiro (p. ex., Maia, Rodolfo Tigre. *Lavagem de Dinheiro*. São Paulo: Malheiros, 1999, pp. 22-23), sem avançar nas distinções dogmáticas de ambos os delitos. É principalmente no direito penal espanhol que a doutrina tem dedicado maior atenção às diferenças entre ambos os delitos, e não sem razão: o atual Código Penal espanhol cometeu o equívoco de definir crimes econômicos sob o mesmo título que tutelou os crimes patrimoniais (Titulo XIII - Delitos contra el patrimonio y contra el orden socioeconómico), como se a proteção de um direito individual (patrimônio) pudesse ser tutelada com parâmetros objetivos e subjetivos de imputação semelhantes aos definidos para a tutela de um bem supraindividual (ordem econômica) (para detalhes acerca da distinção material entre crimes de tutela individual e crimes econômicos, v.: Schmidt, Andrei Zenkner. "A delimitação do Direito Penal Econômico a partir do objeto do ilícito". In: Vilardi, Celso Sanchez; Bresser Pereira, Flávia Rahal; Dias Neto, Theodomiro [org.]. *Crimes Financeiros e Correlatos*. São Paulo: Saraiva, 2011, p. 19-77). E o que é pior: o capítulo XIV do Título XIII fala em "De la receptación y otras conductas afines", definindo a primeira no art. 298 e a *lavagem* no art. 301. Sobre o tema: Gómez Pavón, Pilar. "El bien jurídico protegido en la receptación, blanqueo de dinero y encubrimiento". In *Cuadernos de Política Criminal*, n. 53, 1994, pp. 459-484; Cadenas Cortina, Cristina. "Problemas de la penalidad en los delitos de receptación y blanqueo de dinero". In *Cuadernos de Política Criminal*, n. 56, 1995. pp. 373-403. Em sentido contrário, considerando ajustado o tratamento legal sob o mesmo capítulo dos crimes de receptação e de *blanqueo de dinero*, "porque la receptación, más que com el delito patrimonial anterior, guarda relación con ele interes general en no favorecer la delincuencia patrimonial o económica, en la medida en que la possibilidad de que o autor vea facilitada la obtención real del lucro pretendido com el delito constituye um factor decisivo em el desarrollo de este tipo de criminalidad" (González Rus, Juan José. In Cobo del Rosal, Manuel [org.]. *Curso de Derecho Penal Español – Parte Especial*. Madrid: Marcial Pons, vol. I, 1996, p. 549).

[713] Hungria, Nelson. *Comentários ao Código Penal*. 2. ed. Rio de Janeiro: Forense, 1959, vol. IX, p. 509.

pelo contrário, indo além dessa singela ocultação, obtém algum proveito patrimonial com a obtenção do ativo de procedência ilícita, estará sendo alcançado pelo art. 180 do CP. Perceba-se: a ocultação que pode existir tanto no art. 349 quanto no art. 180 distingue-se precisamente no nível de ofensividade resultante da conduta.

Os crimes de receptação e de *lavagem* de dinheiro, ao contrário do que ocorre no favorecimento real, não possuem cláusula formal expressa de exclusão da responsabilidade pelo crime anterior. Ainda assim, a doutrina, de uma maneira geral, vem reconhecendo que o autor da receptação não responde pelo delito antecedente,[714] ao passo que o autor da *lavagem*, sim.[715] De relevante, importa-nos observar que tais soluções derivam apenas de uma mera conveniência dogmática na interpretação de ambos os tipos penais, e não de um óbice legalmente imposto. Ou seja, o que leva doutrina e jurisprudência a reconhecer que o autor da receptação não pode ser coautor ou partícipe do furto que gerou o proveito final é um filtro de ofensividade, porquanto a lei assim não o exige.

Tomadas essas premissas dogmáticas que distinguem os crimes de favorecimento real e de lavagem de dinheiro, parece-nos claro que este último (i) pressupõe intenção de proveito econômico e (ii) pode ser praticado pelo coautor ou partícipe do delito antecedente. Nessa linha, se considerarmos que o bem jurídico protegido pela lavagem de dinheiro é o mesmo do favorecimento real (ou seja: Administração da Justiça), então seremos obrigados a reconhecer que a distinção entre ambos se situaria apenas nesses dois critérios, o que pode conduzir a problemas insuperáveis de imputação do tipo. Apenas para exemplificar, estará praticando favorecimento real aquele que, sem receber qualquer vantagem para tanto, monta uma operação financeira que permitirá a reintegração do ativo criminoso? Que crime estará praticando o titular do ativo de procedência criminosa que é submetido a terceiro que, sem auferir proveito, monta uma operação de reintegração de valores? Se o art. 349 do CP viesse a ser legalmente modificado, com a supressão das elementares "fora dos casos de co-autoria ou de receptação", haveria espaço para a lavagem de dinheiro incidir além dos casos de *autolavagem*? Essas dúvidas revelam que, quando há pontos de contato entre os dois círculos concêntricos de ofensividade à Administração da Justiça em ambos os delitos, surge uma zona cinzenta incapaz de nos fornecer respostas satisfatórias acerca da distinção entre os ilícitos.

Já em relação ao segmento de ofensividade em que os tipos de ilícito não se mostram convergentes (por exemplo, quando o autor da lavagem de dinheiro é o autor da infração penal antecedente), o direcionamento da ofensa para a proteção da Administração da Justiça acarretaria uma indesejável ampliação do alcance do tipo legal, além de um desfoque de proteção em relação a segmentos da economia carentes de tutela.

Não se ignora que a interpretação rigorosa da ofensividade pelo prisma da Administração da Justiça, em atenção aos limites semânticos do tipo, per-

---

[714] FRAGOSO, Heleno Cláudio. *Lições de Direito Penal*. 2. ed. São Paulo: Bushatsky, vol. 2, 1962, p. 419.

[715] BONFIM, Marcia Monassi Mougenot; BONFIM, Edilson Mougenot. *Lavagem de Dinheiro*. São Paulo: Malheiros, 2005, pp. 51-53.; MAIA, Rodolfo Tigre. *Lavagem de Dinheiro*, op. cit., p. 92.

mite distinguir a lavagem de dinheiro da ocultação/dissimulação imanente a todo e qualquer delito que produza um ativo. A clandestinidade de um estelionato, de um crime de evasão de divisas ou de uma sonegação fiscal insere-se no âmbito de proteção do bem jurídico tutelado pelo crime antecedente. A lavagem de dinheiro, para além disso, só incide num segundo momento, numa segunda ocultação/dissimulação, desta feita, quando o ativo passa a ser fruído de maneira clandestina. Perceba-se, no entanto, que essa é uma consequência não do tipo de ilícito, mas sim do tipo legal: a diferença entre a ocultação/dissimulação imanentes ao crime antecedente e a ocultação/dissimulação que autorizaria a incidência da Lei nº 9.613/98 não advém da tomada de posição pela tutela da Administração da Justiça, mas sim do limite legalmente estabelecido no art. 1º da Lei nº 9.613/98: "proveniente". Daí que não se poderiam creditar à Administração da Justiça os louros resultantes da linha de corte.

O foco teria de ser deslocado para a análise, no fim das contas, da legitimidade de criminalizar-se a conduta de quem frui um ativo proveniente de infração penal por meio de uma conduta evasiva do poder punitivo. Essa necessidade decorre de uma exigência da economia contemporânea? Ou seria da necessidade de criar-se uma nova camada jurídica de proteção sobre o proveito do delito antecedente? Por que razão, somente no apagar das luzes do século XX, é que surgiu um reconhecimento cultural de proteção penal contra condutas de lavagem de dinheiro? No fim das contas, a lavagem de dinheiro pode ser tratada como um crime econômico?

A tomada de posição pela tutela da Administração da Justiça desloca o horizonte cognitivo da proteção para o segmento preventivo do direito penal, deixando em segundo plano as novas relações de perigo observadas na economia contemporânea. Só aqui já haveria uma manifesta contradição: se os deveres de *compliance* referidos nos arts. 10 e 11 da Lei nº 9.613/98 têm por propósito evidente conferir novos rumos de proteção a determinados fluxos econômicos, não seria incoerente interpretar-se o art. 1º da mesma lei com objetividade jurídica distinta?

E mais: seria até equivocado afirmarmos que o direito penal não confere proteção jurídica contra benefícios patrimoniais obtidos a partir de uma infração penal, porquanto o art. 91, II, *b*, do CP prevê, como efeito da condenação, a perda de qualquer ativo adquirido com o produto do crime. Parece questionável que, em nome de uma insuficiente proteção resultante desse efeito da condenação, estejamos autorizados a criminalizar a auferição clandestina do proveito do delito com uma nova pena de 3 a 10 anos.

Temos por correta a compreensão de que o crime de lavagem de dinheiro encontra sua coerência exatamente nos novos rumos da economia em tempos de Estado regulador. Trata-se de uma ofensividade cujo reconhecimento cultural é contemporâneo, porque é também contemporânea a percepção sobre a necessidade de proteção da transparência em alguns segmentos da economia que outrora eram total ou parcialmente livres. Se, pelo contrário, interpretarmos que a necessidade da proteção está focada na tutela da fruição do proveito criminoso, então bastaria modificar a redação do art. 349 do CP e a sanção prevista em lei para chegarmos a tanto. Veja-se, a propósito, que seria bastante difícil encontrar justificativa para a imposição de uma pena de 3 a 10 anos para o "autoencobrimento" (art. 1º da Lei nº 9.613/98) e para a pena de 1 mês a 6 meses para o "heteroencobrimento" (art. 349 do CP). Fosse isso correto, então faria muito mais sentido proceder como a legislação de alguns países da Europa (Holanda, Finlândia e Dinamarca), que exasperaram a punição pelo crime de favorecimento real sem tipificar, como delito autônomo, a lavagem de dinheiro.[716]

E mais: como justificarmos a compatibilidade entre o alcance e a pena prevista para o crime de favorecimento real (art. 349 do CP) com as condutas descritas nos §§ 1º e 2º do art. 1º da Lei nº 9.613/98, que nitidamente estão direcionadas para terceiros não responsáveis pelos crimes antecedentes? Se o bem jurídico de ambos os delitos é a Administração da Justiça, haveria razão aceitarmos uma pena de 3 a 10 anos de reclusão para aquele que guarda o ativo ilícito convertido em licitude (art. 1º, § 1º, II, da Lei nº 9.613/98), ao passo que a pena seria de 1 mês a 6 meses para aquele que guarda o proveito criminoso independentemente disso? Se alguém esconde o veículo furtado, a pena poderia chegar a 6 meses; mas se esconde o veículo adquirido com o produto do furto, a pena pode chegar a 10 anos. Se entre ambas as condutas existe a mesma ofensividade, então parece evidente a inconstitucionalidade endonormativa que resulta de consequências penais tão distintas.

Focalizar-se na Administração da Justiça o bem jurídico tutelado pela lavagem de dinheiro traz consigo o manifesto risco de conferir-se proteção ao mero exaurimento do delito. Um crime que gera ativos demandará, inevitavelmente, uma conduta subsequente do criminoso tendente a usufruí-lo. E o direito penal tem dado mostras de que, em hipóteses tais, uma segunda punição não seria necessária (pense-se na destruição da *res* furtiva como pós-fato impunível). Em verdade, concentrar-se na Administração da Justiça em hipóteses tais é aproximar-se, ainda que mediante retórica esteticamente ajustada, da proteção do bem jurídico já tutelado pela infração penal antecedente. Se o propósito é evitar que o ativo criminoso seja fruído, então o que temos, no fim das contas, é uma sobrecarga de reposta penal à prevenção do crime antecedente. Essa escolha, para além de ampliar demasiadamente o alcance do tipo de ilícito, tornaria praticamente impossível controlar uma aplicação irrestritamente discricionária do direito penal - algo muito parecido com o que temos vivido, hoje, na jurisprudência brasileira.

O bem jurídico protegido pela lavagem de dinheiro deve ser levado a sério em sua autonomia e contemporaneidade, em momento algum podendo ser confundido com uma proteção já conferida ao delito antecedente. A significativa diferença quantitativa de pena prevista em lei para a lavagem de dinheiro, em comparação com crimes de receptação e de favorecimento real, justifica que o bem jurídico tenha de ser visto de forma autônoma em relação a outros mecanismos de proteção. Uma autonomia focalizada na relevância, para a solidez

---

[716] AMBOS, Kai. *Lavagem de Dinheiro e Direito Penal*. Trad. por Pablo Alflen da Silva. Porto Alegre: Sergio Fabris, 2007, pp.. 27 e 33-41, inclusive nota n. 58.

de uma economia, de determinados fluxos financeiros terem de ocorrer de forma transparente, como meio necessário à salvaguarda da higidez econômica em sua concepção mais ampla. Uma economia sólida, em tempos de Estado regulador, não é simplesmente uma economia com baixo índice de desemprego e razoável renda *per capita*, mas sim uma economia em que as regras do jogo sejam respeitadas, de modo a propiciar que as escolhas dos jogadores se verifiquem num ambiente minimamente transparente. O cuidado-de-perigo, no particular, reside exatamente nesses segmentos da economia que têm exigido uma proteção estatal nova e diferenciada. A ampliação do rol de deveres de *compliance*, instituída pela Lei nº 12.683/12, é uma boa representação disso.

A opção pela releitura do delito de lavagem de dinheiro com foco na tutela da ordem econômica *stricto sensu*, no segmento da transparência dos fluxos econômicos concretizada pelos deveres de *compliance*, tem a vantagem de delimitar aprioristicamente o ponto de partida do tipo legal somente para os casos em que os referidos deveres forem violados, propiciando um maior controle legal da atuação judicial. E, uma vez compreendido que o alcance do tipo legal estará contingenciado pelas exigências materiais do tipo de ilícito, então teremos um modelo de delito que proporcione compatibilizar a proteção sobre novos perigos em atenção à subsidiariedade exigida pelo direito penal.

5. Teoria da pena no delito econômico

5.1. Pena, funcionalismo e Direito Penal Econômico: instrumentalização e moralização do *homo oeconomicus*

5.1.1. Funcionalismo, prevenção geral e criminalidade econômica

O direito penal econômico é apenas um segmento que integra a dimensão do direito sancionador em que inegavelmente se insere o direito penal. Conquanto encaremos delito e pena como fenômenos distintos, convém indagar se a autonomização dogmática referida no capítulo anterior também afetaria o sentido da pena nos delitos econômicos. Ou, para sermos ainda mais precisos: o fundamento do crime econômico repercute, em alguma medida, na sua sanção penal? Haveria um fundamento peculiar para a sanção penal nos crimes econômicos, total ou parcialmente diverso do observado no direito penal nuclear? A frequente condição econômica privilegiada do criminoso, em hipóteses tais, permite-nos reconhecer justificativas e limites distintos para as penas no direito penal econômico? Caso recordemos que diversos ordenamentos jurídicos preveem formas especiais de punição para os delitos econômicos, estaríamos autorizados a, diante disso, reconhecermos um sentido penológico singular?

Examinando essas questões, FIGUEIREDO DIAS, em estudo publicado originalmente em 1985,[717] propõe que o fundamento, o sentido e a aplicação das penas nos delitos econômicos, apesar de acompanharem os princípios gerais do direito penal geral (as penas devem partir – sob sua ótica – de uma concepção de prevenção geral de integração, ligada institucionalmente a uma pena de culpa a ser executada com um sentido predominante de [re]socialização), possuem uma coloração diversa: o nível da prevenção geral de integração será em muitos casos mais elevado; as exigências de retribuição da culpa costumam sentir-se com maior intensidade; as estratégias de (re)socialização são alcançadas mais facilmente; a importância da pena de prisão, ainda que curta, se

---

[717] FIGUEIREDO DIAS, Jorge de. "Breves considerações sobre o fundamento, o sentido e a aplicação das penas em direito penal econômico". In VV. AA. *Direito Penal Econômico*. Coimbra: Centro de Estudos Judiciários, 1985, pp. 25-42. Também disponível em VV. AA. *Direito Penal Econômico e Europeu – Problemas Gerais*. Coimbra: Coimbra, 1998, pp. 375-386.

sobrepõe à multa; seriam maiores as expectativas de evitar o efeito dessocializador e criminógeno da privação de liberdade.

Tais diferenças apontariam para a autonomização relativa do direito penal econômico também no segmento dogmático das sanções, até mesmo porque – na conclusão do professor da Universidade de Coimbra – estariam amparadas sob um princípio de *igualdade material*: "em todos os Estados se pressente um sentimento generalizado de injustiça estrutural, relativamente ao qual a impunidade dos delinquentes econômicos ou a sua injustificada punição menor adquire acentuada ressonância simbólica. (...) É para inverter este estado das coisas e para obviar à generalização de atitudes de cinismo e evasão que a sociedade deve formular particulares exigências ao seu ordenamento penal econômico".[718]

É inegável que, ao tempo em que a proposição de FIGUEIREDO DIAS foi concebida, os processos de criminalização primária e (principalmente) secundária nos delitos econômicos tivessem contornos bastante assimétricos em relação às infrações penais tradicionais. Na década de 1980, a legislação penal mostrava-se muitas vezes carente de proteção direcionada a violações ocorridas no âmbito empresarial; o empresário seguia contando com uma certa imunidade no reconhecimento social de seus desvios. Esse contexto histórico certamente foi decisivo para que a intervenção penal nos delitos econômicos tivesse de ser submetida a uma crítica cujas premissas estavam fincadas numa ideia de *igualdade material*. No entanto, ainda que a referida assimetria possa ser ainda hoje observada na distribuição do poder punitivo, não se pode ignorar que a criminalização primária e secundária em práticas empresariais já não se opera quantitativa e qualitativamente da mesma forma que há 30 anos.

Isso nos obriga a considerarmos que uma aproximação crítica ao fundamento e ao sentido da pena nos delitos econômicos, nos moldes propostos por FIGUEIREDO DIAS, não pode desprezar o contexto histórico em que foram concebidos. Ainda assim, bem compreendida a ressalva, iremos examinar as ideias sustentadas pelo Professor de Coimbra em sua leitura contemporânea, de modo a verificarmos se, ainda hoje, elas permaneceriam hígidas.

Os sistemas teleológico-funcionais propostos por FIGUEIREDO DIAS e ROXIN consideram, cada um à sua maneira, que a culpa individual não é o *fundamento* da pena, mas sim o *limite* que irá balizar a carga de prevenção que é exigida para a sanção penal.[719] A culpa individual desempenharia um importante papel no diagnóstico do delito, mas ela não poderia ser considerada como *fundamento* da pena porque, se o fosse, estaria obstado o fim preventivo a que almeja chegar.

---

[718] FIGUEIREDO DIAS, Jorge de. "Breves considerações sobre o fundamento, o sentido e a aplicação das penas em direito penal económico", cit., p. 386.

[719] "A culpa não é *fundamento* da pena, mas constitui o seu limite inultrapassável" (FIGUEIREDO DIAS, Jorge de. "Fundamento, Sentido e Finalidades da Pena Criminal". In *Temas Básicos da Doutrina Penal*. Coimbra: Coimbra, 2001, p. 109 (pp. 65-111). No mesmo sentido: ROXIN, Claus. "Sentido e limites da pena estatal". In *Problemas Fundamentais de Direito Penal*. 3. ed. Lisboa: Vega, p. 35 (pp. 15-47).

Em nosso sentir, aceitar-se que as consequências penais da infração deixem-se levar pela carga de demanda estabilizadora da norma é uma opção que pode legitimar a instrumentalização do ser humano na incidência do poder punitivo.[720]

O princípio da dignidade da pessoa humana não tolera qualquer tentativa, por mais sutil que seja, de utilização do homem como meio para fins políticos. A partir de uma noção preventiva geral, o direito penal deixaria de fincar âncora na *responsabilidade* pessoal (pois a sanção seria aplicada segundo o grau de prevenção exigido) e no tratamento institucional *isonômico* de todo cidadão perante o Estado (porque o rigor da sanção teria por base a condição material ocupada pelo autor do delito). Por razões tais, todo homem, qualquer que seja sua condição social, qualquer que seja sua nacionalidade, etnia ou raça, tem de se submeter em igualdade de condições ao poder punitivo.[721] É certo que a criminologia contemporânea vem nos demonstrando que as coisas, de fato, não ocorrem dessa forma. Mas esse é um ônus institucional que não pode ser transferido ao sujeito ativo do delito.[722]

De outro lado, a solução apontada não escapa imune às críticas que recaem sobre as consequências dogmáticas que resultam das concepções funcionalistas de maneira geral. Caso a racionalidade teleológica do direito penal tenha de ser obtida a partir da carga de prevenção que deve recair sobre cada delito – nos moldes de todas as formulações que se sucederam à proposta original de ROXIN[723] – chegaremos ao resultado final de que a cada crime há de corresponder um *limite* (o que até é razoável) e um *sentido* (o que é inaceitável) diverso

---

[720] E, nesse caso, tornaríamos referir a antiga, porém sempre atual, objeção kantiana: "o homem nunca pode ser manejado como meio para propósitos de outra pessoa, nem confundido com o objeto do Direito penal" (KANT, Immanuel. *La Metafísica de las Costumbres*. Trad. por Adela Cortina Orts y Jesús Conill Sancho. 2. ed. Madrid: Tecnos, 1994, § 331, p. 166).

[721] Como bem pondera FARIA COSTA, "todos os actos – com relevo jurídico, é evidente – do mais pobre e mais humilde dos cidadãos merecem, para o bem e para o mal, o mesmo tratamento que se dê aos mesmos comportamentos do mais poderoso e rico dos cidadãos" (FARIA COSTA, José de. "Uma ponte entre o direito penal e a filosofia penal: lugar de encontro sobre o sentido da pena". In *Linhas de direito penal e de filosofia: alguns cruzamentos reflexivos*. Coimbra: Coimbra, 2005, p. 228 (pp.205-235).

[722] ALESSANDRO BARATTA foi um dos criminólogos que, partindo de uma visão materialista, destacou a distribuição seletiva do poder punitivo. Para ele, a melhor forma de adequação a essa desigualdade seria conferindo tratamento desigual aos comportamentos socialmente negativos que se verificam nas classes subalternas e os observados nas classes dominantes. Em relação àqueles, o poder punitivo deveria passar por um radical processo de despenalização e descriminalização; quanto a estes, a resposta penal seria exigida em termos positivos, ampliando e reforçando a tutela de interesses difusos e coletivos essenciais à vida dos indivíduos e da comunidade. Dentre outras medidas propostas pela "política criminal alternativa", BARATTA propôs o direcionamento do foco para a função da opinião pública e dos processos ideológicos sobre a distribuição desigual do poder punitivo. Para igualar, seria necessário um eficaz mecanismo de simbolização dessa intervenção penal desigual, capaz de fornecer à política criminal alternativa uma adequada base ideológica, sem a qual ela estará destinada a permanecer uma utopia de intelectuais iluministas. Para este fim é que seria necessário promover uma discussão de massa, no seio da sociedade e da classe operária, sobre a questão criminal (BARATTA, Alessandro. *Criminologia Crítica e Crítica do Direito Penal*. 2. ed. Rio : Freitas Bastos, 1999, pp. 156, 199, 200-205). O interessante é que BARATTA, mesmo em relação à proteção penal de interesses difusos, jamais sustentou que o cárcere pudesse servir de instrumento de ajuste de desigualdades sociais.

[723] V. ROXIN, Claus. *Política Criminal y Sistema del Derecho Penal*. Trad. por Francisco Muñoz Conde. Barcelona: Bosch, 1972.

para a pena. Com efeito, as concepções funcionalistas, mesmo quando se justificam a partir de um "substrato material fático" de dimensão metajurídica,[724] irão captar nos fins preventivos gerais da sanção penal o horizonte teórico que deverá ser observado pelas tradicionais noções de tipicidade, ilicitude e, especialmente, de culpabilidade. E a esse aspecto mais elementar é que a nossa crítica se direciona: o crime, enquanto fato historicamente dotado de um desvalor ético-social, encontra uma autônoma representação que independe de suas consequências jurídicas.[725]

É correto pensar que o direito penal tenha de orientar-se a partir de determinados valores – conforme destacam os funcionalistas[726] –, mas inexiste qualquer contingência teórica ou ontológica que nos obrigue a antever, na política criminal, o berço axiológico sobre o qual há de repousar o sistema jurídico-penal.[727] Bem pelo contrário. Afora a ressalva metodológica de reconhecer-se que o crime só existe em função de suas consequências, a historicidade do Estado Democrático de Direito prossegue com suas raízes profundas fincadas na noção de que a exigência de definição legal do delito é o limite instransponível para qualquer anseio social ou político de punição. Apregoar-se que demandas de prevenção geral possam ditar os rumos do poder punitivo seria adotar fundamento que se choca com o resultado que a história já nos mostrou sempre que o direito penal foi instrumentalizado em nome de pretensões políticas. Parece contraditório, nesse rumo, reconhecer-se que o princípio da legalidade encontre seu fundamento em uma valoração político-criminal,[728] pois o tipo legal encontra sua razão de ser na barreira a qualquer demanda por prevenção de futuros delitos.

Da mesma forma, o ilícito, em que pese tenha por objeto o conflito de valores em uma determinada sociedade, não pode encontrar sua densidade dogmática em parâmetros de política criminal.[729] Ora, a *danosidade* social de um

---

[724] Sobre a distinção metodológica entre o funcionalismo monista e o dualista, v.: SCHMIDT, Andrei Zenkner. "Considerações sobre um modelo teleológico-garantista a partir do viés funcional-normativista". In *Revista de Estudos Criminais*. Porto Alegre: Notadez/ITEC, 2003, n. 11, pp. 97-123; SILVA SÁNCHEZ, Jesús Maria. *Perspectivas sobre la política criminal moderna*. Buenos Aires: Depalma, 1998, pp. 30 e segs.

[725] Como bem observa D'AVILA, "apenas quando se tem por certo a ocorrência de um crime é que se faz possível cogitar sobre a legitimidade e conveniência político-criminal de lhe atribuir uma determinada sanção, eis que, caso contrário, estaríamos por suprimir-lhe, de forma irremediável, a própria possibilidade de existência enquanto fenômeno, estaríamos por admitir uma noção de crime que deixa de ter conteúdo próprio para assumir, ele mesmo, um conteúdo funcionalizado: existe se atender à função que lhe é atribuída" (D'AVILA, Fabio Roberto. *Ofensividade em Direito Penal*, cit., p. 28).

[726] "El camino acertado sólo puede consistir en dejar penetrar las decisiones valorativas politicocriminales en el sistema del Derecho penal, en que su fundamentación legal, su claridad y legitimación, su combinación libre de contradicciones y sus efectos no estén por debajo de las aportaciones del sistema positivista formal proveniente de Liszt" (ROXIN, Claus. *Política Criminal y Sistema del Derecho Penal*, cit., p. 33).

[727] D'AVILA, Fabio Roberto. *Ofensividade em Direito Penal*, cit., p. 22.

[728] ROXIN, Claus. *Política Criminal y Sistema del Derecho Penal*, cit., pp. 43-53.

[729] Tese sustentada por ROXIN: "desde esta función politicocriminal debe acometerse la sistematización de la antijuridicidad. Es sabido que la mayoría de los intentos realizados ahora no han ido más allá de abstracciones muy formales o de endebles paralelismos. Si se analizan los medios con los que el legislador supera el problema de la solución social de conflictos, se pone de manifiesto que se trata de un número limitado de principios ordenadores materiales, que, combinados diferentemente, determinan el contenido de las causas de justificación y cuyo juego en el caso concreto fija el juicio sobre la utilidad o daño de una conducta, sobre la justificación o el injusto" (*Política Criminal y Sistema del Derecho Penal*, cit., p. 57).

comportamento – ou, como preferimos, a *ofensividade* – tem uma significação ético-social que está muito além de exigências maiores ou menores de prevenção de futuros delitos. Um homicídio é a expressão máxima de uma violação social. Contudo, é a representação objetiva do desvalor do resultado – sem que isso signifique, conforme vimos antes, qualquer renúncia ao desvalor da ação – que irá conferir legitimidade à resposta institucional do Estado. Nesse sentido, interpretarmos os requisitos de uma legítima defesa ou de um estado de necessidade segundo as variáveis de estabilização normativa requeridas no caso concreto, permitiria legitimar um decisionismo que relegaria a um segundo plano uma noção sistemática de delito.[730] Perceba-se o equívoco de uma concepção funcional assim construída: se é a política criminal que confere conteúdo à antijuridicidade, então teremos de reconhecer que a "danosidade social" de um comportamento tenha de ser projetada para o futuro, ao mesmo tempo em que o crime é, em si, como obra individual, um fato pretérito. Um pensamento sistemático não pode renunciar à sua matriz problemática; mas muito longe estamos de aceitar premissas funcionalistas para chegarmos a tanto.

É na culpabilidade, ademais, que se situam os maiores problemas do funcionalismo. Do normativismo de JAKOBS, colhe-se uma ideia de responsabilidade que não confere relevância alguma ao homem enquanto pessoa. Em vez disso, a clássica noção de *censurabilidade* – enquanto poder-atuar-de-outro-modo – é substituída por um conceito de culpa construído em atenção às expectativas normativas de restabelecimento da vigência da norma; o crime deixa de ser um fato humano para transformar-se numa lesão comunicacional do direito;[731] o objeto da culpabilidade não seria a postura individual do autor frente a norma, senão a comunicação produzida diante do fato praticado.[732]

---

[730] Na síntese de D'AVILA, "a versatilidade que confere Roxin à noção de política criminal implica uma excessiva abertura e, portanto, também a perda do seu rigor conceitual como critério de orientação na resolução de casos, servindo, muitas vezes, de recurso meramente retórico. O que se deve entender por 'político-criminalmente correto' ou 'político-criminalmente errado' depende, fundamentalmente, do critério de valor utilizado. Se, por um lado, está claro que se deseja, a partir dessa forma de ver as coisas, uma aproximação com os conteúdos sociais e os fins do direito penal, por outro, não fica suficientemente claro quais são os precisos critérios que irão permitir essa aproximação, bem como os fundamentos que os permitem ascender a essa posição e os fazem únicos ou, ao menos, preferíveis a outros critérios" (*Ofensividade em Direito Penal*, cit., p. 26).

[731] "El Derecho penal reacciona frente a una perturbación social; ésta no puede (precisamente, al ser una perturbación *social*) disolverse de modo adecuado en los conceptos de un sujeto aislado, de sus facultades y de una norma imaginada en términos imperativistas (como se correspondería, especialmente, con ele programa de Armin Kaufmann). Por el contrario, hay que partir de los correspondientes conceptos sociales: de los conceptos de sujeto mediado por lo social, que es lo mismo, de la persona, del ámbito de cometidos adscrito, es decir, de la competencia, y de la norma en cuanto expectativa social institucionalizada. (…) El Derecho penal no se desarrolla en la conciencia individual, sino en la comunicación. Sus actores son personas (tanto el autor como la víctima como el juez) y sus condiciones no las estipula un sentimiento individual, sino la sociedad" (JAKOBS, Günther. *Sociedad, norma, persona en una teoría de un Derecho penal funcional*. Trad. por Manuel Cancio Meliá y Bernardo Feijóo Sanchez. Bogotá: Universidad Externado de Colombia, 1996, pp. 35 e 49).

[732] Vimos detalhadamente, em outro estudo, as críticas ao funcionalismo normativista: SCHMIDT, Andrei Zenkner. "Considerações sobre um modelo teleológico-garantista a partir do viés funcional-normativista", cit., pp. 111-119. Há que se ponderar, contudo, que, naquela ocasião ainda estávamos apegados a uma concepção teleológica do direito penal, em fundamentação sensivelmente diversa da aqui construída.

O curioso é que Roxin,[733] Schünemann[734] e tantos outros funcionalistas, ao criticarem o desapego antropológico desta concepção normativista, acabam incorrendo na mesma objeção kantiana da qual partem. O traço marcante do funcionalismo-dualista por eles defendido é a aceitação de que o sistema penal seja teleologicamente construído em atenção aos aspectos materiais da vida social, ou seja, uma base ontológica da qual deverão ser extraídas as finalidades preventivas. Porém, à medida que avançam sobre os efeitos resultantes da política criminal na dogmática, todos parecem renunciar aos limites possíveis que a "natureza das coisas" – qualquer que seja o sentido a ela conferido – pode proporcionar sobre as funções a cuja adimplência se submete o sistema penal. Há uma contradição em considerar-se que "o fim da prevenção geral da punição apenas se pode conseguir na culpa individual"[735] se, ao mesmo tempo, a responsabilidade individual não integra o núcleo essencial da culpabilidade.

Deveras, quando Roxin sustenta que o não merecimento da pena, nos casos de coação moral irresistível ou de erro de proibição, não se deve a uma ideia de culpa centrada na possibilidade de atuar de maneira diversa, mas sim nos fins preventivos da sanção penal,[736] está perseguindo um conceito de responsabilidade construído a partir de uma necessidade maior ou menor de evitar a futura repetição do ato, e não de uma obra humana pretérita.[737] Efeito imediato disso é que, conquanto alguns funcionalistas pretendam compatibilizar o modelo com a dignidade da pessoa humana, conceitos como liberdade e igualdade deixariam de figurar na nervura mais elementar do sistema penal. Somente através de um truque retórico é que a culpabilidade, tomada a partir dos fins preventivos gerais da sanção penal que se projetam para o futuro, possa seguir coerente com uma matriz antropológica sem que lhe seja oponível a objeção kantiana.

Todos esses problemas de justificação projetam-se com redobrada força no direito penal econômico. Com efeito, são nos segmentos em que a dignidade da tutela penal não se faz acompanhar de um desvalor ético-social de elevada densidade que os efeitos devastadores do funcionalismo penal se fazem sentir de forma mais eloquente. Nesses contextos de proteção penal *polissêmica*,

---

[733] Em dado momento, Roxin objeta o funcionalismo normativista de Jakobs pelo viés da objeção kantiana: "dado que la dignidad humana (también y precisamente en el sentido kantiano) es declarada 'intangible', una concepción como la que defiende Jakobs tropieza con reparos de orden constitucional" (*Derecho Penal*, cit., p. 806). Acerca do desprezo por bases ontológicas no sistema penal, Roxin afirma ser "cierto que una 'lógica real' o una 'naturaleza de las cosas' no pueden proporcionar un criterio de valoración jurídica, pero el resultado concreto no surge nunca de los puntos de vista normativos rectores como tales, sino sólo y siempre de su aplicación a las peculiaridades de los diferentes supuestos de hecho" (*Derecho Penal*, cit., p. 231).

[734] "En tanto que regulación de relaciones humanas con significado constituidas por el lenguaje, el Derecho no puede ignorar una realidad por la que él mismo está constituido, como demuestra claramente es que no nos podamos representar (lingüísticamente) un ordenamiento jurídico construido por completo sobre la base de que las conductas humanas están determinadas, pues, en tal caso, deberíamos poder describir todos los sucesos sociales jurídicamente relevantes con el modelo de los procesos naturales, algo que (como el lector puede comprobar por sí mismo) resulta de todo punto imposible" (Schüneman, Bernd. "Sobre el estado actual de la teoría de la culpabilidad penal". In *Obras*, cit., t. I, p. 450).

[735] Roxin, Claus. "Sentido e limites da pena estatal", cit., p. 37.

[736] Roxin, Claus. *Política Criminal y Sistema del Derecho Penal*, cit., pp. 68-69.

[737] Nesse sentido: D'Avila, Fabio Roberto. *Ofensividade em Direito Penal*, cit., p. 27.

percebemos que a política criminal deixa-se influenciar sensivelmente pela configuração de uma sociedade de "sujeitos passivos", que anseia pelo incremento da proteção penal sob a lógica oculta da "luta de classes". Como bem observa SILVA SÁNCHEZ,[738] a sociedade contemporânea convive sob uma "ideología de la ley y el orden en versión de izquierda", que encontra nos regimes de social democracia um fértil terreno para insuflar o direito penal à condição de instrumento de transformação social.[739] Não é sem razão que "ya proliferan las voces de quienes admiten la necesidad de modificar, al menos en ciertos casos, las *reglas del juego*" para combater fenômenos de macrocriminalidade.[740] Se observarmos esse cenário atual, então ficará claro que a visão funcionalista de FIGUEIREDO DIAS, em nome de um "sentimento generalizado de injustiça estrutural", legitima a arriscada condição para que a pena seja imposta ao crime econômico em atenção à maior expectativa punitiva que normalmente recai sobre o seu sujeito ativo.

Nesse cenário de elevada complexidade, temos de ser rigorosos com a autonomia conceitual dos crimes econômicos e suas relações com outras categorias cunhadas para expressar a macrocriminalidade (crime organizado, crimes empresariais, crimes cibernéticos etc.). Conquanto esses fenômenos se entrecruzem com frequência – e exatamente por isso também merecem ser estudados enquanto estrutura relacional –, tomarmos por premissa essa mera

---

[738] SILVA SÁNCHEZ, Jesús-María. *La Expansión del Derecho Penal. Aspectos de la Política Criminal en las Sociedades Postindustriales*. Madrid: Civitas, 1999, pp. 31-36, 50-55.

[739] Tratando do tema, registra MARIA LÚCIA KARAM que, numa sociedade capitalista é funcional (conquanto não aceitável) que o poder punitivo não possa atuar contra as classes dominantes, pois, do contrário, a própria visão de classe estaria abolida. Consequentemente, os movimentos de esquerda que foram sendo produzidos no bojo de sociedades capitalistas, por perderem o seu referencial utópico-político (principalmente após a queda do Muro de Berlim), passaram a assimilar um discurso punitivo muito próximo ao sustentado pelos movimentos de direita. Trata-se de um fenômeno mundial em que tais movimentos, por não mais acreditarem na ideia de revolução, tentam ocupar espaços em governos, ajustando seu discurso ao que diz a mídia, a opinião pública. Daí os riscos da potencialização da opinião pública nos rumos da política criminal: os movimentos socialistas, ao mesmo tempo em que sustentam a necessidade de uma intervenção penal máxima em relação à criminalidade econômica, esquecem de erguer a bandeira do Direito penal mínimo em relação à criminalidade patrimonial. O efeito foi bastante óbvio: o uso do Direito penal como suposto instrumento de redução das desigualdades sociais levou ao incremento do poder punitivo em todos os seus níveis, além da fragilização do sistema de garantias (KARAM, Maria Lúcia. "A Esquerda Punitiva". In *Discursos Sediciosos: Crime Direito e Sociedade*. Rio de Janeiro: ICC/Freitas Bastos, v.1, n.1, jan/jun 1996, pp.79-92).

[740] SILVA SÁNCHEZ, Jesús-María. *La Expansión del Derecho Penal*, cit., p. 54. A frequente relação entre flexibilização de garantias penais e funcionalismo foi bem destacada por FABIO D'AVILA: "daí não causar admiração alguma, a usual derroga de princípios fundamentais ou mesmo regras de direito penal, em prol do bom atendimento de objetivos prevencionistas. Admitir que determinado princípio é o núcleo fundamental do ilícito criminal não significará dizer, por essa exata razão, que deverá ser mantido, quando em conflito com interesses de prevenção geral. Para tanto, basta considerarmos o posicionamento de Ferrando Mantovani que, conquanto assevere o *principio di offensività* como baricentro de uma ordem penal garantista e democrática, além de princípio recepcionado constitucionalmente, admite o seu afastamento, para fins de política criminal. E diferente não é no que tange a institutos de direito penal. Os crimes de perigo abstrato, *v.g.*, são, para muitos, incompatíveis com os 'princípios elementares de direito penal em um Estado de Direito'. Incompatibilidade, entretanto, que simplesmente desaparece quando se tem, do outro lado, interesses e prevenção geral por atender. E, por fim, para nos valer do que podemos chamar de um exemplo superlativo em âmbito funcional, até mesmo o conceito de pessoa e o modelo de Estado de Direito passa a ser suscetível de 'correção', no momento em que começa a dificultar a obtenção de fins políticos, preestabelecidos pelo Estado" (*Ofensividade em Direito Penal*, cit., pp. 30-31).

possibilidade na definição do horizonte teórico do direito penal econômico é uma opção que prejudica sobremaneira a obtenção de critérios racionais de delimitação da tutela. A ofensividade do crime econômico, segundo vimos reiteradamente pontuando, deve ser obtida a partir do que de mais elementar existe em seu caráter violador. Consequentemente, a ampliação irrestrita de seu objeto, para o fim de alcançar outros fenômenos da delinquência que não necessariamente verifiquem-se no âmbito da ofensividade à ordem econômica, potencializa a complexidade da tutela penal. Isso nos faz entender por que a busca por uma conceitualização centrípeta e unitária (para crimes econômicos, crimes empresariais, criminalidade organizada e transnacional, criminalidade cibernética etc.) normalmente produz, no discurso político-criminal, o resultado final de um recrudescimento do poder punitivo, justificado na elevação das exigências preventivas gerais em detrimento do caráter antropológico da proteção.[741] [742]

---

[741] Apenas para exemplificar, lembremos da predisposição doutrinária em relacionar o conceito de organização criminosa com estruturas empresariais. Ora, uma empresa, como bem observam ESTELLITA (*Criminalidade de Empresa, Quadrilha e Organização Criminosa*, cit., pp. 29-32) e CERVINI (*El Derecho Penal de la Empresa*, cit., pp. 118-120), pode ter sido constituída com propósitos lícitos ou tendencialmente criminosos, sendo que apenas neste último caso é que poderão ser tratadas conceitualmente como *organizações criminosas*. É dizer: nem todo crime empresarial caracteriza um crime organizado, e vice-versa. Assim como nem todo crime econômico será um crime empresarial. Em nível jurisprudencial, veja-se a rotineira conjugação de critérios como criminalidade organizada, estrutura empresarial, complexidade e dimensão territorial como parâmetros retóricos de interferência judicial na liberdade. Por exemplo: "Prisão preventiva decretada em relação ao paciente tido por dirigente da organização criminosa especializada em fraudes licitatórias contra órgãos e instituições públicas. Complexidade dos fatos e condutas acontecidas em vários estados da federação ligados por relação de interesses ilícitos e lucro ou ganho indevido. IV – Denúncia que descreve inúmeras condutas e relaciona grande numero de co-reus cujas atividades se entrelaçam no intuito delituoso. V – Fundamentação do decreto de custódia que levou em consideração não apenas a conduta isolada do paciente mas o conjunto das ações da organização criminosa por ele chefiada. VI – Indispensabilidade da prisão a) para garantia da instrução processual, caracterizada pela necessidade de preservar provas e arquivos, apagamento de indícios e venda de bens; b) para garantia da aplicação da lei penal, em virtude de possibilidade fuga; e c) para garantia da ordem pública, acaso liberto o paciente, pela possível continuidade da atividade delituosa. VII – Prisão preventiva que deve ser compreendida como medida de cautela em consideração ao universo delituoso da organização em que atua o agente e não apenas pela simples conduta individual do paciente. VIII – Pressupostos do art. 312 do CPP que devem ser interpretados, no caso, tendo presente as características empresariais do grupo delinquente particularmente e as disposições da Convenção de Palermo (Decreto nº 5.015, de 12.03.2004) contra o crime transnacional que pode subsidiar noções de ilicitude organizada" (STJ, HC 184660, 5ª Turma, rel. do acórdão Min. Gilson Dipp, j. em 19/05/2011, DJe 10/06/2011)

[742] Na doutrina, o discurso centrípeta que entrecruza o horizonte teórico dos delitos econômicos é frequentemente percebido sob a argumentação de que tecnologia, transnacionalidade, complexidade, criminalidade organizada e globalização seriam fatores que teriam um único significado penal: mais proteção, mais prevenção (sobre o tema: COSTA, Renata Almeida da. *A Sociedade Complexa e o Crime Organizado: a Contemporaneidade e o Risco nas Organizações Criminosas*. Rio de Janeiro: Lumen Juris, 2004). Apenas para exemplificar: "no âmbito do Direito Penal, o fenômeno da globalização tornou-se mais visível na criminalidade econômica, da qual derivam, notadamente por força da utilização constante do sistema financeiro nacional e internacional, a criminalidade organizada e a lavagem de dinheiro. Deveras, a supressão das fronteiras acarretou uma maior capacidade de movimentação dos membros das organizações criminosas pelo mundo com um menor risco. Aliando a progressiva desregulamentação do mercado de capitais e dos serviços financeiros no espaço global a uma rede de comunicação extremamente eficiente, os agentes passaram a ocultar e dissimular os recursos criminosos, incrementando, com isso a sua gama de atividades deletérias (...). Some-se a isso a dificuldade de as condutas praticadas sob os influxos dessa 'sociedade de risco' irradiarem aspectos externos de legalidade, de licitude, dificultando a atuação expedita das autoridades destinadas à persecução penal" (DE GRANDIS, Rodrigo. "O exercício da advocacia e o crime de lavagem de dinheiro", cit., pp. 155-156). Tam-

É relevante destacar que muitos funcionalistas – dentre eles, o próprio Figueiredo Dias[743] – não subscrevem esse desvirtuamento da política criminal no segmento dos delitos econômicos. Mas não se pode negar que a tomada de posição acerca dos fins preventivos da pena como critérios orientadores da dogmática do delito fornece um horizonte teórico que – por desprezar o caráter antropocêntrico do sistema penal – facilita sobremaneira o uso irracional do poder punitivo.

Em definitivo, a prevenção geral, exatamente porque não fundamenta – e não deve fundamentar – a sanção ou o delito no segmento nuclear do direito penal, com muito mais razão deve ser, de plano, rechaçada em sua pretensão de justificar o crime econômico e o seu sistema de apenamento, notadamente porque é neste recorte da proteção penal que o sentimento de vitimização social alcança níveis frequentemente alarmantes.

5.1.2. Funcionalismo, prevenção especial e criminalidade econômica

Boa parte dos adeptos ao funcionalismo-dualista reconhece que a finalidade preventiva da pena deve ser integrada em sua significação *especial*, dirigida ao criminoso. O que varia, contudo, é o momento da intervenção penal que se deixará influenciar pela meta. Enquanto Roxin[744] entende que a reintegração do delinquente à comunidade seja um fim apenas da execução penal, Figueiredo Dias,[745] ao contrário, antevê o referido objetivo político criminal já no âmbito da medida da pena, funcionando como um pêndulo que se move nos limites requeridos pela prevenção geral positiva: nas fronteiras das exigências de reintegração comunicacional da norma, a carga de prevenção especial irá variar

---

bém temos por premissa a necessidade de compreensão da fenomenologia do direito penal sob a ótica da globalização, da sociedade de risco. Mas isso não quer dizer que, em função disso, só os delitos econômicos tenham-se tornado mais visíveis. Ora, toda a criminalidade é afetada por esse processo de mudança social, desde o furto e o homicídio, passando por calúnias, estupros; e também os crimes econômicos. E também os processos de criminalização seguem igual influência.

[743] "O critério decisivo, de um ponto de vista político-criminal, para analisar a legitimidade de um processo de neocriminalização será o de saber, por um lado, se se trata de fenómenos sociais novos, ou em todo caso anteriormente raros, que desencadeiam consequências insuportáveis e contra as quais só o direito penal é capaz de proporcionar proteção suficiente. Ainda aqui, assim, deparamos com os critérios da dignidade penal e da carência de tutela penal. Também aqui pois – e sobretudo perante fenómenos sociais ainda mal conhecidos na sua estrutura e nas suas consequências – se deverá evitar uma intervenção prematura da tutela penal, em detrimento de um paulatino desenvolvimento de estratégias não criminais de controlo social" (Figueiredo Dias, Jorge de; Costa Andrade, Manuel da. *Criminologia – O Homem Delinquente e a Sociedade Criminógena*, cit., p. 441).

[744] "Servindo a pena exclusivamente fins racionais e devendo possibilitar a vida humana em comum e sem perigos, a execução da pena apenas se justifica se prosseguir esta meta na medida do possível, isto é, tendo como conteúdo a reintegração do delinquente na comunidade. Assim, apenas se tem em conta uma execução ressocializadora" (Roxin, Claus. "Sentido e limites da pena estatal", cit., p. 40).

[745] "Dentro pois da moldura ou dos limites consentidos pela prevenção geral ou de integração – entre o ponto óptimo e o ponto ainda comunitariamente suportável de medida da tutela dos bens jurídicos (ou da 'defesa do ordenamento jurídico') – devem actuar, em toda a medida possível, pontos de vista de *prevenção especial*, sendo de resto eles que vão assim *determinar, em última instância, a medida da pena*" (Figueiredo Dias, Jorge de. "Fundamento, Sentido e Finalidades da Pena Criminal", cit., p. 108).

segundo o diagnóstico possível de socialização do criminoso (prevenção especial positiva) ou, quando isso não seja viável, até o limite da necessidade de sua neutralização (prevenção especial negativa).[746]

No estudo de 1985, FIGUEIREDO DIAS sustentou que a prevenção especial, nos delitos econômicos, deve orientar a escolha da pena, a determinação da medida correta e os limites da sua execução.[747] Sob sua ótica, o delinquente econômico seria alguém mais facilmente (re)socializável ou neutralizável. Em primeiro lugar, porque "a estigmatização derivada da pena", no criminoso comum, "possui menor susceptibilidade de pôr em causa a *self-image* do delinquente como pilar de sua respeitabilidade", ao passo que, na criminalidade econômica, o receio da publicidade negativa da condenação "fará com que o delinquente no futuro se afaste do crime, antes que nele persista e se encarnice".[748] Em segundo lugar, o criminoso econômico, a despeito de sua condição social privilegiada, ainda assim revela um *defeito de socialização*, direcionado não para uma necessidade de inserção cultural, econômica ou familiar na comunidade, mas sim para o respeito individual às regras de ordenação na economia. Essa carência de socialização igualmente obrigaria o Estado a recuperá-lo, porém com a peculiar possibilidade de mais facilmente ser atingido o sucesso da prevenção especial exatamente por força daquela condição material favorável.

Quanto à escolha da sanção, prossegue FIGUEIREDO DIAS, em que pese o efeito criminógeno da prisão no criminoso econômico seja diverso do arcado pelo delinquente comum,[749] a pena de prisão seria preferível à imposição de multas, dada a pouca eficácia recuperadora para quem tem condições materiais (lícitas ou ilícitas) de arcar com ela; a restrição pecuniária, em vez disso, atingiria melhor a finalidade *neutralizadora* em relação às pessoas jurídicas. De outro lado, a função pendular da prevenção especial também repercutiria na dimensão quantitativa da pena de prisão, a ser fixada em limites temporais breves ante a natureza da infração e a posição social do delinquente.[750]

---

[746] "Dentro desta moldura de prevenção geral de integração a medida da pena é encontrada em função de exigências de prevenção especial, em regra positiva ou de socialização, excepcionalmente negativa ou de intimidação ou segurança individuais" (FIGUEIREDO DIAS, Jorge de. "Fundamento, Sentido e Finalidades da Pena Criminal", cit., p. 108).

[747] FIGUEIREDO DIAS, Jorge de. "Sobre o fundamento, o sentido e a aplicação das penas em Direito Penal Econômico", cit., pp. 377, 382-383.

[748] FIGUEIREDO DIAS, Jorge de. "Sobre o fundamento, o sentido e a aplicação das penas em Direito Penal Econômico", cit., p. 382.

[749] Merece destaque a justificativa conferida a essa diferença: "quer porque as técnicas de aprendizagem não podem ser transmitidas ou desenvolvidas na prisão; quer porque não haverá em princípio que recear os efeitos negativos irreversíveis da experiência prisional, que em geral advêm da estigmatização, da distância social, da escassez de oportunidades legítimas, da aquisição de uma identidade e de uma *self-image* delinquente, da entrada numa carreira delinquente" (FIGUEIREDO DIAS, Jorge de. "Sobre o fundamento, o sentido e a aplicação das penas em Direito Penal Econômico", cit., p. 383).

[750] É curioso notar que FIGUEIREDO DIAS, ao justificar a curta duração da pena de prisão, concentre-se na natureza da infração, sem descartar, contudo, a posição social do autor: "o que está aqui em questão não é, *ou não é tanto*, o estatuto pessoal do agente, quanto a natureza da infração que praticou" (FIGUEIREDO DIAS, Jorge de. "Sobre o fundamento, o sentido e a aplicação das penas em Direito Penal Econômico", cit., p. 383). Sustentando que, nos crimes econômicos, a pena deverá ser de curta duração, "porém inexorável", impedindo

Sem negar peremptoriamente sua adesão aos parâmetros *sharp-short-shock* das penas nos delitos econômicos,[751] FIGUEIREDO DIAS propõe que a ordem axiológica que preside os direitos sociais e a ordem econômica imponha "critérios mais estritos – e, em certos casos, mesmo mais severos – de aferição e de aplicação" da pena. Tudo isso em nome de um princípio de *igualdade material* resultante de "um sentimento generalizado de injustiça estrutural, relativamente ao qual a impunidade dos delinquentes econômicos ou a sua injustificada punição menor adquire acentuada ressonância simbólica".[752]

São conhecidas as críticas empíricas e teórico-normativas (materiais e processuais) que recaem sobre as tentativas de justificar o crime e/ou a pena a partir da lógica da prevenção especial, unitária ou mista. Foge de nosso interesse catalogarmos as objeções que se lhes impõem.[753] Mas é decisivo atentarmos para a nervura mais elementar de onde brotam todos os problemas de legitimação: a prevenção especial busca impor um determinado moralismo aos responsáveis por comportamentos individuais desviantes e, como consequência, redunda numa completa confusão entre direito e moral.[754] O resultado final é que o objeto do delito, da pena, do processo e da execução penal, em alguma medida, deixar-se-á levar pela alma do criminoso, e não pelo fato por ele praticado.

Mesmo que tangenciadas essas críticas, seria necessário aceitarmos ou discutirmos a condição do delinquente econômico como alguém carente de socialização? BAJO FERNANDES e SILVINA BACIGALUPO, em que pese reconheçam a posição central das curtas penas de prisão nos delitos econômicos, justificam a brevidade temporal sem considerar qualquer necessidade de prevenção especial, "ya que el delincuente de las capas altas y medias de la sociedad no está normalmente necesitado de ello".[755]

Na mesma linha, FARIA COSTA contesta o posicionamento de FIGUEIREDO DIAS, objetando-lhe o propalado "defeito de socialização" antevisto para o criminoso econômico. Em sua visão, inexiste demanda por prevenção especial positiva em crimes econômicos porque o sujeito ativo é normalmente alguém que "*sofre* de socialização a mais": sua normal condição financeira privilegiada permite-lhe viver sobretudo em rede. Sob o ponto de vista da violação da ordenação econômica, seria por demais óbvio que o criminoso padeceria de

---

inclusive substituição por pena de multa, penas alternativas ou *sursis*: ARAÚJO JÚNIOR, João Marcello. *Dos Crimes contra a Ordem Econômica*. São Paulo: RT, 1995, p. 59.

[751] "Não é que (...) eu advogue (...) o *sharp-short-shock* da pena curta de prisão contra *todos* os delinquentes de elevado estatuto sócio-econômico" (FIGUEIREDO DIAS, Jorge de. "Sobre o fundamento, o sentido e a aplicação das penas em Direito Penal Econômico", cit., p. 383).

[752] FIGUEIREDO DIAS, Jorge de. "Sobre o fundamento, o sentido e a aplicação das penas em Direito Penal Econômico", cit., p. 386.

[753] Para uma visão geral, v.: CARVALHO, Salo de. *Penas e Medidas de Segurança no Direito Penal Brasileiro*. São Paulo: Saraiva, 2013, pp. 80-90.

[754] As teorias da prevenção especial, registra FERRAJOLI, "consideram o delito como patologia – pouco importa se moral, natural ou social –, e as penas como terapia política curativa ou eliminatória". (FERRAJOLI, Luigi. *Derecho y Razón*, cit., p. 270).

[755] BAJO FERNANDES, Miguel; BACIGALUPO, Silvina. *Derecho Penal Económico*. Madrid: Centro de Estudos Ramón Areces, 2001, p. 63.

socialização enquanto sujeito de motivação racional (custo/benefício). Contudo, não é disso que poderia tratar uma demanda por prevenção especial. A prescindibilidade da busca por correção do criminoso deve-se ao fato de que ele normalmente "vive e sobrevive porque a multiplicidade de contactos é a sua razão de ser". Tais relações sociais se autoalimentam sob uma forma e um modo de crescimento que são, em si, um problema de difícil compreensão. Assim, "o que se quer desocultar ou mostrar com uma tal proposição é a efetiva e real vivência em que tais delinquentes estão mergulhados. Não se está a valorar a 'socialização' em que estão inseridos – pode mesmo ser um meio, e tantas vezes o é, da mais pura corrupção – o que se está a sublinhar é a rede de relações sociais em que mergulha e que fazem desse 'habitat' o lugar privilegiado para encontrar 'novas' relações mesmo que económico-financeiramente criminosas".[756]

Quer-nos parecer, entretanto, que qualquer consideração que pretenda justificar ou refutar a ideia de prevenção especial em delitos econômicos a partir do exame da maior ou menor necessidade de reintegração social do criminoso padece de um manifesto equívoco metodológico. A complexidade que envolve a dimensão jurídico-normativa destes crimes não nos permite aventurar ao sabor da especulação para supormos estar lidando com um sujeito ativo que preponderantemente ocupe uma condição econômica privilegiada, ou mesmo que suporte um efeito criminógeno peculiar durante a execução da pena. Porém, menos ainda teremos de cogitar estarmos diante de alguém que, de uma maneira geral, tenha, na sua razão de ser, a "multiplicidade de contactos" em rede.

Com efeito, se é certo que a comparação seja admissível em relação à criminalidade "da obra tosca", não menos correto será reconhecer que, no segmento do processo de criminalização secundária dos delitos econômicos, não há razão teórica, tampouco embasamento empírico, para aceitarmos que a maioria dos delinquentes ocupe a propalada distinção patrimonial, conviva frequentemente em rede ou sofra de maneira especial com os efeitos do cárcere. Seria possível afirmar que a maior parte dos crimes de sonegação fiscal (independentemente de alcançados efetivamente pelo poder punitivo) seja praticada pelo *white collar*, enquanto poucos seriam autores do segmento *blue collar*? Essa disparidade poderia ser reconhecida em crimes contra as relações de consumo, contrabando/descaminho, *lavagem* de dinheiro ou fraudes licitatórias?

Não dispomos de dados empíricos que nos permitam formular uma resposta satisfatória. Ainda assim, é-nos dada a paridade da arma especulativa – com a precariedade da hipótese que dela emerge – para supormos que a dimensão da economia informal que se observa em países capitalistas – especialmente no Brasil – não nos dá conforto algum para acreditarmos que a maior parte dos criminosos ostente um *colarinho branco*: qual a classe social ocupada preponderantemente por aquele que se recusa a fornecer nota fiscal e por outro que ingressa em território nacional com produtos proibidos?

---

[756] Faria Costa, José de. *Direito Penal Económico*, cit., pp. 92-93, especialmente nota n. 37.

Mas essas indagações sequer possuem relevância teórica para a construção do fundamento do sistema de penas nos delitos econômicos. A noção material da *ofensividade* não recomenda que o sentido da sanção tenha de se basear numa análise qualitativa do autor, mas sim na gravidade da violação. Essa não é uma escolha exclusiva do direito penal econômico. Porém, pela mesmíssima razão, não será no direito penal econômico que a pena tenha de assumir, ou então de abandonar, uma pretensão preventiva especial segundo a circunstância de o seu sujeito ativo normalmente apresentar-se como *white collar* ou *blue collar*. Temos, isso sim, de buscar na objetividade jurídico-normativa da *ofensa* o diálogo possível entre o fundamento do delito e o fundamento da pena. Se, de fato, o crime econômico, conforme sustenta Faria Costa, tem de se submeter a uma curta pena de prisão com efeito estigmatizante,[757] essa é uma solução cuja legitimidade há de ser debatida muito além do que representa o sujeito ativo do delito.

A tomada de posição necessitará de um adequado adensamento teórico. Antes de chegarmos a isso, é importante examinar – até para a melhor compreensão do fundamento que iremos propor para as penas no direito penal econômico – as circunstâncias que normalmente conduzem a política criminal (de *lege lata* e de *lege ferenda*) a concentrar-se no autor do crime econômico como seu referencial primeiro. E, aqui, pensamos que o direito penal em tempos de globalização deixa-se influenciar pela "ideología de la ley y el orden en versión de izquierda" (Silva Sánchez), acomodando uma subliminar visão demoníaca do *homo oeconomicus* retoricamente construída a partir de distorções de raiz criminológica. É como se, nos dias atuais, a única possibilidade legitimadora da proteção penal em crimes econômicos tivesse de partir de uma espécie de *socialismo tardio*.

Um dos recursos de que se valem frequentemente doutrina e agências penais para inserir o direito penal no contexto da "luta de classes" é a descontextualizada utilização da *teoria da associação diferencial* para justificar movimentos político-criminais neocriminalizadores e penalizadores em violações antieconômicas.[758] A pesquisa de Sutherland foi realizada nos Estados Unidos nos anos que se sucederam ao *big crash* da Bolsa de New York (1929). Trata-se de estudo de inegável importância para a definitiva superação do paradigma etiológico,[759] mas que não pode ser linearmente deslocado do seu *local de fala*: a ênfase conferida por Sutherland às cifras negras da criminalidade – observadas principalmente em crimes de "colarinho branco" – tem uma "proyección semántica muy ligada al nuevo proceso del Estado intervencionista norteamericano de las décadas de 1929-30, en tanto y en cuanto esta clase de delito constituye una

---

[757] Faria Costa, José de. *Direito Penal Econômico*, cit., p. 93.

[758] Para um exame detalhado das estratégias de "adaptação" e de "ruptura" adotadas por esses movimentos de política criminal, v.: Delmas-Marty, Mireille. *Os Grandes Sistemas de Política Criminal*. Trad. por Denise Vieira. Barueri : Manole, 2004, pp. 329-403.

[759] Sobre o tema: Carvalho, Salo de. *Antimanual de Criminologia*. 5. ed. São Paulo: Saraiva, 2013, pp. 176-184. Como bem destaca Faria Costa, a grande vitória da denúncia criminológica de Sutherland foi demonstrar estatisticamente que uma imensa gama de delitos, normalmente praticados por pessoas de elevada condição econômica, escapam das amarras do poder punitivo (*Direito Penal Econômico*, cit., pp. 81-83).

violación a las nuevas reglas de juego del Estado de los monopolios y de las primeras corporaciones multinacionales, aunque sin identificar concretamente en éstas el verdadero sujeto de interés. De esa forma, la teoría del WCC [*white collar crime*] nace con una naturaleza claramente ideológica".[760] Hoje, contudo, a lógica contemporânea da relação entre Estado e economia é outra. Os tipos de violações antieconômicas carentes de tutela também mudaram. Daí ser temerário propor-se uma singela transposição temporal e geográfica das conclusões de Sutherland para uma pretensa tentativa de fundamentação, *ipso factu*, do direito penal econômico contemporâneo.

Não se pode esquecer que o excessivo apego de Sutherland ao sujeito ativo do delito – como parâmetro de ruptura dos tradicionais conceitos de igualdade e de culpabilidade – não escapa de críticas pela criminologia contemporânea. Na primeira metade do século XX, essa preocupação com o homem do "colarinho branco" era compreensível porque ainda permanecia hígido o paradigma etiológico da defesa social, que antevia o criminoso como alguém que pratica o mal e integra uma minoria que interfere na máxima felicidade possível da maioria.[761]

Esse modo de ver as coisas já não mais se justifica. A razão forte que nos vem sendo franqueada pelos paradigmas sociológico e cultural da criminologia revela que a dimensão jurídico-normativa do delito não se pode destacar de sua complexidade enquanto fenômeno social. Conquanto os efeitos dessa ruptura sejam os mais variados,[762] é inegável que o desapego à etiologia do autor é uma exigência do direito penal contemporâneo. E por isso é que alguns segmentos da criminologia, quando se debruçam sobre a fenomenologia do delito econômico, venham abandonando a aproximação teórica sob a ótica de uma luta de classes para, em vez disso, dedicar-se a outros aspectos objetivos do desvio: o ambiente político também proporciona um abuso de respei-

---

[760] Bergalli, Roberto. "Criminología del 'White-Collar Crime': forma-estado y processo de concentración económica", cit., p. 56.

[761] Como bem observa Baratta, tanto a Escola Clássica quanto a Positiva "realizam um modelo de ciência penal integrada, ou seja, um modelo no qual ciência jurídica e concepção geral do homem e da sociedade estão estreitamente ligadas. Ainda que suas respectivas concepções do homem e da sociedade sejam profundamente diferentes, em ambos os casos nos encontramos, salvo exceções, em presença da afirmação de uma ideologia de defesa social, como nó teórico e político fundamental do sistema científico". Tal objeção é correta, principalmente em relação ao classicismo de Beccaria, que vislumbrava a pena com aspecto preventivo e como instrumento de obtenção da *máxima felicidade possível da maioria não desviada*. Assim, resume Baratta, podem ser consideradas adeptas da *ideologia da defesa social* todas aquelas matrizes teóricas que acolham as seguintes premissas: a) *princípio da legitimidade* (o Estado é parte legítima para a solução dos conflitos sociais em benefício da sociedade em geral), b) *princípio do bem e do mal* (o delito é um dano à sociedade, e o delinquente é elemento negativo ao corpo social; o crime é um mal, ao passo que a sociedade constituída, um bem), c) *princípio da culpabilidade* (o delito é expressão de uma atitude interior reprovável, porque contrária aos valores e às normas, presentes na sociedade antes mesmo de serem sancionadas pelo legislador), d) *princípio da finalidade* (a pena ter por objetivo prevenir futuros delitos), e) *princípio da igualdade* (a criminalidade, resultante de uma minoria desviada, é a violação da lei penal, que é igual para todos) e f) *princípio do interesse social e do delito natural* (os interesses protegidos pelo Direito penal são interesses comuns a todos os cidadãos). A diferença entre a Escola Clássica e a Positiva, portanto, residiria muito mais no método como explicam a criminalidade do que, propriamente, na função do Direito penal (Baratta, Alessandro. *Criminologia Crítica e Crítica do Direito Penal*, cit., pp. 41-42).

[762] Para uma visão geral, v.: Carvalho, Salo de. *Antimanual de Criminologia*, cit., *passim*.

tabilidade na prática de crimes;[763] a evolução tecnológica e telemática facilita a execução de fraudes financeiras por pessoas de classe média;[764] a estrutura societária de pequenas e médias empresas igualmente pode ser instrumentalizada para propósitos ilícitos, inclusive de abrangência transnacional.[765] Ou seja, no segmento criminológico, "il futuro della ricerca dovrà quindi indirizzarsi verso la costruzione di moduli classificatori e interpretativi comprensivi tanto delle attuali evoluzioni fenomenologiche quanto del contesto ecologico in cui il *genus* criminalità economico-organizzata nasce ed opera".[766]

A obsessão aproximativa entre a teoria de SUTHERLAND e a proposição de maiores demandas de punição ao criminoso econômico encontra sua razão de ser no resultado do diálogo que a doutrina penal costuma extrair do tratamento anti-isonômico a que se submeteria o "colarinho branco". Propõe-se o recrudescimento do poder punitivo sob uma premissa também de prevenção especial, consistente em (desvirtuadas) aproximações criminológicas no que respeita ao caráter seletivo do poder punitivo. Costuma-se afirmar, para tanto, que, para compensar a vulnerabilidade do criminoso pobre, o direito penal tenha de reagir com redobrada severidade ante a condição econômica privilegiada do delinquente econômico.[767]

---

[763] "Quanto al primo profilo si noti che, secondo quanto riferito dalle cronache giudiziarie e dai media, molti dei crimini abusando della rispettabilità e dello *status* sociale hanno luogo in ambienti politici e, quindi, al di fuori di strutture societarie e/o di ambienti prettamente finanziari; atti illegali di questo genere sono sicuramente accomunabili al concetto di *white collar crime*, perlomeno in riferimento al profilo dell'autore così come delineato nell'originaria formulazione di Sutherland" (RACITI, Annamaria. "Il Criminale Economico nella Ricerca Criminologica: dall'Opera di Sutherland alle più Recenti Formulazioni Teoretiche", cit., pp. 696-697).

[764] "Negli ultimi due decenni tuttavia, questa ascelta si è spesso rivelata inadequata poiché, a seguito dell'evoluzione tecnologica e telematica, si sono diffuse condotte illegali che pur conservando le caratteristiche del *white collar crime* quanto al grado di laboriosità e complessità non possono però ritenersi opera de *white collar criminals* in senso stretto, se non altro per la palese dificoltà di coloro che commettono (...). I crimini realizzati strumentalizzando i supporti tecnologici, pertanto, potrebbero essere realizzati ache da semplici impiegati o, comunque, da persone della *middle class* sprovviste del requisito della rispetabilità e della classe sociale agiata" (RACITI, Annamaria. "Il Criminale Economico nella Ricerca Criminologica: dall'Opera di Sutherland alle più Recenti Formulazioni Teoretiche", cit., p. 697).

[765] "D'altra parte, sempre nell'ottica di una ricerca prevalentemente incentrata sui *modus operandi* piuttosto che sui tratti tipici degli autori, sembranoorientati altresì i criminologi coinvolti nello studio delle similitudini e delle interferenze tra gli ambiti di illegalità economica ed crimine organizato, i quali evidenziano l'esistenza di una vasta area grigia in cui i piccoli e medi imprenditori, così come le grandi *corporations* disoneste, operano, anche incollaborazione con gruppi criminal organizatti, dal lecito all'illecito (e viceversa) a seconda delle convenienze del momento. In altri termini le imprese criminali sembrano aver imparato a fondere la cultura criminale e le competenze degli operatori economici legittimi, sviluppandosi in un *business* transnazionale piuttosto sofisticato e capace di generare enormi profitti" (RACITI, Annamaria. "Il Criminale Economico nella Ricerca Criminologica: dall'Opera di Sutherland alle più Recenti Formulazioni Teoretiche", cit., p. 698).

[766] RACITI, Annamaria. "Il Criminale Economico nella Ricerca Criminologica: dall'Opera di Sutherland alle più Recenti Formulazioni Teoretiche", cit., pp. 698-699.

[767] Para ilustrar, perceba-se o discurso utilizado por TIGRE MAIA quando relaciona o tratamento conferido pelo poder punitivo às classes populares (notadamente repressivo) e ao "colarinho branco" (especialmente complacente): "Esta crise de legitimidade das normas jurídicas, em especial das jurídico-penais, e de sua aplicação, vivenciada intensamente pelo Estado brasileiro contemporâneo, manifesta-se em sua face mais aguda, na constatação do tratamento desigual que o ordenamento jurídico dá aos delitos usualmente cometidos pelas classes populares (predominantemente delitos contra o patrimônio individual), para os

O curioso é que seria questionável criminologicamente encontrarmos relação entre os fundamentos do delito (enquanto fato social) e os fins da pena:[768] muito longe estamos de buscar uma imediata vinculação hermenêutica entre as *cifras negras* da criminalidade e a necessidade de aumentar-se a carga preventivo-especial dos delitos.[769] As *cifras negras* da criminalidade fornecem um dado importante,[770] porém ambíguo, para fins de ajuste nos rumos da política criminal (de *lege lata* ou de *lege ferenda*).[771] Aliás, seria temerária qualquer aproximação entre *cifras negras* e direito penal econômico sem a realização de estatísticas atualizadas que examinem se a resposta do poder punitivo segue

---

quais, além de sanções exacerbadas, elaborou-se toda uma eficiente tecnologia de prevensão, investigação e repressão, e aqueles delitos característicos das classes dominantes (predominantemente delitos contra o patrimônio coletivo), ditos de 'colarinho branco'. Para estes ilícitos, além de uma regulação jurídica defeituosa, constata-se que as forças da ordem desempenham uma função repressiva insuficiente e, mesmo, condescendente. (...) A análise teórica encontra apoio nos dados estatísticos oficiais. O direito penal nos países de terceiro mundo é dirigido, hegemonicamente, aos excluídos. Sua face sombria é a única justiça a que terão acesso as classes populares, além das varas de acidentes do trabalho e de família. (...) É tempo de mudar! Não há democracia com a impunidade dos poderosos. Não há justiça democrática sem garantia de acesso dos excluídos" (Maia, Rodolfo Tigre. *Dos Crimes contra o Sistema Financeiro Nacional*, cit., pp. 11-13). Em outra obra, o mesmo autor destaca que as premissas de sua análise dogmática dos crimes de *lavagem* de dinheiro encontram-se na criminologia crítica: "existem diversas abordagens aptas a desvendar as especificidades de um determinado fenômeno social que produz reverberações no universo normativo. Uma das vertentes principais que utilizaremos nesta tarefa será a de uma aproximação criminológica crítica". (Maia, Rodolfo Tigre. *Lavagem de Dinheiro*. São Paulo: Malheiros, 1999, p. 11). Para uma visão crítica: Fialdini, Filipe. "Inclusão punitiva: reflexões sobre a tentativa de promover justiça social por meio do Direito Penal Econômico". In Silva Franco, Alberto; Lira, Rafael. *Direito Penal Econômico – Questões Atuais*. São Paulo: RT, 2011, pp. 11-40.

[768] Como bem pondera Salo de Carvalho, delito e pena são fenômenos distintos cujo vínculo de causalidade só é possível através de um vício exclusivamente dogmático-normativo. Um sistema de sanção não pode servir de viés interpretativo do delito pela singela razão de que ambos os fenômenos possuem fundamentação e conteúdo distintos: as formas, as imagens, a representação e a significação social da punição ingressam no universo da criminologia cultural apenas como manifestação do poder hierárquico exercido pelas agências penais, e não como derivativo da prática do ilícito ou como proposta político-criminal (Carvalho, Salo de. *Antimanual de Criminologia*, cit., p. 96).

[769] "O olhar causal-economicista produz um efeito perverso que é o do aumento dos níveis de criminalização, com a habilitação do poder punitivo contra as pessoas de nível social mais alto, em uma inconsequente (e também simplificadora) inversão de seletividade. O fenômeno da inversão de seletividade, bastante comum em projetos político-criminais de algumas agências de punitividade, acaba sendo pautado pela pressuposição de que as classes políticas e econômicas mais favorecidas seriam as responsáveis diretas pela miséria social, motivo pela qual devem ser responsabilizadas de forma mais contundente" (Carvalho, Salo de. *Penas e Medidas de Segurança no Direito Penal Brasileiro*, cit., p. 231).

[770] Merece destaque o primeiro estudo realizado com seriedade no Brasil, sobre as cifras negras da criminalidade no recorte específico dos delitos definidos na Lei nº 7.492/86: Castilho, Ela Wiecko V. de. *O Controle Penal nos Crimes contra o Sistema Financeiro Nacional*. Belo Horizonte: Del Rey, 1998.

[771] Muitas correntes criminológicas já destacaram a ausência de relação entre o *withe collar criminal* e a flexibilização dos princípios gerais do direito penal. Mesmo os adeptos de uma criminologia materialista não se aventuram a propor uma renúncia à unidade antropológica do sistema penal em nome do combate à criminalidade econômica. Em vez disso, normalmente propõem medidas despenalizadoras e/ou descriminalizadoras àqueles que, por sua condição pessoal de vulnerabilidade, mostram-se mais expostos ao poder punitivo. Veja-se, no particular: Baratta, Alessandro. *Criminologia Crítica e Crítica do Direito Penal*, cit., pp. 204-205. A propósito, hoje parece não mais ser absolutamente válido o argumento, quando desprovido de base empírica, de que os crimes econômicos com frequência escapem do alcance do poder punitivo (p. ex.: Zaffaroni, Eugenio Raúl *et al. Manual de Derecho Penal*, cit., p. 15).

sendo desigual.⁷⁷² Até mesmo porque alguns estudos vêm demonstrando que antigas suposições podem não mais se confirmar.⁷⁷³ Daí ser inaceitável o frequente desvirtuamento das aproximações teóricas fornecidas pela criminologia sociológica para, *ipso facto*, propor-se um recrudescimento do poder punitivo supostamente justificado na necessidade de prevenção futura de delitos.⁷⁷⁴

---

⁷⁷² Seria possível afirmar que as cifras negras da criminalidade não sejam engordadas de forma muito próxima se compararmos crimes de furto e crimes fiscais? Poderíamos, ainda hoje, afirmar que o autor do crime econômico escape do poder punitivo em dimensão quantitativa maior do que o autor de crimes patrimoniais ou contra a vida? É inegável que é nas classes sociais mais pobres que se identifica uma maior vulnerabilidade do delinquente ao poder punitivo. Uma rápida análise da tipologia dos delitos que levam as pessoas ao cárcere é suficiente para confirmar a premissa. A seletividade ainda é, nesse rumo, uma lamentável característica cultural do poder punitivo (cfe. ZAFFARONI, Eugenio Raúl; BATISTA, Nilo. *Direito Penal Brasileiro – I*. Rio de Janeio: Revan, 2003, pp. 46-51). Mas já não temos razões tão sólidas para prosseguirmos na crença irrestrita de que ricos escapem ilesos do processo de criminalização secundária. Vivemos um processo de mudança cultural que gradualmente vem modificando o reconhecimento social positivo do criminoso. Obviamente que os autores da "obra tosca" da criminalidade, ainda hoje, sejam mais vulneráveis ao poder punitivo. Contudo, haveria diversas formas de colocarmos à prova essa hipótese tão reiterada dentre os criminólogos: a instrumentalização do aparato estatal investigativo não tem aumentado o número de pessoas que se submetem a um inquérito policial? Destes inquéritos policiais, quantos resultam em ações penais? E quantos geram sentenças condenatórias? Quantas pessoas, hoje, estão cumprindo pena em função de delitos econômicos?

⁷⁷³ No ponto, merece destaque a pesquisa empírica realizada por MARINA GROSNER na jurisprudência do Superior Tribunal de Justiça. Analisando 988 acórdãos proferidos, ao longo de 15 anos, em sede de *habeas corpus* e de recursos ordinários em *habeas corpus* direcionados ao trancamento de ações penais ou de inquéritos policiais, a autora identificou que o maior volume de pedidos foi observado em crimes de estelionato, crimes contra a ordem tributária e crimes contra a honra. Em quase 80% dos casos, a decisão foi denegatória. As impetrações concedidas prevaleceram em crimes econômicos, seguidos pelos crimes contra a administração pública, contra a honra e contra o patrimônio. Já as impetrações denegadas prevaleceram em crimes contra o patrimônio, seguidos pelos crimes econômicos, crimes contra a administração pública e contra a vida (GROSNER, Marina Quezado. *A Seletividade do Sistema Penal na Jurisprudência do Superior Tribunal de Justiça*. São Paulo: IBCCRIM, 2008). O estudo é interessante porque desmitifica a crença de que a persecução penal em crimes econômicos, conquanto seja mais frequentemente questionada através de medidas processuais (sob a influência – e isso é inegável – de uma condição econômica privilegiada do sujeito ativo em patrocinar sua defesa), receba tratamento jurisprudencial não isonômico em comparação com os delitos de ofensividade individual. Contudo, mesmo a comparação do acesso à ampla defesa entre ricos e pobres não pode, hoje, prescindir de um exame quantitativo e qualitativo do papel que a defensoria pública vem desempenhando em nosso país. Sob o ponto de vista da efetividade nos processos de criminalização primária e secundária em delitos econômicos, merece destaque recente pesquisa (BECK, Francis. *A Criminalidade de Colarinho Branco e a Necessária Investigação Contemporânea a Partir do Brasil: uma (Re)Leitura do Discurso da Impunidade quanto aos Delitos do "andar de cima"*. São Leopoldo: Unisinos, 2013, imp.) que chegou à conclusão de que o discurso da impunidade em relação aos crimes de "colarinho branco" já não se sustenta. Analisando dados disponibilizados pela justiça brasileira, BECK verificou que "a média de apenamento dos crimes de colarinho investigados (41,93 meses), é 61% superior à média dos crimes patrimoniais sem violência ou grave ameaça (25,94 meses), afastando um mito difundido no senso comum. (...) As operações realizadas pela Polícia Federal, em relação aos crimes de colarinho branco, aumentaram 1.500% entre os anos de 2003 e 2010. No entanto, entre 2006 e 2012, o número de inquéritos policiais instaurados pelo órgão foi reduzido em 60%. O Ministério Público não possui informações unificadas sobre denúncias oferecidas. Em relação ao Judiciário brasileiro, entre os anos de 2000 e 2012, não só os crimes de colarinho branco ensejaram um maior número de decisões nos tribunais pesquisados, como também resultaram em um número muito grande de decisões condenatórias, bastante superior ao de absolvições e extinções da punibilidade. A execução penal, no entanto, continua com o perfil de presos jovens, pardos, com grau de instrução baixo, e que cometem (principalmente) crimes contra o patrimônio". É inegável que as *cifras negras* ainda estejam significativamente direcionadas para a criminalidade da "obra tosca", mas o resultado da pesquisa mostra o equívoco das tentativas de legitimação do poder punitivo em crimes econômicos sob a premissa da distribuição desigual da justiça.

⁷⁷⁴ Apenas para ilustrar que o discurso igualmente repercute em nível jurisprudencial, perceba-se a retórica que impregnou um dos maiores julgamentos criminais brasileiros nos últimos tempos. No voto proferido pelo Ministro LUIZ FUX, durante o julgamento da AP 470 pelo Supremo Tribunal Federal em 2013 (no caso

De resto, interessa-nos destacar que, se o prestígio social e a condição privilegiada do sujeito ativo não integram o conceito material de crime econômico, tampouco poderão servir de parâmetro para o fundamento da pena cominada e imposta. Essa seria uma solução que, além de retornar ao modelo de direito penal de autor, sequer poderia ser cogitável sob uma discursividade jurídico-constitucional: a pena não pode ter por propósito corrigir uma postura egoísta-relacional do *homo oeconomicus*, porquanto este é um valor que integra a dimensão constitucional da "livre iniciativa" (art. 170, *caput*, da CF). Não estamos nos referindo a uma liberdade econômica ao sabor smithiano, mas sim a uma *invisible hand* regrada institucionalmente e limitada por parâmetros éticos (pense-se, *v.g.*, na função social da propriedade e no respeito ao meio ambiente como valores igualmente integrantes da ordem econômica – incisos III e VI do art. 170 da CF). Ainda assim, também nesse cenário contemporâneo inexiste qualquer incoerência em aceitar-se a proteção constitucional do *homo oeconomicus* em sua condição essencialmente egoísta. E pela mesmíssima razão será criticável que o desvalor relacionado à condição pessoal do homem capitalista integre a pauta político-criminal da doutrina[775] e das agências penais (legislador,[776] polícia,[777] Poder Judiciário[778] etc.).

---

vulgarmente conhecido como "mensalão"), a teoria de SUTHERLAND foi utilizada para justificar um necessário recrudescimento do poder punitivo e também um sistema peculiar de valoração de provas (v. fls. 53109/53124 do acórdão).

[775] Na doutrina, encontramos referências à "ideologia que está por trás da criminalização da lavagem de dinheiro", cuja tutela estaria influenciada pela "crise dos valores na modernidade" e pelo "dinheiro como um valor supremo e o espírito do capitalismo" (DE CARLI, Carla Veríssimo. *Lavagem de Dinheiro – Ideologia da Criminalização e Análise do Discurso*. 2. ed. Porto Alegre: Verbo Jurídico, 2012, pp. 33-76).

[776] No plano legislativo, veja-se que a condição social do criminoso foi um dos elementos que norteou a tipificação do crime de *lavagem* de dinheiro, referida expressamente na Exposição de Motivos da Lei nº 9.613/98: "em relação a esses tipos de autores, a lavagem de dinheiro constitui não apenas a etapa de reprodução dos circuitos de ilicitudes como também, e principalmente, um meio para conservar o status social de muitos de seus agentes" (EM no PL 692/MJ). No âmbito das penas pecuniárias, as recentes mudanças legislativas no segmento do direito penal econômico, em tudo alinhadas à postura pró-ativa das agências penais (especialmente, o Poder Judiciário), vêm acompanhando o subliminar deslocamento da culpabilidade do fato para a culpabilidade do autor. Em reação à tradicional objeção doutrinária quanto à ineficácia das penas de multa nos crimes econômicos, a reposta penal vem conferindo uma importância secundária à gravidade do fato, substituindo-a pela hegemonia da condição econômica do seu autor. A sua bancarrota (ou de sua empresa), outra perseguida apenas de forma velada pelas agências penais, agora é um objetivo confesso da política criminal (VOLK, Klaus. *Sistema Penale e Criminalità Economica*, cit., p. 58).

[777] Seguimos percebendo a dificuldade que a política criminal enfrenta para desgarrar-se da visão de um direito penal de autor no segmento dos delitos econômicos. A figura criminal do *colarinho branco*, bem observa VOLK, ainda frequenta o foco de atuação das agências penais, a começar pela forma de atuação policial: "ci si orientava, in primo luogo, all'autore e solo in second'ordine ai suoi reati; (...) dall'autore al reato, è questo lo *slogan* della polizia giudiziaria"; se, antes, o discurso político da luta contra a criminalidade estava direcionado ao fato, "ora la polizia vorrebbe provare la via inversa, e dagli autori (potenziali) giungere ai (presunti) reati" (VOLK, Klaus. *Sistema Penale e Criminalità Economica*, cit., pp. 57-58).

[778] A "ganância econômica", por exemplo, por vezes é utilizada para a fixação da pena em sentenças condenatórias em crimes econômicos: "Na fixação da pena, observo que as circunstâncias que cercaram o cometimento dos delitos merecem uma maior censurabilidade, tendo como motivo o mero interesse econômico e a ganância, concluindo-se que a sua personalidade ostenta traços de cupidez e de ausência de escrúpulo, não hesitando em usar a conta de correntista 'fantasma' para nela depositar valores e depois se apropriar dos depósitos que foram irregularmente remetidos ao exterior". (TRF da 3ª Região, ACR 20002612219984036000, 5ª Turma, rel. Des. Fed. Ramza Tartuce, DJe de 03/05/2011). Em outros casos, pelo fato de a "ganância

5.2. Pena, neorretribucionismo e Direito Penal Econômico: a busca pela pena justa a partir da perspectiva onto-antropológica da responsabilidade e da isonomia do *homo oeconomicus*

5.2.1. *A relação onto-antropológica do cuidado-de-perigo e o sentido retribucionista da pena*

A história tem nos mostrado que, por mais louvável que seja a pretensão de substituir um direito penal melhor por algo melhor que um direito penal,[779] este talvez não seja um ideal realizável; ou, então, que ainda temos muito tempo pela frente antes de encontrarmos algo melhor que o direito penal. Qualquer que seja o nome que se pretenda dar ao direito sancionador, integra o traço mais forte da humanidade o fato de que "os homens sempre puniram institucionalmente os comportamentos que se afastavam da 'regra' ou com ela se cruzavam. E a punição, qualquer que seja, faz sempre soltar a dor e mal".[780] O mal que desvirtua a normalidade da relação social que é afetada com a violação do cuidado; o mal que enfraquece o pleno sentido da liberdade que é severamente atingido pela imposição da pena. Um mal, em suma, "não como uma entidade metafísica ou transcendente que está para lá do tempo e do espaço, que está para lá da histórica, mas antes como manifestação profunda, constante e inafastável de uma historicidade que é a nossa e da qual, em circunstância alguma, podemos fugir".[781]

É diante desse paradoxo que o direito penal encontra sua fenomenologia: sendo o mecanismo institucional que a humanidade encontrou para distribuir as penas em resposta aos desvios, o poder punitivo aflora, queiramos ou não, como um importante instrumento de realização da nossa vida social, que pretende proteger os valores mais essenciais contra o mal do crime, impondo, a este, o mal da pena. Conquanto não vá qualquer desapego crítico ao que iremos referir, a identidade cultural das sociedades politicamente organizadas sedimentou-se também através do reconhecimento de que o direito penal seja o que de melhor encontramos para que a vida em comunidade prossiga viável. Essa é uma constatação capaz de desmerecer qualquer tentativa de culpar as

---

econômica" não ter sido demonstrada (perceba-se, no particular, a alma do réu como objeto do processo), a pena deixou de ser elevada: "Não há nos autos elementos que permitam concluir que o apelante conduziu-se de forma especialmente gananciosa, o que permitiria majorar a sua pena-base. Assim, porque não provada a ganância diferencial do apelante, deixa-se de reconhecer a incidência negativa da circunstância relativa à motivação do agente" (TRF da 3ª Região, ACR 200203990119525, 5ª Turma, rel. Des. Fed. Ramza Tartuce, DJe de 03/03/2009, p. 492). "O dolo intenso, a ganância, o desrespeito para com os Poderes Públicos e os riscos que correm os compradores dos lotes localizados nas terras irregularmente parceladas pelos pacientes constituem um plus ao crime de loteamento clandestino, praticado na sua forma qualificada, não sendo, pois, inerentes ao tipo penal". (STJ, HC 49.607, 5ª Turma, rel. Min. Gilson Dipp, DJ de 21/08/2006).

[779] RADBRUCH, Gustav. *El Hombre en el Derecho*. Trad. por Aníbal del Campo. Buenos Aires: Depalma, 1980, p. 69.

[780] FARIA COSTA, José de. "Um olhar doloroso sobre o direito penal (ou o encontro inescapável do *homo dolens* enquanto corpo próprio, com o direito penal)". In *Linhas de Direito Penal e de Filosofia*, cit., p. 69.

[781] FARIA COSTA, José de. "Um olhar doloroso sobre o direito penal (ou o encontro inescapável do *homo dolens* enquanto corpo próprio, com o direito penal)", cit., pp. 73-74.

instâncias que controlam a violência de todos o males que assolam a nossa existência.[782] Pois afloram as mais variadas representações históricas de desorganização social sempre que vivenciamos o reconhecimento de inexistência do poder punitivo – pense-se, por exemplo, nos distúrbios que frequentemente se sucedem a tragédias naturais[783] ou a movimentos de greve em corporações policiais.[784] De modo a não podermos recusar, por mais doloroso que seja, o que nos diz Faria Costa: "não haveria perdão nem misericórdia se, um dia sequer, o direito penal faltasse, não aparecesse, mesmo que pelos motivos mais nobres. Fosse, pura e simplesmente, embora. De sorte que, o direito penal, sem heroicidades nem lamentos, continua a representar. E a fazê-lo com a consciência crítica da sua infinita fragilidade porque detentor de um dos últimos e mais terríveis poderes: o poder de punir".[785]

Deveras, é correto pensar, na mesma linha da crítica criminológica de Zaffaroni e Batista,[786] que o arbítrio seja uma característica imanente às agências penais – especialmente, as policiais, que são as principais encarregadas de selecionar o "público" que ficará sujeito ao poder punitivo. Mas não será menos correto aceitar, na linha de Maffesoli,[787] que a violência não deixa de desempenhar um certo papel na sociedade. E reconhecer isso enquanto fenômeno talvez seja a melhor maneira de negociar com ela.

Não se irá pleitear, aqui, qualquer socorro do funcionalismo sociológico para amparar o que estamos afirmando: é esse cariz onto-antropológico da violência – social e estatal – que deve ser reconhecido em sua versão mais essencial para que, sobre ele, repouse a intencionalidade crítica do saber jurídico-penal. O que significa aceitar que o direito penal e, em específico, a sanção criminal, enquanto ente historicamente datado, é um *mal* que se valora secularizadamente, ao fim e ao cabo, como um *bem*.[788] Por mais paradoxal que possa

---

[782] "Toda violência comunitariamente assumida pelas legítimas instâncias do poder é, de maneira rápida e desresponsabilizante, expiada pelas culpas que se dizem em voz alta ao bode que depois se lança nas agruras tórridas das terras do sem fim e sem retorno. É fácil, demasiado fácil – e por isso de um ridículo absurdo a que se junta infantilidade intelectual – atirar as culpas de todo o mal, socialmente relevante e socialmente imputável, que existe entre nós, para as instâncias que controlam a violência que as instituições legitimam" (Faria Costa, José de. "Um olhar doloroso sobre o direito penal (ou o encontro inescapável do *homo dolens* enquanto corpo próprio, com o direito penal)", cit., pp. 70-71).

[783] Lembre-se, como exemplo, o significativo aumento de estupros, roubos e homicídios após a passagem do furacão Katrina nos EUA em 2005 (v. http://www1.folha.uol.com.br/folha/mundo/ult94u87517.shtml)

[784] Reale Jr., Miguel. *Instituições de Direito Penal. Parte Geral*. Rio : Forense, 2002, vol. I, p. 56.

[785] Faria Costa, José de. "Um olhar doloroso sobre o direito penal (ou o encontro inescapável do *homo dolens* enquanto corpo próprio, com o direito penal)", cit., p. 90.

[786] Zaffaroni, Eugenio Raúl; Batista, Nilo. *Direito Penal Brasileiro*, cit., pp. 46-53.

[787] "Não se trata, portanto, de se perguntar, de uma maneira talvez supérflua, se hoje existe mais ou menos violência. Contentar-nos-emos mais em reconhecer, num primeiro momento, que se trata de uma estrutura constante do fenômeno humano; em seguida, tentaremos mostrar que, de uma maneira paradoxal, a violência não deixa de representar em certo papel na vida da sociedade; finalmente, a título de hipótese, tentaremos vislumbrar qual pode ser o modo de fazer contemporâneo isso que podemos chamar a desordem fecunda. 'Volens nolens' a violência está sempre presente; antes de condená-la de uma maneira rápida demais, ou ainda, negar sua existência, é melhor ver de que maneira pode-se negociar com ela" (Maffesoli, Michel. *Dinâmica da Violência*. Trad. por Cristina M. V. França. São Paulo : Vértice, 1987, pp. 13-14).

[788] Faria Costa, José de. "Um olhar doloroso sobre o direito penal (ou o encontro inescapável do *homo dolens* enquanto corpo próprio, com o direito penal)", cit., p. 83. Secularizadamente porque "como uma legítima res-

parecer, conquanto a pena de prisão seja um instituto, hoje, cuja eficácia de prevenir delitos mais e mais desnuda-se frustrada e seletiva (sem esquecer, entretanto, que não temos condições de verificar estatisticamente quantos crimes não se realizaram sob a influência do mal da punição), essa mesma pena de prisão prossegue sendo reconhecida e legitimada como a principal sanção do direito penal. Obviamente que tal reconhecimento não nos impede de despejarmos sobre ela a nossa crítica criminológica; é certo que a fenomenologia da violência – inclusive estatal – não nos priva de seguirmos propondo uma política criminal direcionada a menos penas de prisão, ou mesmo a buscarmos algo diverso do direito penal. Contudo, a pena de prisão é, ainda hoje, o que temos. E se assim o é, sua existência, muito além de apenas um *fato*, caracteriza um *bem*; um *bem* cruel, mas, sobretudo, um *bem*; "uma representação, digamo-lo de forma seca e incisiva, sem a qual a humanidade deixaria de *ser*".[789]

---

trição, uma limitação – imposta coativamente pelo detentor do *ius puniendi* (o Estado) e subjectivamente não desejada nem aceite – dos direitos e liberdades fundamentais: *máxime*, do direito de liberdade ou, nos casos onde infelizmente ainda haja a pena de morte, do próprio direito à vida" (id., ibid., pp. 83-84, nota n. 40).

[789] FARIA COSTA, José de. "Um olhar doloroso sobre o direito penal (ou o encontro inescapável do *homo dolens* enquanto corpo próprio, com o direito penal)", cit., p. 83. Esse é o ponto que nos distancia dos adeptos da *teoria agnóstica da pena*, proposta por ZAFFARONI e acolhida, no Brasil, por NILO BATISTA e SALO DE CARVALHO. Tal concepção constrói-se a partir do diagnóstico de fracasso de todas as teorias positivas. Seria possível "delimitar o horizonte do direito penal sem que se recorte provoque a legitimação dos elementos do estado de polícia próprios do poder punitivo que lhe toca limitar". Se, por um lado, não é possível legitimar-se o direito penal a partir de suas *funções manifestas* – já que os efeitos reais da intervenção são mais amplos do que a delimitação axiológica oferece –, por outro, não se pode buscar esta mesma legitimação (ou a ausência dela) a partir de suas *funções latentes* – já que estas são múltiplas e impossíveis de serem apreendidas em sua totalidade. Em outras palavras: nem dedução, nem indução. "Urge concluir – afirmam – que o adequado seria procurar o conceito de pena delimitador do universo do direito penal por um caminho diverso de suas funções": a pena deve ser conceitualizada a partir de seu contexto ôntico (não em sentido pré-jurídico) apreendido juridicamente, isto é, o *dever ser* limitado pelo *ser*. Um conceito de pena que incorpore referências ônticas permite concluir que a pena é coerção que impõe uma privação de direitos ou uma dor, mas não repara nem restitui, tampouco detém as lesões em curso ou neutraliza perigos iminentes. Assim, a pena não tem função reparadora ou restitutiva, até mesmo porque estas funções dizem respeito a outros modelos estatais de solução de conflitos (direito civil, direito administrativo etc.). Tal conceito é *negativo*, porque obtido por exclusão e não reconhece nenhum efeito positivo à pena, e é *agnóstico*, pois reconhece não existir qualquer função à pena. Permite, dessa forma, incorporar leis latentes e eventuais ao horizonte do Direito penal e, por conseguinte, fazer delas a sua matéria prima. Reconhece, ademais, as arbitrariedades metodológicas e falácias dos discursos jurídicos dominantes, principalmente aqueles que pautam suas decisões a partir das funções normativas (lícitas) do poder punitivo, ignorando que também os efeitos ilícitos reais do exercício deste poder devem influenciar as decisões adotadas pelas agências jurídicas, dando continuidade ao processo histórico de luta contra o abuso do poder punitivo. De todas estas premissas metodológicas surgiria a conclusão, no sentir de ZAFFARONI e BATISTA, no sentido de que a função do direito penal não é a legitimação de toda a criminalização e, menos ainda, do vasto alcance do poder punitivo, mas sim "legitimar apenas a única coisa que realmente pode programar: as decisões das agências jurídicas". Os juízes e tribunais, por não possuírem o poder de criminalização primária (exercido pelas agências políticas) e secundária (exercido pelas agências executivas e o restante do poder punitivo), são *programados*, pelo direito penal, a decidirem sobre os pouquíssimos casos que lhes são conferidos. Nesta atividade, são completamente impotentes frente o imenso arsenal *manifesto* e *latente* do exercício do poder em toda a sua magnitude. Os operadores das *agências jurídicas* devem tomar decisões nestes poucos casos, arbitrariamente selecionados, porque se não o fizerem, o poder restante do sistema penal se estenderia ilimitadamente, arrasando o Estado de Direito. Contra os abolicionistas, ZAFFARONI e BATISTA afirmam que a pena (e todo o pode punitivo) é um *fato* de poder que o poder dos juristas pode limitar e conter, mas não eliminar. Trata-se de uma teoria do direito penal limitadora e redutora do poder punitivo exercido por agências não jurídicas, promovedora de uma "função de segurança jurídica dos bens jurídicos individuais e coletivos de todos os habitantes". Não é por outra razão que estes

A *necessidade* da pena, vista sob essa ótica, conquanto não nos impeça de discutirmos autonomamente também o seu *fundamento* (por quê?) e a sua *finalidade* (para quê?), entrecruza esses dois momentos de reflexão a ponto de não nos ser permitido ignorar a densidade ético-social de sua justificativa. Pois "se a pena criminal se nos impõe como qualquer coisa de inelutável e conatural a qualquer comunidade humana, as finalidades que afloram nos diferentes momentos históricos – e ainda assim conforme as latitudes – é que são as mais diversas".[790] Seguimos alinhados, no particular, ao que sustenta FARIA COSTA, quando observa que a relação matricial onto-antropológica de cuidado-de-perigo só pode conduzir ao reconhecimento de que a pena tem um sentido e uma finalidade ético-jurídicos essencialmente retributivos; ou melhor, neoretributivos. Nessa visão antropocêntrica de analisar o fenômeno criminal, a *culpa* tem de servir de *fundamento* e de *limite* da pena.[791]

Isso nos compele a relegarmos ao plano da prescindibilidade qualquer propósito preventivo para as penas criminais. A missão do direito penal é a de proteger bens jurídicos: no segmento da norma, reafirmando os perigos que uma comunidade historicamente datada segue reconhecendo como carentes e dignos de proteção; no segmento da pena, reafirmando que toda violação do cuidado-de-perigo, quando obra pessoal de um homem responsável, tenha de se sujeitar, nos limites do desvalor axiológico daquela obra pretérita, a uma sanção em igualdade de condições a toda a comunidade.

O legislador, tomando por base o passado-presente, tem como primeiro horizonte o futuro. A definição legal de condutas criminosas é o resultado das projeções que a política criminal realizou sobre a dinâmica das relações sociais. A estrutura normativa do direito penal, historicamente situada e de geografia variável, perfila-se "através de um modo-de-ser em que o seu segmento principal não pode deixar de ser visto como estabilização de conflitos", ou seja, "o direito penal constrói-se, pois, entre outras coisas, pela resposta legislativa,

---

autores, após desenvolverem detalhada e incondicional crítica a todas as teorias da pena, interrompem a discussão afirmando que a pena, enquanto (neo)*retribuição*, só encontraria justificativa racional enquanto critério regulador da irracionalidade estatal verificada no processo punitivo, ou seja, a intervenção penal é um mero *fato* do poder estatal, inexistindo, sobre ela, qualquer justificativa racional (ZAFFARONI, Eugenio Raúl, BATISTA, Nilo et al. *Direito Penal Brasileiro*, cit., pp. 98-109). Em detalhes: CARVALHO, Salo de. *Penas e Medidas de Segurança no Direito Penal Brasileiro*, cit., pp. 141-160. O que nos distancia desse modo especial de analisar o fenômeno penológico é que o *fato da pena*, exatamente porque impregnado na história da humanidade, tem de aceitar o diálogo entre a irracionalidade de sua distribuição com, queiramos ou não, a racionalidade de sua existência. Quando aceitamos a pena como um *bem*, estamos laborando a partir de uma premissa fenomenológica, uma dimensão histórica que lhe confere existência. Existência que não nos impede, é bom que se diga mais uma vez, de a aceitarmos no contexto relativo da "natureza das coisas" em tempos de contemporaneidade. E exatamente porque a temporalidade é um fator de relativização existencial do homem é que considerar-se a pena como um *bem* não nos dispensa de submetermos à crítica todos os devastadores efeitos que sua existência proporciona, de modo a estarmos abertos à chance de uma temporalidade ainda por vir mostrar-nos que algo melhor que a pena poderá ser obtido. O *bem* da pena deve se submeter a uma crítica que não é *dialética*, mas sim *dialógica*. E, por tal razão, entendemos que não seria possível encarar-se a pena como um *fato* de poder desprezando-se que o referido *fato* mantém-se hígido porque, culturalmente, é um traço bastante forte da nossa identidade cultural.

[790] FARIA COSTA, José de. "Uma ponte entre o direito penal e a filosofia: lugar de encontro sobre o sentido da pena", cit., p. 219.

[791] FARIA COSTA, José de. *O Perigo em Direito Penal*, cit., p. 373.

historicamente legitimada, à conflitualidade e à ruptura violadora".⁷⁹² Assim é que a seleção de bens jurídicos é a defesa institucional do patrimônio ético-social de uma comunidade de homens e mulheres historicamente situada, que conclama o Estado a proteger a conflitualidade e a ruptura violadora que são as expressões fenomênicas da perversão em que mergulha o nosso modo-de-ser mais essencial.

Essa relação de cuidado pode romper-se; e seguidamente se rompe; e exatamente quando se rompe, faz surgir a reafirmação de que a exigência do cuidado segue socialmente hígida na identidade cultural de uma determinada sociedade.⁷⁹³ Quando isso ocorrer, o intérprete, o penalista, o jurista, agora focado no passado-presente da violação, tem de buscar a razão da pena no lado negativo que a violação dessa relação primeva representa. Nossa vulnerabilidade do "eu" para com os outros assume uma dimensão de ruptura quando há o crime. "E nesse momento de ruptura, de fractura de convulsão no cuidado genésico só se refaz com a pena. A aplicação da pena, nesta compreensão fundante, repõe o sentido primevo da relação de cuidado. (...) Aí dá-se o desnudamento que exige a compensação de uma pena para que o equilíbrio se refaça. Porque também só desse jeito 'eu' posso ver, olhar e amar o 'outro'. Porque se não houver pena é impossível reconstruir a primitiva relação de cuidado-de-perigo. A pena, se quisermos, assume, assim, o papel da reposição, da repristinação e, por conseguinte, da eficácia de um bem". Nesse sentido é que ela é considerada um *bem*. "Foi a proibição do incesto que", na observação de Levi-Strauss, "fez passar a comunidade de hominídeos a verdadeira comunidade humana. O que mostra o caráter radical, ontologicamente centrado e onticamente desflorado, da proibição. Da existência de um interdito. Da proibição como momento genésico de contenção à perversão da relação de cuidado-de-perigo".⁷⁹⁴

Mas ainda haveria muito a ser dito quanto àquilo que a "natureza das coisas" nos concede para que vislumbremos o nexo objetivo entre o dado da pena e o seu fim retributivo. Nessa necessidade de adensamento reflexivo é que Faria Costa encontra dois valores do homem historicamente situado: a *responsabilidade* e a *igualdade* enquanto fenômenos.

---

⁷⁹² Faria Costa, José de. "Uma ponte entre o direito penal e a filosofia: lugar de encontro sobre o sentido da pena", cit., p. 223. Mas isso muito longe estaria de aproximar-se da ideia de um delito ou de uma pena com eficácia preventiva obtida a partir do restabelecimento contra-fático da normatividade penal (prevenção geral positiva). Se a obra legislativa tem de olhar para o futuro – pois é este futuro, em sua representação presente, que irá demonstrar o que é necessário e legítimo mudar –, isso não significa que o ilícito, uma vez definido na norma, não prossiga descrito em seu passado-presente. Tanto o ilícito quanto a pena não podem ter sua fundamentação projetada para a prevenção futura de delitos, seja porque o homem-presente-violador estaria sendo reificado para a obtenção de fins que não lhe interessam, seja porque possui o direito a ser punido de forma justa segundo a sua obra exclusivamente pessoal. Para maiores detalhes, v.: Faria Costa, José de. *O Perigo em Direito Penal*, cit., pp. 383-387.
⁷⁹³ Por isso é que, com a vênia da repetição, temos de reafirmar nossa adesão ao pensamento de Maffesoli: "a violência não deixa de representar em certo papel na vida da sociedade" (*Dinâmica da Violência*, cit., p. 13).
⁷⁹⁴ Faria Costa, José de. "Uma ponte entre o direito penal e a filosofia: lugar de encontro sobre o sentido da pena", cit., pp. 224-225.

Quanto ao primeiro, a violação do cuidado, para ensejar a pena, tem seu reconhecimento circunscrito a um comportamento humano livre e autônomo. Se ao direito penal é dado o encargo de tornar possível avaliarmos uma conduta como lícita ou ilícita, esta seria uma tarefa que – por mais complexa que seja a valoração de um fato como *bom* ou *ruim*, segundo nos mostrou NIETSZECHE – só é possível se considerarmos o homem com a responsabilidade da escolha entre o justo e o injusto conforme o que o direito tutela. O livre-arbítrio, à luz dos parâmetros ético-sociais do nosso tempo, é o que faz do homem um ser comunitariamente responsável por seus atos: por mais amplas que sejam as contemporâneas condicionantes socioculturais ou mesmo neuropsicanalíticas dos comportamentos humanos, a liberdade é um *valor* a que o direito pode dedicar uma expressão não determinista que não ignora a complexidade de fatores "deterministas" das mais variadas ordens; somente enquanto eu possa ser juridicamente considerado livre frente a todos, apesar de todos os fatores que podem impulsionar a minha ação, respondo por aquilo que fiz.[795] Consequentemente, a pena a ser aplicada só pode estar focalizada no passado do fato que se deve analisar enquanto obra de um sujeito considerado responsável. "É, pois, no lugar passado do rompimento da primeva relação de cuidado--de-perigo que está a causa, o cerne de tudo. É, por conseguinte, a partir desse enquadramento, que é ilógico ou incompreensível aplicar-se uma pena dizendo que se o faz na mira de que os outros não pratiquem crimes ou com o fito de repor a validade contra-fáctica da norma. Uma tal projecção teórica admite a possibilidade da punição de inocentes e admite, mesmo que se ponha como limite a prática de um facto censurável (punível com culpa), uma medida concreta da pena que ultrapasse, efetivamente, o limite da culpa. O que nos pode deixar concluir que a ideia de retribuição é aquela que melhor assenta no dado fundamental que o princípio da responsabilidade representa".[796] Isso explica por que os funcionalistas, conquanto possam aceitar que o delito pressuponha *culpa*, não admitem que a culpa seja *fundamento* da pena: porque se ela funcionar apenas como *limite* da sanção, esta não mais será levada em conta a partir da existência de um homem responsável, mas sim pelas demandas sociais de prevenção de futuros delitos. E o resultado disso segue insuperável diante da objeção kantiana.

De outro lado, no sentido ético-social da *igualdade* residiria a segunda âncora da retribuição: "a aspiração – individual – a que cada um dos membros seja tido como igual a cada um dos outros membros da comunidade e ainda

---

[795] "Se o 'livre alvedrio', se a possibilidade de escolher e decidir estão coarctados, não existem ou estão embotados para lá do limite que não permite discutir o lícito do ilícito, o justo do injusto, o bem do mal, é evidente, pelo menos à luz dos parâmetros ético-sociais do nosso tempo, que aquela pessoa já não é responsável. Não responde perante a sua própria consciência crítica e auto-reflexiva. Não responde perante a consciência crítica que a comunidade representa, através das suas instituições e dos seus simbolismos de filtragem e reação moral, não responde perante o direito penal, enquanto única instância que detém o monopólio da violência" (FARIA COSTA, José de. "Uma ponte entre o direito penal e a filosofia: lugar de encontro sobre o sentido da pena", cit., p. 226). Para uma ampla visão da crítica às noções metafísica e determinista do livre arbítrio, v.: CARVALHO, Salo de. *Penas e Medidas de Segurança no Direito Penal Brasileiro*, cit., pp. 196-238.
[796] FARIA COSTA, José de. "Uma ponte entre o direito penal e a filosofia: lugar de encontro sobre o sentido da pena", cit., p. 227.

a aspiração, também individual, a que a comunidade no seu todo – isto é, a comunidade enquanto poder organizado jurídica e politicamente – trate, de modo igual, cada um dos seus membros, constitui uma matriz evolutiva que, felizmente, tem vocação expansiva e recorte universalizante".[797] O amálgama das relações sociais pacíficas está situado na razão forte da confiança na igualdade; uma igualdade que não faz distinção entre classe social, nacionalidade, religião ou raça quanto às consequências do comportamento responsável de cada um. Só assim a crença no viver comunitário, na coesão social, recobra seu sentido. E nesse cenário fenomenológico da igualdade é que a pena deve encontrar o seu sentido. "É absurdo conceberem-se situações, isto é, comportamentos, que, sendo materialmente iguais possam sobre eles recair penas manifestamente diferentes em grau e qualidade. A distribuição das penas está sujeita, também ela, a uma ideia de justiça e a uma ideia de justiça distributiva que tem na sua base o princípio da igualdade".[798] O reconhecimento de que as sanções são distribuídas de maneira desigual – conforme amplamente escancarado pelas denúncias criminológicas que sobrevieram ao paradigma sociológico – é o cartão de apresentação do reconhecimento cultural de que a isonomia é um valor irrenunciável à nossa identidade.

Portanto, um direito penal que pretenda situar o homem em seu núcleo mais elementar obriga-se a buscar naquilo que de mais elementar se observa em sua existência para que o *mal* da pena possa ser reconhecido socialmente como um *bem* que, no fim das contas, para muito além de um singelo imperativo categórico, ainda vale ser perseguido. Uma pena que, fundamentada e limitada pelas noções onto-antropológicas de responsabilidade e de igualdade, não vê disfunção alguma em reconhecer que o debate que envolve os fins é, indubitavelmente, permeado por premissas metafísicas (haveria algo de mais metafísico do que a afirmação de que o direito penal tenha por propósito prevenir futuros delitos?). Pois estamos a tratar de uma metafísica que nada tem de absoluta, de universalizante, de linearmente construída no pretenso dualismo entre *ser* e *dever ser*;[799] muito antes, cinge-se à regionalização, à relatividade

---

[797] Faria Costa, José de. "Uma ponte entre o direito penal e a filosofia: lugar de encontro sobre o sentido da pena", cit., p. 228.

[798] Faria Costa, José de. "Uma ponte entre o direito penal e a filosofia: lugar de encontro sobre o sentido da pena", cit., p. 229.

[799] Não é mais momento de aceitarmos a máxima weberiana no sentido de que "uma demonstração científica, metodologicamente correta no setor das ciências sociais, para alcançar seu fim, tem de ser aceita como sendo correta também por um chinês" (Weber, Max. *Metodologia das Ciências Sociais*. 4. ed. Trad. por Augustin Wernet. São Paulo : Cortez, 2001, vol. 1, pp. 113-114): a evolução dos processos culturais fazem do *ser* uma constante do próprio *devir*. Franklin Baumer, ao estudar a evolução do pensamento europeu nos séculos XVII e XVIII, ressaltou que a categoria do *ser* era própria dos modelos cartesiano e baconiano, que acreditavam possível uma verdade objetiva transcendente a meras certezas objetivas, onde a razão detivesse a capacidade de pôr ordem no mundo, nas leis, na natureza, no indivíduo e na sociedade (Baumer, Franklin L. *O Pensamento Europeu Moderno*, cit., p. 52.). Aqui, imaginava-se um universo estável, absoluto, onde o *ser* representava categorias estáticas apreensíveis pela razão humana. Este modelo começou a ser superado no século XVIII, até que, já no início do século XX, Henri Bergson mencionou que a verdade, o universo, a natureza, o mundo, a sociedade e o homem (as *questões perenes*, de Baumer) mudam sem cessar, ao ponto de o próprio *ser* não representar outra coisa senão mudança (Bergson, Henri. *A Evolução criadora*. [s.t.] Rio de Janeiro: Delta, 1964, *passim*). Neste modelo, o *devir* sobrepuja o *ser*, na medida em que a realidade não é

do pensamento hermenêutico que, por fazer recair toda a sua carga axiológica sobre uma sociedade historicamente datada, resgata a racionalidade do saber teórico exatamente a partir dessa forma precária e complexa de ver as coisas.[800] Problemático será dar às costas a essa episteme, como postura que sói ser adotada pelas tentativas de teorizações penais que, buscando conferir finalidades preventivas para a sanção penal, tentam camuflar sua própria irracionalidade a partir de valores que se pretendem ver extraídos apenas da lógica interna do ordenamento jurídico, ou mesmo sob o aconchego dogmático dos direitos fundamentais.[801] Como se todo e qualquer direito, mesmo os constitucionalmente reconhecidos como fundamentais, não detivessem uma dimensão fenomenológica capaz de lhes garantir legitimidade.[802]

---

absoluta, mas relativa; não é estática, mas dinâmica. Assim, a *ontologia* clássica acaba superada por um modo de pensar que engloba natureza, homem, sociedade e história numa evolução constante para algo novo e diferente (BAUMER, Franklin L. *O Pensamento Europeu Moderno*, cit., p. 37).

[800] Isso nos autoriza a discordar de ROXIN quando ressalta que "el Estado, como instituición humana, no es capaz de realizar la idea metafisica de justicia ni está legitimado para ello" (*Derecho Penal*, cit., p. 84). O argumento toma por premissa uma noção de metafísica sob o romantismo absolutivizante do jusnaturalismo. Como se, hoje, pensarmos na significação metajurídica do Estado não seja, em alguma medida, pensarmos em termos metafísicos.

[801] FARIA COSTA, José de. "Uma ponte entre o direito penal e a filosofia: lugar de encontro sobre o sentido da pena", cit., pp. 212-213, especialmente notas n. 16 e 21. Bem pondera RIVACOBA Y RIVACOBA, conquanto discordemos de sua visão negativa do neoretribucionismo, que embora o argumento de que a pena consistente em retribuição possa ou não ser atrativo e desejável, a verdade é que, se substituirmos a imaginação ou preferências pela *realidade*, veremos que é, efetivamente, o que se manifesta. Nesse sentido, embora muitos textos legais estabeleçam institutos tendentes ao utilitarismo, todos eles estão estruturados internamente e operam, num ou noutro rumo, consciente e explícita, ou inconsciente e tacitamente, com maior ou menor acerto, como *retribuição*. Seria inevitável, pois, sustentar que a pena teria sua essência retributiva (RIVACOBA Y RIVACOBA, Manuel. *Función e Aplicación de la Pena*. Buenos Aires : Depalma, 1993, p. 172). Essa ideia de possível produção de efeitos *preventivos* como decorrência da *retribuição* também fora sustentada por EDUARDO CORREIA, para quem a unilateralidade dos critérios de prevenção especial – com a sua contradição entre o querer emendar e corrigir o delinquente e, simultaneamente, esquecer ou negar toda possibilidade daquele se autodeterminar – e da prevenção geral – que faz da pena um instrumento brutal, na base de que todos os homens (mesmo só os imputáveis) são determináveis pela força de certos motivos –, "vem mostrar que a pena só ganha toda a sua razão de ser quando encarada de um ponto de vista retributivo". No entanto, o Estado, ao desenvolver a sua pretensão punitiva, também é obrigado a atuar a partir de ideias *éticas*, consubstanciadas em ideais *preventivos*, mas sempre levados em consideração a partir de um fundamento *retributivo*. Para evitar as críticas endereçadas às teorias preventivas, EDUARDO CORREIA contempla a possibilidade de que a retribuição relacionasse-se não só ao *fato* praticado, mas, também, à *personalidade* do agente, principalmente em relação à culpa deste por possuir um determinado modo de ser perigoso (*culpa na formação da personalidade*), ou seja, por não se ter educado de acordo com o tipo de personalidade que os valores jurídico-criminais de um certo sistema requerem. Nesse sentido, o Direito penal, ao tutelar determinados valores, exige não só a condução *fática* de acordo com os seus limites, mas, também, a *personalidade* adequada ao seu respeito. A culpa oriunda de um delito decorreria, consequentemente, do *fato* praticado e da *não formação conveniente da personalidade*, caso em que a irrogação de uma pena *retribuiria* um mal causado fática e personalisticamente. Assim é que, segundo EDUARDO CORREIA, as críticas da prevenção geral e especial não mais seriam procedentes, já que as ideias de correção e intimidação teriam seu fundamento na *retribuição* de um mal causado por uma *personalidade delinquente* (*Direito Criminal*, cit., vol. I, pp. 62-67).

[802] Esse é o resultado final da contradição em que incorre o funcionalimo de ROXIN, que pretende ser dualista, abrindo o sistema ao "real", à "natureza das coisas", porém recusando-se a enxergar que esse substrato ôntico possa fornecer um critério de valoração jurídica (ROXIN, Claus. *Derecho Penal*, cit., pp. 230-231). Seria o mesmo que propor uma neutralidade axiológica, um formalismo ôntico àquilo que ele define como os "supostos fáticos da vida" (cit., p. 230). Ora, considerar-se que um sistema teleológico político-criminal de delito seja "aberto" e, como tal, atento ao pensamento problemático, não deixa de trazer consigo o paradoxo

Demais disso, a fundamentação que nos apresenta Faria Costa poderá ser definida como neorretribucionista porque tampouco se aproxima da dialética hegeliana. Com efeito, o direito a uma pena justa "não é qualquer consequência da realização do Estado enquanto patamar último em que todo o racional é real e todo real é racional, mas antes e definitivamente decorrência da primeva relação de cuidado-de-perigo que nada tem de dialético e se entrega antes à espessura do ser que é, em sentido onto-antropológico. A exigência da 'minha' identidade de ser-com-os-outros pressupõe que ela também só se efective se 'eu', ao ter violado aquela específica e fundante relação de cuidado-de-perigo, reivindique, na total autonomia de ser aberto e em projecto, o direito a uma pena justa. O ser da pessoa responsável".[803]

Assim, em conclusão, a pena justa, sob essa ótica, afirma-se como um direito "cuja natureza, sentido e limites estruturam-se nos seguintes pressupostos: a) é indisponível; b) tem a natureza de um direito humano fundamental; c) o seu sentido jurídico encontra-se na prossecução do bem da pena, *rectius*, no bem que a execução da pena pode propiciar; e d) o limite está em que a sua plenitude de realização se atinge ou consegue, precisamente, com o cumprimento integral da pena".[804]

5.2.2. A missão crítica possível à perequetação interna e externa das penas nos delitos econômicos a partir do fundamento neorretribucionista

Se a *tênue* autonomia disciplinar do direito penal econômico, com base em tudo o que expusemos nos capítulos 3 e 4, confirmou-se em função de características peculiares assentadas na dogmática da norma e do delito, no segmento das penas, ao contrário, tudo parece apontar para um fundamento neorretributivo que não deve alterar uma linha sequer das particularidades das consequências jurídicas do direito penal geral.[805]

Em nosso sentir, a mesma finalidade retribucionista – que vai buscar na ideia de culpa o fundamento da pena – também se aplica aos crimes econômicos. Não se ignora que a tipologia da sanção possa ser variável segundo o tipo

---

de que, se os "supostos fáticos da vida" não podem fornecer uma valoração metajurídica prévia ao direito penal, então a abertura do sistema não se dá diante de um real com significado, mas sim de um real neutro, permeável a toda e qualquer densificação jurídico-penal. O que nos autoriza a objetar: um sistema não se pode abrir a algo cujo sentido é dado pelo próprio sistema.

[803] Faria Costa, José de. "Uma ponte entre o direito penal e a filosofia: lugar de encontro sobre o sentido da pena", cit., p. 231, nota n. 54.

[804] Faria Costa, José de. "Uma ponte entre o direito penal e a filosofia: lugar de encontro sobre o sentido da pena", cit., pp. 232-233. A pena é, conforme destacava Maggiore já na primeira metade do século XX, não só um mal cominado, mas, também, um mal infligido: "um mal somente cominado, sem ser infligido, não é pena", ou seja, a sanção punitiva deve ser eficaz no sentido de ser, necessariamente, aplicada quando o direito é lesado, já que "a força moral da pena está mais em sua certeza do que em sua severidade" (Maggiore, Giuseppe. *Derecho Penal*. 2. ed. Trad. por José Ortega Torres. Bogotá: Temis, 2000, vol. III, pp. 262-269).

[805] Em sentido contrário, sustenta Faria Costa que algumas particularidades observadas nas penas adequadas aos delitos econômicos – em sua visão, deveriam ser curtas e estigmatizantes – seriam razão suficiente para atestar, também nesse segmento, a singela autonomia disciplinar (*Direito Penal Econômico*, cit., pp. 91-97).

de ilícito em exame. Mas isso já não é novidade alguma na integralidade do sistema jurídico-penal: o legislador seleciona não apenas a carga da sanção penal, senão também o próprio catálogo das penas em atenção ao tipo de ofensa que pretende ver tutelada. A multa, por exemplo, não está prevista para o delito de homicídio, mas encontra justificativa legal como sanção predominantemente cumulativa em relação a crimes patrimoniais. O fato de haver uma *razão forte* que conduza à escolha da sanção pecuniária a estar prevista em apenas alguns delitos, muito longe está de conferir qualquer nível de autonomia dogmática ao sistema sancionatório dos crimes contra a vida em comparação com os crimes contra o patrimônio. O mesmo tipo de escolha político criminal que é capaz de recomendar a previsão de penas pecuniárias para crimes patrimoniais também poderá ser observado no segmento dos delitos econômicos.

Não há, portanto, razão alguma capaz de indicar que a pena, no direito penal econômico, tenha de seguir parâmetros diferenciados em comparação com outras formas de criminalidade. Conforme veremos, é a gravidade da ofensa, cotejada em sua significação jurídico-penal, que irá servir de horizonte para a cominação legal do tipo de sanção e também para a sua determinação judicial. Essa é uma conclusão que se distingue consideravelmente das razões que nos levaram a identificar algumas particularidades na norma e no delito econômico: nestes segmentos do poder punitivo, a proteção do ilícito está contingenciada por ajustes dogmáticos que não são notados, qualitativa e quantitativamente, na mesma dimensão pelo direito penal geral.

A estabilização de conflitos pretendida pela norma está a exigir que o *mal* da pena se imponha em retribuição justa à gravidade da ofensa que foi produzida pelo sujeito responsável, em igualdade de condições a todos os que vivem em comunidade. Pode parecer pouco, mas a delimitação proposta tem o mérito de reconhecer que o direito penal econômico sancionatório não almeja prevenir futuros delitos, tampouco levará em conta eventuais condições particulares do sujeito ativo.

Um crime de sonegação fiscal ou de *insider trading*, à semelhança do que deveria ocorrer com homicídios e furtos, não pode contar com limites de punição definidos em atenção à classe social normalmente ocupada pelo sujeito ativo. Porque o valor dos bens jurídicos vida, patrimônio, ordem tributária e ordem econômica encontra sua densidade axiológica a partir da objetividade jurídica do que de mais elementar é protegido pela integralidade do sistema normativo. No Brasil – assim como em muitos outros Estados Democráticos de Direito – o ponto de partida para o dimensionamento legítimo de toda e qualquer pena só pode situar-se na proteção conferida ao maior de todos os direitos protegidos institucionalmente: a vida humana. Não é à toa que o *caput* do art. 5º de nossa Constituição refira a "inviolabilidade do direito à vida" como primeiro objeto de proteção a ser exercido através dos "direitos e deveres individuais e coletivos".

Se compararmos a sanção cominada para o delito de homicídio (6 a 20 anos, na forma simples; 12 a 30 anos, em sendo qualificado – art. 121) com a pena prevista para o delito de furto (1 a 4 anos; ou 2 a 8 anos, se qualificado

– art. 155), poderemos perceber que há uma lógica material que permeia a carga de proteção dos crimes em espécie – pouco importando estejam eles definidos, ou não, no Código Penal. Como bem nos lembra Faria Costa, "o facto de o legislador punir mais fortemente as violações contra a vida, quando comparadas com as violações que ofendem os bens patrimoniais, não pode ser olhado como um acaso ou uma arbitrariedade, correspondente, antes, a um sentido, a uma intencionalidade que une, deve unir, todos os crimes definidos na PE. Corresponde uma tal forma de perceber as coisas à aceitação de que entre todas as diversas infraccções da PE intercede, não só uma específica valoração de *proporcionalidade* que parte, primacialmente, da correspondência entre a gravidade da infracção e a gravidade da pena, mas também um juízo de *perequação* quanto aos mínimos e aos máximos das diferentes molduras penais".[806]

É na raiz das sanções previstas em lei para as diversas modalidades de homicídio que também os crimes econômicos encontrarão o norte para que a pena possa ser retribuída de maneira justa e proporcional. O que nos obriga, desde já, a considerar ontologicamente insustentável, além de juridicamente inconcebível, qualquer discurso que, a pretexto de acentuar a gravidade dos crimes econômicos – que podem ser, de fato, graves violações – busque dimensionar a carga da proteção para além dos limites das penas previstas para a violação da vida. Por mais que ofensas a relações de cuidado-de-perigo de dimensão supraindividual revelem-se, em algumas circunstâncias, carentes de proteção penal e dignas de punição, os novos riscos a que todos estamos expostos, as novas formas de violência capazes de simbolicamente afetar um sem-número de pessoas, seguem, e prosseguirão sendo, menos graves do que o mais simples dos homicídios. Essa visão antropocêntrica do sistema penal, que encontra na retribuição da pena o seu melhor sentido de reafirmação, impede que qualquer crime econômico seja sancionado em lei a partir de uma pena que se mostre desproporcional em comparação com a do homicídio.

Não estamos a sustentar um parâmetro matemático absoluto de aferição de racionalidade do sistema de penas de um determinado país. A circunstância de a pena máxima de um delito de roubo (10 anos) exceder a pena mínima de um delito de homicídio simples (6 anos) não atinge um nível insuportável de incoerência endonormativa, notadamente porque, dentre as elementares do delito patrimonial referido, encontramos a violação da integridade corporal ou da liberdade humana. Mas já não podemos aceitar que delitos desprovidos de violência possam ser abstratamente punidos com pena máxima que ultrapasse consideravelmente o ponto de partida da carga sancionatória de proteção prevista em lei para a tutela da vida. Por mais que o crime de *branqueamento* de ativos ilícitos detenha normativamente um considerável desvalor enquanto ofensa a bem jurídico, isso não seria suficiente para reputarmos constitucional a pena máxima de 10 anos prevista no art. 1º da Lei nº 9.613/98, muito menos o aumento da pena para 18 anos, sugerido no atual Projeto de Código Penal que tramita no parlamento brasileiro. Uma rápida análise de direito comparado

---

[806] Faria Costa, José de. *Direito Penal Especial*, cit., p. 15.

irá atestar que não haveria qualquer incoerência se o máximo da pena prevista para o referido delito econômico não ultrapassasse 6 anos de prisão.

Demais disso, essa exigência de *perequação* sistemática entre os mínimos e os máximos previstos em lei para os diversos delitos também deve assumir uma lógica imanente ao próprio direito penal econômico. Faremos a diferença, portanto, entre *perequação interna* – que representa a sistematicidade axiológica dos limites das consequências jurídicas no segmento dos delitos econômicos – e *perequação externa* – aferição axiológica da carga de penas no direito penal econômico em comparação com a proteção conferida aos valores mais elementares do homem.

A *perequação externa*, porque parte de um objeto de ilícito de densidade forte (vida humana), é um instrumento comparativo de mais fácil adensamento. Mas é exatamente essa circunstância que nos demanda agir com redobrado rigor na delimitação material restritiva do objeto do ilícito nos crimes econômicos, quando do exame da *perequação interna*: não é possível aferir se o Sistema Financeiro Nacional seja mais valioso que a Ordem Tributária, mas isso não nos impede de alcançarmos alguma sistematização para a tutela. E, no particular, o diálogo entre retribuição e ofensividade pode nos fornecer confortáveis soluções.

Tomemos por premissa a impossibilidade – ou então, a possibilidade apenas remota – de equalização do desvalor da ofensa no direito penal econômico. Uma fraude fiscal equipara-se a uma fraude bancária; e talvez ambas sejam também equiparáveis, em abstrato, à gravidade da ofensa que advém dos crimes de *insider trading*, de fraude em licitações, de *lavagem* de dinheiro ou de formação de cartel. Quer-nos parecer, com isso, que os limites legais a serem previstos para os delitos que violam o núcleo mais elementar dos bens jurídicos de natureza econômica tenham de buscar na *perequação externa* a sua densidade axiológica. Em outras palavras: se pudermos selecionar as mais graves violações à ordem econômica *stricto sensu*, à ordem tributária, à ordem monetária, à ordem financeira e à ordem cambial, todas elas poderiam contar com limites mínimo e máximo semelhantes, porém coerentes com o crime de homicídio. Talvez algo entre 2 ou 3 anos e 5 ou 6 anos de penas privativas de liberdade esteja no limite da razoabilidade.

Vejamos, para colocar a hipótese à prova, o tratamento legal conferido pela legislação brasileira aos delitos que, em nosso sentir, expressam a forma de violação mais grave a cada bem jurídico:

DELITO	BEM JURÍDICO	PENA PREVISTA EM LEI
Art. 4º da Lei nº 8.137/90	Ordem Econômica (livre mercado)	2 a 5 anos + multa
Art. 1º da Lei nº 9.613/98	Ordem Econômica (transparência)	3 a 10 anos + multa
Art. 27-C da Lei nº 6.385/76	Ordem Econômica (mercado de capitais)	1 a 8 anos + multa
Art. 1º da Lei nº 8.137/90	Ordem Tributária	2 a 5 anos + multa
Art. 4º, *caput*, da Lei nº 7.492/86	Sistema Financeiro Nacional	3 a 12 anos + multa
Art. 89 da Lei nº 8.666/90	Ordem Financeira	3 a 5 anos + multa
Art. 22 da Lei nº 7.492/86	Ordem Cambial	2 a 6 anos + multa

Do cenário exposto, percebe-se que nossa legislação, no que se refere ao apenamento mínimo previsto em lei para os diversos delitos, encontra alguma coerência frente a sanções cominadas para o crime de homicídio. Quiçá apenas o delito de manipulação fraudulenta do mercado de capitais (art. 27-C da Lei nº 6.385/76) possa ser visto em descompasso com o desvalor do resultado protegido para as mais graves violações econômicas, porquanto a pena mínima de 1 ano torna possível que apenas este crime, e não também os demais referidos no quadro *supra*, tolere a suspensão condicional do processo (art. 89 da Lei nº 9.099/95). Essa é uma incoerência que, conquanto não possa, em nosso sentir, ser corrigida pelo controle de constitucionalidade,[807] recomenda que o legislador, *de lege ferenda*, eleve o patamar mínimo para algo próximo a 2 anos.[808]

No entanto, os problemas afloram com intensidade qualificada quando examinados os limites máximos de apenamento para tais crimes. O legislador brasileiro, no particular, mostrou pouca preocupação com a dimensão material da ofensa produzida pelos crimes econômicos em sua sistematização antropológica. Destoam, nesse rumo, quatro situações de inegável excesso na definição máxima do sancionamento: as penas de 12, 10, 8 e 6 anos, respectivamente previstas para os delitos tipificados no art. 4º, *caput*, da Lei nº 7.492/86, no art. 1º da Lei nº 9.613/98, no art. 27-C da Lei nº 6.385/76 e no art. 22 da Lei nº 7.492/86.

A começar por este último: é sabido que a proteção penal sobre operações de câmbio venha gradualmente perdendo a sua razão forte ante as exigências do mercado global. Não se dirá que o controle da entrada e da saída de moeda nos países desprezc dignidade penal, mas sim que tal dignidade vem sendo deslocada para o segmento dos crimes fiscais e/ou a *lavagem* de dinheiro. Ora, sendo essa a tendência que a historicidade dos crimes cambiais vem globalmente nos revelando, teríamos razão, de *lege ferenda*, para propor a descriminalização da conduta e, de *lege lata*, para impedir que a pena máxima cominada supere o limite padrão de infrações de gravidade semelhante (p.ex., o art. 1º da Lei nº 8.137/90). Isso tudo se sustenta, com força redobrada, quando lembrarmos que a pena máxima do delito cambial iguala-se à pena mínima de um delito de homicídio.

De outro lado, se bem compreendermos a autonomia da *ofensividade* que brota do delito de *lavagem* de dinheiro, ficará muito claro que a frequente submissão do criminoso também à pena prevista para o delito que gerou o ativo *lavado* é razão suficiente para o reconhecimento do insuperável choque que a pena de 10 anos (art. 1º da Lei nº 9.613/98) acarreta no princípio da proporcionalidade. Hoje, o autor de um furto qualificado que insira dissimuladamente o proveito de seu delito na economia formal estará sujeito a uma pena máxima de 18 anos. Não fosse isso suficiente, mesmo que recordemos da autonomia do

---

[807] Pois o Poder Judiciário não pode, através do controle de constitucionalidade, elevar a pena mínima de um delito, sob pena de ofensa ao princípio da legalidade.

[808] Poderíamos objetar, ainda no segmento das penas mínimas, outro problema de *perequetação interna*: a pena inicial de 3 anos para o delito de dispensa ilegal de licitação (art. 89 da Lei nº 8.666/93) está em significativo descompasso com a pena de outros delitos que encampam ofensa similar, especialmente os arts. 1º e 4º da Lei nº 8.137/90.

delito de *lavagem* de dinheiro, a mera possibilidade de sancionamento isolado de alguém alcançar o *quantum* de 10 anos bem representa que o homem, no particular, foi despejado de sua localização axiológica central no ordenamento jurídico.

O mesmo pode ser dito, com redobrada razão, no que pertine à pena máxima cominada para a gestão fraudulenta de instituição financeira (art. 4º, *caput*, da Lei nº 7.492/86). Não se ignora que graves e concretos prejuízos poderiam ser arcados pela clientela de um banco caso a fraude de uma gestão levasse a corporação à bancarrota. Contudo, a par de a referida bancarrota não ser elementar do tipo, a pena máxima possível para a infração não poderia ser, em abstrato, o dobro da pena mínima tipificada para um delito de homicídio.

A par desses exemplos de *perequetação externa*, não podemos ignorar que a mesma relevância se impõe à coerência interna que devem assumir as penas dos delitos no direito penal econômico. Para ilustrar: não há razão para tratamento sancionatório diferenciado a alguém que, sem autorização legal, capte recursos de terceiros para aplicação na bolsa de valores (art. 27-E da Lei nº 6.385/76, pena de detenção de 6 meses a 2 anos) ou para a formação de grupos de consórcios (art. 16 da Lei nº 7.492/86, pena de reclusão de 1 a 4 anos). Ambas são ofensas de gravidade abstrata similar. Tanto a disparidade na tipologia de pena (reclusão e detenção), quanto os limites temporais mínimo e máximo cominados (6 meses a 2 anos; 1 a 4 anos), não se ajustam às exigências de proporcionalidade.[809]

Em outro exemplo, igual lesão intolerável ao caráter isonômico do poder punitivo, em seu sentido retribucionista aferível a partir da noção material de ofensividade do delito, é notada com a previsão de penas distintas para ilícitos fiscais de gravidade isonômica: art. 168-A do CP (reclusão, de 2 a 5 anos) e art. 2º, II, da Lei nº 8.137/90 (detenção, de 6 meses a 2 anos). Ambas as condutas não exigem fraude, afetam a ordem tributária e podem dizer respeito a tributos com destinações específicas (contribuições previdenciárias e PIS/COFINS, p. ex.).

No mais, a fundamentação ora proposta para o sistema sancionatório nos delitos econômicos tem como resultado final nossa desconformidade com a sugestão doutrinária de que as penas de prisão tenham de ser breves. A retribuição é um reflexo do fundamento onto-antropológico que desloca a pedra angular do ilícito para o desvalor do resultado; que, em consequência, exige uma atuação responsável do sujeito ativo como condição de legitimidade da imposição de uma pena; que, por fim, só restabelecerá a coesão de uma comunidade se aplicada de maneira isonômica, em dimensão variável segundo a intensidade da ofensa, e não em respeito a condições especiais de seu autor. Ora, essa forma de ver as coisas nos obriga a concluir que o autor de um crime econômico tenha de ser levado à prisão por um curto ou um longo período segundo o alcance significativo da ofensa: uma pena branda é a resposta adequada a uma ofensa tênue; uma pena grave, a uma lesão relevante.

---

[809] No caso, a única solução possível para o controle de constitucionalidade, sem prejuízo algum ao *nullum crime sine lege*, será impor-se a ambas as infrações penais a pena prevista para o art. 27-E da Lei nº 6.385/76.

A retribuição, portanto, também será o fio condutor que deverá nortear a fase dinâmica da punição penal: a intencionalidade axiológica que decorre de uma noção retribucionista da pena tomada a partir dessa visão antropocêntrica, para além de guiar os limites da atuação legislativa no fino ajuste de proporcionalidade entre a gravidade do ilícito e a gravidade da sanção, igualmente funciona como importante instrumento de avaliação judicial da medida concreta que a pena deve assumir para a realização dos princípios da culpa e da igualdade. No particular, a previsão de limites mínimo e máximo para as sanções de uma maneira geral está a comprovar que o que se busca, quando da dosimetria concreta da pena, é o mais próximo possível que a resposta penal deve chegar em atenção à ofensa isonômica a que se deve sujeitar o autor responsável pelo comportamento.

Por fim, nem mesmo no segmento da execução penal em delitos econômicos poderíamos pensar em algo que não fosse ajustado à ideia de retribuição. A pena imposta deve ser integralmente cumprida, independentemente da necessidade maior ou menor de socialização de alguém[810] e à míngua de expectativas variáveis de prevenção de futuros crimes a partir da estabilização contrafática da norma. É por isso que um dos problemas mais graves na efetividade da justiça diz respeito às interferências do poder político na integralidade da sanção a ser suportada pelo sujeito ativo, especialmente através de mau uso da anistia, da graça ou do indulto. Como bem ressalta Faria Costa, "o Estado não pode ter dois discursos ou atitudes. Não pode querer que o cumprimento da pena seja a realização de um direito de natureza indisponível e simultaneamente, por razões de política criminal meramente circunstanciais e desrazoáveis, querer quase o seu exacto contrário. A amnistia e o indulto são resquícios – eventualmente justificados ou até justificadíssimos em momentos de necessidade de pacificação ou de esquecimento – de um poder de graça que pouco ou nada é compaginável com os modernos – ou agora talvez não tão modernos – Estados de direito, democráticos, plurais e hipercomplexos".[811] A circunstância de essa interferência, em nosso país, já estar anualmente institucionalizada, é a prova concreta de que o uso indiscriminado do indulto e da comutação de pena propõe-se a sanar a perene necessidade de esvaziamento do sistema carcerário brasileiro, opção esta que, conquanto justificável enquanto programa político

---

[810] Sobre a ideia de ressocialização na execução penal, vai aqui uma palavra. A proposta de que a pena tenha de seguir, mesmo durante o seu cumprimento, uma orientação retribucionista, não impede que a programação do cumprimento da sanção possa seguir um programa de prestatividade social. Essa é uma tarefa que recai sobre o Estado muito além do âmbito da execução da pena e, por isso, não deve servir de fim da execução. Saúde, educação, trabalho, esporte, lazer etc. são valores que devem ser materialmente assegurados à população como um todo, porque imanentes ao princípio da dignidade da pessoa humana. O preso, em momento algum, perde essa condição. O importante é que, vista a socialização sob essa ótica, os incidentes da execução da pena não podem estar contingenciados pela observância de um programa que é um direito, e não um dever do preso. E isso também tem de ser válido para a execução da pena em delitos econômicos. Em semelhante linha: Faria Costa, José de. "Uma ponte entre o direito penal e a filosofia: lugar de encontro sobre o sentido da pena", cit., pp. 232-233, nota n. 56.

[811] Faria Costa, José de. "Uma ponte entre o direito penal e a filosofia: lugar de encontro sobre o sentido da pena", cit., p. 233, nota n. 57.

de descarcerização, enfraquece sobremaneira a legitimidade de um poder punitivo que confessadamente não se apresenta como efetivo.

5.2.3. A distinção entre retribuição e reparação como critério de delimitação do "non bis in idem" material

A pena de prisão é a sanção materialmente penal, porque só o direito penal pode impô-la – sem embargo das exceções previstas constitucionalmente (art. 5º, LXVII, da CF). A par disso, há um imenso rol de outras consequências jurídicas de natureza material mista que vêm sendo gradualmente encartadas à legislação penal (como penas principais ou acessórias). Pense-se, por exemplo, em penas pecuniárias, penas alternativas à prisão (restrições dos mais variados direitos) e efeitos secundários da sentença penal condenatória (reparação de danos, perda de cargos, perda de bens etc.).[812] Esse contemporâneo movimento expansivo-penalizador também se faz acompanhar, como não poderia ser diferente, do incremento das medidas cautelares reais com que o processo penal tem de arcar de modo a instrumentalizar as mais variadas consequências jurídicas.[813]

Nesse cenário de superlatividade material e processual no catálogo sancionatório do direito penal, os graves problemas relacionados ao *bis in idem* processual – como administrar a coerência de um sistema jurídico com diversos processos, de natureza distinta, tratando de ilícitos idênticos? – fazem-se acompanhar de complexos problemas relacionados à cumulação material de sanções sob as mais variadas rubricas – *non bis in idem* material.[814] O que nos

---

[812] Para exemplificar, medidas restritivas da liberdade de ir e vir possuem previsão no direito penal (art. 43, V e VI, do CP), mas já não em caráter exclusivo: também integram o rol sancionatório do direito civil (p.ex.: art. 22 da Lei nº 11.340/06; art. 112 da Lei nº 8.069/90) e do direito administrativo (art. 72, X e XI da Lei nº 9.605/98; art. 55 da Lei nº 10.741/03; art. 256, III e VI, da Lei nº 9.503/97 etc.). E se ingressarmos no segmento das sanções patrimoniais, veremos que todos os ramos do ordenamento jurídico, cada um à sua maneira, preveem formas diferentes de restrições patrimoniais (art. 43, II, do CP; art. 12 da Lei nº 8.429/92; art. 72, VI/VIII, da Lei nº 9.605/98), multas (art. 49 do CP; art. 408 do CC; art. 55, b, da Lei nº 10.741/03; art. 72, II e III, da Lei nº 9.605/98; art. 44 da Lei nº 9.430/96), reparações de dano (art. 91, I, do CP; art. 927 do CC; art. 112, II, da Lei nº 8.069/90) etc.

[813] Dois exemplos para ilustrar: em 2012, a Lei nº 12.694/12 inseriu o art. 144-A no CPP brasileiro a fim de possibilitar a alienação antecipada de bens acautelados pelo juízo criminal, destinados a assegurar o perdimento do proveito do crime (sequestro de bens), a reparação do dano, o pagamento da pena de multa e das custas processuais (arresto e especialização de hipoteca legal); a lei da *lavagem* de dinheiro (Lei nº 9.613/98), com a redação modificada pela Lei nº 12.683/12, regulou a inversão do ônus da prova no caso de constrições patrimoniais deferidas pelo juízo criminal, de modo que "o juiz determinará a liberação total ou parcial dos bens, direitos e valores quando comprovada a licitude de sua origem, mantendo-se a constrição dos bens, direitos e valores necessários e suficientes à reparação dos danos e ao pagamento de prestações pecuniárias, multas e custas decorrentes da infração penal" (art. 4°, § 2°).

[814] O princípio do *ne bis in idem* possui uma dupla face: num sentido material, quer significar que ninguém pode ser punido duas vezes pela mesma infração; numa significação processual, determina que ninguém possa ser julgado duas vezes pelo mesmo fato. Contudo, a eficácia assumida por ambos é bastante ampla. No recorte material, por exemplo, a garantia irá solucionar os problemas de concurso aparente de normas e também a incidência de diversas penas contra um mesmo fato. Assim: COBO DEL ROSAL, M.; VIVES ANTÓN, T.S. *Derecho Penal*, cit., 91-92; BUSTOS RAMÍREZ, Juan J.; HORMAZÁBAL MALARÈE, Hernán. *Lecciones de Derecho Penal*. Madrid: Trotta, 1997, vol. 1, pp. 67-68. Para uma visão geral no segmento do direito penal econômico:

obriga a debater se a sanção (apenas) formalmente criminal não possa (ou não deva) ser compensada com sanções de natureza diversa, que materialmente se identifiquem com ela; ou então se essa mesma sanção penal não se tenha de sobrepor, em algumas circunstâncias, à punição administrativa que se projeta sobre o mesmo ilícito, pois a hipótese a ser analisada é se, em casos tais, não estaremos diante de uma distribuição excessiva de penas.

A importância do tema é redobrada no segmento do direito penal econômico. Consoante vimos no capítulo 4, a noção de *ilícito penal integral* traz consigo a exigência de que tais delitos normalmente pressuponham um ilícito extrapenal. Isso também ocorre com o núcleo rígido do direito penal, mas nos delitos econômicos, a persecução do ilícito extrapenal é cogente para o Estado, o que nem sempre ocorre nas demais formas de criminalidade (poucas vezes tomamos conhecimento de ações indenizatórias no segmentos de crimes contra a vida ou contra o patrimônio). O que implica reconhecer a frequente possibilidade de um mesmo ilícito se submeter às sanções do direito penal e do direito administrativo.[815] Ainda que sigamos perfilados à convicção de que as penas de prisão ocupam posição central no direito penal econômico,[816] não se pode negar que é nesse segmento onde a frequente reversibilidade da ofensa faz surgir um redobrado interesse na imposição de restrições patrimoniais sob as mais diversas formas. Isso porque, nos crimes econômicos, as sanções de natureza patrimonial, tão comuns em outros ramos do ordenamento jurídico, funcionam como um poderoso instrumento de calibragem da carga retributiva e reparatória que deverá recair sobre a violação do cuidado-de-perigo.

Mas sejamos rigorosos: problemas assim delineados estão muito longe de aceitar uma solução minimamente razoável a partir do frágil argumento de que a independência das instâncias – consagrada, no Brasil, em nível legislativo[817]

Sánchez Rios, Rodrigo; Laufer, Daniel. "Apontamentos a respeito do concurso de crimes e do conflito aparente de normas: a regra do antefato e do pós-fato coapenado no âmbito dos delitos econômicos". In Silva Franco, Alberto; Lira, Rafael. *Direito Penal Econômico – Questões Atuais*. São Paulo: RT, 2011, pp. 137-199.

[815] Apenas para exemplificar, lembre-se que as penas de multa estão previstas para os crimes contra o Sistema Financeiro Nacional (Lei nº 7.492/86) e contra a Ordem Tributária (arts. 1º e 2º da Lei nº 8.137/90), e também para as infrações administrativas correspondentes (art. 44, II, da Lei nº 4.595/64 e art. 44 da Lei nº 9.430/96).

[816] O que não significa reconhecer, é bom que se diga sem maiores rodeios, que os crimes econômicos apresentem características próprias capazes de não recomendar a incidência das penas alternativas (art. 43 do CP). Se preenchidas todas as exigências legais, as penas restritivas de direitos são de aplicação legítima também no direito penal econômico. E não pode pesar contra, pelas razões já expostas, eventual apego a uma suposta condição especial do autor.

[817] Por exemplo, na Lei de Improbidade Administrativa (Lei nº 9.429/92), está previsto (art. 12) que as penas nela previstas aplicam-se "Independentemente das sanções penais, civis e administrativas previstas na legislação específica"; o Estatuto do Idoso (Lei nº 10.741/03) dispõe que "o dirigente de instituição prestadora de atendimento ao idoso responderá civil e criminalmente pelos atos que praticar em detrimento do idoso, sem prejuízo das sanções administrativas"; o Estatuto da Criança e do Adolescente (Lei nº 8.069/90), da mesma forma, estabelece medidas aplicáveis às entidades de atendimento que descumprirem obrigações previstas na lei, "sem prejuízo da responsabilidade civil e criminal de seus dirigentes ou prepostos". No âmbito penal, a Lei nº 9.605/98 prevê a imposição de pena de multa para crimes ambientais, às pessoas físicas (art. 18) e às pessoas jurídicas responsáveis (art. 21, I), e também para infrações administrativas (art. 72, II e III).

e jurisprudencial[818] – estaria autorizando uma irrestrita sobreposição de penas. Em primeiro lugar, porque é a própria legislação que, em alguns momentos, deu mostras de que a identidade material de sanções previstas em dois ramos diferentes do ordenamento jurídico recomenda a compensação sancionatória;[819] em segundo lugar, porque seria incompatível com os princípios da legalidade[820] e da proporcionalidade[821] aceitarmos que a violação resultante de um mesmo injusto fique submetida a uma consequência jurídica exagerada.

Antecipemos nossa tese: pouco importa que uma lei qualquer (penal, cível, tributária, administrativa etc.) determine que a imposição de uma determinada sanção possa se dar sem prejuízo de outras formal ou materialmente diversas. O respeito à expressão constitucional do *non bis in idem* material é que determinará a legitimidade da carga de sancionamento.

Mas nem sempre são essas as circunstâncias racionais que conduzem a política criminal contemporânea. Pelo contrário, vivemos um momento de exportação de sanções para o âmbito do direito criminal guiado pelos mais variados propósitos – pense-se, por exemplo, no ideário de "esquerda punitiva" descrito há pouco.[822] Seja como for, seria equivocado pensar que essa missão sancionatória centrípeta, a que se vem submetendo o direito penal, deva-se à sua tarefa mais ingrata e temível: "la de sancionar con las sanciones más

---

[818] "Inexistência do *bis in idem* pela circunstância de, pelos mesmos fatos, terem sido aplicadas a pena de multa pelo Tribunal de Contas da União e a pena de cassação da aposentadoria pela Administração. Independência das instâncias". (STF, MS 22728, rel. Min. Moreira Alves). "A independência entre as instâncias penal, civil e administrativa, consagrada na doutrina e na jurisprudência, permite à Administração impor punição disciplinar ao servidor faltoso à revelia de anterior julgamento no âmbito criminal, ou em sede de ação civil por improbidade, mesmo que a conduta imputada configure crime em tese" (STJ, ROMS 24636, rel. Min. Felix Fischer). "A punição disciplinar não impede a verificação de possível ilícito na esfera criminal, tendo em vista o princípio da independência entre as instâncias administrativa e penal" (STJ, HC 13791, rel. Min. Edson Vidigal).

[819] DE LEÓN VILLALBA, Francisco Javier. *Acumulación de Sanciones Penales y Administrativas*. Barcelona: Bosch, 1998, pp. 390-392. É o que ocorre, por exemplo, com o pagamento da prestação pecuniária definida no art. 45, § 1º, do CP, que expressamente ressalva a compensação do valor pago em eventual reparação de dano proposta pelos mesmos beneficiários. Em outro caso, vale lembrar que o art. 43 da Lei nº 4.595/64 determina um caso em que a imposição da pena de multa depende da não ocorrência de um delito: "O responsável pela instituição financeira que autorizar a concessão de empréstimo ou adiantamento vedado nesta lei, se o fato não constituir crime, ficará sujeito, sem prejuízo das sanções administrativas ou civis cabíveis, à multa igual ao dobro do valor do empréstimo ou adiantamento concedido, cujo processamento obedecerá, no que couber, ao disposto no art. 44, desta lei".

[820] Sustentando que a configuração constitucional do princípio do *non bis in idem* é obtida a partir do princípio da legalidade, que também se projeta sobre a vedação de arbitrariedades: ARROYO ZAPATERO, Luis. "Principio de legalidad y reserva de ley en materia penal". In *Revista Española de Derecho Constitucional*. Madrid: CEPC, mayo/agosto de 1983, nº 8, pp. 19-20.

[821] Sobre o fundamento constitucional do princípio do *non bis in idem* material, como decorrência lógica do princípio da proporcionalidade, v.: GARCÍA ALBERO, Ramón. *"Non bis in idem" Material y Concurso de Leyes Penales*. Barcelona: Cedecs, 1995, pp. 53-92.

[822] Sempre bom referir a crítica de LOPES JR.: "Hoje, a pirotecnia das megaoperações policiais, com seus nomes marcantes (uma interessante estratégia de *marketing*), para além das sirenes e algemas, conta com esse importante argumento: indisponibilidade patrimonial. Mais do que prender, engessar o patrimônio dos suspeitos passou a ser uma grande notícia, até porque, esteticamente, é embriagante ver no telejornal 'as mansões cinematográficas e os caríssimos carros importados que serão sequestrados'" (*Direito Processual Penal*, cit., pp. 915-916).

graves los ataques más intolerables a los bienes jurídicos más importantes".[823] Ora, existem sanções administrativas inegavelmente mais graves que sanções penais;[824] e poderão existir bens jurídicos de especial relevância que não necessariamente tenham de ser tutelados através do direito penal.[825] O curioso é que, pela via do processo administrativo sancionador ou mesmo do processo civil, alguns desses ilícitos poderiam ser protegidos de forma mais célere e eficaz.[826] E essa constatação confirma ainda mais o acerto da formulação de FARIA COSTA: não é a intensidade da sanção que distingue o ilícito penal do extrapenal,[827] mas sim a forma mais *adequada* como ocorre a tutela do bem jurídico.[828] Nesse rumo, compreende-se – embora não necessariamente se justifique – por que o legislador siga sobrecarregando principalmente o direito penal secundário com a missão de impor penas que materialmente não lhe dizem respeito: é através da sanção penal que o restabelecimento da relação primeva de cuidado-de-perigo ganha elevada significação comunitária.

O que sobressai destacar é que, se uma política criminal irresponsável deixa-se levar pela irracionalidade do socialismo tardio ou de demandas por proteção em tempos de cultura do medo,[829] crescerá consideravelmente a missão crítica a ser desempenhada pela fundamentação retribucionista da pena. Até mesmo porque, paradoxalmente, a gradual realocação, sob o carimbo do direito penal, da tarefa de tutelar interesses através da distribuição de penas não criminais não vem sendo acompanhada do reajuste jurídico que seria exigível para tal transferência da carga sancionatória. Obviamente que não estamos a sustentar uma necessária despenalização extrapenal como meio de correção da realocação punitiva; assim fosse, o direito penal assumiria um encargo protetivo de *prima ratio*. Mas também não estamos propondo que o direito penal não possa distribuir penas de dimensão essencialmente patrimonial. O que podemos objetar é que o ordenamento jurídico tenha de prever, no mínimo, uma regulamentação adequada para que a compensação das consequências jurídicas alcance a retribuição razoável que exige o ilícito no caso concreto. E se nem mesmo isso for possível, então só nos resta lançar mão do princípio do

---

[823] MUÑOZ CONDE, Francisco; GARCÍA ARÁN, Mercedes. *Derecho Penal. Parte General*. 3. ed. Valencia: Tirand lo Blanch, 1998, p. 81.

[824] Pense-se, por exemplo, na dimensão do apenamento que decorre da lei de Improbidade Administrativa (Lei n° 8.429/92), que sói gerar consequências mais devastadoras que as criminalmente definidas em delitos que aceitem suspensão condicional do processo (art. 88 da Lei n° 9.099/95) ou mesmo penas alternativas (art. 43 do CP).

[825] No Brasil, vale lembrar a ausência de tutela penal especial conferida aos delitos de terrorismo.

[826] Assim: a reparação do dano ambiental, em delitos dessa natureza (art. 17 da Lei n° 9.605/98), só poderá ser obtida após o trânsito em julgado da sentença penal condenatória. Ao passo que, na via da ação civil pública, a recuperação do ambiente degradado poderá ser cautelarmente determinada já no início do processo (art. 12 da Lei n° 7.347/85).

[827] Tese sustentada por FIGUEIREDO DIAS (*Direito Penal*, pp. 388-389).

[828] FARIA COSTA, José Francisco de. *O Perigo em Direito Penal*, cit., p. 415.

[829] Para uma visão crítica dos níveis irracionais a que vem chegando as sociedades contemporâneas ao exigir mais e mais proteção institucional, porque mais e mais se observa um sentimento de medo generalizado, v.: GLASSNER, Barry. *A Cultura do Medo*. Trad. por Laura Knapp. São Paulo : W 11, 2003. Sobre os reflexos disso no direito penal: PASTANA, Débora Regina. *Cultura do Medo: reflexões sobre violência criminal, controle social e cidadania no Brasil*. São Paulo: IBCCrim, 2003.

non bis in idem material – como corolário lógico dos princípios da legalidade e da proporcionalidade – para a calibragem da retribuição necessária.

Pensemos, para ilustrar, no direcionamento de alguns problemas observados numa hipótese de convergência entre o ilícito penal-fiscal e o ilícito fiscal: as multas impostas pelo direito penal e pelo direito tributário seriam compensáveis? A condenação penal à pena de prisão tornaria dispensável qualquer penalidade administrativa? Seria relevante verificarmos se o sujeito passivo do crédito tributário coincide com o sujeito ativo do delito? Se a multa fiscal direciona-se a uma pessoa jurídica, haveria algum reflexo penal sancionatório na multa criminal imposta à pessoa física? Seria legítima a coincidência de duas medidas cautelares – uma, na execução fiscal (art. 9° da Lei n° 6.830/80); outra, na ação penal (art. 136 do CPP) – direcionadas ao ressarcimento do tributo evadido e da multa imposta? A reparação de danos fixada pelo juiz na sentença criminal (art. 387, IV, do CPP) produz efeito no *quantum* do crédito tributário executado? A pena alternativa de prestação pecuniária (art. 43, I, e 45, do CP) pode ser cumulada com a pena de multa? A referida prestação pecuniária (art. 43, I, e 45, do CP) repercute na reparação de danos na sentença (art. 387, IV, do CPP) e/ou na execução fiscal da dívida?

Essas são questões cuja solução plena e satisfatória vai muito além dos estreitos limites da presente pesquisa. Não obstante, examinando essas e outras dificuldades da mesma ordem, é possível construir o caminho adequado para que sejam enfrentadas. Referimo-nos ao critério que a doutrina penal costuma propor (tríplice identidade do ilícito) como parâmetro de avaliação do *non bis in idem*: sujeito, fato e fundamento.[830]

Inexistirá qualquer problema de ajuste retributivo caso a sanção penal seja imposta a pessoa diversa daquela que suporta a sanção extrapenal. Pela mesma razão, se a sanção extrapenal deve recair sobre a pessoa jurídica, então não haverá óbice para que uma pena criminal, mesmo de igual natureza, seja aplicável à pessoa natural que atuou em nome da empresa. Isso porque, em nossa compreensão, o objeto do ilícito imputável a pessoas jurídicas não se confunde com a das pessoas físicas.[831] Não há contingência retributiva, portanto, entre a multa fiscal aplicada a uma corporação e a multa penal imposta ao seu representante. Assim é que, da mesma forma, as sanções cíveis ou administra-

---

[830] García Albero, Ramón. *"Non bis in idem" Material y Concurso de Leyes Penales*, cit., pp. 90-92; García Cavero, Percy. *Derecho Penal Económico*, cit., p. 882; Caro Coria, Dino Carlos. "El principio de ne bis in idem em la jurisprudencia del Tribunal Constitucional". In <www.juridicas.unam.mx>.

[831] A tendência histórica de punirem-se pessoas jurídicas no segmento do direito penal não decorre de um déficit punitivo do catálogo de sanções disponíveis para pessoas físicas. Pelo contrário, entendemos que a forma como a estrutura organizacional de empresas foi se moldando para atividades lícitas e também ilícitas fez recair sobre elas, em tempos de economia globalizada, uma nova necessidade de proteção interna contra desvios de seus agentes e administradores. Seja porque o patrimônio dos sócios também merece ser protegido contra o mau uso da estrutura empresarial, seja porque, no segmento de empresas de capital aberto, ativos de terceiros que não dispõem de poder decisório e/ou fiscalizatório podem ser violados através de uma administração não transparente. Seguimos, no ponto, a tese de Tiedemann (*Derecho Penal y Nuevas Formas de Criminalidad*, cit., pp. 44-46) no sentido de que a pessoa jurídica não responde pela obra de seu representante ou membro da empresa, mas sim pela organização defeituosa durante o desenvolvimento de suas atividades, facilitando a prática do delito pela pessoa natural.

tivas previstas para as pessoas jurídicas cujos agentes se envolvam em atos de corrupção (Lei n° 12.846/13) podem ser cumuladas com as penas aplicadas a estes mesmos agentes. Lembre-se, contudo, que a superação, nestes exemplos, dos problemas relacionados ao *non bis in idem* material não resolvem, *ipso factu*, as dificuldades que igualmente brotam do *non bis in idem* processual. A isso retornaremos logo em seguida (v. 5.2.4, *infra*).

Quanto ao segundo pressuposto: eventual violação do *non bis in idem* material exige que um mesmo fato seja a base para a imposição de consequências jurídicas diversas. Não se trata, aqui, por mais que na análise do fato não se possa prescindir de alguma representação axiológica, de analisar as diversas valorações jurídicas que podem recair sobre o suposto material do ilícito, porquanto esta será uma tarefa relacionada à identidade do fundamento da punição.[832] Pela mesma razão, tampouco dirão respeito a tal critério eventuais ofensividades distintas que decorram do mesmo fato.[833]

Por fim, a contingência dogmática que revela os maiores problemas: a unidade de fundamento entre as diversas punições. O ponto de partida parece situar-se no objeto do ilícito. Inexistirá *bis in idem* se um mesmo fato, por ofender diferentes bens jurídicos, está ensejando punições diversas.[834] É o que ocorre, por exemplo, na imposição de uma multa pela CVM a um corretor de valores mobiliários que patrocina ilegalmente uma transação que também tem como efeito, para ele, um ilícito penal-fiscal: poderá haver, na espécie, dualidade de sanções (penal e extrapenal, ou mesmo duas penas de multa criminais, resultantes de delitos distintos), pois a proteção conferida ao mercado mobiliário, no primeiro caso, não se confunde com a tutela da ordem tributária.

Há quem complemente a unidade de bens jurídicos com a exigência de *identidade de efeitos* sancionatórios. García Cavero, nesse rumo, sustenta que a possibilidade de o direito administrativo e o direito penal terem finalidades diversas não seria óbice para que se aplique, uma vez satisfeitos os demais pressupostos, apenas a sanção criminal, que sobrepõe seus efeitos mais severos à sanção administrativa: "consideramos que lo conveniente es una solución general a favor de la sanción penal, no sólo por la simplificación que produce, sino por la propia lógica del principio de *ultima ratio* del Derecho penal que se sustenta en la mayor severidad normativa de este ámbito jurídico. La sanción pena cubriría empíricamente las necesidades de castigo del Derecho administrativo sancionador".[835] Pela mesma razão que a imposição de uma pena criminal, qualquer que fosse ela, a um delito de embriaguez no trânsito tornaria dispensável a multa resultante da infração administrativa,[836] a prisão do autor

---

[832] García Cavero, Percy. *Derecho Penal Económico*, cit., p. 882.

[833] Cobo del Rosal, M.; Vives Antón, T.S. *Derecho Penal*, cit., p. 91.

[834] Até mesmo porque a proteção de bens jurídicos também é uma função desempenhada pela sanção resultante de ilícitos administrativos: Dolcini, Emilio. "Sui Rapporti fra Tecnica Sanzionatoria Penale e Amministrativa", cit., p. 596.

[835] García Cavero, Percy. *Derecho Penal Económico*, cit., pp. 883-884.

[836] Nesse sentido: Morillas Cueva, Lorenzo. *Curso de Derecho Penal Español. Parte General*. Madrid: Marcial Pons, 1996, p. 42.

de um delito fiscal representaria resposta penal de carga suficiente a ponto de elidir a necessidade da multa tributária.

A preocupação é pertinente, mas longe está de ser irrestritamente aceitável. Outras variáveis devem ser observadas para que possamos obter respostas satisfatórias, a começar pela distinção entre ilícito e pena – em que pese o estreito relacionamento de fundamentação que a ambos se impõe.

O objeto do ilícito é o ponto da qual parte o debate acerca da necessidade de proteção. Um mesmo fato, protagonizado por um mesmo sujeito, pode acarretar ofensas diversas. A carga de retribuição que se faz necessária para o restabelecimento da relação primeva do cuidado pode justificar mais de uma pena, ainda que da mesma natureza e previstas no mesmo segmento de tutela jurídica.

No entanto, visto o problema sob ângulo inverso, não seria aceitável que uma unidade fática e de ofensa tenha de acarretar a imposição apenas da sanção mais grave. Ora, fosse isso correto, inexistiria legitimidade para a multa cumulativa figurar dentre as principais estratégias sancionatórias do direito penal. O que implica reconhecer que o *non bis in idem* também pressupõe a estrita coincidência entre o objeto do ilícito e o fundamento da sanção.

Tomemos por modelo um delito de corrupção passiva (art. 317 do CP). O ordenamento jurídico pode selecionar materialmente um conjunto de consequências jurídicas adequadas para suprir a carência retributiva à violação. Pode-se pensar, por exemplo, em penas de prisão, multa, perda do cargo e de bens. O que importa é reconhecer se, materialmente, tais apenamentos não se sobrepõem em fundamentação e/ou não excedem o limite da proporcionalidade para a reparação significativa da ofensa. A partir do instante em que avaliarmos que a dimensão da resposta normativa está adequada, não fará muita diferença – pelo menos sob a ótica da distribuição da pena[837] – se as diversas sanções estão dividas entre o direito penal e o direito administrativo, se estão a cargo exclusivamente do direito penal, tampouco se, neste caso, são dogmaticamente definidas como pena e/ou efeito da condenação.[838]

Obviamente que, com isso, não se quer autorizar que a escolha legislativa acerca da carga material da sanção ou da rubrica jurídico-formal da pena seja absolutamente livre. Assim como o direito penal talvez não seja o segmento mais adequado para a tomada de posição acerca da guarda de incapazes (a despeito do que dispõe o art. 92, II, do CP), tampouco o direito civil deveria

---

[837] O que não quer dizer que, sob o ponto de vista da efetividade da proteção, a escolha pelo instrumento jurídico de tutela não seja decisiva. A perda do cargo, por exemplo, se submetida aos cuidados do direito penal, terá de ser limitada pelo estatuto dogmático das garantias que são próprias dessa área da intervenção institucionalizada.

[838] Daí discordarmos de Figueiredo Dias quando sustenta que os efeitos da condenação, por não serem obrigatórios e automáticos, não se relacionam com a ideia de culpabilidade e, com isso, "não são verdadeiras penas" (Figueiredo Dias, Jorge de. *Direito Penal Português – As Consequências Jurídicas do Crime*. Coimbra: Coimbra, 2005, pp. 177-178). Conquanto alguns efeitos da condenação, mesmo segundo o Código Penal brasileiro, não sejam automáticos (art. 92), ainda assim a imposição em sentença não se pode desprender de um juízo de razoabilidade quanto à carga de retribuição necessária. O que, sob o ponto de vista material, qualquer que seja a rubrica, assume o caráter de pena.

ficar encarregado de impor prisão aos conflitos familiares mais graves (apesar do disposto no art. 19 da Lei nº 5.478/68). Sob o ponto de vista *material*, as sanções podem ter natureza *reparatória* ou *retribucionista*. Sob o ponto de vista *formal*, tais penas *reparatórias* e/ou *retribucionistas* podem ser cominadas para ilícitos contemplados no direito civil, no direito administrativo, no direito penal[839] etc. O legislador possui um amplo espaço de legitimidade constitucional para a definição *formal* e *material* das sanções. Conquanto essa atividade legiferante não seja ilimitada, o relevante será operar rigorosamente no controle da cominação e/ou imposição cumulativa de mais de uma sanção com idêntica *substância* (por exemplo, duas penas criminais patrimoniais materialmente *retributivas*).

Isso implica reconhecer que uma noção material de punição é mais relevante, para o fino ajuste da proporcionalidade e da legalidade da consequência jurídica, do que a localização formal de seu embasamento. Enquanto fim, a reparação de um dano provocada por um delito tem o mesmo fundamento, esteja ela prevista no direito penal (art. 91, I, do CP, c/c art. 387, IV, do CPP) ou no direito civil (art. 927 do CC); a perda do cargo público é uma consequência jurídica legítima para os ilícitos funcionais mais graves, pouco importando se o resultado final seja obtido como efeito da condenação criminal (art. 92, I, do CP) ou como punição disciplinar (art. 127, III, da Lei nº 8.112/90); e a pena de multa imposta a quem deixa de prestar a declaração devida quanto a depósitos mantidos no exterior segue com o mesmo caráter aflitivo, esteja ela prevista em uma norma administrativa (art. 8º da Resolução/CMN nº 3.854/10) ou em uma norma penal (art. 22 da Lei nº 7.492/86). Isso não elimina uma segunda dimensão de questionamentos: uma punição materialmente adequada poderá revelar-se excessiva caso a escolha pela via do direito penal seja considerada *inadequada*.[840]

Portanto, na hipótese de mais de um ramo do ordenamento jurídico receber a incumbência de retribuir a ofensa a um mesmo bem jurídico através de pena materialmente idêntica, a sobreposição de sanções direcionadas ao mesmo agente, se não vier acompanhada de mecanismos legislativos ou judiciais

---

[839] A diferença entre penas criminais e efeitos da condenação deveria observar a dicotomia entre *retribuição* (*stricto sensu*) e *reparação*. Mas as diversas mudanças legislativas promovidas no sistema de penas demonstram que, sob a perspectiva formal, as categorias vêm se confundindo: encontramos, no segmento das penas alternativas, pelo menos uma hipótese em que o propósito é nitidamente reparatório (prestação pecuniária – art. 43, I, do CP) e, dentre os efeitos da condenação, alguns casos em que o fundamento é claramente retributivo (perda do cargo, do pátrio poder ou da habilitação para dirigir – art. 92 do CP). A diferença deveria ser observada com cuidado por força das diversas consequências penais e processuais delas decorrentes. Por exemplo, a expressão fundamental do princípio da *incontagiabilidade* da pena (art. 5º, XLV, da CF) somente incide nas sanções que materialmente tenham por propósito a *retribuição* da ofensa. Por isso é que a pena de prisão e a multa não se transmitem a sucessores (art. 107, I, do CP); e por isso é que sucessores prosseguem respondendo, nos limites patrimoniais da herança, pelas sanções que tenham por objetivo alcançar a *reparação* do dano.

[840] Como bem observa Pallazo, existem ilícitos administrativos que materialmente melhor se ajustam à adequação do sancionamento pelo próprio direito administrativo: Palazzo, Francesco. "I Criteri di Riparto tra Sanzioni Penali e Sanzioni Amministrative". In *L'Indice Penale*. Padova: CEDAM, 1986, pp. 48-52 (pp. 35-56).

de compensação, revelar-se-á desproporcional e ilegal.[841] A prisão do motorista embriagado não afasta a legitimidade da multa de trânsito que se lhe impõe; mas a multa imposta na sentença penal condenatória, na forma do que dispõe o art. 306 da Lei nº 9.503/97, terá de (i) levar em conta o *quantum* já adimplido por força da infração de trânsito ou, conforme o caso, (ii) impedirá o sancionamento administrativo que ela encampa. Quanto às penas de multa, dessarte, não é legítima a sua imposição cumulativa através do direito administrativo (fiscal, financeiro, econômico etc.) e do direito penal. Os eventuais problemas que disso decorrem deixam de figurar no segmento material para situarem-se na dimensão processual do *non bis in idem* (v. n. 5.2.4, *infra*).

Algumas dúvidas poderiam ser suscitadas quanto à possibilidade de cumulação material entre penas de multa e de reparação de danos. Aqui, parece-nos que a resposta tenha de ser afirmativa. Ainda que ambas tenham um inegável caráter sancionatório, a multa, em especial, melhor se acomoda na eficácia significativa da retribuição que deve ser perseguida com a pena; a reparação de danos, pelo contrário, está essencialmente direcionada à recuperação do *status quo ante*.[842] De modo que, sendo diverso o sentido de ambas as penas, poderão, elas, ser cumuladas materialmente. Isso tudo sem esquecermos, sob a lógica material interna da reparação de danos buscada por mais de um ramo do ordenamento jurídico, que a existência de um filtro compensatório é medida que se impõe (art. 45, § 1º, do CP).

Por fim, algumas breves palavras sobre sanções relacionadas à perda de bens e de valores. Nossa legislação penal, em algumas oportunidades, estabelece normas gerais e especiais quanto ao efeito da condenação relacionado à perda de bens que caracterizem instrumentos, produto ou proveito do crime.[843] Se atentarmos para o fato de que o caráter *reparatório* de uma sanção tem por propósito não só restabelecer o *status quo ante* da vítima, senão também do autor, ficará evidente que os efeitos da condenação sobreditos não são materialmente considerados como pena em seu sentido *retributivo*.[844] Por isso, podem ser cumuladas através de sanções conceituais diversas quando se destinem internamente ao mesmo objetivo: todos os instrumentos do crime, assim como todo o seu proveito, nada além, nada aquém, devem ser perdidos, pouco importando que isso ocorra através do ilícito extrapenal ou do ilícito penal (como efeito da condenação ou como pena alternativa).[845]

---

[841] Na Espanha, NIETO GARCÍA propõe o critério cronológico: deverá prevalecer a punição que foi imposta em primeiro lugar, pouco importando se possui a natureza administrativa ou criminal (NIETO GARCÍA, Alejandro. *Derecho Administrativo Sancionador*. 2. ed. Madrid: Tecnos, 1994, pp. 423-424).

[842] Nesse sentido, v.: CARVALHO, Salo de. *Penas e Medidas de Segurança no Direito Penal Brasileiro*, cit., p. 472.

[843] Art. 91, II, do CP; art. 7º da Lei nº 9.613/98.

[844] Em sentido contrário, ressaltando que a perda de bens e valores se assemelha, em natureza, à pena de multa: CARVALHO, Salo de. *Penas e Medidas de Segurança no Direito Penal Brasileiro*, cit., p.

[845] Quando tais constrições patrimoniais são decretadas sob a rubrica conceitual materialmente correta – efeitos da condenação –, os sucessores do criminoso prosseguem sujeitos – no limite do quinhão – à restrição, não se lhes aplicando o art. 107, I, do CP. No entanto, o preço que há de ser pago quando desvirtuada tal função reparatória para o segmento das penas restritivas de direito (art. 43 do CP) é que o *non bis in idem*, agora cotejado à luz do princípio da legalidade, extingue a punibilidade inclusive para sucessores (art. 107, I, do CP), porquanto de pena, em sentido formal, estamos falando.

Mas a lei brasileira também prevê, dentre o rol de penas alternativas, a perda de bens e de valores em favor do Fundo Penitenciário Nacional (art. 43, II, e art. 45, § 2º, do CP). No particular, a solução há de ser diversa da acima exposta: trata-se, na espécie, de uma pena criminal que materialmente não é *reparatória*, mas sim *retributiva* (basta atentar para a destinação final dos valores). Consequentemente, sua constitucionalidade só poderá ser reconhecida na hipótese de a referida restrição patrimonial não ser cumulada com a multa. Do contrário, teremos uma ofensa ao *non bis in idem* material, haja vista a imposição de duas penas de igual sentido (*retributivo*) e direcionamento (*patrimônio*).

A importância dessa significação material da perda de bens – efeito da condenação ou pena restritiva de direitos – é que a retribuição penal pecuniária deve ser exercida de maneira singular por uma única sanção. Não é relevante se o legislador criou outra rubrica punitiva (*confisco*, por exemplo) com propósito idêntico: a ofensa ao *bis in idem* material tornará a ser observada. Bens móveis e imóveis até podem ser cautelarmente apreendidos com tal finalidade, desde que destinados a instrumentalizar o pagamento de uma futura pena pecuniária. O que não se pode é tolerar que, além da multa, outros bens sejam confiscados sem a natureza *reparatória* acima descrita.[846] Pois a bancarrota do criminoso ou de uma corporação, excedendo os limites em que se faz necessária a retribuição da ofensa, não é um objetivo legítimo a ser perseguido por um direito penal de fundamentação onto-antropológica.

No mais, basta-nos atentar para o fundamento material desse catálogo de medidas sancionatórias (algumas *retributivas*; outras, *reparatórias*) para compreendermos que as diversas providências cautelares reais deveriam ter, cada uma à sua maneira, um objetivo e um limite a serem observados. As penas de multa poderiam ser asseguradas mediante constrições patrimoniais de alcance inclusive pretérito à infração penal, mas a morte do sujeito ativo deveria acarretar o imediato levantamento (art. 107, I, do CP); a reparação de danos deveria ficar sujeita a uma segunda modalidade de medida cautelar, com alcance igualmente não vinculado ao momento do crime, porém permaneceria hígida mesmo após o falecimento do sujeito ativo; por fim, a perda de bens só poderia alcançar – ressalvada a hipótese de instrumentos do crime adquiridos anteriormente (um avião ou um carro, p.ex.) – o patrimônio constituído após a prática da infração, afetando direitos sucessórios. Uma rápida revisão crítica da forma como o nosso Código de Processo Penal[847] tratou as medidas cautelares reais de sequestro (destinado a garantir a perda do proveito da infração – art. 131 do CPP), de arresto e de hipoteca legal (direcionados a assegurarem multa e

---

[846] Interessante o parâmetro para a fixação da pena de multa nos crimes contra o mercado de capitais. O art. 27-F da Lei nº 6.385/76 determina que "as multas cominadas para os crimes previstos nos arts. 27-C e 27-D deverão ser aplicadas em razão do dano provocado ou da vantagem ilícita auferida pelo agente". Perceba-se que em momento algum falou-se na condição patrimonial do autor como parâmetro para a fixação da pena de multa, o que vai ao encontro da noção retribucionista aqui sustentada. No entanto, ao referir o critério da "vantagem" obtida pelo agente, o dispositivo acaba por confundir o propósito sancionatório *stricto sensu* da pena pecuniária como objetivos outros, de natureza reparatória.

[847] Para detalhes das medidas assecuratórias previstas na Lei nº 9.613/98: VILARES, Fernanda Regina. "Medidas assecuratórias na Lei de Lavagem de Dinheiro". In SILVA FRANCO, Alberto; LIRA, Rafael. *Direito Penal Econômico – Questões Atuais*. São Paulo: RT, 2011, pp. 483-506..

reparação de danos – arts. 134 e 136 do CPP) está a evidenciar que longe, muito longe passou o nosso legislador da distinção material entre as sanções a serem instrumentalizadas.

5.2.4. Neorretribucionismo, "non bis in idem" processual e sobreposição de instrumentos

A pena justa se realiza com a distribuição da carga sancionatória que se faz adequada para a retribuição da violação do cuidado-de-perigo que se opera com o ilícito. Em seu sentido mais elementar, a sanção, seja qual for a natureza jurídica assumida, tem por propósito exercer essa proteção jurídica na medida em que necessário para reafirmar o cuidado anteriormente inobservado. Vimos há pouco que essa tutela é desempenhada por diversos segmentos do ordenamento jurídico, que deveriam intervir, cada qual à sua maneira, em diferentes graus de desvalor da ofensa. Ao direito penal seria relegada a função de exercer a proteção somente naqueles casos (normalmente – mas não necessariamente – os mais graves) em que, por razões de política criminal, entendeu-se mais *adequada* a definição do ilícito típico com a cominação de uma pena criminal. Mas sabemos que as coisas nem sempre se colocam com essa coerência: os atuais movimentos de reforma no direito penal têm provocado uma superafetação protetiva, desempenhada pelas mais variadas sanções, distribuídas pelos mais variados ramos do ordenamento jurídico – inclusive, o direito penal.

A par dessa superlatividade da tutela, é muito frequente ocorrerem situações em que, logo após institucionalmente diagnosticada a violação do cuidado, não se saiba, ao certo, de antemão, qual o instrumento jurídico que será o mais a adequado para a proteção. Tudo a colaborar para que os mais diversos órgãos do estado, de maneira desorganizada, coloquem em movimento a pluriproteção jurídica que só em momento posterior – quando muito – submeter-se-á ao exame crítico da dupla incidência material de penas sobre o mesmo fato. Nesse cenário, as dificuldades que brotam do *non bis in idem* material fazem-se acompanhar de graves problemas relacionados à gestão processual coerente de diversos ilícitos, ou seja, ao *non bis in idem* processual.

Com efeito, a submissão individual a um processo já é, por si só, uma restrição ao direito de liberdade. É a própria Constituição Federal que garante que ninguém seja processado duas vezes em razão do mesmo fato (art. 5°, XXXVI, da CF), o que evidencia o apego constitucional à proteção contra a carga processual excessiva. Se isso é válido no mesmo segmento interno de cada ordenamento jurídico (no direito penal, p. ex., ressalvadas hipóteses extremas, é proscrito o duplo julgamento em relação a delitos idênticos), então igualmente poderá sê-lo em se tratando de dois ou mais processos pretenderem instrumentalizar proteção idêntica a um mesmo objeto de ilícito. Já não teremos, então, maiores dificuldades para reconhecer que a vedação de duplo apenamento está inapelavelmente atrelada à vedação, não mesmo importante, da dupla submissão a um mesmo processo – *non bis in idem* processual.

As características que conferem autonomia dogmática ao *delito econômico* – v. capítulo 2 – irrompem novamente aqui para conclamar especial atenção para o campo fértil de excesso persecutório que se avizinha com o cenário acima descrito. Nesse recorte do direito penal secundário, a instrumentalidade imanente à tutela da economia muitas vezes empurra, para lá das exigências de retribuição, a necessidade do processo penal. Porque é muito comum que a constatação institucional do ilícito econômico, exatamente por instrumentalizar um interesse indisponível essencialmente tutelado por outro ramo do ordenamento jurídico, dispare uma série de instrumentos de proteção para os diversos ilícitos que se sobrepõem. Se, no segmento do direito penal nuclear, por razões várias, um delito de homicídio ou de furto, conquanto perfaçam um ilícito penal e um ilícito civil, dificilmente figurem concomitantemente como objeto de processos de natureza distinta, os ilícitos econômicos, pelo contrário, exatamente por não se encontrarem à disposição da vítima, soem submeter-se a uma pluriproteção processual conjunta.

O interessante é observar que a nossa legislação processual – concebida em 1941, porém objeto de sucessivas reformas até os dias de hoje – conferiu tratamento à regulação do *non bis in idem* processual apenas no segmento do ilícito que é objeto do direito penal nuclear, silenciando completamente quanto ao necessário diálogo que há de imperar entre o direito administrativo sancionador e o direito penal.

Deveras, no Código de Processo Penal, encontramos, nos arts. 92 e 93, as hipóteses de questões prejudiciais entre o processo penal e o processo civil: se a existência da infração estiver contingenciada pela análise de "questões de estado civil", a suspensão seria obrigatória; em outros casos em que a questão também possa ser dirimida pelo juízo cível, a suspensão seria apenas facultativa.

O Código de Processo Civil prevê hipóteses de suspensão mais amplas: em seu art. 265, IV, reconhece tal efeito quando a sentença de mérito "depender do julgamento de outra causa, ou da declaração da existência ou inexistência da relação jurídica, que constitua o objeto principal de outro processo pendente", "não puder ser proferida senão depois de verificado determinado fato, ou de produzida certa prova, requisitada a outro juízo" ou "tiver por pressuposto o julgamento de questão de estado, requerido como declaração incidente".

Uma interpretação simétrica de ambos os tratamentos legais permite-nos extrair a conclusão de que, em havendo convergência de ilícitos entre um processo civil e outro penal, aquele é que, via de regra, deverá aguardar a solução deste. Tal conclusão apenas seria excepcionável quando a existência do crime depende da solução de uma "questão de estado civil" (art. 92 do CPP) ou em outros casos muito peculiares em que convenha que a prestação jurisdicional cível seja considerada prejudicial (art. 93 do CPP).[848] Solução que possui inegá-

---

[848] Peculiaridades assim resumidas por LOPES JR.: "da previsão legal, podemos extrair os requisitos da questão prejudicial facultativa: 1 – a questão deve versar sobre circunstância elementar, relacionada à existência do crime; 2 – já existir ação civil sobre a matéria em andamento; 3 – deve versar sobre questão cível que não seja 'estado civil das pessoas' e tampouco sobre direito cuja prova a lei civil limite; 4 – a questão ser de difícil solução" (*Processo Penal*, cit., p. 511).

vel coerência, pois, sendo o ilícito penal mais exigente quanto aos pressupostos materiais sancionatórios, eventual sentença penal condenatória tornará prescindível o processo de conhecimento no juízo cível (cfe. art. 63 do CPP).

Mas o tratamento legal conferido à prevalência da jurisdição criminal não recebeu uma linha sequer no que se refere ao relacionamento existente com o processo administrativo sancionador. A lei que regulamenta o processo no âmbito da Administração Pública Federal (Lei n° 9.784/99), assim como as leis especiais que tratam do processo de apuração de ilícitos econômicos (Lei n° 12.259/11), monetários (Lei n° 4.595/64), no mercado de capitais (Lei n° 6.385/76) etc., nada dispõem acerca dos parâmetros a serem observados para que a coerência da unidade do ordenamento jurídico seja observada em face de ilícitos de configuração jurídico-formal distinta.

Esse silêncio, entretanto, não pode reverberar a voz da jurisprudência brasileira no sentido de que as instâncias seriam independentes, ou seja, a decisão do processo administrativo não guardaria qualquer relação de prejudicialidade com a decisão do processo penal, e vice-versa.[849] Conquanto observável que, no Brasil, o ilícito administrativo não seja processado perante o Poder Judiciário, ainda assim seria impensável que a decisão criminal e a administrativa estivessem livres para reconhecer, cada uma à sua maneira, que um fato seja ao mesmo tempo lícito e ilícito. Porque, se é correto pensar, conforme demonstramos antes (item 4.1.6, *supra*), que a garantia de unidade do ordenamento jurídico não tolera qualquer tratamento assimétrico no objeto do ilícito, não menos correto será aceitar que a unidade material do ilícito não pode prescindir de uma unidade processual que o instrumentalize. Essa, aliás, é a razão de ser da diferença entre o *non bis in idem* material e processual.

Para ilustrar a problemática no segmento dos crimes econômicos, avoquemos o que dispõe o art. 43 da Lei n° 4.595/64: "o responsável pela instituição financeira que autorizar a concessão de empréstimo ou adiantamento vedado nesta lei, *se o fato não constituir crime*, ficará sujeito, sem prejuízo das sanções administrativas ou civis cabíveis, à multa igual ao dobro do valor do empréstimo ou adiantamento concedido, cujo processamento obedecerá, no que couber, ao disposto no art. 44, desta lei". A regra estabelece que o agente da instituição financeira que concede empréstimo ou de adiamento ilegal não poderá se submeter à punição referida no art. 44 caso o fato configure delito. O reconhecimento dessa louvável regra de *non bis in idem* material, entretanto, não se fez acompanhar de uma regulamentação quanto à dinâmica que há de ser observada no processo administrativo e no processo penal sempre que cogitada a pluralidade dos ilícitos. A despeito da ausência de norma, o sentido que se pode obter a partir da prevalência do ilícito penal nos faz aceitar a ideia de que o processo administrativo tenha de ser obstado até que o ilícito seja esclarecido na jurisdição criminal, ou seja, as instâncias muito longe estão de

---

[849] Para ilustrar, veja-se o seguinte precedente: "(...) Firmou-se, ainda, entendimento de que não há óbice à aplicação de sanção disciplinar administrativa antes do trânsito em julgado da ação penal, pois são relativamente independentes as instâncias jurisdicional e administrativa. (...)" (STF, ARE 767929/MG, 2ª Turma, rel. Min. Ricardo Lewandowski, j. em 12/11/2013, DJe de 22/11/2013).

serem independentes. Mas perceba-se: conforme destacamos antes, isso não significa que o juiz criminal esteja dispensado, através de fundamentação válida, de captar o objeto do ilícito nas amarras materiais do ilícito extrapenal; a preponderância da persecução penal não se incompatibiliza com a instrumentalidade da tutela penal que se obtém a partir da *definição integral do ilícito*.

O mais paradoxal é que a jurisprudência brasileira, ao mesmo tempo em que segue firme no equivocado dogma da autonomia entre as instâncias jurisdicional e administrativa, inverte completamente a lógica do *non bis in idem* (material e processual) no segmento dos crimes fiscais, concluindo, na espécie, que a ação penal não pode ser proposta antes de definitivamente constituído o crédito tributário (Súmula Vinculante nº 24 do STF). Reconhecendo implicitamente que o ilícito penal-fiscal pressupõe ilícito fiscal (o que é correto), eventual colidência de decisões que se debruçam sobre objeto similar é solucionada submetendo a jurisdição criminal à sorte do processo administrativo-fiscal (o que é incorreto). É dizer: a superação do *non bis in idem* processual verifica-se através do sobrestamento da persecução penal. Para completar o truque retórico, o entendimento sumulado suspende o curso do prazo de prescrição ao argumento de que a consumação do crime estaria sujeita à condição fiscal-resolutiva (constituição definitiva do crédito tributário). Porém, quando examinada a continuidade delitiva, retorna-se ao entendimento de que cada período fiscal em que se verifica a fraude perfaz um delito autônomo.[850]

O paradoxo acima descrito ganha ares de redobrada dramaticidade quando verificamos que a mesma jurisprudência, em se tratando de outros delitos econômicos, não apenas desvincule completamente as decisões proferidas no processo administrativo e no processo penal,[851] senão também reconheça que, ao contrário do que ocorre nos delitos fiscais, a propositura da ação penal não estaria condicionada ao esgotamento da instância administrativa.[852] É como se

---

[850] "*In casu*, todavia, referidos exemplos se conjugam, uma vez que o recorrente praticou várias infrações contra a ordem tributária 'calçando' inúmeras notas fiscais nos exercícios de 1994 a 1996, o que ensejou o reconhecimento da continuidade delitiva e causou grave dano à coletividade em razão do elevado montante de tributos não recolhidos, estimados em R$500.000,00 (quinhentos mil reais), razão pela qual não há falar em bis in idem" (STJ, AGRESP 1134070, 6ª Turma, rel. Min. Maria Thereza de Assis Moura, DJe de 05/03/2013).

[851] "(...) 3 – Embora a incerteza seja própria do mercado de derivativos, a negociação de determinadas ações entre empresas de um mesmo grupo com aparente subpreço, aliada à posterior alienação a terceiro por valores muito superiores à cotação, tudo em curto período de tempo, lança dúvidas sobre a transparência e a lisura das operações, situando-se no âmbito de proteção da norma penal do art. 4º da Lei nº 7.492/86. 4 – São independentes as esferas administrativa e penal, não vinculando o Juízo Criminal as decisões de órgãos fiscalizatórios que analisaram a operação sob óticas distintas". (TRF da 2ª Região, 2ª Turma, HC 201202010020170, rel. Des. Fed. Márcia de Barros, DJe de 19/06/2012)

[852] "(...) 2. Ao contrário do que sucede com o delito de sonegação fiscal, cuja natureza material exige a constituição do crédito tributário para instauração da ação penal (STF, Súmula Vinculante n. 24), o delito de contrabando ou descaminho é de natureza formal, não sendo necessário o prévio esgotamento da instância administrativa. 3. Não obstante a Receita Federal tenha declarado a decadência tributária em relação às operações descritas na denúncia (fls. 408/409), subsiste o fato gerador da obrigação tributária, representado pela internação de mercadoria estrangeira em território nacional, em desacordo com a legislação brasileira, conduta que se subsume ao tipo do art. 334 do Código Penal. 4. Ordem denegada". (TRF da 3ª Região, 5ª Turma, HC 00176866320124030000, rel. Des. Fed. André Nekachalow, DJe de 31/08/2012). "(...) II – Por respeito à consagrada independência e autonomia das instâncias penal e administrativa, a deflagração da

o *non bis in idem* processual tivesse uma eficácia para os crimes fiscais, porém outra no que se refere aos demais crimes econômicos.

Em nosso sentir, a busca pelo sentido retributivo da sanção penal finca pé na noção de culpa individual como fundamento da pena. Nada além, nem aquém, do que seja estritamente necessário para que o restabelecimento comunicacional da relação primeva de cuidado ganhe significação social. Por mais que o objeto do ilícito, considerado a partir dessa dimensão onto-antropológica do cuidado-de-perigo, dimensione a carga material de punição que haverá de ser distribuída, somente mediante um instrumento coerente é que a proporcionalidade e a legalidade da pena serão efetivamente alcançadas. O que nos impõe reconhecer que, sem um processo penal adequado, a obtenção de uma pena justa não será um ideal realizável.

Nesse rumo, a solução que melhor se acomoda à razão forte com que deve ser instrumentalizada a *definição integral do ilícito* (*non bis in idem* material e processual), no segmento dos delitos econômicos, recomenda a suspensão da tramitação de todo e qualquer processo administrativo sancionador até que a jurisdição criminal se manifeste acerca da distribuição material da carga *retributiva* e *reparatória* que deve recair sobre o ilícito. Como bem observa GARCÍA CAVERO, "el procedimiento administrativo no debe iniciarse o, si ya se inició, deberá suspenderse. Solamente si en sede penal no se impone una sanción penal con base en criterios jurídico-penales de determinación de responsabilidad, la Administración estará facultada para iniciar un expediente administrativo sancionatorio y evaluar a partir de los hechos determinados judicialmente si procede, conforme a los criterios administrativos, la imposición de una sanción administrativa".[853]

---

persecução penal quanto aos crimes contra sistema financeiro nacional (Lei n.º 7.492-86) e de lavagem ou ocultação de bens, direitos e valores (Lei n.º 9.613-98) não está condicionada à instauração ou esgotamento da via administrativa, pois a configuração de tais delitos se verifica tão somente pela prática de uma das condutas fraudulentas previstas nos tipos legais e não pelo pronunciamento administrativo a respeito. III – Denegação da ordem" (TRF da 2ª Região, MS 200602010117190, 2ª Turma, rel. Des. Fed. André Fontes, DJ de 14/06/2007, p. 276).

[853] *Derecho Penal Econômico*, cit., p. 887. No mesmo sentido: CARO CORIA, Dino Carlos. "El principio de ne bis in idem em la jurisprudencia del Tribunal Constitucional", cit., p. 19. Na Espanha, a referida solução já havia sido reconhecida pelo Tribunal Constitucional na Sentencia 77/1983, que determinou que "La subordinación de los actos de la Administración de imposición de sanciones a la autoridad judicial exige que la colisión entre una actuación jurisdiccional y una actuación administrativa haya de resolverse en favor de la primera. De esta premisa son necesarias consecuencias las siguientes: a) el necesario control 'a posteriori' por la autoridad judicial de los actos administrativos mediante el oportuno recurso; b) la imposibilidad de que los órganos de la Administración lleven a cabo actuaciones o procedimientos sancionadores en aquellos casos en que los hechos puedan ser constitutivos de delito o falta según el Código Penal o las Leyes penales especiales, mientras la autoridad judicial no se haya pronunciado sobre ello, y c) la necesidad de respetar la cosa juzgada". Quanto à dupla eficácia do *non bis in idem*, a mesma decisão assentou que o referido princípio "determina una interdicción de la duplicidad de sanciones administrativas y penales respecto de unos mismos hechos, pero conduce también a la imposibilidad de que, cuando el ordenamiento permite una dualidad de procedimientos, y en cada uno de ellos ha de producirse un enjuiciamiento y una calificación de unos mismos hechos, el enjuiciamiento y la calificación que en el plano jurídico puedan producirse se hagan con independencia, si resultan de la aplicación de normativas diferentes, pero que no pueda ocurrir lo mismo en lo que se refiere a la apreciación de los hechos, pues es claro que unos mismos hechos no pueden existir y dejar de existir para los órganos del Estado". (v. www.tribunalconstitucional.es/es/jurisprudencia/Paginas/Sentencia.aspx?cod=18127). O referido entendimento jurisprudencial influenciou mudanças

O princípio do *non bis in idem*, consequentemente, não se opõe à possibilidade de diversos processos de natureza distinta recaírem sobre um objeto de ilícito idêntico, mas sim à imposição de duplicidade de sanções materialmente idênticas (*non bis in idem* material). Contudo, o referido propósito só poderá ser alcançado ante a garantia de que o processo administrativo sancionador deva aguardar o encerramento do processo penal, que se submete a garantias fundamentais mais adequadas à proteção do direito de liberdade.[854] Em especial no direito penal econômico, a carga retribucionista da sanção, caso já desempenhada materialmente por outro ramo do ordenamento jurídico, conduzirá a um inegável excesso na distribuição da pena criminal. Em hipóteses tais, não sendo viável a anulação da sanção extrapenal, os limites legais da sanção penal deverão ser relativizados em nome da constitucional contingência de ajuste material da consequência jurídica à justa medida de retribuição exigida pelo ilícito.

---

legislativas relacionadas ao tema. Veja-se, por exemplo, o que prevê o art. 180 da Ley General Tributária espanhola (Ley 58/2003): "1. Si la Administración tributaria estimase que la infracción pudiera ser constitutiva de delito contra la Hacienda Pública, pasará el tanto de culpa a la jurisdicción competente, o remitirá el expediente al Ministerio Fiscal y se abstendrá de seguir el procedimiento administrativo, que quedará suspendido mientras la autoridad judicial no dicte sentencia firme, tenga lugar el sobreseimiento o el archivo de las actuaciones o se produzca la devolución del expediente por el Ministerio Fiscal".

[854] Assim: NAVARRO CARDOSO, Fernando. "El principio *ne bis in idem* a la luz de la Sentencia del Tribunal Cos-titucional 177/1999: Exposición Crítica". In ARROYO ZAPATERO, Luis A.; GÓMEZ DE LA TORRE, Ignacio Berdugo [org]. *Homenaje al Dr. Marino Barbero Santos (in Memoriam)*. Cuenca: Universidad de Castilla-La Mancha/Universidad Salamanca, 2001, vol. I, p. 1223 (pp. 1217-1230).

Conclusão

À primeira vista, poderia parecer insustentável que o diálogo entre direito penal e economia fosse capaz de colaborar para a construção de um modelo de fundamentação e de limitação do poder punitivo sob uma perspectiva antropológica. Estamos acostumados a conviver com a crítica de que tal diálogo traria consigo o irrenunciável preço da instrumentalização do direito pela economia, uma legitimação de categorias jurídicas em atenção ao pragmatismo que permearia a ciência econômica. Tudo a evidenciar que tentativas de construção do saber teórico que levassem em conta qualquer tipo de leitura econômica do direito, especialmente do direito penal, conduziriam à perda da identidade liberal da ciência jurídica.

No entanto, se nos debruçarmos sobre as bases epistemológicas da *macroeconomia* contemporânea, veremos que a ciência econômica vem se construindo e legitimando para além de uma irrestrita obtenção de resultados práticos. Mesmo os economistas mais liberais já não se aventuram a teorizar ao sabor hegemônico da *invisible hand*. As crises econômicas das últimas décadas serviram de cenário histórico para que qualquer pretensão de garantia da economia de mercado já não abdique de proteção institucional à responsabilidade e à ética na política econômica. É certo que um economista, ao analisar programas assistenciais do Estado, possa estar mais preocupado com o benefício econômico final de longo prazo que a estratégia produz na economia do que com parâmetros de justiça material a serem perseguidos na ação institucional. Sem embargo, é interessante perceber que, talvez pela primeira vez, valores como educação, saúde, sustentabilidade e transparência tenham definitivamente ingressado na pauta das ciências jurídica e econômica. O que nos permite aceitar que, conquanto direito e economia possam ter fundamentos distintos, os meios e os fins de que se valem ambos os saberes teóricos podem ser convergentes. O sobredito receio de instrumentalização do direito, dessarte, já não mais se nos opõe: a interferência do Estado na economia – ora sob a preponderante regulação de fluxos econômicos privados, ora pela subsidiária intervenção direta em alguns segmentos do mercado – é um valor que a contemporaneidade já se encarregou de reconhecer hígido.

Da historicidade do Estado Democrático de Direito, portanto, aflora um novo horizonte cognitivo que não vê contradição alguma entre a aproximação teórica direito/economia e a raiz liberal que o fundamenta. A redução de incertezas, através do conhecimento e do respeito pelas *regras do jogo*, é um objetivo legítimo a ser alcançado pelo direito e, no dizer de Douglass North, também pela economia. O homem deve ocupar o epicentro do sistema jurídico. Essa é uma contingência – sem a qual o Estado Democrático de Direito deixaria de *ser* – que igualmente permeia o funcionamento atual das *instituições* encarregadas de regular a estabilidade das trocas econômicas. A realização do *homo oeconomicus*, assim, não vê disfunção alguma entre a proteção estatal do egoísmo imanente aos fluxos econômicos e da responsabilidade ético-social que também os condiciona. É como se, nos dias de hoje, a *invisible hand* tivesse o seu amplo raio de ação limitado por grilhões institucionais reconhecidos como legítimos tanto pelo direito quanto pela economia.

Se avançarmos ainda mais na análise metajurídica dos problemas econômicos, perceberemos que há uma relativa simetria nas estratégias adotadas por países de regime democrático para evitar que novas crises tornem a ocorrer. A mais recente delas (crise dos *subprimes*, em 2009) afetou as bases fundamentais da maior e mais radical economia capitalista mundial, a dos EUA: controles e regulamentações do sistema financeiro, outrora impensáveis na economia americana – muito embora já observados em economias instáveis, como a brasileira – foram inseridos na ampla reforma introduzida pelo FED em 2011. Até então, um banco poderia, com relativa liberdade, criar produtos financeiros ou conceder linhas de crédito a quem bem entendesse. Agora, sob o olhar de agências regulatórias, instituições financeiras americanas não mais dispõem de uma irrestrita autonomia para atingir seus propósitos estatutários. É a sinalização de que os tempos de neoliberalismo já se foram.

De nosso interesse, importa observar que crises econômicas em escala mundial trouxeram consigo a idealização de uma política econômica que, a despeito de sua identidade global, ainda preservam níveis razoáveis de soberania para cada país. É certo que México, Brasil, Inglaterra, Espanha e Japão, cada um à sua maneira, possuem ações concretas tendentes a controlar inflação, aumentar a renda *per capita*, administrar despesas e gastos públicos. No entanto, essas ações têm em comum o fato de que inflação baixa, câmbio flutuante e superávit primário sejam valores elementares de qualquer política econômica contemporânea que se pretenda inserir na lógica da economia de mercado sob o manto de um regime democrático.

Com tal colocação, muito longe estamos de aceitar que a economia mundializada desfile sobre um mar de rosas. É certo que há muito a ser corrigido para que níveis razoáveis de justiça material sejam alcançados. Porém, não temos razões para acreditar que propostas socialistas ortodoxas tenham condições de tornar as coisas menos dramáticas. Pelo contrário, a história já nos mostrou a bancarrota de políticas econômicas que, ao preço da supressão do livre comércio, preocupem-se exclusivamente com a igualdade material. Seria impossível catalogar todas as causas que conduziram a isso. Porém, é inegável que, dentre elas, a globalização tenha de ser considerada como um *fato* que dificulta sobremaneira qualquer tentativa estatal de supressão da liberdade, em toda a sua dimensão axiológica.

É inegável que a globalização tenha afetado a soberania do Estado. Mas seria inaceitável alardearmos, em tom catastrófico, a partir disso, que o Estado contemporâneo não goze de soberania alguma. Goza, e muito: uma rápida análise dos mais diversos programas assistenciais adotados por países capitalistas e democráticos comprova nossa asserção. Visto o problema sob ótica inversa, poderemos perceber que a variação da carga de prestatividade social assumida nacionalmente não elimina a exigência global de que essa mesma prestatividade tenha de ser perseguida. Tampouco estaremos autorizados a reconhecer que a volatilidade da política econômica contemporânea autorize-nos a antever que seria inviável um modelo de política *macroeconômica* que vá além das fronteiras nacionais. Tudo a corroborar a hipótese que se nos aventava viável: o modelo de Estado regulador é aquele que busca, através da equilibrada relação entre políticas de renda, monetária, fiscal, financeira, cambial e econômica (*stricto sensu*), o fino ajuste do convívio dialógico entre *walfare state* e *invisible hand*.

Eis a dimensão fenomenológica do que se pode compreender como *ordem econômica* na contemporaneidade. Eis o horizonte cognitivo cuja densidade já se nos aflora cognoscível. Somente uma postura jurídica avessa à "natureza das coisas" econômicas poderá seguir objetando a inviabilidade de um conceito de *ordem econômica* formulado para além das amarras de conjunturas políticas ou de cada ordenamento jurídico-constitucional. Com o passar do tempo, esse conceito de *ordem econômica* até poderá ser substituído por outro qualquer. No entanto, sendo a incerteza um valor imanente ao pensamento complexo, tal precariedade já não infirmará a metodologia a que nos propusemos observar. O diálogo entre direito e economia colabora para alcançarmos uma racionalidade metajurídica que servirá de alicerce para que a proteção institucional da *ordem econômica* seja fundamentada e limitada. Uma *realidade* que almeja a tutela do Estado muito além do que dispõe cada ordenamento constitucional.

Nossa atenção esteve voltada, portanto, para a obtenção de uma "razão forte" capaz de nos conduzir à formulação de um saber sistemático e problemático. Quando afirmamos que o direito é uma ciência da razão prática, não desejamos avaliar a solução de casos jurídicos soprando casuística e aleatoriamente segundo as circunstâncias do objeto. Mas também não albergamos formulações que pretendam extrair da lógica formal-objetiva do próprio ordenamento jurídico, ou então de funções dos subssistemas sociais, os valores que fundamentarão a resposta institucional e sistemática para o caso concreto. Nossa construção vai muito além das amarras normativas ou funcionais que circundam o pensamento jurídico. Foi na formulação de Faria Costa que encontramos o ajuste epistemológico adequado à obtenção de repostas aos complexos problemas que, em nosso sentir, envolvem o direito penal econômico.

Construída sob a influência da filosofia de Heidegger, a proposta resgata a esquecida importância que a fenomenologia desempenha para a fundamentação da ciência jurídico-penal. Em verdade, vai muito além: denuncia o risco a que o direito ficará exposto caso prossiga dando às costas para o pensar filosoficamente. Faria Costa, voltando-se reflexivamente para a dimensão ôntica do homem enquanto ser-no-mundo, destaca que a existência do indivíduo fundamenta-se no *cuidado* que entrecruza a relação do "eu" para com os "outros". O homem se relaciona socialmente na pressuposição de que os comportamentos sociais observem o *cuidado* para com os outros; pois, como um ser vulnerável, minha existência será negada sempre que as relações sociais mais elementares sejam afetadas com a produção de determinados *perigos*.

O direito fundamenta-se na tutela do *cuidado* que se desvela carente de proteção em sua dimensão ôntica. E, porque também está focado na significação fenomenológica do homem enquanto pessoa, será uma dimensão onto-*antropológica*. Portanto, a violação do *cuidado-de-perigo* perfaz o núcleo essencial do objeto do ilícito que fundamenta o direito penal. A pena recobra seu sentido apenas num segundo momento, enquanto resposta estatal que se justifica em atenção ao restabelecimento da relação primeva de cuidado que restou violada. É o objeto do ilícito, e não os fins da pena, que fundamenta o direito penal.

É fascinante como o arquétipo de Faria Costa contribui para a redução da complexidade dos problemas contemporâneos do direito penal tradicional. A realocação do homem no epicentro do sistema jurídico, justificada através da lupa fenomenológica do *cuidado-de-perigo* carente de proteção institucional, irá resgatar o significado possível do passado-presente do Estado Democrático de Direito que prossegue hígido em tempos de globalização. Essa releitura da fundamentação e dos limites do direito penal à luz da historicidade do Estado contemporâneo proporcionará um notável avanço teórico-dogmático para a compreensão e a racionalização dos problemas atinentes à estrutura da norma penal, do delito e de suas consequências jurídicas. Para além disso, o modelo assumirá uma valia redobrada caso aproximado das novas formas de tutela penal, consagradas principalmente no segmento que se convencionou denominar direito penal *secundário*. Nosso objeto de estudo foi selecionado a partir de um recorte dessa nova dimensão contemporânea do poder punitivo: o direito penal econômico.

Da incursão fenomenológica no nosso objeto de estudo resulta que a proteção institucional da economia seja, hoje, um axioma inquestionável. Pelas razões que expusemos principalmente no Capítulo 1 da pesquisa, ao Estado não é mais dado o conforto da inércia frente às trocas econômicas, porém igualmente lhe é vedado conduzi-las pessoalmente com mão-de-ferro. Não foi o direito que implementou o modelo de Estado regulatório. Em verdade, uma relação dialógica levou a economia a convocar o ordenamento jurídico a prestar-lhe auxílio. Se verificarmos que essa carência de tutela verifica-se porque a fluidez e a velocidade dos fluxos econômicos globais contribuem para o surgimento de novos tipos de *cuidado-de-perigo*, então já estaremos em condições de obter, exatamente a partir desse contexto, uma noção material e original de bem jurídico protegido. Ou, para sermos ainda mais claros: a relação fenomenológica entre direito e economia fornece-nos o horizonte cognitivo a partir do qual nos é dada a possibilidade de construirmos um conceito material de crime econômico.

Para tanto, conforme ressaltamos ao longo do Capítulo 2, teremos de resgatar o que de mais elementar se observa na relação primeva de *cuidado*: a proteção institucional contra os novos *perigos*, em tempos de economia global, prossegue fundamentada no irrenunciável caráter antropocêntrico da relação do "eu" para com os "outros". É inadmissível, portanto, aceitarmos que segmentos específicos da economia de mercado possam ser juridicamente protegidos enquanto valores em si, abstratamente divorciados da importância que representam para a realização do homem enquanto pessoa. Para sermos ainda mais rigorosos, revelar-se-á impensável ao fundamento *onto-antropológico* do direito penal econômico qualquer tentativa de construção teórica do conceito de *ordem econômica* que não leve em conta a nota humanitária de trocas econômicas que, potencialmente violadoras do *cuidado-de-perigo*, afloram dignas de proteção e merecedoras de pena.

A estrutura analítica desse bem jurídico, sob essa forma especial de ver a "natureza das coisas" econômicas, já não poderá ser obtida a partir da singela concepção de ilícito focalizada em ofensas patrimoniais individuais. Furtos e estelionatos caracterizam violações de *cuidado-de-perigo* que incidem diretamente em relações individuais horizontais e simétricas. Mas não é sobre esse tipo de relação que se debruça a proteção institucional da economia.

Não há novidade alguma nisso. Já no século XIX tínhamos notícia de que o Estado vinha sendo conclamado a controlar a liberdade de transações entre particulares a fim de que o preço do produto ou do serviço adquirido efetivamente seguisse a lógica do mercado (concorrência). Em relação aos dias de hoje, quer-nos parecer que essa forma peculiar de proteção, em tempos de Estado regulador, foi modificada qualitativa e quantitativamente: o que substitui a identidade patrimonial pela econômica é a estratégia que legitima o Estado a se imiscuir nessa relação. O interesse pessoal horizontalizado em uma troca patrimonial entre duas pessoas (físicas e/ou jurídicas, inclusive alguns entes públicos) passa a conviver, em alguns segmentos, com o interesse público que verticaliza a proteção até o vértice ocupado pela *instituição* competente para tanto. O bem jurídico protegido já não recai exclusivamente sobre o *cuidado-de-perigo* em sua dimensão horizontal, senão também em violações à proteção verticalizada que o Estado exerce sobre relações que, na contemporaneidade, assumem uma feição econômica.

Por tal razão é que não podemos aceitar, sob nossa ótica restritiva do conceito material de crime econômico, que a tutela da *ordem econômica*, conforme sustenta Tiedemann, seja desempenhada também através de tipos legais patrimoniais – sempre que, em alguns casos concretos, a afetação resultante assuma uma dimensão fática supraindividual. O que importa é a compatibilidade axiológico-normativa do bem jurídico com o tipo de proteção materialmente requerida (*ordem econômica*), e não eventuais efeitos fáticos secundários que decorrem de delitos de afetação individual (*patrimônio*). Um crime falimentar não caracteriza um delito econômico porque a ofensa atinge patrimônios individuais – conquanto possa reflexamente afetar uma coletividade que vai além dos sócios e de seus credores. Porém, se a bancarrota for fraudulentamente provocada no âmbito de uma instituição financeira, então já estaremos falando de uma violação que ofende a mediação regulatória do Estado – a despeito da possibilidade de, reflexamente, patrimônios serem individualmente afetados.

Mas não será essa mediação, em si, o objeto que assumirá dignidade penal. O Estado regulador só se fundamenta, enquanto Estado de Direito historicamente datado, na condição de que o controle institucional tenha por propósito final e irrenunciável a realização do homem enquanto pessoa. O que nos autoriza a reconhecer que a dimensão *vertical* (o cuidado do "eu" para com as instituições fomentadoras do exercício ativo do poder, especialmente o Estado) não subsiste fenomenologicamente com autonomia frente a dimensão *horizontal* do *cuidado-de-perigo* (o cuidado do "eu" para com os outros que se encontram no mesmo segmento). Obviamente que, em crimes econômicos, nem sempre a constatação concreta dessa afetação humana seja facilmente diagnosticável. Porém, a referida complexidade está a nos indicar a redobrada precaução que as agências penais, inclusive as instâncias legislativas, terão de observar quando examinam fatos potencialmente violadores à *ordem econômica*. Esse conceito material de delito econômico se compatibiliza, portanto, com a função legitimadora e crítica que dele se espera.

É em atenção ao núcleo antropológico que a característica *supraindividual* do bem jurídico protegido pelos crimes econômicos se soma a todas as demais peculiaridades referidas no Capítulo 2. Estamos diante de uma proteção *polissêmica* (o desvalor ético-social da ofensa é reconhecido apenas em determinados segmentos profissionais ou do mercado), *promocional* (a tutela pode sensibilizar ou densificar a consciência ético-social em relação a algumas práticas de mercado), *mutável* (a volatilidade é um traço imanente à ordem econômica) e *instrumental* (é na política econômica que encontraremos o fundamento e o limite da intervenção penal econômica).

Todas essas características apontam para a confirmação da autonomia disciplinar do direito penal econômico. Trata-se, na linha do pensamento de Faria Costa, de uma autonomia singela, tênue, que encontra sua racionalidade material apenas nos estreitos limites da base principiológica do direito penal nuclear. E assim tem de ser porque o respeito aos princípios gerais do direito penal, em qualquer forma de intervenção do poder punitivo, ainda segue hígida na identidade liberal que o Estado contemporâneo inexoravelmente carrega. O direito penal econômico, portanto, muito antes de representar uma propalada ruptura paradigmática, uma segunda velocidade do *jus puniendi*, é apenas um recorte da intervenção penal contemporânea que, a despeito de suas especiais características, prossegue em condições de se acomodar nos contornos dogmáticos do direito penal. E exatamente por assumir essa dimensão é que sua legitimidade constitucional se nos apresenta viável.

A inquietação teórica que nos acometeu após alcançarmos tal resultado obrigou-nos à comprovação de que o conceito material proposto poderia, efetivamente, ajustar-se à fundamentação antropocêntrica nas três grandezas dogmáticas do direito penal: a norma, o delito e a pena. Avançarmos a tanto seria o caminho exigido para atestarmos que o referencial teórico proposto estaria em condições de confirmar a hipótese inicial de nossa pesquisa: o diálogo fenomenológico entre economia e direito penal é o acertado caminho para construirmos um conceito material de crime econômico compatível com o fundamento antropológico que deve permear qualquer segmento de proteção penal.

No Capítulo 3, resgatamos o passado-presente da leitura liberal que a eficácia do princípio da legalidade assume num Estado Democrático de Direito. Propusemos, no entanto, que a construção de um modelo comprometido com o respeito à reserva de lei não se legitima em atenção aos fins preventivos da sanção penal. Também o *nullum crimen nulla poena sine lege*, assim como todos os seus corolários lógicos, tem suas bases fincadas no fundamento *onto-antropológico* do direito penal: a exigência do tipo legal encontra sua razão histórica na necessidade, ainda hoje vigente, de o homem estar protegido frente o Estado; porém, igualmente se legitima enquanto instrumento jurídico de reafirmação institucional de proteção contra violações do *cuidado-de-perigo* com dignidade penal. Essa dupla face (fundamentadora e limitadora) da reserva de lei irá orientar a solução de todos os problemas relacionados à teoria geral da norma penal.

Selecionamos, para a checagem teórica, o exame da eficácia temporal da norma penal econômica. A mutabilidade e a instrumentalidade peculiares ao direito penal econômico afetam significativamente a técnica legislativa do tipo legal. De modo que os problemas de sucessão de leis penais no tempo parecem assumir uma redobrada dificuldade: para acomodar-se às demandas variáveis de proteção, o tipo legal tende a abrir-se para regulamentações administrativas que, de sua vez, modificam-se com velocidade ímpar a fim de compatibilizar a proteção da norma com as novas carências de tutela. Se bem observarmos a distinção entre volatilidade *ordinária* e *extraordinária* da ordem econômica, perceberemos que o custo a ser arcado pelo direito penal econômico – caso pretenda respeitar os limites constitucionais do *jus puniendi* – é o de que as mudanças benéficas na lei penal complementadora terão de ordinariamente retroagir a fatos pretéritos. Apenas nos casos de crises muito singulares é que a regulamentação econômica, ao preencher o tipo legal, poderá ficar sujeita ao estatuto jurídico das normas excepcionais ou temporárias. É dizer: essa mesma excepcionalidade é que autoriza, no segmento tradicional do direito penal, a incidência do art. 3º do CP. Confirma-se, em suma, que, nos delitos econômicos, os problemas de direito intertemporal seguem, em linhas gerais, a mesma base principiológica dos delitos clássicos.

A nota peculiar da técnica legislativa prefaciou o cotejo teórico entre o conceito material aqui proposto e a teoria do delito econômico (Capítulo 4). A começar pela função possível que o tipo legal pode desempenhar enquanto tipo de garantia: se a norma penal econômica abre-se para o ilícito administrativo pressuposto de dimensão variável, seria possível adequarmos o esquema normativo de proteção à exigência de taxatividade da lei penal?

Esse foi um questionamento que se descortinou para muito além dos limites teóricos dos delitos econômicos. É igualmente oponível mesmo em relação às formas tradicionais de criminalidade. Uma resposta satisfatória, no particular, obrigou-nos à revisão crítica dos fundamentos do princípio da taxatividade: caso aceitemos a linear promessa (própria do pensamento moderno) de que o tipo legal deve justificar-se enquanto meio de motivação de comportamentos sociais, então a função de garantia já não desempenhará uma eficácia satisfatória sequer em relação ao núcleo rígido do direito penal, pois a literalidade dos tipos penais, especialmente nos casos em que o desvalor ético-social não seja perfeitamente cognoscível, não nos fornece condições semânticas ordinariamente seguras de sua abrangência (o que caracteriza, por exemplo, "motivo torpe"?).

Entretanto, se avançarmos – como reputamos conveniente – para a visão de que, conquanto o tipo legal possa eventualmente orientar comportamentos, seu fundamento desloca-se, em vez disso, para a contenção de incidência discricionária do poder punitivo, então já não veremos disfunção alguma no reconhecimento de que normas penais de abertura semântica – especialmente as normas penais em branco – possam ser legítimas. O princípio da taxatividade, nesse sentido, será respeitado sempre que o significado ético-social do objeto do ilícito avoque, a partir da unidade do ordenamento jurídico, a máxima vinculação normativa para a atuação das agências penais. Por mais paradoxal que possa parecer, os tipos legais dos delitos econômicos resgatam sua condição mínima de taxatividade na técnica do reenvio normativo, pois o poder punitivo só poderá incidir a partir dos limites do ilícito administrativo que é pressuposto à norma penal. A indeterminação e a indeterminabilidade do que seja "motivo torpe", sob essa ótica diversa de observar o problema, seguirá com a pecha da inconstitucionalidade. Porém, o mesmo não poderá ser dito caso seja razoavelmente determinável, pela fundamentação judicial, o que se pode considerar "fato relevante" nos limites do que a regulamentação do mercado de capitais prevê. O conceito que propusemos para a *definição integral do ilícito* tem o propósito de reafirmar o passado-presente de um homem enquanto pessoa cuja significação só se mantém hígida quando juridicamente protegido contra a incidência desregrada das agências penais. O tipo legal tem a função de garantia exatamente porque a atuação discricionária do Estado igualmente viola a relação primeva de *cuidado-de-perigo*.

Logo em seguida, ainda no Capítulo 4, realocamos essa tênue autonomia disciplinar frente um dos mais intrincados problemas do direito penal contemporâneo: a relação entre os deveres de *compliance* e a omissão imprópria. Este segmento de imputação do tipo tem conduzido parcela significativa da doutrina para a ideia de uma ruptura paradigmática corporificada nos delitos econômicos. Pensamos, sem embargo, que essa é uma solução que não se sustenta.

A possibilidade e o dever de agir que justificam a posição de *garantidor* perfazem uma convenção dogmático-jurídica que se aplica a delitos de resultado. Nesse caso, a incidência da base principiológica do direito penal nuclear nos delitos econômicos compele-nos a aceitar que uma obrigação legal de proteção ou de cuidado à *ordem econômica* também poderá, sob uma premissa jurídico-formal, perfazer o dever de *garantidor*. Os *deveres de compliance* projetam seus efeitos no segmento dos delitos econômicos, mas não a ponto de modificar substancialmente os esquemas dogmáticos tradicionais de imputação de responsabilidade (lembre-se do conceito normativo de *autor encontrado*, proposto por Thomas Rotsch). A inobservância do *dever de compliance*, conquanto possa satisfazer a exigência do tipo legal, longe, muito longe estará de, *ipso factu*, presumir a imputação do tipo. Possibilidade técnica e fática de agir, dever de agir que se materializa axiologicamente na proteção do bem jurídico penal, legitimidade constitucional do dever e imputação subjetiva da ofensa são apenas algumas das demais contingências dogmáticas que, à semelhança do que ocorre com o núcleo rígido do direito penal, também deverão repercutir na criminalidade econômica. A categoria dos deveres de *compliance* é uma inegável inovação jurídica. Mas o diálogo possível dessa nova categoria com o estatuto dogmático da omissão imprópria (art. 13, § 2°, do CP) está muito aquém de amparar uma ruptura paradigmática.

O derradeiro segmento da teoria do delito que nos despertou atenção para colocarmos nossa hipótese à prova esteve direcionado, no Capítulo 4, para a aferição de compatibilidade entre o conceito material de crime econômico e a ofensividade que subjaz no tipo de ilícito. Principalmente da doutrina italiana colhe-se a lição de que a construção dos tipos legais e a aplicação judicial do esquema normativo devem observar a dimensão constitucional do princípio da ofensividade. A noção de crime enquanto ofensa a bem jurídico exige que os delitos de dano-violação e de perigo-violação (abstrato e concreto), cada um à sua maneira, só se materializem no alcance da imputação do tipo no caso de a conduta projetar-se sobre o raio de proteção jurídica do objeto do ilícito. Mesmo os crimes de perigo abstrato, segundo lição de FABIO D'AVILA, acomodam-se às contingências do princípio da ofensividade: o desvalor do resultado, neste caso, pressupõe a possibilidade de um perigo não insignificante em uma perspectiva *ex ante*. É o desvalor do resultado, portanto, ocupando posição central na imputação do tipo de ilícito.

Assim também ocorrerá com os delitos econômicos. O esquema normativo dessa forma especial de tutela traz consigo um redobrado valor instrumental do tipo legal frente o tipo de ilícito. Isso porque a competência para a delimitação do nível mínimo de ilicitude da conduta está a cargo das agências regulatórias, cujos atos normativos devem vincular o campo de atuação das agências penais. Essa visão instrumental do tipo de ilícito econômico é a solução ajustada para o controle da atuação discricionária do *jus puniendi*. Tal circunstância, somada à característica supraindividual do bem jurídico, induz a técnica legislativa a conferir primazia ao perigo/violação como principal recurso de tutela no direito penal econômico.

Aumenta consideravelmente, com isso, a responsabilidade legislativa e judicial pela observância do conceito material de crime econômico: um bem jurídico malcompreendido, ou então encarado sob a ótica da pluriofensividade, traz consigo a exagerada ampliação do raio de proteção jurídica a recair sobre o objeto do ilícito, diminuindo, consequentemente, a incidência racional e controlável do poder punitivo. Contudo, se bem compreendermos o que, no fim das contas, representa o bem jurídico *ordem econômica* (e suas respectivas derivações: ordem monetária, ordem fiscal, ordem financeira, ordem cambial e ordem econômica *stricto sensu*), então teremos condições de filtrar, com redobrado rigor crítico, a intervenção penal apenas nos casos em que o tipo de ilícito econômico seja substancialmente afetado. Não há qualquer dificuldade em reconhecermos legítima a tutela penal econômica sob o esquema normativo do perigo abstrato em casos particularmente relevantes. Porém, o desvalor do resultado, em hipóteses tais, só é alcançado pelo ilícito típico em se verificando, mediante um juízo *ex ante*, a possibilidade de afetação não insignificante do bem jurídico. Mais uma demonstração, portanto, de que a característica peculiar do direito penal econômico não o incompatibiliza com a matriz principiológica antropocêntrica do direito penal tradicional.

Após comprovarmos que a teoria da norma e do delito econômico, sob a perspectiva *onto-antropológica* que ilumina o nosso percurso, está em sintonia com a raiz liberal do direito penal, vimo-nos diante da necessidade de averiguarmos se, no fim das contas, a sanção penal possui, nos crimes econômicos, um fundamento próprio e diverso das demais formas de criminalidade. Parte da doutrina, observando a condição especial do sujeito ativo ou então as peculiaridades do modo de execução destes delitos, sustenta que a carga de prevenção geral e especial que deve recair sobre a pena estaria apontando para uma fundamentação diferenciada no segmento dos delitos econômicos.

Em nosso sentir, nem o direito penal, tampouco a pena, podem legitimar-se a partir de perspectivas prevencionistas. Buscar-se a intimidação ou a estabilização normativa a partir da imposição de uma sanção ao criminoso traz consigo o inevitável preço da instrumentalização do homem para a obtenção de fins que não lhe dizem respeito. De outro lado, pretender-se impor sanções específicas pedagógicas de modo a corrigir a peculiar condição do autor do delito econômico conduz à moralização do direito penal, à subscrição de um modelo de direito penal do autor. A pena não se sustenta a partir de fins preventivos, notadamente em delitos econômicos, que, com frequência, provocam sentimentos irracionais de "esquerda punitiva" na distribuição do poder punitivo.

Pensamos que o irrestrito respeito pela posição central do homem no sistema jurídico-penal só pode nos autorizar à busca de uma missão retribucionista da pena. Em verdade, neoretribucionista. A pena está focalizada no passado, pois é o instrumento de que dispõe o Estado para reafirmar que a relação do cuidado-de-perigo era um valor hígido ao tempo da violação. É a gravidade da ofensa, em atenção à culpa pessoal, que fundamentará e limitará a pena justa. Posição social privilegiada do autor, requintado modo de execução, motivação egoísta na prática do delito e outros fatores comumente explorados por perspectivas prevencionistas deixam de ter pertinência no sistema de sancionamento do direito penal econômico. Pena grave em retribuição a ofensas graves; penas leves em contrapartida a tênues violações. Inexiste, pois, um fundamento próprio da pena em se tratando de delitos econômicos.

É necessário observar, contudo, que não estamos avaliando, com tal posicionamento, uma concepção agnóstica da pena. O que nos distancia desse modo peculiar de análise do fenômeno penológico é que o *fato da pena*, exatamente porque amalgamado à história da humanidade, não deixa de compensar a irracionalidade de sua distribuição com, queiramos ou não, a racionalidade de sua existência. É exatamente nessa *razão forte* de ver as coisas que radica o fracasso de concepções abolicionistas. E também por isso que, por mais dolorosa que seja a conclusão, a pena desempenha, sim, uma função positiva no meio social. O fato de a humanidade não ter encontrado uma resposta institucional mais adequada que a pena (especialmente, a de prisão) é o diagnóstico fenomenológico de que nossa identidade cultural está irremediavelmente associada a ela. Em momento algum essa conclusão exclui a possibilidade de crítica ao sistema de penas de um modelo jurídico determinado.

É interessante notar o horizonte que se abre a partir desse modo peculiar de encarar o fundamento das consequências jurídicas do delito. Descortina-se um amplo espaço para que a perequetação interna e externa das penas nos delitos econômicos seja submetida à crítica. Se a ordem tributária, *v.g.*, possui um desvalor de afetação unitário frente o ordenamento jurídico, violações de *cuidado-de-perigo* de dimensão fenomenológica semelhante não se podem submeter a sanções penais diversas, ou significativamente diversas. A busca pela pena justa, em atenção ao fim retribucionista, leva-nos ao reconhecimento da inconstitucionalidade, por exemplo, da pena prevista para o delito de apropriação indébita previdenciária (2 a 5 anos – art. 168-A do CP), se comparada com as demais formas de apropriação indébita fiscal (6 meses a 2 anos – art. 2º, II, da Lei nº 8.137/90).

Demais disso, caso atentemos para o fato de que o fundamento das penas criminais orienta-se principalmente pela retribuição justa da violação, ao passo que a eficácia reparatória (em que pese também possa ser perseguida por algumas penas criminais) seja a missão primordialmente assumida por outros ramos do ordenamento jurídico (que eventualmente também impõem sanções com coloração retributiva), então teremos condições de avaliar os casos de mais de uma sanção materialmente buscar retribuir a gravidade do fato, gerando uma punição em cascata, excessiva e desproporcional. Pois, se mais de um ramo do ordenamento jurídico impuser sanções de igual natureza ao mesmo ilícito, então estaremos diante de uma flagrante ofensa ao princípio do *non bis in idem* material.

Por fim, o objetivo neoretribucionista da pena recomenda que a prevenção de sobreposição de sanções (formalmente diversas, porém materialmente idênticas) também se faça acompanhar da distribuição harmônica de processos de natureza diversa que eventualmente se ocupem do mesmo ilícito (*non bis in idem* processual). Trata-se de tema pouco debatido na doutrina e jurisprudência pátrias, que frequentemente lançam mão de uma superficial aproximação com o princípio da independência das instâncias para legitimar a conclusão de que os processos poderiam aceitar decisões contraditórias. Em se tratando de crimes fiscais, a jurisprudência do Supremo Tribunal Federal encaminhou-se para contingenciar a instauração do processo penal à sorte do processo administrativo fiscal (Súmula Vinculante nº 24). Ambas as posturas são, em nosso sentir, equivocadas: o direito penal econômico, por laborar sobre um ilícito qualificado em relação às demais formas jurídicas de proteção, confere uma condição de prejudicialidade ao processo penal em relação a outras formas de procedimento, que teriam de ser sobrestados até que a questão penal fosse dirimida. Essa é uma solução processual que se coaduna com o fundamento neoretribucionista, porquanto a imposição de uma pena criminal poderá revelar desnecessária qualquer outra sanção que possua materialmente o mesmo sentido.

Por todas essas razões, pode-se, agora, definitivamente, reconhecer que a leitura do direito penal econômico sob uma fundamentação *onto-antropológica* é o acertado caminho para que resgatemos a posição central do homem na estrutura jurídico-dogmática da norma, do delito e da pena.

Bibliografia

ABANTO VÁSQUEZ, Manuel A. "El principio de certeza en las leyes penales en blanco: especial referencia a los delitos económicos". In *Revista Peruana de Ciencias Penales*, Lima, fascículo 9, 1999, pp. 13-34.

ACHENBACH, Hans. "Anotaciones sobre la Evolución del Derecho Penal Económico en Alemania". In MIR PUIG, Santiago *et al*. *Estudios de Derecho Penal Económico*. Caracas: Livrosca, 2002, pp. 23-44.

AFTALIÓN, Enrique. "El bien jurídico tutelado por el derecho penal económico". In *RCP*, Santiago de Chile, vol. 25, mayo/ago, 1966, pp. 79-91.

ALBANI, Antonio Pecoraro. "Riserva di Legge – Regolamento Norma Penale in Biano". In *RIDPP*. Milano: Giuffrè, 1959, pp. 762-828.

ALBROW, Martin. *The Global Age: State and Society Beyond Modernity*. Stanford : Stanford University, 1997.

ALFLEN, Pablo Rodrigo. *Leis Penais em Branco e o Direito Penal do Risco*. Rio de Janeiro: Lumen Juris, 2004.

──. *Teoria do Domínio do Fato*. São Paulo: Saraiva, 2014.

AMBOS, Kai. *Lavagem de Dinheiro e Direito Penal*. Trad. por Pablo Alflen da Silva. Porto Alegre: Sergio Fabris, 2007.

ANDERSON, Perry. "Balanço do Neoliberalismo". In SADER, Emir; GENTILI, PABLO. *Pós-neoliberalismo: as Políticas Sociais e o Estado Democrático*. 5. ed. Rio de Janeiro: Paz e Terra, 2000, pp. 9-23.

ANDRADE, Adriana; ROSSETTI, José Paschoal. *Governança Corporativa: Fundamentos, Desenvolvimento e Tendências*. 4. ed. São Paulo: Atlas, 2009.

ANDRADE, João da Costa. "O Erro sobre a proibição e a problemática da legitimação em Direito Penal (Elemento diferenciador entre o Direito Penal Econômico e Direito Penal da Justiça). In FARIA COSTA, José de [org]. *Temas de Direito Penal Económico*. Coimbra: Coimbra, 2005, pp. 9-64.

ANDRADE, Vera Regina. *A Ilusão da Segurança Jurídica*. Porto Alegre: Livraria do Advogado, 1997.

ANDRADE FILHO, Edmar Oliveira. *Direito Penal Tributário*. 3. ed. São Paulo: Atlas, 2001.

ARÁNGUEZ SÁNCHEZ, Carlos. *El delito de blanqueo de capitales*. Madrid: Marcial Pons, 2000.

ARAÚJO JÚNIOR, João Marcello. *Dos Crimes contra a Ordem Econômica*. São Paulo: RT, 1995.

ARROYO ZAPATERO, Luis. "Principio de legalidad y reserva de ley en materia penal". In *Revista Española de Derecho Constitucional*. Madrid: CEPC, mayo/agosto de 1983, n° 8, pp. 19-20.

──. "Derecho penal económico y constitución". In *Revista Penal*, Barcelona: Praxis, vol. 1, ene./1998, pp. 1-15.

ARZÚA, Enrique Cury. "Contribución al Estudio de las Leyes Penales en Blanco". In *Derecho Penal y Criminologia*, Universidad Externado de Colombia, 1978, n° 4, vol. I, pp. 7-26.

ASCENSÃO, José de Oliveira. "Sociedade da Informação e Mundo Globalizado". In *Globalização e Direito*. Boletim da Faculdade de Direito, Universidade de Coimbra: Coimbra, 2003, pp. 163-179.

BACIGALUPO, Enrique. *Derecho Penal. Parte General*. 2. ed. Buenos Aires: Hammurabi, 1999.

——. "Hacia un Derecho Penal Economico de la Union Europea". In BACIGALUPO, Enrique [org]. *Derecho Penal Económico*. Buenos Aires: Hammurabi, 2005, pp. 503-521.

——. "La posición de garante en el ejercicio de funciones de vigilancia en el ámbito empresarial". In BACIGALUPO, Enrique [org]. *Curso de Derecho Penal Económico*. 2. ed. Madrid: Marcial Pons, 2005, pp. 177-201.

——. *Compliance y Derecho Penal*. Navarra: Arazandi, 2011, p. 41.

BACIGALUPO, Silvina. "Cuestiones específicas de la participación en derecho penal económico". In *Más Derecho:Revista de Ciencias Jurídicas*. Buenos Aires, fascículo 2, 2001, pp. 145-158.

BADARÓ, Gustavo Henrique; BOTTINI, Pierpaolo Cruz. *Lavagem de Dinheiro – Aspectos Penais e Processuais Penais*. São Paulo: RT, 2012.

BAJO FERNÁNDEZ, Miguel. "El Derecho Penal Económico. Un Estudio de Derecho Positivo Español". In *Anuario de Derecho Penal y Ciencias Penales*. Madrid, vol. 26, fasc. 1, ene-abr/1973, pp. 91-139.

——. "Derecho penal economico: desarollo economico, proteccion penal y cuestiones politico--criminales". In *EMF*, Madrid, fascículo 1, 1994, pp. 823-842.

——. "Concepto y Contenido del Derecho Penal Económico". In MIR PUIG, Santiago *et al*. *Estudios de Derecho Penal Económico*. Caracas: Livrosca, 2002, pp. 3-21.

——. "La Delincuencia Económica desde el Punto de Vista Criminológico". In VV. AA. *Nuevas Tendencias del Derecho Penal Económico y de la Empresa*. Lima: Ara, 2005, pp. 21-55.

——; BACIGALUPO, Silvina. *Delitos Tributarios y Previsionales*. Buenos Aires: Hammurabi, 2000.

——; ——. *Derecho Penal Económico*. Madrid: Centro de Estudos Ramón Areces, 2001.

BALDAN, Édson Luís. *Fundamentos do Direito Penal Econômico*. Curitiba: Juruá, 2005.

BALTAZAR JÚNIOR, José Paulo. *Crimes Federais*. 3. ed. Porto Alegre: Livraria do Advogado, 2008.

BARATTA, Alessandro. *Criminologia Crítica e Crítica do Direito Penal*. 2. ed. Rio de Janeiro: Freitas Bastos, 1999.

BARJA DE QUIROGA, Jacobo López. "El Abuso de Información Privilegiada". In BACIGALUPO, Enrique [org]. *Curso de Derecho Penal Económico*. 2. ed. Madrid/Barcelona: Marcial Pons, 2005, pp. 335-368.

BARROS, Marco Antônio de. *Lavagem de Dinheiro*. São Paulo: Oliveira Mendes, 1998.

BATTAGLINI, Giulio. "Il Luogo e il Tempo del Comesso Reato". In *Rivista Italiana di Diritto Penale*. Padova: CEDAM, 1929, pp. 805-810.

BAUDRILLARD, Jean. *A Ilusão do Fim ou a Greve dos Acontecimentos*. Trad. por Manuela Torres. Lisboa: Terramar, 1992.

BAUMAN, Zygmunt. *O Mal-Estar da Pós-Modernidade*. Trad. por Mauro Gama e Cláudia Gama. Rio de Janeiro: Jorge Zahar, 1998.

——. *Globalização: as Consequências Humanas*. Trad. por Marcus Penchel. Rio de Janeiro: Jorge Zahar, 1999.

——. *Modernidade Líquida*. Trad. por Plínio Dentzien. Rio de Janeiro: Jorge Zahar, 2001.

BAUMER, Franklin. *O Pensamento Europeu Moderno*. Trad. por Maria Alberty. Lisboa: Edições 70, 1977, vol. I (séculos XVII e XVIII).

——. *O Pensamento Europeu Moderno*. Trad. por Maria Alberty. Lisboa: Edições 70, 1977, vol. II (séculos XIX e XX).

BECCARIA, Cesare. *Dos Delitos e das Penas*. Trad. por Lucia Guidicini e Alessandro Berti Contessa. 2. ed. São Paulo: Martins Fontes, 1997.

BECK, Francis. A Criminalidade de Colarinho Branco e a Necessária Investigação Contemporânea a Partir do Brasil: uma (Re)Leitura do Discurso da Impunidade quanto aos Delitos do "andar de cima". São Leopoldo: Unisinos, 2013, imp.

Beck, Ulrich. "Viver a própria vida num mundo em fuga". In Hutton, Will; Giddens, Anthony [org]. *No Limite da Racionalidade: convivendo com o capitalismo global*. Rio de Janeiro/São Paulo: Record, 2004, pp. 235-248.

Beleza, Teresa Pizarro; Costa Pinto, Frederico de Lacerda da. *O Regime Legal do Erro e as Normas Penais em Branco*. Coimbra: Almedina, 2001.

Beling, Ernst Von. *Esquema de Derecho Penal. La Doctrina del Delito-Tipo*. Trad. por Sebastián Soler. Buenos Aires: El Foro, 2002.

Bentham, Jeremy. *Uma Introdução aos Princípios da Moral e da Legislação*. [s.t.] São Paulo: Abril Cultural, 1974.

Bergalli, Roberto. "Criminología del 'White-Collar Crime': forma-estado y processo de concentración económica". In: *EPC*, Santiago de Compostella: USC, 1984, VII, pp. 27-69

——. "Criminalidad económico-social: una digresión sobre la tropología del discurso jurídico-penal". In *ADPCP*, Madrid, vol. 39, ene./abr., 1986, pp. 59-73.

Bergson, Henri. *A Evolução criadora*. [s.t.] Rio de Janeiro: Delta, 1964.

Bermejo, Mateo G.; Palermo, Omar. "La intervención delictiva del *compliance officer*". In Kuhlen, Lothar *et al*. [org]. *Compliance y Teoría del Derecho Penal*. Madrid: Marcial Pons, 2013, pp. 171-205.

Bernasconi, Costanza. "L'Influenza del Diritto Comunitario sulle Tecniche di Costruzione della Fattispecie Penale". In *L'Indice Penale*. Padova: CEDAM, 1996, pp. 451-473.

Bernstein, Peter L. *Desafio aos Deuses e a Fascinante História do Risco*. Trad. por Ivo Koritowski. Rio de Janeiro: Campus, 1997.

Bhabha, Homi K. *O Local da Cultura*. Trad. por Myriam Ávila. Belo Horizonte: UFMG, 2005.

Bitencourt, Cezar Roberto. *Tratado de Direito Penal*. 11. ed. São Paulo: Saraiva, 2007, vol. 1.

——; Breda, Juliano. Crimes contra o Sistema Financeiro Nacional & contra o Mercado de Capitais. Rio de Janeiro: Lumen Juris, 2010.

Blanchard, Olivier. *Macroeconomia*. 5. ed. Trad. por Luciana do Amaral Teixeira. São Paulo: Pearson, 2011.

Blanco Cordero, Isidoro. *El Delito de Blanqueo de Capitales*. 2. ed. Pamplona: Aranzadi, 2002.

Böckenförde, Ernst-Wolfgang. *Escritos sobre Derechos Fundamentales*. Trad. por Juan Luis Requejo Pagés y Ignacio Menéndez. Baden-Baden: Nomos Verlagsgesellschaft, 1993.

Bonfim, Marcia Monassi Mougenot; Bonfim, Edilson Mougenot. *Lavagem de Dinheiro*. São Paulo: Malheiros, 2005.

Borinsky, Mariano. *Derecho Penal Económico y de la Empresa*. Buenos Aires: Ad Hoc, 2004.

Branson, William H. *Macroeconomia: Teoria e Prática*. 2. ed. Trad. Por Helena Patacão. Lisboa: Calouste Gulbenkian, 2001.

Bricola, Franco. La Discrezionalità nel Diritto Penale (Nozione e Aspetti Costituzionali). Milano: Giuffrè, 1965, vol. 1.

——. "Rapporti tra dommatica e politica criminale". In *RIDPP*, Milano: Giuffrè, 1988, vol. 31, pp. 3-35.

——. "Il diritto penale del mercato finanziario". In AA.VV., *Mercato Finanziario e Disciplina Penale*. Milano: Giuffrè, 1993.

——. "Teoria Generale del Reato". In *Scritti di Diritto Penale*. Milano: Giuffrè, 1997, vol. I, pp. 541-807.

Busato, Paulo César. *Direito Penal*. São Paulo: Atlas, 2013.

Bustos Ramírez, Juan J.; Hormazábal Malarèe, Hernán. *Lecciones de Derecho Penal*. Madrid: Trotta, 1997, vol. 1.

Cabral de Moncada, Luís S. *Direito Econômico*. 5. ed. Coimbra: Coimbra, 2007.

Cadenas Cortina, Cristina. "Problemas de la penalidad en los delitos de receptación y blanqueo de dinero". In: *Cuadernos de Política Criminal*, n. 56, 1995. 373-403.

CAEIRO, Pedro. Sobre a Natureza dos Crimes Falimentares (O patrimônio, a falência, a sua incriminação e a reforma dela). Coimbra: Coimbra, 2003.

——. "A Consunção do Branqueamento pelo Facto Precedente". In *Boletim da Faculdade de Direito da Universidade de Coimbra*, Coimbra, nº 100, pp. 187-222.

——. Fundamento, Conteúdo e Limites da Jurisdição Penal do Estado – O caso Português. Wolters/Coimbra: Coimbra, 2010.

CALABRIA, Arianna. "Delitti Naturalli, Delitti Artificiali ed Ignoranza della Legge Penale". In *L'Indice Penale*. Padova: CEDAM, 1991, pp. 35-66.

CALDAS, Luís Felipe. "Território e Espaço em Direito Penal Económico – Novos temas e Novos Azimutes". In FARIA COSTA, José de [org]. *Temas de Direito Penal Económico*. Coimbra: Coimbra, 2005, pp. 65-145.

CALLEGARI, André Luís; WEBER, Ariel Barazzetti. *Lavagem de Dinheiro*. São Paulo: Atlas, 2014.

CANARIS, Claus-Wilhelm. *Direitos Fundamentais e Direitos Privado*. Trad. por Ingo Wolfgang Sarlet e Paulo Mota Pinto. Coimbra: Almedina, 2003.

CANAS, Vitalino. O Crime de Branqueamento: Regime de Prevenção e de Repressão. Coimbra: Almedina, 2004.

CANCLINI, Néstor García. *Culturas Híbridas*. Trad. por Ana Regina Lessa e Heloísa Pezza Cintrão. São Paulo: EDUSP, 1998.

CANEVACCI, Massimo. *Sincretismos. Uma Exploração das Hibridações Culturais*. Trad. por Roberta Barni. São Paulo: Nobel, 1996.

CANOTILHO, José Joaquim Gomes. Constituição Dirigente e Vinculação do Legislador: contributo para a compreensão das normas constitucionais programáticas. 2. ed. Coimbra: Coimbra, 2001.

CAPRASECCA, Valentina. "La responsabilità dei vertici del gruppo per i reati comessi nelle società controllate". In SIRACUSANO, Plácido [org]. *Scritti di Diritto Penale Dell'Economia*. Torino: Giappichelli, 2007.

CARO CORIA, Dino Carlos. "El principio de ne bis in idem em la jurisprudencia del Tribunal Constitucional". In <www.juridicas.unam.mx>.

CARVALHO, Salo de. Penas e Medidas de Segurança no Direito Penal Brasileiro. São Paulo: Saraiva, 2013.

——. *Antimanual de Criminologia*. 5. ed. São Paulo: Saraiva, 2013.

CASSESE, Sabino. *La Nuova Costituizone Economica*. Roma: Laterza, 2001.

CASTANHEIRA NEVES, António. "A unidade do sistema jurídico: o seu problema e o seu sentido". In *Estudos em Homenagem ao Prof. Dr. J. J. Teixeira Ribeiro*. Coimbra: Coimbra, 1979, pp. 73-184.

——. *Metodologia Jurídica – Problemas Fundamentais*. Coimbra: Boletim da Faculdade de Direito, 1993.

——. "Entre o Legislador, a Sociedade e o Juiz ou entre Sistema, Função e Problema – Modelos Actualmente Alternativos da Realização do Direito". In: SILVA, Luciano Nascimento [org]. *Estudos Jurídicos de Coimbra*. Curitiba: Juruá, 2007, pp. 229-268.

CASTELLS, Manuel. *A Sociedade em Rede*. 5. ed. Trad. Por Roneide Venancio Majer. São Paulo: Paz e Terra, 2001.

——. "Tecnologia da Informação e Capitalismo Global". In HUTTON, Will; GIDDENS, Anthony [org]. *No Limite da Racionalidade: convivendo com o capitalismo global*. Rio de Janeiro/São Paulo: Record, 2004, pp. 81-111.

CASTILHO, Ela Wiecko V. de. O Controle Penal nos Crimes contra o Sistema Financeiro Nacional. Belo Horizonte: Del Rey, 1998.

CERQUA, Luigi Domenico. "L'Abolizione del Principio di *Ultrattività* delle Disposizioni Penali Finanziarie e l'Eredità dei *Vecchi* Reati Tributari". In *RTDPE*. Padova: CEDAM, ano XIII, n. 4, ott-dic/2000, pp. 809-870.

CERVINI, Raúl. "Derecho penal económico: concepto y bien jurídico". In *RBCC*, São Paulo: RT, vol. 11, abr./jun., 2003, pp. 81-108.

——; Adriasola, Gabriel. *El Derecho Penal de la Empresa*. Buenos Aires/Montevideo: B de F, 2005.

——; Tavares, Juarez. *Princípios de Cooperação Judicial Penal Internacional no Protocolo do Mercosul.*. São Paulo: RT, 2000.

Cobo del Rosal, M.; Vives Anton, T. S.. *Derecho Penal. Parte General*. 4. ed. Valencia: Tirant to Blanch, 1996.

Coca Vila, Ivo. "La posición jurídica del abogado: entre la confidencialidad y los deberes positivos". In Silva Sánchez, Jesús-María [org]. *Criminalidad de Empresa y Compliance – Prevención y Reacciones Corporativas*. Barcelona: Atelier, 2013, pp. 287-318.

Cooter, Robert; Ulen, Thomaz. *Direito e Economia*. 5. ed. Trad. por Luis Marcos Sander. Porto Alegre: Bookman, 2010.

Correia, Eduardo. "Notas Críticas à Penalização de Actividades Económicas". In *Direito Penal Económico*. Coimbra: Centro de Estudos Judiciários, 1985, pp. 9-23.

——. "Direito Penal e Direito de Mera Ordenação Social". In *Direito Penal Económico e Europeu: Problemas Especiais*. Coimbra: Coimbra/IDPEE/FD-UC, 1998, vol. I, pp. 3-18.

——. *Direito Criminal*. Coimbra: Almedina, 2004, vol. I.

Corsetti, Michelangelo Cervi. *Insider Trading – Informação Privilegiada – O Uso Indevido no Mercado de Capitais*. Curitiba: Juruá Editora, 2013.

Costa, Cláudio. *Crimes de Sonegação Fiscal*. Rio de Janeiro: Revan, 2003.

Costa, Renata Almeida da. *A Sociedade Complexa e o Crime Organizado: a Contemporaneidade e o Risco nas Organizações Criminosas*. Rio de Janeiro: Lumen Juris, 2004.

Costa Andrade, Manuel da. "A 'Dignidade Penal' e a 'Carência de Tutela Penal' como Referência de uma Doutrina Teleológico-Racional do Crime". In *RPCC*, Coimbra, abr-jun/1992, ano 2, fasc. 2, pp. 173-205.

——. "Merecimento de Pena y Necesidad de Tutela Penal como Referencias de una Doctrina Teleológico-Racional del Delito". In Silva Sánchez, Jesús María [org]. *Fundamentos de un Sistema Europeu des Derecho Penal (Libro-Homenaje a Claus Roxin)*. Barcelona: Bosch, 1995, pp. 153-180.

Costa Júnior, Paulo José da. *Comentários ao Código Penal*. São Paulo : Saraiva, 1993, vol. 1.

Cruz, Flávio Antônio da. "Provocações sobre a interpretação das fontes do Direito Penal Econômico". In Silva Franco, Alberto; Lira, Rafael. *Direito Penal Econômico – Questões Atuais*. São Paulo: RT, 2011, pp. 71-135.

Cunha, José Manuel Damião da. "Algumas reflexões críticas sobre a omissão imprópria no sistema penal português". In: Andrade, Manuel da Costa. *Liber discipulorum para Jorge de Figueiredo Dias*. Coimbra: Coimbra, 2003, pp. 481-539.

Dahrendorf, Ralf. *Reflexões sobre a Revolução na Europa*. Lisboa: Gradiva, 1993.

——. *Quadrare il Cerchio: Benessere Economico, Coesione Sociale e Libertà Politica*. Trad. por Rodolfo Rini. 12. ed. Roma-Bari: Laterza, 2003.

Dalton, George. *Sistemas Econômicos e Sociedade: Capitalismo, Comunismo e Terceiro Mundo*. Trad. por José Fernandes Dias. Rio de Janeiro: Jorge Zahar, 1974.

D'Ávila, Fabio Roberto. *Ofensividade e Crimes Omissivos Próprios – Contributo à Compreensão do Crime como Ofensa ao Bem Jurídico*. Coimbra: Coimbra, 2005.

——. "Ontologismo e Ilícito Penal. Algumas Linhas para uma Fundamentação Onto-Antropológica do Direito Penal". Schmidt, Andrei Zenkner [org]. *Novos Rumos do Direito Penal Contemporâneo*. Rio de Janeiro: Lumen Juris, 2007, pp. 259-267.

——. *Ofensividade em Direito Penal. Escritos sobre a Teoria do Crime como Ofensa a Bens Jurídicos*. Porto Alegre: Livraria do Advogado, 2009.

——. "Aproximações à Teoria da Exclusiva Proteção de Bens Jurídicos no Direito Penal Contemporâneo". In *RBCC*, São Paulo: RT, 2009, n° 80, pp. 07-34.

De Carli, Carla Veríssimo. *Lavagem de Dinheiro – Ideologia da Criminalização e Análise do Discurso*. 2. ed. Porto Alegre: Verbo Jurídico, 2012.

DE LEON, Maurício Pepe. "Condução das Investigações Internas sob o Ponto de Vista Trabalhista". In DEL DEBBIO, Alessandra [org], et al. *Temas de Anticorrupção e Compliance*. Rio de Janeiro: Elsevier, 2013, pp. 303-316.

DE LEÓN VILLALBA, Francisco Javier. *Acumulación de Sanciones Penales y Administrativas*. Barcelona: Bosch, 1998.

DELMAS-MARTY, Mireille. "I problemi giuridici e pratici posti dalla distinzione tra diritto penale e diritto amministrativo penale". In *RIDPP*, Milano, Giufré, 1987, vol. 30, pp. 731-776.

——. "Différenciation des systèmes juridiques de sanctions à dominante pénale ou administrative". In *RIDP*, Paris: Érès, 1998, n° 1-2, pp. 23-39.

——. *Os Grandes Sistemas de Política Criminal*. Trad. por Denise Vieira. Barueri : Manole, 2004.

DEMURO, Gian Paolo. "Tipicità e Offensa del Bene Giuridico nelle Fattispecie Proprie del Diritto Penale dell'Economia". In *RTDPE*. Padova: CEDAM, ano XI, n. 4, ott-dic/1998, pp. 815-850.

DENT JR, Harry. *A Próxima Grande Depressão*. Trad. por Afonso Celso da Cunha. Rio de Janeiro: Campus, 2009.

DI CHIARA, Giuseppe. "Interessi Colettivi e Diffusi e Tecniche di Tutela nell'Orizzonte del Codice del 1988". In *RIDPP*. Milano: Giuffrè, 1991, pp. 426-447.

DI PLINIO, Giampiero. *Diritto Pubblico dell'Economia*. Milano: Giuffrè, 1998.

DÍAZ BARRADO, Cástor Miguel [org]. *Perspectivas sobre las relaciones entre la Unión Europea y América Latina*. Madrid: Boletin Oficial del Estado, 2008.

DÍAZ CASERO, J. C.; URBANO PULIDO, D; HERNÁNDEZ MOGOLLÓN, R. "Teoría Económica Institucional y Creación de Empresas". In *Investigaciones Europeas de Dirección y Economía de la Empresa*, vol. 11, n° 3, 2005, pp. 209-230.

DÍEZ RIPOLLÉS, José Luis. "Il Diritto Penale Simbolico e gli Effetti della Pena". In STORTONI, Luigi; FOFFANI, Luigi. *Critica e Giustificazione del Diritto Penale nel Cambio di Secolo*. Milano: Giuffrè, 2004, pp. 149-182.

——. "La responsabilidad penal de las personas jurídicas. Regulación española". In *Revista para el Análisis del Derecho* (InDret), disponível em www.indret.com.

DOLCINI, Emilio. "Sui Rapporti fra Tecnica Sanzionatoria Penale e Amministrativa". In *RIDPP*, Milano: Giuffrè, 1987, pp.777-797.

——. "Leggi Penali *Ad Personam*, Riservi di Legge e Principio Costituzionale di Eguaglianza". In: *RIDPP*. Milano: Giuffrè, ano XLVII, fasc. 1, genn-mar/2004, pp. 50-70.

——; PALIERO, Carlo Enrico. "Il Diritto Penale Bancario: Itinerari di Diritto Comparato (I Parte)". In *RIDPP*, Milano: Giuffrè, 1989, 940-989;

——; ——. "Il Diritto Penale Bancario: Itinerari di Diritto Comparato (II Parte)". In *RIDPP*, Milano: Giuffrè, 1989, 1313-1384.

DONÀ, Bagriele; WILMA, Viscardini. La tutela penale e amministrativa degli operatori economici e gli interessi finanziari dell'Unione Europea. Padova: CEDAM, 2000.

DONINI, Massimo. "Dolo e Prevenzione Generale nei Reati Economici: un Contributo all'Analisi dei Rapporti fra Errore di Diritto e Analogia nei Reati in Contesto Lecito di Base". In *RTDPE*, Padova: CEDAM, genn-giu/1999, n. 1-2, pp. 1-63.

——. "L'Armonizazione del Diritto Penale nel Contesto Globale". In *RTDPE*. Padova: CEDAM, ano XV, n. 3, lug-sett/2002, pp. 477-499

DOVAL PAIS, Antonio. Posibilidades y Límites para la Reformulación de las Normas Penales. El Caso de las Leyes en Blanco. Valencia: Tirand lo Blanch, 1999, pp. 47-94.

ESER, Albin. "Sobre a mais Recente Evolução do Direito Penal Económico Alemão". In: *Revista Portuguesa de Ciência Criminal*. Coimbra: Coimbra, out-dez/2002, ano 12, n° 4, pp. 531-547.

EISELE, Andreas. *Crimes contra a Ordem Tributária*. 2. ed. São Paulo: Dialética, 2002.

ESTELLITA, Heloisa. *Criminalidade de Empresa, Quadrilha e Organização Criminosa*. Porto Alegre: Livraria do Advogado, 2009.

FARIA, José Eduardo. *O Direito na Economia Globalizada*. São Paulo: Malheiros, 2004.

——; KUNTZ, Rolf. Qual o Futuro dos Direitos? Estado, mercado e justiça na reestruturação capitalista. São Paulo: Max Limonad, 2002.

FARIA COSTA, José de. "O direito penal económico e as causas implícitas de exclusão da ilicitude". In VV. AA. *Direito Penal Económico*. Centro de Estudos Judiciários: Coimbra, 1985, pp. 43-67.

——. *O Perigo em Direito Penal*. Coimbra: Coimbra, 1992.

——. Tentativa e Dolo Eventual (ou da Relevância da Negação em Direito Penal). Coimbra: Coimbra, 1995.

——. "O Branqueamento de Capitais (Algumas Reflexões à luz do Direito Penal e da Política Criminal)". In: *Boletim da Faculdade de Direito* [Separata], Coimbra, vol. LXVIII, 1999, pp. 59-86.

——. "O Direito Penal e o Tempo (Algumas Reflexões dentro do nosso Tempo e em Redor da Prescrição)". In: *Revista Xurídica da Universidade de Santiago de Compostela*, vol. 11, n° 1, 2002, pp. 109-132.

——. "Construção e Interpretação do Tipo Legal de Crime à Luz do Princípio da Legalidade: Duas Questões ou um só Problema?" In: *Revista de Legislação e de Jurisprudência*, Coimbra, ano 134°, n° 3933, 2002, pp. 354-366.

——. "Ilícito-típico, resultado e hermenêutica (ou o retorno à limpidez do essencial)". In *RPCC*. Coimbra: Coimbra, 2002, ano 12, pp. 7-23.

——. *Direito Penal Económico*. Coimbra: Quarteto, 2003.

——. "A Globalização e o Direito Penal (ou o Tributo da Consonância ao Elogio da Incompletude)". In *Globalização e Direito*. Boletim da Faculdade de Direito, Universidade de Coimbra: Coimbra, 2003, pp. 181-190.

——. Direito Penal Especial. Contributo a uma sistematização dos problemas "especiais" da Parte Especial. Coimbra: Coimbra, 2004.

——. "O Direito, a fragmentariedade e o nosso tempo". In *Linhas de Direito Penal e de Filosofia: Alguns Cruzamentos Reflexivos*. Coimbra: Coimbra, 2005.

——. "Uma ponte entre o direito penal e a filosofia penal: lugar de encontro sobre o sentido da pena". In *Linhas de direito penal e de filosofia: alguns cruzamentos reflexivos*. Coimbra: Coimbra, 2005, pp.205-235.

——. Noções Fundamentais de Direito Penal (Fragmenta iuris poenalis). Introdução. Coimbra: Coimbra, 2007.

——. "O direito penal, a linguagem e o mundo globalizado. Babel ou esperanto universal?" In D'AVILA, Fabio Roberto [org]. *Direito Penal e Polícia Criminal no Terceiro Milênio: Perspectivas e Tendências*. Porto Alegre: PUCRS, 2011, pp. 11-24.

——; COSTA ANDRADE, Manuel. "Sobre a Concepção e os Princípios do Direito Penal Económico". In *Direito Penal Económico e Europeu: Problemas Gerais*. Coimbra: Coimbra/IDPEE/FD-UC, 1998, vol. 1, pp. 347-364.

——; RAMOS, Maria Elisabete. O Crime de Abuso de Informação Privilegiada (*Insider Trading*). A Informação Enquanto Problema Jurídico-penal. Coimbra: Coimbra, 2006.

FARJAT, Gérard. *Droit Économique*. Paris: Presses Universitaires de France, 1971.

FEIJOO SANCHEZ, Bernardo. Resultado Lesivo e Imprudencia: Estudios sobre los Límites de la Responsabilidad Penal por Imprudencia y el Criterio del Fin de Protección de la Norma de Cuidado. Barcelona: Bosch, 2001.

——. *Cuestiones de Derecho Penal Económico*. Buenos Aires/Montevideo: B de F, 2009.

FERREIRA, Roberto dos Santos. *Crimes contra a Ordem Tributária*. 2. ed. São Paulo: Malheiros, 2002.

FERREIRA DA CUNHA, Maria da Conceição. *Constituição e Crime: Uma Perspectiva da Criminalização e da Descriminalização*. Porto: Universidade Católica Portuguesa, 1995.

FERRERES, Víctor. El principio de taxatividad en materia penal y el valor normativo de la jurisprudencia : una perspectiva constitucional. Madrid: Civitas, 2002.

FEATHERSTONE, Mike. *Cultura de Consumo e Pós-modernismo*. Trad. por Julio Assis Simões. São Paulo: Nobel, 1995.

―――. "Cultura Global: introdução". In: FEATHERSTONE, Mike [org.]. *Cultura Global. Nacionalismo, Globalização e Modernidade*. 2. ed. Trad. por Attílio Brumetta. Petrópolis: Vozes, 1998, pp. 7-21.

FELDENS, Luciano. "Gestão fraudulenta e temerária de instituição financeira: contornos identificadores do tipo". In: VILARDI, Celso *et al.* [org]. *Crimes Financeiros e Correlatos*. São Paulo: Saraiva/FGV, 2011, pp. 81-113.

FERRAJOLI, Luigi. *Derecho y Razón: Teoría del Garantismo Penal*. 3. ed. Trad. por Perfecto Ibáñez, Alfonso Ruiz Miguel *et al.* Madrid : Trotta, 1998.

―――. *La Sovranità nel Mondo Moderno*. Roma-Bari: Laterza, 1997.

FIADINO, Angelo. "La Nuova Normativa Antiriciclaggio". In *IP*, Padova: CEDAM, 1998, pp. 101-143.

FIALDINI, Filipe. "Inclusão punitiva: reflexões sobre a tentativa de promover justiça social por meio do Direito Penal Econômico". In SILVA FRANCO, Alberto; LIRA, Rafael. *Direito Penal Econômico – Questões Atuais*. São Paulo: RT, 2011, pp. 11-40.

FIANDACA, Giovanni; MUSCO, Enzo. *Diritto Penale. Parte Generale*. 3. ed. Bologna: Zanichelli, 1995.

FIGUEIREDO DIAS, Jorge de. "Breves considerações sobre o fundamento, o sentido e a aplicação das penas em direito penal económico". In VV. AA. *Direito Penal Económico*. Coimbra: Centro de Estudos Judiciários, 1985, pp. 25-42.

―――. "Sobre a Autonomia Dogmática do Direito Penal Económico. Uma Reflexão à Luz do Novo Direito Penal Económico Português". In: *EPC*, Santiago de Compostella: USC, 1986, IX, pp. 37-69.

―――. *Temas Básicos da Doutrina Penal*. Coimbra: Coimbra, 1997.

―――. "Fundamento, Sentido e Finalidades da Pena Criminal". In *Temas Básicos da Doutrina Penal*. Coimbra: Coimbra, 2001, pp. 65-111.

―――. *Direito Penal Português – As Consequências Jurídicas do Crime*. Coimbra: Coimbra, 2005.

―――. *Direito Penal. Parte Geral*. 2. ed. Coimbra: Coimbra, 2007.

―――; COSTA ANDRADE, Manuel da. "Problemas de Especulação e Sucessão de Leis no Contexto dos Regimes de Preços Controlados e Declarados". In *Revista de Direito e Economia*. Coimbra, 1980/1981, nº 6-7, pp. 303-329.

―――; ―――. *Criminologia: o Homem Delinqüente e a Sociedade Criminógena*. 2 reimp. Coimbra: Coimbra, 1997.

―――; ―――. "O crime de Fraude Fiscal no Novo Direito Penal Tributário Português: Considerações sobre a Factualidade Típica e o Concurso de Infracções". In *Direito Penal Económico e Europeu: Problemas Especiais*. Coimbra: Coimbra/IDPEE/FD-UC, 1999, vol. II, pp. 411-438.

FIORAVANTI, Maurizio. *Los Derechos Fundamentales. Apuntes de Historia de las Constituciones*. 3. ed. Trad. por Manuel Martínez Neira. Madrid: Trotta, 2000.

FIORELLA, Antonio. "Reato in Generale". In *ED*, Milano: Giuffrè, vol. XXXVIII, 1987, pp. 793-822.

FIORE, Carlo. "Il Principio di Offensività". In *L'Indice Penale*. Padova: CEDAM, 1995, pp. 275-288.

FOFFANI, Luigi. "Legislazione *Antitrust* e Disciplina delle Partecipazioni al Capitale di Enti Creditizi: Profili Penalistici". In: *RIDPP*, Milano: Giuffrè, ano XXXIV, 1991, pp. 870-922.

FRAGOSO, Heleno Cláudio. *Lições de Direito Penal*. 2. ed. São Paulo: Bushatsky, vol. 2, 1962.

FRIEDMAN, Milton. *Inflação: suas causas e consequencias*. Trad. por Lucy Marques. Rio de Janeiro: Expressão e Cultura, 1969.

FULGENCIO, Madrid Conesa. *La Legalidad del delito*. Valencia: Universidad de Valencia, 1983.

GALBRAITH, John Kennet. *American Capitalism. The Concept of Countervailing Power*. 2. ed. Boston: Houghton Mifflin, 1956.

―――. *O Colapso da Bolsa, 1929*. Trad. por Oswaldo Chiquetto. São Paulo: Pioneira, 1988.

GALA, Paulo. "A teoria institucional de Douglass North". In *Revista de Economia Política*, vol. 23, abril-junho/2003, pp. 89-105.

GALLO, Marcello. "Consideraciones sobre los delitos de peligro". In VV.AA. *Problemas Actuales de las Ciencias Penales y la Filosofia del Derecho*. Buenos Aires: Pannedille, 1970, p. 653-661.

GARCÍA ALBERO, Ramón. "Non bis in idem" Material y Concurso de Leyes Penales. Barcelona: Cedecs, 1995.

GARCIA ARÁN, Mercedes. "Remissiones Normativas, Leyes Penales em Blanco y Estructura de la Norma Penal". In: *Estudios Penales y Criminológicos*. Santiago de Compostella: USC, 1993, XVI, pp. 63-103.

GARCÍA CAVERO, Percy. *Derecho Penal Econômico. Parte General*. 2. ed. Lima: Grijley, 2007.

——. *Criminal Compliance*. Lima: Palestra, 2014.

GARCÍA PALAYO, Manuel. "Consideraciones sobre las cláusulas económicas de la Constitución". In RAMÍREZ, Manuel [org]. *Estudios sobre la Constitución Económica de 1978*. Zaragoza: Pórtico, 1979.

GAUER, Ruth Maria Chittó. "Modernidade, Direito Penal e Conservadorismo Judicial". In SCHMIDT, Andrei Zenkner [org]. *Novos Rumos do Direito Penal Contemporâneo*. Rio de Janeiro: Lumen Juris, 2006, pp. 597-609.

GIANNINI, Massimo Severo. *Diritto Pubblico Dell'Economia*. Bologna : Il Mulino, 1977.

GICO JR., Ivo T. "Metodologia e Epistemologia da Análise Econômica do Direito". In *Economic Analysis of Law Review*. Brasília: ABDE/Universidade Católica de Brasília/Universa, 2010, vol. 1, n. 1, pp. 7-33.

GIAVAZZI, Stefania. "La Responsabilità Penale delle Persone Giuridiche: Dieci Anni di Esperienza Francese". In: *RTDPE*. Padova: CEDAM, ano XVIII, n. 4, ott-dic/2005, pp. 857-907.

GIDDENS, Anthony. *A Terceira Via e seus Críticos*. Trad. por Ryta Vinagre. Rio de Janeiro/São Paulo: Record, 2001.

——. *Sociologia*. 4. ed. Trad. por Sandra Regina Netz. Porto Alegre: Artmed, 2005.

——. *O Mundo em Descontrole. O que a globalização está fazendo de nós*. Trad. por Maria Luiza de A. Borges. 4. ed. Rio de Janeiro: Record, 2005.

GIUNTA, Fausto. *Lineamenti di Diritto Penale dell'Economia*. 2. ed. Torino: G. Giappichelli, 2004.

GLASSNER, Barry. *A Cultura do Medo*. Trad. por Laura Knapp. São Paulo : W 11, 2003.

GOMES, Orlando; VARELA, Antunes. *Direito Econômico*. São Paulo: Saraiva, 1997.

GÓMEZ-ALLER, Jacobo Dopico. "Posición de garante del *compliance officer* por infracción del 'deber de control': una aproximación tópica". In ARROYO ZAPATERO, Luis; NIETO MARTÍN, Adán [org]. *El Derecho Penal Econômico en la era Compliance*. Valencia: Tirand lo Blanch, 2013, pp. 165-189.

GÓMEZ GUILLAMÓN, Rogelio. "Delitos Monetarios. La Sentencia del TJCEE de 23 de Febrero de 1995". In *Revista del Ministerio Fiscal*. Madrid, jul-dec/1995, n° 2, pp. 287-299.

GÓMEZ-JARA DÍEZ, Carlos. "Autoorganización empresarial y autorresponsabilidad empresarial: hacia una verdadera responsabilidad penal de las empresas". In *Revista de Estudos Criminais*. Porto Alegre: Notadez, out-dez/2005, n° 20, pp. 57-82.

——. "Teoría de sistemas, ciudadanía corporativa y responsabilidad penal de las empresas". In BAJO FERNÁNDEZ, Miguel [org]. *Constitución Europea y Derecho Penal Económico – Mesas Redondas Derecho y Economía*. Madrid: Ramón Areces, 2006, pp. 158-169.

——. "El criterio de los honorarios profisionales *bona fides* como barrera del abogado defensor frente al delito blanqueo de capitales: un apunte introductorio". In BAJO FERNÁNDES, Miguel; BACIGALUPO, Silvina [org]. *Politica Criminal y Blanqueo de Capitales*. Madrid: Marcial Pons, 2009, pp. 207-224.

——. *A Responsabilidade da Pessoa Jurídica e o Dano Ambiental*. Trad. por Cristina da Motta. Porto Alegre: Livraria do Advogado, 2013.

GÓMEZ PAVÓN, Pilar. "Cuestiones Actuales del Derecho Penal Econômico: el Principio de Legalidad y las Remissiones Normativas". In *Revista Brasileira de Ciências Criminais*. São Paulo: RT. Mai-jun/2004, n° 48, pp. 108-163.

GRANDIS, Rodrigo de. "Aspectos penais do uso de informação privilegiada (*insider trading*) no direito brasileiro". In: VILARDI, Celso *et al.* [org]. *Crimes Financeiros e Correlatos*. São Paulo: Saraiva/FGV, 2011, pp. 141-179.

——. "El bien jurídico protegido en la receptación, blanqueo de dinero y encubrimiento". In: *Cuadernos de Política Criminal*, n. 53, 1994, pp. 459-484.

GONZÁLES RUS, Juan José. In: COBO DEL ROSAL, Manuel [org.]. *Curso de Derecho Penal Español* – Parte Especial. Madrid: Marcial Pons, vol. I, 1996.

GRAMSCI, Antonio. "Americanismo e fordismo". In *Obras Escolhidas*. Trad. por Manuel Cruz, São Paulo: Martins Fontes, 1978; *Cadernos do cárcere*. Trad. por Carlos Nelson Coutinho. Rio de Janeiro: Civilização Brasileira, 2001, vol. 4, caderno 22.

GRASSO, Giovanni. "L'Antecipazione della Tutela Penale: I Reati di Pericolo e I Reati di Attentato". In *RIDPP*. Milano: Giuffrè, 1986, pp. 689-728.

GRAU, Eros Roberto. *A Ordem Econômica na Constituição de 1988*. 5. ed. São Paulo: Malheiros, 2000.

GRECO, Luís. "Princípio da ofensividade e crimes de perigo abstrato – Uma introdução ao debate sobre o bem jurídico e as estruturas do delito". In *RBCC*, São Paulo: RT, 2004, n° 49, pp. 89-147.

——; LEITE, Alaor. "O que é e o que não é a teoria do domínio do fato sobre a distinção entre autor e partícipe no Direito Penal". In *Revista dos Tribunais*. São Paulo: RT, n° 933, pp. 13-36.

GRECO FILHO, Vicente. "Tipicidade, bem jurídico e lavagem de dinheiro". In FARIA COSTA, José Francisco de; SILVA, Marco Antonio Marques da [orgs.]. *Direito Penal Especial, Processo Penal e Direitos Fundamentais*. São Paulo: Quartier Latin, 2006, pp. 147-169.

GROSNER, Marina Quezado. *A Seletividade do Sistema Penal na Jurisprudência do Superior Tribunal de Justiça*. São Paulo: IBCCRIM, 2008.

GULLO, Roberto Santiago Ferreira. *Direito Penal Econômico*. 2. ed. Rio de Janeiro: Lumen Juris, 2005.

HABERMAS, Jürgen. *O Discurso Filosófico da Modernidade*. Lisboa: Dom Quixote, 1990.

HALL, Stuart. *A Identidade Cultural na Pós-Modernidade*. Trad. por Tomaz Tadeu da Silva e Guacira Lopes Louro. Rio de Janeiro: DP&A, 1997.

HARADA, Kiyoshi; MUSUMECCI FILHO, Leonardo. *Crimes contra a Ordem Tributária*. São Paulo: Atlas, 2012.

HART, Herbert. *O Conceito de Direito*. 2. ed. Trad. por Ribeiro Mendes. Lisboa: Calouste Gulbenkian, 1994.

HARVEY, David. *Condição Pós-Moderna. Uma pesquisa sobre as Origens da Mudança Cultural*. 15. ed. Trad. por Adail Sobral e Maria Estela Gonçalves. São Paulo: Loyola, 2006.

HAYEK, Friedrich August von. *O Caminho da Servidão*. Trad. por Leonel Vallandro. Porto Alegre: Globo, 1977.

HASSEMER, Winfried. "Derecho Penal Simbólico y Protección de Bienes Jurídicos". In *PE*, Barcelona, fasc. 1, 1991, pp. 23-36.

——. *Crítica al derecho penal de hoy*. Trad. por Patricia S. Ziffer. Bogotá: Universidad Externado de Colombia, 1998.

——. *Persona, Mundo y Responsabilidad. Bases para una teoría de la imputación en Derecho Penal*. Trad. por Francisco Muñoz Conde e Maria del Mar Díaz Pita. Valencia : Tirand lo Blanc, 1999.

——; MUÑOZ CONDE, Francisco. *Introducción a la Criminología y al Derecho Penal*. Valencia: Tirand lo Blanch, 1989.

HEINE, Günther. "La responsabilidad penal de las empresas: evolución y consecuencias nacionales". In HURTADO POZO, José [org]. *La Responsabilidad Criminal de las Personas Jurídicas: una Perspectiva Comparada*. Valencia: Tirand lo Blanch, 2001, pp. 49-72.

HESSE, Konrad. *Elementos de Direito Constitucional da República Federal da Alemanha*. Trad. por Luís Afonso Heck. Porto Alegre: Sergio Fabris, 1998.

HIRSCH, Hans Joachim. "El Derecho Penal y el Ámbito Libre de Regulación Jurídica". In *Doctrina Penal*. Buenos Aires: Depalma, 1987, pp. 397-424.

HIRST, Paul. Globalização em questão: a economia internacional e as possibilidades de governabilidade. Rio de Janeiro: Vozes, 1998.

HOBBES, Thomas. *De Cive*. Trad. por Ingeborg Soler. Petrópolis: Vozes, 1993.

HUNGRIA, Nélson. *Comentários ao Código Penal*. Rio de Janeiro: Forense, 1967, vol. VII.

——. *Comentários ao Código Penal*. 2. ed. Rio de Janeiro: Forense, 1959, vol. IX.

IANNI, Octavio. *Teorias da Globalização*. 12. ed. Rio de Janeiro: Civilização Brasileira, 2004.

ÍÑIGO CORROZA, Elena. "La Relevancia del Fraude en los Delitos de Competencia". In SILVA SÁNCHEZ, Jesús-María [org]. *¿Libertad Económica o Fraudes Punibles?*. Madrid/Barcelona: Marcial Pons, 2003, pp. 283-305.

INTERNATIONAL LABOUR OFFICE. Rapport sur l'emploi dans le monde 2004-05. Emploi, productivité et réduction de la pauvreté. Bureau International du Travail: Genève, 2005.

IROLLO, Domenico. "Considerazioni A Caldo sulla Recente Parziale Depenalizzazione del Reato di Contrabbando Doganale". In *RTDPE*. Padova: CEDAM, ano XIII, n. 1-2, gen-giu/2000, pp. 273-287.

JAKOBS, Günther. *Sociedad, norma, persona en una teoría de un Derecho penal funcional*. Trad. por Manuel Cancio Meliá y Bernardo Feijóo Sanchez. Bogotá: Universidad Externado de Colombia, 1996.

——. *Derecho Penal. Parte General*. 2. ed. Trad. por Joaquin Contreras. Madrid: Marcial Pons, 1997.

JAMESON, Frederic. *Pós-Modernismo: a Lógica Cultural do Capitalismo Tardio*. 2. ed. Trad. por Maria Elisa Cevasco. São Paulo: Ática, 2004.

JESCHECK, Hans-Heinrich. *Tratado de Derecho Penal*. 4. ed. Trad. por José Luis Manzanares Samaniego. Granada : Comares, 1993.

JESUS, Damásio E. de. *Direito Penal – Parte Geral*. 28. ed. São Paulo: Saraiva, 2005, vol. 1.

KANT, Immanuel. *La Metafísica de las Costumbres*. Trad. por Adela Cortina Orts y Jesús Conill Sancho. 2. ed. Madrid : Tecnos, 1994.

KARAM, Maria Lúcia. "A Esquerda Punitiva". In *Discursos Sediciosos: Crime Direito e Sociedade*. Rio de Janeiro: ICC/Freitas Bastos, v.1, n.1, jan/jun 1996, pp.79-92.

KERN, Alexandre. O Controle Penal Administrativo nos Crimes contra a Ordem Tributária. Porto Alegre: Livraria do Advogado, 2002.

KINDHÄUSER, Urs. "Acerca de la legitimidad de los delitos de peligro abstracto en el ámbito del Derecho penal económico". In VV. AA. *Hacia un Derecho Penal Económico Europeo*. Madrid: Boletín Oficial del Estado, 1995, pp. 441-452.

KENNEDY, Paul. Ascensão e Queda das Grandes Potências. Tranformação Econômica e Conflito Militar de 1500 a 2000. 14. ed. Trad. por Waltencir Dutra. Rio de Janeiro: Campus, 1989.

KEYNES, John Maynard. *The General Theory of Employment, Interest and Money*. New York : Harcourt, Brace & World, 1964.

KRUGMAN, Paul; WELLS, Robin. *Introdução à Economia*. Trad. por Helga Hoffmann. Rio de Janeiro: Campus, 2011.

KUHLEN, Lothar. "Cuestiones fundamentales de *compliance* y de derecho penal". In KUHLEN, Lothar *et al.* [org]. *Compliance y Teoría del Derecho Penal*. Madrid: Marcial Pons, 2013, pp. 51-78.

LAMPE, Ernst-Joachim. "El Nuevo Tipo Penal del Blanqueo de Dinero (§ 261 StGB)". In: *EPC*. Santiago de Compostella: USC, 1997, XX, pp. 105-148.

——. "Sobre la estructura ontológica del injusto punible". In *Revista de Estudos Criminais*. Porto Alegre: Notadez, nº 16, 2004, pp. 31-47.

LANZI, Alessio; PUTINATI, Stefano. *Istituzioni di Diritto Penale Dell'Economia*. Milano: Giuffrè, 2007.

LEOPOLDINO DA FONSECA, João Bosco. *Direito Econômico*. 5. ed. Rio de Janeiro: Forense, 2004.

Lima, Carlos Fernando dos Santos. "O sistema nacional antilavagem de dinheiro: as obrigações de *compliance*". In De Carli, Carla Veríssimo [org]. *Lavagem de Dinheiro – Prevenção e Controle Penal*. 2. ed. Porto Alegre: Verbo Jurídico, 2013, pp. 51-124.

Lima, Sebastião de Oliveira; Lima, Carlos Augusto Tosta. *Crimes contra o Sistema Financeiro Nacional*. São Paulo: Atlas, 2003.

Lipovetsky, Gilles. A Sociedade Pós-Moralista. O crepúsculo do dever e a ética indolor dos novos tempos democráticos. Trad. por Armando Braio Ara. Barueri: Manole, 2005.

——. *A Era do Vazio. Ensaios sobre o individualismo contemporâneo*. Trad. por Therezinha Monteiro Deutsch. Barueri: Manole, 2006.

Lira, Rafael. "O crime de evasão de divisas: análise crítica sobre a atuação da mídia nos processos pré e pós-legislativo. Comentários sobre a (des)legitimidade da tutela penal". In Silva Franco, Alberto; Lira, Rafael. *Direito Penal Econômico – Questões Atuais*. São Paulo: RT, 2011, pp. 397-426.

Liszt, Franz von. *Tratado de Derecho Penal*. Trad. por Luis Jimenez de Asua. 4. ed. Madrid: Reus, 1999, t. II.

Lopes Jr., Aury. *Direito Processual Penal*. 10. ed. São Paulo: Saraiva, 2013.

Lovato, Alécio Adão. *Crimes tributários: aspectos criminais e processuais*. 3. ed. Porto Alegre: Livraria do Advogado, 2008.

Lyotard, Jean-François. *A Condição Pós-moderna*. 3. ed. Trad. por José Bragança de Miranda. Lisboa: Gradiva, 2003.

Luzón Peña, Diego Manuel. *Curso de Derecho Penal*. Madrid: Universitas, 1997, vol. I.

Machado, Hugo de Brito. *Estudos de Direito Penal Tributário*. São Paulo: Atlas, 2002.

Maffesoli, Michel. *Dinâmica da Violência*. Trad. por Cristina M. V. França. São Paulo : Vértice, 1987.

Maggiore, Giuseppe. *Derecho Penal*. 2. ed. Trad. por José Ortega Torres. Bogotá: Temis, 2000, vol. III.

Maia, Rodolfo Tigre. *Crimes contra o Sistema Financeiro Nacional*. São Paulo: Malheiros, 1999.

——. *Lavagem de Dinheiro*. São Paulo: Malheiros, 1999.

Maiwald, Manfred. "Profili Problematici del Riciclaggio in Germania e in Italia". In: *RIDPP*, Milano: Giuffrè, ano XLII, fasc. 2, apr-giu/1999, pp. 369-381.

Malan, Diogo Rudge. "Bem jurídico tutelado pela Lei 7.492/86". In *Revista Brasileira de Ciências Criminais*. São Paulo: RT, 2011, v. 91, p. 367-391.

Mankiw, N. Gregory. *Introdução à Economia: Princípios de Micro e Macroeconomia*. 2. ed. Trad. por Maria José Cyhlar Monteiro. Rio de Janeiro: Campus, 2001.

——. *Princípios de Macroeconomia*. Trad. por Allan Vidigal Hastings. São Paulo: Cengage Leraning, 2009.

Manna, Adelmo. "Tutela del Risparmio, Novità in Tema di *Insider Trading* e Manipolazione del Mercato a Seguito della Legge Comunitaria del 2004". In: *RTDPE*. Padova: CEDAM, ano XVIII, n. 3, lug-set/2005, pp. 659-676.

Mantovani, Ferrando. "Il Principio di Offensività nello Schema di Delega Legislativa per un Nuovo Codice Penale". In: *RIDPP*. Milano: Giuffrè, ano XL, fasc. 2, apr-giu/1997, pp. 313-337.

——. *Principi di Diritto Penale*. Padova: CEDAM, 2002.

——. "Il Vero 'Diritto Penale Minimo': la Riduzione della Criminalità?". In *RIDPP*, Milano: Giuffrè, ano XLVIII, fasc. 3, lug-set/2005, pp. 864-882.

——. *Diritto Penale*. 5. ed. Padova: CEDAM, 2007.

Manzella, Andrea; Melograni, Piero; Paciotti, Elena; Rodotà, Stefano. Riscrivere i Diritti in Europa. Introduzzione alla Carta dei Diritti Fondamentali dell'Unione Europea. Bologna: Il Mulino, 2001.

Martins da Silva, Américo Luís. *Introdução ao Direito Econômico*. Rio de Janeiro: Forense, 2002.

MATTELART, Armand. *Comunicação-Mundo. História das idéias e das estratégias*. Trad. por Guilherme de Freitas Teixeira. Petrópolis: Vozes, 1994.

MARINUCCI, Giorgio. "Gestione D'Impresa e Pubblica Amministrazione: Nuovi e Vecchi Profili Penalistici". In *RIDPP*, Milano: Giuffrè, 1988, pp. 424-447.

——; DOLCINI, Emilio. "Constituição e Escolha de Bens Jurídicos". In *RPCC*, Coimbra: Coimbra, abr-jun/1994, vol. 4, fsc. 2, pp. 151-198.

——; ——. "Diritto Penale Minimo e Nuove Forme di Criminalità". In *RIDPP*, Milano: Giuffrè, ano XLII, fasc. 3, lug-set/1999, pp. 802-820.

——; ——. *Corso di Diritto Penal*. 3 d. Milano: Giufrè, 2001, vol. 1.

——; ——. *Manuale di Diritto Penale. Parte Generale*. 2. ed. Milano: Giuffrè, 2006.

——; ROMANO, Mario. "Tecniche Normative nella Repressione Penale degli Abusi degli Amministratori di Società per Azioni". In *RIDPP*. Milano: Giuffrè, 1971, pp.681-713.

MARTÍNEZ-BUJÁN PÉREZ, Carlos Martínez. *Derecho Penal Económico*. Valencia: Tirand lo Blanc, 2002.

——. Derecho Penal Económico y de la Empresa. Parte General. 2. ed. Valencia: Tirand lo Blanch, 2007.

——. *Derecho Penal Económico*. Madrid: Iustel, 2012.

MAURACH, Reinhart. *Tratado de Derecho Penal*. Trad. por Juan Cordoba Roda. Barcelona : Ariel, 1962.

——; ZIPF, Heinz. *Derecho Penal. Parte General*. Trad. por Jorge Bofill Genzsch y Enrique Aimone Gibson. 7. ed. Buenos Aires: Astrea, 1994, vol. 1.

MAURO, Frédéric. *História Econômica Mundial: 1790-1970*. Rio de Janeiro: Zahar, 1973.

MAYER, Max Ernst. *Normas Jurídicas y Normas de Cultura*. Trad. por José Luis G. Dálbora. Buenos Aires: Hammurabi, 2000.

——. *Derecho Penal. Parte Geral*. Trad. por Sergio P. Lifschitz. Montevideo/Buenos Aires: B de F, 2007.

MCLUHAN, Marshall. *Guerra e Paz na Aldeia Global*. Rio de Janeiro: Record, 1971.

MELO BANDEIRA, Gonçalo N. C. Sopas de. *Responsabilidade Penal Econômica e Fiscal dos Entes Colectivos*. Coimbra: Almedina, 2004.

MENEGUIN, Fernando B.; BUGARIN, Maurício S. "Execução Provisória da Sentença: uma análise econômica do processo penal". In *Economic Analysis of Law Review*. Brasília: ABDE/Universidade Católica de Brasília/Universa, 2011, vol. 2, n. 2, pp. 204-229.

MERKEL, Adolf. *Derecho Penal – Parte General*. Trad. por P. Dorado. Madrid: La España Moderna, [s.a.], t. I.

MEZGER, Edmund. *Tratado de Derecho Penal*. Trad. por José Arturo Rodriguez Muñoz. Madrid : Revista de Derecho Privado, 1955, t. I.

MICHELETTI, Dario. "I Nessi tra Politica Criminale e Diritto Intertemporale nello Specchio della Riforma dei Reati Societari". In *RTDPE*. Padova: CEDAM, ano XVI, n. 4, ott-dic/2003, pp. 1113-1148.

MIR PUIG, Santiago. *El Derecho Penal en el Estado Social y Democrático*. Barcelona: Ariel, 1994.

——. "Antijuridicidad objetiva y antinormatividad en derecho penal". *In Anuario de Derecho Penal y Ciencias Penales*, Madrid, t. 47, n.1 (Enero-Abr.1994), pp. 5-28.

——. *Derecho Penal. Parte General*. 5. ed. Barcelona: Reppertor, 1998.

——. *Introducción a las Bases del Derecho Penal*. 2. ed. Montevideo/Buenos Aires : B de F, 2003.

MIRANDA COUTINHO, Jacinto Nelson de [org]. *Canotilho e a Constituição Dirigente*. 2. ed. Rio de Janeiro: Renovar, 2005.

MOCCIA, Sergio. "Impiego di Capitali Illeciti e Riciclaggio: la Risposta del Sistema Penale Italiano". In *RIDPP*, Milano: Giuffrè, ano XXXVIII, fasc. 3, lug-set/1995, pp. 728-749.

——. *El Derecho Penal entre Ser y Valor – Función de la Pena y Sistemática Teleológica*. Trad. por Antonio Bonanno. Buenos Aires/Montevideo: B de F, 2003.

MOLINA, Antonio García-Pablos de. *Derecho Penal. Introducción*. Madrid: Universidad Complutense de Madrid, 1995.

MONTANI, Elenora. "*Economic Crimes*. Diritto Penale ed Economia: Prove di Dialogo". In: *RTDPE*. Padova: CEDAM, ano XVIII, n. 4, ott-dic/2005, pp. 909-936.

MONTESQUIEU. *O Espírito das Leis*. Trad. por Cristina Murachco. 2. ed. São Paulo: Martins Fontes, 1996.

MONTIEL, Juan Pablo. "Autolimpieza empresarial: *compliance programs*, investigaciones internas y neutralización de riesgos penales". In KUHLEN, Lothar *et al.* [org]. *Compliance y Teoría del Derecho Penal*. Madrid: Marcial Pons, 2013, pp. 221-244.

MORIN, Edgar. *O Método. 3. O conhecimento do conhecimento*. Trad. por Juremir Machado da Silva. Porto Alegre: Sulina, 1999.

MORILLAS CUEVA, Lorenzo. *Curso de Derecho Penal Español. Parte General*. Madrid: Marcial Pons, 1996.

MUÑOZ CONDE, Francisco. "Problemas de Autoría y Participación en el Derecho Penal Económico". In *Revista Penal*. Barcelona, ene/2002, vol. 9, pp. 59-98.

——; GARCÍA ARÁN, Mercedes. *Derecho Penal. Parte General*. 3. ed. Valencia: Tirand lo Blanch, 1998.

NANNUCCI, Ubaldo; D'AVIRRO, Antonio. *La Riforma dell Diritto Penale Tributario*. Padova: CEDAM, 2000.

NAVARRO CARDOSO, Fernando. "El principio *ne bis in idem* a la luz de la Sentencia del Tribunal Costitucional 177/1999: Exposición Crítica". In ARROYO ZAPATERO, Luis A.; GÓMEZ DE LA TORRE, Ignacio Berdugo [org]. *Homenaje al Dr. Marino Barbero Santos (in Memoriam)*. Cuenca: Universidad de Castilla-La Mancha/Universidad Salamanca, 2001, vol. I, pp. 1217-1230.

NAVARRO, Pablo E.; MANRIQUE, Laura. "El desafio de la Taxatividad". In: *Anuario de Derecho Penal y Ciencias Penales*. Madrid: Centro de Publicaciones/Ministerio de Justicia, T. LVIII, fasc. III, 2005, pp. 807-836.

NIETO GARCÍA, Alejandro. *Derecho Administrativo Sancionador*. 2. ed. Madrid: Tecnos, 1994.

NIETO MARTÍN, Adán. "Ordenamiento comunitario y derecho penal económico : relaciones en el presente y en el futuro". In *AP*, Madrid: La Ley Actualidad, fascículo 2, 1995, pp. 593-695.

——. "El régimen penal de los auditores de cuentas". In *Homenaje al Dr. Marino Barbero Santos (in memorian)*. Cuenca: Ediciones de la Universidad de Castilla-La Mancha: Universidad Salamanca, 2001, vol. II, pp. 407-431.

——. "Conflicto de intereses y transparencia". In ARROYO ZAPATERO, Luiz [org]. *Fraude y Corrupción en el Derecho Penal Económico Europeo – Eurodelitos de Corrupción y Fraude*. Cuenca: Universidad de Castilla – La Mancha, 2006, pp. 103-116;

——. "La responsabilidad penal de las personas jurídicas: esquema de un modelo de responsabilidad penal". In *Nueva Doctrina Penal*. Buenos Aires: Del Puerto, 2008, pp. 125-159.

——. "La privatización de la lucha contra la corrupción". In ARROYO ZAPATERO, Luis; NIETO MARTÍN, Adán [org]. *El Derecho Penal Econômico en la era Compliance*. Valencia: Tirand lo Blanch, 2013, pp. 191-210.

NORTH, Douglass Cecil. *Custos de transação, instituições e desempenho econômico*. 3. ed. Trad. por Elizabete Hart. Rio de Janeiro: Instituto Liberal/Instituto Millenium, 2006.

NUVOLEONE, Pietro. "Profili Soggettivi del Reato Tributario". In *L'Indice Penale*. Padova: CEDAM, 1984, pp. 5-11.

OHMAE, Kenichi. *O Fim do Estado-nação*. Trad. por Ivo Korytowski. São Paulo: Publifolha, 1999.

ORTIZ, Gaspar Ariño. Princípios de Derecho Público Económico. Modelo de Estado, Gestión Pública, Regulación Económica. Granada: Comares, 1999.

OST, François. *O Tempo do Direito*. Trad. por Maria Fernanda Oliveira. Lisboa: Piaget, 2001.

PADOVANI, Tullio. "Il Problema 'Tangentopoli' tra Normalità della Normalità". In: *RIDPP*. Milano: Giuffrè, ano XXXIX, fasc. 2-3, apr-set/1996, pp. 448-462.

——. "La Distribuzione di Sanzione Penali e di Sanzioni Amministrative Secondo L'Esperienza Italiana". In *RIDPP*, Milano: Giuffrè, 1989, pp. 952-961.

——. "Diritto Penale della Prevenzione e Mercato Finanziario". In: *RIDPP*, Milano: Giuffrè, ano XXXVIII, fasc. 3, lug-set/1995, pp. 634-647.

——. *Diritto Penale*. 9. ed. Milano: Giuffrè, 2008.

PAGLIARO, Antonio. *Principi di Diritto Penale. Parte Generale*. 8. ed. Milano: Giuffrè, 2003.

PALAZZO, Francesco. "I Criteri di Riparto tra Sanzioni Penali e Sanzioni Amministrative". In *L'Indice Penale*. Padova: CEDAM, 1986, pp. 35-56.

——. *Valores Constitucionais e Direito Penal*. Trad. por Gérson Pereira dos Santos. Porto Alegre: Fabris, 1989.

——. "Orientamenti dottrinali ed effettività giurisprudenziale del principio di determinatezza-tassatività in materia penale". In *RIDPP*. Milano: Giuffrè, 1991, pp. 327-355.

——. "Offensività e Ragionevolezza nel Controllo di Costituzionalità sul Contenuto delle Leggi Penale". In: *RIDPP*. Milano: Giuffrè, ano XLI, fasc. 2, apr-giu/1998, pp. 350-384;

——. "Direito Penal e Constituição na Experiência Italiana". In: *RPCC*. Coimbra: Coimbra, jan-mar/1999, ano 9, fasc. 1, pp. 31-45.

——. *Corso di Diritto Penale. Parte Generale*. 3. ed. Torino: Giappichelli, 2008.

PALIERO, Carlos Enrico. "Minima non Curat Praetor" – Ipertrofia del Diritto Penale e Decriminalizzazione dei Reati Bagatellari. Padova: CEDAM, 1985.

PAREDES CASTAÑON, José Manuel. "Los Delitos de Peligro como Técnica de Incriminación en el Derecho Penal Económico: Bases Político-Criminales". In *Revista de Derecho Penal y Criminología*. Madrid: Marcial Pons, ene/2003, n° 11, pp. 95-164.

PARKIN, Michael. *Economia*. 8. ed. Trad. por Cristina Yamagami. São Paulo: Pearson, 2009.

PASTANA, Débora Regina. Cultura do Medo: reflexões sobre violência criminal, controle social e cidadania no Brasil. São Paulo: IBCCrim, 2003.

PAULA, Áureo Natal de. Crimes contra o Sistema Financeiro Nacional e o Mercado de Capitais. Curitiba: Juruá, 2006.

PECORELLA, Gaetano. "Circolazione del Denaro e Riciclaggio". In: *RIDPP*, Milano: Giuffrè, ano XXXIV, 1991, pp. 1220-1248.

PEDRAZZI, Cesare. "Interessi economici e tutela penale". In AA.VV., *Bene Giuridico e Riforma della Parte Speciale*. Napoli: A.M. Stile, 1985, pp. 285-315.

PEDROSA MACHADO, Miguel Nuno. "A Entrada em Vigor das Incriminações de Abuso de Informação e de Manipulação do Mercado do Código do Mercado de Valores Mobiliários". In *RPCC*, Coimbra: Coimbra, vol. 4, 1991, pp. 620-646.

PIÑA GARRIDO, Maria Dolores. "La retroactividad de la ley penal más favorable en los delictos contra la Hacienda Publica". In MIREXTXU, Corcoy Bidasolo [org]. *Derecho Penal de la Empresa*. Pamplona: Universidad Pública de Navarra, 2002, pp. 259-294.

PINTO, Emerson de Lima. *A Criminalidade Econômico-Tributária*. Porto Alegre: Livraria do Advogado, 2001.

PIMENTA BUENO, José Antônio. Direito Público Brasileiro e a Análise da Constituição do Império. Brasília: Senado Federal, 1978.

PINDYCK, Robert S. *Microeconomia*. 7. ed. Trad. por Eleutério Prado. São Paulo: Pearson Education do Brasil, 2010.

PITOMBO, Antônio Sérgio de Moraes. Lavagem de Dinheiro – A Tipicidade do Crime Antecedente. São Paulo: RT, 2003.

POMBO, Nuno. *A Fraude Fiscal*. Coimbra: Almedina, 2007.

POSNER, Richard A. *A Economia da Justiça*. Trad. por Evandro Ferreira e Silva. São Paulo: Martins Fontes, 2010.

PRADO, Luiz Régis. *Curso de Direito Penal Brasileiro*. 7. ed. São Paulo: RT, 2008, vol. 2.

PRITTWITZ, Cornelius. "Società del rischio e diritto penale". In: FOFFANI, Luigi; STORTONI, Luigi [org]. *Critica e Giustificazione del Diritto Penale nel Cambio di Secolo*. Milano: Giuffrè, 2004, pp. 371-412.

——. "La posición jurídica (en especial, posición de garante) de los *compliance officers*". In KUHLEN, Lothar *et al.* [org]. *Compliance y Teoría del Derecho Penal*. Madrid: Marcial Pons, 2013, pp. 207-220.

PULITANÒ, Domenico. "Illiceita 'Espressa e Illiceita' Speciale". In *RIDPP*. Milano: Giuffrè, 1967, pp. 65-124.

——. "Legalità Discontinua? Paradigmi e Problemi di Diritto Intertemporale". In: *RIDPP*. Milano: Giuffrè, ano XLV, fasc. 4, ott-dic/2002, pp. 1270-1305.

——. *Diritto Penale*. 2. ed. Torino: Giappichelli, 2007.

PUTINATI, Stefano; LANZI, Alessio. *Istituzioni di Diritto Penale Dell'Economia*. Milano: Giufrè, 2007, pp. 190-216.

QUEIROZ, Paulo. *Direito Penal – Parte Geral*. 4. ed. Rio de Janeiro: Lumen Juris, 2008.

QUINTAS, Fábio Lima. *Direito e Economia – o Poder Normativo de Administração Pública na Gestão da Política Econômica*. Porto Alegre: Fabris, 2007.

RACITI, Annamaria. "Il Criminale Economico nella Ricerca Criminologica: dall'Opera di Sutherland alle più Recenti Formulazioni Teoretiche". In: *RTDPE*, Padova: CEDAM, ano XVIII, n. 3, lug-set/2005, pp. 677-699.

RADBRUCH, Gustav. *El Hombre en el Derecho*. Trad. por Aníbal del Campo. Buenos Aires: Depalma, 1980.

——. *Filosofia do Direito*. Trad. por L. Cabral de Moncada. 6. ed. Coimbra: Arménio Amado, 1997.

——. Cinco Minutos de Filosofia. In: RADBRUCH, Gustav. *Filosofia do Direito*. Trad. por L. Cabral de Moncada. 6. ed. Coimbra : Arménio Amado, 1997, pp. 415-418.

REALE JR., Miguel. *Instituições de Direito Penal. Parte Geral*. Rio : Forense, 2002, vol. I.

REQUENA JULIANI, Jaime. "La posición de garante del empresario". In BACIGALUPO, Enrique [org]. *Curso de Derecho Penal Económico*. 2. ed. Madrid: Marcial Pons, 2005, pp. 157-176.

RENUCCI, Jean-François. *Droit Pénal Économique*. Paris: Armand Colin, 1995.

RIBEIRO, Milton Nassau. *Aspectos Jurídicos da Governança Corporativa*. São Paulo: Quartier Latin, 2009.

RIVACOBA Y RIVACOBA, Manuel. *Función e Aplicación de la Pena*. Buenos Aires : Depalma, 1993.

ROBLES PLANAS, Ricardo. "El responsable de cumplimiento (*compliance officer*) ante el derecho penal". In SILVA SÁNCHEZ, Jesús-María [org]. *Criminalidad de Empresa y Compliance – Prevención y Reacciones Corporativas*. Barcelona: Atelier, 2013, pp. 319-331.

RODRÍGUEZ, Caty Vidales. "Los Delictos Socioeconómicos en el Código Penal de 1995: la Necesidad de su Delimitación frente a los Delitos Patrimoniales". In *EPC*, Santiago de Compostela, 1998, vol. 21, pp. 305-378.

ROJO, Luís Ángel. *Keynes y el Pensamiento Macroeconómico Actual*. Madrid: Tecnos, 1965.

ROMANO, Bartolomeo. *Il Rapporto tra Norme Penali. Intertemporalità, Spazialità, Coesistenza*. Milano: Giuffrè, 1996.

ROTSCH, Thomas. "Tempos modernos: ortodoxia e heterodoxia no Direito Penal". In D'AVILA, Fabio Roberto [org]. *Direito Penal e Polícia Criminal no Terceiro Milênio: Perspectivas e Tendências*. Porto Alegre: PUCRS, 2011, pp. 68-81.

——. "Criminal Compliance". In *Revista para el Análisis del Derecho (InDret)*, Barcelona, jan/2012, n° 1, p. 8, disponível em <www.indret.com.>

ROUANET, Paulo Sergio. *As Razões do Iluminismo*. São Paulo: Companhia das Letras, 1992.

ROXIN, Claus. *Política Criminal y Sistema del Derecho Penal*. Trad. por Francisco Muñoz Conde. Barcelona: Bosch, 1972.

———. "Voluntad de domínio de la acción mediante aparatos de poder organizados". In *Doctrina Penal*. Buenos Aires: Depalma, 1985, v. 8, pp. 399-411.

———. *Derecho Penal. Parte General*. Trad. por Diego-Manuel Luzón Peña, Miguel Díaz y García Conlledo e Javier de Vicente Remesal. 2. ed. Madrid: Civitas, 1997.

———. "Sentido e Limites da Pena Estatal". In *Problemas Fundamentais de Direito Penal*. Trad. por Ana Paula Natscheradetz. 3. ed. Lisboa: Vega, 1998, pp. 15-47.

RUGGIERO, Renato. "Inventare il futuro: verso un'economia senza frontiere". In *Rivista di Studi Politici Internazionali*. Firenze, vol. 64, n° 4, out/dez-1997, pp. 484-498.

SAAVEDRA, Giovani. "Reflexões Iniciais sobre *Criminal Compliance*". In *Boletim IBCCrim*, jan/2011, n° 218, pp. 11-12.

———. "Reflexões iniciais sobre o controle penal dos deveres de compliance". In *Boletim IBCCrim*, set/2011, n° 226, pp. 13-14.

———. "*Compliance* na nova Lei de Lavagem de Dinheiro". In *Revista Síntese – Direito Penal e Processual Penal*. São Paulo: IOB, 2012, n° 75, ago-set/2012, pp. 22-30.

———. "*Compliance* e prevenção à Lavagem de Dinheiro: sobre os reflexos da Lei n° 12.683/2012 no mercado de seguros". In *Revista de Estudos Criminais*. Porto Alegre: Síntese, n° 54, jul-set/2014, pp. 165-180.

———; VASCONCELLOS, Vinícius Gomes de. "Ofensividade em Direito Penal: revisitando o conceito de bem jurídico a partir da Teoria do Reconhecimento de Axel Honneth". In *Direito e Justiça*, Porto Alegre, vol. 38, 2012, pp. 14-21.

SALAMA, Pierre. "Para uma Nova Compreensão da Crise". In SADER, Emir; GENTILI, PABLO. *Pós-neoliberalismo: as Políticas Sociais e o Estado Democrático*. 5. ed. Rio de Janeiro: Paz e Terra, 2000, pp. 51-54.

SÁNCHEZ RÍOS, Rodrigo. "Indagações sobre a Possibilidade da Imputação Penal à Pessoa Jurídica no Âmbito dos Delitos Econômicos". In BONATO, Gilson [org]. *Direito penal e Direito Processual Penal: uma Visão Garantista*. Rio de Janeiro: Lumen Juris, 2001, pp. 193-209.

———. *Das Causas de Extinção da Punibilidade nos Delitos Econômicos*. São Paulo: RT, 2003.

———. *Advocacia e Lavagem de Dinheiro*. São Paulo: Saraiva/FGV, 2010.

———. LAUFER, Daniel. "Apontamentos a respeito do concurso de crimes e do conflito aparente de normas: a regra do antefato e do pós-fato coapenado no âmbito dos delitos econômicos". In SILVA FRANCO, Alberto; LIRA, Rafael. *Direito Penal Econômico – Questões Atuais*. São Paulo: RT, 2011, pp. 137-199.

SANTOS, António Carlos dos; GONÇALVES, Maria Eduarda; LEITÃO MARQUES, Maria Manuel. *Direito Econômico*. 5. ed. Coimbra: Almedina, 2004.

SANTOS, Cláudia Maria Cruz. *O Crime de Colarinho Branco (Da origem do conceito e sua relevância criminológica à questão da desigualdade na administração da justiça penal)*. Coimbra: Universidade de Coimbra, 2001.

SARCEDO, Luciano. *Política Criminal e Crimes Econômicos*. São Paulo: Alameda, 2012.

SARLET, Ingo. *A Eficácia dos Direitos Fundamentais*. 2. ed. Porto Alegre: Livraria do Advogado, 2001.

SAVATIER, René. *Les Métamorphoses Économiques et Sociales du Droit Civil D'Aujourd'Hui*. Paris: Dalloz, 1952.

SCALCON, Raquel Lima. "Problemas especiais de autoria e de participação no âmbito do direito penal secundário: exame da compatibilidade entre 'domínio da organização' (*organisationsherrschaft*) e criminalidade corporativa". In *Revista de Estudos Criminais*. Porto Alegre: Síntese, n° 54, jul-set/2014, pp. 181-210.

SCHMIDT, Andrei Zenkner. *O Princípio da Legalidade no Estado Democrático de Direito*. Porto Alegre: Livraria do Advogado, 2002.

———. "Considerações sobre um modelo teleológico-garantista a partir do viés funcional-normativista". In *Revista de Estudos Criminais*. Porto Alegre: Notadez/ITEC, 2003, n. 11, pp. 97-123.

———. O Método do Direito Penal sob uma Perspectiva Interdisciplinar. Rio de Janeiro: Lumen Juris, 2009.

———. "A delimitação conceitual do direito penal econômico a partir do objeto do ilícito". In: VILARDI, Celso Sanchez et al. [org]. *Crimes Financeiros e Correlatos*. São Paulo: Saraiva/FGV, 2011, pp. 19-77.

———; FELDENS, Luciano. O Crime de Evasão de Divisas: a Tutela Penal do Sistema Financeiro Nacional na Perspectiva da Política Cambial Brasileira. Rio de Janeiro: Lumen Juris, 2007.

SCHMITT, Carl. *Teoría de Constitución*. Trad. por Francisco Ayala. Madrid: Alianza, 1996.

SCHÜNEMANN, Bernd. "Cuestiones básicas de dogmática jurídico-penal y de política criminal acerca de la criminalidad de empresa". In ADPCP, n. 2, v. 41, 1988, pp. 529-558.

———. Temas Actuales y Permanentes del Derecho Penal Después del Milenio. Madrid: Tecnos, 2002.

———. Delincuencia Empresarial: Cuestiones Dogmaticas y de Politica Criminal. Buenos Aires: Di Palácio, 2004.

———. "Sobre la regulación de los delitos de omisión impropia en los eurodelitos". In TIEDEMANN, Klaus. *Eurodelitos. El Derecho Penal en la Unión Europea*. Cuenca: Universidad de Castilla – La Mancha, 2004, pp. 35-39.

———. "O direito penal é a *ultima ratio* da proteção de bens jurídicos – Sobre os limites invioláveis do direito penal em um Estado de Direito liberal". In *RBCC*, São Paulo: RT, 2005, n° 53, pp. 9-37.

———. "El derecho en el proceso de la globalización económica". In: MORENO HERNÁNDEZ [org]. *Orientaciones de la Política Criminal Legislativa*. México: INACIPE, 2005, pp. 3-16.

———. "La responsabilidad de las empresas y sus órganos directivos en la Unión Europea". In BAJO FERNÁNDEZ, Miguel [org]. *Constitución Europea y Derecho Penal Económico – Mesas Redondas Derecho y Economía*. Madrid: Ramón Areces, 2006, pp. 143-157.

———. "Las reglas de la técnica en Derecho Penal". In *Obras. Bernd Schunemann*. Buenos Aires: Rubinzal, 2009, t. I, pp. 252-253.

SGUBBI, Filippo. "Depenalizzazione e Principi dell'Illecito Amministrativo". In *L'Indice Penale*. Padova: CEDAM, 1983, pp. 253-267.

SENNETT, Richard. *A Corrosão do Caráter: consequências pessoais do trabalho novo capitalismo*. Trad. por Marcos Santarrita. Rio de Janeiro/São Paulo: Record, 2005.

———. A Cultura do Novo Capitalismo. Trad. por Clóvis Marques, Rio de Janeiro/São Paulo: 2006.

SIEBER, Ulrich. "Programas de *compliance* en el derecho penal de la empresa. Una nueva concepión para controlar la criminalidad económica". In ARROYO ZAPATERO, Luis; NIETO MARTÍN, Adán [org]. *El Derecho Penal Econômico en la era Compliance*. Valencia: Tirand lo Blanch, 2013, pp. 63-110.

SILVA, Eduardo Sanz de Oliveira. "O princípio da subsidiariedade e a expansão do direito penal econômico". In D'AVILA, Fabio Roberto; SOUZA, Paulo Vinícius Sporleder de [org]. *Direito Penal Secundário*. São Paulo; RT, 2006, pp. 181-213.

———. "Direito Penal Preventivo e os Crimes de Perigo: uma apreciação dos critérios de prevenção enquanto antecipação do agir penal no direito". In FARIA COSTA, José Francisco de [Org]. *Temas de Direito Penal Econômico*. Coimbra: Coimbra, 2005, pp. 251-283.

SILVA, Ivan Luiz. Direito Penal Econômico e Teoria da Adequação Econômica da Conduta. Curitiba: Juruá, 2011.

SILVA, Luciano Nascimento. "O Mercosul e o direito penal econômico". In *Revista de Estudos Criminais*. Porto Alegre: Notadez, 2001, n° 2, pp. 92-103.

———. Teoria do Direito Penal Econômico e Fundamentos Constitucionais da Ciência Criminal Secundária. Curitiba: Juruá, 2010.

SILVA, Pablo Rodrigo Aflen. *Leis Penais em Branco e Direito Penal do Risco*. Rio de Janeiro: Lumen Juris, 2004.

SILVA SÁNCHEZ, Jesús María. *Aproximación al Derecho Penal Contemporáneo*. Barcelona: Bosch, 1992.

——. "Legislación Penal Socio-económica y Retroactividad de Disposciones Favorables: el Caso de las 'Leyes em Blanco'". In: *Estudios Penales y Criminológicos*. Santiago de Compostella: USC, 1993, XVI, pp. 423-461.

——. Perspectivas sobre la política criminal moderna. Buenos Aires: Depalma, 1998.

——. La Expansión del Derecho Penal. Aspectos de la Política Criminal en las Sociedades Postindustriales. Madrid: Civitas, 1999.

——. *Tiempos de Derecho Penal*. Montevideo/Buenos Aires: B de F, 2009.

SILVEIRA, Renato de Mello Jorge. *Direito Penal Econômico como Direito Penal de Perigo*. São Paulo: RT, 2006.

SINISCALCO, Marco. Irretroattività delle Leggi in Materia Penale. Milano: Giuffrè, 1969.

SMITH, Adam. An Inquiry into the Nature and Causes of the Wealth of Nations. 6. ed. London: Methuen, 1950.

SOUZA, Artur de Brito Gueiros. "Atribuição de Responsabilidade na criminalidade empresarial: das teorias tradicionais aos modernos programas de *compliance*". In *Revista de Estudos Criminais*. Porto Alegre: Síntese, n° 54, jul-set/2004, pp. 93-121.

——; JAPIASSÚ, Carlos Eduardo Adriano. *Curso de Direito Penal*. Rio de Janeiro: Elsevier, 2012.

STRATENWERTH, Günter. *Derecho Penal. Parte General*. Trad. por Gladys Romero. Madrid: Edersa, 1982.

STRECK, Lenio Luiz. *O que é isto – decido conforme minha consciência*. 2. ed. Porto Alegre: Livraria do Advogado, 2010.

SOUSA, Suzana Aires de. *Os Crimes Fiscais*. Coimbra: Coimbra, 2006; POMBO, Nuno. *A Fraude Fiscal (A norma incriminadora, a simulação e outras reflexões)*. Coimbra: Almedina, 2007.

SOUZA, Paulo Vincícius Sporleder de. Bem jurídico-penal e engenharia genética humana: contributo para a compreensão dos bens jurídicos supra-individuais. São Paulo: Editora Revista dos Tribunais, 2004.

STANLAKE, George Frederik. *Introdução à Economia*. Trad. por Paul Maria Ribeiro de Seixas. Lisboa: Calouste Gulbenkian, 1993.

SUTHERLAND, Edwin H. *El Delito de Cuello Blanco*. Trad. por Laura Belloqui. Montevideo/Buenos Aires: B de F, 2009.

TAFFARELLO, Rogério Fernando. "Improupriedades da Súmula Vinculante 24 do Supremo Tribunal Federal e Insegurança Jurídica em Matéria de Crimes Tributários". In SILVA FRANCO, Alberto; LIRA, Rafael. *Direito Penal Econômico – Questões Atuais*. São Paulo: RT, 2011, pp. 299-338.

TAIPA DE CARVALHO, Américo. *Sucessão de Leis Penais*. 2. ed. Coimbra: Coimbra, 1997.

TARANTINI, Graziano; ESPOSITO, Giovani. *La Nuova Disciplina dei Reati Tributari*. Padova: CEDAM, 2001.

TAVARES, Juarez. "Critérios de Seleção de Crimes e Cominação de Penas". In *RBCC*, São Paulo: RT, vol. 0 (lançamento), 1992, pp. 75-87.

——. "Alguns aspectos da estrutura dos crimes omissivos". In *Revista Brasileira de Ciências Criminais*. São Paulo: RT, 1996, n° 15, pp. 125-157.

——. *Bien Jurídico y Función en Derecho Penal*. Buenos Aires: Hammurabi, 2004.

——. *Teoria del Injusto Penal*. Trad. por Mario Pereira. Montevideo/Buenos Aires: B de F, 2010.

——. *Teoria dos Crimes Omissivos*. Madrid/Barcelona/Buenos Aires/São Paulo: Marcial Pons, 2012.

TERRADILLOS BASOCO, Juan M. "La Constitución Penal. Los Derechos de la Libertad". In VV.AA. *Las Sombras del Sistema Constitucional Español*. Madrid: Trotta, 2003.

THERBORN, Göran. "A Crise e o Futuro do Capitalismo". In SADER, Emir; GENTILI, PABLO. *Pós-neoliberalismo: as Políticas Sociais e o Estado Democrático*. 5. ed. Rio de Janeiro: Paz e Terra, 2000, pp. 39-50.

THOMPSON, John B. *Ideologia e Cultura Moderna*. 5. ed. Trad. por Carmen Grisci *et al*. Petrópolis: Vozes, 2000.

TIEDEMANN, Klaus. "El concepto de delito económico y de derecho penal económico". In *NPP*, Buenos Aires, vol. 4, 1975, pp. 461-475.

——. "Empresas Multinacionles y Delincuencia Fiscal". In *ADPCP*. Madrid, vol. 29, fasc. 1, ene-abr/1976, pp. 487-503.

——. *Poder Económico y Delito*. Trad. de Amelia Villegas. Barcelona: Ariel, 1985.

——. *Lecciones de Derecho Penal Económico*. Trad. por Rosario de Vicente Martínez. Barcelona: PPU, 1993.

——. "L'Europeizzazione del Diritto Penale". In: *RIDPP*, Milano: Giuffrè, ano XLI, fasc. 1, gen-mar/1998, pp. 3-21.

——. "Exigencias fundamentales de la parte general y propuesta legislativa para un derecho penal europeo". In *RP*, Barcelona, fascículo 3, ene., 1999, pp. 76-86.

——. *Derecho Penal y Nuevas Formas de Criminalidad*. Trad. por Manuel Abanto Vásquez. Lima: IDEMSA, 2000.

——. "La Regulación de la Autoría y de la Participación en el Derecho Penal Europeo". In *Revista Penal*. Barcelona, ene/2000, vol. 5, pp. 90-98.

——. "La ley penal en blanco: concepto y cuestiones conexas". In *Revista Brasileira de Ciências Criminais*. São Paulo: RT, vol. 10, jan/mar/2002, pp. 73-97.

——. "Derecho Penal Económico en el Tratado de la Constitución Europea". In VV. AA. *Constitución Europea y Derecho Penal Económico*. Madrid: Ramón Areces, 2006, pp. 173-188.

——. "Tecnica Legislativa nel Diritto Penale Economico". In *RTDPE*. Padova: CEDAM, ano XIX, n. 1-2, genn-giu/2006, pp. 1-15.

——. *Manual de Derecho Penal Económico*. Valencia: Tirand lo Blanch, 2010.

TÓRTIMA, José Carlos. *Crimes contra o Sistema Financeiro Nacional*. 2. ed. Rio de Janeiro: Lumen Juris, 2002.

VASSALI, Giuliano. "La Punizione dell'Insider Trading". In *RIDPP*, Milano: Giuffrè, ano XXXV, 1992, pp. 3-38.

——. "Successione di più Leggi Eccezionali". In *Rivista Italiana di Diritto Penale*. Padova: CEDAM, 1943, pp. 207-238.

VENTURA, Deisy de Freitas Lima. As Assimetrias entre o Mercosul e a União Européia : os Desafios de uma Associação Inter-regional. Barueri : Manole, 2003.

VERVALE, John A. E. "L'Europeizzazione del Diritto Penale e la Dimenzione Penale dell'Integrazione Europea". In: *RTDPE*. Padova: CEDAM, ano XVIII, n. 1-2, gen-giu/2005, pp. 129-156.

——. El Derecho Penal Europeo – del Derecho Penal Económico y Financiero a un Derecho Penal Federal. Lima: ARA, 2006.

VIDALES RODRÍGUEZ, Caty. "Los delitos socioeconómicos en el código penal de 1995: la necesidad de su delimitación frente a los delitos patrimoniales". In *Estudios Penales y Criminológicos*, Santiago de Compostela, fascículo 21, 1998, pp. 305-378.

VIEIRA DE ANDRADE, José Carlos. Os Direitos Fundamentais na Constituição Portuguesa de 1976. Coimbra: Almedina, 1998.

VILARES, Fernanda Regina. "Medidas assecuratórias na Lei de Lavagem de Dinheiro". In SILVA FRANCO, Alberto; LIRA, Rafael. *Direito Penal Econômico – Questões Atuais*. São Paulo: RT, 2011, pp. 483-506.

VIRILIO, Paul. *Vitesse et Politique*. Mayenne: Galilee, 1991.

VIZZARDI, Matteo. "Manipolazione del Mercato: um 'Doppio Binario' da Ripensare". In: *RIDPP*, Milano: Giuffrè, ano XLIX, fasc. 2, apr-giu/2006, pp. 704-731.

VOGEL, Joachim. "Frode ai Danni degli Interessi Finanziari delle Comunità Europee". In *RTDPE*. Padova: CEDAM, ano VII, n. 2-3, apr-set/1995, pp. 601-652.

Volk, Klaus. "Criminalità Economica: Problemi Criminologici, Politico-criminali e Dommatici". In Volk, Klaus. *Sistema Penale e Criminalità Economica. I rapporti tra dommatica, politica criminale e processo*. Napoli: Scientifiche Italiane, 1998.

——. "Diritto Penale ed Economia". In *RTDPE*, Padova: CEDAM, ano XI, n. 2-3, apr-sett/1998, pp. 479-491.

——. "Decriminalizzazione Mediante Criteri di Meritevolezza di Pena al di là della Struttura del Reato". In Volk, Klaus. *Sistema Penale e Criminalità Economica. I rapporti tra dommatica, politica criminale e processo*. Napoli: Scientifiche Italiane, 1998, pp. 213-266.

Wallerstein, Immanuel. *Capitalismo Histórico e Civilização Capitalista*. Trad. por Renato Aguiar. Rio de Janeiro: Contraponto, 2001.

Warat, Luiz Alberto. *Introdução Geral ao Direito*. Porto Alegre: Fabris, 1994.

Weber, Max. *Metodologia das Ciências Sociais*. 4. ed. Trad. por Augustin Wernet. São Paulo: Cortez, 2001, vol. 1.

Welzel, Hans. *Derecho Penal Aleman*. Trad. por Juan Busto Ramírez y Sergio Yánez Pérez. 4. ed. Santiago: Juridica de Chile, 1997.

World Bank. World Development Report 1997: The State in a Changing World. Oxford University Press, 1997.

Wunderlich, Alexandre; Loureiro, Antonio Tovo. In: Vilardi, Celso *et al.* [org]. *Crimes Financeiros e Correlatos*. São Paulo: Saraiva/FGV, 2011, pp. 117-138.

Zaffaroni, Eugenio Raúl; Pierangeli, José Henrique. *Manual de Direito Penal Brasileiro – Parte Geral*. São Paulo: RT, 1997.

——; Batista, Nilo. *Direito Penal Brasileiro – I*. Rio de Janeiro: Revan, 2003

——; Alagia, Alejandro; Slokar, Alejandro. *Manual de Derecho Penal. Parte General*. 2. ed. Buenos Aires: Ediar, 2006.

Zagrebelsky, Gustavo. *El Derecho Dúctil. Ley, derechos, justicia*. 7. ed. Trad. por Marina Gascón. Madrid: Trotta, 2007.

Zaniolo, Daniele. "Brevi Considerazioni in Merito al Principio di Ultratività in Materia di Reati Finanziari". In *RIDPP*. Milano: Giuffrè, anoXXXIX, 1996, pp. 874-879.

Zannotti, Roberto. *Il Nouvo Diritto Penale Dell'Economia*. 2. ed. Milano: Giuffrè, 2008.

Zipf, Heinz. *Introducción a la Política Criminal*. Trad. por Miguel Izquierdo Macías-Picavea. Madrid: EDERSA, 1979.

Zuccalà, Giuseppe. "Due Quetione Attuali sul Bene Giuridico: la Pretesa Dimensione Critica del Bene e la Pretesa Necessaria Offensa ad um Bene". In *RTDPE*, Padova: CEDAM, lug-dic/2004, pp. 839-883.

Impressão:
Evangraf
Rua Waldomiro Schapke, 77 - POA/RS
Fone: (51) 3336.2466 - (51) 3336.0422
E-mail: evangraf.adm@terra.com.br